Arena-Taschenbuch
Band 0383

Hanns Petillon

1000 tolle Spiele für Grundschulkinder

unter Mitarbeit von
Alexandra Bierweiler, Nicole Litty, Karin Zickgraf
und Alexandra Zorn

Arena

In neuer Rechtschreibung

3. Auflage als Arena-Taschenbuch 2001
Lizenzausgabe des Verlags Petra Knecht, Landau

Die vorliegende Taschenbuch-Ausgabe basiert
auf der 2. bearbeiteten und erweiterten Auflage 2000
Der Titel der Hardcover-Ausgabe lautet:
»Von Adlerauge bis Zauberbaum: 1000 Spiele für die Grundschule«
Umschlaggestaltung: Agentur Hummel + Lang
Gesamtherstellung: Westermann Druck Zwickau GmbH
ISSN 0518-4002
ISBN 3-401-00383-6

VORWORT

In sechs Schulen des Landes Rheinland-Pfalz wurde der Modellversuch Lern- und Spielschule durchgeführt. Für die Kinder, die mit ihrer Klasse daran teilnahmen, endete die vierjährige Grundschulzeit im Sommer 1996. Lernen und Spielen werden in diesen Schulen nicht als zwei sich ausschließende oder lediglich ergänzende Phänomene betrachtet. Vielmehr wird Spielen als eine Handlungsform angesehen, die Lernen auf hohem intellektuellem und motivationellem Niveau ermöglicht. Kinder können so „in der Schule ihre ureigene Methode des Erprobens und Einübens von Verhaltensmöglichkeiten wiederfinden: Das Spielen" *(GEIBERT 1994, S. 2)*. Wer Kinder beim Spielen beobachtet, kann feststellen, dass Arbeitsleistung und Spiel keinen Gegensatz bilden, sondern Spielen heißt auch Anstrengung, Ausdauer, Überwindung von Misserfolgen: „und das alles unermüdlich, immer wieder und vor allem mit geradezu leidenschaftlicher Freude und dem Einsatz der ganzen Person" *(KLEINSCHNIEDER 1994, S. 58)*.

Die Spiele, die in diesem Buch zusammengestellt wurden, sind nur ein Ausschnitt aus dem gesamten Spielgeschehen in der Lern- und Spielschule. Sie stellen jedoch einen wertvollen pädagogischen „Schatz" dar, den wir auch anderen zugänglich machen wollen. Das Buch enthält eine vielfältige Sammlung von Spielen, die dazu anregen soll,

- dem Spielen in der Schule einen größeren Raum zu geben und es neben anderen Lernmöglichkeiten als gleichwertige Alternative zu erkennen;
- den Kindern die Lust am verweilenden, intensiven Spiel zu vermitteln und die Erfahrung zu ermöglichen, dass es besonders schön und interessant ist, mit anderen Kindern zusammen zu spielen;
- Spiele mit den Kindern zusammen weiterzuentwickeln und viele neue Spiele zu erfinden;
- das experimentierende, phantasievolle spielerische Umgehen der Kinder mit den Dingen des Schulalltags zu fördern.

Alexandra Bierweiler, Nicole Litty und Karin Zickgraf haben in mühevoller Arbeit alle beteiligten Lehrkräfte der Lern- und Spielschule befragt, vorliegende Spielesammlungen durchgesehen, Spiele aus Kurzbeschreibungen rekonstruiert und in einen fachlichen Zusammenhang gebracht. Auf diesem Weg ist eine große Fülle von neuen und alten, selbst erfundenen und übernommenen Spielen entstanden.

Ganz bewusst wurde auf ein kritisches Auswählen auf der Grundlage von Bewertungskriterien verzichtet, so dass alle gefundenen Spiele Eingang in diese Sammlung fanden. Die Leser und Leserinnen mögen selbst entscheiden, welche Spiele für ihre Praxis passen.

Auf theoretische Grundlagen des Spielens in der Schule soll im Rahmen dieser Ausführungen nur sehr begrenzt und in vereinfachender Darstellung eingegangen werden. An verschiedenen Stellen wird auf die entsprechende Fachliteratur verwiesen, die einen differenzierten Einblick in den gegenwärtigen Forschungsstand ermöglicht.

Mein Dank gilt den Lehrerinnen und Lehrern der Lern- und Spielschule, die unserer Sammelleidenschaft mit großer Geduld begegnet sind und uns mit vielen praktischen Hinweisen geholfen haben, das einzelne Spiel konkreter zu kennzeichnen. Einen besonderen Dank möchte ich den Mitgliedern der zentralen Arbeitsgruppe des Modellversuchs Ursula Forster, Margarethe Hörner, Anne Kleinschnieder und Ulrike Morsch aussprechen, die mich in verschiedenen Phasen dieses Vorhabens unterstützt haben. Frau Martina Stammler sei für die sorgfältige Herstellung des Manuskriptes gedankt.

Widmen möchte ich dieses Buch Frau Dr. Rose Götte, die als Spielpädagogin und Ministerin des Landes Rheinland-Pfalz den Modellversuch Lern- und Spielschule initiiert hat.

Landau, den 2. Januar 1997 Hanns Petillon

VORWORT zur 2. Auflage

Wenn dieses Buches nach relativ kurzer Zeit in die zweite Auflage geht, deuten wir dies auch als einen Hinweis, daß das Spiel in seinem Wert für die Entwicklung der Kinder anerkannt wird und die Ideen und Anregungen in dieser Spielesammlung aufgegriffen werden.

An Stelle einer polemisch geführten Diskussion um „Spiel- und Spaßschulen" wollen wir an erprobten Bei-Spielen deutlich machen, daß Spielen weit mehr ist als Spielerei oder eine entbehrliche Zugabe. Vielmehr erfüllt das Spiel unterschiedliche Begleitfunktionen im Unterricht, indem es Grundlagen schafft, intensives Üben fördert und selbstständiges, konzentriertes Sich-Einlassen auf Lerngegenstände ermöglicht. Spiele eröffnen darüber hinaus Wege, miteinander und voneinander zu lernen, mit originellen Ideen zu experimentieren und Phantasie zu wagen.

Neben Änderungen in den „theoretischen Vorbemerkungen" wurden in diesen Band etwa 150 neue Spiele aufgenommen. Diese wurden in fast allen Fällen von Studierenden in der pädagogischen Praxis sowie in Seminaren im Sinne von „Selbsterfahrungen" erprobt und haben somit die erste Prüfung ihrer Praxistauglichkeit bestanden. Während wir in der ersten Auflage die Spielvarianten in die Zählung aufgenommen hatten, finden sich in diesem Band tatsächlich die im Titel angekündigten 1000 einzelnen Spiele, die durch weitere zahlreiche Varianten ergänzt wurden.

Eine Bitte, die ich schon beim Erscheinen der ersten Auflage geäußert habe, liegt mir besonders am Herzen: Bitte teilen Sie mir mit, welche Erfahrungen Sie mit einzelnen Spielen gemacht haben, welche neuen Varianten Sie und die Kinder erfunden haben oder welche Spiele Sie kennen, die bei uns fehlen und anderen zugänglich gemacht werden sollten. Es wäre schade, wenn solche „Erfahrungsschätze" für einen größeren Kreis ungenutzt blieben. Bitte verwenden Sie dabei eine der folgenden Kommunikationsmöglichkeiten:

Hanns Petillon, Adolf-Kessler-Straße 48, 76829 Landau
Telefon: 06341-61527; 06341-990-132; Fax: 06341-990-131
e-mail: Hanns.Petillon@web.de oder: petillon@uni-landau.de

Kinder brauchen für das Spielen Freiräume für das Selbst-Finden, Selbst-Gestalten und Selbst-Bewerten. Sie brauchen aber auch Ihre Anregungen, Anleitungen und Hilfen. Dabei ist es besonders wichtig, daß Ihnen ein großes Spielerepertoire zur Verfügung steht. Wir hoffen, daß dieses Buch dabei hilfreich ist und zur Bereicherung Ihrer Arbeit beiträgt.

Landau, den 30.09.2000 Hanns Petillon

Inhaltsverzeichnis

Kapitel 3: Phantasie und Stille 165

Kapitel 4: Mit allen Sinnen lernen 193

Kapitel 5: Bewegte Spiele 213

Ein Spiel zu Anfang: „Meine Spielebiografie"

Als „Tor“ zu diesem Buch kann uns ein Spiel dienen: In Form eines Gedanken- und Erinnerungsspiels können wir unsere eigenen Spielerfahrungen noch einmal ins Gedächtnis rufen und auf der Grundlage unserer subjektiven Perspektive einen persönlichen Zugang zu den weiteren Themen finden.
Versuchen Sie, auf alle Fragen eine möglichst konkrete Antwort zu finden. Vielleicht gibt es noch Fotos oder Spielsachen aus Ihrer Kindheit, die Ihnen weiterhelfen. Fragen Sie Personen aus Ihrem Verwandten- und Bekanntenkreis.
Es ist günstig, wenn Sie sich schriftliche Aufzeichnungen machen, die Sie vielleicht mit anderen besprechen können.

Variation

Dieses Spiel ist für kleinere Gruppen (z. B. in Spielseminaren oder Fortbildungsveranstaltungen) gut geeignet, um in das Thema einzusteigen und die anderen Teilnehmer besser kennen zu lernen. Die Gruppe kann sich am Ende dieses Spiels auf ein Kinderspiel einigen, das sie den anderen im Seminar pantomimisch vorstellt, die anderen müssen das Spiel erraten!

Die Spiele sind Herzblätter des ganzen künftigen Lernens, denn nur der ganze Mensch entwickelt sich und zeigt sich in denselben in seinen feinsten Anlagen, in seinem innern Sinn. Das künftige Leben des Menschen bis dahin, wo er seinen Fuß wieder aus demselben setzt, hat in diesem Lebenszeitraum seine Quelle.

Friedrich Fröbel

Spielen in meiner Kindheit

Versuche noch einmal in das eigene Kindsein zurückzukehren und dir dein damaliges Spielen zu vergegenwärtigen. Gehe die Stationen 1 bis 10 durch.

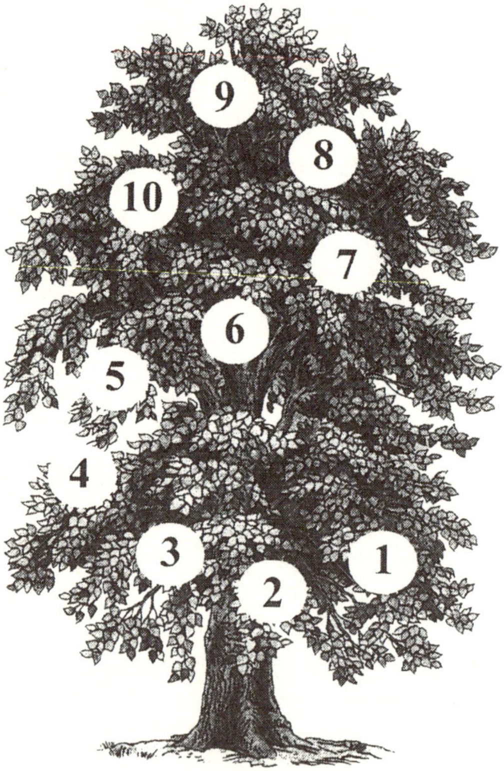

10 Was wird dir aus der Art, wie du als Kind gespielt hast, über dich selbst klar?

9 Welche Bedeutung haben deine Spielerfahrungen für deine bisherige Entwicklung?

8 Konntest du immer spielen, was du in bestimmten Phasen deiner Kindheit gerne gespielt hättest?

7 Welches Spiel mochtest du überhaupt nicht? Warum eigentlich gerade dieses?

6 Welches waren deine Lieblingsspiele? Kannst du noch eine „Hitliste" der ersten fünf Spiele aufstellen?

5 Stelle dir vor, du hättest mit zwölf Jahren drei Wünsche frei gehabt. Was hättest du dir gewünscht?

4 Welche Rolle hast du in Kindergruppen gespielt: eher führend oder untergeordnet?

1 Wo hast du als Kind am liebsten gespielt? Draußen, drinnen, Geheimplätze?

2 Mit wem hast du besonders gerne gespielt? Mit drei, mit sechs, mit zehn Jahren?

3 Welches waren deine Lieblingsspielzeuge? Warum eigentlich gerade diese?

Theoretische Vorbemerkungen

1. Was ist ein Spiel?

Die Begriffe „Spiel" und „spielen" tauchen in den unterschiedlichsten Zusammenhängen auf. So sprechen wir beispielsweise vom Spiel der Wellen, des Lichtes und des Windes in den Blättern, vom Sandkastenspiel der Kinder, vom Glücksspiel, vom Spielfilm, vom Spielfeld, vom Spiel der Gedanken und der Phantasie, vom Liebesspiel, vom Spiel mit dem Feuer, aber auch davon, dass jemand verrückt spielt, seine Chance verspielt, dass etwas auf dem Spiel steht oder „nur" ein Spiel war.

Wie die Betrachtung des Sprachgebrauchs verdeutlicht, werden die Begriffe „Spiel" und „spielen" so vielfältig und unterschiedlich verwendet, dass es fast unmöglich erscheint, zu einer eindeutigen Aussage zu gelangen *(vgl. WALTER 1993, S. 18)*. Diese Problematik ergibt sich auch bei dem Versuch, das Kinderspiel zu definieren. Trotz der Schwierigkeit, die komplexe Erscheinung „Spiel" sprachlich präzise zu umreißen und von anderen Verhaltensformen abzugrenzen, finden sich zahlreiche Versuche, die verschiedenen Merkmale in einer Definition zusammenzuführen. Ein häufig zitiertes Beispiel ist die Definition von HUZINGA (1956):

> „Spiel ist eine freiwillige Handlung oder Beschäftigung, die innerhalb gewisser festgesetzter Grenzen von Zeit und Raum nach freiwillig angenommenen, aber unbedingt bindenden Regeln verrichtet wird, ihr Ziel in sich selbst hat und begleitet wird von einem Gefühl der Spannung und Freude und einem Bewusstsein des ‚Andersseins' als das ‚gewöhnliche Leben'" *(zit. nach KREUZER 1983 a, S. 8)*.

Es erscheint allerdings sinnvoll, auf eine allgemein gültige Spieldefinition zu verzichten und zur genaueren Bestimmung des Spiels solche Merkmale zusammenzustellen, die auf Grund bisheriger Definitionsversuche für spielspezifisch gehalten werden *(vgl. KLUGE 1981, S. 36 f.)*.

An allen vorliegenden allgemeinen Spieldefinitionen ist zu kritisieren, „dass sie additiv Merkmale aneinander reihen, die im Einzelfall eines bestimmten Spiels nicht mehr alle nachweisbar sind" *(EINSIEDLER 1994, S. 11)*. Dementsprechend wird vorgeschlagen, für die Begriffsbestimmung des Kinderspiels einzelne Merkmale zu benennen, die nicht streng abgrenzen, sondern lediglich akzentuierende Hinweise geben. Als besonders brauchbar für den konkreten pädagogischen Umgang mit dem Kinderspiel erscheint folgende Begriffsbestimmung von EINSIEDLER *(1999, S. 17)*:

Wir verstehen unter Kinderspiel eine Handlung oder eine Geschehenskette oder eine Empfindung,

- die intrinsisch motiviert/durch freie Wahl zustande kommt, (1)
- die stärker auf den Spielprozess als auf ein Spielergebnis gerichtet ist (Mittel-vor-Zweck), (2)
- die von positiven Emotionen begleitet ist (3)
- und die im Sinne eines So-tun-als-ob von realen Lebensbezügen abgesetzt ist. (4)

Zur Erläuterung der einzelnen Spielmerkmale kann Folgendes ergänzt werden:

(1) Intrinsische Motivation/freie Wahl: Die Motivation, in hoher Intensität zu handeln, resultiert aus dem Spiel selbst: „Es muss Neugierde ansprechen, Überraschungen bieten, Problemlösungsverhalten stimulieren oder Momente von Ungewissheit und Risiko enthalten" (FRITZ 1993, S. 20). Darüber hinaus entscheidet das Kind in vielen Fällen selbst, ein bestimmtes Spiel zu beginnen oder gegebenenfalls abzubrechen.

(2) Mittel-vor-Zweck: Das Kind verfolgt mit dem Spiel keinen außerhalb des Spiels liegenden Zweck, selbst wenn es innerhalb des Spiels an strenge Regeln gebunden ist *(SCHEUERL 1990, S. 67)*; häufig wird in diesem Zusammenhang der Begriff der Zweckunbewusstheit verwendet.

(3) Positive Emotionen: Spielen soll den Kindern Freude bereiten. Dabei ist weniger an ein vordergründiges eher passives Spaß-Haben gedacht. Es geht vor allem um eine Befriedigung, die aus dem intensiven Sich-Einlassen in Verbindung mit Anstrengung, Geduld, Einfühlungsvermögen und einem anspruchsvollen Spielergebnis resultiert.

(4) So-tun-als-ob: Das Spiel eröffnet dem Kind die Chance, bewusst oder unbewusst neue Verhaltensweisen zu erproben, ohne dass es von seiner Umgebung für vermeintlich irrationales oder unrealistisches „Fehlverhalten" zur Rechenschaft gezogen werden kann *(KLUGE 1984)*. Kinder als „Meister des Konjunktivs" können Spielgegenstände oder Spielregeln umdeuten und sich in einer selbst gestalteten Welt phantasievoll bewegen, in der sie im Sinne eines So-tun-als-ob in Distanz zur Wirklichkeit treten können.

Auch wenn ein einzelnes Merkmal in einem konkreten Fall nicht vorhanden ist, „wird bei deutlicher Existenz der anderen Merkmale trotzdem von Spiel gesprochen ... Spiel kann nach diesem Verständnis mehr oder weniger Merkmale haben und somit auch mehr oder weniger ausgeprägt sein" *(EINSIEDLER 1999, S. 12)*.

In einem Diagramm *(nach KRASNOR & PEPLER 1980)* lässt sich der Gedanke der graduellen Ausprägung des Spielbegriffs mit den o. g. Merkmalen veranschaulichen:

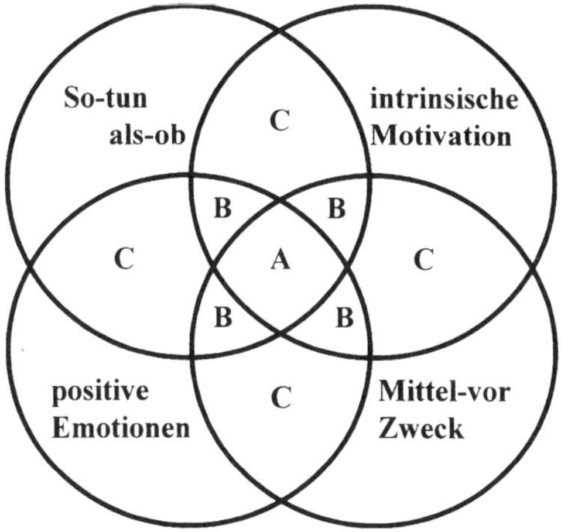

Abb. 1: Darstellung des Spielbegriffs mit vier Merkmalen
(vgl. EINSIEDLER 1994, S. 13)

Der mit A gekennzeichnete Bereich kennzeichnet Spiele, auf die alle vier Merkmale zutreffen, die Bereiche B stellen Spielausprägungen mit drei, die Bereiche C mit zwei Merkmalen dar.

2. Annahmen zur Bedeutung des Spiels

Die folgenden Ausführungen zu theoretischen Betrachtungen des Spiels stellen in sehr vereinfachter Form und in aller Kürze komplexe Sachverhalte dar. Für eine differenzierte Betrachtung sei auf die Fachliteratur verwiesen.

Literaturhinweis:
Einsiedler, W.: Das Spiel der Kinder. Zur Pädagogik und Psychologie des Kinderspiels. Bad Heilbrunn: Klinkhardt 1999. 3. Auflage.
Kluge, N.: Spielen und Erfahren. Bad Heilbrunn: Klinkhardt 1981.
Kreuzer, K. J. (Hrsg.): Handbuch der Spielpädagogik. Band 1. Düsseldorf: Schwann 1983.
Scheuerl, H.: Das Spiel. Band 1: Untersuchungen über sein Wesen, seine pädagogischen Möglichkeiten und Grenzen. Weinheim: Beltz 1990. 11. Auflage.

In einigen Sätzen soll auf theoretische Grundannahmen zur Bedeutung des Spiels eingegangen werden.

- Wenn Kinder spielen, werden überschüssige Energien produktiv genutzt *(Kraftüberschusstheorie: SPENCER 1885).*
  Spencer deutet das Spiel als Folge überschüssiger Energien. Seine physiologische Erklärung führt die Entstehung des Spiels auf eine Überbelastung des Nervensystems zurück, die nach Ausgleich und Abreaktion drängt. Er sieht in der Spielhandlung „eine ideale Befriedigung destruktiver Instinkte in Ermangelung einer realen Befriedigung für sie“ *(vgl. KLUGE 1981, S. 12*).

- Wenn Kinder spielen, erholen sie sich von Anstrengungen der Arbeit *(Erholungstheorie: LAZARUS 1883).*
  Lazarus geht in seiner Theorie davon aus, dass im Spiel nicht Energien abgeführt, sondern gesammelt und reaktiviert werden *(vgl. FLITNER 1972, S. 16).* Der Mensch erholt sich beim Spielen von dem Zwang und den Mühen der Arbeit und gelangt auf diese Weise zu neuen Kräften, die zur Bewältigung der realen Lebensaufgaben notwendig sind *(vgl. KLUGE 1981).*

- Wenn Kinder spielen, befreien sie sich von negativen Instinkten und Trieben *(Katharsistheorie: CARR 1902).*
  Das Abreagieren und Befreien von psychosomatischen Kräften steht, wie bei der Kraftüberschusstheorie, auch im Mittelpunkt der Katharsistheorie von Harvey Carr. Der Ausdruck „Katharsis“ meint ursprünglich die Reinigung der Seele „von unnützem Verlangen, von den Schlacken der Sinnlichkeit und der Triebhaftigkeit“ als Wirkung der griechischen Tragödie auf die Zuschauer (vgl. KLUGE 1981, S. 14).

- Wenn Kinder spielen, üben sie zukünftige Lebensaufgaben ein *(Vor- und Einübungstheorie: GROOS 1899).*
  Eine breite Bestandsaufnahme der spieltheoretischen Erkenntnisse seiner Zeit und eingehende Beobachtungen des Tier- und Kinderspiels bilden die Grundlage für die Annahme von Karl GROOS, dass das Spiel im Kindes- und Jugendalter ausschließlich aus dem Zweck erfolge, das spätere Leben als Erwachsener vorzubereiten. „Die höchsten Arten treten nicht fertig gerüstet ins Leben“, sondern sie haben eine Jugendzeit, damit sie spielen und dabei ihre unfertigen Anlagen einüben und ausbilden *(GROOS in SCHEUERL 1991, S. 67*). Spiel wird „als Einübung, als Selbstausbildung des heranwachsenden höheren Lebewesens“ gesehen (ebd.). Die zukünftig zu bewältigenden Lebensaufgaben werden im Spiel auf kindspezifische Weise vorweggenommen und in einer Sphäre, die noch frei ist vom Ernst des Erwachsenenlebens, unbewusst und lustvoll eingeübt *(vgl. FLITNER 1972, S. 16; KLUGE 1981, S. 14).*

- Wenn Kinder spielen, wirkt sich dies für die verschiedensten Bereiche ihrer Entwicklung in vielen Fällen förderlich aus *(Entwicklungspsychologie: BÜHLER, HETZER, PIAGET).*
  Die neueren spieltheoretischen Arbeiten im 20. Jahrhundert sehen zwar davon ab, das Spiel ausschließlich von einem Grundgedanken aus zu verstehen, aber die Tendenz, Spiel zweckrational zu deuten, bleibt in vielen Fällen bestehen *(vgl. KLUGE 1981, S. 17).* Die entwicklungspsychologische Spieldeutung geht davon aus, dass ein enger Zusammenhang zwischen der kindlichen Entwicklung und dem Spiel besteht. Bei EINSIEDLER *(1994)* finden sich Untersuchungsergebnisse, die auf die Bedeutung des Spiels für die kognitive, soziale, emotionale und kreative Entwicklung verweisen.
  Nach PIAGET *(1969)* übt das Kind kognitive Prozesse durch wiederholende Betätigungen und erreicht so eine Stabilisierung erworbener Schemata. Das Spiel (vor allem das Phantasiespiel) ermöglicht ihm darüber hinaus, die Wirklichkeit symbolisch so zu verändern, dass es sie erfassen kann; d.h. in „Als-ob-Handlungen" *(vgl. WALTER 1993, S. 57)* kann das Kind im Sinne von Assimilation seine Umwelt so umformen, dass sie mit seinen gegenwärtigen Denkschemata kompatibel wird.

- Wenn Kinder spielen, handeln sie „zweckunbewusst" und sind u.a. auch dadurch in hohem Maße intrinsisch motiviert *(Lernpsychologie: HECKHAUSEN).*
  Die Motivationspsychologie geht bei ihrer Betrachtung des Phänomens „Spiel" von einem Neugier- und Explorationsbegriff aus. Der motivationspsychologischen Spieltheorie zufolge sind spielerische Aktionen frei von außerhalb liegenden Zwecken und dadurch in hohem Maße intrinsisch motiviert. HECKHAUSEN *(1973)* beschreibt das Spielgeschehen als ein stetes Pendeln zwischen Spannungssuche und Entspannung, das von den Spielenden als besonders lustvoll und anregend empfunden wird. Diese Theorie klärt allerdings nicht, warum viele Kinder immer wieder gern dasselbe Spiel spielen, obwohl es nach häufiger Wiederholung wohl kaum noch Neugier auslöst oder Überraschungen bietet *(vgl. FRITZ 1993, S. 21).*

- Wenn Kinder spielen, können elementare Voraussetzungen für erfolgreiches Rollenhandeln erworben werden *(Sozialisationstheorie: KRAPPMANN).*
  Dieser Betrachtung des Spiels liegen soziologische Theorien zur Übernahme und Interpretation von Rollenerwartungen zugrunde. Im Spiel, vor allem im Rollenspiel und in Interaktionsspielen, können Formen der Selbstbehauptung und der Auseinandersetzung mit Rollenerwartungen (i.S. von role making) erprobt werden. KRAPPMANN *(1975)* nennt Grundfähigkeiten des Rollenhandelns, die gerade in Interaktions- und Rollenspielen erworben werden können:

- *Rollendistanz*: die Fähigkeit, Abstand zu den Rollenerwartungen zu gewinnen und dabei angetragene Rollen kritisch reflektierend zu betrachten.
- *Empathie*: die Fähigkeit, sich einfühlsam in die Rolle des Interaktionspartners zu versetzen und das Ergebnis dieses sozialen Perspektivenwechsels in seinem Verhalten zu berücksichtigen.
- *Ambiguitätstoleranz*: die Fähigkeit, mit mehrdeutigen und widersprüchlichen Rollenerwartungen befriedigend umzugehen.
- *Identitätsdarstellung*: die Fähigkeit, sich mit seiner eigenen Identität zu behaupten.

ROUSSEAU und in der Folge weitere bedeutsame Spielpädagogen stellen das Spiel als ureigenstes Recht des Kindes heraus. Sie trugen maßgeblich zu einer pädagogischen Betrachtung des Spiels bei, die nicht nur von dem vordergründigen Gedanken seines utilitaristischen Wertes bestimmt war, sondern dem Spiel auch einen hohen Eigenwert zusprach.

Die wichtigste Redensart im Deutschen heißt: „Spaß beiseite“
(Sudhir Kakar, Psychoanalytiker).

3. Zehn Gründe für das Spielen in der Grundschule

Schulisches Lernen und Spielen werden oft als unvereinbare Gegensätze angesehen. Nicht selten wird Spielen als Kinderei abgetan, die unnütz, zeitverschwenderisch und wirklichkeitsfremd sei *(vgl. KLUGE 1981, S. 55)*. Allerdings finden sich in einigen Grundschullehrplänen auch Empfehlungen, das Spielen in der Schule zu fördern. In den „Leitlinien für die Arbeit in der Grundschule"“von 1984 für das Land Rheinland-Pfalz findet sich u. a. folgende Aussage:

> „Das spielende Lernen fördert beim Grundschulkind in besonderem Maße Spontaneität, Phantasie und Selbstständigkeit und lässt das Kind spielerisch zu Kenntnissen, Fähigkeiten und Fertigkeiten gelangen. Rollenspiele, Denkspiele und Sprachspiele stellen Möglichkeiten des Lernens im und durch Spiel dar. Spielerisches Lernen eignet sich besonders für das weniger selbstsichere und selbstbewusste Kind und kann ihm helfen, seine Hemmungen abzubauen und eine tiefere Bindung zur Klassengemeinschaft zu finden.“ (S. 9)

Im Folgenden werden stichwortartig einige Argumente genannt, die für die Pflege und Förderung des Spiels in der Schule sprechen.

1. *Kinder erschließen sich selbstständig ihre Welt auf spielerische Weise und sind dabei sehr erfolgreich.*
   Das Kind erwirbt zentrale Fähigkeiten in der Zeit vor der Schule durch

den spielerischen Umgang mit sich und seiner Umgebung *ohne die Anleitung durch Erwachsene.* Dies betrifft u.a. die Entwicklung in der Feinmotorik und Sprache, den Erwerb sozialer Rollen und die zentrale Grunderfahrung, „etwas selbst zu können": Schule sollte diese erfolgreichen spielerischen Lernmöglichkeiten in den schulischen Alltag integrieren.

2. *Das Spiel fördert einen gleitenden Übergang vom Kindergarten in die Grundschule.*
   Schule sollte in den ersten Schuljahren an die Spielerfahrungen im Kindergarten anknüpfen. Stichworte: Kontinuität, „gleitender Übergang", Übergangsprobleme können vermieden werden, Freispiel in Freiarbeit überführen. Eine Abwertung des Spielens sollte besonders in dieser Übergangszeit vermieden werden.
3. *Spiele fördern die Erfahrung konzentrierten Handelns und verweilenden Tuns.*
   Bestimmte Spiele fördern die Konzentrationsfähigkeit des Kindes besser als die üblichen schulischen Aktivitäten. Stichworte: Konzentrationsproblematik, Spiele zur Förderung der Konzentration: Vertiefen, Verweilen. Besondere Bedeutung kommt dabei der Stilleerziehung zu.
4. *Das notwendige Üben und Vertiefen kann durch Spiele wesentlich motivierender gestaltet werden.*
   Übungsphasen können in spielerischer Form wesentlich intensiver und wirkungsvoller als die methodisch oft unreflektierten wiederholenden Lernphasen gestaltet werden. Stichworte: Motivation und Spaß, Möglichkeiten der Selbstkontrolle und der Berücksichtigung des individuellen Arbeitstempos, praktisches Lernen (z.B. motorische Fertigkeiten), differenzierte Übungsangebote. Eine Befragung der Kinder aus Lern- und Spielschulklassen bestätigt in eindrucksvoller Weise die motivierende Wirkung dieser Lernspiele.
5. *Bestimmte Spiele bieten den Freiraum, neue Wege auszuprobieren, mit originellen Lösungen zu experimentieren und Phantasie zu wagen.*
   Im Spiel ist der Freiraum gegeben, der die Förderung von Kreativität in besonderer Weise ermöglicht. Stichworte: Notwendigkeit der Kreativitätsförderung (Problem der „fertigen Lösungen" in den Medien; „veränderte Kindheit"). Kinder als die „Meister des Konjunktivs" sind in der Lage, Visionen zu entwickeln oder nachzuvollziehen. Diese Fähigkeit des spielerischen, kreativen Experimentierens ist eine Bereicherung für alle Lernbereiche (z.B. Sprachunterricht, Kunst, Sachunterricht). Dadurch wird auch die Bereitschaft gefördert, sich auf Neues, Unbekanntes einzulassen und Ungewöhnliches als Bereicherung zu erkennen. Planspiele sind besonders geeignet, eigene Wege zum Problemlösen zu finden.
6. *Bestimmte Spiele eröffnen Wege zum entspannteren Umgang mit emotionalen Problemen und sozialen Konflikten.*
   Der Umgang mit Konflikten und emotionalen Problemen (z.B. Angst)

kann häufig besser in spielerischer Form (vor allem im Rollenspiel) gelernt werden. Stichworte: Konflikthäufung in der Grundschule (vor allem im Umgang zwischen den Kindern), fehlende Aufarbeitung emotionaler Schwierigkeiten im Elternhaus, konfliktfördernde Aspekte in der außerschulischen Lebenswelt.

Der Vorzug des Rollenspiels gegenüber dem rein verbalisierenden Unterrichtgespräch wird an den zusätzlichen Möglichkeiten deutlich, sich ein Problem konkret und handlungsbezogen zu erschließen: Rollentausch, Empathie, Perspektivenwechsel (z.B. Täter – Opfer). Eine Eskalation kann eher vermieden werden; konstruktive Lösungen können durchgespielt werden und einen Transfer auf aktuelle Situationen anbahnen.

7. *Interaktionsspiele tragen dazu bei, dass miteinander und voneinander handlungsbezogen gelernt wird, da sich der Lernanreiz aus der Interaktionssituation selbst ergibt.*
   In den verschiedensten Formen des Spiels wird Soziales Lernen in seiner ganzen Breite angesprochen. Stichworte: Notwendigkeit Sozialen Lernens (Sozialleben in der Schule, veränderte Kindheit); Förderung von sozialer Sensibilität; Bereitschaft, soziale Kontakte aufzunehmen (Überwindung sozialer Angst); Selbstbehauptung; Umgang mit Spielregeln. Die genannten Fähigkeiten sind die Grundlage für die Gestaltung einer fach- und kindgerechten Öffnung des Unterrichts.
   Kennenlernspiele zum Schulanfang, Vertrauensspiele, Kooperations- und Kommunikationsspiele fördern das Zusammenleben in der Schülergruppe.
8. *Viele Kinder spielen außerhalb der Schule wenig und einseitig und können sich den Wert des Spielens nicht mehr erschließen.*
   Viele Kinder brauchen Anregungen für das Spielen außerhalb der Schule (Freizeitgestaltung). Stichworte: veränderte Kindheit, Spielen mit anderen Kindern; Vermittlung der Grunderfahrung, dass intensives Spielen Spaß macht; schulisches Spielangebot als Alternative zu Medienkonsum und zum Umgang mit anregungsarmen Spielsachen.
9. *Viele Spiele bieten gute Bewegungsanreize und helfen, Anspannungen abzubauen und den „Sitzunterricht“ aufzulösen.*
   Kinder brauchen Möglichkeiten, mit inneren Spannungen (Katharsis) und Bewegungsarmut („Sitzunterricht“) umzugehen. Stichworte: Bewegungsspiele: „Austoben“, Bewegungserziehung, Anleitung zu einer „bewegten Freizeit“; Wechsel von Phasen der Anspannung und Entspannung; Umgang mit Aggressionen; Verbindung von Bewegungsspielen und Stilleerziehung; nach einem Bewegungsspiel können die folgenden Arbeitsphasen intensiver genutzt werden.
10. *Mit dem „ernsthaften“ Spielen wächst die Einsicht, dass Zwang und äußere Anreize nicht notwendig sind, um Lust auf Mitmachen und Bereitschaft zu engagiertem Handeln zu entwickeln.*

Kleines Rollenspiel

Das Ziel eines Rollenspiels ist es, die soziale Realität in der Simulation erfahrbar zu machen. Durch die Reduktion komplexer Strukturen auf nachvollziehbare Entscheidungsprozesse wird es möglich, daß eine Gruppe für eine zu bewältigende soziale Situation zunächst im Schutze des Spiels Lösungen erarbeitet und Alternativen erproben kann.

Spielen in meiner Klasse – Vorbereitung eines Elternabends
(Gruppe: KollegInnen; TeilnehmerInnen an einem Spieleseminar)

Ausgangssituation: Sie unterrichten in einem dritten Schuljahr einer vierzügigen Grundschule. Die vier beteiligten Klassenlehrer(innen) und vier Fachlehrer(innen) sind seit langem davon überzeugt, daß Spielen in ihren Klassen ein wichtiger und notwendiger Bestandteil ihrer pädagogischen Arbeit ist. Es gibt allerdings Eltern, die sich eher skeptisch verhalten und andere Eltern für ihre Meinung gewinnen wollen. Sie laden zu einem Elternabend ein.

1. Entwickeln Sie ein Statement (Plädoyer) zum Thema „Bedeutung des Spielens in meiner Klasse" (Redezeit 5 Minuten!) Sammeln Sie Stichworte und benutzen Sie dazu die bisherigen Ausführungen in Kapitel 1 bis 3!

2. Überlegen Sie, wie Sie den Ablauf des Elternabends gestalten wollen, um Ihre Argumente möglichst konkret und überzeugend zu vermitteln: Wie gestalte ich die „Dramaturgie"? Kann ich die Eltern angemessen motivieren? Kann ich Arbeitsaufgaben verteilen (evtl. mit konkreten Spielen)? Kann ich es vermeiden, in die Defensive gedrängt zu werden?

3. Wählen Sie eine Person aus, die dieses Statement vorträgt; die anderen Gruppenmitglider „spielen" die Eltern!

4. Diskutieren Sie den Verlauf des Elternabends. Entwickeln Sie Alternativen, verteilen Sie neue Rollen!

4. Kriterien zur differenzierten Betrachtung und Auswahl eines Spiels

Um ein einzelnes Spiel im Hinblick auf seinen pädagogischen Wert angemessen einschätzen zu können, bedarf es einer systematischen, differenzierten Betrachtung. Bei KLUGE *(1984)* findet sich ein Kriterienkatalog, der zu einer umfassenden, kritischen Analyse eines Spieles beitragen kann. Welche Anforderungen stellt das Spiel an das einzelne Kind? Wie ist der Spielverlauf einzuschätzen? Welche Spielmaterialien sind vorgegeben? Welche Folgen wird das Spiel für die Beteiligten haben? Solchen und ähnlichen Fragen kann mit dem folgenden Spielkriterienkatalog nachgegangen werden.

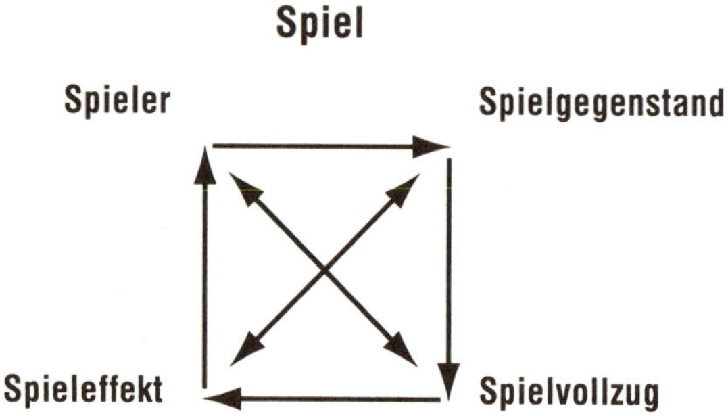

Abb. 2: Hauptkategorien des Spiels *(KLUGE 1984)*

Im Folgenden wird in aller Kürze auf die einzelnen in Abb. 2 aufgeführten Spielkategorien eingegangen. Dabei werden zur Erläuterung lediglich einige Fragen beispielhaft genannt, um zu veranschaulichen, welche Überlegungen bei der Auswahl eines Spiels von Bedeutung sein könnten.

Spieler/Mitspieler

Spielfähigkeit: Können die Kinder die jeweilige Spielaufgabe bewältigen: Welche Fähigkeiten im kognitiven, sozialen, emotionalen Bereich verlangt das Spiel? Wer könnte unter- oder überfordert sein? Wie viel Geduld und Ausdauer wird verlangt?
Freiwilligkeit: Ist die Teilnahme freiwillig? In welchem Ausmaß kann das Kind dem Spiel andere Bedeutungen zusprechen? Können Spielregeln in gemeinsamer Absprache umgedeutet werden?
Zweckunbewusstheit: Genügt das Spiel aus der Sicht des Spielenden sich selbst und verfolgt es keine außerhalb des Spielgeschehens liegenden Zwecke?

Kommunikation: Welchen Anspruch stellt das Spiel an den sozialen Austausch in der Gruppe (Wettbewerb, Absprachen, Empathie, soziale Perspektivenübernahme, Verteilung der Beteiligungsmöglichkeiten)?
Probehandeln: Gibt es Spielräume für das Erproben neuer Verhaltensweisen, ungewöhnlicher Lösungswege und sanktionsfreier Lösungen?

Spielgegenstand

Zielstruktur: Auf welches Ziel bewegen sich die Spielenden hin? Ist das Ziel in den Spielregeln benannt?
Gestaltungsaspekt: Wie ist das Spiel im Einzelnen gestaltet (Spielregeln, Vorgaben, Gestaltungsrichtungen)? Wie sind die Spielmaterialien einzuschätzen: Anregungsgehalt, Vielseitigkeit der Handlungsmöglichkeiten, ästhetische Aspekte?
Identifikation: Können sich die Spieler mit den Handlungsmöglichkeiten, Rollen, Regeln identifizieren?
Abbildrealität: In welcher Beziehung stehen fiktive Momente und Alltagsrealität?
Bedeutungsvielfalt: Welches Potential an Deutungs- und Interpretationsmöglichkeiten ist in dem Spiel enthalten?

Spielvollzug

Spannungssuche: Welche Attraktivität geht von dem Spiel im Hinblick auf die jeweilige „Lösungsqualität" aus? Welche Herausforderung bedeutet der Spielverlauf für das einzelne Kind und die Gruppe? Wie ist das Spannungsgefälle einzuschätzen: Interesse an Neuem, Überraschungsgehalt, Ungewissheit über den Ausgang des Spiels, Risiko?
Spieldauer: Wie lange wird das Spiel erwartungsgemäß dauern? Ist die Dauer voraussehbar oder offen, vorgegeben oder von den Spielern bestimmbar?
Spielprozess: Ergibt sich eine Sequenz z. B. im Sinne von Vorbereitung, Hauptphase, Abschluss und Nachbereitung? Welche Rolle kommt einem Spielleiter dabei zu?

Spieleffekt

Erlebnisqualität: Resultiert aus dem Spiel eine höhere Spielbereitschaft durch intensives Erleben (Spannung, Vergnügen, Identifikation, Überraschung)?
Ergebnisprüfung: Lässt sich das Spielergebnis feststellen und angemessen bewerten? Gibt es geeignete Beurteilungskriterien? Sind die Ergebnisse für die Entwicklung der Kinder bedeutsam?

Erfolg/Misserfolg: Sind Erfolgs- und Misserfolgserfahrungen zu erwarten? Gibt es Möglichkeiten, Misserfolge zu minimieren?
Wiederholungstendenz: Regt das Spiel dazu an, vermittelte Erfahrungen zu wiederholen oder ähnlich gestaltete Situationen aufzusuchen?
Transfer: Können Spielergebnisse auf „Ernstsituationen" übertragen werden?

5. Wie lassen sich Spiele einteilen?

Zahlreiche Spieltheoretiker haben versucht, die Fülle an Spielen zu ordnen und zu systematisieren, um einen Überblick über die Erscheinungsformen des Spiels zu geben und eine Zuordnung möglichst aller Spiele vornehmen zu können *(vgl. PETILLON 1999, S. 14 ff.)*. Ein einheitliches Einteilungssystem konnte sich jedoch auf Grund der Komplexität des Spiels noch nicht durchsetzen. So sind einzelne Systeme „bestenfalls brauchbare Wegweiser, um die Menge der Erscheinungen aufzufinden" *(SCHEUERL 1990, S. 128)*, einen Anspruch auf eine vollständige Erfassung dürfen sie nicht erheben.

Für unser Thema erscheint eine begrenzte Klassifikation, die speziell die Grundschule als Ort des Spielens berücksichtigt, besonders geeignet. Dementsprechend stehen bei dem folgenden Systematisierungsversuch die Spielfunktion (Zielstruktur) und der Spieleffekt (Wirkungserwartung) als Hinweis auf Fördermöglichkeiten im Vordergrund. Dabei greifen wir in vielen Fällen auf die Überlegungen von WALTER *(1993)* zurück.

Abb. 3: Klassifikation zu Spielen in der Grundschule

Eine erste grobe Unterscheidung lässt sich nach dem Ausmaß der Vorstrukturierung im Sinne von Regeln und Spielmaterialien vornehmen: Es ist zu unterscheiden zwischen play und games.

PLAY

Spielerischer Umgang mit Alltagssituationen

Im Unterricht ergeben sich Freiräume, in denen bestimmte Situationen von den Kindern spielerisch aufgegriffen und weiterentwickelt werden. Dabei geht es um Spielen in allen geeigneten Räumen und allen geeigneten Situationen, Gespräche im Morgenkreis, Lernaktivitäten in einzelnen Fächern oder besondere Ereignisse können experimentierend, phantasierend neu interpretiert und in eine Spielhandlung übergeführt werden, die in vielen Fällen alle oben genannten Spielmerkmale in ausgeprägter Form enthält. Umgekehrt können Spielaktivitäten wieder in klassische schulische Lernsituationen einmünden, so dass sich organische Verknüpfungen von spielpädagogischen und schulpädagogischen Ansätzen entwickeln können. Bei WALLRABENSTEIN *(1993)* findet sich ein gutes Beispiel für diese Form des Spielens:

> Ein Kind fragt seine Lehrerin, ob es während der freien Arbeit mit dem Tageslichtprojektor spielen kann. Da die Pflichtaufgaben erledigt sind, darf Svenja in einer Nische damit beginnen, Gegenstände auf den Projektionstisch zu legen und mit den Schatten an der Wand zu experimentieren. „Eine Wäscheklammer wird zu einem Krokodil, der Schlüssel ist ein Riese." Sie macht immer weitere Entdeckungen. Andere Kinder werden aufmerksam; Svenja erklärt, macht vor und wird zur Expertin für Schatten. Später beschließen die Kinder, ein Bilderbuch in ein Schattenspiel umzusetzen. Das dort bearbeitete Problem eines Außenseiters wird in einem „Menschenschattenspiel" weitergeführt. Hinter einem Bettlaken erproben die Kinder, wie ein Außenseiter versucht, in eine Gruppe hineinzukommen und wie ein „Clown" oder ein „Held" zu wirken ...
> „Aus dem zufälligen Rückzug in die Nische haben die Kinder über das Experimentieren mit Gegenständen einen Spielraum für Schattenspiele entwickelt, der dann gemeinsam zum Freiraum für das spielerische Erproben grundlegender sozialer Beziehungen wurde" (S. 40).

Die zentralen Kriterien des Spiels, Freiwilligkeit, intrinsische Motivation, Zweckunbewusstheit und positive Emotionen aus einem intensiven Erleben, sind in diesem Beispiel erfüllt. In vielen Unterrichtssituationen ergeben sich solche „natürlichen" Verknüpfungen von Unterricht und Spiel, die oft weniger spektakulär das Lernen lebendiger und vielfältiger werden lassen.

Games

Vorstrukturierte Spiele

Hier handelt es sich um ein Spielgeschehen, das weitgehend durch Vorgaben zum Spielgegenstand und Spielablauf bestimmt ist. Dabei strukturieren Hinweise zum Spielverlauf, Spielregeln und einzelne Materialien das spielerische Handeln in hohem Maße vor. WALTER *(1993)* unterscheidet drei Gruppen:

Spieltyp 1: Spiele zur Förderung des Problemlösungsverhaltens

Darunter werden Spielformen verstanden, welche die kognitiven Fähigkeiten besonders ansprechen und somit der Entwicklung von Problemlösungsstrategien dienen.

Objektspiele: Dieser Gruppe werden alle Spiele zugeordnet, die von Objekten bzw. Materialien ausgehen. Die Materialerprobung für explorative Handlungen oder Bauwerke steht im Mittelpunkt. Materialien zum Explorieren, Bauen und Konstruieren (z. B. Sand, Bauklötze, Steine) und die daraus hergestellten Werke sind die zugehörigen Spielobjekte.

Ratespiele: Bei diesen Spielen wird dem Kind eine Spielaufgabe in Form eines Rätsels gestellt, das es durch Nachdenken, Analysieren, Wahrnehmen und Kreativität beim Finden von Ideen lösen soll. Es gibt verschiedene Arten von Ratespielen: z. B. logische Rätsel, Zahlenrätsel, Bilderrätsel, Worträtsel, Scherzfragen und Rätselwitze, Kim-Spiele, Geheimsprachen, Quiz, Kreuzworträtsel.

Planspiele: Synonyme Begriffe für Planspiel sind Entscheidungsspiel und Simulationsspiel. Bei dieser sehr komplexen (und für Grundschulkinder schwierigen) Spielform wird die Spielgruppe in eine vorgegebene Situation mit gewissen Handlungsvorgaben (u.a. bedingt durch Rollenvorschriften) gestellt.

Strategiespiele: Hier handelt es sich um klassische Gesellschaftsspiele mit strategischen Anforderungen: z. B. Hase und Igel, Scotland Yard, Verrücktes Labyrinth.

Spieltyp 2: Spiele zur Förderung von Übungsverhalten

Im Unterschied zu Spielen mit Problemstellungen haben die Schülerinnen und Schüler die zur Lösung der Spielaufgabe erforderlichen Informationen bereits erfahren und müssen diese jetzt mehr reproduktiv als produktiv anwenden. Hier handelt es sich in vielen Fällen um klassische Lernspiele, die dazu dienen, das eher „trockene" Üben und Festigen von Wissen und Fertigkeiten abwechslungsreicher zu gestalten. Außerdem eröffnen sie Möglichkeiten zur inneren Differenzierung und Individualisierung. Übungsspiele sind meist nach dem Vorbild bekannter Gesellschaftsspiele (Quartett-, Memory-, Domino- und Lottospiele) gestaltet und können auch leicht selbst hergestellt werden.

Spieltyp 3: Spiele zur Förderung von Selbstkonzept und Sozialverhalten
In diesen Spielen sollen potentielle Fähigkeiten zur Erkennung, Reflexion und Lösung von Problemen im Umgang mit der eigenen Person und im zwischenmenschlichen Bereich entwickelt und gefördert werden.
Interaktionsspiele: Zu dieser Gruppe zählen alle Spiele, die von mehreren Personen nach bestimmten Regeln gespielt werden; dabei stehen die unmittelbaren sozialen Erfahrungen „am eigenen Leibe" im Mittelpunkt.
Kooperative Spiele: Der Grundgedanke besteht bei diesen Spielen darin, dass die Kinder lernen sollen, erfolgreich zusammenzuarbeiten. Regeln und Aufbau dieser Spiele erfordern gegenseitiges Helfen, damit ein gemeinsames Ziel erreicht werden kann.
Rollenspiele: Bei dieser Spielform werden im Spiel fremde Rollen übernommen und je nach Erfahrungen des Spielers ausgefüllt. Beim spontanen Rollenspiel, das seinen festen Platz im freien Spiel des Kindes hat, bestimmt der Spieler den Spielinhalt und die Spieldauer selbst. Beim gelenkten Rollenspiel wird der Spielinhalt vom Spielleiter vorgeschlagen. Die Kinder sollen auf der Spielebene alternative Lösungsmöglichkeiten und Verhaltensweisen entwickeln und erproben.
Darstellendes und mediales Spiel: Diese Spielform weist ähnliche Strukturen wie das Rollenspiel auf. Folgende Arten von darstellendem Spiel können unterschieden werden: Stegreifspiel und selbst erarbeitetes Spiel, Pantomime und Scharade, ein improvisiertes Ratespiel, Maskenspiel, Puppen- und Marionettenspiel, Fingerspiel, Schattenspiel, Musik-, Tanz-, Singspiel, Hörspiel, Theaterspiel.

Die verschiedenen Klassifikationsversuche zu Beginn von Kapitel 4 verdeutlichen, dass Spieleinteilungen nach den unterschiedlichsten Kriterien getroffen werden können. Ähnlich wie bei den Definitionsversuchen ist festzustellen, dass eine einheitliche und endgültige Klassifizierung des Spielphänomens auf Grund seiner Komplexität nicht möglich erscheint. Die Klassifikationsversuche sind wie SCHEUERL sagt „bestenfalls brauchbare Wegweiser, um die Menge der Erscheinungen aufzufinden" *(SCHEUERL 1990, S. 128)*. Anspruch auf eine vollständige Erfassung dürfen sie nicht erheben. Dennoch kann auf eine Differenzierung und Systematisierung des Spielgeschehens nicht verzichtet werden, da auf diese Weise ein Überblick über die

Erscheinungsformen und Wirkungen des Spiels gegeben wird und eine Zuordnung einzelner Spiele erfolgen kann.

Der folgenden Spielesammlung legen wir eine Einteilung zu Grunde, die die Institution Schule als Ort des Spielens besonders berücksichtigt. Dementsprechend stehen bei unserem Systematisierungsversuch die Spielfunktion (Zielstruktur) und der Spieleffekt (Wirkungserwartung) im Vordergrund. In der folgenden Übersicht wird das Einteilungssystem, das sich aus Zuordnungsversuchen mit den vorliegenden Einzelspielen entwickelt hat, dargestellt:

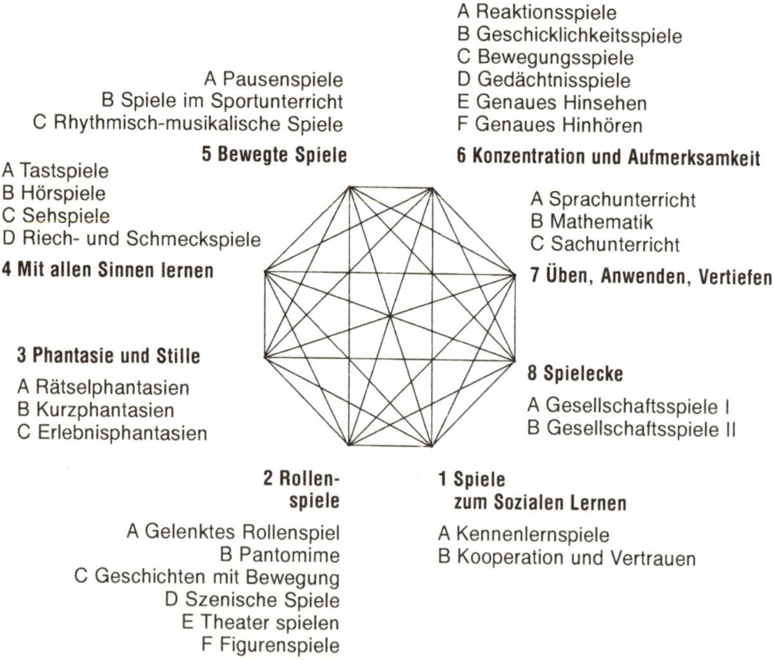

Abb. 3: Einteilungssystem für die folgende Spielesammlung

Viele Spiele werden zwar *einer* bestimmten Kategorie zugeordnet, würden aber auch in eine oder mehrere andere Gruppen passen. Die Grafik soll deutlich machen, dass es zwischen den einzelnen Spielformen deutliche Überschneidungen gibt. So sind beispielsweise viele Spiele genannt, die mit Partnern und in Gruppen gespielt werden. Sie könnten alle der Kategorie der Spiele zum Sozialen Lernen zugeordnet werden; aus Gründen einer differenzierten Systematik sind sie der Gruppe zugeteilt, die dem primären Zuordnungskriterium gerecht wird. In ähnlicher Weise gilt dies auch für Spiele, die die Konzentration fördern, gleichzeitig aber zu unterschiedlichen Lernbereichen gehören und dort ihren Platz finden.

Für die einzelnen Spielformen werden innerhalb der Spielesammlung jeweils kurze Hinweise zur Gestaltung und zu Möglichkeiten der vertiefenden Einarbeitung durch entsprechende Fachliteratur gegeben.

Die einzelnen Spiele wurden von Alexandra Bierweiler, Nicole Litty und Karin Zickgraf zusammengetragen und systematisch dargestellt. Dabei ergab sich für die Mitarbeit an der Spielesammlung folgende Verteilung:

1 Spiele zum Sozialen Lernen (Litty, Zickgraf)
2 Rollenspiele und darstellende Spiele (Bierweiler)
3 Phantasie und Stille (Zickgraf)
4 Mit allen Sinnen lernen (Litty)
5 Bewegte Spiele (Bierweiler, Litty, Zickgraf)
6 Konzentration und Aufmerksamkeit (Bierweiler)
7 Üben, Anwenden, Vertiefen (Bierweiler, Litty, Zickgraf)
8 Spielecke (Litty, Zickgraf).

6. Die Lern- und Spielschule: Fundort der Spiele

Das Konzept der „Lern- und Spielschule" wird seit Beginn des Schuljahres 1992/93 an sechs Standorten in Rheinland-Pfalz erprobt. Ausgangspunkt dieses Modellversuchs ist neben lernpsychologischen, pädagogisch-anthropologischen und didaktischen Grundlagen die Überlegung, dass sich die Lebensbedingungen der Kinder tiefgreifend verändert haben und die Grundschule diese Veränderungen in ihren Lerninhalten, ihrer Organisation, ihren Vermittlungsformen berücksichtigen muss.

GEIBERT stellt fünf Forderungen, die eine zeitgemäße Grundschule erfüllen muss *(GEIBERT 1994, S. 3)*:

- Die Grundschule muss Freiräume eröffnen, damit Kinder lernen können, dass Freiheit und Leistung einander nicht ausschließen.
- Die Grundschule muss Begegnungsräume schaffen, damit Kinder lernen können: Beziehungen sind gestaltbar.
- Die Grundschule muss zeigen, dass Vereinbarungen und Absprachen das Miteinander in einer Gruppe regeln.
- Kinder müssen in der Schule Erfahrungen mit der Zeit machen und lernen, dass Zeit verfügbar ist.
- Kinder müssen in der Schule ihre ureigene Methode des Erprobens und des Einübens von Verhaltensmöglichkeiten wieder finden: das Spielen.

Die zentralen *Zielsetzungen* der Lern- und Spielschule lassen sich (auch im Sinne einer reformpädagogischen Weiterentwicklung) wie folgt zusammenfassen:

- Entwicklung eines pädagogischen Konzepts, das in konsequenter Weise die Integration spiel-, sozial- und schulpädagogischer Ansätze anstrebt.
- Erprobung des Spiels als Möglichkeit zum Erwerb umfassender Kompetenzen (Selbstständigkeit, Kreativität, Sozialkompetenz).
- Umsetzung und Erprobung kindgerechter didaktischer und methodischer Wege: z. B. Öffnung der Schule zum jeweiligen Lernumfeld, inhaltliche und methodische Öffnung des Unterrichts (z. B. Freiarbeit, Formen des selbst bestimmten multisensitiven Lernens: „Lernen mit allen Sinnen").
- Orientierung des Schulalltags an den Lernrhythmen der Kinder; Gestaltung kindgemäßer Formen der zeitlichen Gestaltung des Schulalltags.
- Verbesserung und Erleichterung des Übergangs vom Kindergarten in die Grundschule.
- Zusammenarbeit von Lehrkräften und Fachkräften: zur Gestaltung von gemeinsamen Unterrichtsvorhaben und klassenübergreifenden Projekten.
- Verbesserung der Kooperation in Kollegien. Erarbeitung eines schulspezifischen Profils.
- Kindgerechte Förderung und angemessene Formen der Leistungsbeurteilung und Leistungsrückmeldung.
- Verbesserung von Prozessen pädagogischer Diagnostik: z.B. konsequente systematische Beobachtung und Aufzeichnung mit dem Ziel einer fachgerechten Förderung und Differenzierung.

Pädagogisches Konzept

Spielen: Die Lern- und Spielschule nimmt das Spiel als ureigenste Form des kindlichen Lernens in besonderem Maße mit in den Unterricht hinein und greift damit weit mehr als die Regelschule die vielfältigen Möglichkeiten auf, die das Spiel für die Entwicklung des Kindes bietet *(vgl. SCHÄFER 1994, S. 49)*. Da das Kind in der vorschulischen Zeit sein Wissen und Können vor allem durch spielerische Auseinandersetzung erwirbt, zeichnet sich die Lern- und Spielschule dadurch aus, dass die vorschulischen Spielerfahrungen ebenso ernst genommen werden wie sonstige Lernerfahrungen. Das Spiel wird als eine dem klassischen Lernen oder Arbeiten gleichwertige Möglichkeit zum Erwerb umfassender Kompetenzen für alle Klassenstufen anerkannt.

Rhythmisierung: An Stelle des 45-Minuten-Takts tritt ein rhythmischer Wechsel von Arbeit und Spiel, Konzentration und Entspannung, Einzelaktivität und Zusammenarbeit. Nicht die Pausenklingel entscheidet, sondern die

Verfassung der Kinder und die „pädagogische Logik“ der jeweiligen Situation. Im Sinne regelmäßiger Wiederkehr entwickeln sich Rituale, die den Kindern Überschaubarkeit und Berechenbarkeit zeitlicher Abläufe vermitteln. Kinder planen und gestalten einzelne Arbeits- und Spielphasen und lernen dabei den selbstständigen Umgang mit der Zeit. *(vgl. auch das Berliner Memorandum zur Bundesgrundschulkonferenz 1995).*

Öffnung der Schule: Schulisches Lernen und außerschulische Erfahrungen sollen in der Lern- und Spielschule noch stärker aufeinander bezogen werden. Das „Lernen am anderen Ort“ (z. B. Museum, Schulgarten, örtliche Bibliothek, Gemeindeverwaltung) öffnet die Schule für die Gegenstände des Alltags, der Natur und der Gemeinde. Tiere und Pflanzen in ihrer natürlichen Umgebung aufsuchen, die Dinge am richtigen Ort erleben, Experten befragen kennzeichnen Lernmöglichkeiten außerhalb der Schule.

Öffnung des Unterrichts: Mit diesem Konzept verbindet sich eine Vielzahl von organisatorisch-methodischen und inhaltlichen Aspekten eines schülergerechten Unterrichts. Als Qualitätskriterien eines offenen Unterrichts können u. a. folgende Stichworte genannt werden:

- Methodenvielfalt: Nach Kriterien der Kindgemäßheit und Sachangemessenheit finden unterschiedliche Unterrichtsmethoden ihre Anwendung: z. B. Wochenplanarbeit, Lernzirkel.
- Freiräume: Es existieren Freiräume zum vertiefenden, verweilenden, spielerischen, selbstständigen, entdeckenden Lernen.
- Selbstständigkeit: Kinder haben eine aktive Rolle bei der Steuerung ihres Lernens.
- Umgangsformen: Regeln, die von allen akzeptiert und eingehalten werden können, werden entwickelt. Konflikte werden ernst genommen und bearbeitet. Interesse an anderen, Zuhören und Empathie sollten gefördert werden.
- Umgang mit der Zeit: Die Kinder sollen erfahren können, dass im Verweilen eine Möglichkeit intensiven Lernens und Erlebens liegt („Entschleunigung“). Das Sich-Zeit-Nehmen, das Innehalten sollte toleriert und gefördert werden („Langsamkeitstoleranz“).
- Methodenkompetenz: Eine besondere Bedeutung hat der Erwerb von Arbeitstechniken, die später eine selbstständige Erarbeitung anderer Wissensbereiche ermöglichen (Ziel: das Lernen lernen).

Rahmenbedingungen

Pädagogische Fachkraft: Eine Erzieherin oder Sozialpädagogin gestaltet und verantwortet zusammen mit den Lehrer(inne)n die pädagogische Arbeit. Sie verstärkt die Erziehungsarbeit, fördert und organisiert die Team-Arbeit und bezieht pädagogische Ansätze (z. B. Spiel, Arbeit im Kreis) aus der Vorschulerziehung in das Konzept der Lern- und Spielschulen ein.

Volle Halbtagsschule: Die Kinder gehen 25 Zeitstunden pro Woche in die Schule; im Vergleich dazu erhalten Kinder in der Regelschule im ersten Schuljahr nur 15 Zeitstunden. Durch die erweiterte Unterrichtszeit ergeben sich vermehrt Gelegenheiten, den Interessen der Kinder mehr Raum zu geben und das Spielen zu fördern

Zusätzliche Verfügungsstunden: Jede Schule erhält in Höhe einer halben Lehrerstelle zusätzliche Verfügungsstunden, um ein schulspezifisches Profil zu entwickeln und in schulinternen Arbeitskreisen gemeinsame Projekte zu erarbeiten.

Evaluation: Die Lern- und Spielschule wird über einen Zeitraum von vier Jahren wissenschaftlich begleitet *(vgl. PETILLON/FLOR 1994)*. Im Mittelpunkt der Evaluation steht die Perspektive der Kinder. Es wird der Frage nachgegangen, wie Schülerinnen und Schüler ihre Schule wahrnehmen, interpretierend bearbeiten und in befriedigendes Handeln umzusetzen versuchen. Darüber hinaus werden Lehrer(innen), pädagogische Fachkräfte und Eltern im Sinne einer mehrperspektivischen Analyse in die Evaluation mit einbezogen.

Die folgende Sammlung enthält ausschließlich Spiele, die in der Lern- und Spielschule erprobt wurden. In einer systematischen Befragung wurde der Versuch unternommen, von allen beteiligten Lehrer(inne)n und pädagogischen Fachkräften Informationen zu den in der jeweiligen Klasse durchgeführten Spielen zu erhalten. Nach der Nennung einzelner Spiele wurden Materialien zusammengetragen, die eine weitgehend sachgerechte Rekonstruktion erlauben. Nicht in allen Fällen war es möglich, den Fundort des einzelnen Spiels in der Fachliteratur zu bestimmen. Auch wenn nicht alle Spiele ermittelt werden konnten, so ist doch eine große Sammlung entstanden, die die Vielfalt an Spielmöglichkeiten verdeutlicht und zahlreiche Anregungen für die eigene Praxis enthält. Dabei können einzelne Spiele übernommen, nach eigenen Vorstellungen verändert oder auch neu „erfunden" werden.

Ganz bewusst wurde auf ein kritisches Auswählen auf der Grundlage von Bewertungskriterien verzichtet, sodass alle gefundenen Spiele Eingang in diese Sammlung fanden. Die Leserinnen und Leser mögen selbst entscheiden, welche Spiele für ihre Praxis passen.

Es ist uns ein besonderes Anliegen, festzustellen, dass die genannten Spiele nur einen Ausschnitt aus dem gesamten Spielgeschehen in den Lern- und Spielschulen darstellen. Die folgenden Spielbeschreibungen enthalten alle zunächst Vorgaben zum Spielverlauf und zu einzelnen Spielregeln. In vielen Fällen strukturieren Materialien den Spielprozess weitgehend vor. Dies bedeutet, dass wir das Spielen in seiner ursprünglichsten und umfassendsten Form nur sehr begrenzt erfasst haben. In den Lern- und Spielschulklassen hat sich das Spiel in vielen Fällen auf natürliche Art und Weise entfaltet, indem die Kinder bestimmte Situationen spielerisch aufgegriffen und weiterentwickelt haben. Gespräche im Morgenkreis, Lernaktivitäten in einzelnen Fächern oder besondere Ereignisse wurden experimentierend, mit viel Phantasie neu interpretiert und in ein Spiel übergeführt, das in vielen Fällen alle Spielmerkmale in ausgeprägter Form enthält. Umgekehrt mündeten Spielaktivitäten wieder in klassische schulische Lernsituationen ein, sodass sich organische Verknüpfungen entwickeln konnten.

Die folgende Spielesammlung enthält zu jeder Spielform einen kurzen fachlichen Kommentar. Zu den einzelnen Spielen werden vier Aspekte genannt:

- **Material:** Hier werden Materialien beschrieben, die für das Spiel gebraucht werden.
- **Spielbeschreibung:** In kurzen Worten werden die notwendigen Informationen zum Spielverlauf und zu den Spielregeln dargestellt.
- **Variation:** Häufig wurden zu einzelnen Spielen von den Kindern oder Lehrer(inne)n neue Ideen entwickelt, die zu interessanten Umgestaltungen und neuen Spielwegen führten.
- **Anmerkung:** Hier werden Hinweise zu Akzentsetzungen gegeben und praktische Vorschläge, die aus Erfahrungen mit dem jeweiligen Spiel resultieren, weitergegeben.

Am Ende jedes Spiels findet sich der jeweilige Fundort in der Fachliteratur. In vielen Fällen fehlen uns diese Informationen, weil die Herkunft einzelner Spiele nicht mehr rekonstruiert werden konnte oder in anderen Fällen Spiele selbst erfunden wurden. Daher findet sich häufig bei der Herkunftsnennung ein Hinweis zu der jeweiligen Schule, aus der das Spiel stammt. Die jeweiligen Abkürzungen bedeuten:

HA: Grund- und Hauptschule Raiffeisenschule Hamm
KL: Grundschule Kaiserslautern-Hohenecken
KO: Willi-Graf-Grundschule Koblenz
TR: Grundschule Trier-Ehrang
WA: Grund- und Hauptschule Waldmohr
ZO: Grundschule Zornheim

Foto: Karin Mansel-Ballier

Kapitel 1: Spiele zum Sozialen Lernen

A Kennenlernspiele

Diese Spiele sind vor allem für den Schulanfang geeignet, an dem sich viele Kinder neu begegnen. Bei der Befragung von Schulanfängern zeigt sich, dass das Thema „Mitschüler" im Mittelpunkt ihrer Erfahrungswelt steht. Freude und Stolz über eine freundschaftliche Beziehung sowie Trauer und Wut über Zurückweisungen und Kränkungen kennzeichnen Erzählungen der Kinder zu Erfahrungen in den ersten Schulwochen (*PETILLON 1993*). Die Schüler benötigen vielfältige Erfahrungen, wie man den anderen begegnet und Konflikte besser bewältigt. Kennenlernspiele erleichtern diesen gruppendynamischen Prozess, da das Spiel den Schülern die erste Gelegenheit gibt, miteinander Kontakt aufzunehmen und untereinander „warm" zu werden.

Die Kennenlernspiele, die in den Lern- und Spielschulen eingesetzt wurden, sind im Folgenden nach Schwierigkeitsstufen gegliedert. Die Namenlernspiele helfen, andere Kinder kennen zu lernen und somit auch Anfangsängste abzubauen. Sie werden zusehends schwieriger, da sie immer mehr voraussetzen, dass jedes Kind die Namen der anderen kennt. Die Personenratespiele erfordern mehr Konzentration, da die Kinder Namen und Personen einander zuordnen müssen.

Viele Kennenlernspiele machen auch Spaß, wenn Schüler und Lehrer sich schon kennen: Sie werden dann oft intensiver und persönlicher gespielt. Sie tragen dazu bei, dass die Kinder immer mehr über ihre Mitschüler erfahren und sich in ihrer Individualität zeigen können.

Namenlernspiele

1 Namen lernen

Material: Ball

Spielbeschreibung: Die Gruppe stellt sich im Kreis auf. Ein Kind steht mit dem Ball in der Mitte, wirft ihn einem anderen Kind im Kreis zu und sagt: „Ich heiße ... und wie heißt du?" Wer den Ball fängt, sagt: „Du heißt ...", geht in die Mitte des Kreises, wirft den Ball dem nächsten Kind zu und stellt sich selbst vor: „Ich heiße ... und wie heißt du?" So geht das Spiel weiter. *(BÖSCHEMEYER/VOPEL 1985, S. 5)*

2 Spinnennetz

Material: Wollknäuel
Spielbeschreibung: Die Gruppe steht im Kreis. Ein Kind hält das Ende eines Wollknäuels fest, sagt: „Mein Name ist ...", wirft das Wollknäuel einem anderen Kind zu und fragt: „Wie heißt du?" Das Kind fängt das Wollknäuel, sagt seinen Namen, hält den Wollfaden fest, wirft das Wollknäuel weiter und fragt ein anderes Kind nach seinem Namen. Am Ende des Spiels entsteht ein Spinnennetz.
Das Spiel kann erweitert werden, indem das Wollknäuel zurückgeworfen wird und der Werfer den Namen des Fängers nennt. Dabei wird die Wolle aufgewickelt.
Anmerkung: Durch dieses Spiel wird die Kooperation gefördert. Alle Kinder müssen die Wolle festhalten, damit ein Spinnennetz entstehen kann. – Das „Wollknäuel" kann ein „Ball" aus bunten, verknoteten Perlonstrümpfen sein, damit den Kindern das Werfen leichter fällt. Außerdem ist eine „Perlonschnur" elastischer. *(KO)*

3 Die höflichen Chinesen

Material: Gong o. Ä.
Spielbeschreibung: Die Kinder sitzen im Kreis, es ist kein Stuhl mehr frei. Der Spielleiter begrüßt seine Gäste, die sich erst einmal kennen lernen sollen. Er geht auf ein Kind zu, verbeugt sich und stellt sich mit seinem Namen vor. Das Kind steht auf, verbeugt sich ebenfalls und nennt seinen Namen. Nun gehen die beiden Stehenden zu anderen Kindern und stellen sich ihnen vor. Wenn alle Kinder stehen, geht das Verbeugen und Vorstellen innerhalb des Kreises weiter, bis plötzlich der Gong ertönt und alle schnell einen Platz suchen. Wer übrig bleibt, kann das Spiel noch einmal in Gang bringen. *(KINDER-SPIELEKARTEI)*

4 Hatschi-Patschi

Spielbeschreibung: Die Gruppe sitzt im Kreis. Ein Kind muss vor die Tür; ein Stuhl wird weggestellt. Die anderen Kinder bestimmen, wer „Hatschi-Patschi" ist. Das Kind kommt wieder herein und fragt die anderen: „Wie heißt du?" Die Kinder sagen ihren Namen. Das Kind hat nur sechs Versuche, um „Hatschi-Patschi" zu finden. Wird „Hatschi-

Patschi" gefunden, müssen alle die Plätze tauschen. Das Kind in der Mitte muss versuchen, einen Platz zu bekommen. Wird „Hatschi-Patschi" nicht gefunden, muss sich „Hatschi-Patschi" zu erkennen geben und vor die Tür gehen. *(Quelle unbekannt)*

5 Flüsterspiel

Spielbeschreibung: Der Lehrer ruft ein Kind nach vorne und flüstert ihm einen Namen ins Ohr. Das Kind geht an seinen Platz zurück und ruft den Namen, den der Lehrer geflüstert hat. Das gerufene Kind geht zum Lehrer. Das Spiel geht immer so weiter.
Anmerkung: Zwischen Flüstern und Rufen können auch andere Aktivitäten stattfinden, dadurch müssen die Namen länger im Kopf behalten werden. *(KO)*

6 Begrüßungsspiel

Spielbeschreibung: Die Kinder laufen, mit Musik begleitet, im Zimmer herum. Wird die Musik unterbrochen, müssen sich alle nebeneinander stehenden Kinder auf eine bestimmte Art begrüßen, z.B. Hände schütteln, beide Hände gegeneinander klatschen, kleinen Finger einhakeln oder Nasenspitze berühren. Die Kinder begrüßen sich zusätzlich mit: „Ich heiße ..."
Variation: Die Kinder begrüßen sich mit: „Ich begrüße dich, ..." und nennen den Namen des anderen Kindes. *(WA)*

7 Ich heiße Birgit und mache so ...

Spielbeschreibung: Die Gruppe sitzt im Kreis. Ein Kind beginnt, indem es sagt: „Ich heiße ... und mache so ..." – dabei macht es eine beliebige Bewegung; es kratzt sich z.B. mit der linken Hand hinter dem linken Ohr. Der linke Nachbar macht weiter: „Du heißt ... und machst so ..." – kratzt sich mit der linken Hand hinter dem linken Ohr – „und ich heiße ... und mache so ..." – er hebt z.B. das rechte Bein waagrecht hoch. Der linke Nachbar muß wiederum den Namen und die Bewegung seines Vorgängers wiederholen und den eigenen Namen mit einer neuen – noch nicht da gewesenen – Bewegung hinzufügen.
Variation: Das Spiel wird viel schwerer, wenn von jedem Spieler alle bisherigen Namen und Bewegungen wiederholt werden müssen.
Anmerkung: Die Variante sollte nur in kleinen Gruppen gespielt werden. *(KL)*

8 Namen singen und klatschen

Spielbeschreibung: Jedes Kind sagt seinen Vornamen. Anschließend werden die Namen von allen gemeinsam gesungen. Dabei wird zu jeder Silbe geklatscht. Nachdem alle Namen genannt worden sind, könnt ihr fragen, wer sich welchen Namen merken konnte. Ihr könnt auch fragen, was den Kindern hilft, sich einzelne Namen zu merken. Es bietet sich an, dass die Klasse im Kreis sitzt, so dass jeder jeden von Kopf bis Fuß sehen kann. Am besten fangt ihr an, euren Namen in einem Ton oder verschiedenen Tönen zu singen und dabei zu klatschen. Dann wird es von allen Kindern wiederholt. Schließlich können die Kinder in beliebiger Reihenfolge bei ihren eigenen Namen weitermachen. Vielleicht gibt es auch Kinder, die ihren Namen nur laut und deutlich sagen wollen, ohne dass gesungen wird.

9 Guten-Morgen-Spiel

Spielbeschreibung: Die Gruppe sitzt im Kreis. Ein Kind sagt: „Ich bin ... und habe heute schon Zähne geputzt." Das Kind stellt das Zähneputzen pantomimisch dar. Die anderen Kinder machen es nach und sagen: „Guten Morgen!" Das Spiel geht der Reihe nach weiter. Die Kinder haben sich z.B. schon gewaschen, angezogen, gekämmt oder haben gefrühstückt, verschlafen ... *(TR)*

10 Wie heißt du?

Spielbeschreibung: Die Gruppe sitzt im Stuhlkreis. Ein Kind steht in der Mitte und fragt der Reihe nach die anderen Kinder: „Wie heißt du?" Das gefragte Kind antwortet: „Ich heiße ... und habe heute schon getanzt." Das Tanzen wird pantomimisch dargestellt. Die anderen Kinder sagen: „Das ist ... und sie/er hat heute schon getanzt." Die Kinder wiederholen ebenfalls die Bewegung. Wenn jedes Kind seinen Namen mit einer beliebigen Bewegung genannt hat, müssen sie schnell die Plätze tauschen. Das Kind, das in der Mitte stand, muss versuchen, einen Platz zu bekommen. Das Kind, das nun in der Mitte steht, kann sich eine neue Frage ausdenken, z.B.: „Hast Du einen Bruder?" Das gefragte Kind antwortet dann: „Ja, ich habe einen Bruder", oder: „Nein, ich habe keinen Bruder." Die Kinder wiederholen dann: „Das ist ... und sie/er hat einen/keinen Bruder." So geht das Spiel immer weiter.
Variation: Die Kinder müssen die Bewegungen und Antworten des Kindes von den vorherigen Runden wiederholen. Dies ist aber sehr schwierig und eignet sich nur für kleine Gruppen. *(KL)*

11 Namenball

Spielbeschreibung: Die Kinder sitzen im Kreis, eines steht in der Mitte und erhält einen Ball. Der Ball wird nun einem Kind zugeworfen, das ganz schnell den Namen seines linken und rechten Nachbarn nennen muss. Kann es das nicht, geht es in den Kreis. Wenn das Kind in der Mitte den Ball in die Luft wirft, werden alle Plätze getauscht. Wer übrig bleibt, geht in die Mitte. *(GUDJONS 1995, S.63)*

12 Sag uns deinen Namen

Spielbeschreibung: Alle Kinder sitzen oder stehen im Kreis. Ein Kind geht in die Kreismitte und sagt laut und deutlich seinen Namen, z.B.: „Ich heiße Julian." Alle Kinder singen: „Er heißt Julian ..." Das Kind in der Mitte geht auf ein anderes Kind zu, holt es in die Mitte und fragt: „Wie heißt du?" Das zweite Kind nennt seinen Namen, z.B.: „Ich heiße Carolin." Alle Kinder singen dann: „Sie heißt Carolin ..." Beide Kinder begrüßen sich, während die anderen Kinder klatschen. Sie können sich begrüßen, indem sie sich die Hände schütteln, sich verneigen, sich umarmen oder sich eine Begrüßungsform ausdenken. Das erste Kind geht auf seinen Platz zurück, und das zweite Kind holt ein anderes Kind. Dieses Spiel eignet sich besonders, um neue Kinder aufzunehmen. *(JÖCKER 1991, S. 11)*
Liedtext: Lore Kleikamp; Musik: Detlev Jöcker

13 Namenszug

Spielbeschreibung: Die Kinder sitzen alle an ihrem Platz und singen, während die Lok (ein Kind) umherfährt. Die Lok wählt ein Kind aus, das sich anhängen darf, indem es den Namen in den gesungenen Text einsetzt. Der neue „Wagen" legt die Hände auf die Schultern oder in die Taille des vorderen Kindes. Gemeinsam fahren sie zum nächsten Kind, das vom letzten Kind des Zuges bestimmt wird, indem es laut den Namen einsetzt. So geht es weiter, bis alle sich angehängt haben.
Anmerkung: In der Lern- und Spielschule wurde ein anderes Lied gesungen:
„Bimelimelim-Elektrisch kommt, Schaffner muss sich plagen,
wer noch 50 Pfennig hat, der steigt in den Wagen.
Der Timo, der Timo, der soll es sein, der Timo ist schon groß
und fährt alleine los."
(REGELEIN 1990, S. 112)

14 Wer ist das?

Spielbeschreibung: Ein Kind sitzt oder steht im Kreis. Die anderen Kinder beschreiben der Reihe nach
a) die Kleidungsstücke des Kindes in der Mitte, Farbe, Material usw.,
b) die Farbe der Augen, der Haare.
Das Kind, das nichts mehr zu beschreiben weiß, muss den Namen des Kindes in der Mitte erfragen. Dieses sagt oder singt seinen Namen. Das Kind, das den Namen erfragen musste, geht nun in die Mitte.
Anmerkung: Bei einer insgesamt neuen Gruppe sollten möglichst alle Kinder in den Kreis, andernfalls nur das neue Kind.
(KINDER-SPIELEKARTEI)

15 Alle, die ...

Spielbeschreibung: Ein Spieler steht in der Mitte des Kreises und fordert zum Plätzetausch auf, indem er ein bestimmtes Merkmal benennt, das mehrere Spieler besitzen, z. B. „alle Brillenträger", „alle mit einem karierten Hemd", aber auch „alle, die heute morgen das Zähneputzen vergessen haben", „alle, die gerne ins Kino gehen".
Während die aufgerufenen Spieler die Plätze wechseln, versucht der Spieler in der Mitte einen freien Platz zu erwischen. Derjenige, der ohne Platz geblieben ist, macht in der Mitte weiter.
(FLEMMING u. a., o. J.)

16 Ich liebe alle, die ...

Spielbeschreibung: Ein Kind ruft z.B.: „Ich liebe alle, die abends im Bett gerne lesen." Dann wechseln alle Kinder, auf die das zutrifft, die Plätze. Wer jetzt neben dem Kind sitzt, das gerade gerufen hat, macht weiter z. B. mit: „Ich liebe alle, die Angst in der Dunkelheit haben." Die Kinder, auf die das zutrifft, tauschen wieder die Plätze.
Variation: Wie gefallen dir deine Nachbarn?
„Ganz gut, bis auf die, die gerne Fisch essen" ist z. B. als Antwort möglich. Auch hier werden die Plätze getauscht.
(DIE GRUNDSCHULZEITSCHRIFT 1992)

17 Namenskreuzwörter

Spielbeschreibung: Die Klasse sitzt im Kreis, in dessen Mitte ein großes Blatt Papier liegt. Ein Kind beginnt und schreibt seinen Namen mit großen Druckbuchstaben auf das Papier. Die nächsten setzen ihren Namen so hinzu, dass sich mindestens ein Buchstabe mit dem schon geschriebenen Namen deckt. Alle werden in das Kreuzworträtsel eingepasst. *(DIRX 1984, S. 25)*

```
    M     A
S T E F A N
    L     J Ö R G
  M A R I A
    N
    I N G E
    E
```

18 Namenluftballons

Spielbeschreibung: Jedes Kind bekommt einen Luftballon, auf den es seinen Namen schreibt. Auf passende Musik laufen oder tanzen alle durch den Raum und werfen sich Luftballons zu. Stoppt die Musik muss der Luftballon an den „Besitzer" zurückgegeben werden. *(BAER 1994, S. 259)*

19 Reporter

Spielbeschreibung: Die Kinder gehen paarweise zusammen. Ein Kind übernimmt die Rolle des Reporters und interviewt das andere Kind. Die Fragen können vorgegeben werden, z. B. über Hobbys, Vorlieben, Interessen, Stärken, Erlebnisse am Wochenende oder im Urlaub.
Das Kind in der Reporterrolle berichtet dann der Klasse über die erhaltenen Antworten, es stellt das interviewte Kind der Klasse vor. Danach werden die Rollen getauscht.
Variation: Die Kinder stellen sich erst dann der Klasse vor, wenn sich beide interviewt haben.
Anmerkung: Die Variation ist besonders schwierig, wenn sich die Kinder überhaupt noch nicht kennen. Es stürmt so viel Neues wie Namen oder Alter auf die Kinder ein, dass sie manchmal das Wesentliche beim Vorstellen vergessen.
Für dieses Spiel sollte ein Zeitrahmen gesetzt werden. *(WA)*

20 Ich weiß von dir ...

Spielbeschreibung: „Ein Schüler beginnt und sagt zum Beispiel: 'Ich weiß von dir, wo du wohnst, nämlich in der Brunnenstraße 30.' Nur das Kind, welches gemeint ist, darf jetzt nichts sagen. Alle anderen dürfen den Namen dieses Kindes rufen. Dann ist das nächste Kind an der Reihe und sagt etwa: ‚Ich weiß deinen Geburtstag, der ist nämlich nächste Woche.' So geht es weiter, bis alle Kinder mindestens einmal an der Reihe waren." *(GRUNDSCHUL-SPIELKARTEI)*

21 Indianer auf dem Kriegspfad

Spielbeschreibung: Fünf Kinder gehen vor die Tür, kommen in einer bestimmten Reihenfolge herein, drehen eine Runde durchs Klassenzimmer und gehen wieder hinaus. Die Kinder kommen in einer anderen Reihenfolge wieder herein. Wer kann die erste Reihenfolge wieder herstellen und die Namen der Kinder nennen? *(KO)*

22 Gesucht wird Franz

Spielbeschreibung: Die Kinder wandern im Raum umher. Von Zeit zu Zeit sagt der Spielleiter: „Gesucht wird ...", und setzt den Namen eines Kindes aus der Klasse ein. Alle Kinder müssen sich umschauen, um herauszufinden, wo das genannte Kind gerade steht. Wer dem gesuchten Kind zuerst die Hand auf die Schulter legt, hat die erste Runde gewonnen. Danach sucht der Spielleiter ein anderes Kind. Es kommt darauf an, dass die Kinder sehr schnell herausfinden, wo das gesuchte Kind steht. Derjenige, der dem Kind zuerst die Hand auf die Schulter legt, hat die zweite Runde gewonnen. So geht es immer weiter. *(BÖSCHEMEYER/VOPEL 1985, S. 6)*

23 Mein rechter Platz ist frei

Spielbeschreibung: Im Kreis steht ein Stuhl mehr, als Kinder mitspielen. Das Kind, das links neben dem freien Platz sitzt, sagt: „Mein rechter, rechter Platz ist frei, ich wünsche die/den ... herbei." Das gewünschte Kind setzt flink sich auf den freien Stuhl. Das Kind, neben dem nun der rechte Platz frei ist, wünscht sich mit demselben Spruch ein anderes Kind herbei. So geht es immer weiter.
Variationen: Das Kind, das links neben dem freien Platz sitzt, sagt: „Mein rechter, rechter Platz ist leer, ich wünsche mir die/den ... her." Das Kind, das links neben dem freien Platz sitzt, sagt: „Mein rechter,

rechter Platz ist frei, ich wünsche mir die/den ... als ... herbei." Es nennt ein Tier, z.B. Löwe, Katze, Schlange oder Frosch. Das gewünschte Kind muss sich wie das Tier zum freien Platz bewegen, z.B. auf allen vieren brüllend, miauend, auf dem Boden schlängelnd oder hüpfend. Ein Kind wird statt mit Namen mit einem Merkmal (Kleidungsstück, besondere Fähigkeiten, Eigenschaften) herbeigerufen. Fühlen sich mehrere Kinder angesprochen, so gibt es einen Wettlauf.
Das Kind, das rechts neben dem freien Platz sitzt, sagt: „Mein linker, linker Platz ist frei, ich wünsche mir die/den ... herbei."
(Quelle unbekannt)

24 Vogelnachbar

Spielbeschreibung: Die Kinder sitzen im Kreis, wobei alle Stühle bis auf einen besetzt sein müssen. Von nun an haben alle Vogelnamen. Der Spieler, der links vom leeren Stuhl sitzt, beginnt: „Mein rechter, rechter Platz ist leer, ich wünsche mir die Schwalbe her." Das Kind, das die Schwalbe darstellt, verlässt nun den eigenen Platz und setzt sich auf den leeren Stuhl. Weiter geht es dann bei dem Kind links neben dem freigewordenen Stuhl. Es spricht: „Mein rechter, rechter Platz ist leer, ich wünsche mir den Kuckuck her." Hat ein Spieler nicht aufgepasst, muss er ein Pfand abgeben.
Variationen: Anstatt der Vogelnamen können auch die richtigen Namen der Kinder oder die anderer Tiere genommen werden.
(WALTER 1984)

25 Ich sitze im Grünen

Spielbeschreibung: Alle Kinder sitzen im Stuhlkreis, ein Platz ist frei. Das Kind neben dem freien Platz rückt weiter und ruft: „Ich sitze", das nächste Kind rutscht nach und ruft: „im Grünen", das dritte Kind rückt auch nach und ruft: „und liebe", das vierte Kind folgt und ruft: „ganz heimlich." Das benachbarte Kind rückt nicht weiter, sondern nennt den Namen eines Kindes, das es sich herbeiwünscht. An der Stelle, wo jetzt der Platz frei geworden ist, geht das Spiel weiter.
Variationen: Wer einen Fehler macht, bekommt den Namen eines Tieres verliehen, der gerufen werden muss, wenn sich jemand dieses Kind herbeiwünschen möchte. – Die Kinder, die neben dem Kind sitzen, das herbeigewünscht wird, müssen das gerufene Kind daran hindern, den Platz zu tauschen. – Die Namen aller Kinder stehen auf kleinen Zetteln, die an die Kinder verteilt werden. Jetzt können zwei Kinder auf den frei gewordenen Platz stürmen, das „richtige" Kind und das Kind, das den gerufenen Namen auf dem Zettel stehen hat.

Anmerkung: Die Variationen machen das Spiel turbulenter und schneller. Durch das Festhalten des gewünschten Kindes kann das Spiel recht wild werden. Daher sollte man stabile Stühle verwenden und aufhören, bevor das Spiel zu wild wird. *(GUDER 1983, S. 12)*

26 Ich mache eine Reise und nehme … mit

Spielbeschreibung: Die Kinder sitzen im Kreis. Ein Kind beginnt und sagt: „Ich mache eine Reise und nehme … mit." Es nennt den Namen des rechten Nachbarn. Der linke Nachbar des Kindes sagt dann: „Ich mache eine Reise und nehme … mit." Das Spiel geht im Uhrzeigersinn weiter.
Variation: Ein Kind sagt: „Ich mache eine Reise und nehme … mit", und zählt dann die Namen aller schon genannten Kinder auf.
(Quelle unbekannt)

27 Zip-Zap

Spielbeschreibung: Alle Kinder sitzen im Kreis. Ein Kind steht in der Mitte und geht auf ein anderes Kind zu. Sagt es zu diesem Kind „Zip", muss es schnell den Namen seines linken Nachbarn nennen, bei „Zap" muss es den Namen des rechten nennen. Weiß das Kind den Namen, muss das Kind in der Mitte zu einem anderen Kind gehen. Weiß das Kind den Namen nicht oder verwechselt rechts und links, muss es das Kind in der Mitte ablösen. Gelingt es dem Kind nicht, so einen Platz zu erhalten, kann es „Zip-Zap" rufen. Alle Kinder müssen dann ihre Plätze tauschen. Das Kind in der Mitte versucht, schnell einen freien Platz zu ergattern. Wer übrig bleibt, muss in die Mitte und die nächste Runde beginnen.
Variation: Das Kind in der Mitte hat einen Ball und wirft ihn einem Kind zu, während es „Zip" oder „Zap" ruft. Bei „Zip-Zap" prellt es den Ball auf den Boden.
Anmerkung: Besonders lustig wird das Spiel, wenn das Kind in der Mitte in schnellem Tempo die Kinder mit „Zip" oder „Zap" auffordert, den Namen des Nachbarn zu nennen. Viele fühlen sich dann so überrumpelt, dass ihnen die Namen nicht mehr einfallen. *(TR)*

28 Namensduell

Material: Bettlaken, große Decke, Fallschirm oder Schwungtuch
Spielbeschreibung: Die Gruppe wird in zwei Kleingruppen geteilt. Zwei Kinder halten ein großes Tuch hoch. Auf beiden Seiten nimmt eine

Kleingruppe Platz. Die beiden Gruppen dürfen sich nicht sehen. Jede Gruppe sucht nun einen Spieler aus, der sich mit dem Gesicht zum Tuch direkt davor setzt. Auf ein vereinbartes Zeichen fällt das Tuch und die beiden Spieler müssen so schnell wie möglich den Namen ihres Gegenübers nennen. Wer dies zuerst schafft, der darf den anderen Spieler in die eigene Mannschaft mitnehmen. Das Spiel wird in gleicher Weise fortgesetzt.
Variationen: Statt einer Person können auch zwei Personen vor dem Tuch sitzen. – Die Spieler sitzen mit dem Rücken zum Tuch und versuchen, anhand der Personenbeschreibung der übrigen Mitglieder, herauszufinden, wer Rücken an Rücken sitzt.

Personenratespiele

29 Personen raten

Spielbeschreibung: Die Gruppe sitzt im Kreis. Der Spielleiter beginnt das Spiel, indem er ein Kind aus dem Kreis beschreibt, z.B.: „Ich sehe ein Kind, das hat braune Haare, einen roten Pullover und blaue Strümpfe an. Wer kann das sein?"
Das Kind, das beschrieben wurde, darf ein anderes Kind aus dem Kreis beschreiben.
Anmerkung: Das Spiel ist eine Variation zu dem bekannten „Ich sehe was, was du nicht siehst". *(WA)*

30 Für wen packen wir den Koffer?

Spielbeschreibung: Die Gruppe sitzt im Kreis. Ein Kind geht vor die Tür. Die Kinder verabreden, für wen sie den Koffer packen. Wenn das Kind wieder hereinkommt, packen die Kinder reihum ein Kleidungsstück oder Merkmal des Kindes ein, auf das sie sich zuvor geeinigt haben, z.B.: blaue Strümpfe, weißer Pullover, Turnschuhe, Armband, Haarschleife ... Das Kofferpacken endet, wenn das Kind erraten hat, wer gemeint ist.
Anmerkung:
Das Spiel wird besonders lustig, wenn der Koffer auch mal für das ratende Kind selbst gepackt wird. *(KO)*

31 Visitenkarte

Material: Namenszettel, Stift und Papier
Spielbeschreibung: Jedes Kind erhält einen gefalteten Zettel, auf dem der Name eines Kindes steht. Sie haben nun die Aufgabe, dieses Kind auf einem Blatt Papier zu beschreiben: Aussehen, Eigenschaften, Hobbys usw. Wichtig dabei ist, dass keine augenfälligen Merkmale wie die Kleidung mitgeteilt werden. Die Kinder benötigen dazu ungefähr 5 Minuten.
Anschließend werden die Beschreibungen eingesammelt und vorgelesen. Die Kinder müssen nun versuchen, das beschriebene Kind zu identifizieren.
Anmerkung: Das Spiel ist für Kinder ab der 3. Klasse geeignet.
Die Kinder werden durch dieses Spiel ermuntert, sich intensiv mit einem bestimmten Kind zu befassen. Sie lernen das Kind besser kennen und verstehen. Für das charakterisierte Kind bedeutet es eine Art Selbsterfahrung, wie es von anderen gesehen und eingeschätzt wird. Das kann natürlich auch zu Problemen führen. *(WA)*

32 Ganzkörperbilder

Material: Tapetenrolle, Stifte, Schere, Farben
Spielbeschreibung: Jedes Kind bekommt ein Stück Tapetenrolle, das größer ist als es selbst. Es gehen immer zwei Kinder zusammen. Ein Kind legt sich mit ausgebreiteten Armen und Beinen auf das Papier, das andere zeichnet möglichst genau die Umrisse nach (Stift möglichst senkrecht halten, damit Arme und Beine nicht zu dünn werden). Dann wird gewechselt. Die Figur wird entlang der Linie ausgeschnitten. Jedes Kind malt sich selbst so an, wie es ihm gefällt: Gesicht, Kleider, Schuhe. Die Bilder werden aufgehängt oder auf den Boden gelegt. Am Ende müssen die Kinder raten, wer wer ist. *(TR)*

33 Babybilder

Material: ein großer Bogen Packpapier und ein Bild von jedem Kind; möglichst aus dem Baby- bzw. Kleinkindalter.
Spielbeschreibung: Die Kinder geben ihre Bilder, die sie keinem anderen Kind vorher zeigen, ab. Der Spielleiter klebt die Bilder auf den großen Bogen. Gemeinsam raten die Kinder, welches Babybild zu welchem Kind gehört.
Anmerkung: Zu diesem Spiel gibt es verschiedene Auswertungsgesichtspunkte, z.B.:
– Welche Babys sehen ähnlich aus?

– Sehen diese Kinder sich heute auch noch ähnlich?
– War es leicht für mich, die Kinder auf den Bildern wieder zu erkennen?
– Wie war es damals, als ich so klein war wie auf meinem Babybild?
Das Poster kann später im Klassenzimmer aufgehängt werden.
(BÖSCHEMEYER/VOPEL 1985, S. 55)

34 Eselspiel – Rate, wer unter der Decke steckt

Material: Decke
Spielbeschreibung: Die Gruppe sitzt im Kreis. Ein Kind geht vor die Tür. In der Zwischenzeit wird das Eselchen (ein Kind aus dem Kreis) unter einer Decke versteckt. Die anderen Kinder tauschen die Plätze. Das Kind von draußen kommt herein und muss raten, wer fehlt. Es sagt: „Eselchen, Eselchen, ruf mal ‚ia'." Das Eselchen ruft mit verstellter Stimme ‚ia'. Kann es danach nicht erraten, wer das Eselchen ist, sagt es: „Eselchen, Eselchen, streck mal deine Hand (Arm, Fuß, Bein) aus." Das Spiel geht immer so weiter, bis das Eselchen erraten ist.

35 Hänschen, piep einmal!

Material: Tuch zum Verbinden der Augen
Spielbeschreibung: Alle Kinder sitzen im Kreis. Ein Kind steht mit verbundenen Augen in der Mitte. Das Kind setzt sich auf den Schoß eines anderen Kindes und sagt: „Hänschen, piep einmal!" Nachdem das Kind mit verstellter Stimme gepiepst hat, muss das „blinde" Kind erraten, auf wessen Schoß es sitzt. Hat es richtig geraten, wird gewechselt, andernfalls muss sich der „Blinde" bei einem anderen Kind auf den Schoß setzen.
Anmerkung: Das „blinde" Kind darf das andere Kind nicht anfassen; es soll außer der Stimme keinen Anhaltspunkt haben. *(KL)*

36 Plätze tauschen

Spielbeschreibung:
Die Kinder sitzen im Kreis, ein Freiwilliger steht in der Mitte mit verbundenen Augen. Er ruft nun die Namen von zwei Mitspielern auf, die möglichst leise ihre Plätze tauschen sollen, während er einen der beiden zu fangen versucht. Hat das Kind mit den verbundenen Augen Glück und berührt eines der beiden Kinder, so bekommt dieses die Augen verbunden und fordert andere zum Plätzetausch auf.

37 Im Keller ist es duster

Material: Tuch zum Verbinden der Augen
Spielbeschreibung: Ein Kind sitzt mit verbundenen Augen in der Kreismitte. Die anderen Kinder sitzen im Kreis und singen ähnlich der Melodie von „Backe, backe Kuchen“ das Lied
„Im Keller ist es duster,
da wohnt ein armer Schuster,
er hat kein Licht, er hat kein Licht,
er sieht die liebe Sonne nicht.“
Ein anderes Kind schleicht sich von hinten an und fragt am Ende des Liedes mit verstellter Stimme: „1, 2, 3, 4 – wer steht hinter dir?“ Das Kind muss nun erraten, wer hinter ihm steht. Es hat höchstens drei Versuche, dann kommt ein anderes Kind an die Reihe.
Anmerkung: Das Spiel kann auch ohne Lied gespielt werden. *(KO)*

38 Schatten raten

Spielbeschreibung: Wir brauchen eine aufgespannte Leinwand aus zwei Bettlaken. Zum Aufhängen spannen wir eine Wäscheleine durch den Raum. Als Lichtquelle erlaubt der Tageslichtprojektor besonders viele Experimente. Die Kinder sitzen vor der Leinwand. Eine kleinere Gruppe agiert: Sie verbirgt sich hinter der Lichtquelle, und nach und nach tritt jeder einmal dicht an die Leinwand heran und soll von den Zuschauern erraten werden. Wer ist das? Dann wird gewechselt, damit jedes Kind einmal drankommt.
Variationen: Das Personenraten wird schwieriger, wenn man sich ein kleines bisschen verkleidet oder die Frisur verändert: Ponyfransen werden unter einer Mütze versteckt, durch Ausstopfen der Kleidung sieht man dicker aus, eine lange Papiernase verändert das Gesicht.
Pädagogische Hinweise: Schattenspiele sind faszinierend, und weil man einen Klassenraum gewöhnlich nicht ganz abdunkeln kann, bietet gerade ein Heimaufenthalt die gute Gelegenheit, eine „Nachtaktion“ mit Schattenspiel zu gestalten. – Schatten wirken ein bisschen fremd, so ist es gar nicht einfach, die Klassenkameraden zu erraten, besonders wenn sie sich durch Kostümteile verändern.
Das beschriebene Spiel ist nur ein bescheidener Anfang, könnte aber der Einstieg zu kleinen Theaterszenen sein.
Hilfsmittel: ein oder zwei weiße Bettlaken, eine Wäscheleine, Wäscheklammern oder Sicherheitsnadeln zum Befestigen, eventuell Kartenständer und eine lange Latte. Als Lichtquelle Tageslichtprojektor oder Nachttischlampe, auch eine große Taschenlampe oder eine Kerze. *(FLEMMING u. a., o. J.)*

39 Hände raten

Material: Decke
Spielbeschreibung: Drei bis vier Kinder verstecken sich hinter einer im Raum gespannten Decke. Sie strecken beide Arme hoch, so dass nur die Hände zu sehen sind. Die anderen Kinder müssen raten, welche Hand zu welchem Kind gehört.
Variation: Die Kinder müssen ein Kind an seinen Händen ertasten.
Anmerkung: Das Spiel kann auch hinter einem kleinen Schrank oder Regal durchgeführt werden. *(ZO)*

40 Wer fehlt?

Spielbeschreibung: Die Kinder schließen die Augen bzw. halten sich die Hände vor das Gesicht. Der Spielleiter berührt vorsichtig ein Kind an der Schulter, nur dieses Kind darf dann die Augen öffnen. Das Kind verlässt ganz leise auf Zehenspitzen den Raum. Ist es draußen, dürfen die anderen die Augen wieder öffnen. Sie müssen sich umsehen und feststellen, wer fehlt.
Damit mehrere die Gelegenheit haben, Gewinner zu sein, sollen sie den Namen nicht laut rufen, sondern die Hand heben. Sie flüstern dann dem Spielleiter den Namen ins Ohr. Nach etwa fünf geflüsterten Lösungen darf ein Kind den Namen des fehlenden Kindes laut nennen.
Variation: Ein Kind wird unter einer Decke versteckt.
Anmerkung: Die Kinder setzen sich bei diesem Spiel aktiv mit den Namen der anderen auseinander. Sie können sich darüber bewusst werden, wen sie mehr und wen sie weniger beachten.
(BÖSCHEMEYER/VOPEL 1985, S. 7)

41 Blinde Maus

Spielbeschreibung: Die Kinder bilden einen Kreis und fassen sich an den Händen. Ein Kind steht mit verbundenen Augen in der Mitte. Der Kreis dreht sich eine Weile und kommt dann zum Stehen. Die blinde Maus geht zu einem Kind und versucht durch Tasten zu erraten, um wen es sich handelt. Hat es Erfolg, wird das erratene Kind die blinde Maus.

B Kooperation und Vertrauen

Bereits in der Kindheit festigen sich individuelle soziale Verhaltensweisen, die bis in das Erwachsenenalter hinein bestehen und später den Umgang mit anderen Menschen beeinflussen. Aus diesem Grund kommt dem sozialen Lernen in der Grundschule eine große Bedeutung zu. Dabei muss das Kind lernen, zwischen den eigenen Ansprüchen und den Ansprüchen anderer ein Gleichgewicht zu finden. Eine systematische Betrachtung der Zielsetzungen, die wir mit Sozialem Lernen verbinden, führt zu folgendem Katalog von sozialen Kompetenzen (*PETILLON 1993, S. 130*):

> **Kommunikation:** Fähigkeit und Bereitschaft, sich verständlich zu machen und andere zu verstehen.
> **Kontakt:** Fähigkeit und Bereitschaft, mit anderen Kontakt aufzunehmen.
> **Kooperation:** Fähigkeit und Bereitschaft, mit anderen zusammenzuarbeiten.
> **Solidarität:** Fähigkeit und Bereitschaft zu gemeinsamen Handlungen in kleineren und größeren Gruppen; Bewusstsein der Zusammengehörigkeit und Erkenntnis der gemeinsamen Lage.
> **Konflikt:** Fähigkeit und Bereitschaft, konstruktives Konfliktlöseverhalten zu praktizieren.
> **Ich-Identität:** Fähigkeit und Bereitschaft, Fremderwartungen und eigene Bedürfnisse so zu verarbeiten, dass ein eigenes selbst bestimmtes Rollenverhalten entwickelt und praktiziert werden kann.
> **Soziale Sensibilität:** Fähigkeit und Bereitschaft, sich in die Rolle eines anderen zu versetzen, sich in seine Lage einzufühlen und das Ergebnis dieser Bemühung in das eigene Verhalten einzubeziehen.
> **Toleranz:** Fähigkeit und Bereitschaft, die Andersartigkeit, Eigentümlichkeit, Hilfsbedürftigkeit usw. anderer zu erkennen und zu respektieren, Vorurteile zu hinterfragen.
> **Kritik:** Fähigkeit und Bereitschaft, Informationen, Normen, Handlungen, feststehende Urteile kritisch zu hinterfragen und gegebenenfalls Alternativen zu entwickeln.
> **Umgang mit Regeln:** Fähigkeit und Bereitschaft, wichtige Regeln des Zusammenlebens zu erarbeiten, zu beachten und gegebenenfalls zu revidieren.

Interaktionsspiele sind dadurch gekennzeichnet, dass sie in einer Gruppe auf spielerische Art und Weise persönliche Kontakte initiieren und intensivieren und dem Einzelnen wie der gesamten Gruppe dabei gezielt sozial-emotionale Erfahrungen ermöglichen. Sie stellen einen Rahmen dar, in dem der Einzelne und die Gruppe mit dem eigenen Verhalten experimentieren kann. Ein wesentliches Merkmal ist dabei, dass sich alle Gruppenmitglieder in gleichem Ausmaß angesprochen fühlen und aktiv beteiligen können *(VOPEL 1980, S. 16 ff.)*.

Grundsätzlich ist bei allen Interaktionsspielen eine Reflexionsrunde möglich. Diese kann formal folgenden Verlauf nehmen *(HEIMLICH 1988, S. 21)*:

- Ermunterung zur Reflexion des Erlebten,
- Erleichtern der Mitteilung von Erfahrungen,
- Hilfestellung geben beim Verstehen und Einordnen der Erfahrungen,
- Anregungen geben, Erfahrungen in den Alltag zu übertragen.

Kommunikationsspiele

42 Kavalierspiel

Material: 2 Stühle
Spielbeschreibung: Drei bis fünf Paare verlassen den Raum. Ein Paar wird hereingerufen. Die zwei Stühle stellen ein Zugabteil dar. Der „Herr" bittet die „Dame", die sich zuerst auf einen der beiden Stühle setzt, um den freien Platz. Während das Paar nun eine Unterhaltung beginnt, stoppt der Spielleiter die Zeit. Dann wird das nächste Paar hereingerufen und der Vorgang wiederholt. Das Paar, das die längste Zeit, das vorher von der Gruppe insgeheim bestimmte Thema, z.B. „Wetter", meidet, hat gewonnen. Es ist vorteilhaft, vorher ein bestimmtes Zeitlimit zu setzen (ca. 2 bis 3 Minuten). Gerät die Unterhaltung des Paares ins Stocken, hilft der Spielleiter weiter. *(HA)*

43 Vertreter

Material: verschiedene Gegenstände
Spielbeschreibung: „Alle Kinder suchen sich einen alltäglichen Gegenstand und erfinden dafür einen neuen Namen und eine neue Funktion. Ein Schneebesen wird zum Beispiel eine Gedankenübertragungsmaschine. Wenn alle etwas Besonderes gefunden haben, gehen sie herum und versuchen, den anderen ihren Gegenstand mit viel Gerede zu verkaufen. Wird wohl jedes Kind seinen Gegenstand loswerden?" *(SPIELEWERKSTATT RHINOZEROS)*

44 Museum

Spielbeschreibung: Die Kinder werden ausgeschickt, Dinge für ein Museum zu sammeln. Dabei dichtet jedes Kind den Gegenständen wertvolle Eigenschaften an: ein Blatt wird zum Urwaldblatt, ein Stückchen

Baumrinde zur Mammutbaumrinde; die Kinder finden Bonbonpapier aus dem 16. Jahrhundert, den Wurfstein eines alten Germanen, das Grab eines Neandertalers, den Apfel aus dem Paradies usw. Am Ende werden alle Fundstücke gemeinsam bewundert und vielleicht fallen den Kindern noch spannende Geschichten zu den wertvollen Schätzen ein. *(SPIELEWERKSTATT RHINOZEROS)*

45 Obst raten

Spielbeschreibung: Ein Spieler verlässt den Raum. Die anderen denken sich eine Frucht aus. Der Spieler wird wieder hereingerufen und muss durch geschicktes Fragen herausfinden, um welche Frucht es sich handelt. Die Fragen dürfen nur mit Ja oder Nein beantwortet werden. *(KO)*

46 Ich bin berühmt

Material: Personenzettel und Tesakrepp
Spielbeschreibung: Jedem Spieler wird ein Personenname auf den Rücken geklebt. Durch Fragen, die nur mit Ja oder Nein beantwortet werden dürfen, soll die Person erraten werden. Dabei laufen alle Spieler munter fragend durch den Raum. Wer seine Identität erraten hat, geht zum Spielleiter und lässt sich eine neue Identität geben bzw. hilft einem anderen beim Raten. Beispiele: Donald Duck, Cleopatra, Albert Einstein ...
Variante: Tiernamen statt Persönlichkeiten; Dauer: 10 Minuten
Anmerkungen: Alle Personen sollten allen Mitspielern bekannt sein. Zusatzregel: Jeder darf nur drei Fragen an einen anderen stellen, dann den nächsten fragen. *(REMSCHEIDER SPIELEKARTEI 1985, W3)*

Kontaktspiele

Bereits im Kleinkindalter wird die Fähigkeit, Kontakte zu anderen zu knüpfen, erworben. Auf Grund der Erfahrungen kann diese aber sehr unterschiedlich ausgeprägt sein *(KNOLL-JOKISCH 1981, S. 95)*. Sich direkt auszudrücken, sich anzufassen und aufeinander zuzugehen oder sich frei zu bewegen bereitet vielen Kindern am Anfang Probleme.

Kontaktspiele unterstützen den Abbau von Verhaltensunsicherheiten, Hemmungen und Ängsten. Die Kinder können lernen, sich intensiv aufeinander einzustellen, Rücksicht auf andere zu nehmen, Vorbehalte gegenüber Mitspielern in Kontakten zu überprüfen, die anderen als gleichberechtigt wahrzunehmen und auch als gleichberechtigte Partner zu akzeptieren.

Am Anfang bieten sich Spiele an, bei denen der Einzelne in der Gesamtgruppe „untertauchen“ kann, erst später (wenn sich die Gruppe besser kennt) sollte zu Paar- und Kleingruppenspielen übergegangen werden. Dabei ist zu beachten, dass die Kontaktaufnahme auf keinen Fall erzwungen werden darf, sondern immer als persönliche und freie Entscheidung der Spielenden zu betrachten ist. Kinder mit Berührungsängsten müssen Berührungen meiden dürfen!

47 Anfassen

Spielbeschreibung: Die Spieler bewegen sich im Raum und führen die Anweisungen des Spielleiters aus, z. B.: „Alle Kinder fassen Holz an.“ Dann laufen die Spieler los und versuchen so schnell wie möglich, etwas aus Holz anzufassen.

Beispiele:
„Alle Kinder fassen Glas an.“
„Alle Kinder fassen den Fußboden an.“
„Alle Kinder fassen Leder an.“
„Alle Kinder fassen Tobias an.“
„Alle Kinder fassen blonde Haare an.“
„Alle Kinder fassen die Nase von Timo an.“
„Berührt ein Kind am Kopf.“
(BÖSCHEMEYER/VOPEL 1977, Nr. 2)

48 Gesucht – gefunden

Material: Es empfiehlt sich, die Gegenstände in Briefumschläge zu legen, so dass nicht sofort gesehen wird, wer welchen Gegenstand besitzt.
Spielbeschreibung: Jeder zieht (oder erhält verdeckt) einen Gegenstand und sucht einen Mitspieler mit einem dazu passenden Gegenstand: Beispiele: Bleistift und Papier, Streichholz und Kerze, Messer und Gabel, Nadel und Faden, Stopfgarn und löcherige Socken.
Haben sich die Spieler gefunden, können sie zu ihren Gegenständen eine kleine Pantomime einstudieren und der Gruppe vorführen. Möglich ist es auch, sich nach dem Finden über ein Sachthema zu unterhalten oder sich etwas intensiver bekannt zu machen.
Variationen: Bei Jüngeren könnte man Sprichwörter verwenden. Jeder zieht einen Teil des Sprichworts und muss den Spieler finden, der den anderen Teil besitzt. Beide könnten dann das Sprichwort der Gesamtgruppe pantomimisch vorstellen. *(FLEMMING u.a., o.J.)*

49 Atomspiel

Spielbeschreibung: Alle Spieler laufen willkürlich durcheinander. Der Spielleiter ruft eine Zahl, z. B. „Atom 3“. Die Spieler müssen sich zu dritt an den Händen fassen und zu einer Gruppe zusammenschließen. Wer übrig bleibt, scheidet aus. Das Spiel endet, wenn nur noch zwei Spieler übrig sind.
Variation:
Berührung mit den Körperteilen.
Die Ansage des Spielleiters lautet z.B.: „7 mit den Füßen.“ Nun müssen sich sieben Spieler zusammenschließen und mit den Füßen berühren.
Anmerkung: Zur Orientierung kann auch Musik laufen, wenn die Musik abbricht, erfolgt die Ansage des Spielleiters.
(Quelle unbekannt)

50 Autowaschstraße

Spielbeschreibung: Die Kinder knien in zwei Reihen einander gegenüber, sie bilden die Waschstraße. Ein Kind ist das Auto, das durch die Waschstraße fährt (geschoben wird). Dabei wird es von Schwämmen eingeseift, von Bürsten geschrubbt, abgebraust, trockengerieben, poliert ... Die Kinder, die die Waschstraße bilden, führen die entsprechenden Bewegungen mit den Händen durch. *(KASPER o.J.)*

51 Popcorn

Spielbeschreibung: Der Fußboden im Raum ist eine heiße Herdplatte. Der Spielleiter stellt sie heißer und heißer. Die Spieler sind das Popcorn und beginnen überall „herumzupoppen“. Ist die Hüpferei groß, gießt der Spielleiter imaginären Sirup über das Popcorn. Wer sich nun berührt, bleibt aneinander kleben. Das Spiel endet mit einer riesigen Popcornkugel.
Variation: Die Spieler bewegen sich zu Musik frei durch den Raum. Stoppt die Musik, so finden sich die Kinder zu Zweiergruppen zusammen und bewegen sich paarweise zusammengeklebt weiter, wenn die Musik wieder einsetzt. Bei jedem Stopp der Musik wird das Popcorn immer größer, bis die ganze Spielgruppe zusammenklebt.
(KO)

52 Paarsuche

Spielbeschreibung: Die Kinder sitzen um einen großen Tisch herum. In der Mitte liegt für jedes Kind ein Bild. Wenn sich die Kinder eines genommen haben, müssen sie einen Mitschüler finden, der ein passendes Bild hat (z. B. Schuh und Socken, Baum und Blatt, Fußballtor und Ball). Die Zusammengehörigkeit sollte erklärt werden; auch „eigensinnige" Erklärungen sind erlaubt.

53 Ameisenspiel

Spielbeschreibung: Der Grundgedanke liegt bei den Ameisen, die jedes Mal, wenn sie sich begegnen, mit den Fühlern Kontakt aufnehmen. Die Spieler laufen innerhalb vereinbarter Raumbegrenzungen kreuz und quer durcheinander und begrüßen sich bei jeder Begegnung durch Körperkontakte. Als Begrüßungsformen können angewendet werden: Gegeneinanderschlagen der Handflächen, Klaps auf Schulter oder Rücken, Begrüßung mit den Füßen etc.
Variation: Begrüßungsformen ohne Körperkontakt, z. B. Hofknicks oder Verbeugungen. *(BLUMENTHAL 1993, S. 26)*

54 Abstellknopf

Spielbeschreibung: Während die eine Hälfte der Spielgruppe kurz hinausgeschickt wird, vereinbaren die anderen, wo der Abstellknopf sitzen soll: Das ist eine genau bestimmte Körperstelle, z. B. das Knie, das linke Ohrläppchen, der rechte Daumen. Dann beginnen alle Dringebliebenen einen Dauerton von sich zu geben. Die anderen kommen herein und versuchen, die „Heuler" abzustellen, indem sie mit einem Finger auf verschiedene Körperstellen tippen, bis sie den Abstellknopf gefunden haben. Jeder Spieler, bei dem dieser berührt wird, verstummt.
Ziel des Spiels kann es sein, dass der Spieler, der als letzter den Abstellknopf findet, eine lustige Aufgabe erfüllen muss. Es kann aber auch die Zeit gestoppt werden, die gebraucht wird, um die „Heuler" abzustellen. Bei der nächsten Runde muss dann die andere Hälfte versuchen, diese Zeit zu unterbieten.
Variationen: Auf Zettel werden verschiedene Möglichkeiten für Abstellknöpfe geschrieben. Jeder Spieler der ersten Gruppe zieht einen Zettel und hat damit seinen Abstellknopf festgelegt. Die Aufgabe der anderen Mitspieler ist es nun, die „Heuler" so schnell wie möglich abzustellen (jeder einen!). Wer dies zuerst schafft, bekommt einen Orden, oder es werden Rangplätze vergeben. Dann wird gewechselt.

Das Spiel kann auch nur mit einem Teil der Gruppe gespielt werden, während die anderen zuschauen. Einer ist die Sirene, einige Mitspieler werden hinausgeschickt. Diese kommen nacheinander herein, und bei jedem wird die Zeit gestoppt, die er braucht, um den Abstellknopf zu finden. *(GUDER 1983, S. 10)*

55 Blinde Kuh

Material: Augenbinde
Spielbeschreibung: Die Spieler verteilen sich in einem abgegrenzten Spielfeld. Einem Spieler werden die Augen verbunden. Er muss versuchen, einen der Mitspieler zu fangen. Gelingt dies, versucht er durch Betasten des Gesichts, der Haare und des Körpers, seinen Gefangenen zu identifizieren. Wenn er weiß, wer es ist, wird das erkannte Kind zur „blinden Kuh". Andernfalls muss er einen neuen Fangversuch starten. *(HUBERICH/HUBERICH 1979, S. 61)*

56 Goofy

Spielbeschreibung:
Alle Kinder gehen mit geschlossenen Augen und nach vorne gestreckten Armen im Raum umher. Treffen zwei Kinder aufeinander, fragt das erste: „Goofy?", und das andere Kind fragt zurück: „Goofy?", bis auf ein Kind, welches Goofy ist (Wer Goofy ist, muss vor dem Spiel entschieden werden). Wird Goofy angesprochen, darf er keine Antwort geben, denn Goofy ist stumm. Hat ein Kind Goofy getroffen, dann muss es schnell reagieren und versuchen, ihn an der Hand zu fassen. Gelingt dies, so ist das Spiel beendet, gelingt dies nicht, weil Goofy schnell weggerannt ist, muss weitergesucht werden.
(JAKOBY/BERNER 1993)

57 Böser Zauberer

Spielbeschreibung: Ein Spieler ist der böse Zauberer und versucht, die anderen in Steine zu verzaubern. Jeder, der berührt wurde, muss sofort in der Haltung erstarren, in der er gerade ist. Die verzauberten Spieler können aber von jemandem mit derselben Haarfarbe erlöst werden. Dieser muss zu ihm hingehen, ihm über den Kopf streichen und sagen: „Du bist wieder frei!" Der Zauberer hat zwei Minuten Zeit, um so viele Spieler wie möglich zu verzaubern. Wer die meisten Spieler in dieser Zeit versteinern konnte, ist der beste Zauberer.
Anmerkung: Sollte es vorkommen, dass einige Spieler bei diesem

Spiel auf Grund ihrer Haarfarbe benachteiligt sind (z.B. Rothaarige), empfiehlt es sich, eine andere Erlöser-Eigenschaft festzulegen. *(VOPEL 1991b, Nr. 7)*

58 Däumchen drücken

Spielbeschreibung: Während die Gruppe mit geschlossenen Augen und herausgehaltenem Daumen im Kreis oder auf ihren Plätzen sitzt, gehen drei Spieler los und drücken je bei einem Mitspieler den Daumen.
Auf Kommando des Spielleiters dürfen alle wieder die Augen öffnen. Die „Gedrückten" müssen raten, von wem sie gedrückt worden sind. Wer richtig vermutet, darf in der nächsten Runde Däumchen drücken. *(Quelle unbekannt)*

59 Hände

Spielbeschreibung: Alle Spieler finden sich zu Paaren zusammen und nehmen einander gegenüber Platz. Nun schließen sie die Augen und versuchen, sich allein mit den Händen zu unterhalten.
Anmerkungen: Dieses Spiel dient auch der Förderung der taktilen Wahrnehmungsfähigkeit und der Fähigkeit zur nonverbalen Kommunikation. *(BORT 1994)*

60 Stille Wanderschaft

Spielbeschreibung: Alle Spieler sitzen mit geschlossenen Augen auf ihren Plätzen. Ein Spieler geht los, tippt jemandem auf die Schulter und setzt sich auf dessen Stuhl. Der Angetippte geht weiter und tippt den nächsten an usw. Nach einer bestimmten Zeit werden alle Spieler wieder aufgeweckt und stellen mit Erstaunen fest, dass alle Spieler total umgesetzt sind. *(KO)*

61 Meine Hand grüßt dein Knie

Spielbeschreibung: Alle sitzen im Kreis. Ein Spieler steht auf, geht zu einem Mitspieler, spricht ihn an und agiert gleichzeitig: „Meine Hand grüßt dein Knie." Der Angesprochene steht auf (der erste Spieler setzt sich auf seinen Platz), geht zu jemand anderem und sagt mit der entsprechenden Bewegung: „Mein Knie grüßt deinen Ellenbogen." Die nächste Begrüßung könnte lauten: „Mein Ellenbogen grüßt deine

Schulter“ usw. Bei diesem Spiel gilt folgende Regel: Kein Körperteil darf zweimal genannt werden. Wer an der Reihe war, kreuzt die Arme. *(DIE GRUNDSCHULZEITSCHRIFT 58/1992)*

62 Erfrorene Hände

Material: Körperlotion
Spielbeschreibung: Die Spieler gehen paarweise zusammen und finden heraus, wer von beiden kleiner ist. Der Spielleiter erzählt, dass der Kleinere an einem eiskalten Winterabend lange unterwegs war und kalte, halb erfrorene Hände hat. Das Medikament dafür wirkt nur, wenn es behutsam in die halb erfrorenen Hände einmassiert wird. Dieses Medikament (Körperlotion) wird nun an die Größeren verteilt, die sofort mit der Behandlung beginnen. Es darf nicht geredet werden. Nach ca. zwei Minuten werden die Rollen getauscht. Nun massiert der Kleinere die halb erfrorenen Hände des Partners.
(VOPEL 1991 b, Nr. 14)

63 Unterhaltung der Füße

Spielbeschreibung: Zwei Partner sitzen sich gegenüber, sie haben die Schuhe ausgezogen. Während dem Spiel darf nicht gesprochen werden. Bei Spielbeginn hat jeder seine Füße noch dicht angezogen. Nach und nach bewegen sich nun die Füße aufeinander zu, lernen sich kennen, streicheln und wärmen sich, verabschieden sich, usw. Der Spielleiter sagt jeweils an, was die Spieler mit ihren Füßen machen sollen. Dazwischen nimmt jeder seine Füße immer wieder zu sich zurück.
Beispiele: Die Füße sind streitlustig, sie gehen aufeinander zu und rangeln.
Die rechten Fußsohlen werden so fest aufeinander gepresst, als wollten sie eine Nuss knacken. Die Füße sind eiskalt und wärmen sich gegenseitig usw. *(VOPEL 1991 b, Nr. 2)*

64 Zauberkleber

Spielbeschreibung: Die Spieler gehen paarweise zusammen. Sie sollen sich vorstellen, sie verfügen über einen Zauberkleber, der wirklich gut hält. Der Spielleiter sagt nun an, welche Körperteile miteinander verklebt werden sollen, z. B.: „Gebt einen Tropfen Zauberkleber auf euer Ohr.“ Nun kleben die Paare ihre Ohren aneinander und gehen eine Weile Ohr an Ohr im Raum herum. Dann bleiben sie stehen und ziehen ihre Ohren mit den Händen wieder auseinander. Als Nächstes geben sie den Zauberkleber auf ihr Knie, ihren Bauchnabel oder ihre Hand usw. Ältere Kinder können auch zwei oder mehr Körperteile verkleben und versuchen, sich gemeinsam zu bewegen, was manchmal gar nicht so einfach ist. *(VOPEL 1989, S. 22)*

65 Kettenreaktion

Spielbeschreibung: Die Gruppenmitglieder verteilen sich beliebig im Raum. Ein Gruppenmitglied beginnt: Es ruft ein anderes zu sich, das ihm in irgendeinem Merkmal ähnlich ist, z. B. auch eine Brille trägt, ein blaues Hemd an hat o. Ä. Dieses zweite Gruppenmitglied fasst das erste an und ruft nun wiederum ein Gruppenmitglied zu sich, das mit ihm etwas gemeinsam hat usw. – bis zum Schluss alle Gruppenmitglieder zusammenhängen.
Das Spiel kann beliebig oft wiederholt werden. Dabei werden sich immer wieder neue Reihungen ergeben, die sichtbar machen, dass alle in der Gruppe auf vielfache Weise zusammengehören und die Unterschiede zwischen ihnen tatsächlich nur relativ sind.
Haben die Einzelnen bisher schon gewusst, wie viele Ähnlichkeiten es zwischen ihnen gibt? *(PORTMANN 1998)*

66 Roboter

Spielbeschreibung: Zwei „Roboter“ stellen sich Rücken an Rücken auf und gehen auf ein Signal (mit abgehackten Bewegungen) los, jeder in die entgegengesetzte Richtung.
Die Aufgabe zweier Maschinisten besteht darin, die Roboter durch Tippbewegungen (rechte Schulter rechtsherum, linke Schulter linksherum) wieder aufeinander zuzuführen. Weitere Steuermöglichkeiten sind: Zupfen am rechten Ohr, die Roboter geben Laute von sich; Zupfen am linken Ohr, sie werden ruhig; Rückenberührung, sie gehen vorwärts; Brust- oder Kopfberührung, sie gehen rückwärts; Hüftberührung, sie gehen seitwärts; Ziehen an der Hand ist die Notbremse usw. Die Roboter selbst marschieren nur geradeaus. Stoßen sie auf ein Hindernis, treten sie so lange auf der Stelle, bis die Maschinisten ihnen eine andere Richtung angeben. Wenn sich beide Roboter umarmen können, endet das Spiel.
Variation: Dasselbe Spiel kann auch nur zu zweit gespielt werden. Dabei ist der Maschinist dafür verantwortlich, dass der Roboter nirgendwo anstößt. *(Quelle unbekannt)*

67 Mumien

Material: für jedes Paar eine Rolle Toilettenpapier
Spielbeschreibung: Die Kinder stellen sich in Paaren zusammen, und auf das Kommando „Los!" beginnt einer, den Partner mit Toilettenpapier von oben bis unten einzuwickeln. Bei den „Mumien" muss der ganze Körper eingewickelt werden, nur Augen, Mund und Nase dürfen zu sehen sein. Wer zuerst seine „Mumie" verpackt hat, hat gewonnen.
Anmerkung: Das Spiel, bei dem Schnelligkeit und Geschicklichkeit erforderlich sind, macht auch größeren Kindern noch Spaß. Durch ruhiges Stehen kann man seinem Partner die Arbeit erleichtern.
(REGELEIN 1988, S. 131)

68 Knetmännlein

Spielbeschreibung: Die eine Hälfte der Mitspieler wird zu „Knetklumpen", die andere zu „Bildhauern". Diese formen nun die „Knetklumpen" zu verschiedenen Statuen. Sie müssen darauf achten, dass sie dabei ihr „Knetmännlein" nicht verletzen.
Variation: Die „Knetklumpen" lassen sich mit geschlossenen Augen formen und versuchen zu erraten, was sie darstellen sollen.
(Quelle unbekannt)

69 Bleistifte balancieren

Spielbeschreibung: Die Gruppe teilt sich in Paare. Jedes Paar bekommt einen Bleistift. Diesen Bleistift balancieren sie nun gemeinsam zwischen ihren rechten – oder linken – Zeigefingern. Dabei bewegen sich alle Paare zunächst frei durch den Raum. Sie dürfen nicht miteinander sprechen und natürlich dürfen die Stifte nicht herunterfallen lassen. Nach einiger Zeit werden Anweisungen für die Bewegungen gegeben: nach vorn gehen, die Arme hochheben, laufen, in die Hocke gehen usw.
Wie lange dauert es, bis der erste Bleistift fällt? Wie lange schafft es die gesamte Gruppe, die Bleistifte in Balance zu halten? Die Übung kann auch mit Luftballons gemacht werden, die zwischen den Köpfen – Stirn an Stirn – balanciert werden.
Wie schwierig war die Übung? Wie haben die Paare sich untereinander verständigt? Wer hat die Führung übernommen, wer hat sich führen lassen? Wie haben sich Paare mit anderen Paaren verständigt? *(PORTMANN 1998)*

70 Spielende Tiere

Spielbeschreibung: Die Kinder setzen sich zu zweit auf den Boden, so dass ein Kind den Rücken des anderen vor sich hat. Dieser Rücken, so stellen sich die Kinder vor, ist ein grüner Hügel, auf dem verschiedene Tiere, dargestellt durch die Hände des anderen Kindes, spielen. Der Spielleiter erzählt eine Geschichte und gibt dazu Anweisungen wie folgt:
Es war einmal eine kleine Maus, die neugierig war, was sie wohl auf dem Hügel alles würde machen können. Nehmt eine Hand und lasst sie als Maus den Hügel hinauf- und hinunterlaufen ... Und es kam auch eine Schnecke des Weges daher, die ganz langsam den Hügel hinaufrutschte und dann wieder hinab. Nehmt die andere Hand und lasst sie sich als Schnecke bewegen ... Und es kam auch ein Känguru, das mit wenigen großen Sprüngen den Hügel hinauf- und hinabstürmte. Welche Hand soll das tun? ... Und es kam auch eine kleine Ameise, die ganz leichtfüßig den Hügel erforschte. Welche Hand will das übernehmen? ... Und welches Tier soll noch über den Hügel laufen? und mit welcher Hand schickt ihr das Tier auf die Reise? ... Und nun nehmt beide Hände und lasst zwei schwere Schildkröten auf dem Hügel „Fangen" spielen. Schiebt die Hände dazu über den Rücken ...
Anschließend werden die Rollen getauscht und der Spielleiter wiederholt seine Anweisungen, evtl. in abgewandelter Form. In der nachfolgenden Besprechung kann gefragt werden, wie den Kindern das Spiel gefallen hat und welches Tier ihnen am besten gefallen hat.
Anmerkung: Nach langem Sitzen oder anstrengender Tätigkeit erfrischen die vorgeschlagenen Naturbilder die Kinder auf vielfältige Weise. *(VOPEL 1991 b, 66)*

71 Tiermassage

Spielbeschreibung: Immer zwei Kinder tun sich zusammen. Ein Kind setzt sich so auf einen Stuhl, dass sich die Stuhllehne nicht am Rücken, sondern vorne oder an der Seite befindet. Das zweite Kind stellt sich hinter das sitzende, legt ihm die Hände auf die Schultern. Die Kinder stellen sich vor, dass Tiere über den Rücken des sitzenden Kindes laufen. Die Bewegungen sind in eine Geschichte eingebettet:
„Wir befinden uns in einer Savanne in Afrika in der Nähe einer Wasserstelle. In der Ferne sehen wir eine dicke Staubwolke, die immer näher rückt. Wir lauschen und hören galoppierende Pferde. Man kann die Pferdehufe richtig hören und spüren, wie sie von oben nach unten über den Rücken laufen, bis sie das Wasser erreicht haben. Dort angelangt, kriechen zwei kleine Mäuse aus ihrem Loch und huschen euch über den Rücken (den Pferden zwischen die Beine). Ganz

schnell flitzen sie von rechts nach links und wieder zurück. Und nun stapft ein dicker, großer Elefant heran – gemächlich und schwer zieht er seines Weges. Anschließend huschen Schmetterlinge an den Schultern vorbei nach unten. Ihre Flügelschläge sind so zart, dass man sie kaum spüren kann. Und jetzt kriecht eine dicke gemütliche Schlange von ganz unten über den Rücken bis zu unserem Kopf, und dazu nehmen wir noch unsere Unterarme zu Hilfe. Sie kriecht einen hohen Baumstamm hoch, weil sie von dort aus die Wasserstelle gut im Blick hat und, scheu wie sie ist, genügend Abstand hält. Als Letztes schleicht eine Katze auf leisen Samtpfoten den Rücken hoch und kuschelt sich oben zwischen dem Hals und den Schultern ganz gemütlich in eine Ecke. Aus der Ferne hören wir zuerst die leisen Trommeltöne des Eingeborenendorfes, die immer lauter werden, um ihre Freude zum Ausdruck zu bringen und schließlich ganz leise werden, um das Ende des Festes anzukündigen, bis der letzte Klang ganz sanft verklingt."
Anschließend tauschen die Kinder die Plätze und die Reise geht nach Alaska, wo es Rentiere gibt statt Pferde, schwere hungrige Eisbären statt Elefanten, glitschige flotte Fische, die sich ungern fangen lassen, statt Mäuse, spielende Pinguine, die auf das Eis rutschen, statt Schlangen, Seelöwen statt Schmetterlingen und schwere Albatrosse, die Bauchlandungen machen. Die Einheimischen trommeln genauso bei Festen in Alaska wie in Afrika. *(ZO)*

72 Ich bin dein Wetter

Spielbeschreibung: Die Kinder finden sich paarweise zusammen. Das eine Kind legt sich jeweils in die Bauchlage auf den Boden, das andere sitzt im Kniesitz daneben. Der Spielleiter erzählt eine Geschichte, die das sitzende Kind durch Bewegungen seiner Hände auf dem Rücken des liegenden Kindes begleitet.
Die Sonne geht auf.
Langsam kreisende Bewegung mit den flachen Händen.
Es wird ganz warm. Wir liegen ausgestreckt auf einer Wiese und hören Vogelgezwitscher und in der Nähe einen Bach rauschen. Wir sind ganz ruhig.
Da fängt es an, zu tröpfeln.
Mit den Fingerspitzen trommeln.
Der Regen wird stärker.
Und langsam immer heftiger werden.
Es fängt zu platschen an.
Mit den flachen Händen den ganzen Rücken und Po abklopfen; den Schulterbereich mit einbeziehen.
Es donnert.
Mit lockeren Fäusten behutsam trommeln.

Auch Blitze gibt es.
Zeigefinger macht Zickzack-Bewegung von oben nach unten.
Der Hagel bleibt nicht aus.
Die Fingerkuppen klopfen schnell.
Der Sturm fegt.
Handkanten streichen von einer Seite zur anderen Seite.
Es fängt an zu schneien.
Kleine Schneeflocken durch leichtes Berühren mit den Fingern andeuten.
Es schneit immer heftiger, ganz dicke Flocken.
Es hat so viel geschneit, dass die Kinder rodeln gehen, ab ins Tal.
Mit flachen Händen schnell nach unten über den Po fahren (mehrmals).
Im Schnee können wir Ski fahren.
Hände streichen von oben nach unten.
Wir fahren Bogen.
Schlangenlinien nachzeichnen.
Die Tannenbäume sind schneebedeckt.
Zeigefinger streichen zwischen den Rippen nach außen.
Wir schaufeln Schnee weg.
Hände aneinander gelegt im Zickzack streichen.
Dann gehen alle nach Hause und dort werden gerade die Gehwege vom Schnee geräumt.
Hände auf Kanten von der Wirbelsäule nach außen streichen, Stück für Stück nach unten.
Variation: Die Kinder können in Kreisform hintereinander sitzen, so dass alle Kinder gleichzeitig Bewegungen machen und welche spüren. Auch andere Themen bieten sich an, z. B. Wüste mit Ameise, Kamel, Sonne, Wind, Sandsturm … *(GUDER 1993/94 a, 193 f.)*

73 Den Igel weckt die Sonne

Spielbeschreibung: Die Kinder gehen jeweils zu zweit zusammen, wobei ein Kind sich als Igel auf den Boden legt und das andere kniend die Bewegungen auf dessen Rücken ausführt. Der Spielleiter erzählt folgende Geschichte:
„Draußen ist es kalt und ungemütlich. Der Sommer ist längst vorbei, der Herbst schon weit fortgeschritten. Die Tage werden immer kürzer, bald wird Winter sein. Da rollt sich der Igel ganz klein zusammen und richtet sich zum Winterschlaf ein.
Das letzte Herbstlaub fällt von den Bäumen und deckt den Igel zu.
Nun fällt auch noch Schnee. Zuerst sind es einzelne Flocken.
Das Schneetreiben wird immer dichter, bis schließlich eine dicke, schwere Schneedecke auf dem Igel liegt.
Nun liegt der Igel unter einer dicken Schicht von Laub und Schnee. Er

hat es warm da unten und fühlt sich sehr wohl. Und er fängt an zu träumen.
Der Igel träumt vom Sommer und von der Sonne, von den Blumen und den Farben.
Und ganz allmählich werden die Tage wieder länger, die Sonne gewinnt an Kraft. Mit ihren warmen Strahlen beginnt sie, den Schnee wegzutauen.
Die Sonne wird immer wärmer, langsam und allmählich taut überall der Schnee weg und nun kommt ein leichter Wind auf und fegt das ganze alte Herbstlaub weg. Jetzt kann die Sonne den Igel ungehindert mit ihren warmen Strahlen berühren. Sie tut das mit Liebe und Zärtlichkeit. Und ganz allmählich spürt der Igel, wie wieder Leben in seinen Körper kommt.
Er fängt an, sich zu recken und zu strecken.
Er fängt auch schon mal an zu blinzeln und wird ganz groß.“ *(ZO)*

74 Autowäsche

Spielbeschreibung: Die Kinder stellen sich paarweise in einer Reihe auf, so dass sich immer zwei Kinder gegenüberstehen. Der Abstand zwischen den Reihen sollte etwa 50 cm betragen. Diese Kinder bilden so eine Autowaschstraße und ihre Hände und Arme sind große Bürsten, die das Auto, d.h. ein freiwilliges Kind, streicheln und massieren. Der Freiwillige geht mit geschlossenen Augen ganz langsam durch die Waschstraße, während die Kinder, in deren Nähe er gerade ist, ihn zart streicheln oder freundlich berühren und ihm lauter erfreuliche Dinge sagen, z. B., dass sie ihn mögen, was sie ihm Gutes gönnen, dass sie ihn verwöhnen wollen, usw. In weiteren Durchgängen können noch andere Kinder die Waschstraße durchlaufen.
Im Anschluss an das Spiel erzählen die Kinder von ihren Erfahrungen beim Spiel, vergleichen diese und können sich für die Zukunft dadurch etwas vornehmen.
Anmerkung: Dieses Spiel lässt die Kinder erfahren, dass sie relativ leicht im Stande sind, andere zu beglücken bzw. sich einmal beglücken zu lassen. Viele Kinder finden im Alltag zu wenig Anerkennung, werden deshalb unsicher oder bekommen Angst und ziehen sich völlig zurück. *(VOPEL 1991 a, 67 f.)*

75 Körpermassage

Spielbeschreibung: Bei dieser Partnerarbeit liegt ein Kind mit ausgestrecktem Körper bäuchlings auf dem Boden. Das andere Kind kniet daneben und massiert mit seinen Händen die gesamte Rückseite sei-

nes Partners. Dabei beginnt es am Kopf und gleitet über Hals, Schultern, Arme, Hände, Rücken, Po, Beine bis zu den Füßen hinab. Danach tauschen die beiden Kinder ihre Positionen und Aufgaben.
Variation: Die Massage kann auch aus „Abklopfen" bestehen. Hierbei klopft das aktive Kind den Körper des anderen mit steifen, seitlich gehaltenen Händen, die im schnellen Wechsel arbeiten, ab. Es beginnt damit an einem Fuß, arbeitet sich hoch bis zu einer Schulter, geht weiter bis zum Arm und wiederholt das Gleiche auf der anderen Körperseite des passiven Kindes. *(ZO)*

76 Ballmassage

Material: Für je 2 Spieler 1 Tennisball
Spielbeschreibung: Die Kinder gehen paarweise zusammen. Das Kind mit Tennisball setzt sich hinter seinen Partner auf den Boden. Mit der flachen Hand drückt es den Ball gegen den Rücken seines Vordermannes und massiert diesen durch kreisende Bewegungen. *(KL)*

Soziale Sensibilität

Interaktionsspiele dieser Art sollen die Fähigkeit und Bereitschaft wecken, sensibel zu werden in Bezug auf die Wahrnehmung und Interpretation der Handlungen anderer, sozialer Situationen und der eigenen Wirkung auf andere. Die Kinder sollen lernen, sich in die Rolle eines anderen Menschen hineinzuversetzen, sich in seine Lage einzufühlen (soziale Perspektivenübernahme), seine Emotionen zu erkennen, zu verstehen und ernst zu nehmen (Empathie) und das Ergebnis dieser Bemühungen in ihr eigenes Verhalten und Handeln einzubeziehen.

Viele Schwierigkeiten im Zusammenleben treten nur auf, weil einer den anderen zu wenig kennt und nicht weiß, was er denkt, fühlt und wie er andere sieht. Je mehr man den anderen aber kennt, desto schwerer ist es, ihm feindselig zu begegnen. *(REGELEIN 1988, S. 74)*

77 Armer schwarzer Kater

Spielbeschreibung: Die Kinder sitzen im Kreis. Ein Kind, der Kater, steht in der Mitte und geht zu einem Mitspieler seiner Wahl. Durch Miauen und allerlei lustige Verrenkungen versucht es, diesen zum Lachen zu bringen. Das angesprochene Kind sagt dreimal möglichst ernst „Armer schwarzer Kater" und streichelt dabei seinen Kopf. Wenn

ihm dies gelingt, ohne zu lachen, muss der Kater weiterziehen. Andernfalls tauschen die beiden Platz und Rolle.
Anmerkung: Dieses Spiel regt dazu an, den anderen bewusst wahrzunehmen, d.h. zuerst den anderen überhaupt anzusehen und sein Äußeres und seinen Gesichtsausdruck wahrzunehmen. Eine solche Wahrnehmung des Äußeren trägt dazu bei, einseitige, negative Festlegungen (z.B. Brillenschlange, Rotschopf, Dickerchen) zu verhindern. Mit dem Schärfen der sinnlichen Wahrnehmung geht das Sensibel-Werden für Gefühle einher. *(REGELEIN 1988, S. 75)*

78 Riese und Zwerg

Spielbeschreibung: Dieses Spiel dient der Auseinandersetzung mit der eigenen Körpergröße. Die Spieler stehen verteilt im Raum, wer will, hat die Augen geschlossen. Der Spielleiter fordert sie auf, sich vorzustellen, ein Riese zu sein (z.B. Goliath, King Kong, Rübezahl usw.). Dann gehen die Spieler wie Riesen im Raum umher (mit großen, schweren Schritten) – vorsichtig, damit auch die anderen Riesen noch genug Platz haben (20 bis 30 Sekunden). Nachdem sie Arme und Beine kräftig ausgeschüttelt haben, sollen sich die Spieler nun in einen Zwerg hineinversetzen (z.B. einer der sieben Zwerge, E.T. usw.). Sie bewegen sich als Zwerge (flink und leicht) durch den Raum und nutzen aus, dass sie jetzt viel Platz haben (20 bis 30 Sekunden). Danach werden Arme und Beine ausgeschüttelt und alle haben wieder ihre normale Größe. *(VOPEL 1991 a, S. 17)*

79 Zauberstab

Material: Lineal oder Zeigestock als Zauberstab
Spielbeschreibung: Die Spielgruppe sitzt im Kreis. Ein Spieler, der „Zauberer", hat einen Stock in der Hand, geht herum und verzaubert einzelne Kinder, indem er ihnen einen Wunsch mitteilt, z.B.: „Ich verzaubere dich. Ich möchte, dass du mich nicht mehr so oft anrempelst." Er kann so viele Mitspieler „verzaubern", wie er will. Danach gibt er den „Zauberstab" an einen Mitspieler weiter.
Anmerkung: Die „Zauberer" können bei diesem Spiel äußern, was ihnen bei einem anderen Kind nicht gefällt, ohne es damit zu verletzen. Die „Verzauberten" bekommen auf spielerische Weise Rückmeldung, wie andere Kinder sie sehen und was diese von ihnen wollen. Das Spiel kann bei wiederholter Durchführung dazu beitragen, dass die Kinder versuchen, ihre Konflikte verbal zu lösen.
(BÖSCHEMEYER/VOPEL 1977, Nr. 36 u. REGELEIN 1988, S. 81 f.)

80 Perspektivenwechsel

Spielbeschreibung: Alle Kinder der Gruppe bewegen sich zunächst frei im Raum. Wann immer sie wollen, bleiben sie stehen und bemühen sich, einen ungewöhnlichen Blickwinkel zu finden. Sie betrachten den Raum, bestimmte Einrichtungsgegenstände, andere Kinder, indem sie beispielsweise

- in die Hocke gehen
- sich auf den Rücken legen und nach oben schauen
- sich bücken und durch ihre Beine nach hinten blicken
- auf einen Stuhl steigen und von oben herabsehen
- ein Auge oder beide Augen zuhalten (Wahrnehmung durch andere Sinne)
- ein Ohr oder beide Ohren zuhalten usw.

Welche neuen Erfahrungen haben die Kinder gemacht? Haben sie etwas Neues über sich selbst und andere erfahren? Wo würden sie gerne noch weitere Erfahrungen machen? Was war am Ungewöhnlichsten? *(PORTMANN 1996)*

81 Heinzeln

Damit alle Mitglieder einer Gruppe stark sein können, ist es wichtig, dass sie sich gegenseitig unterstützen und besonders die, deren Selbstbewusstsein nicht so ausgeprägt ist, stärken.
Spielbeschreibung: Jedes Gruppenmitglied wird für einen festgelegten Zeitraum (bei jüngeren Kindern ein bis zwei Tage, bei größeren mehrere Tage, eine Woche, einen Monat) für ein anderes zum Heinzelmann oder zur Heinzelfrau. Dazu schreiben alle ihren Namen auf einen Zettel. Die Zettel werden gemischt und anonym gezogen. (Der eigene Name wird wieder zurückgelegt.) Während der „Heinzel-Zeit" achten die Gruppenmitglieder besonders auf ihre geheime Freundin oder ihren geheimen Freund, machen ihnen Mut, wenn diese Schwäche zeigen oder sich etwas nicht zutrauen und helfen ihnen ganz konkret, aber unaufdringlich. Sie sprechen sie besonders an, wählen sie bei Gruppenarbeit in ihre Gruppe, ermuntern sie, sich zu Wort zu melden, beziehen sich auf ihre Redebeiträge u. Ä.
Nach Abschluss der festgelegten Zeit wird in der Großgruppe über die Erfahrungen mit dem Heinzeln gesprochen. Die jeweiligen Heinzel-Beziehungen können dabei, müssen aber nicht aufgedeckt werden.
Welche Erfahrungen haben die Gruppenmitglieder gemacht?
(PORTMANN 1998)

82 Einbrecher I

Material: ein beliebiger Gegenstand

Spielbeschreibung: Alle Kinder sitzen oder stehen im Kreis. Der erste Spieler legt sich einen beliebigen Gegenstand, z. B. einen Radiergummi, auf den Handrücken. Dieser Gegenstand soll nun so schnell wie möglich von einem Kind zum anderen transportiert werden, ohne dabei herunterzufallen. Er darf auch immer nur den jeweiligen Handrücken der Kinder berühren. Es wird die Zeit gestoppt, die der Gegenstand benötigt, um einmal ganz um den Kreis herumzuwandern. In den folgenden Runden wird dann versucht, diese Zeit zu unterbieten.

Variationen:

- Ein Geldstück gleitet von Finger zu Finger, ohne dabei herunterzufallen.
- Ein Kind klemmt sich einen Stock zwischen die Knie, geht damit zu einem anderen Kind seiner Wahl und versucht, diesem den Stock zwischen die Knie zu stecken.
- Ein Turm aus übereinander gestapelten Blechdosen wird weitergegeben, ohne dass dieser zusammenfällt. Dabei sind Stützen und Halten mit den Händen nicht erlaubt.
- Die Kinder halten Strohhalme im Mund und geben mit diesen einen Ring im Kreis herum.
- Mit dem Strohhalm wird ein Stück Papier oder ein Bällchen Watte angesaugt und weitergegeben.
- Eine Streichholzschachtel wird zwischen Nase und Oberlippe eingeklemmt und geht umher.
- Ein Ball oder ein Stück Zucker wird von Löffel zu Löffel weitergereicht.
- Die Kinder sitzen auf Stühlen und geben einen zwischen die Füße geklemmten Ball oder Luftballon im Kreis weiter.
- Wasser wird weitergegeben, indem die Kinder es in das Gefäß des Nachbarn füllen, ohne auch nur einen Tropfen zu verschütten.

83 Einbrecher II

Spielbeschreibung: Die Gruppe bildet einen dichten Kreis, in dem sich die Teilnehmer unterhaken und nach innen schauen (evtl. Brillen, Ketten o. Ä. abnehmen). Der Teilnehmer, der sich draußen fühlt (oder ein anderer, der mit dieser Rolle Erfahrungen sammeln möchte), steht außerhalb des Kreises. Die Gruppe darf während des Spieles nicht sprechen. Die Aufgabe des Außenseiters liegt darin, durch irgendeine Strategie in den Kreis zu gelangen und sich zwischen zwei Teilnehmer zu stellen, so dass er ein Teil des Kreises wird.

Anmerkung: Im Anschluss an das Spiel empfiehlt sich eine gründliche

Auswertung. Mögliche Auswertungsfragen sind: Wie reagierte der ausgeschlossene Spieler, war er eher passiv oder kämpfte er um seinen Platz im Kreis? Wie reagierten die anderen Teilnehmer? Gaben sie aus Mitleid zu schnell nach? Wie fühlt sich der „Einbrecher" jetzt? Mit diesem Spiel wird die Situation, dass sich ein Kind nicht in die Gruppe integriert fühlt, für alle emotional erlebbar gemacht.
(GUDJONS 1990, S. 120 u. BÖSCHEMEYER/VOPEL 1977, Nr. 21)

84 Lobrunde

Spielbeschreibung: Die Kinder bilden einen Kreis. Ein „Lobball" wird weitergereicht. Das Kind, das den Ball hat, wird gelobt, d.h. andere sagen, was das Kind gut kann, was ihnen gefällt.

Kooperationsspiele

Kooperationsspiele sind Spiele ohne Konkurrenz und Rivalität. Nicht der Wettkampf und die Leistungsbestätigung, der Bessere zu sein, sind das wesentliche Spielprinzip, sondern das kooperative Handeln der Spielgruppe auf ein gemeinsames Ziel hin *(BAER 1981, S. 120)*. Nur durch gemeinsames, nicht gegen den Mitspieler gerichtetes Handeln, kann das Spiel aufrechterhalten werden. Die Spieler bilden zusammen eine Einheit, innerhalb der jedes Kind ein notwendiger und akzeptierter Teil ist und einen bestimmten Beitrag zu leisten hat. Somit kommt jedem eine bedeutungsvolle Rolle im Spiel zu, niemand wird ausgeschlossen *(ORLICK 1988, S. 15)*.

Kooperatives Handeln bringt die Kinder auch dazu, miteinander zu teilen, sich in andere hineinzuversetzen, Rücksicht auf die Gefühle anderer zu nehmen und darauf hinzuarbeiten, miteinander besser auszukommen (vgl. ebd.). Sie machen die Erfahrung, dass Zusammenarbeit manchmal nützlicher sein kann als Einzelarbeit. Damit geht die Erkenntnis einher, dass gemeinsames Handeln auch das (vorläufige) Zurückstellen eigener Bedürfnisse und Interessen erfordert und man bereit sein muss, Kompromisse einzugehen *(PETILLON 1993, S. 116)*.

85 Wer passt zu mir?

Material: logische Blöcke
Spielbeschreibung: Der Spielleiter verteilt an die Gruppe die logischen Blöcke. Nun müssen sich die Spieler je nach Ansage des Spielleiters zusammenfinden. Während des Suchens kann als Orientierungshilfe

Musik laufen. Wenn die Musik abbricht, müssen sich alle Paare gefunden haben.
Beispiele: Mögliche Aufträge sind:
- Suche dir jemanden mit derselben Form.
- Suche dir jemanden mit derselben Farbe.
- Suche dir jemanden mit derselben Form und Farbe.
- Suche alle, die dieselbe Form haben.
- Suche alle, die dieselbe Farbe haben, usw.

(KO 1–2)

86 Tierfamilie

Material: Zettel mit Tiernamen
Spielbeschreibung: Alle Spieler ziehen verdeckt einen Zettel, auf dem ein Tiername steht (mindestens zwei Zettel sind immer gleich). Auf ein Zeichen des Spielleiters verwandelt sich jeder Spieler in das Tier, das auf seinem Zettel steht. Durch Nachahmen des entsprechenden Tierlautes versucht er, seinen Partner (oder seine Gruppe) zu finden. Wenn sich alle Arten gefunden haben, werden neue Zettel gezogen, und die nächste Runde beginnt.
Variation: Die Spieler sitzen im Kreis. An eine Hälfte der Gruppe werden Kärtchen verteilt, auf denen Tiere abgebildet sind, je zwei Kärtchen sind gleich. Die Spieler mit den Tierkarten gehen nun in die Kreismitte und versuchen ihr Tier so genau wie möglich pantomimisch nachzuahmen. Wenn sie denken, in einem Kind, das ähnliche Bewegungen macht, ihren Partner gefunden zu haben, gesellen sie sich zu ihm. Auf ein Zeichen des Spielleiters ahmen sie leise den entsprechenden Tierlaut nach und können so prüfen, ob es sich auch wirklich um ihren Partner handelt. Dann wird gewechselt, und die andere Gruppenhälfte ist an der Reihe.
Anmerkung: Es sollten nur solche Tiere ausgewählt werden, die sich auch gut nachahmen lassen. *(GUDER 1983, S. 11)*

87 Familiensuchspiel

Material: Familienkärtchen
Spielbeschreibung: Der Spielleiter beschriftet vor Spielbeginn, entsprechend der Zahl der Mitspieler, kleine Kärtchen mit Familiennamen und Verwandtschaftsverhältnis. Am besten sind Familiennamen, die sich in Schreibweise und Klang ähneln (z.B. Meier, Leier, Weier, Beier usw.). Jede Familie hat vier Mitglieder (also vier Kärtchen), so z.B. „Vater Meier“, „Mutter Meier“, „Tochter Meier“, „Sohn Meier“. Die Kärtchen werden gemischt und an die Teilnehmer verteilt. Auf ein Kom-

mando des Spielleiters müssen sich alle Angehörigen einer Familie durch lautes Rufen zusammenfinden und sich in einer bestimmten Reihenfolge auf einen Stuhl setzen: Zuerst sitzt der Vater, auf seinem Schoß die Mutter, darauf der Sohn und zuoberst die Tochter. Je nach Gruppengröße kann es auch noch weitere Familienmitglieder geben, für die ebenfalls vor Spielbeginn ein Sitzplatz bestimmt wird (z.B. könnte sich noch der Familienhund allen zu Füßen legen).
Anmerkung: Während die Familien sich suchen, kann es eine Weile recht chaotisch und laut zugehen. Doch haben sich die Familien gefunden, kehrt auch wieder Ruhe ein.
Das Spiel eignet sich auch gut als Methode zur Kleingruppenbildung.
(PORTMANN/SCHNEIDER 1986)

88 Jenga

Material: Jenga-Spiel (Gesellschaftsspiel)
Spielbeschreibung: Ein Turm wird aufgebaut, indem immer drei Bausteine nebeneinander und die nächsten drei rechtwinklig oben draufgelegt werden. Nun nimmt der erste Spieler einen Baustein aus dem Sockel und legt ihn – rechtwinklig zur Lage darunter – auf die oberste Schicht des Turms. Im Uhrzeigersinn folgen die anderen Spieler, indem sie jeweils einen Stein entnehmen und oben drauflegen. Die oberste Reihe muss immer komplett sein, bevor eine neue angefangen wird. Während der einzelnen Spielzüge darf immer nur eine Hand benutzt werden! Das Spiel endet mit dem Einstürzen des Turms.

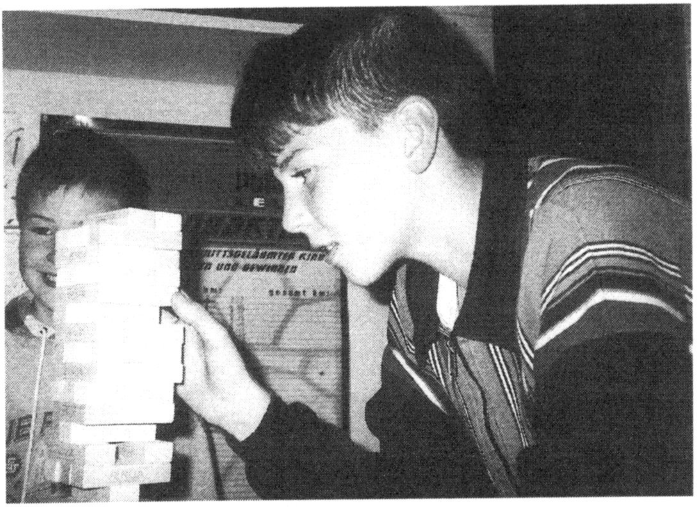

89 Topf schlagen

Material: Topf (oder anderer Behälter), Augenbinde, Stock
Spielbeschreibung: Ein Topf wird im Raum versteckt, während ein Spieler vor der Tür wartet. Nach dem Hereinkommen bekommt der Suchende die Augen verbunden und muss versuchen, sich mit einem Stock an das Versteck heranzutasten und den Topf zu treffen. Je nach der Entfernung zum Versteck hilft die Gruppe mit Äußerungen wie warm, ziemlich warm/kalt, sehr warm/kalt oder heiß/eiskalt.
Beispiele:

eiskalt	–	das Versteck ist weit weg
heiß	–	das Versteck ist in unmittelbarer Nähe
warm	–	der Suchende nähert sich dem Versteck usw. *(HA 1–2)*

90 Gesummte Signale

Material: Geldbeutel
Spielbeschreibung: Ein Spieler ist ein Detektiv. Er verlässt den Raum, die anderen verstecken einen Geldbeutel. Der Detektiv wird hereingerufen und soll ihn suchen. Die Gruppe begleitet und dirigiert den Suchenden je nach der Entfernung zum Versteck mit leisem oder lautem Summen.
Beispiele:

leises Summen	–	das Versteck ist ganz weit weg
leiser werdendes Summen	–	er entfernt sich vom Versteck
lauter werdendes Summen	–	der Suchende nähert sich dem Versteck
lautes Summen	–	das Versteck ist ganz in der Nähe

(BÖSCHEMEYER/VOPEL 1977, Nr. 17)

91 Blindenstaffel

Spielbeschreibung: Die Klasse wird aufgeteilt in Gruppen, die sich staffelweise aufstellen. Von jeder Gruppe führt ein Strich zu einem Kreis. Die Gruppe schickt jeweils einen aus, der möglichst schnell mit geschlossenen Augen auf dem Strich gehen und einen Gegenstand (Blatt, Stein etc.) in den Kreis legen soll. Wenn er zurückkehrt, darf der Nächste losgehen. Die Gruppe kann ihre Abgesandten durch Zurufe steuern.
Variationen: Dasselbe, aber die Gruppe wählt einen Helfer, der jeden, der es wünscht, begleiten kann und ihm durch Worte helfen darf.
(DAUBLEBSKY 1988, S. 38)

92 Tempo 2000

Material: für jede Gruppe einen Zettel, auf dem verschiedene Gegenstände stehen
Spielbeschreibung: Die Spieler werden in mehrere gleich große Gruppen aufgeteilt. Dann verteilt der Spielleiter Zettel, worauf verschiedene Gegenstände stehen. (Anzahl und Art der Gegenstände sind natürlich bei jeder Gruppe gleich.) Es geht nun darum, welche Gruppe am schnellsten alle Gegenstände herbeibringen kann. *(KO)*

93 Bleistift-Marionette

Material: kleiner quadratischer Tisch (ca. 1 qm) oder eine entsprechend große Platte (aus Pappe o. Ä.) auf einem größeren Tisch, verschiedene Preise (Bonbons o. Ä.), Bleistift, Schnur
Spielbeschreibung: „Der Mittelpunkt des Quadrats wird markiert. An jeder Ecke liegt ein Preis (Münze o. Ä.). In der Mitte liegt ein Bleistift, an dem 4 Bindfäden befestigt sind, die zu den 4 Spielern an den Ecken hinführen. Die Schnüre müssen lang genug sein, so dass jeder sie fest ergreifen und vielleicht einmal um die Hand wickeln kann.
Die Spieler stellen sich in etwas Abstand vom Spielfeld auf und halten den Bleistift in der Mitte in der Schwebe. Der Spielleiter erklärt das Spiel mit den folgenden Worten: ‚Jeder Spieler, dessen Preis der Bleistift berührt, bekommt diesen Preis. Bleibt auf eurem Platz stehen; zieht nur mit einer Hand. Wer seinen Preis gewonnen hat, bleibt weiter im Spiel, bis Ende gerufen wird. Auf Los geht's los.' (Der Spielleiter sagt kein Wort davon, dass es um Zusammenarbeit geht!). Die Dauer des Spiels beträgt 2 bis 3 Minuten je nach Verlauf. Wenn das Startzeichen ertönt, ergibt sich meist ein heftiger Kampf. Der Stärkste gewinnt seinen Preis als Erster und hindert dann meist noch seine Mitspieler daran, ihren Preis zu bekommen. Der eine oder andere kommt aber vielleicht doch auf die Idee, dass sie durch Zusammenwirken den Bleistift viel schneller von Preis zu Preis wandern und so jeden etwas gewinnen lassen können. – Hinterher werden folgende Fragen zur Diskussion gestellt: ‚Was ist hier vorgegangen?' und ‚Wie könnte man das Spiel anders spielen?'" *(DEACOVE 1981, S. 16)*

94 Paarweises Malen

Material: Stifte, Papier
Spielbeschreibung: Jeweils zwei Spieler fassen einen Stift zusammen an und malen ein Bild zu einem vorgegebenen Thema. Dabei dürfen sie nicht miteinander sprechen.

Anmerkung: Eventuell kann nach dem Spiel eine Reflexion über das gemeinsame Tun und Werk erfolgen. Die Spieler sollen z. B. darüber nachdenken, was schön bzw. weniger schön an der Zusammenarbeit war; was wichtig ist, wenn man mit jemandem zusammenarbeitet usw. *(WA)*

95 Das Okolon

Material: für je vier Mitspieler eine Tageszeitung
Spielbeschreibung: Alle Teilnehmer bilden Kleingruppen aus 4–5 Spielern. Jede Gruppe zerreißt eine Zeitung in Stücke, etwa so groß wie eine Streichholzschachtel. Daraus soll nun in der Art eines Puzzles auf dem Tisch ein großes Tier gelegt werden, das „Okolon". Niemand weiß vorher, wie es aussehen wird. Reihum legt jeder einen Zeitungsfetzen in das Gebilde, bis ein tierähnliches Wesen entstanden ist. Die Spieler sollen nicht miteinander reden. Jeder entscheidet selbst, wo er ein Teil anlegt. Später besichtigen alle die entstandenen Tiere und geben ihnen neue Namen.
Variationen: Statt des Tieres wird eine menschliche Figur gelegt und diesmal darf geredet werden.

96 Zeichenuhr

Material: Papier und Filzstifte
Spielbeschreibung: In Gruppen von 5–10 Teilnehmern erhält jeder ein DIN-A4-Blatt; es gibt genug Farbstifte. Jeder beginnt zu zeichnen. Nach kurzer Zeit gibt jeder sein Blatt im Uhrzeigersinn dem Nachbarn weiter. Jeder zeichnet an dem angefangenen Bild weiter; gibt dann an den Nächsten ab, bis jeder „sein" Bild wieder zurückhat. Zum Schluss sucht die Gruppe für alle Bilder originelle Titel.
Variation: Man einigt sich vor Spielbeginn, einen Gegenstand, Menschen oder ein Tier auf eine Tapetenrolle zu zeichnen. Ein Spieler malt links den Kopf des Tieres. Die anderen Spieler dürfen hierbei nicht zuschauen. Nachdem er fertig ist, wird das Tapetenstück gefaltet und dem Nachbarn weitergegeben. Nur zwei kleine Striche, die z. B. den Halsansatz angeben, dürfen zu sehen sein. *(THIESEN 1999)*

97 Häuser malen

Material: Tafelbild, mehrere Bogen Packpapier, Ölkreiden, Stoppuhr
Spielbeschreibung: Der Spielleiter bereitet an der Tafel ein Bild vor, das ein Haus zeigt. Es hat acht Fenster, zwei Türen, einen Schornstein,

zwei Kinder, die aus dem Fenster schauen, einen Baum links neben dem Haus, eine Schaukel daneben und in zwei Fenstern einen Blumentopf. Die Spieler schließen sich zu Vierergruppen zusammen und bekommen einen Bogen Packpapier und Ölkreiden. Ihre Aufgabe ist es, das Haus so genau wie möglich abzumalen. Die Gruppe, die die wenigsten Fehler macht und am schnellsten fertig wird, ist Sieger. Der Spielleiter stoppt die Zeit und kontrolliert die fertigen Bilder. Bei einem Fehler gibt es Strafzeit.
Anmerkung: Im Anschluss an das Spiel ist eine Auswertung sinnvoll. Mögliche Auswertungsfragen sind: Wer hat was getan? – Wer hat die anderen beim Malen gestört? – Was war schön an der Zusammenarbeit? – usw. *(BÖSCHEMEYER/VOPEL 1977, Nr. 47)*

98 Stühle tauschen

Material: Stühle
Spielbeschreibung: Die Spieler sitzen im Kreis. Es ist kein Stuhl mehr frei. Einer steht in der Mitte und gibt verschiedene Anweisungen, z.B.: „Alle, die blond sind, rücken weiter.“ Die Spieler, auf die dies zutrifft, rücken um einen Stuhl weiter. Wenn der Nachbarstuhl aber noch besetzt ist, setzen sie sich einfach auf den Schoß des Mitspielers. Der „Untermann“ darf nun so lange nicht weiterrücken, bis sein Schoßsitzer wieder weg ist.
Beispiele:
„Alle, die einen Hund haben, rücken um zwei Stühle weiter.“
„Alle mit langen Haaren rücken einen Stuhl weiter.“
„Rücke um so viele Stühle weiter, wie es Kinder in deiner Familie gibt.“ usw. *(KO)*

99 Kooperative Reise nach Jerusalem

Material: Stühle, Musik
Spielbeschreibung: Es wird ein Stuhlkreis gebildet, wobei die Anzahl der Stühle um eins geringer ist als die Zahl der Mitspieler. Beim Einsetzen der Musik gehen alle Spieler im Kreis herum, wenn die Musik stoppt, versucht jeder, einen freien Stuhl zu ergattern. Derjenige, der übrig bleibt, setzt sich bei einem anderen Spieler auf den Schoß. Von Runde zu Runde verringert sich die Zahl der Stühle und die Anzahl der Schoßsitzer steigt. Zum Schluss bleibt nur noch ein Stuhl übrig, und die Gruppe muss sich so arrangieren, damit alle darauf Platz finden.
Anmerkung: Es empfiehlt sich, dieses Spiel in kleineren Gruppen durchzuführen. *(ZO 3)*

100 Spiegelspiel

Spielbeschreibung: Es werden Paare gebildet, die sich einen freien Platz im Raum suchen und locker gegenüberstehen. Ein Spieler, der Spiegel, führt Gesten und langsame Bewegungsabläufe aus, die der andere, das Spiegelbild, versucht gleichzeitig spiegelbildlich nachzuahmen. Nach ca. fünf Minuten werden die Rollen getauscht.

Variationen:

- Der Spiegel macht alles doppelt so schnell.
- Der Spiegel macht alles seitenverkehrt.
- Dasselbe Spiel kann auch zwischen einem Spielleiter und einer ganzen Gruppe gespielt werden. *(Quelle unbekannt)*

101 Bärenaufstand

Material: Kissen oder Luftballons

Spielbeschreibung: „Je zwei Bären setzen sich auf den Boden und lehnen sich mit dem Rücken aneinander. Sie haken sich mit den Armen ineinander. Die Beine werden angezogen. Die dicken Bären versuchen nun, gemeinsam aufzustehen. Dazu müssen sie ihre Rücken kräftig gegeneinander drücken und die Beine gleichzeitig hochdrücken. Wenn es den Bärenpaaren gelingt, aufzustehen, versuchen als Nächstes drei Bären gemeinsam hochzukommen. Sie setzen sich eng mit den Rücken aneinander auf den Boden und verhaken ihre Arme diesmal zu dritt miteinander. Mit etwas Übung gelingt es vielleicht sogar, mit vier oder fünf Bären gemeinsam aufzustehen. Der dicke Bärenbauch wird mit Kissen oder Luftballons erzeugt." *(ZO 3)*

102 Krankenträger

Material: Stangen, Bälle

Spielbeschreibung: Zwei Kinder nehmen jeweils zwei Stangen auf, die eine Krankentrage darstellen. Ein Ball wird auf die beiden Stangen gelegt, den die Kinder durch den Raum tragen. Dabei müssen sie so geschickt zusammenarbeiten, dass der Ball nicht herunterfällt.

Variation: Es werden Hindernisse aufgebaut, welche die Kinder überwinden müssen. Es können große oder kleine Bälle verwendet werden.

Anmerkung: Die Kinder lernen auf den Partner einzugehen, sich seinen Bewegungen anzupassen und kooperativ mit ihm zu handeln. Es werden Konzentration und Geschicklichkeit verlangt.
(EHRLICH/HEIMANN 1984, S. 108)

103 Im Kreise sitzen

Spielbeschreibung: „Alle Kinder stellen sich in einem Kreis auf, die rechte Schulter nach innen weisend. Jedes Kind legt dem vor ihm stehenden Kind die Hände fest auf die Schultern. Dann gehen alle langsam in die Hocke, und jeder setzt sich vorsichtig auf die Knie des hinter ihm Stehenden. Nach einer Weile können alle fest und sicher sitzen, ohne sich noch festhalten oder irgendwie anstrengen zu müssen."
Anmerkung: „Diese Übung ist besonders als Einlage zwischen zwei anderen Spielen geeignet und setzt nicht nur Kinder immer wieder in Erstaunen, wenn sie zum ersten Mal versucht wird."
(GUDER 1983, S. 17)

104 Seiltrick

Material: ein langes Seil
Spielbeschreibung: Alle Kinder fassen ein auf dem Boden liegendes Seil an und stellen sich vor, es sei eine Glasplatte. Diese kann nun vorsichtig durch den Raum getragen werden, wobei sie auch hochgehoben, zur Seite geneigt, gesenkt und behutsam wieder abgelegt wird. Auch kann das Seil zu einem Rechteck, einem Dreieck, einem Gesicht usw. geformt werden.
Anmerkung: Die Kinder sollen sich während der ganzen Aktion austauschen können.

105 Rüben ziehen

Spielbeschreibung: Ein Spieler, der „Bauer", sät Rüben. Die anderen Mitspieler liegen zusammengerollt in einem Kreis, sie sind die „Samenkörner". Es beginnt zu regnen (der Bauer tippt mit dem Finger auf den Rücken mancher Samenkörner), der Wind weht (der Bauer streift mit der Hand über einzelne Samenkörner) und dann scheint die Sonne wieder. Die Samenkörner bekommen die ersten Wurzeln (die Spieler strecken die Arme und Beine aus; sie liegen dicht zusammengedrängt auf dem Bauch, ihre Arme umfassen den Körper des Nachbarn). Nun sind die Rüben groß genug und der Bauer will sie ernten. Doch das ist gar nicht so einfach, denn wenn er versucht, eine Rübe (an den Füßen) herauszuziehen, halten die Wurzeln (die Mitspieler) sie fest. Ist die Rübe endlich draußen, hilft sie dem Bauern beim Ernten der anderen Rüben. Immer, wenn eine Rübe herausgezogen worden ist, rücken die anderen Rüben schnell zusammen und schließen wieder den Kreis. Das Spiel geht so lange, bis nur noch zwei Rüben, die beiden stärksten, übrig sind. *(ZO 1–2)*

106 Schlangen häuten

Spielbeschreibung: Die Spieler stellen sich mit gegrätschten Beinen zu einer Schlange hintereinander auf. Jedes Kind greift mit der linken Hand durch die Beine und fasst das hinter ihm stehende Kind bei der rechten Hand. So fasst also jeder Spieler das vor ihm stehende Kind mit der rechten Hand, das hinter ihm stehende mit der linken Hand. Nun kann das Schlangenhäuten beginnen. Auf das Zeichen des Spielleiters hin legt sich das letzte Kind in der Schlange auf den Boden und zieht das davor stehende Kind mit sich. Dieses steigt mit breit gespreizten Beinen über das Kind hinweg und legt sich dicht dahinter ebenfalls auf den Boden. Sobald das letzte Kind liegt, steht es gleich wieder auf und geht vorwärts. Dabei zieht es das nächste Kind auf die Beine, so dass bald wieder die ganze Schlange steht.
Anmerkungen: Vorrangig geht es in diesem Spiel um das Zusammenspiel der Kinder, das Training ihrer Kooperations- und Kommunikationsfähigkeiten. Allerdings kann im Anschluss an dieses Spiel auch auf das tatsächliche Häuten einer Schlange eingegangen werden. *(BREUCKER/RUBIN 1990)*

107 Tierorchester

Spielbeschreibung: Der Spielleiter nennt immer zwei bis drei Kindern ein Tier, dessen Laut sie imitieren sollen. „Alle Kinder stehen im Halbkreis vor dem Dirigenten. Dieser gibt deutliche Zeichen, die vorher vereinbart worden sind. Nun kann der Dirigent nach Lust und Laune das Konzert laut und leise, langsam und schnell werden lassen. Nach einer Weile können die Geräusche getauscht werden und ein anderes Kind wird Dirigent."
Anmerkung: Bei diesem Spiel darf es für kurze Zeit auch einmal richtig laut zugehen. *(GRUNDSCHUL-SPIELKARTEI)*

108 Knäuel entwirren

Spielbeschreibung: Die Spieler gehen im Raum herum, wenn sie aufeinander treffen, geben sie sich gegenseitig kurz die Hände. Nach einer Weile gibt der Spielleiter ein Signal, und alle fassen zwei verschiedene Mitspieler, die in ihrer Nähe sind, an den Händen fest an und lassen nicht mehr los. Nun müssen alle versuchen, das entstandene Knäuel zu entwirren, indem sie über andere Armpaare hinwegsteigen, darunter hindurchschlüpfen, andere über die eigenen Arme steigen lassen, ihren Vorgängern beim Steigen oder Schlüpfen folgen, Strategien auskundschaften, beraten und ausführen, bis allmählich ein Kreis entsteht, in dem alle Überkreuzungen aufgelöst sind. Natürlich gelingt das nicht immer; manche Verknotungen sind unauflösbar. Manchmal entstehen auch mehrere Kreise. Gelingt es aber, einen Kreis zu bilden, dann ist die Freude groß, besonders wenn sich alle an die Regel gehalten haben, auf keinen Fall zwischendurch mal loszulassen.

Variationen: Wenn verabredet wird, dass während dem Entwirren nicht gesprochen werden darf, wird das Spiel schwerer.

Das Durcheinandergehen bis hin zum Festhalten kann auch im Dunkeln ausgeführt werden.

Der Spielleiter nimmt ein Bündel einmal zusammengelegter Springseile so in die Hand, dass die freien Enden alle nach unten hängen. Die Spieler ergreifen mit jeder Hand ein freies Ende, der Spielleiter lässt los, und die Spieler versuchen, das Knäuel zu entwirren.

(GUDER 1983, S. 20)

109 Eisschollen

Material: alte Zeitungen

Spielbeschreibung: Da es schrecklich gefroren hat, ist der ganze Fußboden mit Eis (Zeitungspapier) bedeckt, auf dem die Spieler sich vorsichtig bewegen. Nun beginnt es zu tauen und nur Eisschollen bleiben noch übrig (ein Spieler entfernt einige Zeitungsblätter). Wer nicht ertrinken will, muss sich auf eine Eisscholle retten. Aber der Boden taut noch stärker auf, die Spieler müssen sich immer weniger „Eis-Papier“ teilen. Ganz eng aneinander gekauert, versucht die Gruppe auf den „Rettungsinseln“ zu überleben. Der Spielleiter registriert genau, wo die meisten Spieler auf der kleinsten Eisscholle Platz finden. Diese Gruppe hat gewonnen. (Wenn man unbedingt einen Sieger braucht!)

(DIE GRUNDSCHULZEITSCHRIFT 66/1993)

110 Blinde Acht

Spielbeschreibung: Alle Spieler bekommen die Augen verbunden. Sie halten sich an den Händen und der Spielleiter sagt ihnen, was sie machen sollen: Sie sollen sich z. B. zu einem Stern zusammenstellen, einen Kreis, ein Oval, eine Acht bilden usw. Haben alle Gruppenmitglieder das Gefühl, dass die Figur fertig ist, verständigen sie sich untereinander und öffnen die Augen.

In größeren Gruppen kann das Spiel auch gut als Wettkampf zwischen Untergruppen gespielt werden. Der Spielleiter entscheidet dann jeweils, welche Gruppe die verlangte Figur am genauesten getroffen hat. *(PORTMANN/SCHNEIDER 1994*)

111 Menschenmaschine

Spielbeschreibung: Die Spieler „bauen“ mit ihren Körpern eine „Maschine“, die sich bewegt und Geräusche von sich gibt. Alle stehen im Kreis, ein Spieler tritt in die Kreismitte und beginnt dort mit einer Bewegung und einem Geräusch (z. B. mit dem Kopf wackeln und zischen, sich wie ein Antriebsrad mit ausgestreckten Armen drehen, mit dem Fuß stampfen und brummen usw.). Die anderen Spieler kommen allmählich dazu und schließen sich mit ihren eigenen Bewegungen der Bewegung des ersten Spielers an; jeder Spieler muss mindestens einen anderen berühren. Schließlich entsteht eine fauchende, stampfende und quietschende Menschenmaschine.
Beispiele: Darstellen von Lokomotive, Uhr, Schreibmaschine, Telefon, Autowaschstraße, Orgel, Phantasiemaschine usw.
(GUDJONS 1990, S. 214 f.)

112 Transporter

Spielbeschreibung: Die Kinder finden sich in Gruppen von fünf bis sieben Teilnehmern zusammen und verschränken sich so, dass ein Gefährt entsteht, welches einen Teilnehmer durch den Raum transportieren kann. Dann führen sich die einzelnen Untergruppen ihre „Transportmittel“ vor.

113 Haltet die Feder hoch!

Material: Feder
Spielbeschreibung: Die Spieler versuchen zu zweit oder zu dritt mit kräftigem Blasen eine Feder in der Luft zu halten. Welche Feder fliegt am höchsten? Welche Feder bleibt am längsten in der Luft?
(Quelle unbekannt)

114 Streichholznest

Material: je Kleingruppe 5 Schachteln Streichhölzer und eine leere Bier-, Wein- oder Limoflasche
Spielbeschreibung: Abwechselnd legt jeder in der Gruppe ein Streichholz auf einen Flaschenhals, so dass ein richtiges „Storchennest“ entsteht. Man darf in der Gruppe nicht miteinander sprechen, soll sich aber untereinander helfen, z. B. durch Zeigen auf die Stelle, wo noch ein Holz hingelegt werden kann. Fallen welche herunter, so müssen diese anschließend wieder neu verwendet werden.

Variante: Ohne Sprechen soll aus den Hölzern der fünf Streichholzschachteln ein Bild gelegt werden.
Anmerkungen: Fragen für ein kurzes Auswertungsgespräch: Welche Gefühle hatten wir, als Thomas das halbe Nest herunterkippte? Welche Kooperationstechniken haben wir angewendet? Sind wir stolz auf unser gemeinsames Werk? *(REMSCHEIDER SPIELEKARTEI 1985)*

115 Begegnung auf der Brücke

Spielbeschreibung: Als Brücke dient ein auf dem Boden ausgelegtes Seil oder ein mit Kreide markierter schmaler Steg. Jeweils zwei Gruppenmitglieder begegnen sich dann auf die „Brücke". Die Brücke ist wirklich sehr schmal. Wer stolpert, fällt in den Fluß und wird ertrinken. Die beiden, die sich darauf begegnen, müssen also wirklich sehr vorsichtig aneinander vorbeigehen. Das gelingt nur mit viel gegenseitiger Hilfe und Absprache.
Wie haben die unterschiedlichen Gruppenmitglieder das Problem gelöst? Wie haben sie versucht, aneinander vorbeizukommen? (sich festhalten, zurückgehen, sprachliche oder nonverbale Abstimmung usw.) Wie haben sie sich dabei gefühlt? *(PORTMANN 1998)*

116 Luftballonspiele

Material: Luftballons
Spielbeschreibung: Die Spieler erhalten einen Luftballon, blasen ihn auf und knoten ihn zu. Nun werden verschiedene Spiele durchgeführt:
Spiel 1: Jeder Spieler stößt seinen Luftballon so weit wie möglich in die Luft. Gemeinsam versuchen sie die Luftballons am Schweben zu halten.
Spiel 2: Zwei Kinder schlagen sich einen Ballon in Gegenüberstellung zu.
Spiel 3: Luftballon über die Schnur. – Zwei Mannschaften spielen sich gegenseitig einen Luftballon über eine Schnur zu. Berührt der Ballon in einem Spielfeld den Boden, bekommt die betreffende Mannschaft einen Minuspunkt.
Spiel 4: Die Spieler sitzen mit gestreckten Beinen auf dem Boden im Kreis. Sie geben mit ihren Füßen einen Ballon reihum so weiter, dass er möglichst nicht auf den Boden fällt.
Spiel 5: Die Gruppe stellt sich in einer Reihe hintereinander auf. In die Abstände zwischen den einzelnen Spielern wird ein Luftballon geklemmt. Im Gänsemarsch marschieren nun alle durch den Raum, ohne einen Luftballon zu verlieren.
(HUBERICH/HUBERICH 1979)

117 Schornstein

Spielbeschreibung: Je vier Kinder stellen sich im Quadrat eng beieinander auf. Dabei sollen sie so eng wie möglich stehen und sich dabei die Arme um die Schultern legen. Nun wird ein aufgeblasener Luftballon in die Mitte auf den Boden gelegt. Die Kinder müssen jetzt versuchen, den Luftballon, ohne die Hände zu benutzen, nach oben aus dem Schornstein hinauszubefördern.

118 Fallschirmspiele

Material: Fallschirm oder Schwungtuch
Spielbeschreibung: Das Spiel mit dem Fallschirm bietet immer viel Abwechslung, denn es gibt die unterschiedlichsten Spielvarianten. Einige davon werden im Folgenden vorgestellt:
Spiel 1: Durchlaufspiel – Alle Spieler stehen in einem Kreis und halten sich an dem Fallschirm fest. Der Spielleiter regt zu starken Schwingungen an, die zunächst uneinheitlich von jedem Spieler kommen. Nach dieser kurzen Experimentierphase sollen die Spieler den Fallschirm gleichmäßig nach oben und unten bewegen. Bei der Bewegung nach oben, kann der Spielleiter den Auftrag geben: „Alle, deren Name mit S anfängt, wechseln den Platz!“ Daraufhin rennen die angesprochenen Spieler unter dem nach oben gehaltenen Tuch durch und suchen sich einen neuen Platz usw.
Spiel 2: Hüpfball – Alle Spieler halten den Fallschirm fest. In der Mitte liegt ein kleiner Ball, der durch die Bewegungen der Spieler zum Hüpfen gebracht werden soll. Der Ball sollte möglichst lange auf dem Fallschirm bleiben.
Spiel 3: Die Spieler bilden einen Kreis und halten den Fallschirm fest. Ein Spieler sitzt in der Mitte des Fallschirms und die anderen versuchen, ihn hochzuheben. *(Quelle unbekannt)*

119 Weiterreichen

Material: Alltagsmaterialien wie Münzen, Bälle (große oder kleine), Karten, Pappbecher, Löffel usw.
Spielbeschreibung: Die Kinder sitzen oder stehen im Kreis. Der benutzte Gegenstand soll so schnell wie möglich im Kreis herumgegeben werden, ohne dass er auf den Boden fällt.
Variationen:
- Nur eine Hand zum Weiterreichen benutzen.
- Runde Gegenstände auf einem Tablett weiterreichen.
- Gegenstände mit den Füßen weitergeben, z. B. Karten.

- Die Richtung zum Weitergeben während des Spiels durch Zuruf ändern.
- Mehrere Gegenstände gleichzeitig benutzen.

(EHRLICH/HEIMANN 1984, S. 42)

120 Spiele mit Malerfolie

Material: Malerfolie (Abdeckplane)
Spielbeschreibung: Mit Malerfolie lassen sich wie mit einem Fallschirm die unterschiedlichsten Spiele spielen. Malerfolie hat den Vorteil, dass sie einfacher zu beschaffen und vor allem billiger ist.
Spiel 1: Wettergeschichte – Die Spieler bilden einen Kreis und fassen die Folie mit zwei Händen an. Während der Spielleiter eine Geschichte zum Wetter (Phantasiegeschichte) erzählt, machen die Spieler mit der Folie die entsprechenden Bewegungen dazu.
Spiel 2: Zeltbau – Die Spieler stehen im Kreis und halten die Folie fest. Auf ein Kommando des Spielleiters schwingen alle die Folie wie ein Zelt über sich.
Spiel 3: Die Spieler halten die Folie fest. In die Mitte werden mehrere Tischtennisbälle geworfen, die durch Wellenbewegungen hin- und hergerollt werden sollen. Die Bälle dürfen dabei nicht herunterfallen.
Spiel 4: Gang übers Wasser – Die Spieler stehen im Kreis und halten die Folie in Kniehöhe. Während die Mitspieler Wellenbewegungen machen, gehen ein oder zwei Spieler über das Wasser. Der Aha-Effekt bei diesem Spiel ist, dass man dabei wirklich etwas „seekrank"“(schwindelig) wird. *(KO 1)*

121 Ältestenrat

Spielbeschreibung: Spielleiterin oder -leiter erzählen der Gruppe die Geschichte von zwei verfeindeten Indianerstämmen, die gemeinsam eine Brücke bauen müssen, um ihre Jagdgründe erreichen zu können. Der eine Stamm besitzt die Wälder für das Holz, der andere die notwendigen Werkzeuge. Die Kindergruppe teilt sich nun in zwei Gruppen, die die beiden verfeindeten Stämme vertreten. Zunächst listet jeder „Stamm“ für sich die Störungen auf, die ein gemeinsames Arbeiten verhindern. Dann treten sie über ihre „Ältesten“ (zwei bis drei Kinder aus der Gruppe) in Verhandlungsgespräche ein. Die Ältesten nehmen immer wieder Rücksprache mit ihrem Stamm und entwickeln so neue Lösungsvorschläge – bis zu einer endgültigen gemeinsamen Lösung. Ist das Verfahren eingeübt, kann es natürlich auch zur Bearbeitung tatsächlicher Konflikte in der Gruppe benutzt werden.
(PORTMANN 1996)

122 Das kann ich gut

Spielbeschreibung: Die Gruppe sitzt im Kreis. Ein Gruppenmitglied beginnt und nennt etwas, das es gut kann. Dann ist die linke Nachbarin oder der linke Nachbar an der Reihe und nennt ebenfalls etwas, das sie oder er gut kann usw., bis alle einmal dran waren, z.B.:

- „Ich kann gut Kuchen backen."
- „Ich kann gut vom 3-m-Brett springen."
- „Ich kann gut organisieren." ...

Mit den Aussagen kann anschließend das Spiel „Mein rechter, rechter Platz ist leer ..." gespielt werden. Ein freier Stuhl wird dazugestellt und das links davon sitzende Gruppenmitglied beginnt: „Mein rechter, rechter Platz ist leer, ich wünsche mir jemand her, der gut Kuchen backen kann."

Welches Gefühl ist es, laut etwas Positives über sich selbst zu sagen? Welches Gefühl ist es, von jemand anderem dann daraufhin angesprochen zu werden? *(PORTMANN 1998)*

Vertrauensspiele

Manche Kinder vermeiden es, an bestimmten Spielen teilzunehmen, weil sie fürchten, sich auf irgendeine Weise lächerlich zu machen oder nicht so „gut" abzuschneiden wie die anderen. Daher ist der Einsatz solcher Spiele wichtig, in denen eine vertrauensvolle Atmosphäre herrscht und man Vertrauen geben und annehmen kann *(REGELEIN 1988, S. 140)*. Die Kinder gewinnen Vertrauen, wenn sie die Gewissheit haben, dass ihnen niemand wehtun will, sie sich also sowohl in körperlicher als auch in psychischer Hinsicht sicher und geborgen fühlen können.

Die folgenden Spiele tragen dazu bei, Offenheit und Vertrauen gegenüber anderen zu entwickeln, die Führung anderer als verantwortungsvolle Aufgabe zu betrachten und sich ohne Angst der Obhut eines anderen anzuvertrauen.

123 Verkehrschaos

Spielbeschreibung: Ein Spieler lenkt seinen Partner durch den „Autoverkehr", indem er ihm die Hände auf den Rücken legt und den Weg bestimmt.

Variation: Lastwagenfahrer – Ein Spieler steuert zwei oder drei Mitspieler gleichzeitig. Die Mitspieler umfassen sich oder haken sich unter. *(KO)*

124 Blindenspaziergang

Spielbeschreibung: Die Spieler finden sich zu Zweiergruppen. Der eine Partner schließt die Augen und wird zum „Blinden". Der Sehende führt ihn durch den Raum. Es darf nicht gesprochen werden, Kommunikation erfolgt nur durch den Handkontakt. Der „Blindenführer" kann seinen Partner auch Dinge fühlen, tasten und riechen lassen. Nach einer Weile (ca. 10 Minuten) wird gewechselt.
Anmerkung: Der Spielleiter sollte die „Blindenführer" unbedingt darauf hinweisen, dass das Führen eine verantwortungsvolle Aufgabe ist. Auf keinen Fall dürfen sie die Situation ausnutzen, indem sie ihre Partner mit Absicht irgendwo anstoßen lassen. *(Quelle unbekannt)*

125 Geometrix

Spielbeschreibung: Bei diesem Spiel bilden sich Paare. Einem von beiden werden die Augen verbunden. Der sehende Spieler führt seinen „blinden" Partner behutsam an den Linien einer geometrischen Figur entlang. Dazu können diese Figuren vorher im Sand (oder mit Kreide auf dem Boden) markiert werden. Der „Blinde" muss raten, um welche Figur es sich gehandelt hat. Dann werden die Rollen getauscht.
Variationen: An Stelle von geometrischen Figuren können auch Zahlen, Buchstaben oder ganze Wörter blind „erwandert" werden.
(FLEMMING u. a., o. J.*)*

126 Vertrauensschlange

Spielbeschreibung: Die Gruppe bildet durch Anfassen an den Schultern oder Händen eine Schlange. Alle, bis auf das vorderste Kind, schließen die Augen. Dieses führt die Schlange durch den Raum, umgeht gedachte oder reale Hindernisse, steigt über Gegenstände drüber oder kriecht untendrunter durch, geht in der Hocke oder auf Zehenspitzen. Dabei soll nicht gesprochen werden. Die Verständigung läuft allein über die Berührung.
Variation: Das Spiel ist auch als Partnerübung durchführbar, wobei das sehende Kind seinen Partner mit den geschlossenen Augen behutsam führen muss.
Anmerkung: Das Gehen in der Schlange darf nicht zu früh abgebrochen werden, da es einige Zeit braucht, bis sich die Informationsweitergabe durch Berührung eingespielt hat. Am Ende des Spiels sollten die Spieler Gelegenheit haben, sich über ihre Erfahrungen mit Vertrauen und Verantwortung auszutauschen.

127 Blind sortieren

Spielbeschreibung: Einem Spieler werden die Augen verbunden. Nun muss er die Kinder der Gruppe nach ihrer Größe sortieren und seinen eigenen Platz in dieser Reihe finden. *(BORT 1994)*

128 Lotse

Spielbeschreibung: Die Spieler gehen zu Zweiergruppen zusammen. Der eine schließt die Augen und der andere lotst ihn durch Zurufe quer durch den Raum. Damit es nicht ganz so einfach ist, kann der blinde Spieler durch einen Reifen, zwischen zwei Seilchen und rückwärts zwischen zwei Stühlen hindurchgelotst werden. Dabei muss der sehende Spieler seinem Partner so genaue Anweisungen geben, dass möglichst kein Hindernis berührt wird. *(Quelle unbekannt)*

129 Fallen lassen

Spielbeschreibung: Ein Spieler steht in der Mitte der Gruppe. Die anderen Spieler (ca. 7–8; größere Gruppen sollten unterteilt werden) bilden einen engen Kreis um ihn. Dabei sollten körperlich stärkere und schwächere Spieler gleichmäßig verteilt sein. Der Spieler der Kreismitte lässt sich in gespannter Haltung mit geschlossenen Augen nach hinten fallen. Die Gruppe fängt ihn mit leicht vorgestreckten Händen auf und lenkt ihn vorsichtig in eine andere Richtung. Der enge Kreis kann im Spielverlauf auch langsam vergrößert und dann wieder verkleinert werden. Nach ca. drei Minuten wird gewechselt; ein anderer Spieler darf in die Kreismitte.
Variation: Ein Spieler lässt sich in gespannter Körperhaltung von einem Tisch oder einem Kasten fallen. Die Mitspieler bilden mit ausgestreckten Armen (im Reißverschlussverfahren, d.h. jeweils der rechte Arm über den linken Arm des rechten Nachbarn) vor dem Tisch/Kasten eine Gasse und fangen ihn auf. *(GUDJONS 1990, S. 118 f.)*

130 Jurtenkreis

Spielbeschreibung: Das Spiel erfordert eine gerade Teilnehmerzahl. Reihum wird im Kreis abgezählt „1“, „2“, „1“, „2“. Die Spieler geben sich fest die Hände. Die Füße der Mitspieler stehen nebeneinander fest auf dem Boden. Auf ein Zeichen des Spielleiters lassen sich alle „Einser“ mit geradem Körper nach vorne und alle „Zweier“ nach hinten fallen. Dadurch entsteht eine Art Zickzack-Linie. Beim folgenden Kommando des Spielleiters fallen alle „Einser" nach hinten und alle „Zweier" nach vorne. Die Gruppe kann dann versuchen, in ein dynamisches Vor und Zurück zu kommen, ohne die Füße zu bewegen.

131 Die schwebende Jungfrau

Spielbeschreibung: Ein Spieler liegt entspannt mit dem Rücken auf dem Boden. Links und rechts von ihm knien je drei bis vier Mitspieler, je ein weiterer hinter dem Kopf und den Füßen. Diese schieben nun ihre Hände unter den Körper des am Boden liegenden Spielers und heben ihn behutsam hoch. Er soll sich dabei auf „Händen getragen" fühlen, so als schwebe er über seinen Partnern. Anschließend wird er genauso vorsichtig wieder abgesetzt.
Anmerkung: Das Spiel ist ungefährlicher, als es sich anhört. Es vermittelt sehr klar ein Gefühl von Gruppensolidarität für alle Spieler.
(DIE GRUNDSCHULZEITSCHRIFT 33/1990)

132 Flussübergang

Spielbeschreibung: Die Spieler stehen sich in Paaren gegenüber. Die jeweiligen Partner fassen sich mit ausgestreckten Armen um das Handgelenk (Verankerung). Die Paare rücken so dicht auf, dass sie sich seitlich berühren. So bildet die Gruppe eine lebendige Brücke. Dann legt sich ein Freiwilliger auf die eine Seite der Brücke und wird vorsichtig an das andere Ende befördert. Weitere Freiwillige folgen!
(BÖSCHEMEYER/VOPEL 1977, Nr. 35)

133 Schiffbrüchig

Spielbeschreibung: Bei einem Schiffsunglück kann die Gruppe sich in ein kleines Boot retten, mit dem sie eine unbewohnte Insel erreichen kann – wenn das Boot nicht zu schwer wird. Außer der Kleidung, die jedes Kind am Leib trägt, können insgesamt nur zehn Gegenstände mitgenommen werden, sonst sinkt auch das Rettungsboot. Die Gegenstände müssen danach ausgewählt werden, wie wichtig sie für das Überleben der Gruppe auf der Insel sind.
Zuerst stellt jedes Kind für sich eine eigene Liste mit jeweils zehn lebensnotwendigen Gegenständen zusammen.
Danach werden kleine Gruppen (drei bis fünf Kinder) gebildet, die aus den jeweiligen Einzellisten ihrer Gruppenmitglieder eine gemeinsame Liste zusammenstellen müssen. Sind sie damit fertig, entsenden die Kleingruppen jeweils ein Kind in den „Rat der Schiffbrüchigen", der

dann die endgültige Entscheidung über die zehn Gegenstände treffen muss. – Der „Rat“ tagt zu diesem Zweck „öffentlich“: Die dazugehörigen Kinder setzen sich in die Mitte und verhandeln laut. Alle anderen Kinder sitzen im Kreis um sie herum und beobachten die Abstimmungsverhandlungen.
Wie kam die endgültige Liste zu Stande? War die Einigung einfach oder gab es Konflikte, und welche? Wie verliefen die Verhandlungen in den (nichtöffentlichen) Kleingruppen, wie in der (öffentlichen) Abstimmungsgruppe? Fühlte sich jedes Kind immer gut vertreten? Kann jedes die Entscheidung akzeptieren, auch wenn es selbst zunächst vielleicht etwas anderes mitnehmen wollte? *(PORTMANN 1996)*

Klassische „soziale Lernspiele"

In dieser Gruppe sind Spiele zusammengefasst, die sich den anderen Spielgruppen zum sozialen Lernen nicht eindeutig zuordnen lassen. Manche dieser Spiele sind ausgesprochen „harte" Spiele, die das soziale Lernen nicht zu fördern scheinen (z. B. „Die Reise nach Jerusalem"). Aber gerade solche Spiele bieten gute Ansatzpunkte zum Überdenken der Gemeinschaft (z. B. Außenseiterproblematik), zur Beziehungsklärung unter den Teilnehmern und zum Bewusstwerden über die eigene emotionale Befindlichkeit in der Gruppe.

134 Obstsalat

Spielbeschreibung: Es wird ein Stuhlkreis gebildet und die Spieler werden zu je 3–4 Personen (je nach Teilnehmerzahl) in Obstsorten eingeteilt (z. B. Kirschen, Äpfel, Bananen, Birnen usw.). Ein Spieler hat keinen Platz, er steht in der Kreismitte und ruft verschiedene Obstsorten auf, z. B. „Äpfel und Birnen“. Die Mitspieler, die zu diesen Obstsorten gehören, müssen ganz schnell ihre Plätze tauschen. Der Spieler in der Mitte versucht dabei, einen Platz zu ergattern. Gelingt es ihm, macht derjenige, der übrig bleibt, weiter. Ruft der Spieler in der Mitte „Obstsalat“, tauschen alle Spieler die Plätze.
Variation: Statt Obstsorten können auch Automarken, Tierarten, Blumen usw. verteilt werden. *(PORTMANN/SCHNEIDER 1986, S. 25 f.)*

135 Die Reise nach Jerusalem

Material: Stühle, Musik
Spielbeschreibung: Es werden Stühle (ein Stuhl weniger als Mitspieler da sind) mit den Lehnen zueinander aufgestellt. Die Spieler wandern nach Musik mit etwas Abstand um die Stuhlreihen herum. Wenn die Musik plötzlich abbricht, müssen alle so schnell wie möglich einen Sitzplatz suchen. Derjenige, der keinen Platz bekommt, scheidet aus. Nachdem ein Stuhl entfernt worden ist, geht die Reise nach Jerusalem weiter. Das Spiel geht so lange, bis nur noch ein Stuhl und ein Spieler übrig sind.
Anmerkung: Die Spielgruppe sollte nicht zu groß sein, da es sonst zu lange dauert, bis die Stuhlreihe abgebaut ist. Dabei kann es passieren, dass sich die ausgeschiedenen Spieler langweilen und Unruhe aufkommt. *(PORTMANN/SCHNEIDER 1986, S. 18)*

136 Schlüsselläufer

Spielbeschreibung: Alle Spieler bis auf einen sitzen oder stehen im Kreis. Dieser einzelne Spieler geht mit einem Schlüsselbund in der Hand im Kreis umher. Nach einer Weile gibt er einem der Mitspieler die Hand, nun wandern sie zu zweit im Kreis herum. Der zweite Spieler nimmt nach einer Weile einen weiteren Spieler aus dem Kreis mit usw., bis eine längere Schlange entstanden ist. Irgendwann lässt der erste Spieler unvermittelt den Schlüsselbund fallen. Alle müssen nun versuchen, wieder einen Platz im Kreis zu erhalten. Der Spieler, der übrig bleibt oder sich als letzter noch bewegt, bekommt den Schlüsselbund, und das Spiel beginnt von neuem.
(PORTMANN/SCHNEIDER 1994)

137 Augen zwinkern

Spielbeschreibung: Die Gruppe stellt sich im Kreis auf, wobei immer jeweils zwei Kinder hintereinander stehen. Alle Gesichter schauen zur Kreismitte. Die hinteren Kinder halten die Hände auf den Rücken. Ein oder zwei Kinder bleiben alleine ohne Hintermann. Diese freien Kinder zwinkern jeweils einem Kind in der vorderen Reihe zu. Bemerkt ein Kind, dass ihm zugezwinkert worden ist, läuft es schnell zu dem freien Kind und stellt sich dahinter. Dabei versucht das hintere Kind durch Festhalten, das vordere beim Weglaufen zu hindern, jedoch ohne sich vom Platz zu bewegen. Gelingt ihm das nicht, ist dieses Kind nun das „freie“ Kind, das versucht, durch Zublinzeln einen neuen Partner zu finden. *(FRIES 1993)*

138 Erde - Feuer - Luft - Wasser

Material: kleiner Ball
Spielbeschreibung: Die Spieler sitzen im Kreis. Einer steht in der Mitte und hält den Ball. Er zählt bis zehn, wirft den Ball auf den Schoß eines Mitschülers und ruft „Erde!", „Luft!", „Feuer!" oder "Wasser!". Ruft er „Erde!", so muss der Spieler, in dessen Schoß sich der Ball befindet, ein Tier nennen, das auf der Erde lebt; ruft er „Wasser!", dann muss ein Wasserlebewesen genannt werden; bei „Feuer!" etwas, das im Feuer bestehen kann, und bei "Luft!" muss eine Vogelart genannt werden. Kann der Spieler, der den Ball geworfen hat, bis zehn zählen, bevor der andere eine Antwort findet, muss dieser ein Pfand geben. *(GREENAWAY 1977)*

139 Ozeanwelle

Material: Stühle
Spielbeschreibung: Die Spieler sitzen im Kreis, die Stühle müssen eng nebeneinander stehen. Ein Stuhl bleibt frei, ein Spieler kommt als „Kapitän" in die Mitte und versucht, sich auf den freien Platz zu setzen. Die anderen bemühen sich, dies durch schnelles Weiterrutschen von einem Stuhl auf den anderen zu verhindern. Bei seinem Kommando „Welle rechts!" bewegen sich alle ständig nach rechts um einen Platz weiter, bis eine neue Anweisung kommt. Beim Kommando „Welle links!" läuft die Ozeanwelle in der anderen Richtung weiter. Gelingt es dem Kapitän, einen freien Stuhl zu besetzen, muss derjenige, der nicht schnell genug nachgerückt ist, in die Kreismitte.
Anmerkung: Da es bei diesem Spiel sehr wild zugehen kann, ist es ratsam, nur mit robusten Stühlen zu spielen. *(Quelle unbekannt)*

140 Haben Sie noch ein Zimmer frei?

Spielbeschreibung: Die Spieler sitzen im Stuhlkreis. Alle Stühle sind besetzt. Ein Mitspieler steht in der Kreismitte. Er geht auf einen Mitspieler zu und fragt: „Haben Sie noch ein Zimmer frei?" Der Angesprochene antwortet z.B.: „Ja, aber nur für die, die blonde Haare haben." Nun müssen alle Spieler, die blond sind, die Plätze tauschen. Bei dem Wechsel muss der Spieler aus der Mitte seinerseits versuchen einen Sitzplatz zu ergattern. Derjenige, der keinen Platz bekommt, steht als Nächster in der Mitte.
Beispiele: Fragen kann man nach verschiedenen Eigenschaften (z.B. Alle, die fleißig sind ...), dem Aussehen (z.B. Alle, die blaue Augen haben ...), Tätigkeiten der Person usw. *(HA)*

141 Schneewittchens Apfel

Material: Schaumstoffball o. Ä.
Spielbeschreibung: „Ein Kind in der Kreisrunde bedeckt die Augen oder dreht sich um, während die anderen den ‚vergifteten Apfel' (Ball) schnell weitergeben (nicht werfen!). Das Kind sagt irgendwann ‚Stopp'. Wer dann den ‚Apfel' als Letzter berührt hat, ist ‚vergiftet', muss sich wegdrehen und ist der nächste ‚Stopp-Sager'. Er darf keinen Ball mehr annehmen, bleibt aber im Kreis sitzen mit umgedrehtem Stuhl, Lehne vorne. Die Zahl der ‚Giftfreien' schrumpft, bis zum Schluss nur noch zwei Kinder übrig bleiben. Das eine Kind darf den Ball erst dann dem anderen Kind zurückgeben, wenn dieses wieder auf seinem Platz sitzt. (Der letzte Stopp-Sager sollte sich etwas Zeit lassen, weil diese Endphase so spannend ist.) Das Kind, das als letztes ‚unversehrt' übrig bleibt, kann alle anderen ‚erlösen' und ‚entgiften' durch Streicheln, ein geflüstertes Zauberwort, Gummibärchen ..."
(DIE GRUNDSCHULZEITSCHRIFT 1993)

142 Ungeheuer malen

Spielbeschreibung: Man beginnt mit dem Kopf des Ungeheuers. Jeder zeichnet einen solchen auf den oberen Teil des Blattes. Dann knickt er den Zettel um, so dass der Nächste nur so viel vom Kopf sieht, um den Hals gestalten zu können. So geht es weiter bis zu den Klauen der „Bestie". Danach werden die Zettel aufgerollt und die Kunstwerke enthüllt.

143 Ich bin in den Brunnen gefallen

Spielbeschreibung: Ein Spieler sitzt in der Kreismitte in der Hocke und ruft: „Ich bin in den Brunnen gefallen!" Die anderen fragen: „Wie tief denn?" Der Spieler denkt sich eine Tiefe aus, z. B.: „1000 m!" Dann fragen die anderen: „Wer soll dich herausholen?" Der Spieler nennt eine einfache Tätigkeit, z. B.: „Wer am besten Haare kämmen kann." Alle versuchen, die geforderte Bewegung pantomimisch vorzuspielen. Der Spieler in der Mitte wählt jemanden aus, der es besonders gut kann. Dieser zieht ihn aus dem Brunnen und plumpst selbst hinein. Das Spiel beginnt von vorn.
Beispiele: Wer am besten Zähne putzen, sich verbeugen, sich waschen, Schuhe putzen, nähen usw. kann.
Anmerkung: Die Spieler neigen häufig dazu, ihren Freund oder ihre Freundin auszuwählen, ohne darauf zu achten, wer wirklich die beste Darstellung gibt. Darauf sollte man in einem Nachgespräch eingehen.
(DIE GRUNDSCHULZEITSCHRIFT 1993)

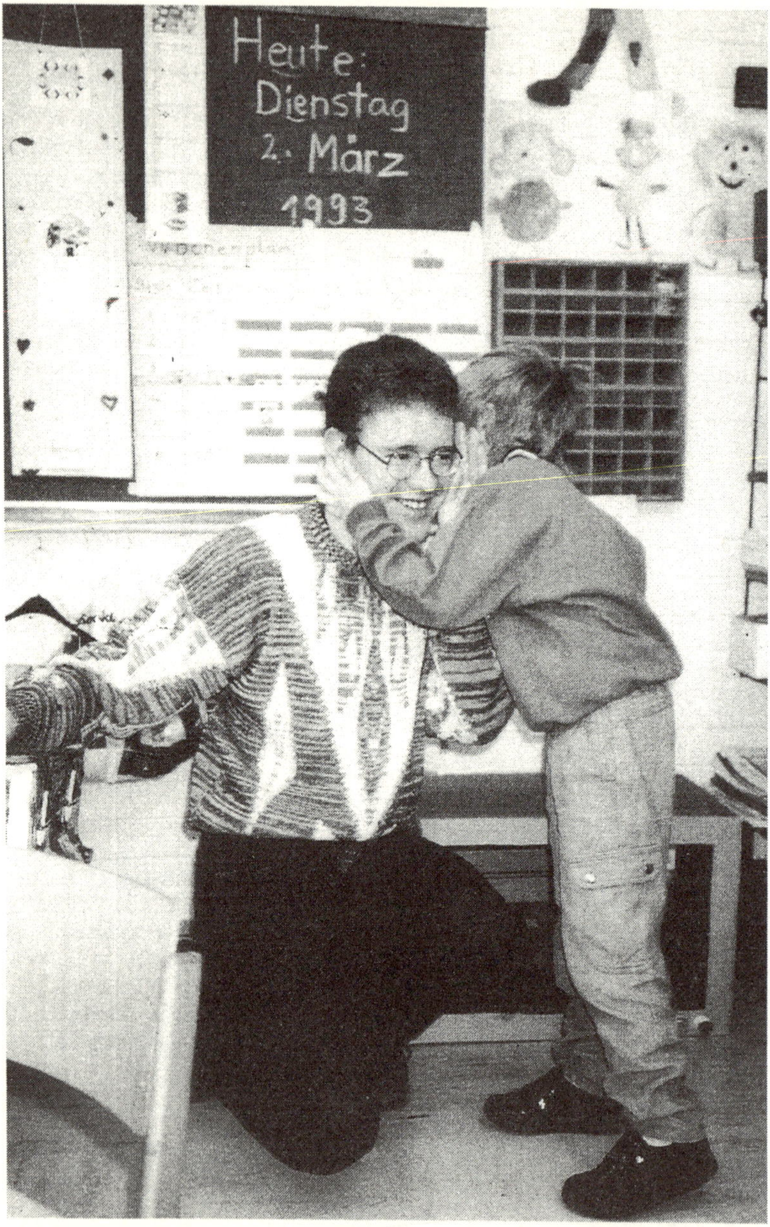

Foto: Karin Mansel-Ballier

Kapitel 2: Rollenspiel und andere darstellende Spielformen

Das Rollenspiel kann als Sonderform des darstellenden Spiels betrachtet werden, da beide ähnliche Strukturen aufweisen. Dennoch wird es in der Literatur auf Grund der Unterschiede des Rollenverständnisses meist als eigenständige Spielform behandelt. *(KLUGE 1981, S. 88, und WALTER 1993, S. 244)*

Dem Rollenspiel kommt für das soziale Lernen eine besondere Bedeutung zu, „da hier die verschiedenen Dimensionen sozialen Lernens integriert sind" *(BELSER in KLUGE 1980, S. 45)* und damit die Entwicklung kompetenten sozialen Verhaltens ermöglicht wird.

„Im Rollenspiel wird die Wirklichkeit nicht rekonstruiert, sondern modellhaft neu konstruiert" *(FREUDENREICH u. a. 1980, S. 12)*, d.h. es findet losgelöst von der Realität in einer eigenen Welt statt, die phantasievoll aus- und umgestaltet werden kann, aber deren Handlungen keinerlei Konsequenzen außerhalb des Spiels haben. Der Rollenspieler kann in dem „sanktionsfreien Raum des Spiels" *(FREUDENREICH u.a. 1980, S. 12)* „probehandeln" und Verhaltensweisen ausprobieren.

Man unterscheidet nach spontanen („freien", „nicht angeleiteten") und gelenkten („angeleiteten", „didaktischen", „problemorientierten") Rollenspielen. Zu den spontanen Rollenspielen gehören „jene Spiele, die die Kinder von sich aus beginnen, selbst erfinden und die frei von pädagogischer Steuerung sind." *(POHL-MAYERHÖFER u. a. 1976, S. 10)*

A Gelenktes Rollenspiel

Das gelenkte Rollenspiel entwickelt sich aus einer vorgegebenen Spielsituation. Dabei handelt es sich vor allem um die Nachahmung von festen Rollen („Imitationsspiele").

Bei dieser Spielform kann der Lehrer während des Spiels in das Geschehen eingreifen, um z.B. Denkanstöße zu geben. Dennoch haben die Spieler genug Freiheit, das Spiel zu gestalten und den Ausgang zu bestimmen. Ein weiterer Bestandteil des angeleiteten Rollenspiels ist die sich an die Durchführung des Spiels anschließende Diskussion. „Da die Spielerfahrung in Realitätssituationen genutzt werden soll, also Generalisation und Transfer der im Spiel gemachten Erfahrungen auf die Realität erwartet werden, ist die

Reflexion bzw. die Diskussion über die im Spiel gemachten Erfahrungen ein weiteres wichtiges Moment des Rollenspiels“ *(ZIEGENSPECK 1980, S. 42)*. Diese Diskussion beinhaltet die Analyse der Spielhandlung, d.h. die verschiedenen Verhaltensweisen, dazu Alternativvorschläge, Herausstellen von Ursache und Wirkung, mögliche Lösungsvorschläge. „Durch die Verzahnung von Spielpraxis und theoretischer Reflexion können für die Beteiligten Ursachen, Strukturen und Folgen von Handlungen, Problemen und Konflikten durchschaubar und damit veränderbar werden.“ *(ZIEGENSPECK 1980, S. 44)*.

144 Beim Arzt

Material: Verbandsmaterial, Krücken, Rezeptblock
Spielbeschreibung: Ein Kind hat sich am Bein verletzt; es kommt Hilfe. Im Wartezimmer werden Gespräche geführt und andere Patienten beobachtet. Der Arzt macht einen Verband; aus der Apotheke werden Medikamente geholt ...

145 Bankraub

Material: Waffe, Geld, Koffer u.a.
Spielbeschreibung: Bankangestellte bedienen Kunden; der Bankräuber tritt auf; Verfolgung, Festnahme, Gerichtsverhandlung, Gefängnis, Bericht im Fernsehen ...

146 Leben auf einer Insel

Material: Decken, „Boote“, „Inselmusik“, Phantasiereise
Spielbeschreibung: Der gesamte Tagesablauf (vom Schlafen in einer Baumhütte über Inselfrühstück und Fischfang bis zu Einsamkeitserfahrungen und Kontakten zu „Eingeborenen“ ...

147 Angst haben

Material: Möglichkeiten zum Verkleiden
Spielbeschreibung: Erfahrungen mit Nacht, Begegnung mit einem Fremden; Alptraum. Verschiedene Möglichkeiten des Umgangs mit Angst können erprobt werden.

148 Zaubern

Material: Zauberkisten mit den verschiedensten Utensilien
Spielbeschreibung: Zaubertricks werden vorgeführt. Andere Kinder werden verzaubert; Zaubertricks misslingen; Reaktionen des Publikums ...

149 Post

Material: Briefmarken, Stempel, Briefkasten, Postschalter
Spielbeschreibung: Kundenbetrieb am Postschalter, Weg des Briefes, Reaktionen beim Lesen von guten und schlechten Nachrichten, der Postbote unterwegs ...

150 Telefonieren

Material: zwei Telefone, Telefonbuch
Spielbeschreibung: Kinder rufen Freunde an, Anruf einer berühmten Persönlichkeit, Dialoge mit zwei Telefonen; Hilfe holen; sich bei der besten Freundin um Wiedergutmachung bemühen ...

151 Forscher

Material: Decken, Lupe, Taschenlampe
Spielbeschreibung: Kinder entdecken in einer Höhle den Höhlengeist; aus Sand wird Gold gemacht; einen Roboter erfinden; auf dem Mond; Unterwasserentdeckungen ...

152 Fernsehen

Material: Fenster aus einem Karton schneiden und bemalen
Spielbeschreibung: Im Lauf der Woche melden Kinder ihre Beiträge an (Zettelkasten); Darsteller erzählen Witze, informieren, lesen vor; spielen berühmte Personen; Playback ...

B Pantomime

Diese Form des darstellenden Spiels kann definiert werden als „ein Ausdrucksspiel unter Verzicht auf die übliche Ausdrucksform, die Sprache" *(BAER 1981, S. 137)*. Die Pantomime besitzt eine große Bedeutung für andere darstellende Spiele. Sie ist eine Art „Ausdrucksschulung" *(BAER 1981, S. 137)*, die auch den anderen Formen zugute kommt. In diesem Sinne kann die Pantomime als „Schwelle" betrachtet werden, die „überschritten werden muss, um später die Sprache sinnvoll mit einzubeziehen" *(METZENTHIN 1983, S. 64)*.

Für Kinder ist es oft eine überraschende Erfahrung, dass sie sprechen können, ohne dabei die Stimme zu verwenden, nur mit dem Gesicht, den Gliedmaßen und dem gesamten Körper, und dass eigentlich jeder Mensch zu jedem Zeitpunkt, bewusst oder unbewusst, spricht *(GUDER 1986, S. 3 f.)*.

Besonders gut für den Unterricht eignet sich die Pantomime als Ratespiel, weil dabei die Motivation der Zuschauer zum aufmerksamen Beobachten hoch ist. Rosmarie METZENTHIN unterscheidet zwischen äußerlicher und innerlicher pantomimischer Darstellung:

> Äußerlich nenne ich alle Tätigkeiten, durch die eine einfache Bewegung angedeutet wird: Wir ziehen uns an. Wir waschen uns. Wir essen. Innerlich nenne ich Bewegungen, die mit einer Empfindung durch einen mimischen und gestischen Ausdruck dargestellt werden: Wir kleiden uns an, aber die Hose passt nicht, der Pulli beißt. Wir wollen uns waschen, aber das Wasser ist eiskalt, deshalb machen wir Katzenwäsche. *(METZENTHIN 1983, S. 65)*

153 Aufziehspielzeug

Spielbeschreibung: Die Kinder werden in zwei Gruppen geteilt. Die eine Hälfte der Kinder stellt Aufziehspielzeuge, die andere Hälfte Spielwarenausstellungsbesucher dar. Die Aufziehspielzeuge verharren zunächst in einer Grundposition bis die Besucher sie „aufgezogen" haben und führen dann die für sie typische mechanische Bewegungsform eine Zeit lang durch, bis sie wieder langsamer werden und schließlich ganz zum Stillstand kommen. Nach einer Weile wird gewechselt.

Beispiele: Tanzpuppe, Trommelaffe, Blechfrosch

Variation: Das Spiel kann von Jahrmarktsmusik begleitet werden. Durch diesen zusätzlichen Impuls werden Dynamik und Dauer des Spiels vorgegeben.

Anmerkung: Es ist günstig, kleine Aufziehtiere mitzubringen, um den Kindern an ihnen die Funktionsweise von Aufziehspielzeug zu veranschaulichen. *(KL)*

154 Lückenpantomime

Spielbeschreibung: Die Klasse wird in Dreier- bis Fünfergruppen eingeteilt. Die Gruppe denkt sich alltägliche Handlungen aus wie Morgentoilette, Essenzubereitung, Aufräumen, Hausaufgabenmachen u.ä. und spielen sie nach einer kurzen Einübungsphase den anderen vor. Dabei wird ein wichtiger Teil der Szene ausgelassen (z.B. wird die Zahncremetube nicht zugeschraubt). Die anderen müssen die Szene genau beobachten und erraten, was gefehlt hat. *(THIESEN 1997, S. 45)*

155 Länderspiel

Spielbeschreibung: Der Raum wird in 4 Länder unterteilt. In jedem Land herrscht eine andere, von dem Spielleiter beschriebene Situation vor, dementsprechend sollen sich die Spieler verhalten:

- Im ersten Land ist es dunkel und unheimlich.
- Im zweiten Land findet man alles, was man sich in einem Schlaraffenland wünscht.
- Im dritten Land ist es kalt und einsam wie am Nordpol.
- Im vierten Land hört man Musik, trifft Menschen, mit denen man tanzen kann.

Alle Kinder durchlaufen die vier Abschnitte gleichzeitig und mimen die beschriebenen Situationen. Später gehen nur zwei Kinder durch die Länder, die anderen beobachten sie.
Drei bis vier Kinder besprechen sich, wie sie sich in den Ländern verhalten wollen. Die Zuschauer verfolgen das Spiel und erraten, was in den Ländern geschieht. *(METZENTHIN 1983, S. 87 ff.)*

156 Wunschkiste

Spielbeschreibung:
Alle Kinder sitzen in einem Kreis. Der Spielleiter erzählt (und spielt): „Neulich grub ich in meinem Garten, und was fand ich da – ein kleines Kästchen. Ich nahm es in die Hand, denn ich dachte mir, da ist sicher etwas Wertvolles drin. Und als ich es in die Hand nahm, wurde es immer größer und größer, ich konnte es gar nicht mehr schleppen. – Eine riesengroße Kiste. – Vorsicht, Füße weg! (Der Spielleiter setzt die Kiste in der Mitte ab). Ich hole mir nun etwas heraus, was ich mir gerade gewünscht habe. Was ist das?“ Er geht zur Kiste, öffnet sie und holt pantomimisch einen bestimmten Gegenstand heraus. Hat ein Kind ihn erraten, darf es selbst etwas aus der Kiste holen.
Anmerkung: Dieses Spiel ist besonders als Einstieg in den Bereich Pantomimik und Darstellung geeignet.

157 Hut auf

Spielbeschreibung: Alle Gruppenteilnehmer bewegen sich im Raum. Wer den Hut trägt, gibt die Bewegungsabläufe vor (bestimmte Gangart, Faxen ...), die von den anderen Teilnehmern nachgeahmt werden. Wer danach den Hut bekommt, gibt vor was ihm gerade gefällt.
Variation: Der Hutträger kann seine Bewegungsabläufe kommentieren. *(DIESSNER 1997)*

158 Ess-Pantomime

Spielbeschreibung: Jeder Spieler überlegt sich ein Gericht, das auf charakteristische Weise verzehrt werden soll. Das erste Kind begibt sich in den Kreis, setzt sich an den Tisch und versucht, seine Speise pantomimisch „vorzuessen", z. B. Spagetti, Suppe, Eis, Brot, Kartoffelchips, Lutscher ... Wer zuerst errät, um welche Speise es sich in der Darstellung handelt, darf als Nächster dran. *(REGELEIN 1992)*

159 Spiegelbild

Material: für jedes Kind ein kleiner Taschenspiegel
Spielbeschreibung: Der Spielleiter fordert die Spieler zunächst auf, in den Spiegel zu schauen und dabei ganz verschiedene Grimassen und Gesichtsausdrücke auszuprobieren, die er nennt. Anschließend sollen die Kinder ihre Gesichter jeweils ganz genau im Spiegel betrachten, dabei auf Details, z. B. auf die Form der Wimpern achten und sich klar machen, was ihnen am besten und am wenigsten an ihrem Gesicht gefällt. Jetzt legen die Kinder ihre Spiegel beiseite und äußern in der Zwischenauswertung, was ihnen an ihrem Gesicht aufgefallen ist, was ihnen am besten und am wenigsten daran gefällt. Für das nachfolgende Ratespiel nehmen alle wieder ihren Spiegel zur Hand. Der Spielleiter sucht sich ein Kind aus, dessen Namen er nicht nennt, aber dessen Gesicht er ausführlich beschreibt. Die Kinder betrachten sich aufmerksam im Spiegel, um herauszufinden, ob sie selbst beschrieben werden. Denkt ein Kind, dass es beschrieben wird, so sagt es: „Ich glaube, Sie beschreiben mich." Wenn ein Kind trotz erschöpfender Beschreibung sich nicht selbst identifizieren kann, so sagt ihm der Spielleiter einfach, dass er es beschrieben hat. Danach erhalten einige Spieler die Gelegenheit, nach vorne zu kommen und das Gleiche zu tun wie zuvor der Spielleiter. An das Ende des Spiels schließt sich eine Auswertungsphase an, in der z. B. folgende Fragen gestellt werden können: Sehe ich sonst Gesichter so aufmerksam an? Welche Vorteile hat es, das Gesicht eines Menschen genau zu betrachten, wenn er mit mir spricht?

Beispiele:
- ein lachendes Gesicht,
- ein erstauntes Gesicht,
- ein gelangweiltes Gesicht,
- ein wütendes Gesicht,
- ein Gesicht wie ein Clown,
- fletscht die Zähne wie ein bissiger Hund.

Anmerkungen: Bei dem Ratespiel ist darauf zu achten, dass die Kinder nicht von ihrem Spiegel hochsehen, um aus der Richtung des Blickwinkels des Spielleiters Informationen zu bekommen, wer gemeint sein könnte.

Auf spielerische Weise beschäftigen sich hier die Kinder mit ihrem eigenen Gesicht und werden dadurch für die Wahrnehmung fremder Gesichter sensibilisiert. Wahrnehmungsinhalte nehmen sie nicht-wertend und detailgetreu auf und setzen diese visuellen Eindrücke möglichst exakt in Sprache um. *(BÖSCHEMEYER/VOPEL 1985, S. 45 ff.)*

160 Phantasiebälle

Spielbeschreibung: Die Spieler finden sich zu Paaren zusammen. Der Spielleiter teilt Phantasiebälle aus, die einmal ein Luftballon sind, dann ein Fußball, ein Tischtennisball, ein Medizinball, ein Basketball, ein Golfball usw. Die Kinder spielen mit dem jeweiligen Phantasieball in angemessener Weise. Am Ende dürfen sich die Paare ein Ballspiel aussuchen, das sie der Großgruppe vorführen. Die Zuschauer versuchen dann zu erkennen, um welchen Ball es sich handelt.

161 Ausflug

Material: Musik oder Klangkörper

Spielbeschreibung: Alle bewegen sich locker, möglicherweise nach Musik, durch den Raum. Durch das Ertönen eines Gongs, bzw. durch das Stoppen der Musik, wird eine der Teilsituationen eingeleitet:

- Wir gehen durch Schneematsch,
- durch knietiefes Wasser,
- durch Herbstlaub,
- barfuß über spitze Kiesel,
- bergauf,
- bergab,
- in weißen Strümpfen über eine morastige Wiese,
- barfuß über heißen Sand,
- auf Zehenspitzen an den Platz zurück, setzen uns und schließen die Augen. *(FAUST-SIEHL u. a. 1995)*

162 Obsttüte

Material: eine Tüte mit Obst
Spielbeschreibung: Die Gruppe sitzt in Kreisform, der Spielleiter steht in der Mitte des Kreises. Er tut so, als hätte er eine große Tüte mit Obst in den Händen. Nacheinander kommen die Schüler in die Kreismitte, greifen in die Tüte, holen sich ein Stück Obst heraus und essen es genüsslich auf. Wenn sich alle Kinder gestärkt haben, wird eine richtige Tüte mit Obst herumgegeben.
Variationen: In der Tüte können auch andere Leckereien wie zum Beispiel Süßigkeiten sein, aber auch Kleidungsstücke, die angezogen werden müssen.
Anmerkung: Die Spielleiterin soll nach Möglichkeit nur pantomimisch erklären, worum es in diesem Spiel geht. Das kann sie, indem sie selbst etwas aus der eigentlich nicht vorhandenen Tüte nimmt und isst. So dient das Spiel als Einstieg für weitergehende pantomimische Darstellungen und soll, anstatt Kritik zu üben, Mut machen für weitere Darstellungsspiele. Das Spiel ist bei stärkerer motorischer Unruhe weniger geeignet. *(FLEMMING/FRITZ 1995)*

163 Zauberball

Material: Ball
Spielbeschreibung: Alle Kinder stehen im Kreis. Der Spielleiter gibt den Ball rechtsherum weiter und ruft plötzlich: „Der Ball wird ganz schwer!“ Schnell muss das Kind, welches den Ball in der Hand hält, ihn an das nächste Kind weitergeben. Der Zauberball wird leicht, glitschig, kostbar, heiß, er verwandelt sich in ein Kaninchen/einen stacheligen Igel ... Dabei wird die Vorstellungskraft der Kinder geschult. *(BREUCKER-RUBIN 1990)*

164 Theater der Hände

Material: eine Art Betttuch mit zwei etwa 40 cm voneinander entfernten Schlitzen, die jeweils 10 cm lang sind
Spielbeschreibung: Die Spieler versuchen, nur mit ihren Händen verschiedene Geräusche zu erzeugen, die sie dann nacheinander vorführen.
Anschließend spielt der Spielleiter mit seinen Händen bestimmte Tätigkeiten nach, die die Spieler erraten sollen. Auch Spieler können solche Tätigkeiten zum Erraten vorführen.
Dann beginnt das eigentliche Theater der Hände. Das vorbereitete Betttuch dient als Bühnenvorhang. Der Spielleiter legt das Tuch über den Kopf, streckt seine Hände durch die kleinen Schlitze und beginnt,

mit den Händen Theater zu spielen. Die Spieler haben die Aufgabe, die Gefühle des Menschen, dessen Hände sich bewegen, herauszufinden und zu benennen. Auch hier können nach einer Weile andere Spieler den Spielleiter ablösen.
In einer nachfolgenden Phase nennt der Spielleiter jeweils Gefühle, die die Spieler alle mit ihren Händen ausdrücken sollen, ohne dabei auf andere Spieler zu schauen. In der letzten Phase des Spiels finden sich jeweils zwei Kinder zusammen, die sich gern haben. Der jeweils kleinere Spieler soll seinem Partner durch seine Hände zeigen, dass er ihn mag (ohne Worte) und anschließend umgekehrt.
Die Auswertung kann folgende Fragen beinhalten: Wie leicht fällt es mir, selbst bestimmte Stimmungen mit meinen Händen auszudrücken? Wann drücke ich sonst mit meinen Händen freundliche Gefühle aus?
Beispiele:

- für Tätigkeiten:
  - auf der Schreibmaschine schreiben,
  - ein Streichholz anzünden,
  - Guten Tag sagen,
  - ein Lenkrad drehen,
  - eine Scheibe Brot abschneiden;
- für Gefühle:
  - auf den Tisch trommeln,
  - Beifall klatschen,
  - die Faust ballen,
  - einen imaginären Kopf streicheln,
  - Hände ängstlich abwehrend nach vorne halten,
  - Hände müde herabhängen lassen.

Anmerkung: Dieses Spiel sensibilisiert die Kinder für die Ausdrucksmöglichkeiten der Hände. Dabei üben sie gleichzeitig, verschiedene Stimmungen sprachlich auszudrücken. Die Kinder werden ermutigt, freundliche Gefühle handgreiflich zu äußern. Wichtig ist, dass unter den Spielern genügend Vertrauen besteht.
(BÖSCHEMEYER/VOPEL 1985, S. 47 ff.)

165 Ich suche einen Freund!

Spielbeschreibung: „Alle Kinder sitzen im Kreis, eins (durch Los bestimmt) tritt in die Mitte und ruft: ‚Ich suche einen Freund!' Alle fragen: ‚Wer soll das sein?' Das Kind antwortet zum Beispiel: ‚Wer am besten ein Pony putzen kann.'“
Daraufhin springen alle Kinder auf und beginnen, pantomimisch ein Pony zu putzen. Das Kind in der Mitte schaut eine Weile zu und sucht sich dann das Kind aus, das seiner Meinung nach das Pony am besten putzen kann. Dieses Kind stellt sich als nächstes in den Kreis und sucht einen Freund, der jetzt vielleicht am besten einen Schneemann bauen kann.“ *(GUDER 1986, S. 9)*

166 Heißer Topf

Spielbeschreibung: Im Sitzkreis oder auch in der „normalen" Sitzordnung einer Gruppe wird ein – geheimes – Wort von Ohr zu Ohr weitergeflüstert. Der letzte Empfänger dieser „stillen Post" sagt das Wort laut. Dann darf er eine neue „stille Post" aufgeben.
Schwieriger wird das Spiel, wenn statt eines einzelnen Wortes ein – nicht zu langer – Satz weitergegeben wird.
Dieses Spiel braucht keine Vorbereitung, geht sehr schnell und ist allen bekannt. Es eignet sich deshalb gut für ein schnelles „Ruhig-Werden" und „Aufmerksam-Sein" zwischendurch.
(PORTMANN/SCHNEIDER 1994)

167 Tante Erika aus Amerika

Spielbeschreibung: „Ein Kind ruft: ‚Unsere Tante Erika besucht uns aus Amerika.' Alle anderen Kinder fragen im Chor: ‚Was hat sie uns denn mitgebracht?' Das Kind antwortet zum Beispiel: „Einen Hampelmann.' Alle Kinder springen auf und mimen einen Hampelmann. Dann setzen sie sich wieder, und das in der Reihe nächste Kind spricht: ‚Was habt ihr denn gedacht, sie hat uns noch was mitgebracht.' Alle fragen wieder im Chor: ‚Was denn?' Das Kind antwortet zum Beispiel: ‚Einen Lutscher.' Nun springen wieder alle auf und mimen zuerst einen Hampelmann, dann das Lutschen. In derselben Weise kommt ein Gegenstand nach dem andern dazu, bis irgendwo ein Fehler auftaucht. Nun rufen alle Kinder: ‚Tante Erika aus Amerika bringt zu viel für das Spiel!' Dabei laufen alle durcheinander und setzen sich dann wieder auf ihre Plätze. Eine nächste Runde beginnt."
Anmerkung: Das Spiel ist eine Variation des altbekannten Spiels vom Kofferpacken. Wegen der Bewegungen, die immer in derselben Reihenfolge ausgeführt werden, ist es besser für kleinere Kinder geeignet, die bei der bloß verbalen Wiederholung der Begriffe bald ermüden.
Variationen: Ein Ratespiel wird daraus, wenn das Kind das Geschenk nicht nennt, sondern mit Gebärden verdeutlicht. Hier kommt der Nächste an die Reihe, wenn er errät, worum es sich handelt. Die Merkreihe kann bei dieser Form auch wegbleiben, da das Raten genug Reiz besitzt, um das Spiel attraktiv zu machen.
Schwieriger wird das Spiel, wenn die nächsten Bewegungen hinzukommen, also der Hampelmann einen Lutscher verzehrt und gleichzeitig mit einer Puppe spielt – und so weiter. *(GUDER 1986, S. 10 f.)*

168 Pantomimen-Staffel

Spielbeschreibung: „Die Klasse wird durch Los in zwei bis vier gleich starke Mannschaften eingeteilt. Diese setzen sich in möglichst großem Abstand voneinander auf Stühle, mit dem Rücken zu den anderen Mannschaften, aber so, dass vor ihnen noch Platz zum Agieren bleibt. Die Lehrkraft notiert sich auf einen Zettel etwa zehn Gegenstände, die sich leicht darstellen lassen, indem man pantomimisch damit hantiert, also etwa: Schreibmaschine – Rollschuhe – Kinderwagen – Bleistift – Armbanduhr – Besen – Kamm – Schere – Taschenlampe – Gardine. Ein Kind aus jeder Mannschaft kommt zur Lehrkraft, die ihnen das erste Wort von der Liste zuflüstert. Die Kinder gehen zu ihren Mannschaften zurück und spielen ihnen den Gebrauch des Gegenstandes vor. Dabei dürfen sie aber keinen Laut von sich geben. Glaubt ein Kind aus einer Mannschaft erkannt zu haben, welcher Gegenstand dargestellt wird, eilt es zur Lehrkraft und flüstert ihr seine Vermutung ins Ohr. Stimmt es, so flüstert ihm die Lehrkraft den nächsten Gegenstand ins Ohr, und dieses Kind spielt ihn seiner Mannschaft vor. Stimmt es nicht, so spielt das erste Kind weiter, bis ein anderes eine Vermutung äußert, die richtig ist. Gewonnen hat die Mannschaft, die zuerst alle Gegenstände von der Liste vorgespielt und identifiziert hat."

Variation: Der Staffelcharakter wird noch mehr betont, wenn im Freien über größere Distanz gespielt werden kann. Dann stehen die Kinder, wie sonst bei Staffelspielen üblich, in festgelegter Reihenfolge hintereinander. Das erste Kind spielt wie beschrieben, aber jetzt muss das zweite Kind zur Lehrkraft laufen, die weit entfernt steht, um sich das nächste Wort zu holen. Dabei ist es dann gleichgültig, wer aus der Mannschaft den Gegenstand erraten hat. Bei dieser Form sollten nur so viele Wörter vorgespielt werden, wie Kinder in der Mannschaft sind. Das erste Kind läuft dann als letztes zur Lehrkraft, um ihr das letzte Wort zu nennen. Außer Gegenständen können auch Tätigkeiten vorgespielt und geraten werden, ebenso Berufe, Tiere, Fahrzeuge, Spielzeuge, Werkzeuge, Kleidungsstücke. Das muss nur vorher bekannt gegeben werden.

Anmerkungen: Es sollte vorher mit den Kindern besprochen werden, dass Gegenstände geraten werden sollen, mit denen der Spieler pantomimisch hantiert, keine Tätigkeiten, also zum Beispiel „Besen" und nicht „fegen". – Um zu erreichen, dass sie wenigstens einmal vorspielen können, sollte vereinbart werden, dass jeder, der zum zweiten Male richtig rät, nicht noch einmal spielt, sondern das Recht dazu weitergibt. Je jünger die Kinder sind, desto handfester müssen die zu ratenden Gegenstände sein. Im vierten Schuljahr dagegen ist es durchaus möglich, eine Reihe zu bilden, in der Wörter vorkommen, die nur indirekt darstellbar sind, zum Beispiel Lawine, Luft, Berg, Fahrstuhl.
(GUDER 1986, S.14 f.)

169 Pantomimische Kette

Spielbeschreibung: „Einige Kinder werden hinausgeschickt. Dann spielt ein Kind den Zurückgebliebenen eine kleine Pantomime vor. Dargestellt wird eine bestimmte Tätigkeit, etwa das Putzen von einem Paar Schuhe, das Schälen eines Apfels, das Einpacken eines Schulbrotes, das Einfädeln einer Nadel. Sobald die Pantomime beendet ist, ruft einer der Zuschauer eins der hinausgeschickten Kinder wieder herein und spielt ihm vor, was er selbst sich von der Darstellung gemerkt hat. So geht es weiter, bis alle hinausgeschickten Kinder die Pantomime von ihrem Vorgänger vorgespielt bekommen und selbst nachgespielt haben. Das letzte Kind äußert dann zuerst, wofür es die Bewegungsfolge hält, die es gesehen und nachgespielt hat. Fortschreitend äußern sich alle bis zum ersten Darsteller, der zum Schluss noch einmal seine ursprüngliche Version vorstellt. Mit anderen Kindern kann sich eine weitere pantomimische Kette anschließen."

Variation: Die Lehrkraft schreibt – auf die Darstellungsfähigkeiten der Kinder abgestimmt – Aufträge auf Zettel. Ältere Kinder können diese Aufträge auch selbst entwerfen. Ein Kind zieht einen der Zettel und führt den darauf stehenden Auftrag pantomimisch aus. Wer von den anderen meint, erraten zu haben, worum es sich handelt, wiederholt die Pantomime. Stimmt seine Vermutung, so zieht dieses Kind den nächsten Zettel und bietet die nächste Pantomime dar. Sonst wiederholt das erste Kind seine Pantomime noch einmal, und es wird weitergeraten. Es können auch Tätigkeiten gefordert werden, die eigentlich nur von zwei Personen ausgeführt werden können, zum Beispiel: Tischtennis spielen – mit einer langen Säge arbeiten – auf einer Wippe wippen – über ein anderes Kind Bock springen. Hier soll mit Gesten und durch Vormachen ein zweites Kind dazu gebracht werden, mitzumachen.

Anmerkung: Je älter und geübter im darstellenden Spielen die Kinder sind, desto zusammengesetzter können die Darstellungen sein, zum Beispiel: einen Tisch decken - einen Koffer packen – staubsaugen – Kuchen backen. *(GUDER 1986, S. 17 f.)*

170 Wie die Schnecken

Material: Tamburin

Spielbeschreibung: „Alle Kinder verwandeln sich in Schnecken, jedes so, wie es selbst die Darstellung einer Schnecke für am passendsten hält, also wohl die meisten auf dem Bauche liegend und sich möglichst ohne Benutzung der Hände und Beine fortbewegend. Diese Fortbewegung ist leicht rhythmisch, weil Tamburinschläge das Spiel begleiten, wenn die Lehrkraft jetzt den Schnecken ‚Aufträge' erteilt:

‚Zieht euch in eure Häuser zurück.‘ ‚Es ist keine Gefahr, kommt langsam wieder heraus.‘, ‚Streckt die Fühler weit nach vorn. Daran sitzen die Augen.‘ ‚Begegnet einander, sagt euch mit den Fühlern Guten Tag.‘ ‚Es regnet, ihr fühlt euch wohl.‘ ‚Die Sonne brennt, das ist für Schnecken unangenehm.‘ ‚Gefahr!‘ (Ein harter Schlag auf das Tamburin läßt die Schnecken zusammenzucken.) Als Abschluss ‚schlafen‘ die Schnecken ein paar Stunden lang zusammengerollt und verwandeln sich dann wieder in Kinder.“

Variation: Es müssen nicht Schnecken sein, die durch die Turnhalle kriechen. Schlangen – Katzen – Eidechsen – Kängurus – Elefanten – Schmetterlinge sind genauso möglich.

Anmerkung: Das Schlaginstrument kann sehr gut auch zur Untermalung und suggestiven Einstimmung benutzt werden. Klopftöne verschiedenen Charakters können erzeugt werden mit dem Schlegel, mit dem Schlegelstiel, mit der Faust, mit den Fingerkuppen, den Knöcheln, es kann auch das Fell geschlagen werden oder auf den Rand, es kann mit den Fingern über das Fell gekratzt werden.

(GUDER 1986, S. 20)

171 Katzen

Spielbeschreibung: „Alle Kinder der Klasse legen sich entspannt auf den Boden der Spielfläche. Sie sind schlafende Katzen, erklärt ihnen die Lehrkraft und beschreibt möglichst suggestiv und liebevoll, wie ausgiebig Katzen das gelöste Ausruhen genießen können. Dann wachen sie auf, die Katzen, heben die Köpfe, blinzeln, erheben sich gemächlich, strecken und recken sich genussvoll, machen einen Buckel – und legen sich wieder hin, um doch noch ein wenig zu ruhen. Nach dieser Einstimmung werden die verschiedenen Verhaltensweisen einer Katze ausprobiert: Lauern vor einem Mauseloch – Beäugen eines Vogels, der gerade eben außer Reichweite auf einem Zweig sitzt – einen Buckel machen – schnurrend am Bein eines Menschen entlangstreichen – mit einer Feder oder einem Ball spielen – junge Katzen tollen miteinander – zwei ältere Kater prügeln sich – Milch schlecken – sich putzen. Das wird ausprobiert, gegenseitig kontrolliert und dann den anderen von einzelnen Kindern vorgeführt, von diesen begutachtet und verbessert.

Den Abschluss das Katzenspieles bildet ein gemeinsamer Katzenspaziergang: Die Lehrkraft erzählt, wie eine Katze spazieren geht und was sie dabei erlebt. In der Erzählung kommen die geübten Verhaltensweisen möglichst alle vor. Die Kinder selbst sind nämlich die Katzen, die zu der Erzählung der Lehrkraft mimen, was die Katze erlebt, sieht, fürchtet und tut. Die Erzählung endet so, dass zum Schluss alle wieder, wie vor Beginn des Katzenspieles, entspannt auf dem Boden liegen.“

Variation: Je zwei Kinder sind Hund und Katze und probieren die völlig verschiedenen Verhaltensweisen von Hund und Katze in denselben Situationen aus. Dann begegnen sich die beiden Tiere. Hieraus kann eine kleine pantomimische Vorführung mit einer Handlung für die anderen Kinder der Klasse entstehen.
Anmerkung: Kinder versuchen spontan, Tiere auf allen vieren darzustellen. Das gelingt in den seltensten Fällen ansprechend. Die Lehrkraft muss also den Kindern rechtzeitig klar machen – möglichst an Beispielen, die einzelne Kinder vorführen –, dass der Mensch, auf zwei Beinen gehend, ein Tier, auf vier Beinen gehend, getreuer darstellen kann, wenn er nur seine zwei Beine zum Gehen, Schleichen, Springen benutzt und das Charakteristische der Tierbewegung durch seine Körperhaltung ausdrückt. Über diese hat er nämlich kaum noch Gewalt, wenn er sich auf allen vieren fortbewegt.
(GUDER 1986, S. 22 f.)

172 Am Fließband

Material: Rhythmusinstrumente wie Päukchen, Triangel, Rassel, Kastagnetten
Spielbeschreibung: „Ein Kind schlägt auf dem Päukchen einen ganz einfachen, gleichmäßigen Takt, ebenso gleichmäßig, aber mit festgelegten Pausen dazwischen, werden – gegeneinander versetzt – Triangel und Kastagnetten geschlagen. Die übrigen Kinder sitzen auf dem Boden, und die Lehrkraft erklärt ihnen in die Taktgeräusche hinein, möglichst anschaulich, sie sollten sich vorstellen, dass das die Geräusche seien, die eine große, vielfältig zusammengesetzte Maschine, eine Fließbandanlage etwa, macht, bei der sich hier ein Greifer bewegt, dort ein großes Rad, da ein Pendel, ein Hammer, ein Transportband. Sie möchten sich vorstellen, wie es wäre, selbst ein Teil einer solchen Maschine zu sein, das sich im Takt mit den anderen Teilen zusammen bewegt. Wer sich eine Vorstellung gebildet hat, steht auf, tritt in die Mitte und fängt an, sich als Teil der Maschine im Takt zu bewegen, etwa der Greifer: Er packt zu, dreht sich ruckhaft zur Seite, lässt das Werkstück fallen, dreht sich zurück. Das Fallenlassen gefällt einem anderen Kind nicht, es tritt neben den Greifer, nimmt ihm den Gegenstand (der nur in der Vorstellung vorhanden ist) ab, klopft zur Kontrolle dreimal darauf und gibt ihn an das inzwischen dazugetretene nächste Kind weiter, das ihn mit taktmäßigen Bewegungen auf den Boden legt. Auf der anderen Seite des Greifers aber hat sich inzwischen eine Säge installiert, die von einem langen Gegenstand die Stücke absägt, die der Greifer weitergibt. Auf diese Weise bildet sich allmählich ein ‚Fließband' aus allen Kindern, die nun zusammen die Teile der großen Maschine bilden."

Variation: Wenn weitere Rhythmusinstrumente dazugenommen werden, können diese abwechselnd geschlagen werden. Jedes Maschinenteil reagiert dann nur auf eine der Klangfolgen – auf die, welche am besten zu seinen Bewegungen passt, also etwa: Eine Rassel passt zum Schüttelsieb, die Triangel zu einem Hämmerchen, die Pauke zum Fallhammer. Außer durch die Instrumente können auch die Kinder selbst passende Geräusche zu den Bewegungen machen. Pfeifen, Zischen, Rasseln und Quietschen lassen sich leicht einbauen. Wenn sich die Kinder „eingearbeitet" haben, wird die Taktgeschwindigkeit variiert, mal wird sie sehr schnell und hektisch, mal schleppt sie sich mühsam dahin, so dass die Maschine fast stehen bleibt.

Bei geübteren Kindern kann auch die Art der Maschine vorgegeben werden, z.B. eine Mühle mit angeschlossener Verpackungs- und Stapelvorrichtung für die Mehlsäcke. Eine Flaschenwasch-, Füll-, Schließ- und Verpackungsmaschine. Haben die Kinder erst einmal das Prinzip verstanden, sind sie meist sehr kreativ im Erfinden neuer Anlagen.

Anmerkungen: Bei kleineren Kindern und beim ersten Spielen sollten einige der Einzelbewegungen ausprobiert und vorgemacht werden. Es ist für die Kinder durchaus reizvoll, mit der Lehrkraft als Taktgeber einzelne solcher Bewegungsfolgen, etwa die des Greifers, wie beschrieben, gemeinsam zu üben.

Den Kindern sollte eindringlich geraten werden, sich erst dann einzureihen, wenn sie eine genaue Vorstellung davon haben, was sie tun wollen. Sie sollen auch wissen, dass es keine Schande ist, wenn jemand nur sitzen bleibt und zuschaut, weil ihm nichts einfällt.

Als Nachbereitung kann im Kunstunterricht eine Phantasiemaschine gezeichnet werden. *(GUDER 1986, S. 28 f.)*

173 Schnurpantomime

Material: ein Stück Schnur (ca. ein Meter lang)

Spielbeschreibung: Die Kinder sitzen im Kreis. In der Kreismitte befindet sich das Stück Schnur. Immer ein Spieler nimmt es auf und führt vor, was das Stück Schnur für ihn darstellt: eine Krawatte, ein Stück Kabel, eine Wäscheleine, eine Halskette ... Ist das Kind mit seiner Vorführung am Ende, klatschen die Zuschauer Beifall und erraten, was dargestellt worden ist.

Variationen: Statt einer Schnur können auch andere Dinge in die Kreismitte gelegt und verwandelt werden. *(FLEMMING/FRITZ 1995)*

174 Mienenspiele I

Spielbeschreibung: „Die Lehrkraft zeichnet auf Vorschlag der Kinder etwa zehn möglichst verschiedene ‚Mondgesichter' an die Tafel, zum Beispiel eins mit weit aufgerissenem Maul; ein breit lachendes, eins, das sein rechtes Auge zugekniffen hat, eins, das die Mundwinkel traurig nach unten zieht und so weiter. Alle müssen so verschieden wie möglich aussehen, damit sie gut wieder erkannt werden können. Wenn diese Mondgesichter fertig sind, werden sie noch einmal gemeinsam angeschaut, und es wird auf ihre Besonderheiten hingewiesen. Dann bekommen sie Phantasienamen, die zu ihren Hauptmerkmalen passen, also etwa der mit den heruntergezogenen Mundwinkeln wird ‚Karl Essig' getauft. Diese Namen werden zu den Mondgesichtern an die Tafel geschrieben. Nun stellt sich ein Kind mit dem Rücken zur Klasse vor die Tafel und verzieht sein Gesicht, um eins der Gesichter nachzumachen. Eventuell prüft es den Erfolg mit einem Handspiegel nach. Dann dreht es sich mit ‚gefrorener' Miene zu den anderen Kindern um und diese raten, welches Mondgesicht dargestellt wird. Wer es erkannt hat, ruft laut den Namen, und das nächste Kind kommt an die Reihe."
Variation: Wenn die Mondgesichter an die Tafel gezeichnet sind, Namen bekommen haben und ein paar Mal ausprobiert worden sind, setzen sich alle Kinder in den Sitzkreis und spielen eine Abwandlung des altbekannten Spiels „Fratzen werfen" mit diesen Mondgesichtern: Ein Kind schneidet eine der Fratzen, die an der Tafel stehen, macht dann eine Gebärde, als zöge es diese Fratze wie Folie von seinem Gesicht ab, und wirft sie einem anderen Kind, dessen Namen es dabei ruft, ins Gesicht. Das muss sofort sein Gesicht genauso verziehen und dann diese Fratze zu einem anderen Kind weiterwerfen. Schafft jemand keine passable Imitation (Großzügigkeit in der Bewertung ist Pflicht) oder muss lachen, so beginnt der letzte Werfer eine neue Runde mit einer anderen Fratze. Das Kind aber, das den Fehler gemacht hat, bekommt den Namen des Mondgesichtes. Wenn es während des Spieles von jemandem noch mit seinem eigenen Namen angeredet wird, „erbt" dieses Kind den Spitznamen und das andere darf wieder auf seinen eigenen Namen hören.
Anmerkungen: Damit möglichst alle Gesichter an die Reihe kommen, können die schon imitierten weggewischt werden oder durch eine Strichzählung wird festgehalten, wie oft jedes schon an der Reihe war. Diese letzte Form ermöglicht es zum Schluss, sich darüber Gedanken zu machen, warum einige Gesichter oft, andere selten oder gar nicht imitiert worden sind. Bei der Namensgebung sollte sich die Lehrkraft zurückhalten. Die Kinder finden meist zwar schlichtere, aber durchaus passende Namen selbst. Bei Kindern, die noch nicht lesen können, werden die Gesichter nummeriert. *(GUDER 1986, S. 35 f.)*

175 Mienenspiele II

Spielbeschreibung: „Nach einer kurzen Erklärung durch die Lehrkraft schreibt jedes Kind einen kurzen ‚Brief'. Es wählt eine freundliche, beleidigende oder neutrale Anrede, die auf jedes Kind in der Klasse passen könnte; es wird also kein anderes Kind speziell angesprochen, weil die Briefe nachher verlost werden. Darunter schreibt jedes Kind eine kurze Nachricht, gut oder schlecht, fröhlich, zum Lachen, zum Ärgern oder Schämen, zum Empören oder Zustimmen. Diese Briefe werden von den Schreibern vorgelesen, damit alle Kinder den Inhalt aller Briefe kennen. Dann werden sie eingesammelt. Das erste Kind, das sich freiwillig meldet, zieht aus dem Stapel einen Brief heraus, setzt sich so vor die Klasse, dass es von allen gut beobachtet werden kann, öffnet den Brief und liest ihn, ohne dabei das Gesicht hinter dem Papier zu verbergen, leise für sich. Die anderen Kinder beobachten es genau und versuchen, sein Mienenspiel zu ‚lesen', um herauszubekommen, welchen Brief es gezogen hat. Dann kommen nacheinander alle Kinder an die Reihe, die sich freiwillig melden."
Variationen: Statt der Briefe können von der Klasse auch fünf oder sechs ganz kurze Geschichten in Gemeinschaftsarbeit entworfen oder aus Büchern herausgesucht werden. Sie werden auf einzelne Zettel geschrieben und vor dem Spiel allen Kindern vorgelesen. Dann bekommt ein Kind eine der Geschichten ausgehändigt, setzt sich vor die Klasse und liest die Geschichte still für sich selbst durch. Die anderen Kinder versuchen nun wieder herauszubekommen, welche Geschichte das Kind liest.
Anmerkung: Als Anreiz, einen besonders deutlichen Gesichtsausdruck beim Lesen zu entwickeln, kann vereinbart werden, dass jeder, bei dem der Brief wirklich erraten wird, das nächste Mienenspiel-Kind bestimmen darf. Das Lesen der Briefe vor der Klasse, ohne dass dabei das Gesicht hinter dem Blatt verschwindet, muss eventuell etwas geübt werden. *(GUDER 1986, S. 36 f.)*

176 Pantomime raten

Spielbeschreibung: Die Spieler sitzen im Kreis. Jeweils ein Spieler geht in die Kreismitte, stellt dort etwas pantomimisch dar, was die anderen durch Zurufen erraten sollen. Die Begriffe können aus allen Bereichen kommen (Berufe, Tiere, Fahrzeuge usw.). Schwieriger (aber zugleich auch interessanter) wird es, wenn Sprichwörter zu erraten sind. Die Spieler können sich entweder die Begriffe selbst ausdenken, oder sie bekommen sie von dem Spielleiter gesagt. Wer einen Begriff als erster erraten hat, darf den nächsten darstellen.

Variation: Die Spieler finden sich in Kleingruppen zusammen (jeweils 3-4 Spieler). Jede Gruppe erhält dieselben Begriffe, die einzeln auf kleine zusammengefaltete Zettel geschrieben sind. Innerhalb der Gruppe werden die Begriffe nun abwechselnd vorgespielt und müssen erraten werden. Die Gruppe, die als erste alle Begriffe erraten hat, ist Sieger. *(Quelle unbekannt)*

177 Was ist hier los?

Spielbeschreibung: Zwei Spieler der Gruppe werden zu Beginn vor die Tür geschickt. Die Gruppe überlegt sich eine bestimmte Situation oder ein Geschehen, das sich gut darstellen lässt, z.B. im Schwimmbad, beim Einkaufen, in der großen Pause ... Haben sich die Kinder auf eine Situation geeinigt, beginnen sie mit dem Spielen. Jedes Kind schlüpft in eine Rolle seiner Wahl und bewegt sich entsprechend, mit oder ohne Sprache, frei im Raum. Ist die Szene voll im Gang, dürfen die beiden anderen Kinder von draußen eintreten. Sie versuchen zu raten, was hier gerade gespielt wird. Es besteht für sie auch die Möglichkeit, gleich in das Geschehen mit einzusteigen.
Variation: Die Gruppe vereinbart neben der gespielten Szene auch noch die Rolle der beiden Kinder vor der Tür. Diese werden zum Beispiel wie Kinder behandelt, wie ein Bademeister, die Lehrerin ... Nach dem Eintreten müssen sie dann herausfinden, wer sie selbst sind. Ob sie dabei richtig liegen zeigen sie, indem sie passend mitspielen.
(FLEMMING/FRITZ 1995)

178 Schattendetektive

Material: Bettlaken, Lichtquelle (2 x 100-Watt-Birnen), Utensilien
Spielbeschreibung: Für dieses Schattenspiel wird der Raum abgedunkelt und durch die Zimmermitte eine Leinwand (Bettlaken) gespannt. In einiger Entfernung dahinter wird eine Lampe angebracht. Zwei Gruppen werden gebildet. Bei der ersten Gruppe handelt es sich um die gesuchten „Ganoven", die – bis zur Unkenntlichkeit verkleidet – hinter der Leinwand an der zweiten Gruppe, den Detektiven, vorbeiziehen. Diese sollen nun die Ganoven identifizieren. Natürlich kann auch mehrfach hintereinander dieselbe Person in verschiedener Aufmachung (Hut, Kleidung, Körperhaltung) auftreten. Lassen sich die Detektive irreführen? Nach einem Durchgang wird gewechselt. Welche Gruppe erkennt die meisten Ganoven? *(THIESEN 1999)*

179 Wir bilden einen Baum

Spielbeschreibung: „Der Aufbau eines Baumes wird folgendermaßen dargestellt: Ein Kind stellt sich in die Mitte. Es steht für das Kernholz des Baumes, die zentrale und stützende Säule. Ein weiteres Kind setzt sich mit dem Rücken an das Kernholz und simuliert so die Pfahlwurzel des Baumes. Das nächste Kind legt sich auf den Boden, mit den Füßen berührt es den Stamm. Es stellt die Wurzeln des Baumes dar. Seine Haare bilden die Haarwurzeln. Die Wurzeln ziehen Wasser und Nährstoffe aus dem Boden, was mit Geräuschen und Lauten untermalt werden soll, z. B., während das Aufnehmen des Wassers aus dem Boden simuliert wird, hört man ein lautes „Schlürf". Nun stellen sich vier bis fünf Kinder im Kreis um das Kernholz und nehmen sich an den Händen. Sie sind das Splintholz des Baumes, die Wasserleitung, die den Kronenraum versorgt. Sie nehmen das Wasser aus den Wurzeln auf und transportieren es nach oben, indem sie gemeinsam die Arme heben und „Wasser hoch" rufen. Die ersten beiden Abläufe werden jetzt gemeinsam durchgespielt, die Wurzel „Schlürf", dann das Splintholz „Wasser hoch" und wieder von vorn. Etwa sieben bis acht Kinder bilden dann einen Kreis um das Splintholz, nachdem die Zellschicht des Kambiums erklärt wurde (das Kambium wird nicht dargestellt). Die Kinder stellen so die innere Rinde, auch Bast genannt, dar. Sie haben die Aufgabe, die Photosyntheseprodukte (Nahrung) aus der Baumkrone in die übrigen Baumteile zu transportieren, indem sie die erhobenen Arme nach unten bewegen und „Nahrung runter" rufen. Nun stellen die Kinder gemeinsam den Kreislauf dar, wobei die Wurzeln das Wasser aufsaugen, dieses wird in die Baumkrone transportiert und die Nahrung wieder nach unten. Der Rest der Kinder stellt sich als Rinde schützend um das Bauminnere (mit dem Gesicht nach außen). Die Rinde ist nicht immer glatt, sondern oft runzlig und gewölbt, was diese Kinder durch Grimassenschneiden verdeutlichen können. Während alle Kinder ihre Aufgaben haben, schwirrt um den Baum ein Insekt (der Spielleiter), das den Baum schädigen will. Es versucht immer wieder durch die Rinde einzutreten, die es aber aktiv zurückhält." *(WA)*

180 Wer ist das schönste Tier?

Spielbeschreibung: Es finden sich Gruppen mit je vier Personen zusammen. Jede Gruppe bekommt ein Tier zugeflüstert, das sie pantomimisch darstellen soll, und zwar so, dass jedes Kind einen Körperteil des Tieres darstellt. Alle haben 20 bis 25 Min. Zeit, sich etwas zu überlegen. Abschließend führt jede Gruppe ein Tier vor. Sie bilden alle zusammen den Körper des Tieres und versuchen, sich wie dieses Tier zu bewegen.
Beispiel: Skorpion *(WA)*

181 Spiegelei

Spielbeschreibung: Die Schüler stehen hinter ihrem Stuhl, der unter die Bank geschoben ist. Der Lehrer ist der Spiegel für die Kinder. Er macht Bewegungen vor, die die Kinder nachahmen. Dabei darf kein Wort gesprochen werden. Alle möglichen Bewegungen können gespiegelt werden. Spannend wird es, wenn die Geschwindigkeit der Bewegungen variiert wird. Der Lehrer sollte vor Beginn das jeweilige Thema ankündigen, aus dem Bewegungen imitiert werden.

Beispiele: Beim Waschen:

- Wasserhahn aufdrehen
- Wasserglas füllen
- Zahnpasta auf Zahnbürste geben
- Zähne putzen
- ausspülen
- Gesicht einseifen - Arme, Hals, Hände
- mit Wasser abwaschen
- abtrocknen

Variation: Die Kinder können sich mit ihrem Banknachbarn beim Spiegeln abwechseln.

Anmerkung: Zu diesem Spiel kann Musik abgespielt werden. Eine Kassette ist zu dem Buch, aus dem das Spiel entnommen wurde, erhältlich. *(FINK/SCHNEIDER 1994, S. 44 f.)*

182 Luftpumpe

Spielbeschreibung: Die Kinder finden sich paarweise zusammen. Einer der beiden übernimmt die Rolle eines "Gummimenschen", der andere bedient die „Luftpumpe“. Je schneller und kräftiger der eine Spieler die „Luftpumpe“ bedient, desto schneller füllt sich der „Gummimensch“ mit Luft und richtet sich auf. Dann wird die Luft wieder langsam abgelassen und der Mensch sackt in sich zusammen. Mit vertauschten Rollen beginnt das Paar noch einmal.

Variation: Der Gummimensch kann auch aus mehreren Kindern bestehen. Auch können neu entstandene Gummiplastiken erneut verformt oder zum Geräuschemachen gebracht werden. Die interessantesten Gebilde können später ausgestellt werden.

(FLEMMING/FRITZ 1995)

183 Zaubermeister Zarobald

Material: Gong
Spielbeschreibung: Ein Kind ist der Zaubermeister Zarobald, die anderen sind Bäume. Wenn Zarobald den Gong zum ersten Mal schlägt, sagt er dazu, in was er alle Bäume verwandelt, z. B.: „Ich verzaubere euch alle in wilde Löwen." Nun müssen die Kinder wilde Löwen pantomimisch darstellen. Wenn Zarobald den Gong zum zweiten Mal schlägt, werden alle „Löwen" wieder zurückverwandelt in Bäume. Zarobald sucht sich seinen Nachfolger aus, gibt ihm den Gong und wird selbst zum Baum. Der neue Zaubermeister ver- und entzaubert die Kinder ebenfalls. Waren alle Kinder, die das wollten, Zaubermeister, so endet das Spiel. *(Quelle unbekannt)*

184 Stumm und taub

Spielbeschreibung: Die Spieler sitzen sich in zwei Reihen gegenüber. Die Kinder einer Reihe sind von nun an taub, die anderen stumm. Während die tauben Kinder den stummen Fragen stellen, versuchen diese, sie durch Gestik und Mimik zu beantworten. Nach Ablauf einer vereinbarten Zeit werden die Rollen getauscht.
Anmerkung: Die Spieler sollten im Anschluss an das Spiel die Gelegenheit bekommen, sich über ihre Erfahrungen als Tauber oder Stummer zu unterhalten

185 Das komische Ding

Material: ein „seltsames" Ding, dessen Zweck keinem Kind bekannt ist, z. B. die Scheibe aus einem Fleischwolf
Spielbeschreibung: Alle Kinder sitzen in einem Kreis. Die Lehrerin legt das Ding in die Mitte. Wenn ein Kind eine Ahnung hat, wofür das Ding gebraucht werden könnte, greift es das Ding auf und spielt pantomimisch seine Idee ganz ausführlich und so, dass alle Kinder es sehen können. Dabei können auch originelle und eher unwahrscheinliche Verwendungsmöglichkeiten dargestellt werden. Am Ende löst die Lehrerin das Rätsel. *(FLEMMING/FRITZ 1995)*

C Geschichten mit Bewegung

Bei dieser Spielform steht eine vollständige Geschichte im Vordergrund, zu der fast immer alle Spieler die gleichen Bewegungen machen. Der Spielleiter erzählt jeweils eine Geschichte, die er und die Kinder mit Bewegungen, die ihnen dazu einfallen, begleiten.
Diese Spiele geben den Kindern die Möglichkeit, gleichzeitig in dieselbe Rolle zu schlüpfen, wodurch sie sich miteinander verbunden fühlen. Gemeinsame Erlebnisse fördern das Gemeinschaftsgefühl und bilden eine gute Grundlage für das Zusammenleben. Darüber hinaus befriedigen diese Spiele die Bewegungslust der Kinder. Wichtig ist, dass das Thema die Kinder anspricht und sie zum Mitmachen motiviert.

186 Eine Fahrt ins All

Spielbeschreibung: Bevor die Kinder den Raum betreten, müssen sie eine Aufnahmeprüfung ablegen: einen kurzen Zappelhandstand. Gleich darauf ruft der Oberkommandant (Lehrer) die Raumflug-Schüler (RFS) an die Startrampe (Kreismitte), wo der erste Startversuch beginnt: Die Kinder knien alle in der großen Startrampe (einem Kreis) und hoffen, dass der Start gelingt. Sie sprechen dafür den folgenden Startspruch und klatschen dazu auf den Fußboden: „Knall, Knall, wir fliegen jetzt ins All. Der Countdown läuft - 10, 9, 8 ... 0 – Start! Huuui ...“ Doch die ersten Startversuche werden vom Oberkommandanten (Lehrer) kurz vor dem Startschrei mit lautem „Halt! Halt! Halt!“ abgebrochen, denn niemand darf ohne Astronautentest ins Weltall fliegen:

Astronautentests

Schnelligkeitstest: Die Kinder laufen, hüpfen, kriechen, robben ... so schnell es geht durch die Halle.

Hüpftest: Die Kinder hüpfen und springen in verschiedensten Formen durch die Halle (beidbeinig, einbeinig, Galopphüpfer, Grätschsprünge, Seitgalopp, Hochsprünge, Strecksprünge, Stützhochsprünge usw.).

Schwindeltest: Je zwei Kinder stellen sich etwas weiter voneinander entfernt auf und drehen sich die Rücken zu. Dann bücken sie sich und sehen sich durch die Beine an. Nun versuchen sie, in dieser gebückten Haltung rückwärts aufeinander zuzugehen und sich beim Zusammentreffen durch die gegrätschten Beine die Hand zu schütteln.

Nach diesem Test kann man gemeinsam einen neuen Startversuch wagen. Alle versammeln sich wieder an der Startrampe und sprechen den Startspruch. Doch kurz vor Ablauf des Countdowns wird der Start erneut abgebrochen, denn man kann schließlich nicht mit lauter RFS starten, wenn sie überhaupt noch keine Flugübungen gemacht haben.

Flugübungen

Richtungsflüge: mit ausgebreiteten Flügeln (Armen) vorwärts, rückwärts und seitwärts laufen.

Kurvenfliegen: mit ausgebreiteten Armen Kurven laufen, ohne aneinander zu stoßen.

Tief Fliegen: mit ausgebreiteten Armen in der Hocke bewegen.

Segelfliegen: ganz leise auf Zehenspitzen laufen.

Doppeldecker: Jeweils ein Kind steht hinter einem anderen und sie fassen beim Laufen die ausgestreckten Arme ihres Vordermannes.

Formationen: zu zweit, dritt oder mehreren hinter- und nebeneinanderlaufen.

Hubschrauberflug: mit Armkreisen vor- und rückwärts laufen.

Schlechtwetterflug: Die ganze Maschine wird beim Laufen gerüttelt.

Nebelflug: Ein Partner steht als Fluglotse an einer Wand und gibt dem anderen Anweisungen, damit dieser mit geschlossenen Augen heil von einer Wand zur anderen gelangt.

Haben alle die ersten Flugversuche überstanden, so kann ein neuer Startversuch unternommen werden. Doch auch dieser wird wieder abgebrochen, denn was nützt es, wenn alle da oben im All herumfliegen, aber nicht wissen, wie sie landen können. Deswegen müssen erst einige Landungen geübt werden. Die Kinder laufen durch die Halle und reagieren auf die angekündigten Manöver.

Landeübungen:

Normallandung:	Alle stoppen und stehen still.
Bauchlandung:	Alle landen auf dem Bauch.
Rückenlandung:	Alle landen auf dem Rücken.
Gemeinschaftslandung:	Alle landen nebeneinander an einer Linie.

Die beiden folgenden Startversuche werden ebenfalls gestoppt, da noch das Funken und das Tanken einstudiert werden muss:

Funkübungen

Alle RFS stellen sich auf ein Bein und „fahren ihre Funkantenne aus“, d.h., sie heben das andere Bein gestreckt hoch. Das Bein wird nach vorn, seitwärts und nach hinten gestreckt, damit die Funksprüche auch in alle Richtungen gehen. Für Notrufe wird das Bein gekreist. Selbstverständlich muss jeder RFS sowohl links als auch rechts funken können.

Tanken

Die Kinder knien auf dem Boden und stützen sich zusätzlich mit den Händen nach vorne ab. Nun fahren sie den Tankschlauch aus, indem sie ein Bein nach hinten strecken. Danach müssen sie noch den Reservetank füllen (anderes Bein nach hinten ausstrecken).

Vor dem nächsten Startversuch, der gelingen wird, gibt der Kommandant den Planeten bekannt, auf dem gelandet wird (z.B. Hüpfplanet, Schaukelplanet, Kletterplanet ...)

(LINDNER. S. 10 und S. 22–25)

187 Der kleine Indianer geht spazieren

Spielbeschreibung: Der Spielleiter erzählt den folgenden Text und macht dazu die beschriebenen Bewegungen (kursiv gedruckt), die die Spieler gleich mitmachen und übernehmen.

Textvorlage mit Bewegungen:

Eines Morgens wachte der kleine Indianer auf, stieg aus dem Bett

Zwei Finger als Federn hinter dem Kopf aufstrecken.

und sagte zu seiner Mutter: „OOOOOOOOO! Ich geh spazieren."

Mit dem Finger im Mund Indianerruf machen.

Er ging durch den Garten und schlug das Tor zu: Wummmm!

Auf die Knie schlagen.

Er ging die Straße hinunter und kam zu einer Brücke. Er ging über die Brücke: trip trap trip trap.

Klatschen.

und weiter die Straße entlang, bis er zu einem Fluss kam.

Er schaute den Fluss hinauf, den Fluss hinab, da war keine Brücke.

Nach rechts blicken, nach links blicken.

So schwamm er durch den Fluss: sch sch sch sch.

Mit den Armen Schwimmbewegungen machen.

Auf der anderen Seite ging er in den Wald.

Da kam er zu einem großen dicken Baum.

Auf die Knie schlagen.

Er guckte hier um den Baum herum und da um den Baum herum,

Nach links spähen, nach rechts spähen.

aber da war nichts zu sehen.

Dann hörte er ein Geräusch:

Flüstern.

Ein Tiger.

Sehr laut.

Er rannte durch den Wald,

Immer schneller sprechen und spielen.

schwamm durch den Fluss: sch sch sch sch,

Mit den Armen rudern.

lief über die Brücke: trip trap trip trap,

Klatschen.

die Straße hinauf, in den Garten, schlug das Tor zu: Wummm!,

Auf die Knie schlagen.

rannte zu seiner Mutter und rief: „OOOOOOO! Ich bin wieder daheim."

Mit dem Finger im Mund Indianerruf machen.

(KO 1)

188 Das Pferderennen

Spielbeschreibung: „Alle Mitspieler – auch der Spielleiter – sitzen im Kreis. Sie ahmen Geräusche und Stimmung bei einem Pferderennen nach. Das beginnt damit, dass sich alle Spieler auf die Oberschenkel schlagen und dabei sprechen: ‚Tarab, tarab, tarab ...' Diese Bewegung und das Gemurmel werden während des ganzen Spieles beibehalten. Zusätzlich gibt der Spielleiter durch Zwischenrufe und Vormachen an, was jeweils zu tun ist: ‚Rechtskurve' – alle legen sich nach rechts; ‚Linkskurve' – alle legen sich nach links; ‚Oxer' – alle deuten mit erhobenen Armen und kurzem Aufstehen einmal eine Sprungbewegung an; ‚dreifacher Oxer' – alle deuten dreimal die Sprungbewegung an; ‚Zuschauertribüne' – alle jubeln; ‚Gerempel zwischen den Pferden' - alle buhen; ‚Wassergraben' - alle blubbern mit den Fingern an den Lippen; ‚Hufeisen verloren' - alle machen mit dem Finger im Mund ‚klong' usw. Die Liste kann durch beliebige weitere Geräusche und Bewegungen ergänzt werden."
Anmerkung: Das „Pferderennen" eignet sich gut zum Abbau von verbaler und motorischer Unruhe und macht darüber hinaus – nicht nur Kindern – Spaß. *(PORTMANN/SCHNEIDER 1986, S. 27 f.)*

189 Lebende Bilder

Material: Zauberstab
Spielbeschreibung: Die Kinder stellen ein lebendes Bild zum Thema auf. Sie fügen sich dafür nacheinander einzeln gemäß ihren eigenen Ideen in das Bild ein, d. h., sie laufen an eine bestimmte Stelle in dem Bild, sagen, was sie darstellen wollen, stellen dies mit ihrem Körper dar und bewegen sich nicht, bis alle Kinder sich in das Bild gefügt haben. Die Kinder können sowohl Personen als auch Gegenstände, Pflanzen, Gebäude und andere Dinge verkörpern. Bevor sie sich in das Bild stellen, sitzen sie gemeinsam in größerem Abstand zum Bild am Boden, um konzentriert die fortlaufende Entstehung des Bildes vor Augen zu haben.
Durch ein akustisches Signal werden die Kinder aufgefordert, ins Bild zu treten. Stehen alle Kinder im Bild, so berührt der Spielleiter mit seinem „Zauberstab" jemanden in dem Bild. Dieser wird dann lebendig, darf sich bewegen und erzählt, evtl. mit verstellter Stimme, was ihn beschäftigt. Daraufhin darf er jemand anderen mit dem Zauberstab berühren, der dann lebendig wird, usw. Das Spiel endet, wenn alle Kinder in dem Bild einmal lebendig waren.
Beispiel: Auf dem Bauernhof
Hans springt in den Raum, breitet die Hände aus und sagt:
„Ich bin ein großer Lindenbaum."

Er bleibt unbeweglich stehen.
Renate: „Ich bin die Bank unter dem Lindenbaum."
Sie kniet im Vierfüßerstand dicht neben Hans.
Heidi: „Ich bin eine Kuh."
Sie stellt sich im Vierfüßerstand etwas weiter von den anderen entfernt auf.
Julius: „Ich bin der Bauer, der die Kuh melkt."
Er geht zu Heidi, hockt sich so zusammen, dass er mit seinen Händen unter ihren Bauch reicht. Er darf aber nicht wirklich melken.
Carol und Silvia: „Wir sind das Bauernhaus."
Sie fassen sich an den Händen und heben die Arme.
Nach und nach kommen alle Kinder ins Bild. Sie werden zu einem Hund, Brunnen, Heuwagen, Pferd, Traktor ...
Der Spielleiter berührt den Lindenbaum.
Daraufhin schwankt Hans, der Lindenbaum, mit seinen Armen hin und her.
Er ahmt mit seiner Stimme das Säuseln des Windes nach und erzählt: „Sssss, ssssss. Am Abend sitzen die Bauersleute gern auf der Bank und ruhen sich aus. Ich bin schon über 100 Jahre alt, meine Wurzeln gehen tief in die Erde."
Hans erhält den Zauberstab und berührt damit z.B. den Hund.
Hansjörg, der Hund, rennt bellend im Gehöft umher:
„Wau, wau, ich muss überall nach dem Rechten sehen, weil ich ein Wachhund bin."
Variationen: Zwei Sachen aus dem Bild werden gleichzeitig lebendig gezaubert.
Alle Bilddarsteller werden auf einen Gongschlag lebendig. Es entsteht ein Hin und Her von Interaktionen:
Der Bauer rennt dem Hund nach.
Die Bäuerin bringt die Kuh in den Stall.
Die Geiß geht zum Brunnen und trinkt daraus.
Anmerkung: Kinder, die das Haus, den Brunnen oder die Bank darstellen, sind in ihrer Möglichkeit zur Aktion eingeschränkt. Sie werden am Schluss des Spiels bevorzugt gelobt: „Besonders schwierig war es für Carol und Silvia. Als Bauernhaus mussten sie lange ruhig dastehen und durften sich nicht von der Stelle bewegen. Das haben sie wirklich gut gemacht." *(METZENTHIN 1983, S. 75)*

190 Bootsfahrt auf dem Amazonas

Spielbeschreibung: Die Kinder sitzen in 4 Reihen hintereinander. Sie stellen sich vor, dass sie so in einem Boot sitzen und auf dem Amazonas fahren. Der Spielleiter ist der Steuermann. Er gibt laut Kommandos, auf die alle mit der entsprechenden Bewegung reagieren.

Beispiele:
Welle von links
alle mit dem Oberkörper nach rechts beugen
Welle von rechts
alle nach links beugen
Welle von oben
alle nach vorne unten beugen
Mann über Bord
diesen reinziehen
Krokodil von rechts
alle auf die linke Seite rücken
(WA)

191 Ein Tag auf dem Bauernhof

Material: 1 Brief, je 2 Kinder 1 Gummiband, kleine Zettel mit Tierbeschreibungen, je 2 Kinder 1 Kissen, 3 Decken
Spielbeschreibung: Der Spielleiter erzählt von einem Brief, den er heute Morgen erhalten hat. Er hat ihn mitgebracht und liest ihn den Spielern vor: „Lieber …! Möchtest du uns nicht einmal auf unserem Bauernhof besuchen? Wir haben viele Tiere bei uns. Mit denen könntest du prima spielen. Außerdem ist auch bald Heuernte. Wenn du willst, bringe doch auch deine Freunde mit! Viele liebe Grüße, deine Tante Alma."
Der Spielleiter sagt, dass alle Spieler zum Besuch mit eingeladen sind, und schlägt eine Fahrt mit der Kutsche vor.
Kutschenfahrt
Die Kinder finden sich paarweise zusammen. Jeweils ein Paar erhält ein ca. 2 m langes, an den Enden zusammengeknotetes Gummiband, das sich jeweils ein Kind als Pferd um den Bauch legt, während das zweite Kind als Kutscher das andere Band am anderen Ende anfasst. So fahren viele Kutschen mit galoppierenden Pferden kreuz und quer durcheinander bis zum Bauernhof von Tante Alma. Dort halten die Kutscher ihre Kutschen an, spannen die Pferde aus und werden auch schon von Tante Alma begrüßt.
Bauern-Rätsel
Tante Alma will den Kindern zuerst alle Tiere vorstellen. Sie liest dazu den Kindern, die sich auf den Boden gesetzt haben, folgendes Rätsel vor:
Es frisst ganz viel Gras, Milch zu geben macht ihm Spaß, und es muht so fein. Ja, was kann das nur sein? (Kuh)
Und es wühlt in Schlamm und Dreck, es ist dick und fett, und es grunzt so fein. Ja, was kann das nur sein? (Schwein)
Und es pickt und nickt, und es scharrt vergnügt, und es gackert so fein. Ja, was kann das nur sein? (Huhn)

Und es trabt ganz schnell daher, und die Mähne flattert sehr, und es wiehert so fein. Ja, was kann das nur sein? (Pferd)
Und es watschelt hin und her, taucht und schwimmt sehr gern, und es quakt so fein. Ja, was kann das nur sein? (Ente)
Und es liegt im Hof, an der Kette, das ist doof, und es bellt so fein. Ja, was kann das nur sein? (Hund)
Und es schaut aus dem Stall, singt laut Lieder überall, und es lacht so fein. Ja, was kann das nur sein? (Tante Alma)

Tierparade

Die Kinder werden in Gruppen zu je fünf Kindern eingeteilt. Jede Gruppe erhält einen Zettel, auf dem ein sonderbares Tier beschrieben steht. Die erste Gruppe zieht z.B. einen Zettel, auf dem steht: „Die Kuh mit fünf Beinen und drei Eutern."
Die Kinder sollen dieses Tier gemeinsam mit ihren Körpern darstellen und eine kurze Strecke nacheinander zurücklegen. Die anderen Kinder können in dieser Zeit raten, um welches Tier es sich wohl handelt.
Als Nächstes helfen die Kinder das Heu auf den Heuwagen aufzuladen.

Ballen stapeln

Mit Schubkarren sollen die Heuballen in der Mitte zusammengetragen werden. Jeweils zwei Kinder finden sich zu einem Paar zusammen. Ein Kind ist die Schubkarre. Es stützt sich mit den Händen auf den Boden. Das andere Kind legt in seine Schubkarre einen Heuballen (Kissen auf den Rücken). Das Kind hebt die Schubkarre an (hebt die Beine des Kindes hoch) und fährt damit durch den Raum. Am Heuwagen angekommen, wird der Heuballen abgeladen, und die beiden Kinder tauschen die Rollen. Anschließend verabschieden sich die Kinder von Tante Alma und fahren wieder mit ihrer Pferdekutsche nach Hause (s. Anfang). *(BREUCKER-RUBIN 1990, S. 17 ff.)*

192 Ballonreise zum fernen Kontinent

Material: großes Schwungtuch oder mehrere Bettlaken, Stühle, Tische, Kissen, Decken und andere Hindernisse, Kerzen, lange Schnur, Halstuch, weicher Ball, farbiges Krepppapier, Kassettenrekorder, Musikkassette

Spielbeschreibung: Die Reiseleitung lädt die Kinder zu einer Ballonfahrt zu einem fernen Kontinent, auf dem viele Abenteuer warten, ein. Sie holt das Schwungtuch aus einem Sack, breitet es aus, und alle Kinder fassen rund um das Tuch an. Da es nicht so einfach ist, mit diesem Ballon zu fahren, erklärt die Reiseleitung, wie es überhaupt geht: Gemeinsam zählen alle bis drei. Dann heben sie das Tuch über den Kopf und halten es weiterhin fest, ziehen es hinter dem Rücken runter und setzen sich darauf. Jetzt befinden sich alle Fahrgäste unter dem Tuch im Ballon.

Um aufsteigen zu können, benötigen sie Wind. Die Kinder müssen feste pusten. Tatsächlich hebt der Ballon langsam vom Boden ab und steigt in die Luft. Er wiegt sich im Wind hin und her. Die Kinder schaukeln im Ballon. Wer nicht gut schwimmen kann, pustet sich eine Schwimmweste auf und zieht sie über, falls sie über dem Meer abstürzen.
Ein Sturm kommt auf. Die Kinder schaukeln deshalb ganz stark hin und her. Endlich ist Land im Sicht.
Ein Kind schaut durch das Guckloch in der Mitte (beim Schwungtuch) bzw. unter den Rand, ob ein geeigneter Landeplatz zu sehen ist. Dann wird gelandet. Dazu zählen alle bis drei und krabbeln dann unter dem Tuch hervor. Die Reiseleitung legt den Ballon zur Seite. Alle Reisegäste laufen nun umher und schauen sich um.
Da kommt ein alter Mann (von der Reiseleitung gespielt), der erzählt, dass sie in Argentinien gelandet sind und dass die Siesta – das ist die Mittagsruhe – eingehalten wird. Als Gäste dieses Landes, so sagt der Mann, müssten auch die Kinder Siesta machen. Dies tun sie, indem sie sofort alles stehen- und liegen lassen und sich hinlegen.
Immer wenn nun während der Reise die Reiseleitung „Siesta" ruft, müssen sich alle Kinder schnell an den Rand des Raumes in den Schatten legen und dürfen erst wieder aufstehen, wenn die Reiseleitung die Siesta beendet. Siesta kann auch mitten in einem anderen Spiel sein.
Die Reisegesellschaft kehrt zu ihrem Ballon zurück, fasst den Rand des Tuches an und fliegt bei drei weiter.
Die Ballonfahrt kann jedes Mal anders gestaltet werden. So kann jeweils ein anderes Kind nach einem Landeplatz Ausschau halten, oder sie fahren bei Nacht, d.h., sie schließen die Augen, sie steigen immer höher, und es wird eiskalt. Der Ballon hat ein kleines Loch, das schnell geflickt werden muss, usw.
Hinderniswald
Jetzt landet die Reisegruppe in einem großen Waldgebiet. Es ist schon ganz dunkel geworden, so dass nur noch die Kinder, die eine Lampe (Kerze) mitgebracht haben, etwas sehen können. Sie führen die anderen durch das Waldgebiet, wo viele Hindernisse (Stühle, Tische, Kissen, Decken ...) im Weg liegen. Jeweils ein Kind mit Kerze nimmt eines ohne Kerze an die Hand. Dieses hat die Augen geschlossen und wird von seinem Partner zwischen den Hindernissen durch auf die andere Seite geführt. Dort werden die Rollen getauscht. Da viele Tiere im Wald schlafen, müssen sie schweigend durch den Wald laufen.
Wenn die Kinder den Wald durchquert haben, legen sie sich auf einer Wiese schlafen.
Am nächsten Tag kommen die Kinder auf eine Weide, auf der gerade Gauchos ihre Rinder einfangen. In Südamerika geschieht das auf eine ganz besondere Weise.

Rinderjagd

An eine lange dicke Schnur wird am Ende ein Halstuch gebunden, in das zuvor ein weicher Ball gewickelt wurde. Die Reiseleitung stellt sich mit dieser Schnur in die Mitte des Raumes und schwingt es im Kreis. Sie ist der Gaucho, der versucht, die Rinder zu fangen.

Die Kinder stehen als Rinder mit etwas Abstand um den Gaucho herum. Dieser versucht die Rinder zu fangen, indem er das Tau um die Füße der Rinder wirft, so dass sie sich dort verfangen. Die Rinder springen jedoch hoch, wenn sich das Tau nähert. Verfängt sich das Tau dennoch bei einem Kind, so spielt es den neuen Gaucho.

Nach diesem Spiel fliegen die Kinder mit ihrem Ballon wieder weiter. Sie landen in Brasilia, der größten Stadt in Brasilien. Dort feiern die Leute gerade ein großes Fest. Alle singen und tanzen auf den Straßen. Die Kinder feiern gleich mit.

Tanzfest

Jeweils vier Kinder bilden eine Tanzgruppe. Sie stellen sich hintereinander auf mit etwa einem Meter Abstand. Zwischen sich schaffen sie eine Verbindung durch ein farbiges Krepppapierband, das sie zwischen sich in den Händen halten. So entstehen einzelne Tanzketten mit jeweils vier Kindern. Die Reiseleitung spielt rhythmische Musik ein. Die Gruppen bewegen sich dazu im Raum. Trifft eine Gruppe auf eine andere, so können sie unter oder über die Bänder klettern und so ihre Wege kreuzen. Die Bänder dürfen dabei nicht losgelassen werden. Schließlich geht das Fest zu Ende. Die Kinder fliegen weiter und kommen ans Meer. Dort entdecken sie einige Taucher und beschließen, auch zu tauchen.

Taucher im Meer

Alle Kinder fassen das Schwungtuch an.

Vor jeder Runde bestimmt die Reiseleitung, welche Kinder als Nächstes tauchen dürfen. Dazu zählen alle gemeinsam bis drei und schwingen dabei das Tuch dreimal hoch. Die genannten Kinder warten auf die dritte, ganz große Welle und tauchen während dieser durch das Meer, d.h., sie laufen unter dem nach oben gewölbten Tuch durch und fassen es auf der anderen Seite wieder an. Daraufhin senkt sich das Meer wieder langsam.

Sind alle Kinder mindestens einmal getaucht, so kann der Heimflug mit dem Ballon angetreten werden.

Zu Hause angekommen, verabschieden sich alle Kinder von der Reiseleitung und von den anderen Teilnehmern der Reise. Bis zur nächsten Ballonfahrt zu einem fernen Kontinent!

(BREUCKER-RUBIN 1990, S. 69 ff.)

193 Die Weltraumreise

Spielbeschreibung: Die Schüler stehen zunächst hinter ihrem Stuhl, der unter die Bank geschoben ist. Wenn der Text „wir schweben" gesprochen ist, dürfen die Kinder sich in entsprechender Weise im Klassenzimmer bewegen. Der Lehrer spricht den Text selbst und macht dazu die angegebenen Bewegungen, die die Schüler sofort mitmachen.

Textvorlage mit Bewegungen: Die Weltraumreise

„Wir fliegen zum Planeten Orykrion. Raumanzüge anziehen.

Mit der rechten Hand am linken Bein und mit der linken Hand am rechten Bein gleichzeitig von unten nach oben streichen. Vorderreißverschluss am Körper bis unters Kinn hochziehen. Helm aufsetzen. Visier schließen.

Sauerstoff tanken.

Tief und kräftig in den Bauch einatmen. Bei jedem Einatmen Körper optisch aufpumpen und Arme bis in Schulterhöhe hochziehen. Bei jedem Ausatmen Arme und Oberkörper senken.

Noch 10 Sekunden bis zum Abflug! 10 – 9 – 8 – 7 – 6 – 5 – 4 – 3 – 2 – 1 – Huiiiii!

In die Hocke gehen. Sich ganz groß strecken und sich dabei mehrmals um sich selbst drehen.

Wir schweben im Weltraum. Oh, ist das schön!

Fließende, gleitende Bewegungen mit dem ganzen Körper machen. Dabei im Raum umhergehen.

Unser Sauerstoff geht zu Ende. Wir müssen zwischenlanden.

In die Hocke gehen.

Ich spüre die Schwerkraft.

Arme nach unten hängen lassen, Kopf nach vorne hängen lassen, dabei in der Hocke umhergehen.

Sauerstoff tanken!

Tief durchatmen (wie am Anfang), sich dabei langsam aufrichten.

Wir fliegen weiter.

Wieder in die Hocke gehen, sich dann wieder strecken und sich zum Abfluggeräusch auf der Kassette mehrmals um sich selbst drehen.

Wir schweben wieder.

Fließende, gleitende Bewegungen.

Der Planet Orykrion. Wir landen.

Auf den Platz zurückkehren und sich auf den Stuhl setzen."

Anmerkung: Dieses Spiel ist aus einem Buch entnommen, zu dem der Verlag (Verlag an der Ruhr) eine Musikkassette mit allen Spielen anbietet. Es kann die Regel „Berühren verboten" ausgesprochen werden, um absichtliche Zusammenstöße zu vermeiden. Die tiefe Bauchatmung dient der inneren Ausgeglichenheit und der Förderung der Konzentration, da mehr Sauerstoff zur Verfügung steht.

(FINK/SCHNEIDER 1994, S. 9 ff.)

194 Auf dem Spielplatz

Spielbeschreibung: Die Schüler verteilen sich gleichmäßig im Raum. Jeder benötigt so viel Platz, dass er sich einmal mit ausgestreckten Armen um die eigene Achse drehen kann, ohne anzustoßen.
Der Lehrer spricht den angegebenen Text und macht dazu zusammen mit den Schülern die beschriebenen Bewegungen.
Textvorlage mit Bewegungen:
„Wir gehen auf den Spielplatz.
Auf der Stelle gehen.
Wir klettern die Rutschbahn hoch ...
In die Hocke gehen und sich mit den Händen zum Takt der Musik nach oben hangeln. Und sich dabei langsam aufrichten.
... und rutschen hinunter.
Mit lautem ‚Huiii‘ wieder in die Hocke zurückgehen.
Wir laufen zum Klettergerüst.
Zum Takt der Musik auf der Stelle laufen. Dabei immer schneller werden.
Wir klettern hoch ...
In die Hocke gehen und sich mit den Händen zum Takt der Musik nach oben hangeln.
... und springen hinunter.
Mit lautem „Hepp!“ in die Hocke zurückgehen.
Wir gehen auf die Wiese ...
Auf der Stelle gehen.
... und heben einen großen, bunten Ball auf!
Pantomimisch Ball andeuten und aufheben.
Fang auf!
Den Ball auffangen ...
Wirf zurück!
... und sich gegenseitig zuwerfen.
Wir gehen nach Hause.
Auf der Stelle gehen.“
Anmerkung: Dieses Spiel ist aus einem Buch entnommen, zu dem der Verlag (Verlag an der Ruhr) eine Musikkassette mit allen Spielen anbietet. Das Spiel eignet sich gut, um längere Sitzphasen etwas aufzulockern. *(FINK/SCHNEIDER 1994, S. 15 ff.)*

195 Sonnenblume

Spielbeschreibung: Die Schüler verteilen sich so im Raum, dass sie genug Platz für die Bewegungen haben und den Lehrer gut sehen können. – Die Geschichte wird vom Lehrer erzählt und durch Bewegungen von Lehrer und Schülern begleitet.

Textvorlage mit Bewegungen:
Die Sonnenblume.
„Du bist ein kleiner Sonnenblumenkern und schlummerst in der Erde.
Sich in der Hocke zusammenkauern.
Im Frühling wecken dich die warmen Sonnenstrahlen. Langsam wächst dein Stiel. Deine Blätter breiten sich aus und strecken und recken sich.
Sich langsam aufrichten und Hände zur Seite strecken und recken, tief einatmen.
Du bist ganz tief in der Erde verwurzelt.
Sich breitbeinig, Füße fest auf den Boden, hinstellen.
Auch der Wind kann dich nicht entwurzeln.
Gewicht von einem Fuß auf den anderen verlagern, ohne dabei vom Boden abzuheben.
Du bleibst fest im Boden verankert.
Sich breitbeinig, Füße fest auf den Boden, hinstellen.
Atme tief in deinen Stiel ein. Du wirst immer kräftiger und kräftiger.
Mehrmals tief einatmen.
Langsam wächst in deiner Mitte eine kleine Knospe.
Mit den Händen vor dem Herzen eine kleine Knospe bilden.
Deine Knospe wird immer größer und wächst zu einer Blüte heran.
Sich strecken und mit den Händen über dem Kopf eine Blüte beschreiben.
Deine Blüte streckt sich der Sonne entgegen – viele Tage lang!
Sich strecken und recken und mit der ‚Blüte' einen Bogen von links nach rechts beschreiben. Den Bogen mehrmals wiederholen.
Langsam fallen deine Blütenblätter ab ...
Mit den Fingern und Armen rieselnde Bewegungen von oben nach unten machen!
... und du verwelkst.
Kopf nach vorne sinken lassen. Schultern hängen lassen, langsam in die Hocke gehen und sich zusammenkauern.
Doch aus den Sonnenblumenkernen, die deine Blüte hinterlässt, entsteht eine neue Sonnenblume. Im Frühling wecken dich wieder die warmen Sonnenstrahlen.
Sich langsam aufrichten.
Dein Stiel wächst ... Deine Blätter breiten sich aus.
Die Hände zur Seite strecken und recken, tief einatmen.
In Deiner Mitte wächst wieder eine Knospe, die zu einer Blüte wird, mit vielen neuen Sonnenblumenkernen.
... dann Knospe und Blüte andeuten."
Anmerkung: Dieses Spiel ist aus einem Buch entnommen, zu dem der Verlag (Verlag an der Ruhr) eine Musikkassette mit allen Spielen anbietet.
Durch das körperliche Nachspielen des Pflanzenwachstums entsteht

bei den Schülern ein starkes, ganzheitliches Erleben, das sich auf ihre kognitive und emotionale Entwicklung förderlich auswirkt. Auf der einen Seite werden die Schüler für die Natur sensibilisiert, zum anderen wird ihre Phantasie und Kreativität angeregt.
(FINK/SCHNEIDER 1994, S. 36 ff.)

196 Im Schulbus

Spielbeschreibung: Zu Beginn des Spiels stehen alle Schüler hinter ihrem Stuhl, der unter die Bank geschoben ist. Sobald sie in den Bus eingestiegen sind, setzen sie sich auf ihren Stuhl und ruckeln mit dem ganzen Körper mit. Der Lehrer sitzt vor der Klasse und macht alle Rechts- und Linksbewegungen spiegelverkehrt vor, damit die Kinder sie von ihrem Standpunkt aus richtig eintrainieren. – Der folgende Text wird vom Lehrer gesprochen, und die Bewegungen werden dazu von Lehrer und Schülern ausgeführt.
Textvorlage mit Bewegungen:
„Wir fahren mit dem Schulbus. Wir steigen in den Bus ein.
Auf der Stelle gehen.
Bitte Platz nehmen. Den Schulranzen abstellen. Der Bus fährt los!
Den Schulranzen (fiktiv oder real) vor sich hinstellen und sich auf den Stuhl setzen. Während der gesamten Busfahrt mit dem ganzen Körper ruckeln.
Er biegt nach rechts ...
Sich nach rechts neigen.
er biegt nach links (Rechts-Links-Kommandos wiederholen sich),
Sich nach links neigen.
fährt um die ganze Stadt rechts herum.
Um den Stuhl rechts herum gehen.
Und Haltestelle!
Sich beim Bremsen nach vorne neigen und wieder zurücklehnen.
Die Leute steigen aus und ein.
Auf der Stelle gehen.
Der Bus fährt weiter! Bitte Platz nehmen! (Die Rhythmisierung wird dreimal wiederholt, wobei die Rechts-Links-Kommandos variiert werden.)
Sich wieder hinsetzen und mit dem Körper ruckeln.
Endhaltestelle!"
Anmerkung:
Dieses Spiel ist aus einem Buch entnommen, zu dem der Verlag (Verlag an der Ruhr) eine Musikkassette mit allen Spielen anbietet.
In diesem Spiel werden die Raumlagen „links" und „rechts" trainiert.
(FINK/SCHNEIDER 1994, S. 41 ff.)

197 Wir gehen zum Skifahren

Spielbeschreibung: Die Schüler stehen hinter ihrem Stuhl, der unter die Bank geschoben ist. Der Lehrer erzählt die Geschichte, die er und die Schüler mit den zugehörigen Bewegungen untermalen.

Textvorlage mit Bewegungen:

„Wir gehen zum Skifahren. Zieh dich warm an!

Mütze aufsetzen, Jacke anziehen. Reißverschluss schließen, Skistiefel zuschnallen, Handschuhe anziehen.

Nimm deine Skier über die Schulter und die Skistöcke in die Hand.

Skier schultern.

Auf geht's! Wir steigen auf den Berg.

Marschieren mit geschulterten Skiern und Stöcken in der Hand.

Skier anschnallen, und los geht's!

Skier auf den Boden legen und sich draufstellen.

Wir wedeln durch den Schnee ...

Wedeln.

... und Schuss!

Schussstellung.

Achtung, ein Hügel! Hopp und hopp und hopp!

Springen.

Und wieder wedeln!

Wedeln.

Bremsen!

Bremsen.

Skier abschnallen! Und weil es so schön war, gehen wir noch mal auf den Berg. Hier wiederholt sich die 1. Abfahrt: Mit geschulterten Skiern und Stöcken in einer Hand marschieren. Skier anschnallen, und los geht's! (Die Bewegungen wiederholen sich einmal).

Skier auf den Boden legen und sich draufstellen, wedeln, Schussstellung, springen, wedeln.

Jetzt gehen wir auf die Sprungschanze! Wir steigen den Sprungturm hinauf. Skier anschnallen, und ab geht's!

Auf der Stelle steigen.

Schschschschprung! Mei, war des schee! Bis zum nächsten Mal! Servus! Tschüss! Auf Wiedersehen!

Einen hohen Sprung machen.“

Anmerkung: Dieses Spiel ist aus einem Buch entnommen, zu dem der Verlag (Verlag an der Ruhr) eine Musikkassette mit allen Spielen anbietet.

Das Spiel eignet sich besonders im Winter für den Einsatz. Es kann lange Sitzphasen auflockern und wird damit dem natürlichen Bewegungsdrang der Kinder gerecht.

(FINK/SCHNEIDER 1994, S. 50 ff.)

198 Schatzsuche in den Bergen

Eine Geschichte mit Anregungen zu einem Erlebnisturnen mit Turngeräten

Material: 2 Decken, 4-6 Stühle, 1–2 Tische, 2 Kästen, 1-2 Gymnastikstäbe, 1–2 Hocker, 1 Bank

Spielbeschreibung: Der Lehrer und die Kinder setzen sich in einem Kreis zusammen. In der Kreismitte liegt eine Decke. Der Lehrer beginnt, die Geschichte zu erzählen. Über die Bewegungsanregungen schlüpfen die Kinder in die Rolle der Mäusekinder und erleben so die Geschichte.

Textvorlage mit Bewegungen:

„Es war einmal eine Mäusefamilie, die hatte so viele Mäusekinder, dass sie in ihrer Mäusewohnung ganz eng zusammenrücken mussten, damit sie alle hineinpassten.

Die Kinder setzen sich eng zusammen auf eine Decke.

Jedes der vielen Kinder hatte die Mäuseeltern sehr lieb. Umso mehr tat es ihnen weh, wenn sie ihren vielen Kindern oft nicht genug zu essen geben konnten. Als ihre Not einmal besonders groß war, erinnerte sich der Mäusevater an die Geschichte des Mäusegroßvaters. In dieser erzählte er von einem wundersamen Schatz in den Bergen, den jeder, wie von einer unsichtbaren Hand geführt, finden würde, wenn er wirklich in Not war. Ein Schatz, dies konnten nur riesige Mengen von Käse und Speck sein, so dachten die Mäuseeltern und dabei lief ihnen das Wasser im Munde zusammen.

Die Kinder beschreiben mit den Armen große Kreise.

Nach einigem Überlegen waren sie sich einig, dass sie es wagen wollten, den so verlockenden Schatz mit der ganzen Familie zu suchen. Sie erzählten es ihren Mäusekindern und diese tanzten und hüpften vor Freude und Abenteuerlust.

Die Kinder tanzen und hüpfen alleine oder mit mehreren.

Am nächsten Morgen krochen sie alle ganz aufgeregt durch das Mäuseloch hinaus und los ging es.

Die Kinder kriechen unter einem Stuhl hindurch.

Der Mäusevater schien den Weg immer zu kennen, so wie der Mäusegroßvater erzählt hatte. Der Weg führte hinauf in die Berge. Er wurde immer steiler und steiniger. Riesige Felsbrocken lagen plötzlich im Weg. Die Mäusefamilie musste über diese hinwegklettern. Große und kleine Steine, so viele, dass man sie nicht zählen konnte.

Die Kinder klettern, steigen über umgelegte, kreuz und quer dicht beieinander liegende Stühle, Kästen, Hocker und Tische.

Bei dieser Kletterei rutschte eines der Mäusekinder von einem großen Stein ab und verletzte sich am Fuß. Je zwei Mäusekinder trugen abwechselnd das verletzte Mäusekind auf einem dicken Ast.

Je zwei Kinder tragen das verletzte Kind auf einem Gymnastikstab ein Stück des Weges.

Sobald es dunkel wurde, suchte die Mäusefamilie einen geschützten Platz, richtete ihr Nachtlager her und legte sich schlafen.

Die Kinder rollen sich alleine oder zu zweit in eine Decke ein oder bauen ein Zelt aus Stühlen und Decken und kriechen hinein und schlafen.

Jedoch kaum kamen die ersten Sonnenstrahlen heraus, drängte es alle, die Schatzsuche fortzusetzen. Vielleicht würden sie den Schatz ja schon heute finden. Zum Glück konnte das verletzte Mäusekind wieder alleine laufen. Plötzlich standen sie am Rande einer tiefen Schlucht, durch die ein reißender Wildbach floss. Der Mäusevater fragte sich besorgt: ‚Wie sollen wir nur auf die andere Seite kommen?' Er schaute sich um und siehe da, dort lag ein Baum quer über der Schlucht. Die dünnen Zweige des Baumwipfels reichten gerade bis zu der anderen Seite. Zuerst ging die Mäusemutter sehr *vorsichtig und langsam* über den Baum und schaute dabei immer geradeaus, nur nicht in die tiefe Schlucht. Die Mäusekinder machten es ihr nach. Zum Schluss folgte der Mäusevater. Als es geschafft war, seufzten alle erleichtert auf.

Die Kinder wachen auf, recken und strecken sich.

Die Kinder balancieren über eine Bank, die auf 2 Kästen ruht.

Der Weg führte sie nun an einer steilen Felswand entlang. Er wurde immer schmaler, bis er nur noch ein äußerst schmaler, in den Fels gehauener Pfad war. Nacheinander und immer eng an die Felswand gelehnt tasteten sie sich behutsam den Pfad entlang.

Die Kinder gehen nacheinander über eine Stuhlreihe.

Der Pfad endete an einem kleinen Felsvorsprung, auf dem sie eben so alle Platz hatten. Da entdeckten sie einen Felsspalt, durch den nur eine Maus gerade so hindurchschlüpfen konnte.

Die Kinder kriechen durch zwei umgelegte Stuhlreihen, deren Stuhllehnen zueinander zeigen und einen Gang bilden.

Hinter dem Felsspalt verbarg sich in einer riesigen Höhle mit steilen und glitschigen Wänden ein sehr großer, sehr tiefer See. Der Mäusevater wusste sofort: ‚Diesen See müssen wir überqueren. Dort drüben geht der Weg weiter.' Vielleicht war es ein Zufall, dass die Mäusemutter noch immer diesen dicken Ast mit sich trug. So konnten sie diesen als Floß benutzen, mit dem sie nacheinander sicher den See überquerten.

Zwei Kinder nehmen die Bankstellung auf einer ausgebreiteten Decke ein und rutschen so über den See. Am anderen Ufer angekommen, rutscht eines der Kinder zurück und holt das nächste ab und so weiter.

Dort angekommen, sah der Mäusevater sogleich den kleinen Gang, der in eine Nebenhöhle führen musste. Im Dunkeln tapsten sie durch den Gang, doch dann wurde er heller und breiter. Mit einem Mal

sahen sie so viel Käse und Speck wie noch nie in ihrem ganzen Mäuseleben.
Die Kinder fassen sich an den Händen und gehen mit geschlossenen Augen.
Sie hüpften und sprangen vor Freude und waren ihr Leben lang dankbar für den gefundenen Schatz, der ihnen in ihrer Not geholfen hatte.
Die Kinder hüpfen und springen." (WA)

199 Tigerjagd I

Spielbeschreibung: Alle Kinder machen nach, was der Spielleiter erzählt und vormacht: Wir machen uns fertig zur Jagd.
Volksgemurmel, Bewegungen, als ob Pfeil und Bogen über die Schulter geworfen werden; Abschied von den Familienangehörigen.
Wir gehen los.
Mit den Händen auf den Knien die Bewegung des Gehens nachahmen.
Oh, ein Zaun.
Mit den Händen klettern; Ruck mit dem ganzen Körper; Sprung.
Da ein Fluss. Wir schwimmen hinüber.
Armbewegungen.
Wir klettern mühsam ans andere Ufer. Wir gehen weiter, vor uns ein Moor.
Durchs Schilf; mit den Händen rascheln; durch das Moor gehen; langsam werden die Füße aus dem Sumpf gezogen.
Wir kommen in einen großen Wald. Plötzlich stehen wir vor einem riesigen Busch. Wir spähen hindurch.
Armbewegungen.
Hinter dem Busch sehen wir zwei glühende Augen, ein Tiger! Wir bekommen Angst, mit höchster Geschwindigkeit rennen wir nach Hause.
Wieder Klopfen auf die Oberschenkel.
Anmerkung: Bei diesem Spiel kommt es auf das spannende Erzählen an. Die Geschichte kann auch beliebig verlängert werden. *(HA)*

200 Elefant, Palme, Känguru

Spielbeschreibung: Die Spieler teilen sich in Dreiergruppen ein. Jede Gruppe erhält einen Begriff, den sie pantomimisch einüben soll. Der Spielleiter erzählt nun eine Geschichte, in der alle verteilten Begriffe durcheinander vorkommen, und die Gruppen führen jedes Mal, wenn ihr Begriff genannt wird, die einstudierten Bewegungen vor.
Beispiele: Elefant: Die beiden äußeren Spieler wedeln mit beiden Händen wie mit großen Ohren neben dem in der Mitte stehenden Spieler. Dieser hat einen Arm ausgestreckt, und der andere greift unter ihm

hindurch zur eigenen Nase.
Palme: Alle drei Spieler stehen in einer Reihe, strecken die Arme nach oben und wedeln hin und her.
Känguruh: Alle drei Spieler springen wie Kängurus durch den Raum.
Anmerkung: Dieses Spiel fördert auch die Konzentrationsfähigkeit der Spieler. *(KL)*

201 Eine Geschichte gerät in Bewegung

Spielbeschreibung: Der Spielleiter erzählt oder liest eine Geschichte vor, in der die Personen sehr viel agieren, was durch stumme Körperbewegungen gleichzeitig von den zuhörenden Kindern ausgedrückt werden soll. Die Kinder können sich dabei vorstellen, dass sie Kinder zu Besuch hätten, die eine andere Sprache sprechen oder die taub sind und denen sie durch ihre Körperbewegungen mitteilen könnten, was in der Erzählung passiert.
Beispiel: Peter hat irrsinnigen Hunger auf Kirschen. Kinder schmatzen, reiben sich den Bauch. Aber die Kirschen hängen viel zu hoch. Peter kommt nicht hinauf. Kinder dehnen und strecken sich, greifen mit einer Hand nach oben, stellen sich auf Zehenspitzen ...
Variation: Ein Spieler denkt sich eine Handlungsabfolge aus und führt sie mit Hilfe der Körperdarstellung stumm den anderen vor. Diese versuchen, eine Geschichte aus den Bewegungen abzuleiten und diese in Worte zu fassen.
Anmerkung: Bei diesem Spiel gerät nicht nur eine Geschichte in Bewegung, sondern in erster Linie der Spieler selbst. Gemäß ihren Erfahrungen und ihrer Phantasie reagieren die Spieler auf Gehörtes, indem sie es direkt mit ihrem eigenen Körper umsetzen.
Es sollte kein zu langer Zwischenraum ohne Handlung entstehen und umgekehrt: Werden zu viele Bewegungen in zu kurzer Zeit gefordert, geraten die Kinder durcheinander. Auf ein abgewogenes Verhältnis von Anspannung und Entspannung sollte geachtet werden.
(BRUNNER/KROPF 1984, S. 16 f.)

202 Untermalen eines Textes

Spielbeschreibung: Der Spielleiter liest einen Text vor. Die Spieler schließen die Augen. Zu den nachempfundenen Inhalten des Textes machen sie entsprechende Bewegungen, äußern Stimmen und Laute und produzieren Geräusche.
Anmerkung: Dieses Spiel fördert die gerichtete Aufmerksamkeit und knüpft an eigene Wahrnehmungserfahrungen der Spieler an. *(KO)*

D Szenische Spiele

„Szenisches Spiel ist die Darstellung kurzer Handlungsabläufe durch mehrere Spieler" *(BAER 1981, S. 191)*. Dabei reicht diese Darstellung von unvorbereiteten, spontanen Stegreifspielen bis zu der spielerischen Umsetzung von unterschiedlichen Texten, Geschichten, Gedichten, Erfahrungen, im Unterricht behandelten Themen. Das Spiel kann sowohl durch die Vorgabe eines Themas als auch durch die genaue Angabe von Spielregeln, Aufgaben und Zielen des Spiels angeregt werden. Die Verwendung von Requisiten ist möglich, und so kann diese Spielform, insgesamt betrachtet, als eine Vorform des Theaterspielens angesehen werden. *(BAER 1981; SCHIFFLER 1982)*

203 Kleiner Pelz will größer werden

Spielbeschreibung: Die Kinder lesen jeweils eine oder mehrere Szenen in dem Buch und stellen diese dann anschließend selbst dar.
Inhaltsangabe: „Kleiner Pelz will nicht größer werden und dem Onkel zur Hand gehen. Es ist so viel schöner, zu spielen, auf Bäume zu klettern und ein Floß zu bauen. Doch dann lernt er die Trulla kennen. Sie kochen Allerleisuppe, sie reden, Kleiner Pelz geht zum ersten Mal alleine nachts durch den Wald, und ganz unmerklich wird aus dem Kleinen Pelz ein Kallepelz. – Ein Kinderbuch, das Raum zum Träumen gibt und Mut macht." *(KORSCHUNOW 1986)*

204 Die Jünger im Sturm

Spielbeschreibung: Der Lehrer erzählt die Geschichte von den Jüngern, die mit Jesus auf einem Boot waren und im Sturm Angst bekamen. Anschließend spielen die Kinder diese Szenen in mehreren Durchgängen nach. Das Boot wird durch einige „bootsförmig" aufgestellte Stühle dargestellt.
Inhaltsangabe: „Jesus stieg in das Boot und die Jünger folgten ihm. Als sie auf dem See waren, kam eine schwerer Sturm auf; die Wellen türmten sich und drohten das Boot unter sich zu begraben. Aber Jesus schlief. Die Jünger weckten ihn und riefen: ‚Rette uns, Herr, wir gehen unter!' Jesus sagte zu ihnen: ‚Warum habt ihr solche Angst? Ihr habt zu wenig Vertrauen!' Dann stand er auf und bedrohte den Wind und die Wellen. Da wurde es ganz still. Die Leute aber staunten und fragten sich: ‚Was ist das für ein Mensch, dass ihm sogar Wind und Wellen gehorchen!'"
Anmerkung: Noch weitere Jesusgeschichten wurden nachgespielt, z. B. die Geburt Jesu, die Kreuzigung Jesu, die Zachäus-Geschichte …
(DEUTSCHE BIBELGESELLSCHAFT 1991, S. 22)

205 Komm, kleiner Indianer

Spielbeschreibung: Die Geschichte wird von den Kindern zunächst gelesen und anschließend in kurzen Szenen nachgespielt.

Textvorlage: Es war einmal ein kleiner Indianer, der ging in den Wald und fand den Weg nach Hause nicht mehr. Es war Winter, und es war bitterkalt. Der kleine Indianer setzte sich in den Schnee und weinte. Da kam ein brauner Bär und sagte: „Komm zu mir in meine Höhle! Dort hast du es warm!" Der Fuchs kam und sagte: „Ich will für dich jagen, kleiner Indianer, damit du zu essen hast." Auch der Wolf ging für den kleinen Indianer auf die Jagd. Die Vögel suchten Beeren, die noch an den Sträuchern hingen, und brachten sie dem kleinen Indianer. Das Eichhörnchen brachte Nüsse.

Manchmal dachte der kleine Indianer an seine Eltern zu Hause und wurde traurig. „Sei nicht traurig, kleiner Indianer", sagten die Tiere und spielten mit ihm, bis er wieder lachte. Als es Frühling wurde, sagten die Tiere: „Komm, kleiner Indianer! Wir helfen dir den Weg nach Hause suchen."

Sie gingen und gingen. Endlich fanden sie das Zelt, in dem die Eltern des kleinen Indianers wohnten. „Leb wohl, kleiner Indianer", sagten die Tiere. „Du hast mit uns gelebt. Vergiss nie, dass wir alle jetzt deine Brüder sind." *(ZO)*

206 Schnee

Material: bunte Chiffon-Tücher

Spielbeschreibung: Die Kinder lesen zunächst die Geschichte und stellen sie anschließend szenisch dar. Die folgenden Dinge werden mit Tüchern dargestellt:

Rose: gelbes Tuch
Stiefmütterchen: blaues Tuch
Südwind: braunes Tuch
Wüste: gelbes Tuch
Berge: braunes Tuch
Täler: grüne Tücher
Nordpol: weißes Tuch
Nordwind: graues Tuch
Wolken: blaue und weiße Tücher
Eisbären: weiße Tücher

Textvorlage: Es war einmal vor langer, langer Zeit, da lebte ein kleines Mädchen, das noch nie Schnee gesehen hatte. Das kleine Mädchen hieß Lin und lebte in China. Eines Tages, als Lin mit ihrer Katze Pu im Garten spazieren ging, wurde sie plötzlich traurig. „Ich bin traurig, Pu", sagte Lin. „Miau", antwortete Pu, als ob sie verstanden hätte. „Ich habe noch niemals Schnee gesehen, und ich möchte so gern einmal Schnee sehen!" – „Miau", sagte Pu wieder. An diesem Abend, als Lin schon zu Bett gegangen war, begannen die Blumen im Garten miteinander zu flüstern. „Stell dir vor", sagte eine gelbe Rose zu einem kleinen blauen Stiefmütterchen, „Lin hat noch niemals in ihrem Leben Schnee gesehen. Sie ist so freundlich zu uns und gießt uns jeden Tag. Wie könnten wir ihr nur helfen?" – „Ich weiß, wie man ihr helfen kann!", sagte der Südwind, der gerade durch den Garten wehte. Er flog weit, weit fort nach Norden. Über Wüsten und Berge und grüne Täler flog er, und weiter und weiter, bis er endlich zum Nordpol kam, wo der Nordwind wohnte. „Was suchst du hier?!", brüllte der Nordwind, als er den Südwind erkannte. „Mach, dass du wegkommst, sonst verjage ich dich!" – „Ha ha ha!" lachte der Südwind. „Du kannst mich ja gar nicht fangen!" – „Ich kann dich nicht fangen?", grollte der Nordwind. „Na warte. Gleich habe ich dich!" Und er jagte hinter dem Südwind her. Der Südwind aber machte kehrt und flog den Weg zurück nach China. Der Nordwind folgte ihm, so schnell er konnte. Aber er konnte den Südwind nicht einholen. War das eine Kälte überall, wo der Nordwind vorüberflog! Die Wolken bibberten, es hörte auf zu regnen, und es begann zu schneien! Als der Nordwind merkte, dass er den Südwind nicht erwischen konnte, kehrte er wütend zum Nordpol zurück und blies dort so heftig, dass es sogar den Eisbären kalt über den Rücken lief. Als Lin am nächsten Morgen in den Garten kam, war alles voll Schnee. „Wie weiß und weich und zauberhaft!", sagte sie. „Schau, Pu! Das kann nur Schnee sein!" – „Miau!", sagte Pu. Bald darauf kam der Südwind, und der Schnee schmolz. Die Sonne schien und wärmte die Blumen. Lin war sehr glücklich. *(ZO)*

207 Wo die wilden Kerle wohnen

Spielbeschreibung: Nachdem die Kinder die folgende Geschichte gehört oder gelesen haben, spielen sie sie szenisch nach.
Inhaltsangabe: An dem Abend, als die Mutter sich dauernd über ihn geärgert hat, ihn einen „wilden Kerl" schilt und ohne Essen ins Bett schickt, träumt sich Max in einen Urwald hinein und wird dort König aller wilden Kerle. *(KO)*

208 Rumpelstilzchen

Spielbeschreibung: Die Kinder hören das Märchen von „Rumpelstilzchen" und spielen es im Anschluss daran selbst nach, wobei sich die Akteure verkleiden.
Inhaltsangabe: Der Zwerg Rumpelstilzchen verlangt für geleistete

Dienste das Kind einer Frau, falls sie nicht seinen Namen errät. Erst kurz vor Ende der gesetzten Frist, nachdem die Frau schon viele Namen genannt hat, erfährt sie den gesuchten Namen durch eine andere Person und darf so ihr Kind behalten. *(ZO)*

209 Jorinde und Joringel

Spielbeschreibung: Der Lehrer erzählt den Kindern das Märchen von „Jorinde und Joringel". Anschließend spielen die Kinder Szenen aus ihrer Erinnerung nach.
Inhaltsangabe: Jorinde und Joringel gehen im Wald spazieren, wobei sie sich verirren und zu nahe an das Schloss der bösen Hexe geraten. Diese verwandelt Jorinde, wie viele andere Mädchen in ihrem Alter, in einen Vogel, aber Joringel kann sie, wie alle anderen auch, wieder befreien. *(ASH 1987)*

210 Märchen einmal anders

Spielbeschreibung: Die Kinder teilen sich in zwei Gruppen. Jede Gruppe einigt sich auf ein bekanntes Märchen, z.B. Schneewittchen, Rotkäppchen oder Hänsel und Gretel. Nun versuchen alle gemeinsam, das Märchen umzudichten. So kann Schneewittchen z. B. eine emanzipierte Frau sein, die keine Lust hat, den Zwergen den Haushalt zu führen und die sich nicht vom Prinzen wachküssen lassen will. Oder Hänsel und Gretel sperren die Hexe in einen Käfig und mästen sie. Dann werden die Rollen verteilt, und die Kinder üben das neue Märchen kurz ein. Nach einer zuvor festgelegten Probezeit treffen die Gruppen sich wieder in einem Raum, und die Stücke werden den anderen vorgespielt.
Anmerkung: Besonders schön ist es, wenn Verkleidungs- und Schminkmaterial zur Verfügung stehen. *(SPIELEWERKSTATT RHINOZEROS)*

211 Märchentreff

Spielbeschreibung: Die Kinder denken sich gemeinsam aus, was passieren würde, wenn sich Figuren aus verschiedenen Märchen irgendwo begegnen.
Beispiel: Die sieben Geißlein treffen die sieben Zwerge, Rotkäppchen begegnet Hänsel und Gretel im Wald, das tapfere Schneiderlein trifft die Prinzessin aus dem Froschkönig, der gerade ihre goldene Kugel in den Brunnen gefallen ist

212 Operationen und Allesfresser

Material: Schattenbühne: Ein Rahmen wird mit einem großen Laken bespannt, hinter dem sich die Kinder vor einer Lichtquelle (z. B. Tageslichtprojektor) bewegen. Requisiten, Musik.
Spielbeschreibung: Als Spielvorlage eignen sich für das Menschen-Schattenspiel seltsame, phantastische und zauberhafte Begebenheiten. Hier einige Themen:

- mittelalterliche Operation oder Zahnbehandlung
- Operation, bei der wundersame Dinge aus dem Bauch des Patienten an das Tageslicht befördert werden
- Spaziergang durch einen Geisterwald
- Zirkusvorstellung: z. B. Auftritt von Säbelschlucker, Gewichtheber und Schlangenbeschwörer
- Liebesszene (schüchternes Paar)
- Ein Allesfresser hält Mittagstisch
- Zaubereien (Dinge tauchen auf und verschwinden)

(THIESEN 1999)

213 Modenschau I

Material: viele verschiedene Kleidungsstücke, evtl. Schminke
Spielbeschreibung: Die Kinder probieren zunächst verschiedene Kleidungsstücke an und suchen sich dann eine Kostümierung, die ihnen gefällt, aus. Dazu schminken sie sich gegenseitig entsprechend. Auch der Spielleiter ist verkleidet. Er sagt die einzelnen „Mannequins“ und „Dressmen“ an, kommentiert ihre Auftritte und fordert sie zu besonders interessanten Posen und Stellungen auf. Die restlichen Spieler sitzen jeweils als Publikum auf zwei Seiten des Raumes, während die jeweiligen Darsteller in der Mitte auf und ab laufen.
Anmerkung: Die Modenschau kann durch das Abspielen von Musik untermalt werden. *(KO)*

214 Schachtelspiel

Material: Schachteln mit Gegenständen
Spielbeschreibung: Die Gruppe teilt sich in Kleingruppen. Jede Gruppe erhält eine Kiste oder eine Tüte mit kleinen Gegenständen – pro Spieler mindestens einen Gegenstand. Die Gruppen ziehen sich dann in eigene Räume oder Ecken zurück, um eine kurze Szene, einen Sketch innerhalb von maximal 10 Minuten zu basteln. Alle Gegenstände müssen vorkommen.
(REMSCHEIDER SPIELEKARTEI 1985)

215 Playback-Show

Material: Sachen zum Verkleiden, Musikinstrumente, Kassettenrekorder oder Plattenspieler
Spielbeschreibung: „Die Kinder werden in Vierergruppen eingeteilt. Jede Gruppe stellt eine Band dar und überlegt sich dafür einen lustigen Namen ('Hottie-Dotties' oder ‚Die vier Schmalzbacken' usw). Die Mitspieler bekommen verschiedene Instrumente und verkleiden sich möglichst verrückt: Hüte, Krawatten und Brillen dürfen dabei natürlich nicht fehlen. Den Musikgruppen werden mehrere kurze Popmusikstücke vorgespielt (es empfiehlt sich, ‚heiße Rhythmen' auszusuchen). Jede Band entscheidet sich für ein Musikstück, zu dem sie ihre Show abziehen möchte. Dies geschieht in einer Art Playback-Verfahren: Die Platten oder Kassetten werden einzeln abgespielt, und die jeweilige Band tut so, als spiele sie dieses Stück live. Zwischendurch interviewt ein Reporter die einzelnen Bandmitglieder. Was gefragt wird, sollte man der Phantasie des Kindes überlassen, das den Reporter spielt. Am Schluss wird eine Jury gewählt, die der besten Gruppe einen Preis verleiht." *(WA)*

216 Märchengruppe

Spielbeschreibung: Aus jeweils einem bekannten Märchen werden vier zentrale Figuren ausgewählt und auf eine Karteikarte geschrieben (erstes Märchen: rote Karten, zweites Märchen: grüne, usw.) Die Kinder ziehen eine Karte und finden sich mit vier unterschiedlichen Karten zu Gruppen zusammen. Sie versuchen in die Rolle „hineinzuschlüpfen" und spielen eine Szene einer neuen Märchenvariante.
(GUDJONS 1999, S. 98)

217 Tagesschau

Spielbeschreibung: Die wichtigsten Ereignisse des Tages werden dem Zuschauer in der Tagesschau präsentiert. Eine Kleingruppe überlegt sich die lustigsten, traurigsten, bemerkenswertesten, überraschendsten Erlebnisse, Probleme und Erfahrungen und stellt sie in Form einer Nachrichtensendung dar. Dabei formen zwei Schüler aus ihren Armen einen Fernsehbildschirm. Ein anderes Gruppenmitglied fungiert als Nachrichtensprecher. Dieser liest nicht nur Nachrichten vor, sondern kommentiert auch kurze Szenen, die von den übrigen Gruppenmitgliedern eingespielt werden. Fernsehjournalisten versuchen ab und an, Stimmen aus der Zuschauermenge, die sich aus den restlichen Kleingruppen zusammensetzt, zu erhaschen. Die Zuschauer haben auch die Möglichkeit, am Fernsehgerät den Ton in der Lautstärke zu regulieren, wenn sie das Gesprochene schwer verstehen können. *(FLEMMING/FRITZ 1995)*

218 Schule vor 100 Jahren

Spielbeschreibung: Schüler und Lehrer kommen an diesem Tag so gekleidet wie vor 100 Jahren in die Schule. Auch die Frisur kann darauf abgestimmt werden (Jungs: Mittelscheitel, Mädchen: geflochtene Zöpfe). Die Verhaltensregeln und der gesamte Unterricht werden verändert. Wenn möglich schreiben die Kinder auch auf Tafeln.
Anmerkung: Ein Klassensaal der Grundschule St. Matthias ist noch wie vor 100 Jahren eingerichtet. Die Museumspädagogin der Stadt Trier, Städtisches Museum Simeonstift, ist gerne bereit, dort eine Unterrichtsstunde in diesem Stil zu halten.
Adresse der Grundschule St. Matthias: Kentenichstr. 2, Trier, Tel.: 0651/30625, Schulleiter: Herr Wallscheid. *(TR 3)*

219 Museumsbesuch

Spielbeschreibung: Zu Beginn des Spiel überlegt sich die Gruppe Gegenstände, die im Museum ausgestellt sein könnten. In Gruppen zu ca. drei Spielern werden besonders lustige Ausstellungsstücke gefunden, z.B.: eine Note aus einem Beatles-Song, ein Taschentuch aus dem Film Love-Story ... Danach wird das Museum mit den Exponaten eingerichtet. Dann bestimmt die Gruppe einen Museumsführer, der die Besucher, also die übrigen Spieler, durch das Gebäude führt, Fragen zu den Ausstellungsstücken beantwortet. Auch die Besucher finden sich in ihre Rolle ein, machen Bemerkungen, fotografieren, stellen Fragen oder versuchen vielleicht sogar etwas zu stehlen.
(FLEMMING/FRITZ 1995)

220 Rotes Kreuz

Material: rote Schminke, altes Telefon
Spielbeschreibung: Hier können drei Väter, bzw. Mütter der Kinder als Mimen agieren. Sie werden mittels Schminke mit folgenden verschiedenen Verletzungen ausgestattet:
- Kopfplatzwunde und Wunde am Arm
- Wunde am Arm, aus der „Blut“ quillt
- Bewusstlosigkeit

Die Opfer liegen im Schultreppenhaus und rufen um Hilfe. Die Nothelfer leisten Erste Hilfe, dann läuft ein Nothelfer zu einem Telefon (Attrappe) an einer anderen Stelle und gibt dort einen Notruf ab, der von der Notfalldienststelle aufgenommen wird. *(TR 3)*

221 Das Schneeglöckchen

Material: 1 hellblaues Tuch, weiße und bunte Tücher
Spielbeschreibung: Der Lehrer erzählt die Geschichte. Die mitspielenden Schüler nehmen jeweils ein Tuch in die Hand und bewegen dieses entsprechend. Folgende Dinge werden mit den Tüchern dargestellt:
Schneedecke: großes weißes Laken (4 Kinder)
Schneeglöckchen: weißes Tuch
5 andere Blumen: bunte Tücher
Wind: hellblaues Tuch (wedelt)
Textvorlage: Das Schneeglöckchen: „Es war noch Winter. Auf dem gefrorenen Boden lag eine dünne Schneedecke ausgebreitet. Darunter wohnte ein Schneeglöckchen in der Erde. Es lag wohlgeborgen in seinem Zwiebelhäuschen, aber es schlief nicht mehr. Lange genug hatte es sich im Dunkeln verborgen. Es war neugierig und wollte nachsehen, ob Gänseblümchen, Primeln und Veilchen schon draußen warteten. Es reckte sich und streckte sich, bis sein Zwiebelhäuschen platzte. Die Erde ringsherum erwärmte sich, bis die Schneedecke darüber ein kleines Fenster freigab.
Als das Schneeglöckchen das helle Frühlingslicht spürte, schob es die ersten Blätter aus der Erde und streckte sich immer weiter dem Licht entgegen. Es öffnete seinen Blütenkelch und fand sich ganz alleine. Von all den anderen Blumenfreundinnen war nichts zu sehen. Betrübt ließ es sein Köpfchen hängen, bis ein frischer Windhauch herangeblasen kam: ‚Wochen und Monate war ich unterwegs, ohne eine Blume zu sehen. Sei gegrüßt, du kleiner Frühlingsbote!‘, rief er fröhlich. Er spielte mit dem Glöckchen, dass es zart tönte. Von dem unermüdlichen Läuten erwachten nach und nach die anderen Frühlingsblumen. Als das Schneeglöckchen da und dort Gänseblümchen, Primeln und Veilchen aus der Erde spitzen sah, freute es sich. Es dankte dem Wind, dass er geholfen hatte, sie wachzuläuten.“
Anmerkung: Dieses Stück kann der Erarbeitung der wörtlichen Rede dienen, die durch wiederholtes Spielen und anschließende Zuschauerkritik erprobt wird. Anschließend kann die wörtliche Rede in Form einer Nacherzählung von jedem Kind angewendet und eingeübt werden. *(KUTIK 1993, S. 14)*

222 November-Gedicht

Material: bunte Chiffon-Tücher (2 hellblaue, 3 dunkelblaue, 1 rotes, 3 gelbe), goldener Stern (aus Glanzpapier)

Spielbeschreibung: Die bunten Chiffon-Tücher und die damit verbundenen Rollen werden an die Schüler verteilt. Ein Erzähler trägt das Gedicht vor, während die Schüler mit den Tüchern an der betreffenden Textstelle das Vorgetragene darstellen.

Textvorlage mit Bewegungen:

- November
  „Es kommt eine Zeit
  da lassen die Bäume
  drei Kinder strecken ihre Arme nach oben
  die Blätter fallen
  die drei Kinder lassen die Hände mit den Armen nach unten fallen und beugen gleichzeitig ihren Oberkörper nach vorne
  Die Häuser rücken
  drei weitere Kinder strecken sich
  enger zusammen
  diese drei Kinder gehen enger zusammen
  Aus dem Schornstein kommt ein Rauch
  drei weitere Kinder knien zunächst und machen sich ganz klein, erheben sich dann in schlängelnden Bewegungen nach oben, bis sie ganz groß sind
- Es kommt eine Zeit, da werden die Tage klein
  zwei Kinder mit hellblauen Chiffon-Tüchern über dem Kopf liegen zusammengekauert auf dem Boden
  und die Nächte groß
  drei Kinder mit dunkelblauen Chiffon-Tüchern vor dem Gesicht stehen um die drei liegenden Kinder herum
  und jeder Abend hat einen schönen Namen
- Einer heißt Hänsel und Gretel
  zwei Kinder bilden ein Hexenhaus (mit gegrätschten Beinen und ausgestreckten Armen), ein drittes Kind geht zu dem Haus und probiert davon ein Stück
  Einer heißt Schneewittchen
  ein Kind liegt auf dem Boden, vier Zwerge (Hände zu Mützen) knien um dieses herum
  Einer heißt Rumpelstilzchen
  drei Kinder wedeln in ihrer Mitte mit roten und gelben Tüchern (Feuer), ein Kind hüpft um das Feuer herum
  Einer heißt Katherlieschen, einer heißt Hans im Glück
  Einer heißt Sterntaler
  ein Kind hat ein gelbes Tuch wie eine Schürze in der Hose stecken und sammelt „Sterntaler“

• Auf der Fensterbank
im Dunkeln
dass ihn keiner sieht – sitzt ein kleiner Stern
ein Kind sitzt mit gelbem Tuch um die Schultern und einem goldenen Stern auf der Stirn auf der Fensterbank
und hört zu“ *(WA)*

223 Krötenwanderung

Material: Seile, Blätter
Spielbeschreibung: „Eine Straße wird mit Seilen markiert und in zwei Fahrbahnhälften eingeteilt. Mit Blättern werden auf der Straße genügend Punkte markiert. Die Kröten müssen von Punkt zu Punkt hüpfen und zwar 10–15-mal (nach rechts, links oder vorne) bis sie die Straße überquert haben. Während die Kröten hüpfen, fahren aber Autos die Straße entlang. Jedes Mal, wenn sie auf eine Kröte stoßen, muss diese ausscheiden, weil sie überfahren wurde. Proportional zu den Kröten wird eine Anzahl an Autos eingesetzt. Diese fahren die Straße im Gegenverkehr einmal rauf und runter. Am Ende des Spiels wird gezählt, wie viele Kröten übrig geblieben sind.“ *(WA)*

224 Ameisenstraße

Material: 4 Eimer, 2 mit Wasser, 2 Schüsseln, 4 Tassen, 8 Eierbecher
Spielbeschreibung: Die Kinder spielen den folgenden Vorgang der Natur nach: Ameisen bilden eine Ameisenstraße auf einem Baum, um die Ameisen im Nest mit Honigtau (kotartiger Abfall von Blattläusen auf Bäumen) zu ernähren. Diesen Vorgang spielen die Kinder in Form einer Staffel über mehrere Stationen nach:
Zwei Mannschaften versuchen innerhalb von fünf Minuten so viel wie möglich Honigtau (Wasser) von einem Blatt (Eimer) ins Nest (Eimer) zu bringen. Die erste Ameise (Kind) der Mannschaft holt Honigtau (mit Schüssel Wasser aus Eimer), läuft damit 10 m und füttert dann dort zwei wartende Ameisen mit Honigtau (schüttet Wasser aus der Schüssel in zwei Tassen, die von je einem Kind getragen wird). Diese gehen dann 10 m damit weiter. Dort geben sie den Honigtau an vier Ameisen weiter (schütten Wasser aus Tasse in Eierbecher, die die Kinder tragen). Diese vier Ameisen laufen ebenfalls 10 m weiter und bringen den Honigtau ins Nest (schütten dort das übrig gebliebene Wasser aus den Eierbechern in einen leeren Eimer). Sobald die Ameisen den Honigtau abgegeben haben, laufen sie wieder an ihre Anfangsposition und warten auf die nächste Lieferung. Die Mannschaft, deren Nest am Ende den meisten Honigtau besitzt, hat gewonnen. *(WA)*

225 Metamorphose

Material: Bettlaken, Karton, Seil
Spielbeschreibung:
Die Kinder spielen die Entwicklung der Ameise in verschiedenen Stadien nach. Dazu wickelt sich ein Kind mit Hilfe von anderen Kindern in ein Bettlaken und legt sich in einen Karton. Wenn die Ameise (Kind) schlüpft, beginnt das Ei sich zu bewegen (Karton wackelt), bricht auf und heraus kommt die Ameise in Form einer Larve (Kind in Bettlaken gehüllt). Die Larve wächst (Kind streckt sich) und häutet sich (Kind legt Bettlaken ab). Sie erstarrt zu einer Puppe (Kind bleibt regungslos) und wird dann zu Kokon (andere Kinder wickeln Seil um das Kind) und schließlich zum fertigen Insekt (Kind befreit sich von Seil und Bettlaken). *(WA)*

226 Aggregatzustände des Wassers

Material: pro Gruppe: 1 durchsichtiges, 1 rotes und 1 blaues Plastikband, 1 Gymnastikreifen
Spielbeschreibung: Jeweils drei Kinder bilden eine Gruppe. Sie binden sich die farbigen Plastikbänder um den Kopf und stellen so die verschiedenen Aggregatzustände des Wassers dar. Das Kind mit dem durchsichtigen Band ist das Eis, das mit dem roten Band der Dampf und das mit dem blauen das flüssige Wasser. Steigt das Kind mit dem blauen Band in den Reifen, der auf dem Boden liegt, so bedeutet dies, dass das Wasser im Topf ist. Die Kinder erzählen nun, ob das Wasser erhitzt oder abgekühlt wird und dementsprechend geht ein anderes Kind in den Reifen (Eis oder Wasserdampf). *(TR 3)*

227 Entwicklung der Bohne

Material: 1 weißes, 1 braunes, 1 grünes, blaue und gelbe Tücher
Spielbeschreibung: Ein Kind erzählt eine Geschichte von der Entwicklung der Bohne. Ein anderes Kind wickelt sich das weiße Tuch um den Körper und symbolisiert so die Bohne. Die Geschichte: Ein Junge pflanzt eine Bohne in die Erde (Junge führt die „Bohne“ zu dem braunen Tuch, das auf der Erde liegt; die „Bohne“ legt sich darunter). Der Junge gießt die Bohne (lässt blaues Tuch darauf fallen), die Sonne scheint (anderes Kind legt gelbes Tuch darauf) ... und so geht die Bohne langsam auf („Bohne“ bewegt sich unter den Tüchern). Schließlich kommt sie aus der Erde heraus (Kind steht langsam mit grünem Tuch auf und reckt sich). *(TR 2)*

228 Fangarten der Spinne

Material: Wolle
Spielbeschreibung: Ein Kind spielt die Spinne, indem es sich auf allen vieren fortbewegt und jeweils auf die beschriebene Art und Weise ihre Beute fängt.
Ein zweites Kind spielt die Beute, d. h. irgendein Insekt, das angeflogen oder angekrochen kommt und versucht, sich gegenüber der Spinne zu wehren. Verschiedene Fangarten können gespielt werden:
- Aus Wolle legt die „Spinne" ihr Netz auf den Boden. Die Spinne legt sich nun auf die Lauer. Ein Tier verfängt sich im Netz, die Spinne stürzt sich auf ihre Beute, betäubt sie mit Gift und umwickelt sie mit einem Faden.
- Die Spinne findet ein totes Tier (Weberknecht).
- Die Spinne fängt ihre Beute durch Draufspringen, ohne Netz. *(TR 2)*

229 Mini-Hörspiele

Material: Beliebige Utensilien zur Geräuscherzeugung, Kassettenrekorder
Spielbeschreibung: Nicht alle Textvorlagen eignen sich für eine Hörspielbearbeitung, umso mehr macht es den Teilnehmern Spaß, kurze Spielszenen, die vom Einfallsreichtum und der Spontaneität der Sprecher getragen sind, zu improvisieren.
Einige Vorschläge:
- Der weltbekannte Filmschauspieler Toni Tonleitner ist auf dem Frankfurter Flughafen eingetroffen, um am Abend bei der Premiere seines neuen Films persönlich da zu sein. Ein Reporter interviewt ihn ... (Flugplatzgeräusche).
- Ein Mitarbeiter der Firma Bohlmann und Co. sucht den Personalchef auf, um für sich eine Gehaltserhöhung auszuhandeln ... (Telefongeräusch bzw. Sprechanlage kündigt den Mitarbeiter an).
- Professor Dr. Wach gibt den verehrten Zuhörern Ratschläge zur richtigen Behandlung der so genannten „Frühjahrsmüdigkeit".
- Die Vorsitzende eröffnet die Jahreshauptversammlung ihres Vereins und zeichnet drei Mitglieder für besondere Leistungen aus ... (Die Rednerin erhält eine Glocke).
- Ein Sportreporter kommentiert ein aufregendes sportliches Ereignis (z.B. den Kampf im Schwergewicht um die Weltmeisterschaft im Ringen) ... (Gong!).
- Ein Rundfunkreporter befragt verschiedene Passanten über ... ein frei gewähltes Thema.
- In der Verkehrsleitstelle der Polizeidirektion gehen verschiedene Meldungen ein ... (Telefongeräusche).

Die einzelnen Mini-Hörspiele lassen sich auch zu einem bunten Hörprogramm zusammenstellen.
(THIESEN 1999)

230 Eichhörnchenspiel

Material: Lose (kleine Zettel, die eine Hälfte rot, die andere Hälfte schwarz markiert), pro Spieler eine Plastiktüte, zwei bis vier Flaschen Tipp-Ex, eine Uhr mit Sekundenangabe oder Stoppuhr, ein Schreibblatt, Stift

Spielbeschreibung: Für das Spiel eignet sich ein Laubwald oder ein Park mit einer Baumgruppe. Auf dem Boden sollten entweder Kastanien, Eicheln, Haselnüsse oder Bucheckern in größerer Anzahl zu finden sein (mindestens fünfzehn pro Mitspieler). Die Spieler erfahren durch das Los (jeder zieht einen Zettel), ob sie ein rotes oder schwarzes Eichhörnchen sind. Der Spielleiter sagt, dass bald der Winter kommen wird und dann die Tiere in Feld und Wald wenig Nahrung finden werden. Er verweist besonders auf Tiere, die Wintervorräte anlegen, um den Winter zu überstehen. Zu diesen Tieren gehören die Eichhörnchen, die bereits im Herbst Vorräte einsammeln. Diese Aufgabe kommt nun auch allen Spielern zu. Jeder bekommt eine Plastiktüte und sammelt darin zehn bis zwanzig Nüsse (die Sorte, die der Spielleiter nennt). Daraufhin leeren alle ihre Tüten aus, und die Nüsse werden mit Tipp-Ex markiert, um sie gegenüber anderen Nüssen, die noch auf dem Boden liegen, zu kennzeichnen. Jeder Spieler bekommt fünfzehn Nüsse, die er innerhalb von drei Minuten in dem vom Spielleiter eingegrenzten Spielfeld verstecken muss. Die „roten Eichhörnchen" verstecken ihre Nüsse an verschiedenen Plätzen, immer höchstens drei an einer Stelle, die „schwarzen Eichhörnchen" verstecken alle fünfzehn Nüsse an einem Platz. Nach drei Minuten ruft der Spielleiter alle „Eichhörnchen" zu sich. Er sagt, dass nun Winter ist und die Eichhörnchen im Dezember, Januar und Februar von ihren Vorräten leben müssen. Im Dezember braucht jedes Eichhörnchen mindestens drei Nüsse zum Überleben, wobei diese nicht aus dem eigenen Versteck stammen müssen. Die Eichhörnchen haben nun zwei Minuten (so lange dauert jeweils ein Monat) Zeit, um drei Nüsse zu finden. Anschließend liefern sie diese beim Spielleiter ab, der in einer Tabelle notiert, wie viele rote und wie viele schwarze Eichhörnchen überlebt haben bzw. verhungert sind (weniger als drei Nüsse gefunden). Die verhungerten Eichhörnchen müssen ausscheiden. Der Spielleiter erklärt den „Überlebenden", dass der Winter härter wird und daher für den Januar (zwei Minuten Zeit) vier Nüsse gesammelt werden müssen. Die Eichhörnchen ziehen erneut los, um Wintervorräte zu finden. Der Spielleiter notiert wieder die Überlebenden und die Verhungerten getrennt nach Art (rot oder schwarz) in die Tabelle. Für den Februar wiederholt sich das Spiel, nur mit dem Unterschied, dass hier der Nahrungsverbrauch mit fünf Nüssen für das Überleben am höchsten ist.

Variation: Futterräuber – Das Spiel wird sehr spannend, wenn Nahrungskonkurrenten den Eichhörnchen das Futter streitig machen. Mäuse, Eichelhäher und Spechte können von ihren Vorräten profitieren. Jeder vierte Spieler wird durch Abzählen zum Futterräuber, der genauso viel Futter zum Überleben braucht wie die Eichhörnchen. Jedes Eichhörnchen erhält fünfzehn Nüsse, die es, ohne dass die Räuber zusehen dürfen, versteckt. Der weitere Spielverlauf ist genauso wie bereits beschrieben.

Anmerkung: Im Anschluss an das Spiel können folgende Fragen beantwortet werden: Welche Vor- bzw. Nachteile hat es, Nüsse an einem (an mehreren Plätzen) zu verstecken? Warum? Wie findet ein Eichhörnchen seine Nüsse wieder? Was geschieht mit Nüssen, die nicht gefunden werden? Kennst du Tiere, die keine Vorräte anlegen und doch ganz gut durch den Winter kommen? – Für den Fall, dass keine Früchte und Samen auf dem Boden liegen, können weiße Bohnen oder Maiskörner (ca. 500 g) verstreut werden. *(WA)*

E Theater spielen

Im Gegensatz zu anderen darstellenden Spielformen, bei denen das Ziel in erster Linie in der Ausführung der Tätigkeit selbst liegt, wird beim Theaterspielen eine Aufführung angestrebt. Zum Theaterspielen selbst gehören eine Reihe weiterer Aktivitäten: die Spielidee, das Auswählen bzw. Verfassen eines Stückes, das Erarbeiten der Vorlage, die spielerische Umsetzung, das Inszenieren, das kritische Beobachten, das Verteilen der Rollen.

Im Theaterspiel werden Lernerfahrungen im sozialen, affektiven, kognitiven, psychomotorischen und ästhetischen Bereich ermöglicht. Es ist empfehlenswert, Theaterarbeit in der Grundschule vorrangig in Projektform zu realisieren und entsprechend den Prinzipien der Projektmethode zu organisieren *(HOPPE 1984, S. 330)*. Im Folgenden werden einige größtenteils bekannte Texte, die in Lern- und Spielschulen verwendet wurden, benannt.

231 Die kleine Raupe Nimmersatt

Inhaltsangabe: Eine neugeborene Raupe frisst sich hungrig durch viele nahrhafte Dinge (Obst, Blätter, Fleisch und Süßigkeiten), bis sie – endlich satt – eine Larve im Kokon und schließlich ein schöner Schmetterling wird. *(CARLE 1992)*

232 Ein Esel geht nach Bethlehem

Inhaltsangabe: Ein kleiner Esel läuft seinem Herrn davon und macht sich auf den Weg nach Bethlehem, um das Kind in der Krippe zu begrüßen. Obwohl der Weg beschwerlich ist und viele Tiere ihn auslachen, geht der Esel zuversichtlich weiter. Er wird geleitet von den unsichtbaren Engeln und dem leuchtenden Stern. Schließlich findet der kleine Esel den neuen König, der auch dem geringsten seiner Geschöpfe Liebe schenkt. *(SCHEIDL 1988)*

233 Der Hase und der Igel

Inhaltsangabe: Der Igel schließt mit dem hochnäsigen Hasen die Wette ab, dass er schneller laufen kann als der Hase. Für das Wettrennen stellt sich der Igel an das eine Ende der Rennstrecke und seine Frau an das andere. Die beiden laufen nun jeweils nur die ersten paar Meter mit dem Hasen und lassen ihn dann alleine bis zu ihrem Ehepartner rennen, der den Igel jeweils mit dem Satz „Ich bin schon da!" empfängt. Der Hase läuft die Strecke ein paar Mal hin und her, bis er schließlich erschöpft aufgibt und dem Igel den Wettpreis aushändigt.
Anmerkung: Die Kinder verfassten nach dem Lesen der Geschichte selbst das Drehbuch für die Aufführung. *(HA)*

234 Fliegender Stern

Inhaltsangabe: Fliegender Stern dachte: Wenn ich groß bin, will ich zum weißen Mann reiten und ihm sagen, dass die Büffel den Indianern gehören, weil wir sonst hungern müssen und kein Leder haben für unsere Kleider und Schuhe und Zelte. Und ich werde mit dem weißen Mann kämpfen und ihn besiegen.
Aber als die Büffeljagd bei den Indianern allzu lange erfolglos blieb, bricht Fliegender Stern mit seinem Freund Grasvogel schon früher auf. Die beiden Kinder reiten zu den gefürchteten weißen Männern und bringen von dort ihrem Häuptling eine wunderbare Botschaft. *(WA)*

235 Hanno malt sich einen Drachen

Inhaltsangabe: Eigentlich hat sich der 6-jährige Hanno auf die Schule gefreut, doch als er gleich am ersten Schultag wegen seines dicken Bauches von Ludwig gehänselt wird, macht ihm die Schule überhaupt keinen Spaß mehr. Eines Tages steigt aus der Zeichnung mit Strichen und einem Kreis, die Hanno in den Sand gemalt hat, ein kleiner Drache empor, dem es in seiner Drachenwelt ähnlich erging wie Hanno, weil er nur einen anstatt drei Köpfe besitzt. Hanno nimmt den kleinen Drachen, den nur er sehen kann, mit nach Hause und in die Schule. Nach und nach will der kleine Drache singen, schreiben, malen, klettern, Purzelbäume schlagen und lesen lernen, was ihm Hanno alles beibringt, der dabei diese Fähigkeiten selbst erst richtig lernt. *(ZO)*

236 Die goldene Gans

Inhaltsangabe: Das Märchen vom Däumling, der von einem Waldgeist für seine Gutherzigkeit belohnt wird und schließlich sogar die Königstochter zur Frau bekommt.

237 Schneewittchen

Inhaltsangabe: Das Märchen von Schneewittchen, der bösen, auf ihre Schönheit neidischen Stiefmutter und den sieben Zwergen, die versuchen, es vor dieser zu beschützen. *(KL)*

238 Frederick

Inhaltsangabe: Das Mäuschen Frederick sammelt als Wintervorrat keine Körner und Halme, sondern Wörter, Farben, Sonnenstrahlen und Geschichten, um dem Mäusevolk in der Hungerzeit Wärme, Trost und Verheißung zu schenken. *(LIONNI 1983)*

F Figurenspiele

Beim Figurenspiel stellt der Spieler die Handlung nicht selbst dar, sondern stellvertretend durch eine Puppe oder andere Gegenstände. Jedes Medium hat seine eigenen Gesetze, die die Kinder zu spielerischem Experimentieren und Erkunden anregen. Darüber hinaus besteht die Möglichkeit, Figuren selbst herzustellen und zu gestalten. Alle Formen des Figurenspiels können relativ leicht und schnell von Grundschulkindern hergestellt werden. Besonders die ängstlichen und gehemmten Kinder finden in Figurenspielen eine Möglichkeit, Sprechängste und Schüchternheit zu überwinden.

Eine Form des Figurenspiels ist das Spiel mit der Handpuppe. Dazu gehören sowohl die klassischen Kasperlepuppen als auch so genannte offene Figuren, die nicht auf vorgeprägte Rollen festgelegt sind. Neben den Handpuppen können Fingerpuppen, Stock- oder Stabpuppe und Marionetten verwendet wer-

den. Die letzte Form des Figurenspiels ist das Spiel mit einer Schattenfigur. Unter dem Begriff „Schattenspiel“ versteht man das Spiel von Figuren, deren Schatten hinter einem durchscheinenden Schirm durch eine Lichtquelle auf diesen Schirm geworfen werden. Die Figuren können entweder mit der Hand oder dem Körper des Spielers dargestellt werden oder es werden flächige Profilfiguren hergestellt, die dann an Stäben von Kindern geführt werden. Dem Schattenspiel sind keine Grenzen gesetzt. Alle nur denkbaren Phantasiegestalten und -begebenheiten können dargestellt werden. Es wird meistens von einem Erzähler begleitet und kann mit Musik ausgestaltet werden.
(LENZEN 1974; STEINMANN 1984; SCHIFFLER 1982; BAER 1981)

239 Figurenspiele

Material	Materialvorbereitung	Spielsituation	Ort
Handpuppen	gekauft		KO
Kasperlepuppen, /-theater	gekauft		TR
Janosch-Theater Janosch-Bär und Janosch-Tiger als Handpuppen	ein „normales“ Kaspertheater wird mit Farben neu bemalt (mit Janosch-Motiven)		KL
Strümpflinge	auf Strumpf Haare (Wolle), Mund und Augen (z. B. aus Filz) kleben	z. B. Banküberfall	ZO
Gespenster-Marionetten	Vorhang-Rest (rechteckige Form), in Mitte hochnehmen, Watte rein, zusammenbinden (Kopf), Schnur an allen vier Ecken und an Stock befestigen	z. B. Gruselgeschichte, Einführung des Buchstaben G	TR WA ZO
Kochlöffel-Puppen	auf flache Seite des Löffels Gesicht malen, aus Wolle Haare drankleben, aus Stoff Schleife und Kleid schneidern und daran befestigen		ZO

Material	Materialvorbereitung	Spielsituation	Ort
Indianer-Finger-Püppchen	zwei rechteckige Filzstücke (10 x 6 cm) werden an drei Seiten zusammengenäht und an der vierten Seite mit einer Zackenschere abgeschnitten. Auf diese Grundfigur wird aus Filzresten und Wolle ein Gesicht gestaltet. Der Figurenkopf wird mit Watte ausgestopft.		ZO
Korken-Püppchen	Sektkorken als Puppen oder Körper aus Weinkorken und Styroporkugel obendrauf als Kopf der Puppe, Gesicht draufmalen, Fell oder geflochtene Wolle (Zöpfe) als Haare drankleben, Korken mit Stoff umwickeln und festkleben (Kleidung)		ZO
Trollis in Puppenhäusern	Schuhkarton auf eine Seite legen, die Zimmereinrichtung mit Bierdeckeln, Korken, Stoffresten, Pappe, Katalogen gestalten	z. B. Geburtstag	TR

240 Schattenspiel

Material: Zeichenpapier, Bleistift, dünnere Pappe, Schere, Klettenband, dünne Holzstäbe, Lichtquelle, z.B. Diaprojektor

Spielbeschreibung: Die Schüler denken sich eine kleine Geschichte aus oder wählen einen Umweltbereich, den sie gerne darstellen möchten, z.B. Einkaufen, Spielplatz, Zoo. Dann wird eine Liste mit den vorkommenden Figuren erstellt, die nach folgendem Plan gebaut werden:

- Zeichnen der Figurenumrisse mit Bleistift auf Zeichenpapier
- Ausschneiden der Figur, Aufkleben auf Pappe
- Sorgfältiges Ausschneiden mit einer scharfen Schere; dünne Stellen sollten nochmals mit Pappe verstärkt werden
- Anmalen der Figur mit schwarzer Tusche

An den Figuren, die nicht von unten geführt werden können, wird an der

Rückseite ein Stock mit einem Stück Klettenband befestigt. Zuvor muss allerdings die Spitze des Stocks abgeschrägt und ebenfalls mit Klettenband beklebt worden sein. Dann beginnt ein zunächst freies Spiel, woraus sich dann ein richtiges Schattenensemble entwickeln kann.

Variationen:

- Schattenfiguren aus Zeitungspapier reißen und auf dem Tageslichtprojektor spielen
- Handschattenfiguren einüben und damit spielen
- Sich selbst vor den Projektor stellen und mit anderen lustige Schattenfiguren entwerfen

Anmerkung: Eine kleine Schattenbühne mit Figuren und Tischlampen sollte eigentlich ständiger Bestandteil der Spielecke des Klassenzimmers sein. Sie lässt sich ganz einfach aus einem Karton und Butterbrotpapier herstellen. *(WALTER 1984)*

241 Der Zucchinikönig

Material: Zucchini, Kohlrabi, Radieschen, Kürbis, Paprika, Blumenkohl, Kartoffel, Lauch, Tomate und andere Gemüsesorten

Materialvorbereitung: Die genannten Gemüsesorten werden als „Gemüseköpfe" hergerichtet, indem kleinere Gemüsearten oder Gemüseteile als Nase, Augen, Mund und evtl. Haare daran mit Zahnstochern befestigt werden.

Die Gemüseköpfe werden auf Gabeln oder Kochlöffelstiele gesteckt. Mit bunten Stoffresten wird der Ansatz zwischen Gabel bzw. Kochlöffel und Gemüse verdeckt.

Spielbeschreibung: Die Kinder beginnen das Spiel mit den Gemüsepuppen hinter einem Kasperletheater nach dem folgenden Entwurf und improvisieren dort, wo dieser endet, das Stück frei weiter.

Textvorlage: „Die Menschen wollen eine Suppe kochen. Sie wollen viele Gemüsesorten pflücken. Der Zucchinikönig hatte davon gehört und sagt zu sich selber: ‚Ich möchte doch einmal wissen, wer dieses Mal mit in die Suppe kommt. Hoffentlich ich! Ich werde eine Konferenz der Gemüse einberufen.'

'Hallo, Herr Kohlrabi und Frau Radieschen! Wollen Sie denn nicht am Montag zu einer Konferenz kommen?' – 'Ich muss mal sehen. Vielleicht kann ich da kommen.' – 'Herr Kürbis, können Sie vielleicht kommen?' – 'Na klar, ich habe doch immer Zeit!' – 'Frau Paprika, ich habe Sie ja noch gar nicht gesehen. Sind Sie auch für die Suppe bereit? Ich wollte Sie nämlich zur Konferenz der Gemüse einladen. Frau Blumenkohl, wollen Sie auch zur Konferenz der Gemüse kommen?' – 'Ich kann doch immer kommen!' – 'Und Sie, Frau Kartoffel? Bringen Sie bitte Frau Lauch und Frau Tomate mit!'

(Am nächsten Tag ...)

'Ja meine lieben Freunde, ich möchte euch alle zu unserer Konferenz begrüßen. Ich möchte mit euch besprechen, wer dieses Mal in die Suppe kommt.' – 'Ich, ich, ich, ich, ich, ich', schreien alle. 'Nur langsam', sagt der Zucchinikönig, 'nur kein Durcheinander. Nicht jeder von euch passt in eine Suppe. Frau Tomate, Sie sind so schön zart und mild und haben so eine schöne Farbe! Herr Blumenkohl, Sie geben der Suppe einen guten Geschmack' – 'Und ich?', fragt empört der Lauch. 'Na selbstverständlich', beruhigt ihn der König. 'Und Sie, Frau Kartoffel, bringen Sie ihre Familie mit.' ..."

Anmerkungen: Die Kinder haben sich dieses Stück selbst ausgedacht. Inspiriert waren sie dazu durch das Gedicht „Der Gemüseball" von Werner Halle (aus: Bilder und Gedichte für Kinder, Braunschweig).
Ursprünglich hieß dieses Stück „Der Gurkenkönig". Da am Tag der Aufführung aber keine Gurke vorhanden war, wurde das Stück kurzerhand „Der Zucchinikönig" betitelt. *(ZO)*

242 Modenschau II

Material: festes Gemüse, das eine „Kopfform" aufweist (z.B. Kartoffeln, Kohlrabi ...), Petersilie; ca. 50 cm langer Holzstab pro Kind; Stoff (ca. 1 m x 1 m); Wolle; Knöpfe, Hüte, Ketten, eine Bühne (Schulbank mit Tüchern drapiert oder ein Kasperletheater)

Spielbeschreibung: Zu Beginn bauen die Kinder ihre Puppen, wobei sie vom Lehrer unterstützende Anweisungen erhalten. Das Gesicht der Puppen kann wahlweise aus Gemüseresten, z.B. Petersilie für die Haare, oder aus Stoff, Wolle und Knöpfen hergestellt werden. Das Hineinbohren des Führungsstabes in den Kopf der Puppe erfordert viel Kraft und sollte von Kindern und Lehrer gemeinsam bewerkstelligt werden. Dann erhalten die Figuren die für eine Modeschau nötige Ausstattung mit hübschen Kleidern, Hüten, Ketten und anderen Accessoires. Nach den ersten spontanen Spielversuchen wird jede Puppe von den Kindern vorgestellt. Dabei müssen sie genau aufeinander hören und beurteilen, ob das Aussehen der Figur mit ihrem Namen und ihrem Wesen, das vom spielenden Kind in sie hineingelegt wird, übereinstimmt.
In die Gestaltung des Spiel sollten die Erfahrungen der Kinder mit dem Thema Werbung einfließen, deren Slogans aus den Medien bekannt sind. Der Text des Conférenciers, den dieser zu den einzelnen Puppen sprechen soll, wird in Gruppen erarbeitet und auf seine Wirkung hin beurteilt.
Beim Puppenspiel ist von Bedeutung, dass nicht nur über Dinge geredet wird, sondern dass diese dargestellt werden. Um einen Auftritt vor einer anderen Klasse oder an einem Elternabend zu wagen, ist viel Übung im Spiel mit den Puppen nötig.

Variation: Auch andere, von den Kindern selbst ausgedachte Themen, eignen sich zum Spiel. *(WALTER 1984)*

243 Außerirdische suchen die Sgobinaziuspflanze

Mitspielende: Außerirdische: Bumba, Hatschipfui, Glotzi
Erdenmenschen: Mutter/Rita, Kind/Susanne, Kind/Sylvia, Vater/Papa Moll
1. Szene: Außerirdische kommen an, Bumba, Glotzi, Hatschipfui
Vorsichtig schauen die Außerirdischen aus ihrem Ufo.
Wie sieht es denn hier aus? Was haben denn die für ein Teil auf? Was wächst denn auf den Köpfen von denen? Was glitzert denn an ihren Fingern? Wo sind wir denn hier gelandet, wir wollen doch zum Planeten Fantidus, weil es dort die Heilpflanze für den armen Kranken gibt!
2. Szene: Kühlschrank, Bumba, Hatschipfui
Da ist ja eine Tür! Mal schauen, wo es hingeht. Oh, wie kalt!
Sie räumen den Kühlschrank aus und wundern sich über die Dinge, die sie finden. Sie entdecken einen Blumenkohl.
Das sieht doch nach einer Pflanze aus. Los, komm, den nehmen wir mit!
Außerirdische ab.
3. Szene: Beim Mittagessen, Rita, Susanne, Carina, Papa Moll
Mutter: Susanne und Silvia, decken den Tisch; denkt auch daran, etwas zu trinken zu holen
Susanne und Sylvia decken tiefe Teller, Löffel. Mutter bringt eine Schüssel:
So hier ist die Suppe.
Wo nur der Papa bleibt?
Papa Moll: Wo ist denn das Bier? Los, hol mir eine Flasche!
Die Familie betet. Alle essen. Die Familie unterhält sich. Kinder werden ermahnt, gute Tischsitten einzuhalten.
Nach dem Essen wollen die Eltern in die Stadt fahren. Die Kinder werden in ihr Zimmer geschickt.
4. Szene: Kinderzimmer, Susanne, Sylvia
Mann, ist mir langweilig! Da hätte ich lieber Hausaufgaben, und du?
Ich auch! Und Fernseh gucken dürfen wir auch nicht!
Was huscht denn da im Flur vorbei?
Ja, ich habe auch etwas gehört; ich habe Angst.
Ich auch! Na gut, ich gehe dann. Geh bitte mit mir.
Ääää – na gut.
Susanne und Sylvia schleichen im Flur umher.
Sei still! Ahhhhh! Hilfe!
Nein, es sieht so aus, als ob sie uns etwas sagen wollen.
Die Außerirdischen stellen sich vor.

Sie erklären, warum sie auf der Erde gelandet sind und was sie suchen. Sie bedauern es sehr, dass die Labortests in ihrem Ufo ergeben haben, dass Blumenkohl keine Heilpflanze ist.
Die Außerirdischen fragen nach der Sgobinaziuspflanze. Die Kinder kennen sie nicht. Die Kinder schreiben einen Brief an den Weihnachtsmann.
5. Szene: Beim Weihnachtsmann!
Der Weihnachtsmann liest den Brief der Kinder. Er schickt ihnen seine Wolke als Luftschiff.
6. Szene: Beim Weihnachtsmann
Die Außerirdischen erhalten als Abschiedsgeschenk die Pflanze Sgobinazius. Sie bedanken sich sehr. Als sie voneinander Abschied nehmen, sind alle sehr traurig; sie hoffen aber auf ein Wiedersehen.
Anmerkung: Dieses Stück wurde von den Schülern ohne große Einwirkung eines Lehrers erfunden und ausgearbeitet. *(ZO)*

244 Post für den Tiger

Inhaltsangabe: Der kleine Bär und der kleine Tiger sind dicke Freunde. Am liebsten würden sie sich nie trennen. Aber wie ist es nun, wenn der kleine Bär draußen am Fluss Fische fängt? Dann ist der kleine Tiger allein zu Hause und furchtbar traurig. Da bittet er den kleinen Bären: Du, schreib mir doch mal einen Brief aus der Ferne, damit ich mich freue! Und damit fängt alles an; denn der kleine Tiger und der kleine Bär erfinden die Briefpost, die Luftpost und auch das Telefon mit unterirdischem Kabelsystem. *(JANOSCH 1981)*

245 Warum der Bär sich wecken ließ

Inhaltsangabe: Von der Katze bis zum Bären erzählt die kleine Maus allen die eben erfahrene Neuigkeit: Vom hellen Stern und vom neugeborenen König; und alle zusammen gehen zum Stall, wo sie ihn in der Krippe finden.
Anmerkung: Dieses Stück wurde als Schattentheater bei einer Weihnachtsfeier den Eltern vorgeführt. *(WILKON 1985)*

246 Der Riese in der Streichholzschachtel

Inhaltsangabe: Ein Junge findet in einer Streichholzschachtel ein kleines Männchen, das behauptet, ein Riese zu sein. Als der Junge dies bezweifelt, will das Männchen es ihm beweisen und verlangt nach Papier für seinen Hunger. Tatsächlich wächst das Männchen auf ein

Vielfaches seiner ursprünglichen Größe heran, so dass der Junge Angst bekommt und es bittet, wieder zurück in die Streichholzschachtel zu gehen. Doch das Männchen denkt gar nicht daran. Es frisst die ganze Einrichtung auf und schließlich das gesamte Haus und wächst dabei beständig. Erst als nichts mehr zu fressen da ist, schrumpft es wieder auf die Größe eines Streichholzes mit dürrem Körper und rotem dickem Kopf zurück.
Anmerkung: Die Kinder verfassten selbst das Drehbuch für dieses Schattentheater nachdem sie den Originaltext gelesen hatten. Die für das Schattentheater benötigten Flachpuppen wurden von den Kindern selbst hergestellt. *(TR)*

247 Streichholzschachtel-Theater

Material: pro Spieler eine leere Streichholzschachtel, ein Päckchen Filzstifte
Spielbeschreibung: Zur Herstellung der Püppchen wird die kleine Lade der Streichholzschachtel zur Hälfte herausgeschoben. Diese dient als Kopf und wird entsprechend angemalt. Auf der Hülle kann die Kleidung angedeutet werden. Zum Theaterspielen setzen sich die Kinder die Puppen auf den Finger.
Variation: Die Puppen werden auf Vorder- und Rückseite bemalt, je mit einem freundlichen und einem traurigen Gesicht.
Anmerkung: Nach einer ersten Experimentierphase kann der Spielleiter konkrete Anregungen zum Spielen geben, zum Beispiel: Zwei Marktfrauen erzählen über ihre Kundschaft, zwei Räuber planen etwas Schlimmes ... *(FLEMMING/FRITZ 1995)*

248 Briefumschlag-Theater

Material: Briefumschläge mit Sichtfenster, Filzstifte, 1 Bogen Fotokarton (zur Stabilisierung der Spielfiguren), Scheren, Klebstoff, Zeitungen
Spielbeschreibung: Aus einem einfachen Briefumschlag mit Adressenfenster lässt sich ganz leicht ein Theaterhäuschen herstellen. Wir biegen die Ecken um, bemalen den Umschlag, schneiden ihn unten auf, und fertig ist unser Theater aus Büromaterial. Jetzt noch Figuren auf Papier zeichnen, bunt malen und mit Führungsstreifen ausschneiden. Die Figuren werden von unten ins Theaterhäuschen geschoben und mit Führungsstreifen hin und her bewegt. *(THIESEN 1999)*

249 Kinderleben im Mittelalter (Ein Puppenspiel in 3 Teilen)

Material:

1. Teil: 4 Holzlöffel, eine Holzschüssel, ein Topf, ein Holzlöffel zum Breirühren, zwei Krüge, ein Korb
2. Teil: Stickrahmen, Schreibfeder, Papier, kleiner Zinnbecher als Tintenfass, zwei leere Kokosnusshälften für das Pferdegetrappel, 4 Zinnbecher, runde Holzbretter, 4 Messer, Gong
3. Teil: ungesponnene Schafwolle, Korb, hängendes Becken für die Mittagsglocke

1. TEIL: IM DORF

1. Szene: Anna, Hannes, Mutter, Vater, Hirte,

Die Familie beim Frühstück. Alle sprechen gemeinsam das Gebet:

Jedes Tierlein hat sein Essen,
jedes Blümlein trinkt von dir,
hast auch meiner nicht vergessen,
guter Gott, ich danke Dir.

Der Topf mit der dünnen Suppe wird herumgereicht. Erst sind die Männer an der Reihe, dann die Frauen. Jeder isst mit seinem Löffel aus dem großen Topf. Der sauber geleckte Löffel wird an der Hose abgewischt.

Alle sprechen das Dankgebet:

Alle guten Gaben, alles was wir haben,
kommt, oh Gott, von Dir, wir danken Dir dafür.

Vater teilt die Arbeit ein:

„Heute müssen alle außer Anna aufs Feld zur Ernte. Wir haben nur noch zwei Tage Zeit. Anna macht die Hausarbeit. Auf geht's!"

Die Mutter gibt noch die letzten Anweisungen:

„Anna, du weißt ja, was du kochen musst. Vergiss beim Aufräumen das Feuer nicht!"

Anna: „Ach, Mama, dann komme ich heute wieder nicht zum Spielen! Aber eigentlich ist das ja egal, seit Lisa nicht mehr da ist."

Mutter: „Anna, denke lieber an die Arbeit und nicht so viel an Lisa. Deine Freundin kommt doch nicht zurück. Du weißt doch, dass die ganze Familie fliehen musste, weil sie die Abgaben an Ritter Wolfram nicht bezahlen konnte."

Die Mutter hastet hinter den anderen her, ruft Anna noch zu: „Sei mir ja pünktlich mit dem Mittagsläuten auf dem Feld! Pass auf Hannes auf!"

Anna räumt die Suppenschüssel und die Löffel weg.

Von draußen hört sie den Ruf des Kuhhirten. Die Helfer hinter der Bühne imitieren die Stimmen von Kühen und Ziegen. „Gleich!", ruft sie,

„Ich komm ja schon!"
Anna ab (Sie lässt die Tiere raus).
Währenddessen spielt Hannes mit den Holzlöffeln, als ob sie Ochsen wären.
Anna ärgert sich: „Was spielst du hier herum! Du kannst auch etwas schaffen. Los, geh in die Scheune und suche Eier!"
Hannes geht.
Anna rührt aus grobem Roggenmehl und Wasser einen Brei:
„Das wird ein feiner Brei!"
Sie schürt das Feuer.
„Das Feuer darf ich nicht vergessen."
Hannes kommt weinend zur Tür herein. Anna sieht sofort, dass ein Ei zerbrochen ist; sie schimpft mit Hannes.
„Was hast du nur gemacht! Nicht mal zum Eiersuchen kann man dich schicken. Was wird Mutter nur sagen!"
Hannes weint: „Ich hab's ja nicht extra gemacht!"
Anna: „Dann sagen wir Mutter eben, dass es nur 8 Eier waren. Verrate bloß nichts. Los, komm mit, wir müssen zum Bach, dein Hemd auswaschen."
Beide ab.
Anna kocht zu Ende.
Hannes erscheint: „Ist schon wieder trocken."
Anna nimmt den Topf und Brot in einen Korb:
„Hier, Hannes, du kannst auch einen Krug tragen!"
Die Kinder machen sich auf den Weg zum Feld.

2. TEIL: AUF DER BURG

1. Szene: ein Knecht, Vater, Mutter, Sohn, Tochter
Mutter und Tochter im Rittersaal. Mutter mit Stickrahmen, Tochter schreibt. Leise Musik im Hintergrund. Hildegard ist unkonzentriert, Mutter ermahnt sie.
Mutter: „Hildegard, pass doch auf, wie du schreibst."
Hildegard: „Ja, Mutter! Ich würde aber so gerne heute noch spielen!"
Mutter: „Erst wenn du zu Ende geschrieben hast. Wie weit bist du denn?"
Hildegard liest vor (langsam): „Holzpuppe", und schreibt weiter.
Hildegard hört Pferdegetrappel.
Hildegard: „Mutter, hast du gehört?"
Sie will rauslaufen.
Mutter: „Hildegard, hier geblieben. Das schickt sich nicht für ein Edelfräulein!"
Hildegard: „Ach Mutter, wir bekommen so selten Besuch; lass mich doch nachschauen!"
Mutter: „Ausnahmsweise."
Kopfschüttelnd sieht sie Hildegard nach:

„Ob aus der mal wirklich ein Edelfräulein wird?"
Adelheid sieht vom Fenster aus, dass Wolfram und Walther gekommen sind: „Da ist ja mein Gemahl! Und seinen Sohn, den Walther hat er auch mitgebracht."
2. Szene:
Wolfram begrüßt seine Frau sehr höfisch, bevor er sie herzlich umarmt. „Sei mir gegrüßt, edle Frau."
Adelheid: „Seid willkommen zu Hause, edler Wolfram. Aber sagt mir, wieso kommt Ihr heute? Und wieso habt Ihr Euren Sohn mitgebracht? Wenn ich das gewusst hätte, hätte ich seine Kammer richten lassen können."
Wolfram: „Ich habe meinem Lehnsherrn, dem Grafen Heinrich versprochen, am Kreuzzug gegen die Heiden teilzunehmen. Deshalb will ich zuvor Walther in alle Aufgaben, die mit meinem Besitz zusammenhängen, einweisen."
Die Kinder kommen in den Saal.
Wolfram: „Walther, begrüße deine Mutter."
Walther: „Seid gegrüßt, Mutter."
Die Kinder fragen, ob sie auf den Bergfried klettern dürfen.
Adelheid: „Nein, das erlaube ich nicht. Hildegard, denke an dein Kleid, es wird ja schmutzig! Und was ist, wenn etwas passiert?"
Die Kinder betteln.
Vater: „Ach, Adelheid, lass die Kinder nur, sie waren schon so oft da oben. Außerdem, was ist, wenn einmal Gefahr droht? Dann müssen sie es ja können!"
3. Szene: Auf dem Bergfried
Die Geschwister unterhalten sich über die neue Mutter.
Walther mag sie nicht.
Hildegard findet es gut, dass sie ihr so viel beibringt (Laute schlagen, Singen, Schachspielen und Tanzen ... sogar Lesen). Hildegard hat auch ein Lieblingsbuch.
Walther will lieber Ritter werden!
Vom Hof her wird zum Essen gerufen. *GONG*
4. Szene: Essen im Rittersaal
Ein Knecht deckt den Tisch. Er beklagt sich über die viele Arbeit:
„Kaum ist der Herr im Hause gibt's nichts als Hetze und Eile. Nichts wie Ärger für uns kleine Leute!"
Alle sitzen um den Tisch; der Vater lässt auf sich warten.
Als er endlich kommt, ist er voll Zorn und übelster Laune. Er trinkt einen Becher Wein auf einen Zug aus.
Zu Walther sagt er: „Gleich am ersten Tag muss ich Unerfreuliches erleben! Einer meiner Leute aus dem Dorf ist samt Familie mit Sack und Pack abgehauen. Natürlich weiß keiner, wohin sie verschwunden sind! Dieses Bauernpack hält ja zusammen wie Pech und Schwefel! Aber ich wette, der ist in der Stadt. Das lasse ich mir nicht bieten! Ge-

rade jetzt, wo mich der Kreuzzug so viel kostet, brauche ich seine Abgaben! Wenn ich sie innerhalb von einem Jahr nicht finden kann, werden sie in der Stadt frei und müssen mir weder Abgaben noch Arbeit leisten."
Der Ritter trinkt noch einen Schluck Wein.
Wolfram: „Gleich nach dem Essen will ich in die Stadt. Heute ist Markttag. Ich muss mich sowieso nach einem zweiten Streitross und einem guten Marschpferd umsehen."
Walther soll mitkommen.

3. TEIL: IN DER STADT
Lisa, Lisas Mutter und ein Baby, Schustergeselle, Ritter Wolfram, Walther
1. Szene: Lisa mit ihrer Mutter
Lisa stöhnt über den Berg Wolle, der noch zu spinnen ist.
„So viel Wolle muss ich noch spinnen!"
Das Baby schreit. Lisa schaut nach:
„Ich glaube, es hat Hunger."
Die Mutter geht das Kind stillen; es beruhigt sich.
Lisa: „Warum machen sie das, die feinen Damen, dass sie ihre Babys nicht selbst stillen und aufziehen, sondern aus dem Haus geben?"
Muttor: „So ist das eben. Und wir müssen froh darüber sein. In allem Unglück ist das Baby für uns ein Segen. Erst ist der Großvater gestorben, dann mussten wir aus dem Dorf fliehen, weil wir die Sterbeabgaben nicht bezahlen konnten, und dann ist auch noch dein kleiner Bruder gestorben! So muss ich froh sein über den Kleinen hier. Viel Lohn gibt es zwar nicht fürs Stillen, aber du kannst jeden Tag dort das Essen holen – wir müssten sonst glatt verhungern!"
Lisa seufzt schwer: „Ja, ich weiß schon. Ich muss aber so oft an unser Dorf und an Anna denken. Hier habe ich niemanden zum Spielen."
Mutter: „Träum nicht, Lisa, spinn weiter! Bald ist es auch Zeit, das Essen zu holen."
Lisa nimmt den Korb und geht.
2. Szene: Wolfram von Falckeneck mit einem Soldaten
Lisa kommt des Weges.
Sie kommt von der Seite, hört Pferdegetrappel, erkennt das Wappen der Falckenecks, versteckt sich.
Lisa: „ Hoffentlich packt mir die Köchin vom Kaufherrn Volkhard wieder was Gutes ein. Was ist das? Da kommen Rittersleute. Oh, mein Gott, ich erkenne das Wappen. Das sind die Falckenecks! Hoffentlich hat mich niemand erkannt."
Sie duckt sich und versteckt sich hinter dem Vorhang.
Wolfram und Walther auf der Bühne. Soldat versperrt ihnen den Weg
Soldat: „He da! Was wollt ihr?"
Wolfram: „Wir müssen zum Schultheißen! Mir ist ein Bauer samt sei-

ner Familie entlaufen, ohne Abgaben zu zahlen!. Der darf nicht einfach in der Stadt untertauchen!"
Soldat brummt: „Der Schultheiß ist sehr beschäftigt. Aber ich will sehen, was sich machen lässt."
Alle drei begeben sich ins Rathaus.
Lisa: „Ich muss sofort heim und alle warnen! Wenn die Soldaten uns entdecken, ist es aus! Dann kommt der Vater in den Schuldturm. Und ohne seinen Verdienst werden wir gleich verhungern."
Lisa geht weinend ab.

3. Szene:

Mutter mit dem Baby; sie singt ein Wiegenlied:
„Weißt du wie viel Sternlein stehen ..."
Lisa stürzt weinend ins Zimmer.
Mutter: „Aber was ist denn los, Lisa? So beruhige dich doch!"
Lisa erzählt unter Schluchzen:
„Ich habe den Ritter Falckeneck gesehen mit seinem Sohn. Sie sind zum Schultheißen gegangen und der lässt uns jetzt sicher suchen."
Mutter versucht Lisa zu beruhigen. Der Schustergeselle kommt hinzu:
„Was ist denn los? Warum weinst du denn so sehr, Lisa?"
Mutter erklärt: „Lisa wollte gerade bei der Köchin vom Kaufherrn Volkhard Essen holen, da hat sie Ritter Wolfram von Falckeneck gesehen. Er war gerade auf dem Weg zum Schultheißen. Bestimmt werden wir bald gesucht."
Lisa weint leise.
Lisa: „Nun ist bestimmt alles aus!"
Mutter. „Hier können wir sicher nicht bleiben. Aber wohin sollen wir nun gehen?"
Schustergeselle: „Es gibt noch eine Möglichkeit. Ich wollte es euch sowieso schon sagen, ich hab's von meinem Schwager erfahren. Im Südwesten gründet der Herzog von Zähringen neue Städte. Dort werden Handwerker gebraucht – und Knechte, Handlanger! Sie suchen Leute, die bereit sind, sich dort anzusiedeln!"
Mutter: „Auf Lisa, wir werden packen! Wenn der Vater und dein Bruder von der Arbeit kommen, werden wir schon bereit sein. Ich bringe das Baby zurück. Wenn es dann dunkel ist, werden wir die Stadt verlassen!"

Anmerkungen: Dieses Theaterstück entstand nach dem Buch *Gabi Beyerlein erzählt vom Mittelalter* (Verlag Oetinger, Hamburg 1992) und wurde in Projektform über einen Zeitraum von 10 Wochen „erspielt". Die dabei verwendeten Holzpuppen wurden bereits im 2. Schuljahr selbst von den Kindern hergestellt. Wenn Dialoge nicht in aller Ausführlichkeit formuliert sind, liegt das daran, dass Kinder mit viel Talent aus dem Stegreif sprachen. *(ZO)*

250 Inselspiel

Spielbeschreibung: Dieses Planspiel, das sehr aufwendig ist, kann nur sehr kurz dargestellt werden (vgl. dazu *PETILLON & FLOR 1999*). Die Kinder werden in Form einer Phantasiereise auf eine einsame Insel gebracht, erfahren den Grund für die Strandung und erhalten die Information, dass sie sich auf einen längeren Aufenthalt auf dieser einsamen Insel einstellen müssen. Erzählt wird diese Geschichte von der weisen Frau, der Inselfee (Lehrerin), die die Kinder durch die zwei Tage begleitet. Die Rettung auf die Insel glückt, alle Kinder haben den Schiffbruch mit heiler Haut überstanden und finden sich am Strand der kleinen Insel wieder. In einer „Ortsbegehung" werden die Kinder mit der Insel vertraut gemacht, die das Aussehen des Klassenzimmers für die nächsten beiden Tage bestimmt: Es werden wichtige Dinge erklärt (z.B. Wasserstelle, Versammlungsplatz), die im Verlauf des Spiels von besonderer Bedeutung sind.
Doch Hab und Gut auf dem Schiff sind in Gefahr, denn es ist unrettbar leckgeschlagen, und es gilt, zunächst noch einige lebensnotwendige Dinge von dort zu bergen, bevor es endgültig untergeht. Hier müssen Prioritäten gesetzt werden, denn die Zeit drängt und es kann nicht alles gerettet werden. Die vier besten Schwimmerinnen werden auserkoren und machen sich auf den Weg zum Wrack, um die ausgewählten Gegenstände in Sicherheit zu bringen.
Die Insel ist für die Kinder unbekannt und es gibt viel zu entdecken, was für den Aufenthalt und das Überleben notwendig ist. Also machen sich die Kinder auf zur Erkundung der Insel und finden hierbei einen Lageplan des Eilands und überdies Aufzeichnungen des Eremiten „Lukas", der auf dieser Insel ein ähnliches Schicksal erlitt und seine Erfahrungen in Form eines Tagebuches niederlegte. Hierin finden sich wichtige Hinweise, die im Verlauf des Spieles noch von Bedeutung für die Kinder sein werden. Überdies enthält das Tagebuch ein Rätsel, für dessen Lösung die Kinder eine Inselapotheke erhalten, die der Einsiedler für Notfälle angelegt hat. In dieser Apotheke befinden sich Medikamente, die die Kinder noch durch die „Medizin des guten Zusammenlebens" ergänzen sollen. Eine wichtige Sache, wenn man auf engem Raum wie hier auf der Insel miteinander leben muss und nicht einfach ausweichen kann.
Nachdem das Eiland erkundet wurde, geht es darum, sich dort einzurichten und für alle Eventualitäten gewappnet zu sein. Eine Hütte als Schutz vor Unwetter und Sonne, ein Signalfeuer, das Abfassen und Losschicken einer Flaschenpost, eine Sicherung gegen gefräßige Heuschrecken und auch der Bau einer Falle für das Inseltier Känguborst stehen an.
Nachdem alle von diesem ereignisreichen ersten Tag auf der Insel ziemlich erschöpft sind, bleibt nur noch die Zusammenfassung der

bisherigen Geschehnisse in Form eines Abschlussberichtes, wie ihn alle guten Seeleute am Ende eines langen Tages in ihr Logbuch eintragen. (Danach kann sich eine „Lese-, Abenteuer- oder Inselnacht“ anschließen).

Der erste Tag war sehr anstrengend und spannend. Aber es macht sehr viel Spaß. Besonders das Rätsel war Nerven zerreißend. Ich habe mich sehr wohl gefühlt. (aus einem Logbuch)

Der zweite Tag beginnt wieder mit einer Einstimmungsphase. Die weise Frau lässt Revue passieren, was sich am vorherigen Tag alles zugetragen hat, und bereitet die Kinder auf die Aufgaben vor, die nun auf sie zukommen werden. Unter anderem hat die Inselfee den Kindern wieder einige Aufgaben mitgebracht, bei denen all ihre Phantasie gefordert ist. Nach diesen Aufgaben ist das Problem „Trinkwasserbeschaffung“ das Thema. Denn alles, was von Bord des Schiffes gerettet werden konnte, ist längst aufgebraucht. Nun wird die Wasserstelle wichtig, die die Kinder bereits aus der Ortsbegehung und aus dem Insellageplan kennen. Der Weg an das Trinkwasser ist jedoch tückisch, denn um an es heranzukommen, muss ein gefährlicher Sumpf überquert werden. Dazu sollen die Kinder nun eine stabile Brücke bauen, die so konstruiert werden muss, dass sie sicher und trockenen Fußes an das lebenswichtige Wasser kommen.

Nun sind so gut wie alle Dinge geklärt, die ein Überleben auf der Insel sichern; während der Zeitspanne des angestrengten Brückenbauens und Fragenbeantwortens wurde am Strand eine Schatzkiste angespült, die ein unbekannter Gönner zusammengestellt und mit allerlei Utensilien bestückt hat, die man braucht, um ein Inselfest zu feiern. Und was läge näher, als nach dem in den letzten Tagen Geleisteten den erfolgreichen Abschluss dieser Arbeiten mit einer Inselfete zu krönen. Aber erst muss der Inhalt der Schatzkiste genau inspiziert und geordnet werden, denn schließlich braucht man für ein Festessen, für Inselmusik, Inselspiele und Inseltanz auch eine gewisse Vorbereitung. Zur Durchführung des Festes selbst sollen die Kinder die Abfolge der einzelnen Darbietungen und Aktivitäten abstimmen und jemanden aus ihrer Mitte wählen, der die Organisation des Ablaufs in die Hand nimmt. Und dann kann gefeiert werden, gegessen, gespielt, musiziert und getanzt.

Ein Gewitter zieht heran und setzt dem Fest ein Ende – aber die Feststimmung war ohnehin gerade am Abflauen. In ihren festlichen Aktivitäten haben die Kinder nicht bemerkt, dass sich der Insel nicht nur ein Gewitter, sondern auch ein Schiff näherte. Die Flaschenpost-Aktion der Kinder hatte Erfolg und die Rettung ist da ...

Variation: Dies ist eine von vielen Möglichkeiten, das Inselspiel auszugestalten.

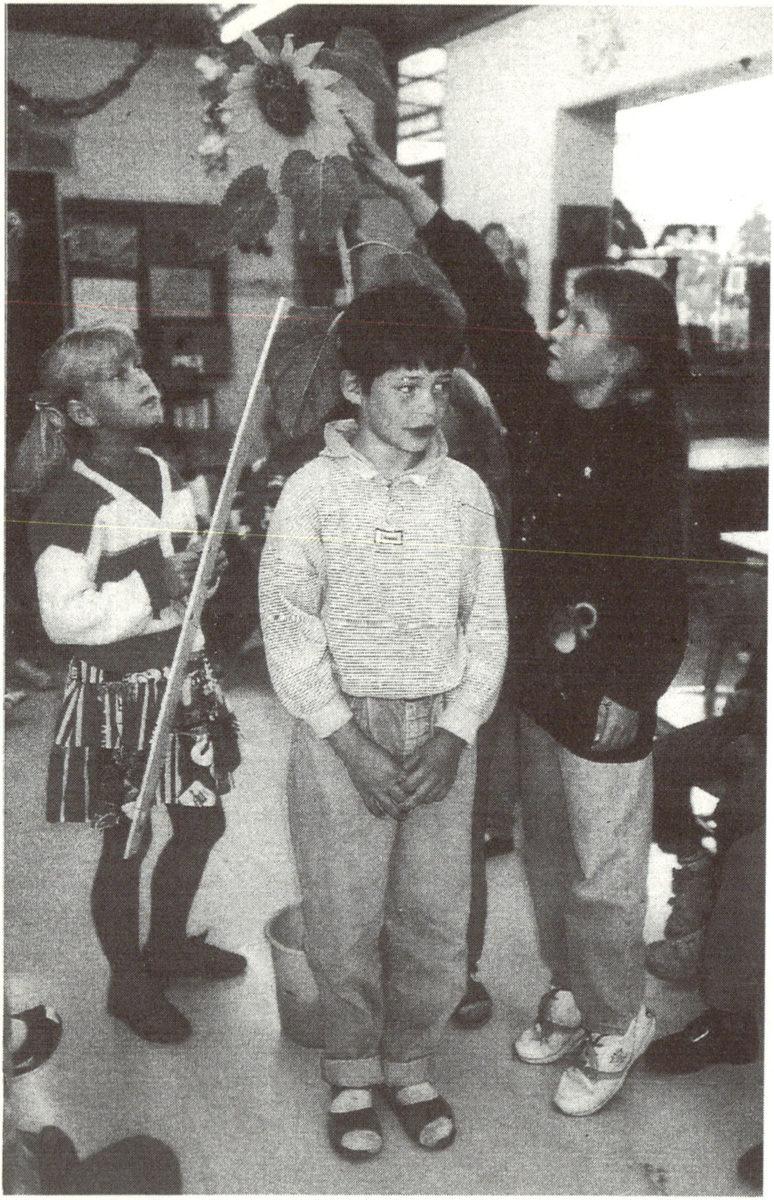

Foto: Karin Mansel-Ballier

Kapitel 3: Phantasie und Stille

„Die Phantasie ist eine Fähigkeit, die Sinneseindrücke, Bewusstseins- und Erlebnisinhalte so zu kombinieren oder umzugestalten, dass neue Vorstellungsbilder entstehen" *(MÜLLER 1994, S. 21)*. Phantasievolle Menschen erleben ihren Alltag viel farbiger, reicher. Aus vielen Situationen und Begegnungen gewinnen sie neue Anregungen und Reize, die ihre eigene Erlebnisbreite erweitern. Phantasie ist ein wesentlicher Faktor für die psychische Entwicklung und Gesundheit eines Kindes.

Die Hinwendung zu den *erlebten* Bildern in der eigenen Phantasie ruft bei vielen Kindern einen tiefen Ruhe- und Erholungszustand hervor und trägt dazu bei, ein „inneres Gleichgewicht" zu finden. Die Stille, die von den *Phantasiereisen* ausgeht, öffnet Wege zu sich selbst und hilft dabei, mit Gefühlen der Anspannung besser zurechtzukommen (vgl. *MÜLLER 1994*); die Fähigkeit zur Konzentration wird gestärkt. Die größere Ruhe und die innere Gelassenheit ermöglichen einen besseren Umgang mit Konflikten und Problemen.

Im Folgenden wird eine Unterteilung nach Rätselphantasien, Kurzphantasien und Erlebnisphantasien vorgenommen.

Praktische Hinweise: Phantasiereisen sollten in einem ruhigen Raum mit langsamer und sanfter Stimme vorgelesen werden. Die Kinder brauchen Zeit, um sich die *Bilder* vorstellen zu können; sie sollten sich nach Möglichkeit auf den Boden legen oder eine bequeme Haltung im Sitzen einnehmen. Nach den *Reisen* können Gefühle, Gedanken und Erlebnisse, die während des Vorlesens entstanden sind, ausgetauscht werden. Die Kinder können ihre Vorstellungen malen oder der Lehrerin ins Ohr flüstern. Diese Reisen ins Land der Phantasie sind nicht nur für Kinder erholsam, auch Erwachsene können sich dabei entspannen und Stress abbauen.

A Rätselphantasien

Rätselphantasien führen an geleitete Phantasiespiele heran. Die Aufgabe, das Rätsel zu lösen, fordert zusätzlich zur Teilnahme heraus. Rätselphantasien können zum Beispiel so eingeleitet werden:

„Ich werde euch ein Rätsel erzählen, und ihr könnt versuchen, das Rätsel zu lösen. Wir werden etwas ganz anderes sein, als wir wirklich sind. Bleibt still liegen und hört genau zu, um herauszufinden, was ihr in dem Rätsel seid. Wenn ich fertig erzählt habe, werde ich herumgehen, und jeder von euch wird mir ins Ohr flüstern, was er im Rätsel war.“ *(VOPEL 1991, S. 23)*

251 Einfache Wolke

Anleitung: „Du bist ganz, ganz weich wie Luft. Du hast keinen Körper, und niemand kann dich anfassen. Du schwebst ganz oben, oben am Himmel. Du bist flauschig und weiß. An Regentagen kannst du auch grau oder schwarz aussehen. Du kannst das Licht der Sonne in dir festhalten. Was bist du?...“

Anmerkung: „Diese Vorstellung betont Leichtigkeit, Beweglichkeit und Freiheit.“ Für eine Auswertung eignen sich folgende Fragen:

- Wie hat mir das Spiel gefallen?
- Welche Form hatte ich als Wolke?

Die Kinder können malen, als was sie sich erlebt haben.

(VOPEL 1991, S. 26)

252 Wolke und Regen

Anleitung: „Du schwebst in der Luft, ganz weich und flauschig, oben am Himmel. Du schwebst unter der Sonne dahin und fängst ihre Strahlen in dir auf. So wirst du selbst warm. Und nachts schwebst du unter blinkenden Sternen. Du kannst sie zählen, aber es sind viel zu viele ... Und langsam, langsam wirst du schwerer und schwerer, dunkler und dunkler und ganz feucht. Dann verwandelst du dich in kleine Tropfen. Sie fallen sanft auf die Erde und bilden an einigen Stellen kleine Pfützen.

Was warst du zuerst, und in was hast du dich verwandelt?...“

Anmerkung: Das hier verwendete Bild hilft manchen Kindern, Anspannungen, Sorgen, Belastungen „abzuwerfen“. Eine Auswertung ist mit folgenden Fragen möglich:

- Wie hat das Spiel gefallen?
- Wie groß war ich als Wolke?
- Wie viel Regen hatte ich in mir?

(VOPEL 1991, S. 27)

253 Der Fluss

Anleitung: „Du beginnst ganz oben auf einem einsamen Berg. Zuerst bist du ein riesengroßes Feld aus kühlem Schnee und Eis. Und an deiner tiefsten Stelle verwandelst du dich in klares Wasser, das an vielen Stellen aus dem Gletscher strömt und sich zu einem Gebirgsbach sammelt. Die Sonne glitzert in dir wie ein Edelstein. Je tiefer du fließt, desto lauter werden deine Töne. Zuerst machst du ein leises Plätschern, und allmählich bist du als Rauschen zu hören. Am Fuß der Berge angelangt, wirst du ganz breit. Du siehst nun schon anders aus und zeigst ein helles Grün. Je weiter du fließt, desto mächtiger wirst du. Du strömst langsamer und kannst auf dir sogar kleine und große Schiffe tragen.
Was bist du ...?"

Anmerkung: „Wenn Sie möchten, dass die Kinder sich beruhigen und erfrischen sollen, ist dieses eine wirksame Kurzphantasie." Eine Auswertung ist mit folgenden Fragen möglich:
- Wie hat mir das Spiel gefallen?
- Welche Stelle des Flusses mag ich besonders gern?

(VOPEL 1991, S. 24)

254 Segelboot

Anleitung: „Du treibst im Wasser und schaukelst leicht hin und her, hin und her. Das Wasser ist so angenehm warm und weich. Sanfte, kleine Wellen kommen und stoßen dich an, wiegen dich. Du bist fest und stark. Die Sonne scheint und wärmt das Holz, aus dem du gebaut bist. Dann kommt Wind auf und bläst dich sanft hinaus auf die See. Deine große Leinwand nimmt den Wind auf und bewegt dich langsam weiter. Was bist du ...?"

Anmerkung: „Die Vorstellung, gehalten und gewiegt zu werden, knüpft an alte Erfahrungen und Sehnsüchte der Kinder an. Besonders schön, um Zuversicht, Ruhe und Optimismus anzuregen." Für eine Auswertung eignen sich folgende Fragen:
- Wie hat mir das Spiel gefallen?
- Welchen Teil meines Körpers spüre ich jetzt besonders?

(VOPEL 1991, S. 31)

255 Bett

Anleitung: „Du bist groß und weich, ein angenehmer Platz, wo man ausruhen kann. Du bist der Platz, wo wir uns am besten entspannen können. Du hast ein weiches Kissen für den Kopf und eine Decke, die

uns warm hält. Auf dir können wir träumen und uns geborgen fühlen. Manchmal mögen wir dich gar nicht verlassen. Zugleich wartest du immer geduldig auf uns.
Was bist du?..."

Anmerkung: „Wenn die Kinder selbst erschöpft sind oder erschrocken oder morgens noch nicht ganz wach, dann ist dies eine passende Hilfestellung." Für eine Auswertung bieten sich folgende Fragen an:

- Wie hat mir das Spiel gefallen?
- Was gefällt mir an meinem Bett am meisten?

(VOPEL 1991, S. 28)

256 Geheimes Tier

Anleitung: Die Gruppe sitzt in einem Kreis und schließt die Augen. Nun lädt der Spielleiter alle zu einer Reise in ferne Länder ein. Ausschnitt einer Reise: Reise mit dem Flugzeug in den Urwald. Dort treffen wir auf ein Tier. Es ist grün, weil Algen auf seinem Fell wachsen. Von diesen Algen leben Würmer. Das Tier macht sich nie sauber. Es hat Klauen wie Fleischhaken usw.

Anmerkung: In diesem Fall handelt es sich um die Beschreibung eines Faultieres. Am Ende der gedanklichen Reise bekommt jeder eine Karte und einen Stift mit dem Auftrag, dieses Tier zu malen. Die gezeichneten Tiere werden dann untereinander vorgestellt. Anschließend wird ein Foto des Tieres gezeigt und sein Name bekannt gegeben.
(WA)

B Kurzphantasien

Kurzphantasien können als Vorübung zu längeren Phantasiereisen angesehen werden. Die Kinder haben mehr Freiheiten und können auf Grund der kleinen, einfachen Phantasien entspannende, angenehme Vorstellungen entwickeln. Mit beruhigender Stimme können sie z. B. so begonnen werden:

„Wenn wir die Augen schließen, dann können wir uns so viel Schönes vorstellen. Gleich werdet ihr etwas von mir hören, mit dem ihr machen könnt, was ihr wollt. Ihr könnt es vergessen und einfach ausruhen. Ihr könnt etwas damit erleben, ihr könnt darüber nachdenken. Nach einer kleinen Weile werde ich herumgehen, und jeder von euch wird mir ins Ohr flüstern, was er gemacht hat.“ *(VOPEL 1991, S. 35)*

257 Delfin

Anleitung: „Stell dir vor, dass du schon lange im Wasser geschwommen bist. Du bist müde geworden ... Ein Delfin hat bemerkt, dass du etwas erschöpft bist. Er bietet dir an, auf ihm zu reiten. Du lässt dir helfen. Wohin bringt dich der Delfin? ... Was siehst du alles? ...“

Anmerkung: „Hier wird ein freundlicher Helfer vorgestellt, der dem erschöpften Kind Beistand und Anregung gibt.“ Für eine Auswertung eignen sich folgende Fragen:

- Wie hat mir das Spiel gefallen?
- Wie habe ich mich von dem Delfin tragen lassen?

(VOPEL 1991, S. 44)

258 Schneeflocken

Anleitung: „Stellt euch vor, einmal im Jahr schneit es Zauberschnee. Das sind besonders große Schneeflocken, die ein ganz bisschen blau schimmern. Und wer eine solche Schneeflocke einatmet, fühlt sich wohl. Geht langsam herum, und wenn eine dieser großen Zauberschneeflocken euch vor die Nase schwebt, atmet sie tief ein. Und wer drei Flocken eingeatmet hat, darf sich etwas wünschen ...“

Anmerkung: „Wenn die Kinder angestrengt und etwas unruhig sind, ist dies ein erfrischendes, zentrierendes Atemspiel.“ Für eine Auswertung bieten sich folgende Fragen an:

- Wie hat mir das Spiel gefallen?
- Wie viele Flocken habe ich gefangen?

(VOPEL 1989, S. 23)

259 Das Traumspiel

Material: leise, ruhige Musik
Anleitung: „Stellt euch im Stirnkreis auf (mit dem Gesicht zur Mitte). Während ein Gong ertönt, legt euch ruhig auf den Boden, streckt nacheinander Arme und Beine aus, bis sie die eurer Nachbarn berühren.
Zusammen bildet ihr eine große Sonne. Es ist absolut still. Eine Musik wird gespielt – der Traum. Beim abschließenden Gong steht ihr langsam auf und kehrt in die Ausgangsposition zurück."
Anmerkung: Wer mag, kann anschließend seinen Traum erzählen. Träume können auch gut von Gitarrenmusik untermalt werden.
(Quelle unbekannt)

260 Leise Erzählgeschichte

Spielbeschreibung: Alle Spieler sitzen am Tisch, ganz gleich, in welcher Anordnung. Die Spielleiterin erzählt eine Geschichte, die Kinder machen mit den Fingerspitzen und mit der Stimme die Geräusche dazu.
„Es nieselt. Von der Dachrinne tropft es. Eine Maus guckt aus ihrem Loch und schnuppert. Sie rennt mit schnellen Mäuseschritten zum Futterhäuschen. Dort knackt sie einen Sonnenblumenkern auf, der heruntergefallen ist. Das sieht die Katze. Mit weichen Katzenschritten schleicht sie heran. Die Maus knabbert mit ihren Mäusezähnen an dem Kern. Plötzlich kommt ein Radfahrer vorbei. Man hört seinen Dynamo. Die Maus dreht sich um, sieht die Katze und rennt mit kleinen Mäuseschritten zu ihrem Loch. Die Katze geht mit weichen Katzenpfoten zum Haus. Dort ruft sie miau!" *(FLEMMING/FRITZ 1995)*

261 Phantasie-Geschichten erzählen

Anleitung: Alle Kinder liegen bequem auf Decken, ohne sich gegenseitig zu berühren. Die Lehrerin erzählt eine Geschichte ähnlich der unten begonnenen. Die Kinder sollen sich alles genau vorstellen.
„An einem Sonntagmorgen bin ich aufgestanden und hatte große Lust, in den Wald zu gehen. Also lief ich gleich los. In kurzer Zeit war ich schon an der großen Wiese, durch die ein Bach fließt. Die Wiese war vom Tau noch ganz nass. Da zog ich meine Schuhe aus, um die Grashalme an meinen Füßen zu spüren. Ich fühlte, wie das nasse Gras meine Fußsohlen kitzelte. Und auf einmal bemerkte ich, dass es nach frischen Blumen roch. Mhh, das war schön ..."
Anmerkung: Leise, ruhige oder meditative Musik unterstützt die Entspannung.

Ist die Gruppe sehr unruhig, sollte auch der Anfang der Geschichte „unruhiger" gestaltet werden, z.B.: mit dem Auto fahren, mit dem Flugzeug fliegen, irgendwo hinrennen ...
Die Geschichten können spontane Erzählungen vom Morgen sein oder von einer Reise in den Dschungel, an einen Südseestrand, in den Wald, zu den Feen und Zwergen handeln. Dabei wird ausführlich von allen dort wahrnehm- und fühlbaren Begebenheiten – fühle mal die Sonne mit ihrer Wärme, jetzt weht ein leichter Wind, Regentropfen tropfen auf das Gesicht, wir hören Affen kreischen, das Laub raschelt unter den Füßen ... – berichtet. *(GRUNDSCHUL-SPIELKARTEI)*

C Erlebnisphantasien

Erlebnisphantasien treiben einen inneren Prozess voran, bei dem die Kinder den Worten folgen und sich und ihre Welt aus einer positiven Perspektive sehen können. Für eine gründliche Entspannung sollte nach VOPEL *(1991, S. 20)* folgende Einleitung benutzt werden:

„Legt euch bitte auf den Boden auf eure Decke und wählt eine möglichst behagliche Lage, so, wie ihr es tut, wenn ihr euch ins Bett legt. Sucht euch einen guten Platz. Reckt und streckt euch, bis ihr es ganz bequem habt. Lasst euch ganz behutsam auf den Boden sinken. Holt tief Luft und atmet gründlich aus. Holt noch einmal tief Luft und bemerkt, wie euer Atem euch sanft wiegt und euch Ruhe gibt. Schließt und öffnet ein paar Mal die Augen. Und wenn ihr euch vorstellen möchtet, was ich euch gleich erzähle, könnt ihr die Augen geschlossen halten. Und ihr könnt alles andere vergessen und aufmerksam meiner Stimme folgen. Und ist es angenehmer, die Augen leicht oder fest zu schließen? ... Jetzt können wir gemeinsam auf eine Reise ins Land der Phantasie gehen. Entscheidet euch, ob ihr mitgehen wollt, ob ihr euch das vorstellen möchtet, wozu euch meine Stimme gleich einlädt ..."

MÜLLER *(1994, S. 32)* schlägt vor, Phantasiereisen mit Formeln des (modifizierten) Autogenen Trainings einzuleiten:

„Du liegst ganz schwer und entspannt auf dem Boden ...
Du fühlst deinen Körper ganz bewusst und intensiv
Du bist ganz schwer, gelöst und ruhig
Deine Hände und Arme sind ganz schwer
Dein Nacken und deine Schultern sind ganz schwer
Deine Füße und Beine sind ganz schwer
Dein Gesicht ist ganz entspannt und gelöst
Du lässt los
Du gibst alle Spannung ab – weg von dir
Du bist ganz ruhig und entspannt."

Wichtig ist bei diesen Ruheformeln die Zurücknahme nach dem Ende der Reise, die den Kreislauf wieder anregt, indem das Kind „tief durchatmet, Fäuste macht, die Arme streckt und reckt, sich rekelt - streckt - gähnt (Spannungsausgleich)." *(MÜLLER 1994, S. 32)*

262 Weg zum Haus der Stille

Anleitung: „... Ich schließe die Augen. Mein Weg beginnt. Ich breche auf zum Haus der Stille. Ich verlasse die laute Straße und gehe dem dunklen Wald zu. Der Lärm bleibt zurück.
Meine Schritte werden ruhiger. Mein Atem geht gleichmäßiger. Ich lasse mich führen.
Vor mir jetzt eine Tür, die Tür zum Haus der Stille.
Ich öffne sie und trete ein.
Hinter mir schließe ich sie wieder.
So, nun sind Lärm und Unruhe draußen.
Ganz still ist es jetzt.
Hier bin ich geborgen und in Schutz genommen.
Hier will ich bleiben und mich ausruhen.

Allmählich muss ich wieder die Rückkehr antreten. Ich verlasse das Haus und gehe den Weg zurück durch den Wald. Um mich nun wieder der helle Tag, das bewegte Leben, die Schule, die Arbeit.
In mir ist noch immer die Stille, die mich begleitet und mir Ruhe schenkt." *(KO)*

263 Der große Regen

Spielbeschreibung: Die Lehrerin nennt den Namen des Spiels und beginnt dann mit folgenden Bewegungen, die die Schüler sofort nachmachen:
- Reiben der Finger,
- Reiben der Handflächen,
- Fingerschnalzen,
- auf die Oberschenkel schlagen,
- auf den Stuhl trommeln,
- mit den Füßen trampeln.

Danach werden alle Bewegungen in umgekehrter Reihenfolge wiederholt, bis es am Ende wieder ganz still ist.
Variation: Nach der Stillephase erzählen die Kinder, was ein kleiner Regentropfen so alles erlebt.
(FAUST-SIEHL u.a. 1995)

264 Hören, was der Tag erzählt

Anleitung: Die Kinder lauschen mit geschlossenen Augen den Geräuschen, die drinnen und draußen zu vernehmen sind. Angenehmes (das Ticken der Wanduhr, das Pfeifen eines Vogels) mischt sich dabei oft mit Störendem (die Säge des Hausmeisters, der Lärm auf dem Flur). Dann ist ein verhaltener Hinweis auf die feinen Laute angebracht: „Ich höre einen Vogel, weit weg, aber doch ganz deutlich. Er erzählt mir seine Geschichte ..."
Auch der Regen hat viel zu sagen, wenn wir ihn bei geöffnetem Fenster belauschen. „Hier will ich bleiben und mich ausruhen."
Erzählung ...
„Allmählich muss ich wieder die Rückkehr antreten. Ich verlasse das Haus und gehe den Weg zurück durch den Wald. Um mich nun wieder der helle Tag, das bewegte Leben, die Schule, die Arbeit. In mir noch immer die Stille, die mich begleitet und mir Ruhe schenkt." *(KO)*

265 Großes Tier

Anleitung: „Fang an, ruhig ein- und auszuatmen. Und wenn du magst, atme durch die Nase ein. Atme ein ... atme aus ... atme ein ... atme aus ...
Und nun stell dir vor, dass du irgendein junges Tier bist, ein Tier, das noch ganz klein ist. Du kannst jedes Tier sein, das du magst, ein kleines Häschen, ein kleiner Hund, ein Elefantenbaby oder ein Fohlen ...
Und nun kannst du dir vorstellen, dass du mit jedem Einatmen wächst. Jedes Mal, wenn du Luft holst, wird das kleine Tier, das du bist, größer und größer. Atme ein und werde größer ... atme ein und werde noch größer ... Wie groß möchtest du als dieses Tier sein? Lass dich so groß werden, wie du willst ... Wie groß bist du jetzt? Und was tust du als Tier, wenn du so groß bist? ...
Und nun kannst du einmal tief ausatmen durch den Mund und dabei ein kleines Geräusch machen und wieder das Tier sein ... Und dann wieder du selbst ...
Ich werde herumgehen, und du kannst mir ins Ohr flüstern, welches Tier du warst ...
Bleib noch am Boden liegen und ruh dich aus ..."
Anmerkung: Diese Atemphantasie ermöglicht es den Kindern, sich auf unterhaltsame Weise zu entspannen und locker zu werden. Für eine Auswertung bieten sich folgende Fragen an:
- Wie hat mir das gefallen?
- Was konnte ich als großes Tier machen?

(VOPEL 1989, S. 51)

266 Tiger-Atem

Anleitung: „Willst du wissen, wie ein Tiger atmet? …
Steht gerade oder setzt euch gerade hin … Hole ganz tief Luft und halte sie einen Augenblick an. Dann zeig uns dein Tigermaul. Presse deine schönen Tigerzähne leicht aufeinander und zieh die Lippen von den Zähnen … Nun kannst du die Luft zwischen den Tigerzähnen hinausstoßen und allen damit sagen: ‚Ich bin ein wacher und starker Tiger. Achtung!' Und du kannst fauchen wie ein Tiger und aus den Augen blitzen wie ein Tiger.
Probiere das viermal. Und das Fauchen kann ganz laut oder ganz leise sein, wie du es möchtest …"
Anmerkung: „Diese Atemtechnik entspannt Gesicht und Kopf und gibt ein Empfinden angenehmer Stärke." Für eine Auswertung eignen sich folgende Fragen:
- Wie hat mir das Spiel gefallen?
- Wie fühlte sich mein Kopf dabei an?
(VOPEL 1989, S. 27)

267 Luftballon

Anleitung: „Schließ die Augen bitte und stell dir vor, dass du ein leerer Luftballon bist. Welche Farbe möchtest du haben? Willst du ein runder Luftballon sein oder ein langer? Oder möchtest du noch eine andere Form haben?
Und stell dir vor, dass du dich gleich mit jedem Einatmen aufbläst. Atme ein und werde etwas größer … atme ein und werde noch größer … atme ein und werde wieder größer … Und je größer du wirst, um so leichter fühlst du dich … leichter und leichter mit jedem Einatmen, bis du anfängst zu schweben …
Und wie hoch möchtest du schweben? Den halben Weg bis zur Decke? Bis ganz an die Decke? … So leicht, so angenehm …
Und nun kannst du die Luft aus dir herauslassen. Mach beim Ausatmen einen tiefen Ton, so: ‚Uuuu …' Wenn du ein ganz großer Luftballon warst, kannst du ein paarmal so ausatmen …
Und nun sei wieder du selbst und öffne deine Augen langsam …"
Anmerkung: Ein Empfinden von Leichtigkeit und Sammlung wird durch die kurze Atemmeditation vermittelt. Für eine Auswertung eignen sich die Fragen:
- Wie hat mir das gefallen?
- Wie weit ist mein Luftballon hochgestiegen?
(VOPEL 1989, S. 59)

268 Zauber-Atem

Anleitung: „Du weißt schon, dass du mit deinem Atem zaubern kannst? ... Wir atmen natürlich immer, wenn wir wach sind, wenn wir schlafen. Aber wir zaubern nicht immer mit unserem Atem. Wenn wir mit ihm zaubern wollen, dann können wir unseren Atem zu Teilen unseres Körpers schicken, die sich nicht gut fühlen. Und mit Hilfe unseres Zauberatems können sich die Teile des Körpers dann besser fühlen. Und vielleicht geht es dir jetzt gut, und es tut dir nichts weh. Darum kannst du dies ausprobieren für eine spätere Zeit, wenn du es gebrauchen kannst.
Drücke eine Hand ganz fest zusammen, bis es dir wehtut ... Presse die Hand weiter zusammen und fang an, deinen Zauberatem zu Hilfe zu schicken. Atme in diese Hand hinein, so dass dein Atem den Schmerz lindern kann. Lass deinen Atem die Hand öffnen, lockerer und lockerer werden. Stell dir vor, dass dein Zauberatem allmählich die ganze Hand umgibt und sie einhüllt und sie sanft streichelt, so dass die Hand sich wieder entspannt und gut fühlen kann ...
So, nun komm mit deiner Aufmerksamkeit zu uns zurück ... Was hast du bemerkt? ..."
Anmerkung: Hier können die Kinder lernen, ihren Atem zu Körperteilen zu schicken, die angespannt, müde, krank oder von Schmerz geplagt sind. Wenn sich ein einzelnes Kind verletzt hat oder sonstwie Schmerzen hat, können Sie ebenfalls mit diesem Experiment helfen. Falls das Kind weint, warten Sie, bis die Tränen versiegt sind. Betonen Sie, dass der Zauberatem selten alle Schmerzen nimmt, er kann sie allerdings viel schwächer machen. Für eine Auswertung eignen sich die folgenden Fragen:
- Wie hat mir das gefallen?
- Welche Körperteile fühlen sich häufiger nicht so gut?

(VOPEL 1989, S. 36)

269 Reise unter Wasser

Anleitung: „Du hast einen Zauberatem.
Mit jedem tiefen Atemzug verwandelt sich dein Körper
Stück für Stück
in einen Fisch.
Atme tief in den Bauch ...
Deine Arme verwandeln sich in Flossen ...
Deine Beine in eine große Schwanzflosse ...
Dein Körper bedeckt sich ganz mit glänzenden Fischschuppen ...
Dein Kopf verwandelt sich ...
Schnell tauchst du nun ein ins kühle Wasser.

Du schwimmst durch eine phantastische Unterwasserwelt,
vorbei an Schlingpflanzen, bunten Fischen, Krebsen, Muscheln ...
Mach die Augen nun zu, und schau dir deine Wasserwelt genau an.
Langsam tauchst du wieder aus dem kühlen Wasser auf.
Mit jedem tiefen Atemzug verwandelst du dich wieder
in ein Kind zurück.
Du hast wieder Arme ...
... Beine ...
... einen Kopf ...
... alle Schuppen fallen ab ..."

Anmerkung: Bei dieser Phantasiereise kann ein Bild von einem Teich als optischer Impuls eingesetzt werden. Die Phantasiereise kann dann z. B. so angekündigt werden:
„In diesem Teich sind geheimnisvolle Dinge verborgen, die wir erkunden wollen. Dazu müssen wir uns in Fische verwandeln."
An diese „Unterwasserreise" sollte sich unbedingt ein Erlebnisaustausch anschließen. *(FINK/SCHNEIDER 1994, S. 28)*

270 Dein besonderer Platz

Anleitung: „Stell dir deinen Lieblingsplatz vor, den du bei euch zu Hause hast. Was magst du an ihm besonders? ...
Und nun stell dir irgendeinen Platz draußen vor in der Natur, der zu dir passt. Geh in der Phantasie in eine Landschaft, wo du gern Ferien machen würdest. Wie sieht es dort aus? Gibt es Bäume, Wald, Wiesen? Wie sieht der Boden aus? Gibt es Wasser in der Nähe? Ist das Land flach, oder gibt es Berge und Hügel? Gibt es Häuser in der Nähe?
Du kannst im Geist eine eigene Phantasielandschaft erfinden, sie so ausschmücken, wie du es willst. Welche Farben möchtest du dort besonders gern sehen? ...
Und nun stell dir vor, was du dort tun könntest. Was würde dir Vergnügen bereiten?... Wenn die Sonne dort scheint, spüre sie auf deinem Gesicht, und spüre, wie zufrieden du dort sein kannst, an deinem besonderen Platz. Ich werde jetzt ruhig sein, damit du diesen Lieblingsplatz etwas genießen und ihn dir genau merken kannst ...
Und in der Phantasie kannst du immer wieder an diesen Platz gehen. Wenn du dich müde fühlst, aufgeregt oder bedrängt, wenn du dich entspannen und wohl fühlen möchtest, dann kannst du dich hinlegen oder zurücklehnen und an diesen jetzt gefundenen Platz zurückkehren ...
Und nun öffne bitte die Augen wieder und komm zurück in diesen Raum. Ich werde herumgehen, und du kannst mir sagen, wie dein Lieblingsplatz aussieht und wie du dich dort fühlen kannst. Sag mir so viel, wie du magst ..."

Anmerkung: „Um sich von anderen abgrenzen zu können und das Empfinden für das eigene, innere Selbst zu vertiefen, brauchen Kinder früh einen eigenen physikalischen Raum, wo sie wirklich allein sein können (zum Beispiel das eigene Bett im eigenen Zimmer). Diese Phantasie unterstützt das Kind, sich abzugrenzen und diesen manchmal schwierigen Vorgang genießen zu können." Für eine Auswertung bieten sich folgende Fragen an:
- Wie hat mir das Spiel gefallen?
- Wo ist mein Lieblingsplatz in diesem Haus?

(VOPEL 1991, S. 64)

271 Ein Wasserfall aus weißem Licht

Anleitung: „Schließt eure Augen und konzentriert euch auf eure Atmung. Stellt euch vor, dass euer Körper mit jedem Ausatmen immer entspannter wird. Stellt euch jetzt vor, dass ein wunderschöner Wasserfall aus weißem Licht ganz oben in eurem Kopf zu sprudeln beginnt. Ihr fühlt seine sanfte, heilende Energie in eurem ganzen Gehirn, ihr spürt, wie sie sich über euer Gesicht ergießt, wie sie über euer Kinn läuft und über euren Hals. Der Wasserfall aus weißem Licht bewegt sich jetzt weiter hinunter in euren Brustkorb, zu euren Schultern und über den Rücken hinunter. Er bewegt sich die Arme und Hände entlang, läuft durch eure Fingerspitzen wieder hinaus und wäscht alle Spannung, die in eurem Körper war, einfach weg. Das weiße Licht fließt weiter in euren Bauch und in die Magengrube, in euer Becken und euren Po. Es geht weiter in eure Oberschenkel, in die Knie und Waden. Jetzt kommt es zu den Fußgelenken und fließt durch die Zehen wieder hinaus. Es nimmt Spannungen und Unbehagen, die sich in eurem Körper angesammelt haben, mit sich fort. Jetzt befindet ihr euch in einem Wasserfall aus weißem Licht, der immer weiter fließt. Jeder Teil eures Wesens ist von weißem Licht erfüllt. Lasst euch von dieser Energie waschen, erfreut euch an der sanften Ruhe, die sie mit sich bringt. (Eine Minute Pause) Kehrt jetzt langsam wieder ins volle Bewusstsein zurück. Ich werde bis zehn zählen. Zählt laut mit, wenn ich bei sechs angelangt bin, und öffnet eure Augen bei zehn. – Eins ... zwei ... drei ... vier ... fünf ... sechs ... sieben ... acht ... neun ... zehn."
Anmerkung: Die Kinder können ihre Reaktionen auf die Wasserfall-Übung beschreiben. *(MURDOCK 1989, S. 38)*

272 Ich bin der Fisch

Anleitung: „Tief unter dem Meeresspiegel bin ich zu Hause.
Ich gleite durch grünblaue Gewässer. Es ist schön, so dahinzuschwimmen. – Ich bewege anmutig meinen glänzenden Leib. Durch die Kiemen strömt das kühle Wasser. – Ich schwimme zu meinem Korallenriff. Bunte Wasserpflanzen und bizarre Lebewesen haben sich am Riff festgesaugt. Sie bewegen ihre Fangarme im Wasser. Ich gleite durch die roten Korallenäste. Schwärme mit kleinen Fischen begegnen mir. Sie weichen mir aus. – Ich steige hinauf. Die Sonne glitzert durch das Wasser, Irrlichtern gleich tanzen Sonnenstrahlen über den Sandboden. – Ein Boot wirft seinen Schatten herunter. Ich flüchte."
(BLUM 1994, Nr. 5)

273 Ich bin die Wolke

Anleitung: „Eine Sommerwiese, darauf ein dunkler Schatten, mein Schatten.
Ich schwebe über der Wiese, hoch oben im blauen Himmel. Weiß und weich bin ich, wie ein duftiges Federkissen. Leicht und anmutig bewege ich mich und schaue von oben herab die Landschaft an. Alles ist winzig klein. Kühe weiden neben einem Bauernhof. Ein Junge schaukelt. Ein Mädchen fährt mit dem Rad durch das Feld. Mein Schatten verdeckt sie für einen kurzen Augenblick.
Ich entdecke die Dächer der Stadt. Über die Dächer schwebe ich, mein Schatten wandert unten nach. Er gleitet über Dachgiebel und Straßen, fällt auf Plätze und Autos. Manchmal schaut ein Mensch zu mir herauf. Ich schwebe weiter, immer weiter fort.
Wohin wird mich der Sommerwind treiben?
Die Sonne löst mich auf. Ich werde immer durchsichtiger, bis ich ganz verschwinde." *(BLUM 1994, Nr. 2)*

274 Ich bin die Sonne

Anleitung: „In meiner Mitte fühle ich es brennen, hell und heiß. Ich strahle Licht und Wärme aus.
Von der Dunkelheit löse ich mich und steige hinauf in den Himmel. Durch meine Kraft wird die Umgebung hell und warm. Meine Strahlen schicke ich hinunter auf die Erde. Ich überschütte das Land mit meinem Licht: unser Dorf, die Stadt, die Menschen und Tiere. Ich wärme sie. Sie fühlen meine Kraft und werden froh.
Ich steige hoch in den Zenit. Einige Wolken ziehen heran und versperren mir die Sicht auf die Erde. Ich sauge die Wolken auf und

lasse meine Strahlen durch sie hindurch scheinen. Ich bin stark und mächtig.
Es ist Abend. Ich sinke, bin müde. Glühe orange, verglühe rot, kühle mich ab. Die Menschen gehen schlafen. Morgen ist ein neuer Tag."
(BLUM 1994, Nr. 1)

275 Sandstrand I

Anleitung: „Du liegst an einem Strand -
liegst im weichen, zarten Sand -
du fühlst mit deinem Körper diesen weichen, warmen Sand -
an deiner Haut, er ist so weich und warm -

die Sonne scheint –
es ist ein schöner Sommertag –
du spürst die Wärme auf deiner Haut –
auf deinem Körper, überall -
es ist ein wohliges Gefühl, diese Wärme zu spüren –
die Wärme zieht durch deinen Körper –
Ruhe durchströmt dich –

du hörst das Meer, sein ruhiges, gleichmäßiges Rauschen –
die Wellen gehen auf und ab –
du spürst deinen Atem, ruhig und gleichmäßig –
ein und aus – ein und aus –
der Atem passt sich den Wellen an –
ruhig und gleichmäßig – ein und aus – ein und aus –
ruhig geht dein Atem – den Wellen gleich –
du bist schwer, warm, ruhig und entspannt –
ein leichter Wind weht über deine Stirn –
du fühlst dich wohl –
du bist ganz ruhig und entspannt –"
(MÜLLER 1994, S. 37)

276 Die blaue Blume

Anleitung: „Du machst dich auf den Weg, die blaue Blume zu suchen. Du wanderst durch einen dichten Wald. Hohe, schlanke Bäume, die wie Säulen eines Domes vor dir aufragen. Ihre dichten Kronen aus Blättern wölben sich wie ein Dach über dir. Du gehst über weichen Waldboden. Das Laufen ist hier ganz anders als auf den Straßen der Stadt. Die sind so hart und steinern. Dort werden deine Füße bald müde, aber hier im Wald läufst du über Erde, Moose und Gras. Das tut deinen Füßen wohl.

Wenn du im Wald bist, nimmst du auch den Duft des Waldes wahr. Es riecht so frisch nach all den Pflanzen. Das Laufen durch den Wald macht dir Freude. Der breite Weg endet an einem Dickicht. Ein schmaler Pfad windet sich durch das Grün. Du schlängelst dich da durch. Bald ist das dichte Grün zu Ende, und du stehst auf einem moosigen Pfad. Nach ein paar Schritten schon siehst du Wasser vor dir funkeln. Still und fast unbeweglich liegt es da, wie ein großes Auge. Du gehst weiter auf den See zu und stehst bald an seinem Ufer. Dort lässt du dich auf dem weichen Gras nieder, das noch warm ist von der Sonne des Tages. Du schaust auf das Wasser. Es ist alles so ruhig, so ruhig. Du fühlst diese Ruhe auch in dir.
Nach einer Weile des Schauens siehst du plötzlich eine Bewegung im Wasser. Die spiegelglatte Oberfläche bewegt sich. Es beginnt zu brodeln wie kochendes Wasser. Du schaust gebannt dort hin. Es steigt etwas aus der Tiefe des Wassers auf. Eine Blume, eine Blume in strahlendem Blau. Sie wächst aus dem Wasser wie ein schlanker Springbrunnen. Ihr hoher Stiel ist umgeben von zarten Blättern.
Nun siehst du, wie sich die Blume ganz, ganz langsam öffnet. Die Blüte öffnet sich langsam und wie von Zauberhand. Sie hat ein tiefes Blau. Es ist wie das eingefangene Blau des Himmels über dir. Es ist eine Zauberblume, diese blaue Blume. Wer sie einmal erblickt hat, darf sich etwas wünschen. Wünsch dir was. Und träum ein wenig weiter.“
Anmerkung: Nach dieser Phantasiereise bietet es sich an, mit den Kindern über Wälder und ihre Zerstörung zu reden und zu fragen, welche Bäume, Büsche, Blumen, Tiere es dort gibt.
Im Sommer können die Kinder auch einmal „fühlen“, wie sich Waldboden unter den Füßen anfühlt. *(MÜLLER 1985, S. 90 f.)*

277 Die blaue Blume – Variante

Anleitung: „Du bist in einem Wald –

hohe, schlanke Bäume, wie Säulen eines Domes –
glatte Stämme, dichte Kronen aus Laub wie ein Dach über dir –
deine Füße spüren den Waldboden, wohltuend, schwingend –
wie anders ist das Laufen hier –
kein Beton, Asphalt und Stein –
dort sind Füße müde – hier sind sie lebendig warm –
du läufst über Erde, Moos und Gras –
du läufst, läufst und fühlst dich wohl –

du riechst den Duft des Waldes –
Ruhe umgibt dich –
das Laufen hier ist eine Lust –

du möchtest schreien vor Freude und Wohlbehagen –
dein Weg endet an einem Dickicht –
ein schmaler Weg windet sich durch das Grün –
du fühlst dich mutig – du willst da durch –
nun bist du inmitten von Laub und Ästen, Blättern –
Geruch – Geräusche –

du schlängelst dich durchs Geäst –
Blätter streifen dich – dein Gesicht –
wann hört es auf?

Bald ist das dunkle Grün zu Ende –
du stehst auf einem moosigen Pfad –
nach ein paar Schritten siehst du ein Wasser vor dir liegen –
still und unbeweglich liegt es da –
ein großes Auge –

es lockt dich an –
du fühlst dich wie angezogen von einer unsichtbaren Schnur –
du hast's erreicht –
stehst am Rand und lässt dich auf weiches Gras fallen –
es ist noch warm von der Sonne des Tages –

du schaust aufs Wasser –
Ruhe – Ruhe fühlst du –

die Spiegelfläche bewegt sich –
es brodelt wie kochendes Wasser –
es steigt etwas auf –
es ist eine Blume –
du siehst ihr strahlendes Blau –
sie wächst aus dem Wasser wie eine Fontäne –
ein schlanker Stil, an dem sich locker Blätter ranken –
die Blüte öffnet sich ganz langsam, in Zeitlupentempo –

sie hat ein tiefes Blau – eingefangenes Blau des Himmels –
ob es die Blume aus deinen Kindermärchen ist?
Wolltest du sie nicht immer schon erleben, diese blaue Blume –
ein Geheimnis, Einsicht, Wissen, Wunder?
Du glaubst an deinen Traum –
du hast sie gesehen, die blaue Blume –

du bist ganz ruhig –
dein Atem geht ruhig –
du bist ganz ruhig, gelöst und entspannt –"

Anmerkung: Diese Geschichte hat denselben Inhalt wie die vorherige Phantasiereise, nur sind hier Schwere-, Wärme-, Atem- und Ruheübungen des Autogenen Trainings eingearbeitet.
(MÜLLER 1994, S. 169)

278 Der Zauberbaum

Anleitung: „Auf einem langen Weg durch den großen Wald siehst du von Ferne einen riesigen Baum. Er hat einen dicken Stamm, seine Rinde ist rau und zerklüftet. Der Baum streckt seine Äste weit von sich. Viele, viele Blätter bewegen sich leise im Wind. Die Blätter scheinen nach einer Melodie des Windes zu tanzen. Der Wind singt ein Lied. Der Baum versteht es. Du kannst es hören.
Über dir wölbt sich die Krone des Baumes wie ein grünes Dach. Durch die Äste schimmern ein wenig Blau und Silber. Es ist der Himmel, der durch die Äste blitzt.
Bunt schillernde Vögel schwingen sich durch die Äste. Bienen und auch Schmetterlinge fliegen umher. Du hörst ihr Summen und Schwirren. Alles ist froh und leicht. Plötzlich hörst du eine Stimme. Es ist eine Stimme, die aus dem Baum herausklingt. Es scheint der Baum zu sein, der zu dir spricht. Er sagt: ‚Du Menschenkind, höre, was ich dir sage. Ich bin ein Zauberbaum. Wenn du Kummer hast, dann komm zu mir. Ich gebe dir Kraft, viel Kraft ist in mir, ist auch in dir. Nutz diese Kraft. Dann ist vieles leichter. Glaub an dich und deine Kraft. Du bist stark und hast ein gutes Herz. Hol dir die Kraft heraus.‘
Du bist erstaunt, den Baum sprechen zu hören. Aber seine Stimme ist so beruhigend und tröstlich, dass du dich jetzt ganz wohl fühlst. Du fühlst dich wohl und geborgen. Du weißt, du bist stark und hast ein gutes Herz. Du brauchst nicht zu verzagen, wenn du nur fest an dich und deine Kraft glaubst.“
Anmerkung: Diese Phantasiereise ist ein guter Anlass, über die eigene Kraft, Stärke und das Selbstbewusstsein zu reden. Vor allem wie es ist, wenn man fest an sich selbst glaubt. *(MÜLLER 1985, S. 92 f.)*

279 Der Zauberbaum – Variante

Anleitung:
„Du siehst einen Baum vor dir,
einen großen, weit ausladenden Baum –
seine Äste sind breit –
ausgestreckt nach allen Seiten –
Blätter, grüne, viele, viele –

er steht ganz fest –
seine Wurzeln stecken tief und fest in der Erde –
seine Rinde ist rissig – braun –
die Blätter bewegen sich leicht im Wind –
es ist, als ob sie tanzen im Wind –
nach der Melodie des Windes –
der Wind singt ein Lied – der Baum versteht es –
du kannst es hören –

die Krone des Baumes ist wie ein grünes Gewölbe über dir –
ein wenig Blau schimmert durch die Äste –
Himmel, er ist blau – silbern –
bunt schillernde Vögel schwingen sich durch die Äste –
Bienen, Schmetterlinge fliegen umher –
Gedanken und Wünsche umkreisen den Baum –
deine Gedanken und Wünsche –
sie flattern wie Fledermäuse um den Zauberbaum –

eine Stimme tönt aus dem Baum
„in mir ist so viel Kraft, hol sie dir, greif sie dir" –
du greifst danach –
du hast sie nun in deinen Händen –
du hältst sie fest –
du verstehst – begreifst –
vielleicht ist es der Schlüssel zu deinem Problem,
du hast ihn in deiner Hand –

du bist ganz ruhig und zuversichtlich –
du bist voll Mut und Kraft –
du schaffst es!
Du musst bereit sein – mutig sein –

du bist ganz ruhig – gelöst – entspannt –
eine große Ruhe ist in dir – Frieden –
du weißt, du schaffst es –
Ruhe – tiefe Ruhe ist in dir –"

Anmerkung: Die Schwere-, Wärme-, Atem- und Ruheübungen des Autogenen Trainings unterscheiden diese Phantasiereise von der vorherigen. *(MÜLLER 1994, S. 171)*

280 Ballonreise

Anleitung: „Komm, lauf mit auf eine große weite Wiese. Du läufst mit bloßen Füßen durch das Gras. Du spürst das Gras unter deinen Füßen. Du fühlst das Gras, die Erde, sonnenwarm.
Von weitem siehst du einen großen Ballon auf der Wiese. Du gehst neugierig hin. Ein Ballon auf einer Wiese, denkst du, seltsam.
Als du vor ihm stehst, ragt er hoch über dich hinaus. Er ist sehr groß, fast so groß wie ein Haus. Er ist an einem dicken Seil festgebunden und schaukelt leicht im Wind hin und her.
Du steigst in seine Gondel ein. Er wird losgebunden und hebt langsam von der Erde ab. Du schwebst ganz sacht mit ihm nach oben. Immer höher. Es ist still um dich herum, nur das Rauschen der Luft, die am Ballon entlangstreift, ist zu hören.
Es ist ganz still hier oben. Du bist auch ganz ruhig. Dein Atem geht ruhig ein und aus.
Der Ballon steigt immer höher. Die Wiese unter dir wird ganz klein. Mit ihren vielen Grüntönen sieht sie aus, als wäre sie mit deinem Farbkasten hingemalt. Die Menschen, die den Ballon losgebunden haben, winken herauf. Sie sind so klein wie Punkte.
Der Ballon schwebt langsam weiter.
Er schwebt jetzt über einen Wald. Du siehst dunkle Tannen und helle Laubbäume. Ein Wasser blinkt, vielleicht ein See oder ein Fluss.
Du überfliegst ein Dorf. Es sieht aus, als sei es aus einem Bilderbuch herausgefallen oder aus einer Spielzeugschachtel zusammengestellt. Am Rande des Dorfes weiden Tiere. Die weißen Punkte sind sicher Enten und Gänse.
Du schwebst weiter. Weit vor dir erheben sich mächtige Berge. Du schwebst langsam auf sie zu. Sie kommen näher. Du siehst in einer Kuhle noch Schnee liegen. Das ist der ewige Schnee. Er liegt seit Jahrhunderten dort und wird noch weitere Jahrhunderte dort liegen.
Die Bergspitzen kommen dir so nahe, dass du meinst, du könntest sie anfassen.
Ganz ruhig ist es hier in der Bergwelt. Die Luft ist kristallklar.
Vor dir, auf einem Felsvorsprung bewegt sich etwas. Gämsen schauen aufmerksam herauf zu deinem Ballon. Sie haben so etwas noch nie gesehen. Sie bleiben jetzt ganz ruhig stehen. Selbst die kleinen Gämsenkinder stehen regungslos dicht bei ihren Eltern. Du findest in einem Korb in deiner Gondel Mohrrüben und wirfst einige den Gämsen zu. Zunächst beäugen sie neugierig das fremde Zeug. Eine vorwitzige kleine Gämse schnuppert als erste daran und fängt auch gleich an zu knabbern. Du vermeinst, das Knabbern richtig zu hören. Die anderen wollen jetzt auch davon abhaben, sie stehen alle dicht um die Möhren herum und würdigen dich keines Blickes mehr.
Du schwebst weiter.

Unterwegs siehst du viele seltene Bergblumen, merk sie dir. Vielleicht willst du sie später malen.
Auch allerhand kleines Getier ist zu sehen. Der Berg ist nicht einsam. Er ist von vielen Tieren und Pflanzen bewohnt. Der Berg ist so hoch, dass Menschen sich hierher selten verirren. So sind die Tiere und Pflanzen ungestört und können sich ihres Lebens erfreuen.
Es wird langsam Abend. Die Sonne versinkt allmählich hinter dem großen Berggipfel vor dir. Ihre letzten Strahlen vergolden noch die Felsspitzen. Rot-golden sehen die anderen Berge aus. Es ist wunderschön.
Die Sonne neigt sich langsam, und die Dämmerung zieht herauf.
Es wird Zeit, wieder auf die Erde zurückzukommen.
Du suchst dir einen Platz aus, auf dem du landen willst.
Dann schwebst du langsam, sacht nach unten.
Du bist wieder auf der Erde.
Du fühlst dich wohl. Du hast viel gesehen und bist vielleicht auch müde geworden.
Du bist ruhig, entspannt und magst weiterträumen."
Anmerkung: Nach dieser Phantasiereise können Themen wie Bergwelt, Fauna, Flora und ewiger Schnee aufgegriffen werden. Auf das Gefühl des Ballonfliegens kann auch eingegangen werden.
(MÜLLER 1985, S. 71 ff.)

281 Ballonreise – Variante

Anleitung:
„Du bist auf einer großen, weiten Wiese –
du läufst auf dieser Wiese mit bloßen Füßen –
du spürst das Gras unter deinen Sohlen –
du fühlst das Gras, die Erde – *sonnenwarm* –

von weitem siehst du einen großen Ballon auf der Wiese ankern –
du gehst ihm neugierig entgegen –
jetzt hast du ihn erreicht –
groß ist er – er schaukelt leicht im Wind, an einem Seil vertäut –
die Gondel ist ein geflochtener Korb –
du stehst dicht davor –

nun steigst du ein –
die Taue werden gelöst – langsam hebt er vom Boden ab –
du schwebst ganz sacht nach oben – immer höher –
du spürst die Luft, die an dir vorüberrauscht –
es ist still – ganz still hier oben –
du spürst deinen Atem – ganz ruhig und gleichmäßig –

ein und aus – ein und aus –
du bist ganz ruhig –

der Ballon steigt höher – immer höher –
die Wiese unter dir wird ganz klein –
wie gemalt wirkt sie – mit vielen Grüntönen –
die Menschen winken hinauf – sie sind wie Punkte –
langsam schwebt der Ballon weiter –
er schwebt über einem Wald – Tannen, dunkelgrüne –
Laubbäume, dicht und helles Grün –
Wasser blinkt dort unten auf –
ein kleiner Fluss oder See –

Ein Dorf, wie aus dem Märchenbuch –
wie aus einer Spielzeugschachtel zusammengestellt liegt es da –
du siehst die Tiere auf der Weide –
weiße Punkte sind Enten, Gänse –

weit vor dir erheben sich behäbig dicke, hohe Berge –
du schwebst auf sie zu –
ganz nah kommst du ihnen –
du schwebst in deinem Ballon an ihnen vorüber –

ein kleiner Fleck Schnee liegt in dunkler Kuhle –
die Bergspitzen sind so nah, dass du meinst, sie fassen zu können –
ganz ruhig ist es –
ganz ruhig bist du –
nur das sanfte Rauschen der Luft begleitet dich –
dein Atem geht ganz ruhig und gleichmäßig –
ruhig bist du und ganz entspannt –
du schwebst – du bist ganz leicht –
Ruhe ist in dir – eine große Ruhe –

es wird Abend – Dämmerung zieht herauf –
es wird Zeit, wieder auf die Erde zu kommen –

du suchst dir einen Platz, auf dem du landen willst –
dann schwebst du langsam, sacht nach unten –
du bist wieder auf der Erde – *du fühlst dich wohl –*
du bist ganz ruhig und entspannt –“

Anmerkung: Inhaltlich vermittelt diese Phantasiereise dieselben Gedanken, Gefühle und Vorstellungen wie die vorherige, aber zusätzlich sind hier Schwere-, Wärme-, Atem- und Ruheübungen des Autogenen Trainings eingearbeitet. *(MÜLLER 1994, S. 147)*

282 Unter Wasser schwimmen

Anleitung:

„Du bist an einem Strand einer kleinen, grünen Insel –
weit weg von deinem Alltag –
Ruhe, Stille um dich herum – in dir –

das Wasser schimmert verlockend vor dir –
es ist warm, es zieht dich zum Wasser hin –
du gleitest hinein ins Wasser –
wie durch einen Zauber fühlst du dich schwerelos –
du kannst schwimmen – tauchen wie ein Fisch –
warm ist das Wasser – ganz warm –

sacht gleitest du tiefer –
du schwimmst wie ein Fisch – sicher und leicht –
du fühlst dich leicht und wohl und sicher –
um dich herum ist Stille –

du spürst das Wasser, wie es sich um deinen Körper leicht bewegt –

Fische sind dir ganz nah –
Schwärme von bunten, schillernden Fischen –
viele Formen und Farben –
du siehst Korallenbäume, grüne Pflanzen, Algen –
du tauchst bis zum Grund –
du siehst so vieles –

du fühlst dich leicht und lebendig –
du gleitest, schaust und schaust –

langsam gleitest du wieder nach oben –
Helligkeit schimmert über dir –
du siehst ein Boot –
du schwingst dich hinein – liegst auf dem Boden –
auf dem Boden aus Holz liegst du schwer, warm und gelöst –
dein Atem geht ruhig –
du bist ganz ruhig und entspannt –"
(MÜLLER 1994, S. 149)

283 Sandstrand II

Spielbeschreibung: „Stell dir vor: Du liegst an einem Strand ... liegst im weichen, zarten Sand ... du fühlst mit deinem Körper diesen weichen, warmen Sand ... an deiner Haut, er ist so weich und warm ...
(Warmer Sand in deiner Hand ... du spürst seine Wärme bis in dein Innerstes ... du hebst die Hand ... er rieselt über deine Finger ... er ist warm und zart wie weiche Watte ... du fühlst dich wohl.)
Die Sonne scheint ... es ist ein schöner Sommertag ... du spürst die Wärme auf deiner Haut ... auf deinem Körper, überall ... es ist ein wohliges Gefühl, diese Wärme zu spüren ... die Wärme zieht durch deinen ganze Körper ... Ruhe durchströmt dich ... du hörst das Meer, sein ruhiges, gleichmäßiges Rauschen ... die Wellen gehen auf und ab ...
Du spürst deinen Atem, ruhig und gleichmäßig ... ein und aus ... ein und aus ... der Atem passt sich den Wellen an ... ruhig und gleichmäßig ... ein und aus ... ein und aus ... ruhig geht dein Atem ... den Wellen gleich ...
Du bist schwer, warm, ruhig und entspannt ... ein leichter Wind weht über deine Stirn ... du fühlst dich wohl ...
Langsam verabschiedest du dich jetzt von deinem Sandstrand und dem Meer ... im nächsten Sommer möchtest du wieder kommen ...
Pause
... Bewege nun deine Finger ... atme tiefer ein und aus ... dehne und strecke dich ... nun öffne deine Augen ... du bist jetzt wieder frisch erholt im Hier und Jetzt."
(MÜLLER 1994, S. 37)

284 Das unheimliche Haus

Anleitung: „Du stehst vor einem alten Haus. Die schwere Holztür steht einen Spaltbreit offen. Du lehnst dich dagegen, sie rührt sich nicht. Stemme dich mit deinem ganzen Gewicht gegen das Holz! Ja, so! Fühlst du, wie die Tür nachgibt?
Ja, jetzt öffnet sie sich, und du gehst hinein.
Drinnen ist es dämmrig. Die Böden bestehen aus Marmorplatten, die zu rechteckigen Mustern verlegt sind. Es ist kühl, und du ziehst die Jacke enger an deinen Körper. Ein bisschen mulmig ist dir schon.
Aber du weißt, dass dir nichts passieren kann, denn du hast ein Maskottchen bei dir. Es steckt in deiner Hosentasche und beschützt dich, wo immer du auch bist.
Du hast den Auftrag, aus dem zweiten Stock des Hauses eine Metalldose zu holen, auf welcher ein schwarzer Adler auf gelbem Hintergrund abgebildet ist. Du hast versprochen, die Dose zu bringen.
Es ist ganz still. Du setzt vorsichtig einen Schritt vor den anderen.

Deine eigenen Schritte hallen im Treppenhaus wieder.
Jetzt stehst du an der Treppe. Das Geländer ist aus kaltem Eisen. Du zuckst zurück, als du es angreifst. Jetzt steigst du die Treppen hoch. Die steinernen Stufen sind etwas ausgetreten und schmutzig.
Ein Geräusch. Du bleibst stehen. Da, wieder. Dein Herz klopft bis zum Hals. Du drehst dich um und siehst, dass die schwere Eingangstür ins Schloss gefallen ist. Greife nach deinem Maskottchen in der Hosentasche! Drücke es.
So jetzt geh weiter.
Im ersten Stock verweilst du wieder etwas, um zu lauschen.
Drei Türen führen in irgendwelche Zimmer. Eine steht nur angelehnt. Jetzt bewegt sie sich!
Wie versteinert stehst du.
Was ist das? Jemand, etwas, kommt ...
Eine große schwarze Katze mit grünen Augen!
Du holst erleichtert Atem und lockst das Tier. Als du dich bücken willst, um es zu streicheln, funkeln drohend seine Augen. Die Katze faucht. Sie richtet ihren Buckel auf. Sie streckt ihre Krallen aus. Sie springt mit ein paar Sätzen fort.
Weiter, in den zweiten Stock.
Geh vorsichtig und gleichmäßig die Steintreppe hoch. Sie windet sich um ihre eigene Achse. Fasse das Geländer aus Schmiedeeisen an. Fühlst du, wie kalt das Metall ist? Deine Finger werden staubig. Betrachte den Schmutz in den Handflächen.
Im zweiten Stock führen wieder drei Türen vom Flur weg. Die erste Tür lässt sich nicht öffnen. Du probierst die Klinke der zweiten Tür. Sofort gibt sie nach, und du blickst in einen völlig leeren Raum. Zwei Fenster lassen die Nachmittagssonne herein. Staub tanzt in den Sonnenbalken.
Schau dich genau um, vielleicht steht die Dose in irgendeiner Ecke.
Nein? Dann suche weiter. Die Tür zum dritten Raum ist nur angelehnt. Vorsichtig drückst du sie auf und schaust hinein. Das Zimmer ist kleiner als das vorige und hat nur ein Fenster. Und auf dem Fensterbrett steht die Dose!
Ein schwarzer Adler auf gelbem Hintergrund. Du eilst hinüber, packst die Dose – sie ist federleicht – und läufst zurück auf den Flur, die Treppen hinunter – deine Beine tanzen – an der Katze vorbei und zur Haustür.
Fast fühlst du Panik hochsteigen, weil du sie nicht öffnen kannst. Du rüttelst an der Klinke, trittst dagegen und zerrst daran. Endlich gibt die Tür nach! Mit der Dose stehst du auf der Straße, und der Nachmittagsverkehr fließt ruhig vorüber."
(BLUM 1994, Nr. 11)

285 Die Reise eines Wassertropfens

Anleitung:
„Stelle dir vor, du bist ein Wassertropfen.
Du wirst jetzt eine weite Reise unternehmen. Setz dich bequem hin, schließe die Augen, und stelle dir ein mächtiges Gebirge vor.
Unter einem Fels sprudelt eine Quelle hervor, das Wasser hüpft lustig über weiße Kiesel, plätschert durch Gräser und spült über Wurzeln hinweg. Du bist ein Tropfen unter vielen. Lustig geht die Fahrt ins Tal hinunter.
...
Unterwegs kommen immer mehr Quellbächlein dazu.
Sie münden in deine Quelle und machen sie zu einem richtigen Bergbach.
Über eine saftig-grüne Alm geht es weiter ins Tal hinunter. Wanderwege kreuzen, ein Steg führt über deinen Bach. Du siehst Menschen. Was tun sie?
Im Tal ist der Bach schon fast einen Meter breit. Unter Weiden und anderem Buschwerk fließt er nun ruhiger dahin. Forellen schwimmen gegen die Strömung. Ein Kind spielt am Ufer. Was spielt es? Wie sieht das Kind aus?
...
Zwei andere Bäche sind gemündet und haben deinen Bach zum Flüßlein gemacht. Am Ufer führen Radwege entlang. Es ist Sonntag, und die Sonne scheint. Was beobachtest du?
...
Durch die Stadt fließt dein Fluss jetzt. Eine Fabrik. Braungefärbtes Abwasser quillt aus den Rohren. Überall münden Rohre mit Abwässern. Dein Fluss wird trübe.
Ein Stück weiter vereinigt er sich mit einem anderen Fluss. Er wird dadurch so breit und tief, dass die nächste Brücke schon drei Brückenpfeiler braucht, um den Bogen zu tragen.
Vor einer Staustufe wird das Wasser ruhig. Fast scheint es stillzustehen. Der Fluss wirkt wie ein langgestreckter See. Ruderer trainieren auf dem Wasser. Eine Libelle schwirrt über der Wasseroberfläche. Stockenten tümpeln am Ufer. Ein Junge wirft flache Kiesel ins Wasser. Was beobachtest du?

Mehrere hundert Kilometer weiter ist dein Fluss zum Strom geworden. So breit und mächtig ist sein Bett, dass man von einem Ufer nicht mehr zum anderen sieht. Du spürst, dass sich etwas verändert hat: das Wasser wird salzig. Das Meer!
Ein Sturm kündigt sich an. Wellen bilden sich, schaumgekrönt wälzen sie sich zum Land. Du schaukelst voller Vergnügen darin.

Das Meer hat sich beruhigt. Die Oberfläche wird glatt und samtig. Die Sonne heizt das Wasser auf. Du entspannst dich. Wohlig warm wird es dir, du breitest dich aus, es kommt dir vor, als ob du zerfließen würdest. Du wirst leichter und schwebst, ja du schwebst über dem Wasser. Du fliegst hinauf in die Sonne.
Oben aber ist es kalt. Du suchst Schutz und findest ihn bei den anderen Wassertropfen. Zusammen werdet ihr zu einer Wolke, die über das Meer fortschwebt. Siehst du tief unten das Wasser?
Zusammen mit vielen anderen Wolken bildet dein Tropfen eine dichte Wolkenwand. Hohe Berggipfel stellen sich in den Weg. Was geschieht nun?"
(BLUM 1994, Nr. 12)

286 Die Reise zum Regenbogen

Anleitung:
„Nach dem heftigen Regenguss blinzelt die Sonne hinter der letzten dicken Wolke hervor. Auf dem Fliederstrauch glitzern die Wassertropfen wie tausend Diamanten.
Du öffnest das Fenster.
Atme tief ein!
Wonach riecht es?
Ein schwarzer Kater hüpft von draußen herein auf das Fensterbrett. Er schüttelt sich, und ein Sprühregen von feinen Wassertropfen ergießt sich über dich. Du musst lachen und streichelst das Tier.
Dann schaust du wieder hinaus und entdeckst einen Regenbogen.
Diese Farben!

Der Kater schaut gespannt aus dem Fenster. Du streichelst ihn, und er schnurrt. Ihr betrachtet beide den Regenbogen.
Rot, orange, gelb, grün, blau und violett spannt sich eine prächtige Brücke über das Tal.
Rot – orange – gelb – grün – blau – violett …

An einem Apfelbaum auf der anderen Seite des Bächleins endet der Regenbogen. Dort ist er verankert.
Du nimmst den Kater auf den Arm.
Du verlässt das Zimmer.
Du machst dich auf zum Ende des Regenbogens.
Geh jetzt! Lasse den Regenbogen nicht aus den Augen."
(BLUM 1994, Nr. 14)

287 Fahrrad-Phantasie

Spielbeschreibung: „Setzt oder legt euch bequem hin, so dass nichts beengt oder stört. Macht es euch schön gemütlich, fühlt euch richtig wohl. Schließt die Augen. Beobachtet euren Atem, wie er von selbst kommt ... und geht ... ein ... und aus ... ein ... und aus ...
Du bist jetzt ganz entspannt ... Lass nun alle negativen Gedanken verschwinden. Du sitzt auf deinem Platz in der Klasse.
Alles ist eigentlich wie immer. Plötzlich hörst du ein vertrautes Geräusch ... (Läuten der Fahrradklingel)
Im ersten Moment weißt du gar nicht, wo das Geräusch herkommt. Du siehst aus dem Fenster ... nichts ... du erhebst dich von deinem Stuhl ... gehst durch die Tür ... über den Flur nach draußen ... Auf dem Schulhof drehst du dich nach allen Seiten um ...
Da ... auf dem Rasen steht ... dein Fahrrad ... Aber es sieht heute so anders aus als sonst:... Es blitzt förmlich vor Sauberkeit und alle fälligen Reparaturen sind erledigt ... na ja, du weißt sicher selbst, was alles kaputt war: ... die Bremse ... das Licht ... Aber jetzt steht dein Fahrrad vor dir und alle Teile sind ganz und funktionsfähig ... Voll Freude schwingst du dich auf den Sattel und trittst in die Pedale ... Doch auf einmal verlierst du den Boden unter den Füßen ... es fühlt sich an, wie wenn du im Leerlauf trittst und trotzdem vorwärts kommst.
... Aber dein Fahrrad fährt nicht ... nein ... es fliegt ... steigt empor in die Luft ... und ... schwebt ... Es schwebt mit dir über die Häuser und Straßen deines Wohnortes ... Wie deutlich und klar du alles sehen kannst. ... Von hier oben hast du den totalen Überblick ... Die kühle Luft tut dir gut ... du kannst hier oben richtig gut denken ... Und sehen kannst du, wie ein Adler ... Du erkennst viele Fahrzeuge, auch Fahrräder ...
Aber ... die verhalten sich ja alle ganz falsch!
... Dort an der Ecke biegt ein Radfahrer ab, ohne sich vorher umzuschauen und Handzeichen zu geben ... dahinten fährt doch glatt einer auf der verkehrten Straßenseite ... auf der Hauptstraße hat ein Radfahrer das von rechts kommende Auto nicht beachtet und hätte beinahe einen Unfall verursacht ... was für ein Chaos, denkst du. Wenn jeder so fahren würde, wie er wollte!
Pause
Langsam hast du genug gesehen ... Dein Fahrrad verliert an Höhe ... du sinkst wieder herab auf den Boden ... steigst vom Rad und gehst den gleichen Weg zurück auf deinen Platz im Klassenzimmer.
... Bewege nun deine Finger, deine Füße ... atme tiefer ein und aus ... dehne und strecke dich ... nun öffne deine Augen ... du fühlst dich jetzt frisch und ausgeruht!"

Kapitel 4: Mit allen Sinnen lernen

Die Welt, in der wir leben, wird uns erst durch unsere Sinne zugänglich; sie sind unser „Fenster zur Welt" *(MAELICKE 1990, S. 1)*. Das Kind lernt durch die Förderung im Bereich der Sinneswahrnehmung, sich und seine Umwelt besser kennen. Die folgenden Spiele zeigen Möglichkeiten auf, wie die Sinne angesprochen und entfaltet werden können. Da diese Spiele sehr viel Konzentration erfordern, sollten sie in einer ruhigen Atmosphäre durchgeführt werden.

A Tastspiele

Die Haut, die den ganzen Körper einhüllt, ist das größte Sinnesorgan. Sie dient als Organ, das Wärme, Kälte, Druck und Schmerz, aber auch Zärtlichkeit empfinden kann. Mit ihrer Hilfe können wir Objekte erfühlen, ertasten und dann im Gehirn klassifizieren.

Der Tastsinn ist der Sinn, der am direktesten die Umwelt „begreift". Schon im Sprachgebrauch wird deutlich: „Begreifen" heißt „verstehen". Man muss etwas begriffen haben, um es verstehen zu können *(ACKERMANN u.a. 1993, S. 11)*.

Doch scheint es heutzutage gar nicht mehr so leicht, sich die Welt tastend zu erschließen. In vielen Fällen wird dieser Wahrnehmungsbereich zum Teil durch das Auge und Ohr ersetzt. Tastspiele stellen eine Möglichkeit dar, den Tastsinn in spielerischer Weise wieder zu entdecken und zu sensibilisieren.

288 Rätselsack

Material: Beutel, in dem sich verschiedene Gegenstände befinden
Spielbeschreibung: In einem Beutel befinden sich verschiedene Gegenstände. Jedes Kind darf in den Beutel greifen und die Dinge abtasten. Nach einer bestimmten Zeit wird der Beutel an den nächsten Mitspieler weitergegeben. Wenn alle an der Reihe waren, wird der Beutel ausgeleert und das große Geheimnis gelüftet, um welche Gegenstände es sich handelt.

Variationen: Die Gegenstände können auch nach Eigenschaften genannt werden, z. B.: „Es fühlt sich rauh an; es ist spitz." usw.
In dem Beutel befinden sich zehn verschiedene Gegenstände. Der Sack wird nun reihum weitergegeben und jeder Spieler ertastet für sich die Gegenstände. Dann schreibt er diejenigen, die er erraten konnte, auf. Zum Schluss wird verglichen, wer die meisten Gegenstände richtig ertastet hat. *(Quelle unbekannt)*

289 Zauberdecke

Material: verschiedene Gegenstände, Decke
Spielbeschreibung: Die Kinder bringen von zu Hause Gegenstände mit, deren Bezeichnung mit einem neu eingeführten Buchstaben beginnt. Die verschiedenen Gegenstände werden unter eine Decke gelegt und sollen nun von den Kindern erfühlt und benannt werden.
(ZO 1)

290 Taststraße

Material: verschiedene (möglichst gegensätzliche) Materialien wie Bierdeckel, Zeitung, Tücher, Seile, Holzbrettchen, Eierkartons, Laub, Ton usw.
Spielbeschreibung: Die verschiedensten Materialien werden auf dem Boden zu einer „Straße" ausgelegt. Die Spieler gehen barfuß mit geschlossenen Augen darüber und ertasten mit den Füßen die unterschiedlichen Materialien. *(Quelle unbekannt)*

291 Samtpfötchen

Material: verschiedene Gegenstände/Materialien (z. B. Fell- oder Lederstück, Sandpapier, Seidenpapier)
Spielbeschreibung: Ein Spieler tastet mit geschlossenen Augen verschiedene Gegenstände ab und versucht, sie zu erraten.
Variationen: Die Spieler versuchen die Form des Gegenstandes zu ertasten und zu benennen (rund, eckig, flach usw.).
Die Spieler versuchen die Qualität des Gegenstandes zu ertasten und zu benennen (rau, weich, hart usw.).
Anmerkung: Es ist sinnvoll, den Spielern vor dem eigentlichen Spiel die Gegenstände zu zeigen und sie befühlen zu lassen.
(KINDER-SPIELEKARTEI)

292 Fühlspiel

Material: Eierkasten, Karten mit gegensätzlichen Begriffspaaren (feucht – trocken; kalt – warm; stumpf – spitz; weich – hart; usw.)
Spielbeschreibung: Vier Spieler bilden eine Gruppe. Sie bekommen eine Karte mit einem Begriffspaar. Ihre Aufgabe besteht darin, drei Gegenstände aus der Natur zu suchen, die an drei Beispielen das gegensätzliche Begriffspaar verdeutlichen. Ist diese Aufgabe erfüllt, treffen alle Spieler wieder zusammen. Die Gruppen mischen sich und versuchen durch Ertasten der Gegenstände mit verbundenen Augen das Eigenschaftspaar einer anderen Gruppe zu erraten. *(WA)*

293 Mit den Händen sehen

Spielbeschreibung: Verbinde einem Kind die Augen und sage ihm, dass du es an einen nahe gelegenen Ort führst. Diesen Ort soll das Kind so intensiv wie möglich auskundschaften. Wenn es meint, alles erforscht zu haben, führe es zum Ausgangspunkt zurück – immer noch mit verbundenen Augen. Nun nimmst du die Binde ab und lässt das Kind den Platz, den seine Hände bereits kennen, suchen. *(CORNELL 1991)*

294 Fühlkiste

Material: Großer Karton, bei dem die Vorderseite aufgeschnitten und mit einem Stoffstück abgehängt wird und verschiedene Gegenstände/Materialien mit unterschiedlicher Oberflächenstruktur hineingeklebt werden.
Spielbeschreibung: Ein Spieler bekommt die Augen verbunden und soll durch Tasten erraten, welche Gegenstände/Materialien sich in dem Karton befinden. Ein Partner kann dabei eine Kontrollfunktion ausüben. *(KO 2)*
Anmerkung: Die einzelnen Gegenstände sollten sich durch spezifische Gegebenheiten wesentlich unterscheiden. Wenn man das Spiel zum ersten Mal einsetzt, sollten nur wenige, gut bekannte Dinge verwendet werden. Man kann den Inhalt der Kiste auch einem bestimmten Thema unterstellen, z. B. „Herbst“: Inhalt der Kiste: Zapfen, Nüsse, Blätter usw.

295 Fühlmemory

Material: je zwei gleiche Kartonkärtchen mit aufgeklebten, verschiedenartigen Materialien (Sandpapier, Teppich, Stoff usw.), Augenbinde

Spielbeschreibung: Die Kärtchen werden verteilt hingelegt. Ein Spieler bekommt die Augen verbunden und muss durch Tasten versuchen, zwei gleiche Tastkärtchen zu finden.
Variation: Die Kärtchen können auch mit verschiedenen geometrischen Formen (5–10 verschiedene) aus Sandpapier beklebt werden (z.B. Dreieck, Kreis, Quadrat, Rechteck, Trapez usw.). Je zwei Kärtchen sind gleich. Nun wird mit verbundenen Augen nach den bekannten Memoryregeln gespielt. *(Quelle unbekannt)*

296 Knopfpaare suchen

Material: flache Dose mit paarweise zueinander passenden Knöpfen
Spielbeschreibung: Die Spieler suchen mit verbundenen Augen die zueinander passenden Knöpfe heraus und ordnen sie nach der Größe. Danach kann überlegt werden, an welchen Kleidungsstücken der Spieler sich ähnliche Knöpfe befinden. *(KO 1)*

297 Fühlbuchstaben

Material: Kärtchen mit Buchstaben aus Sandpapier
Spielbeschreibung: Die Spieler müssen die Buchstaben mit geschlossenen Augen ertasten und benennen.
Variationen: Die Spieler ordnen Groß- und Kleinbuchstaben einander zu. Die Spieler legen die Buchstaben nach dem Alphabet.
Tastwettbewerb: Es wird gezählt, wie viele Buchstaben in einer vorgeschriebenen Zeit erfühlt worden sind.
Anmerkung: Die Buchstaben können auch mit anderen Materialien (Federn, Wolle usw.) beklebt werden. *(Quelle unbekannt)*

298 Telefonkette

Spielbeschreibung: Alle Kinder sitzen in einem Kreis. Einzelne Buchstaben eines Wortes werden dem jeweiligen Nachbarn, der die Augen geschlossen hat, nacheinander in die Handinnenfläche geschrieben und so im Kreis weitergegeben. Der letzte Schüler nennt das Wort. *(FAUST-SIEHL u.a. 1995)*

299 Prickelbilder

Material: Prickelkarten mit Buchstaben, Bildern oder Wörtern (prickeln: mit einer Nadel in kleinen Abständen Löcher in die Karten einstechen)

Spielbeschreibung: Die Spieler versuchen mit geschlossenen Augen die Prickelbilder zu ertasten.
Variation: Prickelwörter im Karton
In eine Seite eines Schuhkartons wird ein Fenster geschnitten, das mit einem Stück Stoff abgehängt wird. Auf dem Kartonboden liegt eine Prickelkarte, die von dem Spieler mit geschlossenen Augen ertastet werden soll. *(KO 2)*

300 Fühl-Labyrinth

Material: selbst hergestelltes Fühl-Labyrinth in einem größeren Karton, Augenbinde
Spielbeschreibung: Ein Spieler bekommt die Augen verbunden und muss mit einem Finger den richtigen Weg aus dem Irrgarten finden. Die Partner kontrollieren dies! Manchmal stößt der Finger auf Hindernisse (Nadeln, Federn usw.). Dann darf man nicht weiter, sondern muss einen anderen Weg finden. *(KO 2)*

301 Was war in meiner Hand?

Material: verschiedene Gegenstände
Spielbeschreibung: Den Spielern werden verschiedene Gegenstände ausgeteilt, welche unter Anleitung ertastet werden sollen. Dabei haben die Spieler die Augen geschlossen. Danach werden die Gegenstände wieder eingesammelt und in die Kreismitte gelegt. Jeder soll nun auf Grund der ertasteten Merkmale, seinen Gegenstand mit den Augen wieder finden. *(Quelle unbekannt)*

302 Tast-Ratespiel

Material: verschiedene Gegenstände (z. B. Feder, Holzstück, Bierdeckel usw.)
Spielbeschreibung: Die Spieler gehen paarweise zusammen. Ein Partner liegt mit geschlossenen Augen auf dem Boden, der andere kniet daneben. Nun legt der Spielleiter einen Gegenstand auf ein Körperteil seines Partners. Die anderen Mitspieler machen dasselbe bei ihrem Partner. Wenn 5–6 Gegenstände auf dem Körper des Liegenden verteilt sind, muss dieser versuchen, zu erraten, um welche Gegenstände es sich handelt. Es wird z. B. gefragt: „Was liegt auf deinem Fuß?", „Was liegt auf deinem Bauch?" usw. Danach wird gewechselt.
Anmerkung: Die Gegenstände sollten vor Spielbeginn allen Spielern gezeigt werden. *(ZO 1)*

303 Bäume tasten

Material: Augenbinde
Spielbeschreibung: Das Spiel wird in einem Wald oder Park gespielt. Ein Spieler bekommt die Augen verbunden und wird zu einem Baum geführt. Diesen befühlt er mit seinen Händen, Armen und seinem Körper. Danach wird der Spieler wieder zum Ausgangspunkt zurückgeführt, einmal um die eigene Achse gedreht und von der Augenbinde „befreit". Der Spieler soll nun wieder erkennen, welchen Baum er abgetastet hat. *(Quelle unbekannt)*

304 Wo war ich?

Material: Augenbinde
Spielbeschreibung: Dieses Wahrnehmungsspiel eignet sich vor allem für Zweiergruppen. Ein Spieler verbindet dem anderen die Augen und führt ihn dann über ein Gelände mit Wurzeln, Gras und Steinen zu einem bestimmten Ziel. Damit sich der „Blinde" absolut sicher fühlen kann, muss ihn der andere Spieler auf Bodenunebenheiten oder herunterhängende Zweige, stachelige Sträucher und Ähnliches aufmerksam machen und ihn behutsam führen. Am Ziel angekommen, braucht der „Blinde" erst einmal ausreichend Zeit, um die neue Umgebung erforschen zu können: die Struktur einer Baumrinde, die Form eines Steines, der Geruch einer Pflanze, ein trockenes oder feuchtes Wiesenstück und noch vieles mehr lässt sich sinnlich wahrnehmen. Hat der „Blinde" alles ausgiebig beschnuppert und betastet, bewegen sich die Spieler langsam und möglichst auf Umwegen zum Ausgangsort zurück. Nun darf die Augenbinde abgenommen werden, und der Spieler muss jetzt versuchen, den geheimnisvollen Ort wieder zu finden.
Anmerkung: Bei diesem Spiel wird nicht nur der Tastsinn angesprochen, auch das Riechen spielt eine wesentliche Rolle.
(KOLB 1994, S. 192)

305 Lokführer

Material: Musik
Spielbeschreibung: Ein Spieler ist der Lokführer, der hinter sich eine Reihe von Mitspielern als „Waggons" einsammelt. Diese haben die Augen geschlossen, nur der Lokführer hat die Augen offen. Während er seinen Zug durch den Raum fährt, läuft eine passende (nicht zu schnelle) Melodie. Wenn die Musik stoppt, hält auch die Lok an. Der letzte „Anhänger" tastet sich langsam am Zug entlang nach vorne und öffnet die Augen. Beim Wiedereinsetzen der Musik ist er nun der Lokführer, sein

Vorgänger schließt die Augen und wird zum Waggon. Das Spiel endet, wenn alle Spieler einmal Lokführer waren. Wenn man viel Platz zur Verfügung hat, können auch mehrere „Züge" gleichzeitig unterwegs sein.
Anmerkung: Als Vorübung für dieses Spiel eignet sich der „Blindenspaziergang", bei dem ein Kind mit geschlossenen Augen von seinem Partner durch den Raum geführt wird.
(DIE GRUNDSCHULZEITSCHRIFT 64/1993)

306 Statuen ertasten

Material: Augenbinde
Spielbeschreibung: Ein Spieler schließt die Augen oder bekommt sie verbunden. Ein anderer Spieler nimmt eine bestimmte Körperhaltung ein. Diese soll sein „blinder" Spielpartner sehr genau ertasten und anschließend möglichst genau nachahmen. Erst dann darf er die Augen wieder öffnen und seine Haltung mit dem „Modell" vergleichen.
Variationen: Blindhauer: In einer Dreiergruppe ist einer der Künstler, einer das Modell und der dritte ein Klumpen Ton. Der Künstler und der Ton schließen die Augen, während das Modell (das die Augen offen hat) eine phantasievolle Pose einnimmt. (Sie sollte ohne Mühe gehalten werden können.) Nun muss der Künstler seine Begabung und der Ton seine Formbarkeit beweisen. Der Künstler tastet zunächst das Modell ab und formt dann den Ton zu einer Statue, die dem Modell gleicht. Wenn er seine Arbeit beendet hat, können er und sein Werk die Augen öffnen und die Skulptur dem strengen Urteil der anderen, die alle Kunstkritiker sind, unterwerfen.
Ein Spieler baut aus einem Stapel Bauklötze eine Figur. Sein Spielpartner soll diese mit geschlossenen Augen ertasten und mit seinen Klötzen „blind" nachbauen. *(Quelle unbekannt)*

307 Blinde Baumeister

Spielbeschreibung: Gruppen zu drei bis vier Kindern sitzen mit geschlossenen Augen um einen Tisch auf dem ein Tonklumpen liegt. Gemeinsam versuchen sie nun einen Gegenstand (ein Haus, ein Tier, ein Schiff o.a.) zu kneten. Nach einer Betrachtung des „Werkes" und der Besprechung der Kooperation kann auch ein zweiter Versuch erfolgen. *(ACKERMANN, URFER & MÜLLER 1993)*

B Hörspiele

Unser Gehörorgan ist das Ohr (bzw. die Ohren), mit dem wir Laute und Geräusche aufnehmen, die dann mit Hilfe des Gehirns unterschieden und eingeordnet werden. Vereinfacht dargestellt, ist Hören das Wahrnehmen von Schallwellen, wobei eine Umwandlung in nervale Reize erfolgt, die dann an das Hörzentrum im Gehirn weitergeleitet und dort zu einem Höreindruck umgewandelt werden *(MAELICKE 1990, S. 75 ff.)*.

Auf Grund der Tatsache, dass die Geräuschkulisse unserer Umwelt an Fülle, Lautstärke und Monotonie zugenommen hat, hat die Fähigkeit, differenziert zu hören, abgenommen. Richtiges Hinhören und Zuhören sind zu bedrohten Fähigkeiten geworden, die es gilt, zu fördern. In den folgenden Spielen geht es vor allem um die Förderung der allgemeinen akustischen Aufmerksamkeit, des Richtungshörens, der akustischen Merkfähigkeit, der akustischen Differenzierungsfähigkeit und des sprachbezogenen Hörens.

308 Spitz die Ohren

Material: verschiedene Materialien zum Erzeugen von Klängen und Geräuschen

Spielbeschreibung: Der Spielleiter verursacht hinter einer Wand verschiedene Geräusche (Papier rascheln, Wasser eingießen usw.). Die Spieler sollen die betreffenden Gegenstände erkennen und benennen.

Variationen: Die Gruppe wartet mit geschlossenen Augen. Der Spielleiter geht durch den Raum und führt vier bis sechs Aktivitäten aus (Fenster öffnen, Wasserhahn auf- und wieder zudrehen, Stuhl rücken, Fenster schließen usw.). Die Gruppe versucht nun, die Geräusche zu identifizieren und lokalisieren, um anschließend die Aktivitäten des Einzelspielers zu rekonstruieren.

Die Gruppe hat die Augen geschlossen. Der Spielleiter geht im Raum herum und macht verschiedene Geräusche. Die Spieler müssen in die Richtung zeigen, aus der das Geräusch zu hören ist. Wer das Geräusch falsch lokalisiert, scheidet aus.

(KINDER-SPIELEKARTEI)

309 Ecken raten

Material: vier gleiche Instrumente oder Ähnliches

Spielbeschreibung: In den vier Ecken des Raumes sitzen vier Kinder, die das gleiche Geräusch produzieren können (Tamburin, Kindertrompete, Glocke, Schlagholz, Triangel, zur Not auch Händeklatschen). Die anderen Kinder sitzen mit verbundenen Augen in der Mitte des Raumes. Der Spielleiter zeigt auf eines der vier Kinder, das einen Ton

produziert. Die anderen Kinder zeigen die Richtung an, aus der sie glauben, den Ton gehört zu haben.
Variationen: „Die vier Ecken mit Gegenständen gekennzeichnet (z.B. Fenster, Stuhl, Tür, Tisch). Die Kinder sagen den Gegenstand, neben dem das Geräusch ertönte.
(Die Kinder müssen die Zahlen 1–4 kennen.) Die vier Kinder werden nummeriert. Als Steigerung ist dann natürlich 5–8 möglich.
(Die Begriffe vorne, hinten, rechts, links sind bekannt oder sollten gelernt werden). Die ,blinden' Kinder sitzen so, dass die vier Kinder vor, hinter, rechts und links von ihnen sind und bezeichnen die Richtung mit diesen Begriffen.
Noch weiter fortgeschrittenen Kindern werden Töne aus Norden, Süden, Osten und Westen angeboten.
Statt gleicher Töne werden unterschiedliche Höhen produziert. Die vier Kinder sitzen zuerst auch in vier Ecken, die zu bezeichnen sind. In einer späteren Etappe sitzen sie nebeneinander, und die anderen Kinder rufen ihren Namen (oder ihre Zahl). Mit älteren Kindern kann man dann später zu den Tönen ,do-mi-sol-do' kommen."
(KINDER-SPIELEKARTEI)

310 Lieder raten

Spielbeschreibung: Der Spielleiter summt und/oder klopft ein den Spielern bekanntes Lied. Die anderen müssen raten, um welches es sich handelt. Wer es richtig errät, überlegt sich eine neue Melodie, und die anderen raten.
Anmerkung: Bei diesem Spiel kommt es nicht nur auf genaues Hinhören an, sondern auch auf Rhythmusgefühl, d.h. auf das richtige Wiedergeben bekannter Rhythmen. *(KL)*

311 Ich höre was, was du nicht hörst

Material: verschiedene Gegenstände, mit denen sich vielfältige Geräusche erzeugen lassen
Spielbeschreibung: Der Spielleiter erzeugt verschiedene Geräusche (oder lässt eine Tonbandaufnahme abspielen). Dann beschreibt ein Spieler eines der Geräusche, die zu hören waren, z.B.: „Ich höre was, was du nicht hörst, und das klingt heulend" (Sirene). Wer errät, was es ist, darf das nächste Rätsel stellen. *(KO)*

312 Summen im Kreis

Spielbeschreibung: „Alle Kinder liegen mit dem Rücken im Kreis eng zusammen. Dabei weisen die Köpfe in die Kreismitte. Die Kinder schließen die Augen. Im Raum sollte es ganz still sein. Die Spielleitung beginnt das Spiel, indem sie leise summt. Wird das Summen vom Kind rechts daneben gehört, so beginnt es, ebenfalls zu summen. Der Summton wird also immer im Kreis weitergegeben. Ein Kind darf den Ton jedoch erst aufnehmen und weitergeben, wenn es den Ton beim Kind neben sich gehört hat."
Variation: „Jedes Kind darf selbst festlegen, ob es den empfangenen Ton gleich laut, leiser oder lauter weitergibt."
(SPIELEWERKSTATT RHINOZEROS)

313 Stille Post

Spielbeschreibung: Die Kinder sitzen im Kreis. Der Spielleiter flüstert seinem rechten Nachbarn ein möglichst langes Wort ins Ohr, das ohne Rückfragen, so wie es verstanden worden ist, von Ohr zu Ohr weitergeflüstert wird. Das Wort wandert nun im Kreis herum, bis es beim letzten Spieler ankommt, der dann das Ergebnis laut verkündet. Oft hat das Angekommene mit dem Ausgangswort nicht mehr viel zu tun. In der nächsten Runde wird eine neue „stille Post" aufgegeben.
Variation: Statt einem Wort kann auch ein kurzer Satz oder ein Gruß weitergegeben werden.
Anmerkung: Der Spielleiter sollte darauf aufmerksam machen, dass bei diesem Spiel deutliches Sprechen erforderlich ist.
(PORTMANN/SCHNEIDER 1986, S. 48)

314 Triangelton

Material: Triangel
Spielbeschreibung: Ein Spieler steht mit einem Triangel in der Mitte des Raumes. Die Mitspieler legen den Kopf auf die Arme. Der Spieler mit dem Triangel schlägt diesen kräftig an, der Ton schwebt durch den Raum. Erst wenn nichts mehr zu hören ist, heben die anderen Spieler wieder den Kopf.
Variationen: Der Spieler geht mit dem Triangel durch den Raum und die anderen Mitspieler verfolgen mit geschlossenen Augen den Ton. Danach öffnen alle wieder die Augen und einer der Mitspieler geht den Weg nach. Die Kinder gehen verteilt im Raum herum. Ein Spieler schlägt den Triangel an, wenn der Ton ausgeklungen ist, müssen alle still stehen bleiben. *(DIE GRUNDSCHULZEITSCHRIFT 1993)*

315 Summball

Material: Schaumstoffball
Spielbeschreibung: Die Spieler sitzen mit geschlossenen Augen im Kreis. Nun wird ein weicher Ball von Hand zu Hand weitergegeben, d.h. von der linken Hand in die eigene rechte Hand und dann in die linke Hand des Nachbarn usw. Der Spieler, der den Ball in der Hand hält, summt. Die anderen halten die Augen geschlossen, bis der Ball einmal im Kreis herum ist.
Variation: Ein mit Wasser gefüllter Becher wird im Kreis herumgegeben. *(DIE GRUNDSCHULZEITSCHRIFT 59/1992)*

316 Ich schenk dir einen Klatscher

Spielbeschreibung: Die Kinder sitzen mit geschlossenen Augen im Kreis. „Ein Kind beginnt das Spiel, indem es einmal in die Hände klatscht. Nun ist der rechte oder linke Nachbar mit dem Klatschen dran. Er wird dadurch bestimmt, dass sich das erste Kind mit seinen Händen nach links oder rechts neigt. So wird der Klatscher in der Runde immer weitergegeben."
Der Spielleiter könnte das Spiel folgendermaßen einleiten: "Setz dich hin und schließe deine Augen! Ich geb dir einen Klatscher. Du nimmst ihn und gibst ihn deinem Nachbarn. Wenn du genau hinhörst, nimmst du wahr, wie der Klatscher langsam von dir wegwandert, leiser wird und wieder auf dich zukommt und dabei lauter wird."
Variationen: Der Klatscher wird immer schneller im Kreis herumgegeben; er kann auch einmal die Richtung wechseln oder es kommt ein zweiter Klatscher hinzu. Dies ist allerdings schon schwieriger.
Der Klatscher wird rhythmisch im Kreis weitergegeben.
Anmerkung: Bei diesem Spiel lernen die Kinder auch geduldig abzuwarten. Wenn die Kinder mit dem Spiel vertraut sind, können zwei Kreise gebildet werden, was weniger Geduld erfordert, da der Klatscher schneller im Kreis herumgewandert ist. *(BRUNNER/KROPF 1984)*

317 Weckersuche

Material: laut tickender Wecker
Spielbeschreibung: Der Spielleiter versteckt unbemerkt einen Wecker im Raum. Die Spieler suchen nun mit Hilfe des Tickens den Wecker. Wer ihn zuerst entdeckt hat, gibt das Versteck nicht zu erkennen und setzt sich auf seinen Platz.
Anmerkung: Der Spielleiter sollte vor Spielbeginn darauf hinweisen, dass es bei diesem Spiel mucksmäuschenstill zugehen muss. *(KO)*

318 Kofferschmuggel

Material: Koffer/Tasche, Wecker, zwei Augenbinden
Spielbeschreibung: Ein tickender Wecker soll, in einem Koffer versteckt, von einem Schmuggler an zwei Zöllnern vorbeigeschmuggelt werden. Die Zöllner stehen mit verbundenen Augen in ihrem „Häuschen" und zeigen auf den Schmuggler, wenn sie diesen bemerken bzw. hören. *(KO)*

319 Bello, dein Knochen ist weg

Material: Augenbinde, Gegenstand als „Knochen"
Spielbeschreibung: Die Spieler sitzen im Kreis. Ein Kind in der Mitte ist der schlafende „Bello" (Augen verbunden oder geschlossen). Neben ihm liegt ein „Knochen" (Ball, Bauklotz o. Ä.). Es wird heimlich ein „Dieb" bestimmt, der sich heranschleichen und den Knochen stehlen soll. Alle anderen müssen ganz still sein. Hört der „Hund" den Dieb, so zeigt er in die Richtung, aus der er ihn vermutet. Stimmt es, muss der Dieb sich wieder hinsetzen. Gelingt es ihm aber den Knochen zu greifen, darf er Bello sein.
Variation: Wenn der Dieb den Knochen geklaut hat, rufen die anderen Mitspieler im Chor: „Bello, Bello, dein Knochen ist weg!" Der Spieler in der Kreismitte öffnet die Augen und muss nun herausfinden, wer den Knochen geklaut hat. Er geht zu verschiedenen Mitspielern und „bellt" sie an (er hat höchstens drei Versuche). Wenn er den Dieb entlarvt hat, darf dieser „Bello" sein. *(Quelle unbekannt)*

320 Blinder Kurier

Spielbeschreibung: Die Kinder sitzen in einem Kreis. Innerhalb dieses Kreises befindet sich ein Kurier mit verbundenen Augen. Jeder Mitspieler bekommt den Namen einer Stadt. Der Kurier kündigt nun einen Brief an: „Ein Brief von Lübeck nach München." Die Spieler, die den jeweiligen Städtenamen haben, müssen möglichst leise die Plätze tauschen und dabei den Kurier kurz berühren (oder sich den Brief holen). Wer erwischt wird, löst den Kurier ab. *(THIESEN 1997, S. 83)*

321 Indianer und Trapper

Material: Augenbinde
Spielbeschreibung: Die Spieler bilden einen engen Kreis. Einer der Spieler, der Trapper, stellt sich mit verbundenen Augen in die Mitte

des Kreises. Ein Mitspieler, der Indianer, muss sich nun langsam und leise an den Trapper heranschleichen und versuchen, ihn zu berühren. – Gelingt dem Indianer das, hat er gewonnen und darf den Platz des Trappers einnehmen. Wenn aber der Trapper den Indianer rechtzeitig bemerkt und mit dem Finger in die Richtung zeigt, aus der der Indianer kommt, muss dieser zurück an seinen Platz und ein anderer Indianer darf sein Glück versuchen. Der Trapper bleibt so lange in der Kreismitte, bis es einem Indianer gelingt, ihn zu überraschen und zu berühren. Wichtig ist, dass alle ganz leise sind.
(VOPEL 1991 b, Nr. 16)

322 Indianer auf dem Schleichpfad

Spielbeschreibung: „Die Kinder bilden zwei Gruppen. Die Kinder der einen Gruppe setzen sich mit geschlossenen Augen im Schneidersitz frei verteilt in einer Hallenhälfte hin. Die Kinder der anderen Gruppe verabreden, an wen sie sich wie Indianer ‚anschleichen' wollen. Sie gehen dann leise und behutsam auf Umwegen zu ihrem Ziel und bleiben dort stehen. Die sitzenden Kinder aus der anderen Gruppe, die meinen, dass die ‚Indianer' bei ihnen stehen, stellen sich hin und dürfen die Augen öffnen." *(KO)*

323 Hase und Jäger

Material: Augenbinde, Glöckchen an einer Schnur
Spielbeschreibung: Die Spieler bilden einen engen Kreis. Einer der Jäger, bekommt die Augen verbunden, einem anderen, dem „Hasen", wird ein Glöckchen umgehängt. Der Jäger muss nun versuchen, den Hasen zu fangen. Da er ja nichts sieht, muss er sich darauf konzentrieren, aus welcher Richtung das Glöckchen klingelt. Der Hase darf die Glocke nicht festhalten, weil sonst keine Töne mehr zu hören sind. Gelingt es dem Jäger, den Hasen zu fangen, wird dieser in der nächsten Spielrunde Jäger und darf sich einen neuen Hasen aussuchen.
(BÖSCHEMEYER/VOPEL 1977, Nr. 16)

324 Geräusche-Memory

Material: Tonbandaufnahme mit verschiedenen Geräuschen, Bild bzw. Bildkärtchen, Spielsteine
Spielbeschreibung: Das Bild wird in die Mitte des Tisches gelegt. Jeder Spieler bekommt gleich viele Spielsteine. Während das Tonband, auf dem verschiedene Geräusche aufgenommen sind, abläuft, müssen

die Spieler genau hinhören. Sie legen jeweils einen ihrer Spielsteine auf die Stelle des Bildes, die gerade zu hören ist (z. B. bei Wassergeplätscher wird der Spielstein auf einen Bach gelegt; bei Motorengeräusch auf ein Auto usw.).

Variationen: Auf dem Tisch werden verschiedene Bildkarten verteilt. Die Spieler müssen jeweils die zu den Tonbandgeräuschen passenden Bildkärtchen hochhalten. Auf dem Tisch werden verschiedene Bildkärtchen verteilt. Wenn nun auf der Tonbandaufnahme ein Geräusch zu hören ist, das zu einem der Bildchen passt (z. B. Wassergeplätscher: Bildkärtchen mit Bach), dann müssen die Kinder schnell danach schnappen. Sieger ist derjenige, der am Schluss die meisten Kärtchen ergattern konnte. *(Quelle unbekannt)*

325 Schütteldosen

Material: Filmdöschen, verschiedene Materialien (z. B. Reis, Sand, Steine, Perlen, Zehner, Wasser)

Spielbeschreibung: Die leeren Filmdöschen werden mit den verschiedenen Materialien gefüllt. Jeweils zwei Dosen enthalten die gleiche Füllung (bezüglich Menge und Material). Die Spieler versuchen durch Schütteln und Hören die zueinander passenden Dosen herauszusuchen. Die gleich klingenden Dosen werden nebeneinander gestellt. Zum Schluss wird überlegt, was wohl in den Dosen sein könnte.

C Sehspiele

„Sehen ist eine Synthese verschiedener Vorgänge: Optische Reize werden aufgenommen, voneinander unterschieden, mit früheren Erfahrungen verknüpft und gedeutet“ *(ACKERMANN u.a. 1993, S. 159).* Etwa achtzig Prozent aller Informationen, die aus der Umwelt in unser Gehirn gelangen, nehmen wir durch die Augen auf. Der Sehsinn ermöglicht, im Gegensatz zum Tastsinn, der nur in der unmittelbaren Umgebung „greifen“ kann, auch die Aufnahme dessen, was in der näheren und weiteren Ferne passiert.

Die Dinge mit den Augen wahrzunehmen ist keineswegs ein passiver Vorgang. Im Sinne selektiver Wahrnehmung wird aus der Vielzahl der Reize eine Teilmenge herausgefiltert und mit Hilfe subjektiver Deutungen interpretiert.

Auch wenn Kinder heute in einer vorwiegend visuell ausgerichteten Welt aufwachsen, bedeutet dies nicht, dass sie in diesem Wahrnehmungsbereich keiner Förderung bedürfen. Vielmehr soll durch Sehspiele erreicht werden, dass an Stelle flüchtigen Hinsehens und vorschnellen Urteilens das genaue, sensible Hinsehen und das abwägende, verweilende Interpretieren tritt.

326 Ich sehe was, was du nicht siehst

Spielbeschreibung: Der Spieler sucht sich mit den Augen einen für alle im Raum sichtbaren Gegenstand aus. Es ist wichtig, dass dieser nicht zu lange fixiert wird, da die Mitspieler ihn sonst direkt erraten würden. Dann eröffnet er das Spiel mit dem Satz: „Ich sehe was, was du nicht siehst!“ Nach und nach gibt er Hinweise, wie der Gegenstand aussieht, z. B. „Ich sehe was, was du nicht siehst, und das ist blau.“ Die anderen schauen sich im Raum um und versuchen herauszufinden, was der Rätselsteller meint. Wenn die anderen es nicht erraten, muss er weitere sichtbare Hinweise geben, z. B.: „Es hat eine glatte Oberfläche.“ Wer den Gegenstand herausfindet, darf den nächsten Gegenstand erraten lassen. *(Quelle unbekannt)*

327 Telegramm schicken

Spielbeschreibung: Alle Kinder stehen im Kreis und fassen sich an den Händen. Ein Kind schickt ein Telegramm zu einem anderen: „Ich schicke ein Telegramm an Steffie." Dazu gibt es vorsichtig einen Händedruck nach rechts oder links weiter. Zwei Spieler stehen in der Kreismitte und passen auf, wo sich das Telegramm gerade befindet, bzw. wer gerade die Hand drückt. Finden sie es heraus, bevor das Telegramm den Teilnehmer erreicht („Telegramm angekommen“), wechseln sie mit zwei anderen Spielern. Wenn nicht, beginnt das Spiel von neuem. *(WALTER 1984)*

328 Fotografieren

Spielbeschreibung: Die Spieler gehen paarweise durch den Raum. Einer wird „blind“ geführt (Fotoapparat), der andere führt (Fotograf). Auf ein ausgemachtes taktiles Zeichen hin (Auslöser) öffnet der Geführte die Augen und betrachtet etwa drei Sekunden lang das, worauf seine Augen gerade gerichtet sind und beschreibt es.
(Quelle unbekannt)

329 Bildausschnitte

Material: schwarzes Tonpapier (oder alte Heftumschläge), Bilderbuch bzw. Bildmaterial, Schere
Spielbeschreibung: In ein festes, schwarzes Stück Papier im Format DIN A4 werden drei unterschiedlich große Löcher geschnitten. Das Lochpapier wird dann auf ein Bild gelegt, so dass nur noch Ausschnit-

te zu sehen sind. Die Kinder müssen raten, zu was das sichtbare Teil gehört. Wer richtig geraten hat, darf die nächste Aufgaben stellen. *(THIESEN 1996)*

330 Pfennigsuche

Material: Pfennig oder anderer kleiner Gegenstand
Spielbeschreibung: Alle Spieler gehen aus dem Raum, inzwischen legt der Spielleiter einen Pfennig o.Ä. offen irgendwo im Raum ab. Nun werden die Spieler wieder hereingerufen und sollen den Pfennig suchen. Wer ihn entdeckt hat, gibt dies nicht zu erkennen, sondern sucht scheinbar weiter und setzt sich dann auf seinen Platz. Wenn alle Spieler wieder sitzen, wird das Versteck noch einmal für alle genannt. *(Quelle unbekannt)*

331 Schatzsuche im Dunkeln

Material: Münzen, fluoreszierende Klebesterne
Spielbeschreibung: Der Spielleiter klebt die Sterne auf verschiedene Münzen auf und versteckt diese im verdunkelten Raum. Die Spieler suchen nun die leuchtenden Münzen und sammeln sie ein. Wer am Schluss den größten Schatz vorweisen kann, ist Sieger.
Anmerkung: Die Sterne müssen vorher angestrahlt werden, damit sie im Dunkeln auch leuchten. *(KL)*

332 Museumsspiel

Material: Bildkärtchen
Spielbeschreibung: Beim Museumsbesuch erhält jedes Kind ein Bildkärtchen, auf dem ein Ausschnitt einer Figur, eines Kunstwerkes o.Ä. aus diesem Museum abgebildet ist. Die Aufgabe der Kinder ist es nun, das entsprechende Ausstellungsstück im Museum zu finden und dessen Namen aufzuschreiben. *(TR 2)*

333 Welcher Verschluss passt?

Material: verschiedene Flaschen und Gläser, passende Verschlüsse
Spielbeschreibung: Auf einem Tisch werden verschiedene Verschlüsse von Gläsern und Flaschen verteilt. Die Spieler versuchen nun, mit den Augen die passenden Verschlüsse herauszufinden und diese den entsprechenden Gefäßen zuzuordnen. *(KO 1)*

D Riech- und Schmeckspiele

Wegen ihrer engen Verknüpfung werden der Geruchs- und der Geschmackssinn oft unter der Bezeichnung „chemischer Sinn" zusammengefasst, da beide an chemische Substanzen als stoffliche Überbringer gekoppelt sind. Viele Eindrücke und Erinnerungen (u.a. an die Kindheit) sind vom Geruchssinn geprägt. Schon kleinste Mengen eines bestimmten Duftes wecken die Erinnerung an bestimmte Personen, Bilder und Situationen *(BECK/WELLERSHOFF 1989, S. 85)*.

Im Unterschied zu der Nase ist die Zunge ein grobes Sinnesinstrument; sie nimmt lediglich vier Geschmacksqualitäten – süß, sauer, salzig, bitter – wahr. Was in unserer Sprache mit „Schmecken" bezeichnet wird, ist eigentlich „Riechen", denn die differenzierte Wahrnehmung dieser Grundempfindungen erfolgt fast ausschließlich durch den Geruchssinn *(MAELICKE 1990, S. 93)*.

Bei der folgenden Zusammenstellung der (wenigen!) Riech- und Schmeckspiele aus den verschiedenen Schulen wird jedoch deutlich, dass gegenüber den „höheren Sinnen" (Sehen, Hören) die „niederen Sinne" (Riechen, Schmecken) kaum als förderungswürdig eingestuft werden, obwohl diese eine ebenso wichtige Rolle in der Entwicklung des Kindes spielen.

334 Spürnase

Material: 10–15 Gefäße, gefüllt mit verschiedenen Kosmetika und Lebensmitteln
Spielbeschreibung: Der Spielleiter füllt ca. zehn bis fünfzehn Gefäße mit verschiedenen „Düften". Alle Gefäße müssen gleich aussehen und mit „Lochscheiben" abgedeckt sein, damit man ihren Inhalt nicht erkennen kann. Nun schnüffeln die Spieler nacheinander an den Gefäßen und versuchen zu erraten, um welchen Duft es sich handelt.
Anmerkung: Als Füllung für die Gefäße eignen sich z.B. Seifenpulver, Parfüm, Pfeffer, Käse, Kaffee, Knoblauch, Essig, Zimt, Kamillentee, Anis, Ingwer, Rosenduft, Pfefferminze usw.
Als Gefäße eignen sich vor allem kleine leere Jogurtbecher oder Filmdöschen. Flüssige Inhaltsstoffe werden auf Wattebällchen geträufelt.
(PORTMANN/SCHNEIDER 1986, S. 58 f.)

335 Duftmemory

Material: Gläser/Filmdöschen, Wattebällchen, verschiedene Düfte (Öle, Parfüm usw.), bunte Klebepunkte
Spielbeschreibung: In einer bestimmten Anzahl von Gläsern/Filmdöschen befinden sich mit verschiedenen Düften getränkte Watteböll-

chen. Je zwei Gläser/Filmdöschen enthalten denselben Duft. Die Spieler sollen nun allein oder in Partnerarbeit versuchen, die beiden identischen Düfte zu finden. Zur Selbstkontrolle befinden sich auf dem Gefäßboden der zueinander gehörenden Partnerdosen zwei gleichfarbige Punkte. *(Quelle unbekannt)*

336 Goldene Nase

Material: möglichst stark riechende Gegenstände, z. B. 2 Zwiebeln, 2 Zigarren, 2 Äpfel, 2 Zitronen, 2 mit Parfüm getränkte Stoffstücke, 2 Schachteln mit Pfeifentabak, 2 Stücke Holländer Käse, 2 Scheiben Salami, 2 Gewürznelken, 2 Scheiben frisches Brot, 2 kleine Fläschchen Benzin o. Ä., Augenbinde
Spielbeschreibung: Die Spieler sollen zwei gleich große Gruppen bilden und sich in einer Reihe hintereinander aufstellen. Jeweils ein Kind aus jeder Gruppe geht zum Spielleiter und bekommt die Augen verbunden. Dann wird beiden Spielern etwas von den oben genannten Dingen unter die Nase gehalten (beiden natürlich dasselbe!). Die Spieler dürfen nichts anfassen, nur riechen. Wer zuerst errät, um was es sich handelt, bekommt für seine Gruppe einen Punkt. Nun versuchen die nächsten beiden ihr Glück. Wenn jeder einmal an der Reihe war, endet das Spiel. Gewonnen hat die Gruppe, die am Spielende die meisten Punkte erzielen konnte.
Anmerkung: Es ist sinnvoll, vor dem eigentlichen Spiel die Gegenstände herumzugeben, damit die Kinder Gelegenheit haben, sie ausgiebig zu „beschnuppern“, und feststellen können, dass verschiedene Dinge auch unterschiedlich riechen.
(BÖSCHEMEYER/VOPEL 1977, Nr. 14)

337 Supernase

Material: kleine leere Jogurtbecher oder Filmdöschen, Wattebällchen, Gefäße mit verschiedenen Kosmetika und Lebensmitteln
Spielbeschreibung: Der Spielleiter bereitet einige Gefäße mit verschiedenen Duftproben vor. Das Spiel besteht aus drei Spielrunden mit steigendem Schwierigkeitsgrad. In der ersten Spielrunde riechen die Spieler an den einzelnen Bechern und entscheiden, ob es sich um einen Geruch aus dem Bad oder der Küche handelt.
In der zweiten Spielrunde riechen die Spieler an den Bechern und ordnen sie anschließend den Gefäßen zu, aus denen die Geruchsproben stammen, z. B. die Geruchsprobe „Maggi“ der Maggiflasche.
In der dritten Spielrunde riechen die Spieler an den Bechern und benennen den Geruch.

Anmerkung: Kindern fällt es oft schwer, die Gerüche zu benennen, da ihnen die Namen wie Zimt, Nelken usw. nicht geläufig sind; daher genügt es, den Duft mit Hilfe von Vergleichen zu beschreiben, z. B. Zimt erinnert an Milchreis oder Apfelküchlein; Schaumbad riecht nach Badewanne usw. – Dieses Spiel ist in keiner der Lern- und Spielschulen gespielt worden, es erscheint mir aber wichtig, an dieser Stelle noch aufgenommen zu werden. *(LÖSCHER 1983, S. 49 f.)*

338 Feinschmecker

Material: 4–6 verschiedene Gemüse-/Obstsorten mundgerecht zugeschnitten (z. B. Apfel, Birne, Möhre, Gurke, Kartoffel, Kohlrabi), Augenbinde
Spielbeschreibung: Ein Spieler bekommt die Augen verbunden. Sein Spielpartner gibt ihm nacheinander vier verschiedene Obst- oder Gemüsestückchen in den Mund, die er bei zugehaltener Nase kauen muss. Nun soll er die vier Sorten in der richtigen Reihenfolge nennen. Die Kontrolle übernimmt der Partner. Danach wird gewechselt.
Variation: Ein Spieler bekommt die Augen verbunden. Der Spielleiter reicht ihm ein Stück Wurst, Frucht, Käse o. Ä. Der Spieler versucht nun den anderen Spielern, die in zwei Gruppen aufgeteilt sind, den Geschmack möglichst genau zu beschreiben, ohne den Namen des Lebensmittels zu nennen. Die Gruppe, die zuerst das entsprechende Lebensmittel errät, bekommt einen Punkt. Danach wird ein neuer „Vorkoster" bestimmt. Gewonnen hat die Gruppe, die am Ende des Spiels die meisten Punkte hat. *(Quelle unbekannt)*

339 Saft-Bar

Material: 10–15 verschiedene Säfte oder andere Getränke (z. B. Wasser, Kirschsaft, Zitronensaft, Orangensaft, Karottensaft, Milch, Buttermilch, Apfelsaft), Becher, Augenbinde
Spielbeschreibung: Der Spielleiter füllt die Becher mit den Getränken und stellt sie in einer Reihe nebeneinander auf. Die Mitspieler bekommen die Augen verbunden und probieren nun der Reihe nach von den einzelnen Getränken. Die Becherränder sollten natürlich zwischendurch immer wieder abgewischt werden. Nach der Probe schreiben die Spieler auf oder sagen, was sie geschmeckt haben. Die Kontrolle kann durch den Spielleiter oder durch einen Spielpartner erfolgen.
Anmerkung: Dieses Spiel ist in keiner der Lern- und Spielschulen gespielt worden, ich habe es aber dennoch aufgenommen, da die Kategorie der Riech- und Schmeckspiele sonst sehr unergiebig wäre.
(PORTMANN/SCHNEIDER 1986, S. 59)

Im Folgenden wird noch ein Spiel genannt, mit dem alle bisher dargestellten Sinne angesprochen werden:

340 Gehe 5 Schritte

Spielbeschreibung: „Zwei Personen gehen zusammen. Einer hat die Aufgabe, seine Wahrnehmungen zu nennen, der andere führt ihn, indem er ihn leicht am Arm fasst, die Richtung angibt und folgende Anweisungen spricht:
‚Gehe 5 Schritte und nenne dann 5 Dinge, die du siehst ... ‘
‚Gehe 5 Schritte und nenne dann 5 Dinge, die du hörst ...‘
‚Gehe 5 Schritte und nenne dann 5 Dinge, die du spürst ...‘
‚Gehe 4 Schritte und nenne dann 4 Dinge, die du siehst ...‘
‚Gehe 4 Schritte und nenne dann 4 Dinge, die du hörst ...‘
‚Gehe 4 Schritte und nenne dann 4 Dinge, die du spürst ...‘
‚Gehe 3 Schritte und nenne dann 3 Dinge, die du siehst ...‘
‚Gehe 3 Schritte und nenne dann 3 Dinge, die du hörst ...‘
‚Gehe 3 Schritte und nenne dann 3 Dinge, die du spürst ...‘
‚Gehe 2 Schritte und nenne dann 2 Dinge, die du siehst ...‘
‚Gehe 2 Schritte und nenne dann 2 Dinge, die du hörst ...‘
‚Gehe 2 Schritte und nenne dann 2 Dinge, die du spürst ...‘
‚Gehe 1 Schritt und nenne dann 1 Ding, das du siehst ...‘
‚Gehe 1 Schritt und nenne dann 1 Ding, das du hörst ...‘
‚Gehe 1 Schritt und nenne dann 1 Ding, das du spürst ...‘
‚Gehe 1 Schritt und nenne dann 1 Ding, das du riechst oder schmeckst ...‘
Danach wechseln die Personen die Rollen.“
(KL)

Kapitel 5: Bewegte Spiele

A Pausenspiele

Schon Comenius wies 1632 darauf hin, „dass neben der Schule ein Platz vorhanden sein solle zum Springen und Spielen, wozu man den Kindern Gelegenheit geben müsse“ *(COMENIUS in BIELEFELD 1993, S. 18)*. Bewegungsmangel und Bewegungseinseitigkeit (z. B. ausschließlich Aktivitäten am Tisch) sind oft die Ursachen für motorische Unruhe, Teilnahmslosigkeit und Desinteresse, die durch Pausenspiele ausgeglichen werden können. *(THIESEN 1990, S. 21)*. Hierzu bedarf es auch einer angemessenen räumlichen und organisatorischen Gestaltung des Schulgeländes. KRAFT *(1977, S. 81 f.)* macht folgende Vorschläge:

Entzerrung unterschiedlicher Zonen
Die für die Pausen nutzbare Fläche wird in mindestens drei Zonen eingeteilt, denen verschiedene Aktivitäten zugeordnet werden:
- Fläche mit Sitzgelegenheiten,
- Fläche für Hickelkästchen, Gummitwist, Seilspringen, Murmelspiele
- größere Freiflächen für Lauf- und Ballspiele

Verminderung der Schülerdichte
Bisher nicht genutzte Flächen werden in den Pausenbereich einbezogen.

Angebot einfacher Beschäftigungsmöglichkeiten
Einzelne Lehrkräfte können durch Anregungen verschiedener Spiele die Schulhofsituation kurzfristig verändern. Längerfristige Veränderungen müssen jedoch durch ein vielfältiges Angebot von Beschäftigungsmöglichkeiten gesichert werden.

Spiele zum Selbermachen

Selbst hergestellte Spiele haben für Kinder einen besonderen Reiz. Schon während der Herstellung ihres Produktes können sich die Kinder damit identifizieren und sich auf das spätere Spielen freuen. Durch das Wissen um den genauen Aufbau und die Funktionsweise des Spielzeugs können die Kinder eine besondere Beziehung zu diesem aufbauen. In vielen Fällen ist dann auch gewährleistet, dass mit mehr Sorgfalt und Behutsamkeit mit dem selbst gestalteten Spiel umgegangen wird.

Literaturhinweis: Vielfältige Beispiele zum Thema „Spielen auf Schulhof" finden sich in der Broschüre von Petzold, Müller, Volmer und Loncke: Schulhofspiele. Bautzen 1994.

341 Hütchen durch die Beine

Material: 6 normale Frisbee-Scheiben, 1 kleine Frisbee-Scheibe, verschiedenfarbige Stoffe

Materialvorbereitung: Alle Frisbee-Scheiben werden mit Stoff bezogen. Günstig ist es, wenn jede Scheibe eine andere Farbe als Bezug erhält. Ist dies nicht möglich, so können auch jeweils zwei große Frisbee-Scheiben gleichfarbig sein.

Der Stoff wird an der Unterseite der Scheibe entweder zusammengenäht oder getuckert.

Spielbeschreibung: Die Mitspieler teilen die großen Frisbee-Scheiben gleichmäßig unter sich auf. Ein Spieler beginnt, indem er die kleine Scheibe in die Hand nimmt, sich mit seinem Oberkörper nach vorne beugt, so dass er zwischen seinen gespreizten Beinen durchschauen kann, und die Frisbee-Scheibe in seine Blickrichtung wirft. Nacheinander stellen sich nun alle Mitspieler an die gleiche Stelle, mit dem Rücken zur kleinen Frisbee-Scheibe, und werfen auf dieselbe Art und Weise ihre Frisbee-Scheiben möglichst nahe an die kleine, zuerst geworfene Scheibe. Sind alle Scheiben geworfen, so ist der Besitzer der Scheibe, die am nächsten bei der kleinen liegt, Sieger.

Anmerkung: Dieses Spiel wurde im Rahmen des Projekts „Mittelalter" neu in der Klasse eingeführt und wird seitdem in der Pause gespielt. Es fördert die Koordination von Wahrnehmung und Bewegung. Das Werfen ist durch die veränderte Raumlage in der Wahrnehmung (oben – unten) für die Kinder besonders reizvoll. *(ZO)*

342 Strumpf-Tennisschläger

Material: Draht-Kleiderbügel (z.B. von Reinigung), Beißzange, 1 Nylonstrumpf, 1 Tischtennisball
Materialvorbereitung: Zunächst wird ein Tennisschläger hergestellt. Dafür wird der Haken eines Draht-Kleiderbügels mit der Beißzange abgeknipst, so dass die beiden umwickelten Enden des Drahtes aber noch mit dem Reststück verbunden sind. Aus diesem Reststück entsteht der Tennisschläger, das Hakenende wird weggeworfen. Die beiden umschlungenen Enden bilden den Griff. Das Stück, auf dem normalerweise bei einem Kleiderbügel die Jacke hängt (in etwa eine dreieckige Form) wird zu einer Rundung gebogen. Ein Fußende des Nylonstrumpfes wird auf Ellbogenlänge abgeschnitten und über die Rundung des Drahtes gezogen. Das Ende wird um den Griff gewickelt und daran festgeknotet. Dieser Griff wird noch mit Zeitungspapier und schließlich mit Klebeband umwickelt. Der zweite Tennisschläger kann genauso hergestellt werden.
Spielbeschreibung: Zwei Kinder nehmen jeweils einen Tennisschläger in die Hand und spielen mit einem Tischtennisball im Pausenhof Tennis. *(ZO)*

343 Meggerlen

Material: 1 Halstuch, 1 Stock
Materialvorbereitung: Das Halstuch wird mit einer Ecke um das Stockende geknotet.
Spielbeschreibung: Ein Kind steht mit dem Stock in der Hand in der Mitte von anderen Kindern. Es dreht sich um die eigene Achse und schwingt dabei den Stock. Die anderen Kinder versuchen, das Tuch im Lauf zu ergreifen. Wer es erwischt, darf in die Mitte und selbst das Tuch schwingen. *(ZO)*

344 Kometball

Material: Stoff, Sand, Bänder (z.B. aus Krepppapier), Tucker, Schnur
Materialvorbereitung: Auf ein quadratisches Stück Stoff wird Sand geschüttet, so dass man es an allen Ecken und Seiten noch hochnehmen und mit einer Schnur insgesamt zuknoten kann. Hat man dies ausgeführt, so ist das Säckchen schon fertig. Zur Verzierung werden Bänder an den überstehenden Enden festgetuckert.
Spielbeschreibung: Die Kinder werfen sich die Wurfsäcke gegenseitig zu oder sie balancieren sie beispielsweise auf dem Kopf.
(Quelle unbekannt)

345 Fallschirm-Männchen

Material: quadratisches Stofftuch (oder Plastiktüte), Schnur, Spielfigur z. B. von Playmobil (oder Korken).
Materialvorbereitung: Das Stofftuch wird an allen vier Ecken verknotet. Um diese Knoten bindet man jeweils einen etwa 30 cm langen Faden und befestigt alle Fadenenden an dem Spielzeugmännchen.
Spielbeschreibung: Die Kinder lassen das Spielzeugmännchen, das an seinem Fallschirm hängt, vom obersten Stockwerk des Gebäudes durch das Treppenhaus nach unten schweben. *(TR 2)*

346 Drachen

Material: 2 Latten aus Föhrenholz (7 x 7 mm, eine 90 cm und die andere 60 cm lang), 300 Meter Drachenschnur, Transparentpapier (90 x 60 cm), Alleskleber, dünne Kordel (6 m lang), 2 Rundhölzer (2,5 cm Durchmesser, 30 cm lang), 1 Spanplatte (20 x 15 cm, 2 cm stark), 1 Rundholz (1 cm Durchmesser, 5 cm lang), Lineal, Bleistift, Messer, Schere, Feinsäge, Hammer
Materialvorbereitung: An der langen Latte (90 cm) werden von einem Ende her 30 cm abgemessen und dort wird ein Punkt markiert. Ein anderer Punkt wird im Mittelpunkt der kurzen Latte (60 cm) markiert. Auf beide Punkte trägt man dick Alleskleber auf und lässt ihn eine Minute antrocknen, bevor man die Klebestreifen aufeinander presst. Wieder etwas trocknen lassen. Die Latten bilden jetzt ein Kreuz, das „Rückgrat“ des Drachens.
60 cm Kordel werden kreuzweise um die verleimte Stelle gewickelt und festgeknotet. Die Kreuzwicklung wird mit Leim bestrichen. Auch diese kurz trocknen lassen. Von der Kordel werden 1,5 m abgeschnitten und beiseite gelegt (das wird die Drachenführung).
In das Stirnholz der Latten werden leichte Rillen geschnitzt, damit man das Kreuz mit der Kordel umspannen kann.
Die Kordel wird um die Rillen der Kreuzenden gespannt und in der oberen Rille festgeknotet. Die Schnur muss straff sitzen, aber nicht zu fest, weil sich sonst die Latten biegen.
Den Drachenrahmen legt man auf das Drachenpapier und schneidet mit der Schere die Drachenform aus, und zwar so, dass 4 cm parallel zur Spannkordel überstehen.
Auf die überstehenden Streifen trägt man Kleber auf, falzt sie längs der Schnur und lässt sie dann trocknen.
Die Kordel wird über beide Kerben um die Querlatte gezogen und hinten mit der Schlinge in der Mitte so festgezogen, dass die Latte nach hinten etwa 5 cm durchbiegt, und dann kräftig verknotet.
Genau dort, wo sich die Latten treffen, wird ein kleines Loch ins Pa-

pier gestochen. Mit einem Selbstklebering darüber schützt man vor dem Ausreißen (oder auch durch einen ausgeschnittenen Ring aus Drachenpapier, der darüber geklebt wird). Ein Ende der beiseite gelegten Drachenführung wird eingefädelt, durchgezogen und am Kreuz festgebunden und verknotet. Das andere Ende der Schnur befestigt man am unteren Lattenende. Schmale Streifen aus Drachenpapier werden zur Verstärkung über die Ecken geklebt.
Ein weiteres, 2 m langes Stück Kordel, knotet man an gleicher Stelle fest: Das wird der Schweif des Drachens. Aus dem übrig gebliebenen Drachenpapier formt man einen kräftigen Büschel, den man an das Ende der Schnur bindet. Mit einer Schere schneidet man von unten her ein, so dass eine Quaste entsteht. Daraufhin kann man noch nach Belieben in gleichmäßigen Abständen bunte Papierschleifen in den Schweif binden.
Für die Haspel werden Rundhölzer der Länge nach 20 cm weit durchgesägt, quer gelegt und jeweils eine der Hälften abgesägt.
Kleber bringt man auf die Sägefläche des Rundholzes und auf die Längskante der Spanplatte und klebt dann das Rundholz an. Das andere Rundholz klebt man in gleicher Weise in entgegengesetzter Richtung auf die gegenüberliegende Seite der Spanplatte. Daraufhin schlägt man einige Nägel beiderseits längs der Rundhölzer ein.
Das Ende der Drachenschnur bindet man an einem der Griffe fest und wickelt die Drachenschnur auf die Haspel.
Mit dem Messer wird eine Kerbe um die Mitte des kleinen Rundholzes geschnitzt und das Ende der Drachenschnur dort festgeknotet. Der Drachen wird an der Führungsschnur gehalten und so ausbalanciert, dass er waagerecht hängt. An dieser Stelle knotet man die Führungsschnur ebenfalls an der Kerbe des Rundholzes fest.
Spielbeschreibung: Den Drachen muss man gegen den Wind starten. Um ihn in die Höhe zu bringen, hält man ihn mit der einen Hand in die Luft, die andere führt die Schnurhaspel. Zieht der Drachen an, lässt man je nach Stärke des Windes Schnur frei. Die Leine muss immer gespannt sein. Sobald die Schnur etwas durchhängt, nimmt man sie schnell wieder auf (sonst bilden sich Knoten) und läuft gegen den Wind, um sie wieder zu straffen. So kann man den Drachen vor dem Absturz bewahren.
Anmerkung: Wichtig ist, dass man Drachen nur in offenem Gelände, das frei von Bäumen, Telegrafenmasten, Stromleitungen und Fernsehantennen ist, steigen lässt. Günstig ist, wenn man etwas Tesafilm und Papier einstecken hat, denn wenn der Drachen hin- und herwackelt – ein sicheres Zeichen, dass er noch nicht ausbalanciert ist – kann man mit etwas aufgeklebtem Papier abhelfen. *(TR)*

347 Dosenstelzen

Material: 2 leere Konservendosen, Wäscheleine (2 x ca. 120 cm lang), Dosenöffner
Materialvorbereitung: Der Deckel der Konservendose wird mit einem Dosenöffner völlig abgetrennt. Die offene Seite wird nach unten gehalten und in zwei gegenüberliegende Seiten wird etwas unterhalb der oberen Kante ein Loch gebohrt. Hierdurch werden von außen die beiden Enden eines Stückes der Wäscheleine gesteckt und von innen verknotet, so dass die Leine nicht mehr durchgezogen werden kann. Die sich oberhalb der Dose ergebende Schlaufe der Wäscheleine ist so lang, dass ein Kind, das sich auf die Dose stellt, die Schlaufe in seiner Hand ca. auf Hüfthöhe halten kann. Die zweite Dose wird auf die gleiche Weise hergestellt.
Spielbeschreibung: Der Spieler stellt seine beiden Füße auf die Dosen, so dass jeweils rechts und links des Fußes die Schlaufe aus dem Doseninnern kommt. Er umfasst mit der linken Hand die Schlaufe der linken Dose und mit der rechten die entsprechende. Nun versucht er auf den Stelzen zu laufen, indem er z. B. die linke Hand und den linken Fuß gleichzeitig anhebt, nach vorne bewegt und wieder absenkt, das Gewicht darauf verlagert, dasselbe mit der anderen Körperseite ausführt und so langsam zu gehen beginnt.
Anmerkung: Wichtig ist, dass die Leine beim Hochheben des Fußes von der Hand fest genug angezogen wird und damit an der Fußsohle bleibt, sonst kann sich die Dose verdrehen oder kippen und das Kind hinfallen. Dies ist ein beliebtes Balanciergerät, das leicht selbst hergestellt werden kann. *(Quelle unbekannt)*

348 Riesenseifenblasen

Material: für 10 l Seifenlauge: 750 g Neutralseife, 25 g Tapetenkleister, 500 g Zucker, 1 l lauwarmes Wasser, 9 l Wasser
Für die Ringe: dicker Draht, Stab, Klebeband, Wolle oder Verbandsmull
Materialvorbereitung: Die Neutralseife, den Tapetenkleister, den Zucker und 1 l lauwarmes Wasser gut in einem Eimer verrühren und einen Tag stehen lassen. Dann 9 l Wasser dazugeben.
Den dicken Draht biegen die Kinder zu einem Ring, den sie mit Klebeband an dem Stab befestigen. Die Drahtschlaufe umwickeln sie dann noch mit Wollfaden oder Verbandsmull, da sich die Seifenlauge nur von diesen Materialien gut löst.
Spielbeschreibung: Die Kinder tauchen ihren Ring ganz in die Seifenlauge ein und ziehen ihn dann wieder vorsichtig heraus, so dass die Seifenlauge innerhalb des Ringes wie eine dünne Haut gespannt ist.

Dann blasen sie vorsichtig hinein oder halten den Ring hoch und fahren damit durch die Luft. Dabei kommt Luft in die Seifenblase, sie wird größer und größer. Zum Schluss ziehen die Kinder den Ring vorsichtig von der Seifenblase weg, die in schimmernden Regenbogenfarben durch die Luft schwebt.
Anmerkung: Die angerührte Seifenlauge hält sich viele Wochen, muss jedoch vor jedem Gebrauch noch einmal gut umgerührt werden.
Dieses Spiel eignet sich gut im Zusammenhang mit dem Thema „Der Regenbogen". *(WALTER 1992, S. 61)*

349 Papierpropeller

Material: Origamipapier, Schere
Spielbeschreibung: Von einem Origamipapier schneidet man einen 3 cm breiten Streifen ab und schneidet und faltet diesen so wie auf dem Bild zu sehen ist. Die durchgezogenen Linien werden geschnitten, die gestrichelten Linien gefaltet. Der Propeller fliegt, indem man ihn hochhält und loslässt.

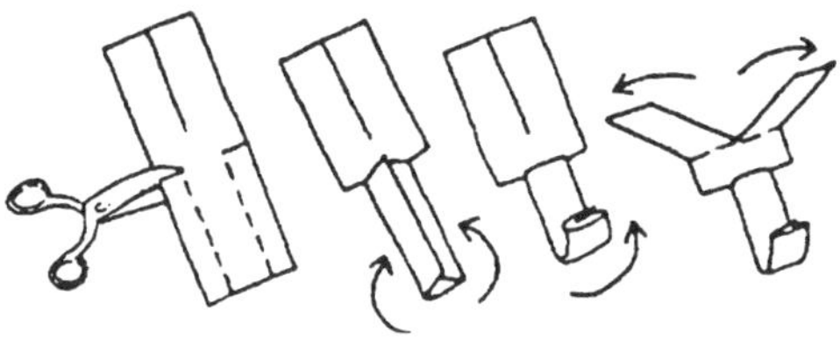

Anmerkung: Dieses Spiel wie auch die folgenden Papierflieger-Spiele lassen die Kinder Erfahrungen mit dem Element „Luft" sammeln, so dass sie gut im Zusammenhang mit diesem Thema im Sachkunde-Unterricht eingesetzt werden können. *(WALTER 1992, S. 125)*

350 Fliegender Teppich

Material: Schreibpapier (DIN A4)
Materialvorbereitung:
1. Schreibpapier der Länge nach falten und wieder öffnen
2. beide Seiten bis zur Mittelfalz falten, wieder öffnen
3. Querfalte knicken, wieder öffnen
4. untere Seite bis zu diesem Mittelfalz falten, noch einmal zur Mitte falten, das Papier wieder öffnen
5. von unten her viermal falten
6. Teppich gleichmäßig rund wölben

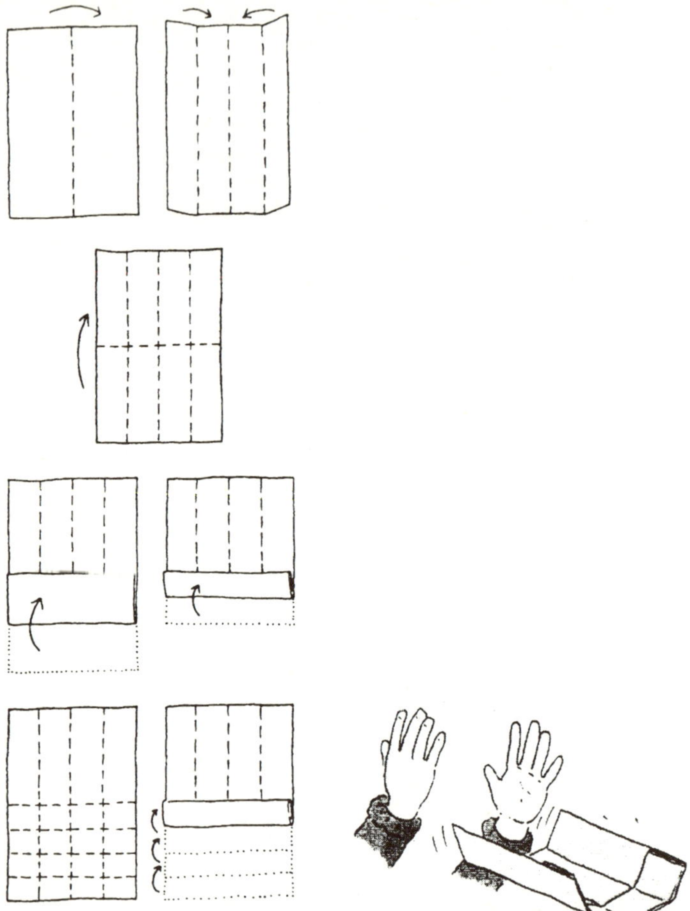

Spielbeschreibung: Der Teppich fliegt, wenn man ihn mit beiden Händen festhält und mit einem leichten Schub gleiten lässt.
(WALTER 1992, S. 126)

351 Fliegender Pfeil

Material: Schreibpapier (DIN A4)
Materialvorbereitung:
1. Schreibpapier längs falten, wieder öffnen
2. zwei Ecken bis zum Mittelfalz umknicken
3. Seiten noch einmal bis zur Mitte falten
4. Seiten ein drittes Mal zur Mitte falten
5. Pfeil umdrehen, Tragflächen hochstellen, mit Klebeband zusammenhalten

Spielbeschreibung: Den Pfeil unten festhalten und mit Schwung geradeaus werfen. *(WALTER 1992, S. 127)*

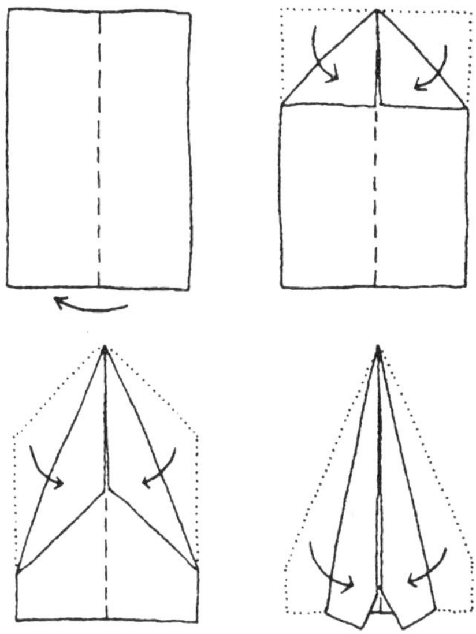

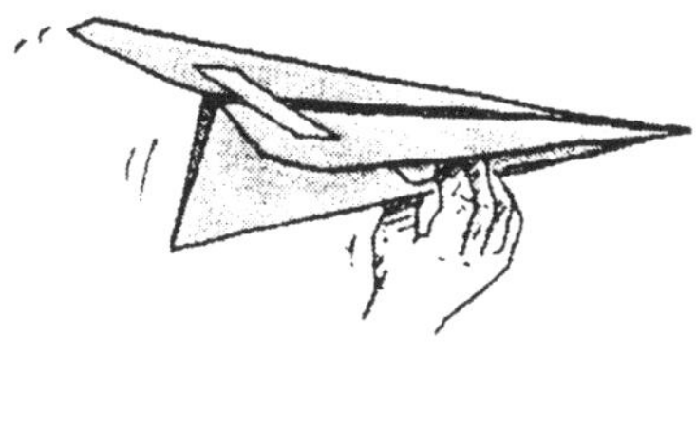

352 Fliegende Ringe

Material: Schreibpapier (DIN A4), Klebeband, Trinkhalm, Schere
Materialvorbereitung:
1. Zwei Papierstreifen zuschneiden;
2. Streifen zum Ring schließen und mit Klebeband innen und außen festkleben;
3. Trinkhalm am Knick abschneiden;
4. in die beiden Ringe stecken und festkleben.

Spielbeschreibung: Den Ring lässt man mit leichtem Schub geradeaus starten. *(WALTER 1992, S. 127)*

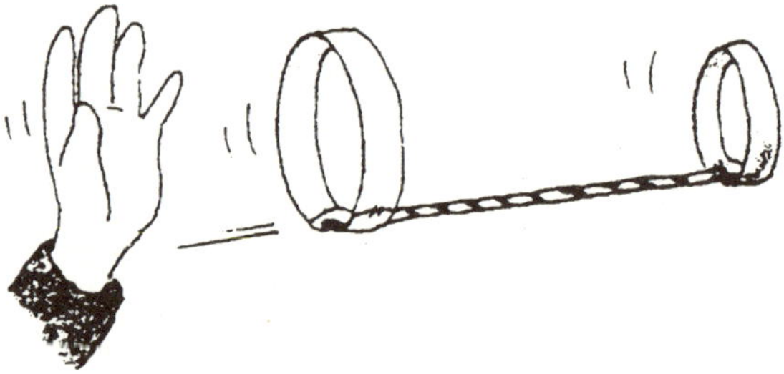

Spiele im Freien

Sich im Freien durch Bewegung zu erholen ist eine gute Grundlage für weitere anstrengende Aktivitäten im Klassenzimmer. Darüber hinaus ist es wichtig, dass die Schule den Kindern die Möglichkeit gibt, unmittelbare Erfahrungen in der Natur zu sammeln. Es kann erwartet werden, dass viele Kinder diese Spielerfahrungen auch in ihre Freizeit übertragen und dem Spielen außerhalb der Wohnung mehr abgewinnen können. Allen Spielen im Freien ist die Bewegung gemeinsam, die das Kind seinen Körper bewusster erleben lässt und das innere und äußere Gleichgewicht fördert.

353 Kreisel treiben

Spielbeschreibung: Eine Kordel, die an einem Holzstäbchen befestigt ist, wird dicht um den Holzkreisel gewickelt. Dann setzt man den Kreisel auf den Boden und zieht ruckartig die Kordel ab. Wenn man es richtig macht, dreht sich der Kreisel. Um ihn am Laufen zu halten, kann man ihn immer wieder mit der Schnur anpeitschen.

Anmerkung: Der Holzkreisel kann von einem Schreiner oder einem handwerklich geschickten Vater leicht hergestellt werden. *(ZO 2)*

354 Schatten fangen

Spielbeschreibung: Die Schüler finden sich jeweils zu zweit zusammen. Einer der beiden versucht, mit dem Fuß auf den Schatten seines Partners zu treten. Der andere versucht durch geschicktes Bewegen, dies zu verhindern. Gelingt es dem „Schattenfänger" dennoch, so werden die Rollen getauscht. *(ZO)*

355 Hammelsprung

Spielbeschreibung: Fünf Kinder stellen sich in einer Linie mit jeweils ca. 5 m Abstand dazwischen auf. Sie grätschen leicht die Beine, beugen sich nach vorne, lassen den Kopf nach unten hängen und stützen sich mit den Händen auf den Knien ab. Im Unterschied zum bekannten Bockspringen stehen diese Kinder nicht in Laufrichtung der Kinder, die über sie springen, sondern quer dazu. Das bedeutet, dass die springenden Kinder die Beine während des Sprunges weiter auseinander schwingen müssen. Sie stützen sich mit den Händen während des Sprunges auf dem Rücken der stehenden Kinder ab. Diese können nach einem Durchgang ausgewechselt werden.
Anmerkung: Dieses Spiel gehört zu den Mittelalter-Spielen, die während eines Projektes zu diesem Thema neu eingeführt wurden. *(ZO)*

356 Reiterkampf

Material: 1 Gürtel
Spielbeschreibung: Sechs Kinder stellen insgesamt zwei Pferde mit Reitern dar, die um einen Gürtel kämpfen. Jeweils drei Kinder bilden eine Mannschaft. Ein Kind davon bleibt als Kopf und Vorderseite mit Vorderfüßen aufrecht stehen. Ein zweites Kind stellt sich hinter das erste, beugt seinen Oberkörper nach vorne, streckt die Arme nach vorne und umfasst mit beiden Händen die Hüfte des ersten Kindes. So stellt es den Rücken und die Hinterbeine des Pferdes dar. Ein drittes Kind setzt sich auf den Rücken des zweiten, hält sich mit einer Hand an der Schulter des ersten fest und greift mit der anderen Hand den zugeschnallten Gürtel.
Die zweite Mannschaft formiert sich in gleicher Weise.
Wenn beide Mannschaften so weit sind, ziehen die Reiter kräftig am Gürtel und die „Pferde" versuchen durch ihre Bewegungen, ihren

Reiter im Kampf um den Gürtel zu unterstützen. Lässt einer der beiden Reiter den Gürtel los, so hat die andere Mannschaft gewonnen.
Anmerkung: Bei diesem Spiel wird die Kooperation innerhalb der Gruppe gestärkt. Für die Kinder ist es gar nicht so einfach, eine solche Formation zu bilden. Häufig braucht eine Mannschaft so lange dafür, dass die andere Mannschaft schon wieder „schwach" wird und der Reiter herunterfällt. Dieses Spiel gehört zu den Mittelalter-Spielen, die während eines Projektes zu diesem Thema eingeführt wurden. *(ZO 2)*

357 Sackhüpfen

Material: 3–5 Kartoffelsäcke
Spielbeschreibung: Die Spieler steigen in die Kartoffelsäcke und halten sie mit den Händen in Hüfthöhe fest. Wollen mehr Kinder mitspielen als Kartoffelsäcke vorhanden sind, so werden mehrere Durchgänge gespielt; die Gruppensieger können in einem Endspiel gegeneinander antreten. Die Teilnehmer der jeweiligen Runde stellen sich wie beschrieben hinter der Startlinie auf und warten auf das Startkommando des Spielleiters: „Auf die Plätze – fertig – los!" Und schon hüpfen die Wettläufer auf die Ziellinie zu. Wer einen anderen Hüpfer anstößt, um ihn zu Fall zu bringen, wird disqualifiziert. Wer von selbst hinfällt, steht wieder auf und setzt das Rennen fort. Sieger ist, wer die Ziellinie als Erster überhüpft. Der Spielleiter muss nach dem Start zur Ziellinie laufen, um dort die Reihenfolge der Spieler, die die Ziellinie überqueren, festzustellen. *(TR)*

358 Mülltonnen fahren

Material: 2 leere Mülltonnen
Spielverlauf: Zwei Mannschaften spielen gegeneinander und stehen jeweils hinter einer Startlinie. Die beiden ersten Spieler haben eine Mülltonne vor sich stehen, die sie nach einem Startzeichen durch einen Parcours lenken. Nachdem sie das letzte Hindernis umlaufen haben, kehren sie auf die gleiche Weise wieder an den Start zurück. Dort übernehmen die zweiten Spieler die Tonne und laufen ebenfalls durch den Parcours. Gewonnen hat die Mannschaft, bei der der letzte Spieler als erster mit der Mülltonne die Startlinie überquert hat. *(TR)*

359 Rallye Monte Carlo

Material: ein ferngesteuertes Auto, mehrere bemalte Kartons, Stoppuhr
Spielbeschreibung: Der Spieler steht neben dem ferngesteuerten Auto hinter der Startlinie. Vor ihm stehen in Abständen bemalte Kartons, die er im Slalom zu umfahren hat. Ein zweiter Spieler gibt das Startzeichen und stoppt die Zeit, bis das Auto nach dem Hin- und Rückweg wieder die Ziel- bzw. Startlinie überfährt. Anschließend tauschen die beiden Spieler die Rollen und wiederholen das Spiel. Wer die Strecke in der kürzeren Zeit zurückgelegt hat, hat gewonnen. *(KL)*

360 Schiffe treiben

Material: Bach (ca. 10 m breit), ca. 50 cm langes Holz, Steine
Spielbeschreibung: Ein Spieler wirft das Holzstück vor den Spielern ins Wasser. Jetzt versuchen alle, mit Steinen das Holz zu treffen und es so auf die andere Seite des Baches zu lenken. Dazu müssen sie parallel zu dem Holz, das von der Strömung getrieben wird, am Ufer des Baches entlanglaufen. *(TR)*

361 Verstecken

Spielbeschreibung: Ein Kind, das durch einen Abzählreim ausgelost worden ist, stellt sich an einen „Anschlag“, hält sich die Augen zu und zählt laut bis zu einer bestimmten Zahl. Währenddessen verstecken sich die anderen Kinder. Wenn das Kind mit dem Zählen fertig ist, ruft es „ich komme“ und macht sich auf die Suche. Sobald es ein anderes Kind aufgestöbert hat, laufen beide um die Wette zum Anschlag. Kommt das suchende Kind zuerst an, schlägt es das gesuchte Kind an; kommt das gesuchte Kind zuerst an, ruft es „eins, zwei, drei, ich bin frei!“. Während das „Suchkind“ weitersucht, können die anderen zum Anschlag laufen und sich befreien. Wer zuletzt angeschlagen wird, muss beim nächsten Spiel suchen.
(GLONNEGGER/DIEM 1987, S. 26)

362 Fangen

Spielbeschreibung: Ein Spieler wird als Fänger ausgelost oder ausgezählt. Dieser beginnt entweder sofort oder erst auf ein Kommando seine Jagd, indem er auf die anderen Spieler zuläuft und sie mit einer Hand abschlägt, d.h. nur leicht mit der Hand berührt. Die anderen versuchen dies jedoch durch Weglaufen zu verhindern. Gelingt es ihm dennoch, einen Mitspieler abzuschlagen, tauschen beide ihre Rollen. Ein Baum oder eine Hauswand in der Nähe des Spielfeldes können als Freimal vereinbart werden. Hier dürfen sich die Spieler für kurze Zeit ausruhen. Versammeln sich jedoch zu viele Läufer am Freimal oder bleiben sie zu lange in Ruhestellung, darf sich der Fänger in drei Meter Entfernung vom Mal aufstellen und laut rufen: „Dreimal drei ist neun, wer nicht wegläuft, der ist mein!" Bleibt nach diesem Ruf noch ein Läufer am Freimal stehen, muss er den Fänger ablösen, der sich nun selbst ausruht.

Variationen: Als Freimal kann auch eine bestimmte Körperhaltung gelten. Es wird etwa vorher vereinbart, dass man geschützt ist, wenn man in die Hocke geht. Oder wenn man sich mit der rechten Hand am linken Ohrläppchen festhält. Oder zwei Spieler dürfen sich umarmen und sind dadurch geschützt.

Es gibt mehrere Freimale – nämlich eines weniger, als Spieler (inklusive Fänger) am Spiel beteiligt sind. Jeder Spieler besetzt ein Freimal, nur der Fänger hat keines. Auf sein Kommando müssen die Spieler das Freimal wechseln, und nun hat der Fänger die Chance, auch ein Freimal zu besetzen. Gelingt es ihm, bleibt ein Spieler übrig: Dieser ist der neue Fänger. Gelingt es nicht im ersten Anlauf, muss das Wechselkommando so lange wiederholt werden, bis der Fänger erlöst ist.

Der Fänger muss den ersten Spieler an einer ganz bestimmten Körperstelle abschlagen, wenn dieses Abschlagen wirksam sein soll.

Oder der Fänger darf sich nur innerhalb einer bestimmten Spielzone bewegen. Die zu fangenden Spieler dürfen diese Spielzone auch verlassen – aber es bereitet ihnen natürlich besonderen Spaß und Nervenkitzel, ganz knapp vor dem Fänger noch mal eben durch den Bannkreis zu flitzen.

(GLONEGGER/DIEM 1987, S. 25; GÖÖCK 1988, S. 380–381)

363 Schnitzeljagd

Spielbeschreibung: „Alle Mitspieler werden in zwei Parteien eingeteilt. Das Verhältnis der Mannschaftsstärken ist aber ungleich: Die eine Partei – die Füchse – braucht nur halb so stark wie die andere Partei – die Jäger – zu sein. Die Füchse machen sich auf den Weg, um ein bestimmtes, den Jägern natürlich nicht bekanntes, Ziel zu erreichen. Sie nehmen eine Zeitung mit, die sie in Schnitzel zerreißen: Diese Schnitzel hinterlassen sie als ihre Fährte, der die Jäger nach einiger Zeit folgen müssen. Die Füchse sind schlau und narren deshalb die Jäger: sie legen falsche Fährten an – sie legen also Schnitzel in zwei Richtungen aus. Bis die Jäger herausfinden, welche die richtige Spur ist, haben die Füchse ihren Vorsprung möglicherweise entscheidend

vergrößert. Die Füchse werden natürlich auch nicht eine ununterbrochene Spur von Schnitzeln anlegen. Hin und wieder sind große Lücken in der Spur, so dass die Jäger auch erst einige Zeit nach der Fortsetzung der Fährte suchen müssen. Wenn die Füchse ihr Ziel erreicht haben, ohne von den Jägern eingeholt worden zu sein, haben sie gewonnen. Natürlich wird ehrlich gespielt. Kein Fuchs soll erklären, das Ziel sei just in dem Moment erreicht, in dem die Jäger bei den Füchsen angekommen sind. Statt der Papierschnitzel (die möglichst klein sein sollten, damit sie die Landschaft nicht verschandeln ...) kann man aber auch andere Spuren vereinbaren, je nach dem Gelände, in dem die Schnitzeljagd ausgetragen wird. So ist es durchaus möglich, dieses Spiel auch im Stadtgelände zu spielen – und den Füchsen ein Stück Kreide mitzugeben: Die Fährte besteht dann aus Pfeilen, Kreisen oder irgendeinem anderen markanten Zeichen, deren Aussehen den Jägern bekannt sein muss. Hierbei haben die Füchse die Möglichkeit, die Zeichen nicht nur auf dem Straßenpflaster anzubringen: Es kann auch an Hauswänden, an der Gehsteigkante, an Masten oder Zäunen angebracht werden. Wenn man im freien Gelände spielt, kann auch vereinbart werden, dass die Füchse Pfeile in den Boden ritzen; die Pfeile müssen dann aber eine bestimmte Mindestgröße haben. Und noch ein Hinweis: Eine Schnitzeljagd kann natürlich auch im Winter veranstaltet werden. Hier kann man als Spur entweder Papierschnitzel verwenden oder man kann Pfeile, die in die Schneedecke geritzt werden, vereinbaren. Wenn man in einem Gelände spielt, in dem der Schnee schon sehr stark begangen ist, kann von den Füchsen aber auch ein ‚Stempel' verwendet werden, mit dem ein charakteristischer Abdruck erzeugt wird. Diesen Abdruck aus normalen Schuhabdrücken herauszufinden, ist natürlich besonders schwierig, aber gerade deshalb reizvoll."
(GLONNEGGER/DIEM 1987, S. 260)

364 Schatzsuche

Spielbeschreibung: 2–3 Spieler machen sich eine Viertelstunde vor dem Haupttrupp auf den Weg, um in einem vorher festgelegten Waldstück einen „Schatz" zu verstecken. Es bleibt ihnen überlassen, ob sie den Sack oder Karton mit dem Schatz vergraben, in dichtem Gebüsch verstecken oder in luftiger Höhe im Astwerk eines Baumes unterbringen wollen.
Liegt der Schatz an seinem Platz, müssen sich seine Wächter im Umkreis von 50 oder 100 m (je nach Verfolgerzahl) verstecken. Die Schatzsucher fahnden gleichzeitig nach den Wächtern und nach dem Schatz. Aus den Standorten der Wächter können sie auf die ungefähre Lage des Schatzes Rückschlüsse ziehen.

Die Schatzsuche lässt sich auch mit einer Schnitzeljagd verbinden. Dabei wird vereinbart, dass der Schatz nicht weiter als 50 m vom letzten Schnitzelzeichen versteckt werden darf. *(GÖÖCK 1988, S. 319)*

Spiele mit Geräten

Spielgeräte besitzen von sich aus einen hohen Aufforderungscharakter und sind bei den Kindern sehr beliebt. Sie regen die Kinder zu Bewegungen sowie zum Erproben und Experimentieren der Spielmöglichkeiten an. Das Spiel mit Spielgeräten provoziert zur Selbsttätigkeit (mit den meisten Spielgeräten wird alleine gespielt, feste Spielregeln gibt es meist nicht) und stellt eine gute Ergänzung zu anderen Bewegungsangeboten dar.

365 Pedalo

Material: Pedalo
Spielbeschreibung: Der Spieler stellt sich mit beiden Füßen auf die achsenversetzten Trittbretter des Balanciergerätes, wobei sein Gewicht auf der unteren Holzleiste ruht. Langsam verlagert er nun sein Gewicht auf das andere Bein, das er nach vorne unten ausstreckt, bis er auf diesem Bein steht. Nun wird der gleiche Vorgang für das andere Bein wiederholt. Die Bewegungen werden zunehmend fließender und laufen koordinierter ab.
Anmerkung: Zu Beginn ist dieses Spielgerät für die Kinder nicht leicht zu beherrschen und es bedarf einiger Übung an der Hand eines nebenher laufenden Kindes, bis das übende Kind sich damit selbstständig fortbewegen kann.
Pedalo-Fahrer stärken ihre Muskeln und ihren Gleichgewichtssinn. *(Quelle unbekannt)*

366 Stelzen

Material: Stelzen
Spielbeschreibung: Das Kind hält die Holzstelzen an den oberen Enden in den Händen, stellt seine Füße nacheinander auf die entsprechenden Trittbretter der Stelzen und beginnt sofort zu laufen. Diese Bewegungen sollten so aufeinander abgestimmt sein, dass die Fußsohle nicht die Berührung zum Trittbrett aufgibt, sondern allenfalls einmal belastet ist, während der andere Fuß mit der Stelze in der Luft ist und das andere Mal umgekehrt. Bereitet das Laufen mit den Stelzen keine Schwierigkeiten mehr, so können Wettrennen veranstaltet werden. *(Quelle unbekannt)*

367 Laufskier

Material: zwei Laufskier (jeweils ein Brett mit vier Fußschlaufen aus elastischem Gummiband)
Spielbeschreibung: Maximal vier Kinder schlüpfen in die Fußlaschen der Skier und versuchen ihre Bewegungsabläufe so gut wie möglich aufeinander abzustimmen, um sich gemeinsam vorwärts oder rückwärts zu bewegen. *(KO)*

368 Moon-Hopper

Material: Moon-Hopper
Spielbeschreibung: Der Spieler stellt sich auf die Kunststoffscheibe, in die der Ball eingeklemmt ist und springt so auf der Stelle, vorwärts, rückwärts und seitwärts.
Anmerkung: Dieses Ball-Hüpfspiel trainiert die Kondition und die Muskulatur und fördert den Gleichgewichtssinn. *(Quelle unbekannt)*

369 Balancierkreisel

Material: Balancierkreisel (robuste Halbkugel aus voll durchgefärbtem Kunststoff mit großer Standfläche und gerippter Oberfläche für einen rutschsicheren Stand)
Spielbeschreibung: Das Kind stellt sich mit beiden Füßen auf die Standfläche der Halbkugel und versucht, das Gleichgewicht zu halten.
Anmerkung: Die Beweglichkeit in alle Richtungen ist eine Übungshilfe bei der Erlernung von Gleichgewichtsreaktionen. *(Quelle unbekannt)*

370 Swingcart

Material: Swingcart
Spielbeschreibung: Das Kind setzt sich in das Spielfahrzeug und bewegt sich damit fort, indem es mit den Händen die Handgriffe der Räder dreht. So kann es in alle Richtungen fahren sowie auf der Stelle rotieren. *(HA)*

Hüpfspiele

Bei den Hüpfspielen werden grundlegende sportliche Fähigkeiten wie Bewegungskoordination, Gleichgewicht, Ausdauer, Beweglichkeit und Sprungkraft geschult. Darüber hinaus werden auch kognitive und soziale Fähigkeiten bei der Ausarbeitung und Festlegung von Regeln und Strategien gefördert. Hüpf- und Hinckelspiele sind sehr alte Straßenspiele, die von Generation zu Generation ohne schriftlich fixiertes Regelwerk überliefert worden sind und bis heute ungebrochene Attraktivität besitzen *(BIELEFELD 1993, S. 19)*.

371 Seilspringen

Material: 1 langes Seil

Spielbeschreibung: Zwei Kinder, die in einigem Abstand zueinander stehen, fassen das Seil an den Enden und schwingen es so, dass es noch den Boden berührt. Ein drittes Kind läuft als „Springer" in das schwingende Seil und springt jeweils mit beiden Beinen darüber, bevor es die Füße erreicht. Je nach Seillänge können unterschiedlich viele Springer noch dazukommen.

Sind alle Kinder im Spiel, die dies wollen/können, so beginnen die Kinder laut zu zählen, wie oft sie gemeinsam springen können, ohne dass das Seil bei jemandem hängen bleibt. Nach einiger Zeit werden die Kinder, die das Seil schwingen, abgelöst.

Variation: Teddybär-Hüpfspiel

Zwei Kinder schlagen ein langes Seil. Ein drittes Kind springt hinein. Während die „schlagenden" Kinder den folgenden Vers sprechen, springt das dritte Kind gleichmäßig weiter und führt zusätzlich noch die geforderten Bewegungen aus:

„Teddybär, Teddybär, dreh dich um!
Teddybär, Teddybär, mach dich krumm!
Teddybär, Teddybär, zeig deinen Fuß!
Teddybär, Teddybär, mach einen Gruß!
Teddybär, Teddybär, zeig deine Schuh!
Teddybär, Teddybär wie alt bis du?
1, 2, 3, 4 ..."

Hier wird so lange weitergezählt, bis das springende Kind einen Fehler macht. Wer am längsten hüpft (am ältesten wird), ist Sieger.

Anmerkung: Grundsätzlich werden beim Seilspringen die Gewandtheit und die rhythmische Anpassung gefordert. Der scheinbar monotone Ablauf des Springens gewinnt mit dem Text und der Zunahme spielerischen Könnens an Spannung. Es ist ein Wettbewerb gegen sich selbst und teilweise gegen andere, in dem die motorische Funktion getestet wird. *(STIEREN 1990, S. 86)*

372 Gummitwist

Material: ein etwa 4 m langes Gummiband

Spielbeschreibung: Zwei Spieler spannen das an den Enden zusammengeknotete Gummiband zwischen ihren Beinen, entweder im Dreieck (ein Kind hat die Beine ganz zusammen, das andere hat sie etwas gegrätscht) oder zum Viereck (beide Kinder haben die Beine gegrätscht) und stellen sich im Abstand von etwa 2,5 m voneinander auf. Es wird bei einer niedrigen Höhe begonnen (Knöchelhöhe) und das Band im Spielverlauf immer höher am Bein geschoben. Der dritte Spieler überspringt das Gummiband in verschiedenen Sprüngen. Jede Sprungkombination beginnt und endet in der Grundstellung (mit beiden Füßen außerhalb des Gummi-Rechtecks stehen). Die Kinder vereinbaren eine Sprungkombination, die das beginnende Kind zuerst bei Knöchelhöhe ausführt. Macht es dabei einen Fehler (berührt das Gummiband, wenn es dies nicht darf oder schafft einen Sprung nicht ...), so ist das nächste Kind an der Reihe. Unterläuft ihm dagegen kein Fehler, so wird das Gummiband auf Kniehöhe geschoben und in der dritten Runde auf Hüfthöhe. Nach dieser Runde kommt auf jeden Fall dann das nächste Kind, auch wenn kein Fehler gemacht wird.

Beispiele: Mögliche Sprungkombinationen:

Grundstellung
- mit beiden Füßen zwischen beide Gummibänder springen
- Grundstellung

Grundstellung
- mit jedem Fuß auf ein Gummiband springen
- mit beiden Füßen auf ein Gummiband springen
- mit beiden Füßen auf das andere Gummiband springen
- Grundstellung

Grundstellung
- mit einem Fuß in das Gummi–Rechteck springen, den anderen außerhalb lassen
- mit beiden Füßen jenseits des anderen Gummibandes landen
- Grundstellung

Grundstellung
- mit dem Absatz das vordere Band über das hintere heben und sich mit dem Fuß in diese Schlaufe stellen
- mit beiden Füßen auf die andere Seite der Gummibänder springen
- Grundstellung

Grundstellung
- mit dem Rücken zum Gummi–Rechteck stellen und mit einem Fuß das vordere Gummiband nach hinten ziehen und mit diesem Fuß auf das ehemals hintere Gummiband stellen
- mit beiden Füßen hinter beiden Gummibändern landen
- Grundstellung

Grundstellung

- mit einem Absatz ein Band über das andere kreuzen
- den anderen Fuß in die Schlaufe nachholen
- mit den Absätzen jeweils ein Band nach außen ziehen, so dass das gekreuzte Gummi eine Rautenform ergibt
- mit gespreizten Beinen außerhalb des Gummi–Rechtecks landen (das Gummi–Rechteck ist zwischen den Beinen)
- Grundstellung

(Quelle unbekannt)

373 Französisches Paradieshüpfen

Material: Kreide, Stein

Spielbeschreibung: Beim „Französischen Paradieshüpfen" wird das Spielschema mit 16 Feldern in Schneckenform auf die Straße gemalt (siehe Zeichnung).

Hier wird der flache Stein nicht von außen ins Feld geworfen, sondern man muss ihn, auf einem Bein hüpfend, vom Anfangspunkt aus mit dem Fuß von Feld zu Feld stoßen. Auch dabei darf der Stein nicht auf Grenzlinien rutschen oder über das anvisierte Feld hinausschießen. Die Grenzstriche dürfen auch mit dem Hüpffuß nicht berührt werden. Die Felder 5, 10 und 16 können zu „Stehplätzen" ernannt werden. Hier darf der Hüpfer sich dann ausruhen.

(KOLB 1994, S. 156)

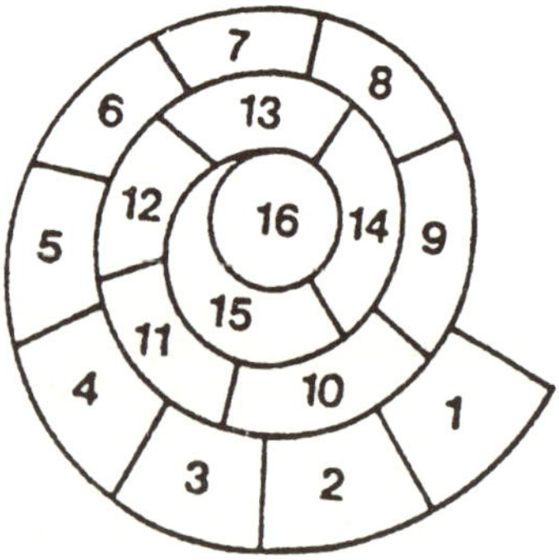

374 Schneckenhupf

Material: Kreide
Spielbeschreibung: Hier malen die Kinder dieselbe Figur (Schneckenform) wie beim vorhergehenden Spiel auf den Boden.
Der erste Spieler versucht nun von Feld zu Feld bis zur Mitte der Schnecke zu hüpfen, ohne dabei eine Linie zu berühren. Gelingt ihm das fehlerfrei, so darf er sich ein Feld markieren. Dieses darf von den Mitspielern nicht betreten werden. So kommen alle Spieler der Reihe nach dran. – Wer am Schluss die meisten Felder besitzt, ist Sieger.
Variationen: Ein Stein wird mit dem Hüpfbein von Feld zu Feld gestoßen. Ein Kind hüpft mit geschlossenen Augen die Schnecke entlang. Wer eine Linie übertritt, scheidet aus oder stellt sich als letzter Mitspieler wieder an. *(STIEREN 1990, S. 86 f.)*

375 Schnecken hüpfen

Material: Kreide
Spielbeschreibung: Als Erstes malen die Kinder eine Linie in der Form eines Schneckenhauses, (das ca. 2,50 m Durchmesser haben sollte) auf. Dann teilen sie es in Felder ein, die nach der Reihenfolge nummeriert werden.

Sie hüpfen der Reihe nach auf den numerierten Feldern des Schneckenhauses. Wenn es einem Spieler gelingt, in die Mitte zu kommen, ohne eine Linie zu berühren, darf er ein beliebiges Feld mit seinem Namen markieren. Daraufhin müssen alle Spieler, wenn sie vor diesem Feld stehen, den „Markierer" fragen, ob sie auf das Feld dürfen. Dieser darf mit Ja oder Nein antworten. Wenn er Ja sagt, darf der jeweils springende Spieler das Feld betreten, wenn er Nein sagt, muss er das Feld auslassen. Spielende ist, wenn alle Felder markiert wurden. Der, der das letzte Feld besetzt, hat gewonnen. *(WA)*

376 Clown hüpfen

Material: Kreide, 1 Stein
Spielbeschreibung: Es wird ein Clown auf den Boden gemalt (siehe Zeichnung). Der erste Spieler stellt sich vor den aufgemalten Clown und wirft seinen Stein in Feld 1. Er überspringt es auf einem Bein und hüpft von Feld zu Feld einbeinig weiter, mit Ausnahme von Feld 3 und 8, die doppelt vorhanden sind. Dort springt er mit einem Grätschsprung in beide Felder gleichzeitig. In Feld 8 muss er zusätzlich hochspringen, dabei eine halbe Drehung machen und wieder mit gegrätschten Beinen in beiden Feldern aufkommen. Der Rückweg wird in gleicher Weise gesprungen. Ist der Spieler in Feld 2 angekommen, hebt er, ohne sein zweites Bein abzusetzen, den Stein in Feld 1 auf. Nun überspringt er Feld 1 bis zum Start.
Spätestens jetzt kommt der zweite Spieler an die Reihe. Unterläuft jedoch dem ersten Spieler ein Fehler, so muss er sein Spiel schon früher beenden und steht in der nächsten Runde vor derselben Aufgabe. Als Fehler wird gewertet, wenn ein Stein nicht im vorgesehenen Feld landet oder wenn eine Linie mit dem Fuß übertreten wird. Waren alle Spieler an der Reihe, so werfen die Spieler, die fehlerfrei die Runde geschafft haben, in der neuen Runde auf das folgende Feld ... Das Spiel ist beendet, wenn alle Spieler den Stein auf Feld 8 geworfen und diese Runde fehlerfrei abgeschlossen haben. Sieger ist, wer dafür die wenigsten Runden braucht. *(ZO)*

377 Wochentag hickeln

Material: Kreide, Stein, evtl. ein Getränkedeckelchen
Spielbeschreibung: Die Spieler zeichnen sieben Kästchen auf dem Boden auf. Ein Kästchen sollte ungefähr 50 cm breit und 30 cm hoch sein. Dann schreiben sie in das erste Kästchen Mo (Montag), in das zweite Kästchen Di (Dienstag) usw. (siehe Zeichnung).
Jeder Spieler hüpft nach Wochentagen, bis hin zum Sonntag und wieder zurück. Dabei darf er keine Linie berühren, sonst kommt der nächste dran.
Variationen: Beim Hüpfen schieben die Spieler einen Stein vor sich her oder transportieren ein Getränkedeckelchen auf dem Hüpffuß.
Die Spieler werfen einen Stein in einen vereinbarten Wochentag. Bei der Hickelrunde bis zum Sonntag muss dieser übersprungen werden.
(WA)

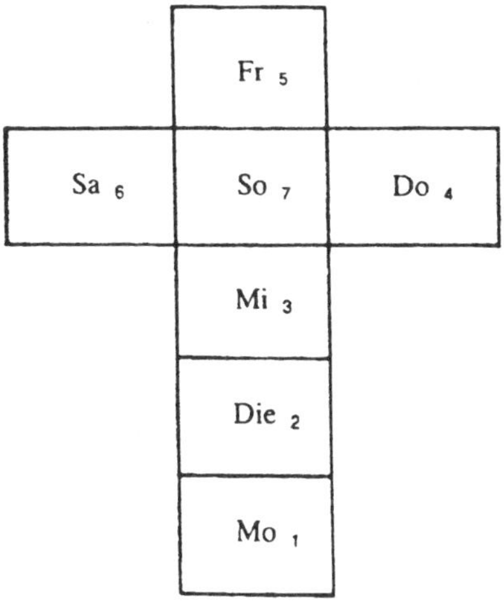

378 Buchstaben hüpfen

Material: Kreide
Spielbeschreibung: Die Kinder malen insgesamt 20 Quadrate (5 x 4) mit der Seitenlänge 30 cm so mit Kreide auf den Boden, dass diese Quadrate zusammen ein Rechteck ergeben. In jedes Feld wird ein anderer Buchstabe gemalt.
Der erste Spieler hüpft auf einem Bein auf ein Feld und muss nun

einen Namen nennen, der den Buchstaben dieses Feldes als Anfangsbuchstaben hat (z.B. auf Feld „A“ „Alexander“). Dann hüpft er mit einem Bein auf ein anderes Feld und sucht zu diesem Buchstaben einen entsprechenden Namen. Dies wiederholt er so lange, bis er mit dem Fuß eine Linie berührt oder ihm zu dem Buchstaben kein passender Name einfällt. Dann kommt der nächste Spieler an die Reihe. Die Bedenkzeit bis zum Auffinden eines Buchstabens ist auf 5 Sekunden beschränkt. Ein bereits genannter Name darf nicht wiederholt werden. Das Spiel ist zu Ende, wenn die Spieler keine Lust mehr haben.
Variation: An Stelle der Namen können auch Berufe, Länder, Städte, Tiere, oder was den Kindern sonst noch einfällt, gesucht werden.
(WA)

379 Englisches Kästchenhüpfen

Material: Kreide, Stein
Spielbeschreibung: Die Kinder zeichnen zunächst mit Kreide das Hüpffeld auf den Boden.

Auf den Feldern 3, 6 und Himmel darf der Springer auf beiden Beinen stehen, das Feld Hölle wird stets übersprungen. Die übrigen Felder werden nur auf einem Bein erreicht. Es kann auch vereinbart werden, dass die Doppelfelder 1/2, 4/5 und 7/8 mit einem Satz besprungen werden müssen, so dass ein Fuß im linken, der andere im rechten Feld landet. Auch halbe Körperdrehungen in der Luft können verlangt werden. Hat ein Mitspieler den Stein nacheinander auf alle Felder geworfen und die Hüpferei fehlerfrei überstanden, darf er ein beliebiges Feld mit einem Kreidezeichen schließen. Die anderen dürfen nicht mehr darauf springen, während der Schließer das Recht hat, sich bei seinem Hüpfen auf diesem Feld auszuruhen.

Variation: Der Stein wird vom Ausgangspunkt nacheinander in die Felder 1 bis 8 geschubst. Der Werfer muss dann jedes Mal das belegte Feld mit einem Satz auf zwei Füßen erreichen, den Stein in den Himmel werfen und mit möglichst wenigen Sätzen nachspringen, vom Himmel aus den Stein zum Ausgangspunkt werfen und wieder mit nur einem oder zwei Riesensprüngen heraushüpfen.
(KOLB 1992, S. 157)

380 Rätseltorte

Material: Stock oder Kreide, kleiner Stein
Spielbeschreibung: Bevor das Rätseln und Hüpfen beginnt, zeichnen die Kinder eine große „Torte" auf und teilen diese in gleich große Stücke (Felder) auf.
In die Stücke werden Oberbegriffe geschrieben. Bevor ein Spieler hüpft, macht die Spielrunde einen Anfangsbuchstaben aus, z.B. B. Der Stein wird in eines der Felder eingeworfen.

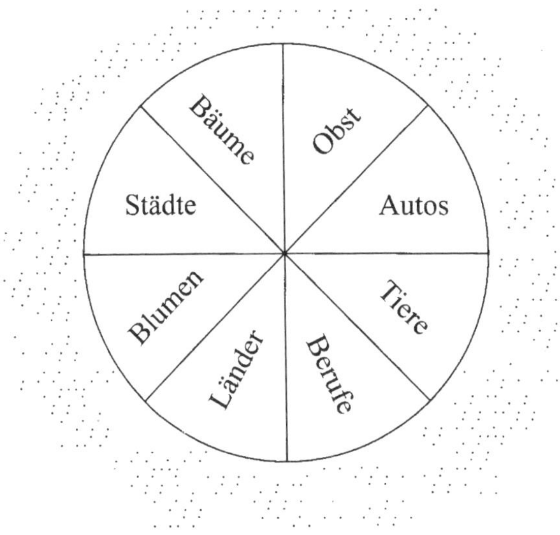

Ehe der Spieler nachhüpft, nennt er drei Wörter, die zu dem entsprechenden „Tortenstück" gehören. Beim Feld „Obst" z.B.: Birne, Banane, Blaubeere. Dann den Stein ins nächste Stück werfen und ebenso nachhüpfen. In der zweiten Runde können die Spieler die Anzahl der zu nennenden Wörter verdoppeln. *(THIESEN 1999)*

Ball-, Wurf- und Murmelspiele

In allen Altersstufen sind Bälle ein beliebter Spielgegenstand, was sich auch an der Beliebtheit vieler Mannschaftsspiele ablesen lässt. Alle hier aufgezählten Spiele fördern die Konzentration, die Geschicklichkeit und die Feinmotorik.

Murmelspiele gehören zu den ältesten Spielformen und sie sind in Ländern der ganzen Welt beliebt *(STÖCKLIN-MEIER 1986, S. 88)*. Zwar hat sie der Asphalt bei uns eine Zeit lang vertrieben, inzwischen sind sie aber wieder „im Kommen" und werden, wie man aus der Spielesammlung ablesen kann, in vielen Variationen und mit großem Eifer gespielt.

381 Fußball vor 100 Jahren

Material: Kreide, 3 Steine
Spielbeschreibung: Mit Kreide malen die Kinder ein Fußballfeld mit zwei Toren auf den Boden. Das erste Kind nimmt alle drei Steine, stellt sich an das eine Ende des Feldes und wirft zunächst die beiden ersten Steine ins Feld. Mit dem dritten Stein muss es nun zwischen den beiden zuerst geworfenen Steinen hindurchwerfen. Gelingt ihm dies nicht, so darf der nächste Spieler alle drei Steine auflesen und von vorne beginnen. Wichtig ist, dass während des ganzen Spieles die Außenlinie des Feldes nicht von den Steinen überquert wird, sonst ist ebenfalls der nächste Spieler an der Reihe. Gelingt es ihm jedoch, durch die Mitte zu werfen, dann darf er sich einen der drei liegenden Steine aussuchen, diesen aufheben und wieder durch die Mitte der anderen beiden werfen („Mitte" bedeutet hier die Verbindungsstrecke der liegenden Steine).
Ziel des Spiels ist es, möglichst häufig auf diese Art und Weise das gegenüberliegende Tor zu treffen. *(TR)*

382 Handtuchball

Material: 1 Wurfball, 1 größeres Handtuch
Spielbeschreibung: Die vier Zipfel eines Handtuchs werden von vier Spielern gehalten. Auf dem Handtuch liegt ein Ball, der, wenn alle gleichzeitig ziehen, in die Höhe geschnellt wird. Eine andere Gruppe nimmt hinter einem Netz oder einem Seil Stellung, und der Ball wird von den sich gegenüberstehenden Handtuchparteien hin und her gespielt. Wenn man einen genügend großen Raum hat, um ein sehr langes Seil zu spannen, können mehrere Handtuchparteien zur gleichen Zeit spielen. *(THIESEN 1999)*

383 Nüsse schießen

Material: Nüsse
Spielbeschreibung: Drei Nüsse werden nahe zusammengelegt, so dass jede die beiden anderen berührt. Eine vierte Nuss wird oben draufgelegt. Jeder Spieler baut ein solches Häufchen vor sich auf und versucht dann aus einer bestimmten Entfernung, mit geworfenen Nüssen das Häufchen zu zerstreuen. In der ersten Runde hat jeder acht Nüsse in der Hand, darf aber nur vier Mal werfen. Gelingt es ihm, mit diesen Würfen das Häufchen zu zerstreuen, d.h., keine Nuss darf mehr eine andere berühren, so darf er seine Nüsse wieder einsammeln und sich für die nächste Runde vorbereiten. Gelingt es ihm jedoch nicht, so muss er vier seiner Nüsse gleichmäßig an seine Mitschüler verteilen.
Hat ein Spieler auf diese Weise dreimal seine Nüsse abgeben müssen, so kann er mit seinen restlichen vier Nüssen nur noch das Häufchen legen. In diesem Fall holt er sich aus einer extra dafür vorgesehenen Reserve vier weitere Nüsse. Sobald er es aber nicht schafft, das Häufchen zu zerstreuen, scheidet er aus. *(ZO)*

384 Kegelspiel

Material: neun Kegel, ein Ball, Schreibzeug/Tafel
Spielbeschreibung: Die Kegel werden in Rautenform aufgestellt.
Jeder Kegler hat zehn Schübe. Er muss möglichst schnell versuchen, alle Kegel abzuräumen. Erst dann werden die Kegel wieder aufgestellt. Umgefallene Kegel werden entfernt. Nach zehn Schüben wird zusammengezählt und notiert, wie viele Kegel insgesamt gefallen sind.
Variation: Das Abräumen wird als Mannschaftsspiel durchgeführt. Die Mannschaften spielen nacheinander, wobei jeder Spieler nur einen Wurf hat. Es wird aber so lange geschoben, bis abgeräumt worden ist. Die Partei, die dieses Ziel mit den wenigsten Schüben erreicht hat, erhält einen Punkt. *(STIEREN 1990, S. 74 f.)*

385 Ringwurfspiel

Material: Wurfkreuz mit fünf etwa 20 cm hochstehenden Stäben, Wurfringe
Spielbeschreibung: In einem bestimmten Abstand zu dem Wurfkreuz wird eine Linie markiert. Die Spieler, die hinter der Linie stehen, nehmen der Reihe nach alle Ringe in die Hand und versuchen, diese um die hochstehenden Stäbe des Wurfkreuzes zu werfen. Hat ein Spieler alle Ringe geworfen, so zählt er die Punkte der Treffer zusammen

(neben den Stäben stehen Zahlen, die es bei einem Treffer als Punkte gibt) und merkt sich die Summe. Wenn alle Mitspieler fertig sind, werden die Punkte verglichen und damit der Sieger ermittelt. *(WA)*

386 Murmelspiel 1: Zahlenkasten

Material: Murmeln und Kreide
Spielbeschreibung: Die Kinder malen mit der Kreide ein Quadrat mit Feldern von 1 bis 10 und eine Abrolllinie. Nun vereinbaren sie, um wie viele Murmeln sie spielen wollen. Dann rollen sie der Reihe nach von der Abrolllinie eine Murmel und versuchen dabei, die höchste Zahl zu erreichen. Wer die höchste Zahl erreicht hat, bekommt alle gesetzten Murmeln. Jeder Spieler hat nur einen Versuch. *(WA)*

387 Pflaumenbaum

Material: vier bis sechs Murmeln pro Spieler
Spielbeschreibung: Die Spieler legen jeweils drei bis fünf Murmeln mit ca. 20 cm Abstand in eine Reihe, die Pflaumenbaum genannt wird. Von einer drei bis fünf Meter entfernten Linie aus rollen (oder werfen) die Kinder in einer zuvor ausgemachten Reihenfolge mit einer Murmel nach den Pflaumen. Die getroffenen Murmeln dürfen behalten werden.

388 Murmelspiel 2: Zielscheibe

Material: Kreide, Bohnen oder Murmeln
Spielbeschreibung: Die Kinder malen einen Kreis im Durchmesser von 2 m. In diesen Kreis malen sie insgesamt drei weitere Kreise, wobei jeder in die Mitte des anderen gemalt wird und der Abstand der Kreise zueinander jeweils möglichst gleich groß ist. Der kleinste Kreis wird mit einem Gitter ausgemalt und 3 m von den Kreisen entfernt wird eine Abrolllinie aufgezeichnet.
Die Spieler stellen sich hinter dieser Linie auf und versuchen, nacheinander mit ihrer Murmel oder Bohne so nah wie möglich an den Mittelpunkt des Kreises zu kommen. Wer sie am nächsten zum Mittelpunkt gerollt hat, bekommt alle eingesetzten Murmeln oder Bohnen. *(WA)*

389 Glücksstein

Material: eine lange Schnur, ein Stöckchen, ein etwa faustgroßer Stein, Murmeln
Spielbeschreibung: Mit Hilfe einer Schnur und einem Stöckchen wird ein Kreis mit einem Radius von zwei bis drei Metern gezogen. In die Kreismitte wird der „Glücksstein" gelegt. Die Spieler versuchen nun vom Kreis aus mit Murmeln zu werfen oder zu rollen und dabei möglichst nahe an den „Glücksstein" heranzukommen. Die Murmeln außerhalb des Kreises gehen an ihren Besitzer zurück. Der Besitzer der am besten platzierten Murmel erhält alle anderen.

390 Murmelspiel 3: Bombe

Material: Murmeln und Kreide
Spielbeschreibung: Mit der Kreide wird ein Kreis von 20 cm Durchmesser auf den Boden gemalt.
Jeder Spieler legt eine Murmel in den Kreis. Nun lässt ein Spieler aus etwa 1 m Höhe eine Murmel in den Kreis fallen. Trifft er eine oder mehrere Murmeln, so dass sie aus dem Kreis rollen, gehören sie ihm und er darf sein Glück noch einmal versuchen. Trifft er nicht, kommt der nächste Spieler an die Reihe. Das geht so lange weiter, bis keine Murmeln mehr im Kreis liegen. Am besten ist es, wenn man vor dem Spiel zum Beispiel durch Wettwürfeln entscheidet, wer anfangen darf. *(WA)*

391 Bunkern

Material: Murmeln, eine größere Kugel
Spielbeschreibung: Von einer Abwurflinie aus wird die Zielkugel, eine größere Kugel, auch Bucker genannt, geworfen. Anschließend versuchen alle Spieler, durch Werfen oder Rollen ihrer Murmel möglichst nahe an den Bucker heranzukommen. Der Besitzer der am besten platzierten Murmel hat gewonnen. Er erhält entweder die Murmeln seiner Mitspieler oder einen Punkt.

392 Murmelspiel 4: Pyramide

Material: Murmeln, Kreide
Spielverlauf: Ein Dreieck, ein kleiner Kreis und eine Abrolllinie werden auf den Boden gemalt. In dem Dreieck werden die Zahlen 1–3 mit Kreide in die Felder geschrieben. An der Abrollinie, die ca. 1–2 m von dem Dreieck entfernt liegt, müssen die Spieler ihre Murmeln abrol-

len. Man darf so viele Murmeln einsetzen, wie man möchte. Gelangen eine oder zwei Murmeln in die „1", bekommt man jeweils eine oder zwei Murmeln zurück. Im Feld „2“ bekommt man das Doppelte seines Einsatzes, im Feld „3“ das Dreifache zurück. Die Murmeln, die das Dreieck verfehlen, kommen als Reserve in den Kreis. Am Schluss des Spieles werden die restlichen Murmeln aufgeteilt. *(WA)*

393 Murmelspiel 5: Murmeldreieck

Material: Murmeln, Kreide
Spielbeschreibung: Mit Kreide wird ein Dreieck gezeichnet. Jeder Spieler legt als Einsatz eine Murmel auf das Dreieck. In 2 m Abstand wird eine Abwurflinie gezogen.
Derjenige, der seine Murmel dem Dreieck am nächsten wirft, darf beginnen. Man muss versuchen, alle Murmeln, die auf dem Dreieck liegen, herauszuschießen. Gelingt es nicht, kommt der Nächste an die Reihe. Sieger ist derjenige, der die meisten Murmeln herausgeschossen hat. *(WA)*

394 Murmelspiel 6: Wand–Murmelspiel

Material: mindestens eine Murmel pro Spieler
Spielbeschreibung: Etwa 3 m von einer Wand entfernt wird eine Startlinie gezogen.Von der Startlinie rollt ein Mitspieler nach dem anderen seine Murmel in Richtung Wand. Der Spieler, dessen Murmel am nächsten bei der Wand liegt, hat gewonnen. Er darf alle Murmeln, die gespielt wurden, aufnehmen.
Das nächste Spiel kann beginnen. *(WA)*

395 Delta–Spiel

Material: Murmeln, Kreide oder Stöckchen (je nach Bodenbelag)
Spielbeschreibung: Auf den Boden wird ein spitzes Dreieck gezeichnet, das durch waagerechte Linien in zehn gleich hohe Felder unterteilt wird. Diese Felder werden mit den römischen Zahlen von eins bis zehn beschriftet, wobei die Eins in der Basis, die Zehn in der Spitze des Dreiecks ist. Von einer Startlinie aus versuchen die Spieler nun, ihre Murmel möglichst weit in die Spitze des Dreiecks zu rollen. Nach einer vorher vereinbarten Zahl von Runden wird die Punktzahl jedes Spielers addiert. Derjenige mit den meisten Punkten hat gewonnen.

396 Indiaca

Spielbeschreibung: „Der Indiacaball besteht aus einem leichten Lederbeutel, in dem Federn stecken. Dadurch fliegt er relativ langsam und kann recht gut beherrscht werden. In der süd- und mittelamerikanischen Form wird Indiaca mit der Hand gespielt: Zwei Spieler oder zwei Mannschaften stehen sich auf je 6 x 6 m großen Spielfeldern gegenüber, getrennt durch eine Schnur oder ein Netz. Man kann auch die Regeln des Volleyballspiels anwenden. Man kann Indiaca aber auch mit Schlägern spielen – und gleicht es dann den Federball- bzw. Badminton-Regeln an.“ *(GLONNEGGER/DIEM 1987, S. 317)*

397 Federball

Material: 2 Federballschläger, 1 Federball
Spielbeschreibung: Zwei Spieler nehmen jeweils einen Federballschläger in die Hand, stellen sich im Abstand von ca. 5 m voneinander gegenüber und schlagen sich den Federball gegenseitig zu. Beim Aufschlag muss der Ball aus einer Höhe unterhalb der Hüfte geschlagen werden, ansonsten sind keine Vorschriften zur Schlaghöhe gemacht. Der Ball muss jeweils getroffen werden, bevor er den Boden berührt. *(Quelle unbekannt)*

B Spiele für den Sportunterricht

Bewegung nimmt eine zentrale Stellung in der ganzheitlichen Entwicklung des Kindes ein. Sportspiele kommen den stark ausgeprägten motorischen Bedürfnissen der Kinder besonders entgegen. Im Sportunterricht sollten „möglichst vielseitige, spielerische Bewegungserlebnisse vermittelt werden, die noch nicht durch Sportarten festgelegt und reglementiert sind“ *(ZIMMER, 1994, S. 129)*. Einfache Bewegungsformen wie Kriechen, Rollen, Purzeln, Springen bieten nicht nur vielfältige Spielmöglichkeiten, sondern schulen zugleich Balance, Bewegungskoordination, Ausdauer und Kraft. Spiele müssen fest in den Sportunterricht integriert werden. Sie können in jeder Phase der Sportstunde eingesetzt werden. Zu Beginn der Unterrichtsstunde wirken Spiele motivierend und erweisen sich als freudvolle Aufwärmphase, im Kernteil können die Kinder ein neues Spiel erlernen und zum Ausklang können beruhigende oder aufregende Spiele gewählt werden *(LANG 1992, S. 23)*.

Sportspiele beabsichtigen mehr als das Erlernen motorischer Kompetenzen. Sie leisten vor allem auch einen großen Beitrag zur Sozialerziehung: Das Kind lernt z. B. Hilfsbereitschaft, Einordnung in eine Gruppe, partnerschaftliche

Haltungen, Rücksichtnahme und Selbstbeherrschung. Fairness, die mehr als nur formalkorrekte Regelhaftigkeit ist, und Fairplay gehören zu den wichtigsten Voraussetzungen für das Gelingen des Sportspiels *(RÖHRS 1984)*.

Für die Spiele, die im Sportunterricht der Lern- und Spielschulen eingesetzt wurden, werden folgende Unterteilungen getroffen:

- Abwerfspiele
- Fangspiele
- Laufspiele
- Spiele mit Geräten
- Staffelspiele

Abwerfspiele

Abwerfspiele bieten gute Übungsformen zur Verbesserung der Grundfertigkeiten wie Zuspielen, Werfen und Fangen. Der Werfer lernt genaues Zielen auf ein sich bewegendes Kind, das Reaktionsvermögen und die Geschicklichkeit werden durch das Ausweichen vor dem Ball trainiert. Abwerfspiele erfordern Fingerspitzengefühl von Seiten der Kinder und des Spielleiters, da meist nur die „starken" Kinder den Ball fangen und die „schwachen" sich nur wenig am Spielverlauf beteiligen können.

398 Jägerball I

Material: Ball, Bänder
Spielbeschreibung: Die Gruppe wird in zwei Mannschaften aufgeteilt, in „Hasen" und „Jäger". Sie tragen verschiedenfarbige Bänder in der Hose. Die Jäger haben den Ball und laufen den Hasen nach. Sie spielen sich den Ball zu und versuchen, einen Hasen abzuwerfen. *(Quelle unbekannt)*

399 Affenjagd

Material: Bälle, kleiner Schwebebalken, Matten, Seile, Barren ...
Spielbeschreibung: Die Gruppe wird in zwei Mannschaften aufgeteilt, in „Affen" und „Affenjäger". Die Turnhalle wird der Länge nach in zwei Felder unterteilt. Die Affen müssen über einen Parcours aus Schwebebalken, Barren, Matten und Seilen von der einen Hallenseite zur anderen laufen. Die Affenjäger stehen im anderen Feld und versuchen, die Affen mit Bällen abzuwerfen. Jeder Affe, der durchkommt, wird als Punkt gezählt. Danach werden die Rollen getauscht. Die Mannschaft, die am Ende die meisten Punkte hat, gewinnt. *(ZO 2)*

400 Flip-Flop

Material: Ball
Spielbeschreibung: Die Gruppe wird in zwei Mannschaften aufgeteilt, die sich in den beiden Hälften eines vorgegebenen Spielfeldes gegenüber stehen und versuchen, sich gegenseitig abzuwerfen. Wer abgeworfen wird, scheidet aus.
Variante: Heiße Ohren: Fängt ein Kind den Ball von der gegnerischen Mannschaft im direkten Flug, darf ein ausgeschiedenes Kind seiner Mannschaft wieder ins Spielfeld. *(ZO)*

401 Völkerball

Material: Ball
Spielbeschreibung: Die Gruppe wird in zwei Mannschaften aufgeteilt, die sich in den beiden Hälften eines vorgegebenen Spielfeldes aufstellen. Jede Mannschaft wählt einen Tormann, der sich hinter das Feld der gegnerischen Mannschaft begibt. Die Mannschaften versuchen, sich gegenseitig mit dem Ball abzuwerfen. Wer den Ball abfängt, ohne ihn fallen zu lassen, darf auf die gegnerische Mannschaft zielen. Der Tormann kann den Ball fangen und der eigenen Mannschaft zuspielen. Wer abgeworfen wird oder den Ball bei einem Fangversuch auf den Boden fallen lässt, geht zum Tormann seiner Mannschaft. Wirft er dort ein Kind aus der gegnerischen Mannschaft ab, darf er wieder zurück ins Feld. Sind alle Spieler einer Mannschaft abgeworfen, muss der Tormann ins Feld. Er hat drei Leben, das heißt, er darf dreimal abgeworfen werden. Ist auch der Tormann tot, hat die Mannschaft verloren.
Variation: Das Spiel kann ohne Freiwerfen gespielt werden, das heißt: Wer abgeworfen wurde, kann nicht wieder ins Feld zurück. Die Kinder können aber trotzdem Spieler der gegnerischen Mannschaft abwerfen. Dadurch verkürzt sich meist die Spielzeit. (Quelle unbekannt)

402 Völkerball verkehrt

Material: Ball
Spielbeschreibung: Die Gruppe wird in zwei Mannschaften aufgeteilt. Jede Mannschaft wählt einen Tormann. Die Mannschaften stehen jeweils um das vorgegebene Spielfeld der gegnerischen Mannschaft herum; nur die Tormänner stehen im jeweiligen Feld. Trifft ein Tormann den anderen, darf dieser ein Kind von der eigenen Mannschaft ins Feld rufen. Die außen stehenden Kinder dürfen auch Kinder der gegnerischen Mannschaft, die im Feld stehen, abwerfen und dann im

Gegenzug in das eigene Feld. Wer abgeworfen wird, muss das Feld wieder verlassen. Gewonnen hat die Mannschaft, die als Erstes alle Kinder im Feld hat. *(TR)*

403 Sanitäterspiel

Material: Ball, Matten
Spielbeschreibung: Zwei Mannschaften stehen sich in zwei Feldern gegenüber. In der Mitte stehen Bänke als Begrenzung. An den hinteren Grundlinien befindet sich jeweils ein „Krankenhaus“ (Matte). Wird ein Spieler von einem Gegenüber abgeworfen, so muss er von zwei „Sanitätern“ (Mitspielern) ins Krankenhaus getragen werden. Von dort kann er wieder ins Spiel eingreifen. Die Sanitäter dürfen auch abgeworfen werden. Es sind nur direkte Bälle erlaubt.
Variation: Die Sanitäter werden vor dem Spiel bestimmt. Nur sie dürfen die Verletzten retten; sie selbst sind immun. Es wird mit zwei oder drei Bällen gespielt. *(GLINTENKAMP/HOFFMANN 1991, S. 35)*

404 Ritterburg

Material: Matten und Bälle
Spielbeschreibung: Die Gruppe wird in zwei Mannschaften aufgeteilt. Jede Mannschaft hat an der Stirnseite der Halle eine „Burg“ (Mattenbahn), in der sich 15 Bälle befinden. Ziel des Spiels ist es, möglichst viele Bälle aus der Burg des Gegners zu rauben und auf die eigene Seite zu bringen, ohne abgeworfen zu werden. Trägt man einen Ball in der Hand, darf man nicht abgeworfen, wohl aber gefangen werden. Wer gefangen wird, kommt ins „Burggefängnis“. Ein „Gefangener“ kann befreit werden, indem ein „Befreier“ (Kind aus der eigenen Mannschaft) ihn an der Hand fasst und auf die eigene Seite bringt. Das Paar in Handfassung darf nicht gefangen werden. *(TR)*

405 Jägerball II

Material: Ball
Spielbeschreibung: Die Gruppe bestimmt drei „Jäger“, die in der Halle verteilt stehen bleiben und sich nicht von der Stelle bewegen dürfen. Die Jäger versuchen, die umherlaufenden „Hasen“ abzuwerfen. Ist der Ball nicht in ihrer Reichweite, bekommen sie ihn von den Hasen zugeworfen. Wer getroffen ist, setzt sich hin. Die sitzenden Hasen können sich den Ball auch untereinander zuwerfen und somit wieder am Spiel teilnehmen. *(KL)*

406 Hasenkönig

Material: drei Bälle
Spielbeschreibung: Die Gruppe bestimmt drei „Jäger“, die aus der Halle gehen. Die restliche Gruppe bestimmt in deren Abwesenheit zwei „Hasenkönige“, die anderen Kinder sind „Hasen“. Die Jäger, die die Hasenkönige nicht kennen, versuchen, die Hasen abzuwerfen. Wer getroffen wird, muss sich hinsetzen. Nur die Hasenkönige können die abgeworfenen Hasen befreien. Ein abgeworfener Hasenkönig kann nicht befreit werden. Ziel des Spiels ist es, alle Hasen abzuwerfen. *(KL)*

407 Jägerball III

Material: Ball
Spielbeschreibung: „Ein Kind der Gruppe wird Jäger. Alle anderen sind Hasen. Kann der Jäger einen Hasen mit einem Ball abwerfen, wird dieser auch Jäger und kann Hasen abwerfen. Jeder abgeworfene Hase wird zum Jäger. Die Jäger werden mit einem Band gekennzeichnet. Der letzte Hase ist Sieger. [...] Die Jäger dürfen nur drei Schritte mit dem Ball laufen und müssen ihn dann abspielen. Nur direkte Würfe zählen, keine Bodenkontaktbälle.“
(GLINTENKAMP/HOFFMANN 1991, S. 25)

408 Jägerball IV

Material: Softball, Stoppuhr
Spielbeschreibung: Ein Kind der Gruppe wird „Jäger“. Die restlichen Kinder sind „Hasen“. Der Jäger versucht, innerhalb von drei Minuten so viele Hasen wie möglich abzuwerfen. Wer abgeworfen wird, setzt sich auf die Bank. Nach drei Minuten beginnt das Spiel von vorne. Gewonnen hat der Jäger, der am meisten Hasen abgeworfen hat.
(TR)

409 1, 2, 3, 4 – Tintenfisch

Material: Ball
Spielbeschreibung: Die Gruppe bestimmt einen „Kapitän“, der an einer Seite der Halle steht. Die Kinder stehen an der gegenüberliegenden Seite. Der Kapitän ruft die Kinder auf seine Seite, und versucht, sie mit dem Ball abzuwerfen. Wer abgeworfen ist, wird zu einem „Tintenfisch“ und bleibt stehen. Die Tintenfische versuchen nun, vorbeilau-

fende Kinder mit den Händen zu berühren. Die berührten Kinder werden ebenfalls zu Tintenfischen.
Variation: Der Kapitän steht mit drei Softbällen im Mittelkreis und versucht, die anderen Kinder abzuwerfen. *(Quelle unbekannt)*

410 Brückenball

Material: Ball
Spielbeschreibung: Die Gruppe bestimmt ein Kind, das versucht, die anderen abzuwerfen. Wer getroffen ist, geht in den „Vierfüßlerstand". Krabbelt ein Kind unter dem abgeworfenen Kind hindurch, ist dieses erlöst und kann wieder mitspielen.
Variation: Das abgeworfene Kind grätscht die Beine und ist erlöst, wenn ein Kind unten durchkrabbelt. *(Quelle unbekannt)*

411 Jägerball V

Material: Ball
Spielbeschreibung: Es wird kein Jäger festgelegt. Ein Kind hat den Ball und ist somit „Jäger". Die anderen Kinder sind „Hasen". Der Jäger versucht, die Hasen abzuwerfen. Wer getroffen ist, scheidet aus. Fängt ein Hase den Ball aus dem direkten Schuss (ohne vorheriges Aufprellen des Balles), so wird der Hase zum Jäger und der Jäger zum Hasen. *(ZO 2)*

412 Kaiser, wer wirft?

Material: Softball
Spielbeschreibung: Die Kinder stellen sich im Kreis auf und bestimmen den Kaiser. In der Kreismitte liegt der Ball. Die Kinder, die im Kreis stehen, fragen den Kaiser: „Kaiser, wer wirft?" Der Kaiser ruft den Namen eines mitspielenden Kindes. Das aufgerufene Kind nimmt sofort den Ball und versucht, eines der anderen Kinder, die natürlich wegrennen dürfen, zu treffen. Nur der Kaiser darf nicht beworfen werden. Das Kind, das werfen darf und nicht trifft, ist ausgeschieden. Wird ein Kind getroffen, so ist es ausgeschieden.
So geht das Spiel weiter bis nur noch zwei Kinder übrig sind, der Kaiser und das Kind. Nun spielen die beiden gegeneinander, wobei der Kaiser bestimmen darf, ob er selbst oder ob das andere Kind wirft. Der Gewinner darf beim nächsten Spiel Kaiser sein. *(WA)*

413 Sanitäter

Material: Ball
Spielbeschreibung: Es wird kein Jäger festgelegt. Wer den Ball fängt, muss stehen bleiben und versucht, ein Kind abzuwerfen. Wer getroffen ist, setzt sich hin. Zwei Mitspieler können zu Sanitätern werden und das Kind erlösen, indem sie es ins Krankenhaus (Matte) ziehen.
(Quelle unbekannt)

Fangspiele

Bei Fangspielen ist der freie Lauf das Grundelement; es bieten sich daher viele Variationsmöglichkeiten an, die vorher in der Gruppe abgesprochen werden. Fortbewegungsarten und Fängerzahl können variiert werden. Die Fangspiele werden weiter in „Einer gegen einen", „Einer gegen alle", „Alle gegen einen", „Kettenfangspiele" und „Mannschaftsfangen" unterteilt. „Kettenfangspiele" sind Fangspiele mit steigender Fängerzahl. Sie haben den Vorteil, dass die abgeschlagenen Mitspieler nicht ausscheiden, sondern eine neue Rolle im Spiel übernehmen.

414 Der Plumpsack geht um

Material: Tuch zum Abschlagen
Spielbeschreibung: Die Kinder sitzen oder stehen im Kreis. Ein Kind bekommt den „Plumpsack", ein Tuch, in das ein Knoten gemacht wurde, und läuft damit außen um den Kreis herum. Dabei singt die Gruppe: „Dreht euch nicht um, der Plumpsack geht herum. Wer sich umdreht oder lacht, kriegt den Buckel blau gemacht." Irgendwann lässt das Kind den Plumpsack möglichst unauffällig hinter einem Kind im Kreis fallen. Das Kind muss ihn aufheben, hinter dem Kind herlaufen, das ihn weggeworfen hat, und versuchen, es abzuschlagen, bevor es die Runde beendet hat und auf dem frei gewordenen Platz angekommen ist. Gelingt es ihm nicht, muss es nun selbst herumgehen.
Variation: Der Fuchs geht um
Die Gruppe singt das Lied: „Der Fuchs geht um, der Fuchs geht um, wirft seinen langen Schwanz herum. Wer sich umschaut oder lacht, kriegt den Buckel blau gemacht."
Anmerkung: Dieses Spiel macht recht viel Spaß, da es sehr leicht passieren kann, dass ein Kind „schläft" und erst wach wird, wenn das Kind oder der Fuchs seine Runde beendet hat und es anschlägt.
(PORTMANN/SCHNEIDER 1986, S. 19)

415 Katz und Maus I

Spielbeschreibung: Alle Kinder, bis auf zwei, bilden einen Kreis und fassen sich an den Händen. An zwei Stellen des Kreises ist die Handfassung gelöst. So entstehen zwei Öffnungen. Ein Kind ist die Maus und befindet sich zu Beginn des Spiels im Inneren des Kreises, das andere Kind ist die Katze außerhalb des Kreises. Die Katze jagt die Maus. Auf der Flucht darf die Maus auch unter den Händen der Mitspieler durchschlüpfen, während die Katze die beiden Öffnungen im Kreis benutzen muss. Ist die Maus gefangen, werden zwei andere Kinder Katz und Maus. Sollte es die Katze nicht schaffen, die Maus zu erhaschen, wird nach einer gewissen Zeit gewechselt.
Variation: Der Kreis hat keine Öffnungen. Die Maus ist im Kreis, die Katze außerhalb. Die Katze sagt: „Mäuslein, Mäuslein komm heraus!" Darauf sagt die Maus: „Nein, ich komme nicht heraus." Die Katze antwortet: „Dann kratz ich dir die Augen aus!" Die Katze versucht nun, die Maus zu fangen, wird aber von den Mitspielern durch das Senken der Arme gehindert. Die Maus kann unter den Armen der Mitspieler durchschlüpfen. *(FRANKE, 1991, S. 46)*

416 Katz und Maus II

Spielbeschreibung: Alle Kinder, bis auf zwei, bilden Dreierreihen (fassen sich an den Händen und bilden dadurch eine Mauer) und stellen sich hintereinander auf. Ein Kind ist die „Maus", ein anderes die „Katze". Die Katze muss die Maus fangen. Katze und Maus können durch die Reihen der Mitspieler laufen. Die Maus kann, wenn sie in zu große Bedrängnis kommt, klatschen. Daraufhin drehen sich die Mitspieler um eine Vierteldrehung im Uhrzeigersinn, fassen die neuen Nachbarn an den Händen und bilden eine Mauer. Auf diese Weise kann sich die Maus vor der Katze in Sicherheit bringen, da sie durch die „Mauer" beschützt wird. *(Quelle unbekannt)*

417 Ameise und Spinne

Spielbeschreibung: Alle Kinder, bis auf zwei, bilden einen Kreis und grätschen die Beine. Ein Kind ist die „Spinne", das andere Kind die „Ameise". Beide laufen um den Kreis herum, wobei die Spinne versucht, die Ameise zu fangen. Setzt sich die Ameise zwischen die Beine eines Kindes, wird das Kind zur Spinne; die bisherige Spinne wird zur Ameise. So geht das Spiel weiter. Wird die Ameise von der Spinne gefangen, so wird ein neues Paar bestimmt. *(MZ 2)*

418 A fängt B

Spielbeschreibung: „Die Kinder gehen paarweise zusammen. Einer wird A, einer wird B. Danach laufen die Schüler kreuz und quer im Spielfeld umher. Auf Zuruf des Lehrers versucht A innerhalb von ca. 10 Sek., B zu fangen. Anschließend wird wieder langsam gelaufen. Nun fängt B auf Zuruf des Lehrers A." Danach können neue Paare gebildet werden.
Variation: Die Fortbewegungsart kann verändert werden.
(GLINTENKAMP/HOFFMANN 1991, S. 5)

419 Glucke und Geier

Spielbeschreibung: „Ca. 6–10 Kinder stehen in einer Reihe hintereinander. Jeder umfasst die Hüfte des Vordermannes. Am Anfang der Reihe steht mit ausgebreiteten Armen die Glucke und versucht zu verhindern, dass der ‚Geier' eines ihrer Küken abschlägt. Die Kette darf dabei nicht abreißen. Berührt der ‚Geier' ein Küken, so wird dieses Geier." *(GLINTENKAMP/HOFFMANN 1991, S. 21)*

420 Schwänzchen

Spielbeschreibung: Ein Kind ist Fänger. Alle anderen Kinder haben sichtbar ein Band in die Hose geklemmt. Der Fänger muss in einer festgelegten Zeit den Mitspielern soviel Schwänzchen wie möglich abziehen. Die Kinder können durch geschicktes Drehen und Wenden ihr Schwänzchen schützen. Die Kinder ohne Schwänzchen spielen weiter mit. Ist die Zeit vorbei, wird gemeinsam die Beute gezählt. Ein neuer Fänger wird bestimmt. Sieger ist, wer die meisten Schwänzchen ergattert hat. *(KO)*

421 Fliegen fangen

Material: Ball
Spielbeschreibung: Der Spielleiter wirft eine Fliege (Ball) einem Schüler zu. Fängt dieser die Fliege, zählt er „eins", wirft den Ball zurück und verschränkt die Hände, so als hätte er eine Fliege dazwischen, die nicht davonfliegen darf. Kommt der nächste Ball, darf er rasch zugreifen und „zwei" zählen. Ziel des Spiels ist es, möglichst viele Fliegen zu fangen, ohne die bereits gefangenen wegfliegen zu lassen. Dies passiert dann, wenn ein Kind die Hände öffnet, obwohl keine Fliege kommt (Der Spielleiter tut nur so, als ob er den Ball werfen würde). In solch einem Fall muss der betreffende Spieler wieder mit Zählen bei eins anfangen.

422 Vogelfänger

Material: Reifen
Spielbeschreibung: „Mehrere Reifen liegen verteilt im Raum. Jedes Kind sitzt in einem Reifen wie ein Vogel in einem Nest. Ein Vogelfänger steht in einer Ecke des Spielfeldes. Auf seinen Ruf ‚Alle Vögel fliegen fort!' laufen die Kinder aus ihrem Reifen heraus im Raum herum. Auf den Ruf des Fängers, ‚Ins Nest zurück!' flüchten die Kinder in ihren Reifen. Der Fänger darf einen Vogel fangen, ehe dieser sein Nest erreicht hat. Das abgeschlagene Kind (gefangener Vogel) wird beim nächsten Spiel Vogelfänger." *(KO)*

423 Fuchs, Hahn und Hühner

Spielbeschreibung: Der Fuchs sitzt auf dem Boden, Hahn und Hühner um ihn herum. Der Hahn fragt den Fuchs: „Was tust du da, alter Fuchs?" Der Fuchs antwortet: „Ich mach ein Feuer an." – „Wozu?", will der Hahn wissen. „Zum Wasserkochen", sagt der Fuchs. Der Hahn fragt den Fuchs: „Was willst du mit dem Wasser?" – „Ich koche ein Hühnchen", antwortet der Fuchs. „Woher?", will der Hahn wissen. „Aus deiner Schar", ruft der Fuchs. Darauf springt der Fuchs auf und versucht, eines der auseinander laufenden Hühner zu fangen. Wer gefangen wird, ist im neuen Spiel der Fuchs; der alte Fuchs ist der neue Hahn. *(WA)*

424 Hase im Kohl

Spielbeschreibung: Es werden Gruppen mit je vier Kindern gebildet. Drei davon stehen, sich gegenseitig an den Händen fassend, im Kreis. Sie stellen den „Kohl" dar. Das vierte Kind ist ein „Hase" und sitzt im Kohl. Bevor das Spiel beginnt, werden noch ein umherlaufender „Hase" und ein „Fuchs" bestimmt, der auf ein Zeichen des Spielleiters den Hasen jagen muss. Der gejagte Hase kann im Kohl Zuflucht nehmen – dann muss der im Kohl sitzende Hase seinen Platz verlassen und wird gejagt. Fängt der Fuchs den Hasen, tauschen sie die Rollen.
Variation: Damit mehr Bewegung ins Spiel kommt, kann die Zahl der umherlaufenden Hasen und Füchse erhöht werden.
Die Kohlblätter können die Arme unten lassen und sich so eng zusammenstellen, dass der Hase nicht in den Kohl kann.
Anmerkung: Damit das Spiel für die Kohlblätter nicht langweilig wird, wechselt immer ein Kind, das den Kohlkopf mitgebildet hat, mit dem neu in den Kohl gekommenen Hasen. *(FRANKE 1991, S. 36)*

425 Rettungsinsel

Material: Matten
Spielbeschreibung: Im Spielfeld gibt es zwei „Krankenhäuser“ (Matten). Ein Kind ist Fänger, die anderen laufen umher. Wird ein Kind gefangen, so ist es sofort krank und muss sich ganz ruhig auf den Boden legen. Drei bis vier andere Kinder können ein Kind wieder „gesund machen“, indem sie es in ein Krankenhaus tragen. Dabei können sie nicht gefangen werden.
Anmerkung: Da einige Kinder ein anderes befreien können, wird hier das Sozialverhalten geschult. *(ZO 1)*

426 Verzaubern

Spielbeschreibung: „Ein ‚Zauberer‘ treibt auf dem Spielfeld sein Unwesen – er läuft den Spielern hinterher, und wen er abschlägt, den verzaubert er, eine bestimmte Position einzunehmen (Bauchlage, Hocke, Liegestütz, Rückenlage usw.). Die nicht verzauberten Spieler erlösen die Verzauberten mit Abschlag und dem Wort, ‚Erlöst!‘ So geht das Spiel immer weiter.“
Anmerkung: Sozialverhalten wird dadurch eingeübt, dass die Kinder andere erlösen können. *(FRANKE 1991, S. 71)*

427 Bienenkönigin

Spielbeschreibung: Die Kinder bilden Paare und wählen eine Bienenkönigin. Die Königin gibt verschiedene Anweisungen, zum Beispiel: „Haltet euch an den Händen fest“, „Hakt euch unter!“, „Dreht euch auf der Stelle!“, „Tanzt miteinander!“. Wenn sie ruft: „Alle Bienen fliegen!“, laufen die Bienenpaare auseinander und suchen sich einen neuen Partner. Die Königin muss versuchen, eine allein fliegende Biene zu berühren. Gelingt es ihr, bilden beide ein neues Paar. Neue Königin wird die Biene, die keinen Partner gefunden hat. *(THIESEN 1999)*

428 Körperteil fangen

Spielbeschreibung: Ein Kind ist Fänger; die anderen laufen im Raum umher. Der Fänger kann ein anderes Kind nur dadurch abschlagen, dass er ein bestimmtes, zuvor vereinbartes Körperteil berührt. Ein abgeschlagenes Kind bleibt so lange stehen, bis es an demselben Körperteil von einem anderen Kind erneut berührt wird.

Anmerkung: Dieses kooperative Fangspiel führt zu einer bewussteren Körperwahrnehmung. *(KL)*

429 Anticken

Spielbeschreibung: Ein Kind ist der Fänger und versucht, ein anderes Kind an irgendeiner Stelle des Körpers anzuticken. Das gefangene Kind muss diese Körperstelle mit der Hand berühren und wird nun selbst zum Fänger. Es kann sich nur dadurch befreien, indem es ein weiteres Kind antickt, welches nun seinerseits mit der Hand an der berührten Stelle ein weiteres Kind fangen muss. Der jeweilige Fänger versucht natürlich, beim Anticken eine Stelle zu treffen, die dem zukünftigen Fänger das Fangen schwer macht, z.B. den Fuß.

430 Maurer

Spielbeschreibung: Der „Maurer" steht im Bereich der Mittellinie, während die anderen Kinder immer wieder von einer Seite auf die andere laufen müssen. Der Maurer versucht dabei, die Kinder innerhalb seines Bereiches zu fangen. Wer gefangen wird, muss so stehen bleiben wie ihn der Maurer hinstellt, z.B. Arme und Beine auseinander. Der Maurer baut mit den gefangenen Kindern eine „Mauer", um den noch umherlaufenden Kindern den Weg so zu verbauen, dass er sie leichter fangen kann. *(TR)*

431 Fangen mit Musik

Material: Kasten, Musik
Spielbeschreibung: Ein Kind wird zum Fänger bestimmt und setzt sich auf den Kasten. Während Musik gespielt wird, laufen die restlichen Kinder in der Halle umher. Sobald aber die Musik aufhört, springt das Kind von dem Kasten und versucht, ein anderes Kind zu fangen, das sich dann auf den Kasten setzen muss. *(ZO 2)*

432 Gymnastikfangen

Spielbeschreibung: Ein Kind ist Fänger; die anderen laufen herum. Der Fänger versucht, ein Kind zu erhaschen. Ein Kind, das nicht gefangen werden will, kann eine vorher vereinbarte oder selbst gewählte gymnastische Übung ausführen, z.B. Rumpfdrehen, Kniebeuge, Liegestütz. Der Fänger muss sich nun ein anderes Kind suchen.

Neben dem Kind, das eine gymnastische Übung macht, zu warten, gilt nicht. *(FRANKE 1991, S. 34)*

433 Kauer fangen

Spielbeschreibung: Ein Kind ist Fänger; die anderen laufen umher. Der Fänger versucht, ein Kind abzuschlagen. Das Abschlagen wird dadurch erschwert, dass die Kinder sich vor dem Fänger retten können, indem sie die Kauer- oder Hockstellung einnehmen.
(FRANKE 1991, S. 47)

434 Kuckucksnest

Spielbeschreibung: Ein Kind ist der Kuckuck. Die anderen Kinder werden in Dreiergruppen eingeteilt. Zwei Kinder jeder Gruppe stehen sich gegenüber und halten sich an den Händen. Das dritte Kind steht zwischen ihnen im „Nest". Der Kuckuck hat kein Nest. Auf ein Zeichen „fliegen" die Kinder aus ihren Nestern und laufen zusammen mit dem Kuckuck durch den Raum. Wenn der Spielleiter laut „Kuckuck" ruft, versuchen alle, auch der Kuckuck, ein leeres Nest zu besetzen. Wer kein Nest findet, wird neuer Kuckuck.
Variation: Die „Nester" befinden sich hinter einer (gedachten) Linie. So wird verhindert, dass die Kinder ständig um die Nester herumlaufen und dem Kuckuck wenig Gelegenheit geben, ein Nest zu besetzen. *(EHRLICH/HEIMANN 1982)*

435 Klapperschlange

Spielbeschreibung: „Die Klapperschlange liegt bäuchlings auf dem Boden, die anderen Spieler im Halbkreis um ihn herum. Sie liegen so nah, dass sie die ‚Schlange' mit ausgestreckten Armen berühren können. Sie betasten die ‚Klapperschlange' vorsichtig mit den Fingern, und plötzlich ruft der Spielleiter: ‚Klapperschlange' Da springen sie schnellstens hoch, denn die Schlange versucht durch blitzschnelles Zubeißen (Abschlag), ihre Beute zu schnappen. Der abgeschlagene Spieler legt sich als nächste Klapperschlange auf den Bauch."
(FRANKE 1991, S. 47 f.)

436 Floh im Pelz

Material: Halstuch
Spielbeschreibung: „Ein Kind spielt den Bären, der versuchen will, seine Flöhe zu fangen. Er kann sie aber schlecht sehen. Er tappt im Dunkeln. Dem Bären werden die Augen verbunden. Die anderen spielen die Flöhe. Sie suchen sich einen Platz im Raum ... Hat jeder Floh seinen Platz gefunden, versucht der Bär, die Flöhe zu fangen. Tastend tappt er durch die Gegend. Die Flöhe dürfen vor ihm fliehen. Aber jeder Floh darf nur insgesamt zehn Schritte machen, um sich vor dem Bären in Sicherheit zu bringen, wenn dieser ihm auf der Spur ist. Danach muss er an seinem Platz stehen bleiben und darf sich nicht mehr bewegen ... Flöhe, die gefangen werden, setzen sich an den Rand. Hat der Bär alle seine Flöhe erwischt, darf ein anderes Kind den neuen Bären spielen."
Variation: Das Spiel kann auch mit zwei oder drei Bären gespielt werden.
Anmerkung: Die Variation ist dann besonders günstig, wenn besonders viele Kinder mitspielen oder das Feld sehr groß ist. Bei diesem Spiel soll es möglichst ruhig sein, damit der Bär den Floh hören kann, wenn dieser sich bewegt. *(ZO 3)*

437 Entenjagd

Material: Taschentuch
Spielbeschreibung: Ein Kind steckt sich ein Taschentuch hinten in die Hose, ein großer Zipfel hängt heraus. Die anderen Kinder sind die „Enten". Das Kind versucht nun, eine Ente zu fangen und ihr das Taschentuch abzugeben. Die Enten können sich durch Untertauchen und dadurch, dass sie die Beine in die Luft strecken, retten. Das Kind muss sich dann einer anderen Ente zuwenden.
(SPIELEWERKSTATT RHINOZEROS)

438 Wir kommen aus dem Morgenland

Spielbeschreibung: Die Kinder bestimmen einen „König" und flüstern sich eine Tätigkeit so zu, dass es der König nicht hört (z.B. Zähne putzen). Dann treten sie vor den König und sagen: „Wir kommen aus dem Morgenland, die Sonne hat uns schwarz gebrannt, so schwarz wie die Mohren, wir haben lange Ohren. Meister, gib uns Arbeit!" Der König ruft darauf: „Lumpen seid ihr!" Die Kinder erwidern: „Wir sind ehrliche Leute." Der König sagt dann: „Zeigt mir euer Handwerk!" Alle Kinder zeigen die vorher vereinbarte Tätigkeit. Wenn der König es errät, rennen alle Kinder los. Der König muss nun versuchen, ein

Kind vor einer bestimmten Ziellinie zu fangen. Wenn er ein Kind abgeschlagen hat, ist dieses der neue König.
Anmerkung: Das Bild, das hier über schwarze Menschen vermittelt wird, ist nicht vorurteilsfrei. Eine Kürzung des Textes auf „Meister, gib uns Arbeit!" und „Zeigt mir euer Handwerk!" ist nicht nur besser, sondern festigt die Kenntnisse über die verschiedenen Berufe der Eltern. *(WA)*

439 Mützenmann

Material: Mütze
Spielbeschreibung: Das begehrte Objekt bei diesem Fangspiel ist die Mütze, die dem flüchtenden Besitzer abgejagt werden soll. Ein Kind setzt sich die Mütze auf; es darf sie nicht mit den Händen festhalten. Die anderen Kinder versuchen, die Mütze vom Kopf des Kindes zu stehlen und selbst möglichst lange zu tragen.
Variation: Mehrere Kinder tragen eine Mütze.
Anmerkung: Zunächst sollte das Spiel nur in kleinen Gruppen mit je einer Mütze gespielt werden. Später können die Gruppen zusammengelegt werden. Das Spiel wird immer lustiger, je mehr Kinder und je mehr Mützen ins gemeinsame Spiel kommen. *(KO)*

440 Fuchs

Material: Taschentuch
Spielbeschreibung: Der „Fuchs" steckt sich ein Taschentuch hinten in die Hose, ein großer Zipfel muss heraushängen. Die anderen versuchen, ihm das Taschentuch zu entreißen und sich selbst an die Hose zu heften. Wem es gelingt, ist der neue Fuchs. *(Quelle unbekannt)*

Kettenfangspiele

441 Schwarzer Mann

Spielbeschreibung: „Die Kinder stehen an der Längsseite eines rechteckigen Spielfeldes. Der ‚Schwarze Mann' steht auf der anderen Seite. Auf seinen Ruf ‚Wer fürchtet sich vorm Schwarzen Mann?' antworten die Kinder: ‚Niemand.' Daraufhin fragt der Schwarze Mann: ‚Und wenn er kommt?' Jetzt antworten die Kinder: ‚Dann laufen wir!' Gleichzeitig versuchen sie, auf die andere Spielfeldseite zu gelangen. Der ‚Schwarze Mann' schlägt so viele Kinder ab, wie er kann.

Diese helfen ihm dann in der nächsten Runde beim Fangen, usw."
Variation: „Die Kinder dürfen sich nur hickelnd, hüpfend oder auf allen vieren fortbewegen." *(GLINTENKAMP/HOFFMANN 1991, S. 37)*

442 Zöllner

Spielbeschreibung: Ein Kind steht in der Mitte des Feldes und ist der „Zöllner". Die anderen Kinder stehen an einer Feldseite und versuchen, die andere Seite zu erreichen. Der Zöllner muss die Kinder daran hindern, die Grenze zu übertreten, darf aber nur in der Feldmitte die Kinder abklatschen.
Wer abgeschlagen wird, hilft dem Zöllner, die Kinder aufzuhalten. Das Kind, das als letztes gefangen wird, ist der neue Zöllner. *(TR)*

443 Fuchs, wie viel Uhr ist es?

Spielbeschreibung: Die Kinder bestimmen einen Fuchs, der sich an das andere Ende des Spielfeldes stellt. Die Gänse laufen im Feld herum und fragen immer wieder: „Fuchs, wieviel Uhr ist es?" Der Fuchs nennt nun eine Uhrzeit, z. B. 3 Uhr, 2 Uhr oder 6 Uhr. Ruft er aber „Frühstückszeit", dann müssen alle Gänse losrennen und versuchen, sich hinter ihrer Spielfeldgrenze in Sicherheit zu bringen. Wer abgeschlagen ist, muss dem Fuchs helfen. Das Kind, das als letztes übrig bleibt, hat gewonnen.
Variante: Der Fuchs schleicht sich in einem begrenzten Feld durch die Gänseschar. Bei „Frühstückszeit" hat der Fuchs zwölf Stunden Zeit (der Spielleiter klatscht zwölfmal langsam in die Hände), die Gänse zu fangen. Gefangene Gänse scheiden aus.
(LANG 1992, S.53)

444 Fischer, wie wehen die Fahnen?

Material: Kreide
Spielbeschreibung: Die Kinder stehen einem Kind, dem Fischer oder der Fischerin in zehn bis zwanzig Metern Abstand gegenüber. Die Grenzen vom rechteckigen Spielfeld werden mit Kreide markiert. Die Kinder rufen: „Fischer, wie wehen die Fahnen?" Der Fischer nennt eine Farbe, und alle sausen los. Die Kinder, die diese Farbe an ihren Kleidungsstücken haben, können in aller Ruhe und unbehelligt auf die andere Seite laufen. Die anderen jedoch werden vom Fischer zu fangen versucht. Wer als Erstes gefangen wird, ist der nächste Fischer.

Variation: Alle gefangenen Spieler werden auch Fischer und am Ende bleiben nur noch wenige übrig, die gefangen werden müssen.
(Baum 1995)

445 Gorilla, wach auf!

Spielbeschreibung: Ein Kind ist der Gorilla, der sich mit geschlossenen Augen auf den Boden legt. Die restlichen Kinder sind Affen, die ein mutiges Kind auswählen, das den Gorilla aufwecken soll. Jetzt schleichen sich alle Affen zu dem Gorilla hin und knien sich vor ihn. Der mutige Affe versucht, den Gorilla durch Berührungen aufzuwecken. Aber Vorsicht! Wenn der große Affe die Augen aufschlägt, ist Gefahr angesagt. Alle Affen müssen sich schleunigst hinter eine Sicherheitslinie retten. Wer erwischt wird, muss dem Gorilla helfen. Das Kind, das übrig bleibt, wird zum neuen Gorilla. *(WA)*

446 Fischer, wie tief ist das Wasser?

Spielbeschreibung: Die Kinder stehen hinter einer Linie und fragen den „Fischer“, der an der gegenüberliegenden Seite steht: „Fischer, wie tief ist das Wasser?“ Der Fischer antwortet z.B.: „Zehn Meter!“ Die anderen fragen darauf: „Wie kommen wir hinüber?“ Der Fischer antwortet: „Wir hüpfen auf einem Bein!“ Die Kinder hüpfen auf einem Bein auf die andere Seite. Der Fischer muss nun versuchen, selbst auf einem Bein hüpfend, möglichst viele Kinder abzuschlagen, bevor diese das rettende Ufer erreicht haben. Die Gefangenen helfen dem Fischer beim Fangen so lange, bis niemand mehr übrig bleibt.
Variation:
- Der Fischer kann mit etwas Phantasie die Fortbewegungsart variieren.
- Immer zwei Fischer halten sich an der Hand und fangen gemeinsam.

(LANG 1992, S. 53)

447 Wölfe

Spielbeschreibung: Die Kinder stehen händefassend im Kreis. In der Kreismitte sitzen einige „Wölfe“. Die Kinder im Kreis sagen: „Wollen mal spazieren gehen, ob wir da wohl Wölfe sehen. Die Uhr schlägt eins, ist keiner da. Die Uhr schlägt zwei, ist keiner da. Die Uhr schlägt drei, ist keiner da. Die Uhr schlägt vier, da kommt das bitterböse Tier.“ Direkt danach laufen die Kinder hinter eine bestimmte

Ziellinie. Die Wölfe versuchen, die Kinder vorher zu fangen. Wer gefangen wird, verwandelt sich zum Wolf und setzt sich bei der nächsten Spielrunde auch in die Kreismitte.
Anmerkung: Es ist darauf zu achten, dass die Kinder nicht zu früh die Hände loslassen und davonlaufen. *(WA)*

448 Spinne fangen

Spielbeschreibung: „Die Kinder laufen frei durch den Raum. Ein Kind, die Spinne, fängt ein anderes Kind durch Abschlagen. Beide Kinder fassen sich an und versuchen, weitere Kinder abzuschlagen. Fangen dürfen jeweils nur die zwei Arme der Spinne, die außen sind. Das Spiel ist zu Ende, wenn alle Kinder zur Spinne gehören."
(Quelle unbekannt)

449 Paarfangen

Spielbeschreibung: Die Kinder laufen im Raum herum. Ein Kind, das vorher bestimmt wurde, versucht, ein anderes Kind zu fangen. Die beiden Kinder fassen sich dann an den Händen und fangen gemeinsam ein drittes und viertes Kind. Hat die „Kette" vier Glieder, so teilt sie sich in zwei „Ketten" auf. Die Zweier-Paare fangen jetzt wieder Kinder und teilen sich, wenn sie eine „Vierer-Kette" sind. Das Spiel geht so lang, bis keine Kinder mehr frei herumlaufen.
(Quelle unbekannt)

450 Kopf und Schwanz

Spielbeschreibung: „Alle Kinder bilden eine Reihe. Jedes Kind umfasst die Hüften seines Vordermannes. Das vorderste Kind ist der Kopf, das hinterste der Schwanz. Der Kopf versucht, den Schwanz zu erreichen. Gelingt ihm das in einer bestimmten Zeit, dann reihen sich beide in die Mitte der Reihe ein. Gelingt es dem Kopf nicht, dann reiht nur er sich ein."
Anmerkung: Das Spiel eignet sich auch zur Kooperationsförderung. *(KO)*

451 Einkreisen

Spielbeschreibung: Etwa die Hälfte der Mitspieler bildet eine Kette, die nun nach und nach versucht, die noch freien Spieler zu fangen. Wer von der Kette eingekreist worden ist und nicht mehr ausbrechen

kann, ist gefangen und beteiligt sich nun selbst als Glied der Kette am weiteren Einfangen freier Mitspieler. Es lässt sich auch gut im Schnee spielen oder im Sommer in knietiefem Wasser.
(THIESEN 1999)

452 Hase, wie bist du in den Kohl gekommen?

Spielbeschreibung: Alle Kinder, bis auf drei, bilden einen Kreis. Drei Kinder sind Hasen und befinden sich in der Mitte des Kreises. Die Kinder fragen: „Hase, wie bist du in den Kohl gekommen?“ Die Hasen antworten: „Ich bin hineingefallen.“ Daraufhin sagen die anderen: „Dann spring auch wieder raus!“ Die Kinder im Kreis heben ihre Arme hoch und zählen bis drei. In der Zwischenzeit laufen die Hasen davon. Wer einen Hasen fängt, wird in der nächsten Runde zum Hasen. Die gefangenen Hasen reihen sich in den Kreis mit ein. *(ZO 1)*

Mannschaftsfangen

453 Tag und Nacht

Spielbeschreibung: „Die Kinder stehen sich in der Mitte des Spielfeldes in etwa einem Meter Abstand Rücken an Rücken gegenüber. Eine Reihe ist ‚Tag‘, die andere ‚Nacht‘. Nun ruft der Lehrer entweder ‚Tag‘ oder ‚Nacht‘. Die Kinder der aufgerufenen Gruppe müssen sich hinter eine Linie in Sicherheit bringen, bevor sie von den Kindern der anderen Gruppe eingeholt und abgeschlagen werden. Jeder Abschlag bringt einen Punkt. Die Mannschaft, die bei mehreren Durchgängen die meisten Punkte erzielt, gewinnt.“
Variation: Die Fortbewegungsarten können variiert werden.
Die Kinder laufen aus der Bauch- oder Rückenlage los.
Anmerkung: Das Spiel ist auch unter Sonne und Mond oder Schwarz und Weiß bekannt. *(GLINTENKAMP/HOFFMANN 1991, S.39)*

454 Mütterchen, Jäger, Löwe

Spielbeschreibung: Die Haltung des Mütterchens ist gebückt mit vor der Brust gekreuzten Armen. Der Jäger hat die Arme ausgestreckt, so als wäre ein Gewehr im Anschlag. Der Löwe macht sich groß, hebt beide Arme hoch über den Kopf – zum Angriff bereit. Trifft die Löwen-Mannschaft auf die Jäger-Mannschaft, dann müssen die

Jäger die Löwen fangen, da die Jäger die Löwen erschießen. Trifft die Mütterchen-Mannschaft auf die Löwen-Mannschaft, dann fangen die Löwen die Mütterchen. Trifft die Jäger-Mannschaft auf die Mütterchen-Mannschaft, dann müssen die Mütterchen die Jäger fangen, weil die Jäger die Mütterchen nach Hause bringen. Treffen zwei gleiche Figuren zusammen, wird wiederholt.
Die Gruppe wird in zwei Mannschaften aufgeteilt, die sich an der Mittellinie der Spielfelder gegenüber stehen. Jede Mannschaft vereinbart zuvor eine der genannten Gesten. Auf ein Zeichen des Spielleiters machen beide Mannschaften ihre Gesten und müssen entweder die andere Mannschaft fangen oder sich vor ihr hinter der Spielfeldlinie in Sicherheit bringen.
Jedes abgeschlagene Kind muss in die Siegermannschaft. Gewonnen hat die Mannschaft, die am Ende des Spiels die meisten Kinder hat.
Anmerkung: Das Fangspiel ist mit dem Spiel von Stein, Schere und Papier vergleichbar. *(KL)*

Laufspiele

Laufspiele können ohne großen Aufwand überall stattfinden. Da die Kinder in der Regel gern laufen und sie sich entsprechend ihrer Leistungsfähigkeit individuell belasten können, besitzen Laufspiele schon von sich aus eine hohe Motivation.

455 Unendliches Erfindungsspiel

Material: 4 Reifen, Gong
Spielbeschreibung: Die Kinder werden in vier gleich große Gruppen eingeteilt. In jeder Ecke liegt ein Reifen. Der Spielleiter gibt mit dem Gong ein akustisches Zeichen, wann die Kinder von einem Reifen zum nächsten laufen können. Dabei müssen sie immer eine neue Gangart oder Fortbewegungsform erfinden.
Anmerkung: Dieses Spiel sollte auch als „stummes Spiel" ausprobiert werden. *(ZO 3)*

456 Der Letzte vorbei

Spielbeschreibung: Die Kinder laufen in einer Schlange durch die Halle. Auf den Zuruf des Spielleiters „Der Letzte vorbei!" muss das letzte Kind der Schlange die Gruppe überholen und sich an die Spitze stellen. Das Kind führt nun die Schlange an. *(ZO 2)*

457 Blinde Brückenwächter

Spielbeschreibung: Auf einer „Brücke“ verteilt, sitzen 2 bis 3 blinde „Brückenwächter“ (Kinder mit verbundenen Augen), die ihren Platz nicht verlassen dürfen. Die Brücke wird durch ein begrenztes Feld (ungefähr 6 m x 2 m) dargestellt. Die anderen Kinder versuchen, über die Brücke in das andere Spielfeld zu gelangen, ohne von den Wächtern berührt zu werden. Berührte Kinder werden auch zu Wächtern, so dass es am Ende immer schwieriger wird, über die Brücke zu gelangen.
Variation: Kinder, die von den Brückenwächtern berührt werden, müssen von vorne beginnen.
Anmerkung: Das Ziel dieses Spiels ist es, sich lautlos an den blinden Wächtern, die sehr auf Geräusche achten müssen, vorbeizuschleichen. *(WA)*

458 Ochs am Berg

Spielbeschreibung: „Ein Spieler (‚Umgucker‘) steht mit dem Rücken zur Gruppe an einer Wand. Die Kinder versuchen, sich vom anderen Ende des Spielfeldes dem Umgucker zu nähern. Dieser ruft jedoch plötzlich: ‚Ochs am Berg‘ und dreht sich um. Er schickt jeden, den er in Bewegung ertappt, wieder an die Grundlinie zurück. Wer den Umgucker als Erster erreicht, darf ihn ablösen.“
Variation: Die Kinder nähern sich dem Umgucker auf allen vieren, auf einem Bein, usw.
Anmerkung: Das Spiel ist auch unter „Schwarz – weiß – rot“ bekannt. Es erfordert viel Aufmerksamkeit vom Lehrer, da sich viele Sympathien und Antipathien zeigen können. Kinder, die sich nicht bewegt haben, werden manchmal zurückgeschickt, weil der Umgucker nicht von ihnen abgelöst werden will.
(GLINTENKAMP/HOFFMANN 1991, S. 31)

459 Der Riese schläft

Material: Schatz (Band, Keule oder ein anderer Gegenstand)
Spielbeschreibung: Ein „Riese“ behütet schlafend einen „Schatz“. Die Mitspieler pirschen sich auf leisen Sohlen an den Schatz heran. Sobald der Riese ein Geräusch vernimmt, dreht er sich blitzschnell um. Alle Kinder erstarren. Wer sich bewegt, scheidet aus (oder andere Vereinbarung). Hat ein Mitspieler den Schatz erbeutet, läuft dieser schnell weg. Der Riese versucht, ihn zu fangen. Hat der Dieb einen festgelegten Punkt erreicht, kann er wählen: Riese werden oder einen anderen Schüler bestimmen. *(KO)*

460 Stop-and-go

Spielbeschreibung: Die Kinder laufen ungeordnet im Raum herum. Ein Kind, das vorher bestimmt wurde, entscheidet, ob die Gruppe weiterläuft oder ob sie stehen bleibt. Sobald das Kind stehen bleibt, müssen alle anderen Kinder auch still stehen. Wer sich trotzdem bewegt, setzt eine Runde aus.
Anmerkung: Die Kinder müssen das gewählte Kind genau beobachten und gegebenenfalls sofort reagieren. *(KL)*

461 Nachahmspiele

Spielbeschreibung: Die Kinder laufen oder gehen ungeordnet durcheinander. Ruft der Lehrer nun den Namen eines Tieres, einer Maschine oder eines Flugzeuges, müssen alle Kinder die entsprechenden Bewegungen, die vorher besprochen und eingeübt werden können, nachahmen.
Beispiele: Elefant, Frosch, Maikäfer, Storch ...
Lokomotive, Auto, Düsenjäger ...
Windmühle, Waschmaschine ...
(GLINTENKAMP/HOFFMANN 1991, S. 29)

462 McDonald's-Spiel

Material: Musik
Spielbeschreibung: Die Kinder bewegen sich nach Vereinbarung schleichend, krabbelnd, hüpfend ... zur Musik. Die Kinder müssen auf den Zuruf des Spielleiters bestimmte Tätigkeiten ausführen:
Bei „Coca-Cola" müssen sich zwei Kinder mit dem Rücken aneinander stellen; ein Kind muss den Arm nach oben strecken (Trinkhalm). Bei „Pommes" legt sich ein Kind auf den Boden. Bei „Mac" legen sich zwei Kinder aufeinander und bei „Big Mac" drei. *(ZO 2)*

463 Feuer – Wasser – Erde – Luft

Material: Reifen, Bänke, Kästen, Matten
Spielbeschreibung: „Die Kinder dürfen sich bei dem Ausruf ‚Luft' erleichtert und tief durchatmend durch den Raum bewegen. Bei dem Ausruf ‚Feuer' springen alle Kinder in Teiche (ausgelegte Gymnastikreifen), bei ‚Wasser' klettern sie auf Bänke und Kästen und bei ‚Erde' legen sich alle flach auf den Boden. Wer häufig als Letzter übrig bleibt, gibt als nächster Signale."

Variation:

Feuer: – mit den Händen ein Dach über dem Kopf machen
– in eine Ecke flüchten, blitzschnell auf den Boden werfen

Erde: – auf den Boden setzen

Wasser: – auf Matten springen

Blitz: – flach auf den Boden legen
– wie erstarrt stehen bleiben
– in die Hocke gehen

Sturm: – auf dem kürzesten Weg zu den Stirnseiten der Halle rennen

Donner: – Ohren zuhalten

Wer als Letzter übrig bleibt, scheidet aus. *(Quelle unbekannt)*

464 Rette sich, wer kann!

Material: Bänke, Kästen, Matten, Reifen
Spielbeschreibung: Die Kinder sitzen hintereinander in „Ruderbooten“ (lange Bänke) und bewegen sich zu den Worten „vor“ und „zurück“ in gleichem Rhythmus „rudernd“, mit den Händen auf den Schultern des Vordermannes, mit den Oberkörpern vor- und zurückwiegend. Beim plötzlichen Ruf des Spielleiters „Sturm – rette sich, wer kann!“ stürzen sich alle aus den „Booten“ und suchen Platz auf kleinen „Inseln“ (Kästen, Matten, Reifen), die nur für zwei bis drei Kinder ausreichend Platz bieten. Hat sich der „Sturm“ gelegt, geht die Fahrt in den „Ruderbooten“ weiter. *(KO)*

465 Eichhörnchen

Spielbeschreibung: Die Kinder gehen immer zu dritt zusammen. Zwei Kinder stellen einen Baum dar, indem sie sich beide Hände geben, in der Mitte entsteht eine Höhle. In dieser Höhle sitzt das dritte Kind, das Eichhörnchen. Ein Eichhörnchen steht ohne Nest in der Mitte. Sobald es in die Hände klatscht, müssen alle Eichhörnchen ihr Nest verlassen und sich ein neues Nest in einem neuen Baum suchen. Das Eichhörnchen aus der Mitte versucht, schnell ein Nest zu finden. Das Eichhörnchen, das kein Nest hat, versucht, in der nächsten Runde ein Nest zu ergattern.
Anmerkung: Das Spiel wird auch für die „Bäume“ interessant, wenn nach etwa drei Minuten die Rollen gewechselt werden.
(VOPEL 1985, S. 14)

466 Bäumchen, Bäumchen wechsle dich!

Material: Reifen
Spielbeschreibung: „Jedes Kind steht in einem Reifen, nur ein Kind hat keinen Reifen und ruft deshalb: ‚Bäumchen, Bäumchen wechsle dich!' Daraufhin müssen alle Kinder sich einen neuen Reifen suchen. Dabei bleibt immer ein Kind ohne Reifen. Dieses ruft wiederum: ‚Bäumchen, Bäumchen wechsle dich!'"
Variation: Jedes Kind steht an einem Ball, Seil oder einer Keule.
Das Spiel kann auch in einem Waldstück stattfinden, indem sich jedes Kind einen Baum sucht und ihn markiert, z. B. mit einem Gegenstand. *(GLINTENKAMP/HOFFMANN 1991, S. 11)*

467 Platzsuche

Material: 4 Bänke
Spielbeschreibung: Die vier Bänke stehen in einem Viereck. Die Kinder verteilen sich auf diese vier Bänke. Bei dem Zuruf „Los!" springen sie über die Bänke, laufen eine Runde und setzen sich wieder auf die ursprüngliche Bank. Wer sich auf die falsche Bank setzt, muss eine Runde aussetzen. *(KL)*

468 Hasen im Wald

Spielbeschreibung: Alle Spieler bilden zwei Kreise, einen inneren und einen äußeren. Diejenigen im äußeren Kreis stehen aufrecht mit gespreizten Beinen; das sind die Hasen. Auf ein Signal des Spielleiters hin drehen sich die Hasen schnell herum, kriechen ihrem Hund durch die Beine, laufen einmal um den Kreis und kommen zu ihrem Hund und ihrem Platz zurück. Derjenige, der zuerst sitzt, hat die Treibjagd überstanden.
Variation: An Stelle von Laufen Krabbeln, Hüpfen, auf einem Bein springen etc.

469 Komm mit – Lauf weg

Spielbeschreibung: Die Kinder bilden einen Kreis. Ein Kind läuft außen um den Kreis herum. Plötzlich schlägt es einem Kreisspieler auf den Rücken und ruft entweder „Komm mit!" oder „Lauf weg!". Dieser folgt ihm dann oder läuft in entgegengesetzter Richtung um den Kreis herum, um möglichst als Erster den freien Platz zu erreichen.

Variation: Es wird ein Kreis aus Matten gebildet, auf denen jeweils zwei bis fünf Kinder hintereinander sitzen. Ein Kind läuft um den Kreis herum. Tippt es das hinterste Kind der Gruppe an, so muss die ganze Gruppe um den Kreis herumlaufen. Wer zuletzt bei dem freien Platz ankommt, muss weiterlaufen und darf eine andere Gruppe zum Mitkommen oder Weglaufen auffordern. *(LANG 1992, S. 51)*

470 Der Löwe und die Tiere

Material: Für jedes Kind das Bild eines bekannten Tieres. Das Bild sollte möglichst groß sein und auf Karton aufgeklebt werden.
Spielbeschreibung: Die Bildkarten werden auf dem Boden verteilt. Die Kinder suchen sich ein Bild aus, setzen sich im Kreis auf den Boden und legen das Bild vor sich. Ein Kind sitzt in der Mitte und ist der König der Tiere, der „Löwe". Der Löwe ruft den Namen eines Tieres. Das Kind, dessen Tier gerufen wird, springt schnell auf und läuft außen um den Kreis herum. Der Löwe muss das Tier verfolgen, um es einzuholen. Er muss an der Stelle aus dem Kreis laufen, an der das Kind vorher saß. Wenn der Löwe das Kind abschlagen kann, ehe es wieder seinen Platz erreicht hat, wird das Kind der neue Löwe. Schafft der Löwe dies nicht, muss er wieder zurück in die Kreismitte.
Anmerkung: Ein Löwe, der zum dritten Mal seine Beute verfehlt hat, sollte abgelöst werden. *(VOPEL 1985, S. 13)*

471 Fliegender Holländer

Spielbeschreibung: Die Kinder stehen Hand in Hand im Kreis. Zwei zuvor bestimmte Kinder fassen sich an den Händen und laufen um den Kreis herum – das Paar stellt den „Fliegenden Holländer" dar. Trennt der „Fliegende Holländer" die Hände von zwei Kindern im Kreis, so fassen diese sich wieder an den Händen und eilen in entgegengesetzter Richtung um den Kreis herum. Wer ist zuerst im Hafen? (Lücke, die im Kreis entstanden ist). Schafft es der „Fliegende Holländer" zuerst, so sind die beiden anderen Kinder der nächste „Fliegende Holländer". *(FRANKE 1991, S. 26)*

472 Ecken laufen

Spielbeschreibung: „Vier Mannschaften stellen sich an den Eckpunkten eines quadratischen Spielfeldes auf. Der Lehrer ruft den Mannschaften Zahlen zu. Bei ‚eins' laufen die Schüler eine Ecke weiter, bei ‚zwei' zwei Ecken, usw.

Je nach Erreichen der vorgegebenen Ecke erhalten die Mannschaften Punkte. Die erste erhält vier Punkte, die letzte noch einen Punkt."
Variation: „Die Schüler laufen rückwärts, seitwärts, hickeln, machen Schlusssprünge oder Hopserlauf. Durch ‚Plus' oder ‚Minus' kann die Laufrichtung verändert werden."
(GLINTENKAMP/HOFFMANN 1991, S. 17)

473 Sechs-Tage-Rennen

Spielbeschreibung: „Die Kinder bilden vier gleich große Gruppen, die in den Hallenecken Aufstellung nehmen. Bei dem Rennen hat jedes Kind 6 Runden zu laufen. Jede Gruppe kann aber selbst entscheiden, wie sie die Läufer einteilt. Keiner muss die Runden an einem Stück laufen. Die Kinder wechseln je nach Leistungsstand und Laufvermögen. Der Wechsel erfolgt mit Handschlag oder Staffelholz. Die Gruppe, die zuerst alle Runden absolviert hat, ist Sieger."
Anmerkung: Gute Läufer sollten auf die Gruppen verteilt werden, damit jede Gruppe möglichst gleiche Chancen hat.
(GLINTENKAMP/HOFFMANN 1991, S. 39)

474 Verkehrspolizei

Spielbeschreibung: Die Kinder werden in vier Mannschaften aufgeteilt, die sich an den Hallenwänden gegenüber stehen. Der Spielleiter steht als „Verkehrspolizist" in der Hallenmitte. Er zeigt an, genau wie ein Polizist an einer Kreuzung, welche Gruppen im „Rechtsverkehr" ihre Seiten wechseln dürfen. Es dürfen immer nur die beiden Gruppen loslaufen, die den Polizist von der Seite sehen. Die Mannschaft, die als erste komplett an der anderen Hallenwand angekommen ist, bekommt einen Punkt. Die Mannschaft mit den meisten Punkten gewinnt.
Variation: Die Laufwege oder die Fortbewegungsarten können variiert werden. Sie können hüpfen, kriechen, rollen, rückwärts laufen, Geräte mitbewegen, paarweise laufen oder zu zweit einen Dritten tragen.
Anmerkung: Wichtig ist, dass alle Gruppen gleich häufig aufgefordert werden. *(LANG 1992, S. 74)*

475 Nummernwettlauf

Spielbeschreibung: „Die Mannschaften stehen in geöffneten Reihen (Abstand ca. 2 Meter) nebeneinander. Nun wird in jeder Mannschaft durchgezählt, so dass jedes Kind eine Nummer erhält, die es sich gut merken muss. Wird vom Spielleiter eine Nummer gerufen, so müssen alle Läufer mit dieser Nummer einmal um die ganze Mannschaft herum wieder auf ihre Plätze laufen. Der Schnellste erhält einen Punkt. So werden alle Nummern nacheinander aufgerufen. Die Mannschaft mit den meisten Punkten ist Sieger."

Variationen:

- Die Kinder laufen aus dem Sitzen, dem Liegen usw. los.
- In den Lauf können Hindernisse eingebaut werden.
- Die Art der Fortbewegung kann variiert werden.
- Der Nummernwettlauf kann auch in Kreis-, Kreuz- oder Sternform durchgeführt werden.
- Bei mehreren Mannschaften kann der Sieger z.B. 4, der Zweite 3, der Dritte 2 usw. Punkte erhalten.

(GLINTENKAMP/HOFFMANN 1991, S. 31)

476 Der Kampf um das Taschentuch

Material: 2 Taschentücher

Spielbeschreibung: Zwei Mannschaften stehen sich im Abstand von ca. 10 m gegenüber. Zwischen den beiden Mannschaften steht ein Kind in der Mitte; es hält in der rechten und linken Hand jeweils ein Taschentuch. Das Kind in der Mitte ruft aus jeder Mannschaft ein Kind. Die aufgeforderten Kinder müssen loslaufen, sich ein Taschentuch schnappen und zu ihrer Mannschaft zurückrennen. Das Kind, das zuerst seine Mannschaft erreicht hat, darf den Gegenspieler mit in seine Gruppe nehmen. Die Mannschaft, die bei Spielende die meisten Kinder hat, ist Sieger. *(WA)*

Spiele mit Geräten

Für die gesammelten Spiele bietet sich eine Einteilung nach den verschiedenen Geräten an: „Spiele mit Ball", „Spiele mit Matten", „Spiele mit Reifen", „Spiele mit Rollbrettern", „Spiele mit Seilen".

Für die Kinder ist beim Spielen mit dem *Ball* seine Lebendigkeit das faszinierende, auffordernde Moment (STÜBING 1978, S. 164). Damit diese auch erhalten bleibt, müssen sich die Kinder an den Ball anpassen und mit den Grundformen der Bewegung verbinden. Spiele mit dem Ball fördern wichtige motorische Fertigkeiten: Rollen, Prellen, Werfen, Fangen und Zielen. *Matten* sind die wichtigsten Hilfsmittel zur Absicherung von Großgeräten und dienen als Unterlage beim Bodenturnen. Als „Spielgeräte" finden sie nur selten Verwendung. Das *Reifentreiben* ist ein Spiel, das bis heute seinen Aufforderungscharakter beibehalten hat. Der Reifen wird häufig zur Rhythmisierung des Laufens oder als Orientierungshilfe eingesetzt *(STÜBING 1978, S. 182).*

Das *Rollbrett* ist ein relativ neues, sehr beliebtes Gerät. Sein Einsatz reicht vom freien Spiel bis hin zu Spielen, die die Koordinations- und Wahrnehmungsfähigkeit verbessern. Das *Seil* reizt die Kinder, es in schwingender Bewegung zu halten. Die Kinder werden dadurch zur häufigen Wiederholung des Springens und damit auch zu einer Rhythmisierung des Bewegungsablaufes veranlasst *(STÜBING 1978, S. 175).*

477 Geräte-Zirkus

Material: verschiedene Sportgeräte
Spielbeschreibung: Die Kinder teilen sich in kleine Gruppen auf und suchen sich ein Gerät aus. Nachdem sie sich mit den Geräten vertraut gemacht haben, üben sie eine Zirkusnummer ein, die sie anschließend den anderen Kindern vorspielen. *(ZO)*

Spiele mit Ball

478 Ziel werfen

Material: Medizinbälle, Gymnastikbälle, Bank
Spielbeschreibung: Auf eine Bank werden mehrere Medizinbälle gelegt. Zwei Mannschaften stehen mit einem Abstand von drei bis vier Metern von der Bank entfernt. Die Kinder versuchen nun von zwei Seiten, die Medizinbälle mit Gymnastikbällen von der Bank zu schießen. Welcher Mannschaft gelingt es, die meisten Bälle abzuwerfen? Die Mannschaft, die die meisten Bälle im Feld hat, hat verloren.
Anmerkung: Ist die Spielgruppe sehr groß, können mehrere Mannschaften gebildet werden. *(Quelle unbekannt)*

479 Ball treiben

Material: Medizin- oder Basketball, Gymnastikbälle
Spielbeschreibung: „An den Grundlinien eines Spielfeldes stehen sich 2 Mannschaften gegenüber. Jedes Kind hat einen Ball. In der Mitte des Spielfeldes liegt ein Medizin- oder Basketball. Jede Mannschaft versucht durch gezielte Würfe, den Ball von der Mitte über die Grundlinie der gegnerischen Partei zu treiben. Gelingt dies, erhält die Mannschaft einen Punkt. Beim Wurf darf die Grundlinie nicht überschritten und der Medizinball nicht berührt werden. Die Wurfbälle können von überall hergeholt werden."

Das Spiel endet nach einer bestimmten Zeit. Die Mannschaft, die die meisten Punkte hat, gewinnt.
Variation: Die Mannschaft, die zuerst eine vorher vereinbarte Punktzahl erreicht hat, ist Sieger. *(GLINTENKAMP/HOFFMANN 1991, S. 9)*

480 Schneeball rollen

Material: schwere Bälle
Spielbeschreibung: Zwei Mannschaften stehen sich an den Grundlinien gegenüber. Sie haben die gleiche Anzahl von schweren Bällen, z.B. Medizinbälle. Die Mannschaften müssen innerhalb von 2 Minuten die Bälle von der eigenen Seite in das Spielfeld der gegnerischen Mannschaft rollen. Die Kinder rollen den Ball neben sich her bis zur Mittellinie, dort können sie dann den Ball in das gegnerische Feld stoßen. Die Mannschaft, die nach einer vorher festgelegten Zeit die meisten Bälle im Feld hat, hat verloren. *(ZO)*

481 Drachen töten

Spielbeschreibung: Die Kinder werden in zwei Gruppen geteilt. Eine Gruppe stellt sich in einem entsprechend großen Kreis auf, die andere bildet innerhalb des Kreises eine Kette – den Drachen also –, wobei sich jeder bei seinem Vordermann mit beiden Händen an den Hüften festhält. Bei diesem Drachen soll das Schwanzende die „verwundbare" Stelle sein.
Die Kreisspieler versuchen also, durch geschicktes Zuspielen untereinander eine günstige Position zu erreichen, um mit einem Ball den letzten Spieler der Kette abzuwerfen. Der Drachen windet sich natürlich und setzt alles daran, sein Schwanzende zu schützen. Derjenige Kreisspieler, dem ein Treffer gelungen ist, wird zum Kopfspieler des Drachens, der getroffene letzte Spieler des Drachens geht statt seiner in den Kreis. Auf diese Weise können die Rollen zwischen den Kreis- und den Drachenspielern laufend gewechselt werden.
Anmerkung: Als Wurfball empfiehlt sich ein Softball.
(BLUMENTHAL 1993)

482 Osterhase

Material: Korb, 30–40 Tennisbälle
Spielbeschreibung: Ein Kind ist der Hase und trägt einen Korb auf dem Rücken. In der Turnhalle liegen die Tennisbälle verstreut. Die anderen Kinder laufen dem Hasen hinterher und versuchen, die Tennis-

bälle in den Korb zu werfen. Der Hase rennt davon, denn er möchte die Bälle nicht in seinem Korb haben. Das Spiel ist zu Ende, wenn alle Bälle im Korb gesammelt sind. *(ZO 1)*

483 Haltet den Korb voll

Material: 2 Kästen, Gymnastikbälle
Spielbeschreibung: „Der Lehrer hat in der Mitte des Spielfeldes 2 kleine Kästen mit (verschiedenen) Bällen gefüllt. Auf ein Zeichen hin wirft er die Bälle in alle Richtungen. Die Kinder versuchen, die Bälle so schnell wie möglich wieder einzusammeln.
Gelingt es dem Lehrer, den Kasten zu leeren?"
Variation: Ein bis zwei Kinder versuchen, die Kästen zu leeren.
(GLINTENKAMP/HOFFMANN 1991, S. 21)

484 Turmball

Material: 2 Kästen, Ball
Spielbeschreibung: „Zwei Mannschaften (3–4 Spieler) versuchen, den Ball jeweils ihrem eigenen ‚Turm' zuzuspielen. Der ‚Turm' ist dargestellt durch einen Mitspieler, der erhöht auf einem Kästchen steht. Eine Sicherheitszone (Kreis) um den ‚Turm' darf weder von der eigenen noch von der gegnerischen Mannschaft betreten werden. Punkte können erzielt werden, wenn es gelingt, den Ball dem eigenen ‚Turm' so zuzuspielen, dass ihn dieser, ohne vom Kästchen abzusteigen, fangen kann."
Anmerkung: Das Spiel hilft, Basketball vorzubereiten.
(LANG 1992, S. 105)

485 Haltet den Garten sauber

Material: Bänke, Gymnastikbälle
Spielbeschreibung: Der Spielraum wird durch einen Zaun (Bänke) in zwei Gärten geteilt. In jedem Garten stehen gleich viele Kinder. In den Gärten werden alle zur Verfügung stehenden Bälle verteilt. Auf ein Zeichen sollen die Kinder möglichst schnell alle diese in ihrem Garten störenden „Steine" über den Zaun in den anderen Garten werfen. Wer hält seinen Garten sauber?
Auf „Stopp!" müssen alle Kinder sofort aufhören zu werfen und sich auf den Boden legen. Die Mannschaft, die danach noch wirft, hat verloren. Wirft kein Kind mehr, dann ist die Mannschaft Sieger, die am wenigsten Bälle im Feld hat.

Variation: Es können zusätzlich noch Schaumstoff-, Tischtennis- und Tennisbälle verwendet werden. *(Quelle unbekannt)*

486 Burgball

Material: Kasten, Medizinball
Spielbeschreibung: Die Kinder stehen in einem Kreis. In der Mitte befindet sich eine „Burg". Sie wird aus einem Kasten, auf dem ein Medizinball liegt, gebaut. Die Kreisspieler versuchen, die Burg zu treffen, während der „Burgwächter" dieses zu verhindern sucht. Er muss jedoch immer mit dem Rücken zur Burg stehen. Wer die Burg trifft, wird neuer Burgwächter.
Anmerkung: Burgball kann helfen, Handball vorzubereiten. Torwarttechnik (Abwehr von Wurfserien), Ballführen, Täuschen und Drehen werden dabei eingeübt. Die Schultermuskulatur wird gekräftigt und die Beweglichkeit geschult. *(SCHALLER 1984, S. 563)*

487 Zehnerprobe

Material: Ball
Spielbeschreibung: Ein Ball wird an die Wand geworfen und wieder aufgefangen. Dabei müssen die Bedingungen der „Zehnerprobe" fehlerfrei eingehalten werden:

1. Zehnmal den Ball an die Wand werfen.
2. Neunmal den Ball an die Wand werfen und dazwischen klatschen.
3. Achtmal den Ball abwechselnd an die Wand und auf den Boden werfen.
4. Siebenmal den Ball mit der linken Faust an die Wand schlagen.
5. Sechsmal den Ball mit der rechten Faust an die Wand schlagen.
6. Fünfmal den Ball hinter sich um die linke Seite an die Wand werfen.
7. Viermal den Ball hinter sich um die rechte Seite an die Wand werfen.
8. Dreimal den Ball unter dem rechten Bein hindurch an die Wand werfen.
9. Zweimal den Ball unter dem linken Bein hindurch an die Wand werfen.
10. Einmal den Ball an die Wand werfen und sich dabei umdrehen.

Nach dem Auffangen muss sofort weitergeworfen werden. Wer die Reihenfolge nicht einhält oder den Ball verliert, scheidet aus.
Variation: Für geübte Kinder lassen sich die Vorschriften erweitern. Der Ball kann z. B. mit dem Kopf oder mit der Brust gestoßen werden.
Anmerkung: Die Zehnerprobe ist eine gute Möglichkeit, um den sicheren Umgang mit dem Ball zu lernen. *(WA)*

488 Fang den Ball!

Material: Ball
Spielbeschreibung: Alle Kinder, bis auf eines, bilden einen Kreis und werfen sich einen Ball gegenseitig zu. Ein Kind steht in der Kreismitte und muss den Ball fangen. Gelingt es dem Kind, den Ball zu ergattern, muss das Kind, das den Ball geworfen hat, in die Mitte.
Anmerkung: Es ist wichtig, dass die Kinder den Ball gut zuspielen. *(KL)*

489 Sprungball

Spielbeschreibung: Zwei Kinder stehen sich gegenüber. Etwa drei Meter ist die beste Entfernung. Ein Kind steht genau dazwischen. Die beiden äußeren Spieler rollen sich nun den Ball hin und her. Der in der Mitte muss immer den rollenden Ball springen. Nach jedem Sprung muss er sich drehen. Denn beim nächsten Mal kommt der Ball von der anderen Seite. Gewechselt wird, wenn der Ball von dem Kind in der Mitte berührt wurde.

490 Klatschball

Material: Ball
Spielbeschreibung: Die Kinder bilden einen Kreis, in dessen Mitte der Ball-Werfer steht. Er wirft den Ball einem Kind aus dem Kreis zu, das in die Hände klatschen muss, bevor es den Ball auffängt und dem Kind in der Mitte zurückwirft. Vergisst das Kind zu klatschen oder lässt es den Ball fallen, scheidet es aus. Ebenso scheiden die Kinder aus, die voreilig in die Hände klatschen. Der Ball-Werfer darf auch Täuschungsmanöver durchführen. Das letzte Kind, das noch steht, wird dann zum Werfer des nächsten Spieles. *(WA)*

491 Rangball

Material: Ball
Spielbeschreibung: Die Kinder spielen einen König, Kaiser, Herzog, Graf, Prinz, Ritter, Bauer und Bettelmann. Sie stellen sich nach ihrem Rang in einer Reihe auf. Also zuerst der Kaiser, dann der König, der Prinz usw. Der Kaiser wirft den Ball in die Höhe und ruft einen Titel, z.B. Graf. Der Graf muss aus der Reihe rennen und den Ball fangen. Fängt er den Ball nicht, muss er ihm nachlaufen. In der Zwischenzeit rücken die anderen auf und der Graf muss sich als Bettelmann hinten anstellen. *(WA)*

492 Spinnenfußball

Material: Ball
Spielbeschreibung: Alle Kinder dürfen sich nur wie „Spinnen" bewegen, das heißt: auf allen vieren und Bauch nach oben. Mit einem großen, leichten Ball sollen sie, gegen den Widerstand einer anderen Mannschaft, mit den Füßen Tore erzielen. Nur der Torwart darf den Ball mit der Hand berühren.
Variation: Alle Kinder sind Tormann und Spieler zugleich. Sie dürfen den Ball nicht mit der Hand berühren.
Anmerkung: Das Spiel sollte in einem kleineren Raum und etwas größeren Gruppen gespielt werden. Auch die Tore müssen groß genug sein, um den Kindern Erfolge zu ermöglichen.
(LANG 1992, S.120)

493 Ballstraße

Material: Ball
Spielbeschreibung: „Baumaterial" für die „Ballstraße" sind die Spieler selbst. Sie bilden zwei gleich große Mannschaften und setzen sich einander gegenüber auf den Boden – Fußsohle an Fußsohle. Dabei stützen sie sich nach hinten mit den Armen ab. Ein Ball wird nun auf dieser „Straße" transportiert – und zwar nur mit den Beinen und Köpfen, aber ohne Gebrauch der Hände. Der Ball muss ans Ende der Straße gelangen, ohne die Straße an den Seiten zu verlassen. Es gilt also, behutsam mit dem Ball umzugehen.

494 Brennball

Material: Ball, Kasten, Reifen
Spielbeschreibung: „Zu Beginn werden 2 Mannschaften gebildet, eine Werfer- und eine Fängermannschaft. Die Werfer stehen hinter einer Grundlinie, die Fänger verteilen sich im Spielfeld. Der 1. Spieler der Wurfpartei beginnt seinen Lauf um ein durch 4 Laufmale begrenztes Spielfeld mit einem weiten Wurf. Nun versucht er, möglichst schnell die Ziellinie zu erreichen. Die Fängermannschaft versucht indessen, den Ball zum ‚Brennmeister' zu befördern, der ihn in ein Brennmal (umgedrehter kleiner Kasten oder einen Reifen) wirft. Dabei ruft er: ‚Verbrannt!' Befindet sich der Läufer in diesem Augenblick zwischen zwei Laufmalen, so ist er verbrannt. Gelingt es einem Spieler, die Laufrunde ‚unverbrannt' zu schaffen, erhält die Mannschaft einen Punkt. Erreicht er die Ziellinie, ohne auf einem Laufmal verweilt zu haben, bekommt die Mannschaft 3 Punkte.

Haben alle Werfer einmal den Ball ins Spiel gebracht, werden die Rollen getauscht." Der Ball darf hinter die Grundlinie geworfen werden.
Variation: Es können verschiedene Ballarten verwendet werden. – Die Anzahl der Laufmale (Reifen) kann je nach Größe des Spielfeldes verändert werden, die Laufmale selbst können auch variiert werden, z.B.: Matten, Stangen oder zweiteilige Kästen. – Hindernisse können in den Laufweg eingebaut werden. – Die Spieldauer einer Mannschaft kann begrenzt werden.
(GLINTENKAMP/HOFFMANN 1991, S. 13)

495 Ball unter die Schnur

Material: Zauberschnur, Ball
Spielbeschreibung: „Zwei Parteien stehen sich in einem Spielfeld gegenüber (z.B. Tennisfeld). Das Spielfeld wird durch eine Schnur geteilt, die einen Meter über dem Boden gespannt ist. Der Ball muss nun so in das gegnerische Feld geworfen werden, dass er eine Seitenlinie oder die Endlinie passiert. Die gegnerische Mannschaft versucht, dies zu verhindern. Zu beiden Seiten der Schnur wird ein Freiraum von ca. 2 Metern markiert, der beim Wurf nicht betreten werden darf.
Jeder Ball, der die Außenlinien überschreitet, bringt dem Gegner einen Punkt. Das Spiel endet bei 15 Punkten. Es werden 2 Gewinnsätze gespielt."
Variation: Das Spiel kann mit zwei Bällen ausgetragen werden.
(GLINTENKAMP/HOFFMANN 1991, S. 11)

496 Ball über die Schnur

Material: Zauberschnur, Ball
Spielbeschreibung: „Zwei Mannschaften stehen sich in einem Spielfeld gegenüber, das durch eine Schnur (Höhe 140–200 cm) in 2 Hälften geteilt wird. Eine Abwurflinie verläuft jeweils beidseitig in einem Meter Abstand von der Mitte.
Der Ball wird so über die Schnur geworfen, dass er möglichst auf der anderen Seite auf den Boden fällt. Gelingt dies, erhält die andere Mannschaft einen Punkt. Hat der Gegner den Ball gefangen, setzt er das Spiel in gleicher Weise fort."
Wer zuerst eine vorher vereinbarte Punktzahl erreicht hat, hat gewonnen.
Variation: Das Spiel wird auf Zeit ausgetragen. Die Mannschaft, die die höhere Punktzahl hat, hat gewonnen.
Anmerkung: Das Spiel bietet gute Übungsformen zur Einführung von Volleyball. *(GLINTENKAMP/HOFFMANN 1991, S. 11)*

Für die „klassischen" Ballspiele, die als Breitensport hohe Verbreitung finden, sei nur in Form einer Literaturangabe verwiesen: Handball *(GLONNEGGER/DIEM 1987)*, Hockey *(LANG 1992)* und Volleyball *(GLONNEGGER/DIEM 1987)*. Für alle diese Spiele gilt, dass der Kreativität bei der Gestaltung von vereinfachenden oder auch „verfremdenden" Spielregeln keine Grenzen gesetzt sind. In allen Fällen kann darauf hingearbeitet werden, dass die Erfahrung zur Notwendigkeit von Kooperation und mannschaftlicher Geschlossenheit vermittelt wird.

Spiele mit Matte

497 Matten rutschen

Material: Weichbodenmatte
Spielbeschreibung: „Ein Weichboden muss von einer Startlinie zu einer Ziellinie befördert werden. Eine Hälfte der Klasse versucht, dies in der schnellst möglichen Zeit zu erreichen. Nach dem Startsignal laufen die ersten zwei Kinder (eventuell in Handhaltung) los und springen so auf die Matte, dass sie dabei weit nach vorne rutscht. Haben sie die Matte verlassen, laufen die nächsten beiden Kinder los. Hat die erste Gruppe die Matte über das Ziel geschoben, geht die zweite Gruppe an den Start. Die zeitschnellste Gruppe gewinnt."
Variation: Die nächsten beiden Kinder dürfen erst loslaufen, wenn die Vorgänger die Mannschaft wieder erreicht haben.
Die Matte kann auch durch Schieben, Tragen oder Umklappen vorwärts bewegt werden. *(GLINTENKAMP/HOFFMANN 1991, S. 29)*

Spiele mit Reifen

498 Katze, pass auf!

Material: Reifen, Sandsäckchen
Spielbeschreibung: Es werden mehrere Reifen auf dem Boden ausgelegt; jeweils in die Mitte wird eine Maus (Sandsäckchen) hineingelegt. Die Kinder schleichen auf allen vieren wie Katzen um die Reifen herum. Auf das Signal „Fangt!" versuchen die Katzen, je eine Maus für sich zu ergattern. *(KO)*

499 Auto fahren

Material: große und kleine Reifen
Spielbeschreibung: Die Kinder gehen paarweise zusammen. Sie halten den großen Reifen um sich herum; er stellt die Karosserie eines Autos dar. Das vordere Kind hält einen kleinen Reifen als Lenkrad in der Hand. Sie können nun frei nach Belieben, verschiedene Gangarten und Bewegungsformen ausprobieren. *(MZ 1)*

Spiele mit Rollbrettern

500 Hindernisparcours

Material: Rollbretter, Matten, Kästen
Spielbeschreibung: Autos (Rollbretter) sollen um im Raum befindliche Hindernisse (Kästen oder Matten) gesteuert werden, die Kinder liegen dazu mit dem Bauch auf den Rollbrettern. Die Autos fahren auch durch Tunnels (über Kästen gelegte Matten) hindurch.

501 Taxi

Material: Rollbretter
Spielbeschreibung: Die Rollbretter stellen Taxis dar, auf denen ein Fahrgast befördert werden kann. Dabei ziehen und schieben sich die Kinder in Partnerarbeit durch den Raum. Das Kind auf dem Rollbrett kann sitzen, liegen, stehen ... Das andere Kind packt es an Schultern, Füßen, Händen ...
Variation: Die Kinder können in einem umgedrehten Kasten, der auf einem Rollbrett steht, befördert werden. *(Quelle unbekannt)*

502 Kleintransporter

Material: Rollbretter, Keulen
Spielbeschreibung: Die Kinder holen mit ihren Kleintransportern (Rollbretter) aus einem Großmarkt (Geräteschrank) Flaschen (Keulen) ab. Diese müssen vorsichtig befördert werden, damit sie bei der Fahrt nicht umfallen.
Variation: Es können auch andere Sportgeräte eingesetzt werden, z.B.: Gymnastikbälle als Kohlköpfe, die mit einem Tennisring unterlegt sind, damit sie nicht wegrollen. *(POLZIN 1992, S. 78)*

Spiele mit Seilen

503 Seilchenklau

Material: Springseile
Spielbeschreibung: „Die Seile werden mehrmals zusammengelegt und geknotet. Jeder Spieler erhält ein auf diese Weise ‚behandeltes' Seil, das er sich hinten in die Trainingshose steckt, so dass es zur Hälfte noch herausschaut.
Jeder Spieler versucht nun, dem anderen das Seil zu klauen. Dabei darf das eigene Seil nicht festgehalten werden! Schützen kann sich der Seilbesitzer nur durch geschicktes Drehen und Wenden oder Ausweichen mit dem Körper.
Nach einer bestimmten Zeit wird abgepfiffen. Wer hat die meisten Seile geklaut?" *(FRANKE 1990, S. 42)*

504 Springseilchen

Material: Springseile
Spielbeschreibung: Fast alle Kinder halten ein Springseil an einem Ende fest und führen damit auf dem Boden schlängelnde Bewegungen aus. Sie können dabei an einem Ort stehen bleiben oder sich bewegen. Die Kinder ohne Seil versuchen, auf das freie Ende eines Seils zu treten. Hat das Kind die Schlange gefangen, werden die Rollen getauscht. *(Quelle unbekannt)*

505 Figuren legen

Material: Springseile
Spielbeschreibung: Die Kinder gehen paarweise zusammen und legen mit den Seilen Figuren, z.B.: Schnecken (Spiralen), Dächer (Dreiecke), Fenster (Quadrate), Monde (Halbkreise), Sonnen (Vollkreise), Sterne oder Schmetterlinge. Ein Kind legt die Figur vor, das andere macht die Figur nach.
Variation: Der Spielleiter gestaltet mit den Seilen eine Figur und legt eine Decke darüber. Die Kinder versuchen, durch Abtasten die Figur zu erspüren und mit ihren Seilen neben der Decke nachzubilden.
Anmerkung: Bei der Variation werden die Sinnesleistungen der Kinder angesprochen. Sie müssen eine Figur ertasten, sich merken und nachbilden. Die Merkfähigkeit wird besonders gefordert, wenn es sich um nicht bekannte Figuren handelt. *(KO)*

506 Seilchen-Straße

Material: 2 Seile
Spielbeschreibung: Zwei Seile werden parallel ausgelegt. Die Kinder stehen in zwei Gruppen an den Enden der Seile. Sie werden aufgefordert, innerhalb der ausgelegten Seile aneinander vorbeizugehen. Nach jedem Durchgang werden die Abstände der parallelen Seilchen verringert. Zum Schluss liegen die Seile so eng beieinander, dass die Kinder auf den Seilen aneinander vorbeibalancieren müssen. *(KO)*

507 Hände klopfen

Spielbeschreibung: Ein Springseil wird an beiden Enden zusammengeknotet, so dass ein möglichst kleiner Knoten entsteht. Die Kinder stellen sich dann im Kreis auf und erfassen alle mit beiden Händen das Seil. Nun soll der Knoten durch die Hände der Kinder im Kreis herumwandern, dass er möglichst immer von einer Hand bedeckt ist. Durch den Kreis läuft nämlich ein vorher bestimmter Spieler. Er versucht herauszubekommen, bei wem sich der Knoten gerade befindet. Hat er ihn entdeckt, so geht er zu dem betreffenden Spieler und klopft ihm auf die Hand. Sobald er die richtige Hand gefunden hat, tauscht er mit dem Kreisspieler den Platz.

508 Stadtbummel

Material: Seile
Spielbeschreibung: Mit Seilen werden Straßen gelegt, die so eng sein sollen, dass zwei Kinder nur mit Vorsicht aneinander vorbeikommen, ohne sich anzurempeln. Kreuzungen, Einmündungen und Plätze werden so gelegt und auch ein paar schmale Gässchen, wo überhaupt keiner mehr an einem anderen vorbeikommt. Alle wandern einzeln in den Straßen dieses Stadtplans umher. Wenn zwei sich anrempeln, müssen sie laut hallo rufen und sich voreinander verbeugen. Dann bekommen beide einen farbigen Strich auf die Stirn. Vergessen sie diese Zeremonie, bekommen sie jeweils zwei Striche. Nach einer Weile ruft die Lehrkraft z. B.: „Als Begrüßung – Nasen reiben!". Jedes Kind muss sich einen Partner suchen und den Auftrag ausführen. Wer keinen Partner findet, ohne jemanden anzurempeln, bekommt ebenfalls einen Strich auf die Stirn. Später sind weitere Aufträge auszuführen, z. B.: einhaken und zu zweien weitergehen, zu dritt in einer Schlange hintereinander gehen oder zu viert einen Schwatz abhalten. Das Spiel findet kein Ende, es sei denn, wenn alle Kinder mindestens einen farbigen Strich bekommen haben.

Anmerkung: Das Spiel kann auch auf dem Schulhof gespielt werden, wobei die Straßen mit Kreide gezeichnet werden. *(GUDER 1993, S. 33)*

509 Limbo

Material: Springseil
Spielbeschreibung: Zwei Kinder halten ein Seil, die anderen versuchen, darunter durchzukriechen. Die Kinder halten nach jedem Durchgang das Seil etwas tiefer, dadurch wird es für die anderen Kinder immer etwas schwieriger. Wichtig ist dabei, dass die Kinder den Boden nicht mit den Händen berühren dürfen. *(KO)*

510 Seilhüpfen

Material: langes Seil
Spielbeschreibung: Zwei Kinder halten ein langes Seil an den Enden fest und lassen es kreisen; dabei werden sie immer schneller. Alle anderen Mitspieler müssen unter dem Seil hindurchlaufen. Wer vom Seil getroffen wird, scheidet aus. Die beiden Mitspieler, die am Ende übrig bleiben, dürfen anschließend das Seil schwingen.
(Quelle unbekannt)

511 Teddybär-Hüpfspiel

Material: langes Seil
Spielbeschreibung: Zwei Kinder fassen das Seil jeweils an einem Ende und lassen es im hohen Bogen schwingen. Sie sprechen dazu:
„Teddybär, Teddybär, dreh dich um,
Teddybär, Teddybär, mach dich krumm,
Teddybär, Teddybär, zeig dein Schuh,
Teddybär, Teddybär, wie alt bist du?“
Die anderen Kindern hüpfen der Reihenfolge nach über das Seil und bewegen sich den Vorgaben des Verses entsprechend. Bei der Frage nach dem Alter zählt das springende Kind laut mit: „Eins, zwei, drei ...“ *(Quelle unbekannt)*

512 Teufelstanz

Material: Seil, Sandsäckchen
Spielbeschreibung: Die Kinder stehen in einem Kreis um ein Kind herum. Das Kind hält ein Seil fest, an dessen Ende ein Sandsäckchen

befestigt ist. Es schleudert das Seil im Kreis herum. Die anderen Kinder müssen über das schwingende Seil hüpfen. Wer einen Fehler macht, scheidet aus. *(Quelle unbekannt)*

Staffelspiele

Staffelspiele sind nach ihrer Grundform in „Pendelstaffelspiele", „Reihenstaffelspiele" und „Umkehrstaffelspiele" unterteilt. Für eine Pendelstaffel wird jede Mannschaft in zwei Gruppen geteilt, die sich jeweils an einem Ende des Laufweges gegenüberstehen. Das erste Kind der Ersten Gruppe läuft zum ersten Kind der zweiten Gruppe. Dieses läuft zur ersten Gruppe. Die Staffel geht so lange weiter bis in beiden Gruppen jeweils der Erste wieder vorne steht. Die Mannschaft, die das als Erstes schafft, hat gewonnen. Bei einer Reihenstaffel steht die Mannschaft in einer Reihe. Bei jedem Durchgang sind immer alle Kinder dieser Reihe beteiligt, wobei der vordere nach hinten läuft. Sieger ist die Mannschaft, deren Anfangsspieler als erster wieder vor der Reihe steht. Bei einer Umkehrstaffel stellt sich die Mannschaft in einer Reihe auf. Der Erste läuft um ein Wendemal herum zurück zur Gruppe. Dann läuft der Zweite los. Sieger ist die Mannschaft, deren erster Läufer wieder vorne steht.

513 Hunde-Staffel

Material: größerer Ball
Spielbeschreibung: Die Kinder versuchen krabbelnd, einen größeren Ball mit dem Kopf eine bestimmte Strecke vorwärts zu treiben. Am Ende der Strecke wartet ein Kind aus der Mannschaft, übernimmt krabbelnd den Ball und treibt ihn zum Anfangspunkt zurück, wo bereits ein anderes Kind wartet.
Gewonnen hat die Mannschaft, bei der die ersten Kinder der beiden Gruppen wieder vorne stehen.
Variation: Diese Spielform kann auch als Umkehrstaffel durchgeführt werden, bei der die „Hunde" den Ball um ein Wendemal herumstupsen müssen. *(KO)*

514 Pusteball-Rallye

Material: Seile, Tischtennisbälle
Spielbeschreibung: Mit Seilen werden mehrere Rennstrecken nebeneinander auf dem Boden markiert. Die Kinder sollen auf allen vieren, einen Tischtennisball vom Start zum Ziel pusten. Am Ziel wartet be-

reits ein anders Kind, um den Tischtennisball zum Startpunkt zurückzublasen. Sowohl das Kind als auch der Tischtennisball dürfen die Rennstrecke nicht verlassen. Geschieht dies trotzdem, muss das Kind an seinen Startpunkt zurück und von vorne beginnen.
(Quelle unbekannt)

Pendelstaffelspiele

515 Teppich ziehen

Material: Teppichstücke
Spielbeschreibung: Auf das Startzeichen hin, setzt sich ein Kind auf das Teppichstück und ein anderes Kind der Mannschaft zieht das Teppichstück mitsamt dem darauf sitzenden Kind an das andere Ende des Spielfeldes. Am Wendemal tauschen die Kinder ihre Positionen und machen sich auf den Weg zur Mannschaft. Dort stehen bereits zwei andere Kinder bereit. *(Quelle unbekannt)*

Umkehrstaffelspiele

516 Schubkarren-Rennen

Spielbeschreibung: Wenn das Startzeichen gegeben wird, laufen zwei Kinder einer Mannschaft als Schubkarren los, d.h., ein Kind lässt sich in den Liegestütz nieder, das andere Kind fasst dessen Beine und hebt sie hoch. Nun beginnt das „liegende" Kind auf den Händen zu laufen, und das andere „schiebt" nach. Beim Wendemal tauschen die beiden die Rollen und kehren zur Mannschaft zurück, wo bereits zwei andere Kinder auf den Abschlag warten.
Variation: Fünftes Rad am Wagen: Die Fortbewegungsart ist eine etwas andere. Es gehen immer drei Kinder zusammen, wobei sich zwei an den Händen fassen. Das dritte Kind tritt hinter die beiden, hängt von hinten ein Bein über die gefassten Hände seiner Mitschüler und stützt sich mit den Händen auf deren Schultern. Auf diese Weise „hoppeln" sie um das Wendemal herum. *(Quelle unbekannt)*

517 Bierdeckel-Wettlauf

Material: Bierdeckel
Spielbeschreibung: Jede Mannschaft bekommt drei Bierdeckel. Das erste Kind der Mannschaft beginnt: Es muss eine Laufstrecke überwinden und um ein Wendemal herum zur Mannschaft zurückkehren. Dabei darf es aber nur auf die Bierdeckel treten, um weiterzukommen. Es muss also über die Bierdeckel laufen, so schnell wie möglich hinter sich abbauen und vor sich wieder aufbauen. Tritt ein Kind auf den Boden, muss es die Strecke von vorne beginnen.
Variation: An Stelle von Bierdeckeln können auch Teppichstücke verwendet werden. *(Quelle unbekannt)*

518 Schrubber-Rallye

Material: Gymnastikstäbe, Putzlappen
Spielbeschreibung: Das erste Kind einer Mannschaft läuft mit einem Gymnastikstab und einem Lappen, den es mit dem Stab vor sich herschiebt, um ein Wendemal herum und übergibt Lappen und Stab dann dem nächsten Kind.
Variation: In die Laufstrecke können noch zusätzliche Hindernisse eingebaut werden, denen die Kinder geschickt ausweichen müssen. *(KO)*

519 Anhänger-Staffel

Material: Stange, kleiner Kasten
Spielbeschreibung: „Die Kinder stehen in mehreren Gruppen an einer Grundlinie hintereinander. Das erste Kind jeder Gruppe läuft um ein Mal (Stange, kleiner Kasten etc ...) herum und wieder zur Mannschaft zurück. Dort nimmt der Erste das 2. Kind mit. Zu zweit legen sie jetzt die Strecke zurück. Nun hängt sich der Dritte ebenfalls an, usw. Die Gruppe, die als erste vollzählig die Grundlinie erreicht, hat gewonnen."
Variation: Die Kinder laufen rückwärts oder seitwärts.
Sie legen die Hände auf die Schultern des Vordermannes oder haken sich ein. Sie verbinden sich mit Reifen, Keulen oder Stäben.
(GLINTENKAMP/HOFFMANN 1991, S. 7)

520 Füllt die Ecken!

Material: verschiedene leicht tragbare Gegenstände
Spielbeschreibung: In den Ecken der Halle werden die Mannschaften gleichmäßig verteilt. In der Mitte der Halle liegen verschiedene Gegenstände (Murmeln, Sandsäckchen, Seile ...). Auf Kommando läuft das erste Kind jeder Mannschaft zur Hallenmitte, greift mit den Zehen eines Fußes einen Gegenstand und hüpft auf dem anderen Bein zurück. Danach startet das zweite Kind. Es gewinnt die Mannschaft, die die meisten Gegenstände erobern konnte.
Anmerkung: Dieses Spiel schult Kraft und Gewandtheit. *(KO)*

521 Hütchen-Staffel

Material: Kegel aus Plastik
Spielbeschreibung: Das erste Kind der Mannschaft schnappt sich ein Hütchen, rennt damit zur Zielmarke, stellt es dort ab und rennt dann wieder zurück. Nach dem Abschlag läuft das zweite Kind mit einem Hütchen los, türmt es bei der Zielmarke auf das erste Hütchen und läuft zurück. – Die Mannschaft, die zuerst alle Hütchen aufgetürmt hat und in einer Reihe steht, hat gewonnen. *(KL)*

Reihenstaffelspiele

522 Tunnelball

Material: Medizinball
Spielbeschreibung: Die Kinder stehen mit gegrätschten Beinen dicht hintereinander. Das vorderste Kind spielt den Ball zwischen den Beinen der anderen nach hinten durch. Wenn der Ball im Tunnel hängen bleibt, müssen die „Tunnelkinder“ nachhelfen. Das letzte Kind nimmt den Ball, rennt nach vorne und spielt ihn wieder nach hinten durch. Die Mannschaft, bei der das erste Kind wieder vorne steht, hat gewonnen.
Variante: Das letzte krabbelt mit dem Ball durch den Tunnel nach vorne, stellt sich selbst mit gegrätschten Beinen an den Anfang des Tunnels und rollt den Ball nach hinten durch.
Die Kinder liegen nebeneinander auf dem Bauch. Das letzte Kind hat den Ball. Ruft es „Hoch!“, müssen alle Kinder die Liegestützhaltung einnehmen, damit das letzte Kind den Ball durchrollen kann. Das erste Kind ruft: „Runter!“, wenn der Ball angekommen ist, und rennt mit dem Ball nach hinten. *(Quelle unbekannt)*

523 Tennis-Staffel

Material: zwei Tischtennisbälle, Marmeladengläser
Spielbeschreibung: Es werden zwei gleich große Mannschaften gebildet. Der erste Spieler jeder Mannschaft erhält ein Marmeladenglas mit einem Tischtennisball. Nun müssen beide Spieler auf ein Kommando hin den Ball ausschütten und versuchen, ihn nach möglichst wenigen Aufhupfern wieder mit dem Glas einzufangen. Dann wird das Glas an den nächsten Spieler der Mannschaft weitergegeben. Die Gruppe, die als erste ihren Durchgang beendet hat, ist Sieger.

524 Klemmball

Material: Gymnastikball
Spielbeschreibung: Die Kinder sitzen hintereinander. Das erste Kind klemmt den Ball zwischen seine Füße, dreht sich um 180° und gibt den Ball an das zweite Kind weiter.
Während der Ball weitergegeben wird, läuft das erste Kind nach hinten. Der Ball wird so lange weitergereicht, bis das erste Kind auch wieder vorne sitzt.
Variation: Umkehrstaffel: Ein Ball wird zwischen die Füße geklemmt. Die Kinder bewegen sich damit hüpfend vorwärts, rückwärts oder seitwärts. *(KO)*

525 Eier-Staffel

Material: zwei Holzeier
Spielbeschreibung: Die Spieler sitzen sich in zwei Reihen gegenüber. Der erste jeder Gruppe hält ein Holzei zwischen den Füßen. Der Nebenmann hält seine Füße unten drunter. Indem der erste Spieler seine Beine öffnet, fällt das Ei in die Beine des zweiten. So wird das Ei in der Reihe immer weitergegeben. Es darf dabei allerdings nicht herunterfallen, denn dann muss noch einmal von vorne begonnen werden. Gewonnen hat die Gruppe, die das Ei als erste bis zum anderen Ende durchgegeben hat.

526 Seil-Staffel

Spielbeschreibung: Aus Seilen werden zwei Ringe von gleicher Größe gemacht, die gerade so groß sind, dass sie noch über die Hüften aller Kinder gehen. Die Kinder stehen in zwei Reihen. Nach dem Startkommando versucht der Erste der Staffel durch den Ring zu kommen (zuerst mit dem Kopf oder mit den Füßen); danach wird der Ring weitergeben. Die Mannschaft, die zuerst fertig ist, gewinnt.

527 Zeichen-Staffel

Spielbeschreibung: Die Klasse wird in kleinere Gruppen aufgeteilt. Jede Mannschaft bekommt ein großes Stück Papier und einen Stift. Die ersten Spieler jeder Gruppe geht zur Lehrerin, die ihnen aus einer vorbereiteten Liste von Gegenständen den ersten nennt (z.B. Lokomotive, Katze, Kaffeekanne). Dann geht das Kind zu seiner Gruppe und zeichnet den Gegenstand auf, ohne ein Wort zu sagen. Wenn das Wort geraten ist, holt sich das nächste Kind einen neuen Begriff. Die Mannschaft die zuerst alles geraten hat, gewinnt.

C Rhythmisch-musikalische Spiele

Bewegung kann durch Musik angeregt und verstärkt werden; Bewegung und Musik werden von vielen Kindern als zusammengehörig erlebt *(vgl. ZIMMER 1991)*. Freie und gebundene Bewegungen und Tänze enthalten gleichzeitig auch Anregungen für ein kooperatives Zusammenleben in der Klasse: Bei dieser Art von Spielen können alle mitmachen, es gibt keine Außenseiter. Bei den gemeinsam ausgeführten Bewegungen können die Kinder erleben, wie aus einer Vielzahl gleicher Bewegungen eine Einheit entsteht *(REGELEIN 1988, S. 107)*.

Die rhythmisch-musikalischen Spiele aus den verschiedenen Lern- und Spielschulen lassen sich folgendermaßen klassifizieren:

- Bewegungsspiele mit Musik
- Sprechspiele
- Fingerspiele
- Leierspiele
- Bewegungslieder
- Spiellieder
- Tanzspiele

Anzumerken ist noch, dass die Beschreibungen der rhythmisch-musikalischen Spiele nur als Spielvorschläge zu verstehen sind, d.h. offen sind für die vielfältigen Variationen bzw. Umgestaltungen der Kinder *(vgl. auch TRAUTWEIN 1993)*.

Bewegungsspiele mit Musik

Die meisten der folgenden Spiele eignen sich zum Einstieg in die rhythmisch-musikalische Erziehung. Im Vordergrund steht das Bewegen zur Musik. Grundbewegungsarten wie Gehen, Hüpfen, Laufen usw. werden in vielen Variationen nach Klopf- und Klatschrhythmen oder nach Musik (vom Band) ausgeführt. Die Kinder sollen für das bewußte Hören von Musik sensibilisiert werden und ein Gefühl für Rhythmus bekommen. Dies ist gleichzeitig eine gute „Vorübung" für anspruchsvollere musikalische Bewegungsspiele wie Bewegungslieder, Spiellieder und Tanzspiele.

528 Bewegung weitergeben

Material: Musik
Spielbeschreibung: Alle bewegen sich zur Musik frei im Raum. Dabei führt jeder Spieler eine Bewegung aus, die ihm besonders gut gefällt. Wenn der Spielleiter die Musik stoppt, gehen die Spieler, die am nächsten beieinander stehen, paarweise oder gruppenweise zusammen und tauschen untereinander ihre Bewegungen aus. Wenn die Musik wieder einsetzt, führt jeder Spieler diese Bewegung bis zur nächsten Musikunterbrechung aus. Dann bekommen sie wieder eine neue Bewegung. *(GRUNDSCHUL-SPIELKARTEI)*

529 Pausenmusik

Material: Musik
Spielbeschreibung: Alle Spieler bewegen sich zur Musik frei im Raum. Der Spielleiter unterbricht in gewissen Zeitabständen die Musik und gibt den Spielern verschiedene Aufgaben, die sie erfüllen sollen, bis die Musik wieder einsetzt.
Beispiele:
- möglichst vielen Mitspielern die Hände schütteln
- rückwärts tanzen
- sich mit dem Po begrüßen
- sich im Gänsemarsch bewegen
- sich mit einem „Nasenkuss" begrüßen
- mit geschlossenen Augen weitergehen usw.

(SPIELEWERKSTATT RHINOZEROS)

530 (T)Raumschiff-Reise

Material: Musik
Spielbeschreibung: Alle Kinder bewegen sich zur Musik im Raum. Zwischendurch unterbricht der Spielleiter die Musik und gibt verschiedene Aufträge:

- Das (T)Raumschiff landet und wird von Kindern begrüßt.
- Das (T)Raumschiff wird in verschiedenen Sprachen begrüßt.
- Die Kinder steigen in das (T)Raumschiff ein und landen damit auf verschiedenen Planeten.

Bei jeder weiteren Musikunterbrechung landet das (T)Raumschiff auf einem anderen Planeten. Der Spielleiter denkt sich lustige Planetennamen aus und überlegt, was dort gemacht werden soll, z.B. auf dem „Monsterplanet" den „Monstertwist" tanzen. Wenn eine Aktion aufgelöst werden soll, ertönt ein Gong, die Musik setzt wieder ein und das (T)Raumschiff fliegt weiter zum nächsten Planeten. Zum Schluss landet das (T)Raumschiff wieder auf der Erde und die Kinder verabschieden sich wieder von ihm.
Beispiele: Auf dem „Planet der Frösche" kann man das „Quaakspiel" spielen. Dabei stecken die Kinder den Kopf durch die gespreizten Beine nach hinten durch und gehen rückwärts durch den Raum. Wenn man auf einen Mitspieler trifft (Po an Po), so begrüßt man diesen mit „Quaak". *(KO 1–2)*

531 Gehen wie ein alter Mann

Material: Handtrommel oder Musik von einer Kassette
Spielbeschreibung: „Ein Spielleiter schlägt eine Handtrommel oder lässt Musik von einer Kassette ablaufen. Dazu gibt er den Spielern Anweisungen, wie sie sich im Rhythmus der Musik frei im Raum bewegen sollen, z.B. wie

- ein alter Mann
- ein Wanderer, der einen schweren Rucksack trägt
- eine junge Frau, die sich freut
- ein Kind, das barfuß über spitze Steine geht
- eine Frau mit ihrem Freund unter einem Regenschirm
- ein junger Mann, der mit einem Partner eine Leiter trägt
- ein Supersportler, der mit einem Anfänger Tischtennis spielt, usw."

Variation: „Als Variation kann die Übung auch paarweise – mit oder ohne ‚echtes' Zubehör – gespielt werden, z.B. können

- zwei Partner sich einen Ball oder ein Reissäckchen zuwerfen
- zwei Spieler miteinander tanzen
- zwei Spieler einander nachlaufen
- zwei Partner gemeinsam einen Stuhl tragen usw."

Anmerkung: „Die Begleitung durch ein Rhythmusinstrument erleichtert die pantomimischen Bewegungen besonders für ungeübte und bewegungsgehemmte Spieler. Bewegungspantomimen gelingen aber auch ohne Musikbegleitung und ohne besondere Vorbereitung: Unruhe und Spannung werden spürbar gemildert."
(PORTMANN/SCHNEIDER 1986, S. 21)

532 Hohe und tiefe Töne

Material: Flöte oder Xylophon
Spielbeschreibung: Die Kinder gehen frei im Raum umher. Der Spielleiter spielt auf der Flöte (dem Xylophon) verschiedene hohe und tiefe Töne. Die Höhe der Töne soll von den Kindern mit Bewegungen ausgedrückt werden. Bei hohen Tönen strecken sie sich und bei tiefen Tönen gehen sie in die Hocke und ducken sich.
Variation: Es werden zwei Gruppen gebildet, deren Bewegungen durch ein helles und ein dunkles Instrument bestimmt werden. Beim Klang des hellen Instruments tanzt die „helle Gruppe", beim Klang des dunklen Instruments tanzt die „dunkle Gruppe". *(KL)*

533 Klassenorchester

Material: Jogurtbecher oder andere Gefäße, Reiskörner, selbst klebende Folie, ein Stück Gartenschlauch, Mundstück einer Trompete, Zigarrenkiste, Gummiringe, Topfdeckel, verschieden große Blumentöpfe oder verzinkte Wasserröhren verschiedener Dicke, Büchsen und Schachteln, Kunststofftrinkhalme
Spielbeschreibung: Zu Beginn werden die Instrumente gebaut:
- Rassel aus Jogurtbechern oder anderen Gefäßen und Reiskörnern, zum Verschließen der Becher dient selbst klebende Folie
- Trompete aus einem Stück Gartenschlauch und dem Mundstück einer echten Trompete
- Gitarre aus einer Zigarrenkiste und Gummiringen
- Becken aus Topfdeckeln
- Glockenspiel aus verschieden dicken, verzinkten Wasserröhren oder Blumentöpfe von unterschiedlicher Größe
- Zither aus Büchsen und Schachteln, die mit Gummiringen bespannt werden
- Trinkhalmoboe aus dem Ende eines Kunststofftrinkhalms, das flach gedrückt und spitz zugeschnitten wird.

Nach der Herstellung werden alle Instrumente ausprobiert und gegebenenfalls verfeinert. Dann kann das gemeinsame Konzert beginnen.

Anmerkung: Das Klassenorchester dient der Sensibilisierung für Geräusche und Töne und ihrer Erzeugung mit einfachsten Materialien.
(WALTER 1984)

Sprechspiele

Sprechspiele dienen der Rhythmik und der Entwicklung des Sprachgefühls. Im Vordergrund steht das konzentrierte Sprechen. In Form von Sprechspielen erhalten die Kinder die Möglichkeit zum spielerischen Umgang mit Sprache und zur kreativen Sprachgestaltung. Es gibt verschiedene Arten von Sprechspielen, u.a. zählen dazu Nachsprechspiele (z.B. Zungenbrecher), Sammelspiele (z.B. Wortketten) und Transferspiele (Austauschen der Vokale; z.B. bei „Drei Chinesen").

Zu Beginn der Einführung eines Sprechspiels sollte der Text gut artikuliert und rhythmisiert vorgesprochen werden. Bei den folgenden Durchgängen sollen dann alle versuchen, mitzusprechen. In den Wiederholungen kann die sprachliche Gestaltung des Textes durch Wechsel der Dynamik (laut, leise, sehr leise usw.), des Stimmregisters (Normalstimme, Brummstimme, Flüstern usw.) und des Tempos (normal, langsam, schnell usw.) variiert werden, so dass neben der gedächtnismäßigen Befestigung des Textes gleichzeitig verschiedene Möglichkeiten der Ausgestaltung erprobt und geübt werden können. Parallel zum Sprechen kann der Textrhythmus durch körpereigene Instrumente (klatschen, patschen, stampfen, schnalzen) oder durch Schlaginstrumente (Schlaghölzer, Trommel usw.) verstärkt und verdeutlicht werden.

534 Pinke-pank

Pinke-pank,
der Schmied ist krank.
Wo soll er wohnen?
Unten oder oben?
Pinke-pank,
wo steht der Schrank,
Unten oder oben?

Material: Bonbon oder Perle

Spielvorschlag: „Ein Bonbon wird in einer Faust versteckt. Dann werden die Fäuste abwechselnd übereinander gehalten und der Vers gesagt. Wird richtig geraten, ist das Geschenk eingelöst."
(ARNDT/SINGER o.J., S. 50)

535 Regen

Regen regnet jeden Tag,
regnet bis zum Donnerstag,
Donnerstag hat's aufgehört,
denn ich hatte mich beschwert.

Material: Schlaginstrumente, Becken

Spielvorschlag: „Der Vers wird in beliebigem Tempo und Rhythmus vor- und nachgesprochen. Die Kinder ahmen dabei Regengeräusche nach, indem sie z. B. mit den Fingerspitzen auf Tischplatten oder Trommeln trommeln.“ Der Spielleiter sollte darauf achten, dass die Geräusche unterschiedlich sind, je nachdem, ob der Regen prasselt, in kleinen Tropfen gelegentlich fällt oder gleichmäßig als Dauerregen niedergeht. „Das kann man klanglich ausspielen, nämlich bevor der Text gesprochen wird und nach der ersten wie der zweiten Zeile. Beim Wort ‚aufgehört' verstummen plötzlich die Geräusche. Nach spannungsvoller Pause heißt es: ‚Denn ich hatte mich beschwert‘. Dabei sollte man energisch in die Hände oder auf den Tisch schlagen. – Beginn und Schluss des Sprachspiels werden durch einen Schlag auf ein hängendes Becken angezeigt.“

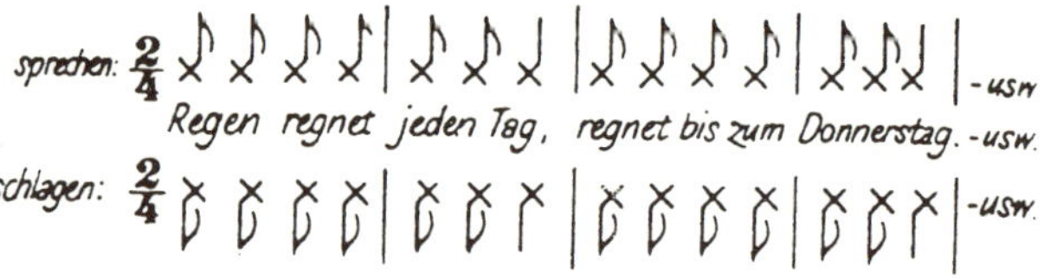

Variationen: Der Vers wird rhythmisiert gesprochen, und zwar in folgendem Rhythmus:

„Parallel zum Sprechen wird der Rhythmus durch Schlagen in die Hand, auf die Tischplatte, auf Schlaginstrumente verstärkt und verdeutlicht. Schließlich wird der Text geflüstert und bald nicht mehr gesprochen – aber innerlich weiterhin mitgehört! Auf diese Weise wird der Rhythmus vom Sprechvers abgehoben.“

„Der rhythmisch gesprochene Vers wird durch Instrumente begleitet. Man schlägt einen Zweiertakt auf allen verfügbaren Instrumenten und spricht – nachdem die Instrumente begonnen haben! – synchron dazu.“ (wie oben)

„Schließlich kann man mit dem Vers – in der Sprache von Kindern – noch einigen ‚Quatsch' machen und dabei spielend dynamische Veränderungen erleben:

– Wir sprechen in mittlerer Lautstärke. Die Wörter ‚Regen‘ und ‚regnet‘ jedoch werden sehr laut gesprochen, das Wort ‚Donnerstag' geflüstert.
– Jede Zeile wird flüsternd begonnen und endet laut rufend.

– Jede Zeile wird am Anfang so laut wie möglich, dann immer leiser, am Ende flüsternd gesprochen.
– Die Lautstärke steigert sich langsam bis zum Wort ‚aufgehört', das noch mit einem Schlag verstärkt wird. Die letzte Zeile wird geflüstert."
(GROSSE-JÄGER 1985, S. 111 f.)

536 Im Zwergenland

Sitzt ein Würmchen
auf dem Türmchen
mit 'nem Schirmchen
unterm Ärmchen.
Kommt ein Stürmchen
wirft das Würmchen
mit dem Schirmchen
unterm Ärmchen
sssssssssssssst
vom Türmchen.

Spielvorschlag: Nach der ersten Strophe werden die folgenden gebildet, indem man bei allen Wörtern das „ü"/„ä" wechselnd durch die Vokale a, e, i, o, u ersetzt. Zusätzlich kann das Sprechspiel mit entsprechenden Bewegungen begleitet werden.
Beispiel: mit Vokal i
Sitzt ein Wirmchen
auf dem Tirmchen
mit 'nem Schirmchen
unterm Irmchen.
Kommt ein Stirmchen
wirft das Wirmchen
mit dem Schirmchen
unterm Irmchen
sssssssssssssst
vom Tirmchen.
Variation: Drei Chinesen mit dem Kontrabass
Das alte Kinderlied „Drei Chinesen mit dem Kontrabass" ist ein gesungenes „Sprechspiel", auch hier werden die einzelnen Strophen gebildet, indem man bei allen Wörtern wechselnd die Vokale a, e, i, o, u verwendet, Beispiele:

Dri Chinisin mit dim Kintribiss,
sißin if dir Strißi ind irzihltin sich wis,
kim die Pilizi:
„Ji, wis ist dinn dis?"
Dri Chinisin mit dim Kintribiss.

Dre Chenesen met dem Kentrebess ...
Dro Chonoson mot dom Kontroboss ...
Dra Chanasan mat dam Kantrabass ...
Dru Chunusun mut dum Kuntrubuss ...
(MEYERHOLZ/HERING 1986, S. 58)

537 Löwenjagd

Spielvorschlag: Alle Spieler sitzen im Kreis. Sie wollen gemeinsam auf Löwenjagd gehen. Der folgende Refrain wird nach jeder Station der Wegstrecke wiederholt:

Wir gehen heut auf Löwenjagd,
wir haben keine Angst.
Wir haben ein Gewehr dabei,
ein Messer noch dazu – uh!
(rhythmisch und betont gesprochen)

Der Spielleiter kündigt die einzelnen Stationen immer mit dem Satz *„Halt! Was ist das?“* an, und die Spieler machen die entsprechenden Bewegungen dazu:
1. Station: „Das ist ein Tor, da müssen wir jetzt durch.“
(Spieler tun so, als ob sie ein quietschendes Tor öffnen) – *Refrain* –
2. Station: „Das ist eine Wiese, da müssen wir durch.“
(die Spieler reiben die Handflächen aneinander) – *Refrain* –
3. Station: „Das ist eine Brücke, da müssen wir rüber.“
(die Spieler klopfen mit ihren Fingerknöcheln auf die Stühle, das hört sich an, als würden sie eine Holzbrücke überqueren) – *Refrain* –
4. Station: „Das ist ein Fluss, da müssen wir durch.“
(die Spieler machen mit den Armen Schwimmbewegungen) – *Refrain* –
5. Station: „Das ist ein Baum, da müssen wir drüber.“
(die Spieler tun so, als würden sie einen Baum hochklettern)
– *Refrain* –

6. Station: „Das ist eine Höhle, da müssen wir rein."
(die Spieler krabbeln in eine gedachte Höhle)
Diesmal wiederholen die Spieler den Refrain nicht. Der Spielleiter sagt: *„Halt! Was ist das?"* macht eine kurze Pause und schreit: „Ah, ein Löwe!" (Spieler „erschrecken")
Die „Löwenjäger" rennen nun – den Löwen im Nacken – den ganzen Weg zurück. Dabei müssen sie über all die Hindernisse, die sie auf dem Hinweg überwunden haben. Der Spielleiter gibt möglichst schnell an, was zu tun ist (bei der letzten Station angefangen).
Zum Schluss heißt es: „Das ist ein Tor, da müssen wir durch."
(Nachahmen des Quietschens)
„Das Tor ist zu." (lauter Knall)
Und dann rufen alle erlöst: „Ah!"
„Wir waren heut auf Löwenjagd,
wir hatten ganz viel Angst!"
Anmerkung: Natürlich kann in diesem Spiel auch auf „Bärenjagd" gegangen werden („Wir gehen heut auf Bärenjagd ...").
(PORTMANN/SCHNEIDER 1986, S. 81 f.)

Fingerspiele

Beim Fingerspiel stellen die Finger und Hände das Spielmaterial dar. Sie sind die einfachsten und zugleich wandlungsfähigsten Handpuppen, die es gibt *(BAER 1981, S. 75)*. Begleitet und untermalt werden sie von meist alten Kinderreimen oder gereimten Geschichten, die auch für kleinere Kinder schon verständlich sind.
Viele Fingerspiele sind überliefert und spiegeln oft Ereignisse aus dem Leben der Menschen vergangener Zeiten. Wie der Text wurden auch die Bewegungen von Generation zu Generation weiterentwickelt und durch das lebendige Spiel weitergegeben *(SINGER/SCHIRMER 1992, S. 11)*.

Will man mit den Kindern ein Fingerspiel einüben, sollte man vor dem eigentlichen Spiel erst einmal damit beginnen, die einzelnen Finger bewusst zu bewegen und zu benennen.

Ein unbekanntes Fingerspiel sollte immer zuerst (langsam) vorgespielt werden. Dabei muss darauf geachtet werden, dass die Bewegungsabläufe eindeutig sind und synchron mit dem Text erfolgen. Komplizierte Bewegungen können im Anschluss herausgegriffen und noch einmal gesondert vorgespielt werden. Wahrscheinlich wird das zuschauende Kind bereits durch das Vorspiel zum Mitspielen angeregt, und in der Regel bedarf es nur weniger Wiederholungen, bis alle Kinder das Fingerspiel beherrschen. *(vgl. BAER 1981)*

538 Wo ist der Daumen?

Worte und Weise: aus Frankreich

Wo ist der Daumen? (2x)
Da ist er.
Da ist sie.
„Guten Tag, wie geht es?“
„Danke, bin zufrieden!“
Er geht fort.
Sie geht fort.

Weitere Strophen:
Wo ist der Zeigefinger …
Wo ist der Mittelfinger …
Wo ist der Ringfinger …
Wo ist der kleine Finger …

Spielvorschlag: Das Lied wird auf die Melodie von „Bruder Jakob“ gesungen. Dabei bewegen sich die beiden jeweiligen Finger aufeinander zu. Bei „Da ist er/sie“ wird einmal der rechte und dann der linke Finger gezeigt. Genauso „spricht“ einmal der rechte und einmal der linke Finger. Schließlich gehen die Finger wieder auseinander. *(KL)*

539 Zwei Zappelmänner

Zwei Zappelmänner – aus dem Sack!
Der eine heißt Schnick,
der andre heißt Schnack.
Schnick hat 'ne Mütze,
und Schnack hat 'nen Hut,
und alle beide vertragen sich gut.

Spielvorschlag: „Zwei Fäuste bilden, die Daumen werden als ‚Zappelmänner' mit schneller Bewegung aus der Faust gestreckt. Hände fügen sich zum Schluss ineinander.“ *(ARNDT/SINGER o. J., S. 90)*

540 Zehn kleine Zappelmänner

2. Zehn kleine Zappelmänner
zappeln auf und nieder.
Zehn kleine Zappelmänner
tun das immer wieder.
3. Zehn kleine Zappelmänner
zappeln rings herum.
Zehn kleine Zappelmänner,
die sind gar nicht dumm.
4. Zehn kleine Zappelmänner
kriechen ins Versteck.
Zehn kleine Zappelmänner
sind auf einmal weg.
5. Zehn kleine Zappelmänner
rufen jetzt hurra!
Zehn kleine Zappelmänner
sind nun wieder da.

Spielvorschlag: Gemeint sind natürlich die zehn Finger. Sie sollen während des Singens herumzappeln. Und das geht so:

1. Strophe: Die Hände kräftig ausschütteln, dabei zappeln die Finger.

2. Strophe: Beide Hände werden mit zappelnden Fingern auf- und abbewegt. (Ist die rechte Hand oben, beginnt die linke Hand unten.)

3. Strophe: Mit den Händen große Kreise beschreiben, während die Finger ringsherum zappeln.

4. Strophe: Im Versteck sind die Finger, wenn sich die Hand zur Faust schließt. Dann werden die Fäuste hinter dem Rücken versteckt.

5. Strophe: Die Finger kommen wieder hinter dem Rücken hervor und zappeln in der Luft hin und her. *(KLEIN 1975, S. 41)*

541 Himpelchen und Pimpelchen

Himpelchen und Pimpelchen
steigen auf einen Berg.
Himpelchen ist ein Wichtelmann
und Pimpelchen ein Zwerg.
Dort oben bleiben sie lange sitzen
und wackeln mit ihren Zipfelmützen.
Doch nach 27 Wochen
sind sie in den Berg gekrochen,
schlafen dort in guter Ruh.
Sei mal still und hör gut zu:
Ch, ch, ch, ch ...

Spielvorschlag:
1. „Bei ‚Himpelchen' eine Faust machen und mit einem Daumen kräftig wackeln, bei ‚Pimpelchen' wackelt der andere Daumen. Beide Fäuste werden kräftig wackelnd nach oben bewegt und legen sich oben aneinander, weiterhin kräftig mit den Daumen wackelnd.
2. Die Daumen verschwinden in den Fäusten.
3. Beim festen Schnarchen werden beide Fäuste an die Ohren gedrückt." *(REGELEIN 1990)*

542 Bäume im Wind

Viele Bäume stehn im Kreise,
der Wind bewegt die Blätter leise.
Da kommt der Sturmwind angezogen,
der hat die Bäume all gebogen.
Der Sturmwind knickt auch Bäume um,
da tanzen die Blätter im Kreis herum.
Doch zieht der Sturmwind wieder fort,
stehn alle Bäume an ihrem Ort.

Spielvorschlag: „Die Kinder stellen die Ellenbogen auf den Tisch, das sind die Bäume. Die Finger bewegen sich als Blätter. Im Wind schwanken die ‚Bäume', und einer der beiden fällt ganz um. Diese Hand spielt dann gleich die herumwirbelnden Blätter. Am Schluss stehen alle Bäume wieder – oder wenn man es realistischer haben will, steht die Hälfte.
Das Spiel ist besonders eindrucksvoll, wenn viele Kinder mitspielen und so einen ganzen Wald bilden." *(KL)*

543 Regenspiel

Spielvorschlag: Die Kinder ahmen mit ihren Fingern und Händen das Wetter nach. Sie sitzen am Tisch und führen zu dem gesprochenen Vers folgende Bewegungen aus:

Es tröpfelt, es tröpfelt,	leichtes Trommeln der Fingerspitzen auf den Tisch
es regnet, es regnet,	die Klopfbewegungen werden kräftiger (oder das Trommeln steigert sich)
es hagelt, es hagelt,	die Fingerballen kräftig auf den Tisch aufsetzen
es gießt, es gießt,	mit den Handflächen abwechselnd auf den Tisch patschen

es schneit, es schneit,	mit den Händen in der Luft kreisen
es blitzt!	Zickzackbewegungen mit den Fingern
es donnert!	mit den Fäusten fest auf den Tisch trommeln
(kurze Pause)	
und dann scheint	
die Sonne wieder,	mit den Armen einen großen Bogen über dem Kopf beschreiben. *(Quelle unbekannt)*

544 Das Kätzchen

In der Küche auf dem Tisch
steht ein Topf mit Milch, ganz frisch.
Kätzchen möcht sich dran erlaben
von der frischen Milch was haben.
Steckt das Köpfchen in das Töpfchen
und trinkt – und trinkt.
Doch, oh weh, oh weh,
das Köpfchen geht nicht in die Höh.
Mit dem Töpfchen auf dem Köpfchen
läuft das Kätzchen in den Schnee.

Spielvorschlag: „Mit dem Daumen und dem Zeigefinger der einen Hand einen Kreis bilden. Zeige- und Ringfinger der anderen Hand stellen die Füße des Kätzchens dar, der Mittelfinger den Kopf. Den Mittelfinger in den Kreis stecken, Schlürfgeräusche machen. Dann versuchen, den Finger wieder aus dem Kreis herauszuziehen." *(KOLB 1994, S. 14)*

545 Die hungrige Katze

Auf dem Apfelbaum
ist ein kleines Nest.
Vögelchen im Traum
schlafen darin fest.
Katze klettert auf den Baum,
weckt die Vöglein aus dem Traum.
Seht, sie fliegen fort geschwind
wie der Wind, wie der Wind!
Und die Katze geht nach Haus,
fängt sich eine dicke Maus.

Spielvorschlag: „Die gespreizten Finger der linken Hand stellen den Baum dar. Für das Nest bildet man aus den Händen eine Mulde und legt beide Daumen hinein. Dann stellt man die linke Hand wieder hoch und krabbelt mit Zeige- und Mittelfinger der rechten Hand am Unterarm hinauf. Der Zeigefinger weckt die Vögel, indem er leicht in die linke Handfläche klopft. Beide Hände bewegen sich dann auf und nieder wie Vögel. Die linke Hand wird jetzt wieder hochgestellt, und Zeigefinger und Mittelfinger krabbeln herunter. Bei ‚dicke Maus' kann man sich selbst oder ein anderes Kind fangen.“ *(KOLB 1994, S. 14)*

546 Katzen können Mäuse fangen

Katzen können Mäuse fangen,
haben Krallen wie die Zangen,
kriechen über Boden und Dächer
und manchmal auch durch Mäuselöcher.
Mäuslein stehlen, naschen Speck,
sehn die Katz nicht im Versteck.
Leise, leise kommt die Katze --
fängt die Maus mit einem Satze!

Spielvorschlag: „Die Finger einer Hand sind die Mäuschen, die auf dem Handrücken eines anderen Kindes herumtanzen. Zuletzt kommt die Katze (Hand eines anderen Kindes) und schnappt die Mäuschen und die Hand des Partners dazu.“
Variation: Eine Hand wird zur Faust geballt (Mauseloch). Der Daumen (das Mäuschen) ist in die Faust gezogen, die Finger der anderen Hand sind die ‚Katze' und ahmen behutsam das ‚Schleichen' nach. Entsprechend dem Text wird der Daumen ein wenig durch die Finger der Faust gestreckt, dann kommt die Katze und schnappt das Mäuschen (den Daumen). *(ARNDT/SINGER o. J., S. 73)*

547 Der Tischler

Zisch, zisch, zisch,
der Tischler hobelt den Tisch.
Tischler, hoble den Tisch mir glatt,
dass er keine Löscher hat.
Zisch, zisch, zisch,
Tischler, hoble den Tisch.

Lang, lang, lang,
Tischler, hoble die Bank.
Tischler, hoble sie recht blank,
dass daran kein Span mehr hang.

Lang, lang, lang,
Tischler, hoble die Bank.

Spielvorschlag: „Die rechte Hand wird flach ausgestreckt und auf die Handkante gestellt, der Daumen nach oben gehalten. Mit der linken Faust wird der Daumen umschlossen und so das ‚Hobeln' nachgeahmt." *(ARNDT/SINGER o. J., S. 73)*

Leierspiele

„Leierspiele sind die einfachste Art des Kreisspiels. Auf eine einfache Melodie (oft pentatonisch) wird in ständiger Wiederholung ein Vers gesungen, mit der Spannung, wer als nächstes drankommt oder wer übrig bleibt" *(TRAUTWEIN 1993, S. 10)*.

Auf Grund der Einfachheit von Text und Melodie, fällt es den Kindern nicht schwer, sich den kurzen Vers zu merken. Ein ausführliches Erlernen des Verses ist überflüssig, da er sich durch das ständige Wiederholen von selbst gut einprägt *(ebd., S. 11)*.

Es werden vier Arten von Leierspielen unterschieden *(vgl. ebd.)*:
- Spiel, bei dem ein Kind im Kreis herumgeht und jedes Mal ein Kind aus dem Kreis abschlägt; dabei wird der Kreis immer kleiner, bis er sich schließlich ganz auflöst.
- Spiel, bei dem ein Kind im Kreis etwas vormacht, sich (zum Tanz) ein anderes Kind aus dem Kreis holt, das dann wiederum etwas vormachen darf, als Ablösung.
- Spiel, bei dem sich der Kreis zum Spielende hin dadurch auflöst, dass ein Kind im Kreis herumgeht, sich zum Partnerspiel ein zweites Kind sucht, diese beiden Kinder sich dann wieder je ein Kind aus dem Kreis holen usw. (z. B. „Der dicke Tanzbär").
- Spiel, bei dem der ganze Kreis bestehen bleibt und einzelne Kinder innerhalb des Kreises eine Rolle spielen, zum Beispiel durch Umdrehen, Platzwechsel usw. (z. B. „1, 2, 3 im Sauseschritt").

548 Ringlein, Ringlein, du musst wandern

Gesprochen: „Nun sag mir an …"
Material: Ring oder Münze
Spielvorschlag: „Die Kinder stehen im Kreis und halten die geschlossenen Hände in Brusthöhe vor sich. Ein Kind hat einen Ring (Taler) ebenfalls zwischen den geschlossenen Händen, geht von einem Kind zum andern und lässt irgendwo den Ring in die Hände gleiten. Ein an-

deres Kind, das vorher ausgesucht wird, muss raten, wo sich der Ring befindet. Nach dem gesungenen Teil fragt das Kind, das mit dem Ring herumgegangen ist: ‚Nun sag mir an, mein liebes Kind, wo sich das Ringlein (Taler) denn befind?‘ Wird der Ring erraten, darf dieses Kind in die Mitte, ein anderes muss raten.“

Variation: Zur gleichen Melodie kann auch „Taler, Taler, du musst wandern…“ gesungen werden. *(TRAUTWEIN 1993, S. 86)*

549 Es geht eine Zipfelmütz'

Spielvorschlag: „Die Kinder stehen oder gehen im Kreis, ein Kind geht innen gegen die Tanzrichtung, die Hände über dem Kopf zur Mütze geformt. Bei,... bleib stehn‘, bleibt die ‚Zipfelmütze‘ vor einem Kind stehen, und sie führen die angegebenen Bewegungen aus. Nun sind es zwei Zipfelmützen, dann vier, dann acht, bis der Kreis aufgelöst ist. Bei '... wir beide sind verwandt', haken sich die beiden Kinder ein und tanzen miteinander." *(TRAUTWEIN 1993, S. 37)*

550 Der dicke Tanzbär

Spielvorschlag: „Die Kinder stehen oder gehen im Kreis. Ein Kind ist der Tanzbär und schwankt von einem Bein aufs andere mit ausgestreckten Händen (Bärenhaltung). Es geht im Kreis, und wenn es eine ‚Freundin' gefunden hat, tanzen sie in Bärenart miteinander. Das neue Kind ist nun der Tanzbär."
Variation: „Es werden immer mehr Tanzbären – 2 – 4 – 6..., bis der Kreis aufgelöst ist." *(TRAUTWEIN 1993, S. 41)*

551 Seht, da kommt die Riesenschlange

Spielvorschlag: „Die Kinder fassen sich zur Reihe an. Sie strecken sich erst, dann bücken sie sich, beim ‚...Schlangentanz' versucht der Schwanz den Kopf zu fangen. Das gefangene Kind stellt sich hinten an, das nächste Kind ist nun der Kopf." *(TRAUTWEIN 1993, S. 51)*

Bewegungslieder

Bei den Bewegungsliedern steht das gestalterische Umgehen mit Elementen der Musik und der Bewegung im Vordergrund. Auf spielerische Weise wird dabei der eigene Körper bewusster erlebt. Die Kinder entdecken, wie sich Beine, Füße, Arme, Hände, Kopf usw. selbstständig und ganz bewusst, auch von den anderen Körperteilen isoliert, bewegen lassen. Außerdem wird der Körper als ein einfaches Instrument erfahrbar, mit dem man Handlungen, Geräusche, Töne und Melodien selber herstellen kann. Die Einbeziehung der „körpereigenen Instrumente“ wie Stampfen, Patschen (auf die Knie schlagen), Klatschen und Schnalzen (mit den Fingern schnipsen), die in der Fachliteratur auch „Klanggesten“ genannt werden, ist die einfachste Methode zur Bewegungsbegleitung *(MARUHN 1986, S. 77)*. Die Texte von Bewegungsliedern enthalten oft schon Bewegungsanweisungen, lassen aber auch noch genügend Spielraum, sich nach eigenen Einfällen zu bewegen.

552 Meine Tante aus Marokko

Spielbeschreibung: Die Gruppe sitzt im Kreis. Nach der Melodie „Von den blauen Bergen kommen wir“ wird der folgende Text gesungen, und zu den Ausrufen am Zeilenende werden die entsprechenden Handbewegungen gemacht. Am Ende jeder Strophe werden jeweils alle bisherigen Ausrufe und Bewegungen wiederholt:

- Meine Tante aus Marokko, wenn sie kommt, hi ho – (erst die linke, dann die rechte Hand an die Schulter), meine Tante aus Marokko, wenn sie kommt, hi ho – (Bewegung wie oben),
- meine Tante aus Marokko, meine Tante aus Marokko, meine Tante aus Marokko, wenn sie kommt, hi ho – (Bewegung wie oben).
- Und sie kommt auf zwei Kamelen, wenn sie kommt, hoppel di popp – (mit den Füßen traben) …
- Und sie schießt aus zwei Pistolen, wenn sie kommt, piff paff – (mit den Zeigefingern nach allen Richtungen schießen) …
- Und dann trinken wir 'ne Cola, wenn sie kommt, gluck gluck – (Trinkbewegungen machen) …
- Und dann backen wir 'nen Kuchen, wenn sie kommt, knatsch, knatsch – (Bewegungen des Teigknetens machen) …
- Und dann schlachten wir ein Hühnchen, wenn sie kommt, krr krr – (Bewegungen des Hals-Abschneidens) …
- Und dann schreibt sie uns 'nen Brief, dass sie nicht kommt, schluchz schluchz – (weinen, langsam singen) …
- Und dann essen wir das Hühnchen ganz allein, schmatz schmatz – (Bauch reiben)
- Und dann schreibt sie uns 'nen Brief, dass sie doch kommt, hurrah – (aufspringen, Arme in die Luft werfen, wieder schneller singen) …

• Und dann läuten alle Glocken, wenn sie kommt, bim bam – (Glocken läuten) …

Nach der letzten Strophe werden noch einmal alle Geräusche und Bewegungen nachgemacht:

• Hi ho, hoopel di popp, piff paff, gluck, gluck, knatsch knatsch, krr, krr, schluchz schluchz, schmatz schmatz, hurra, bim bam.

Die Spielgruppe kann selbstverständlich auch noch weitere Verse selber erfinden. *(PORTMANN/SCHNEIDER 1994)*

553 Sternenfänger

Spielvorschlag: Alle Kinder stellen die Aktionen, die in den einzelnen Strophen beschrieben werden, pantomimisch dar. Das muss nicht erst eingeübt werden, jeder kann aus dem Stegreif mitmachen. Beim Refrain stellen sich alle auf die Zehenspitzen, strecken die Arme hoch in die Luft und versuchen, die Sterne vom Himmel herunterzuholen.
Anmerkung: Das Lied ist auch auf der Kassette „Sternenfänger“ von TRIO KUNTERBUNT (Deutsche Grammophon junior, Hamburg 1992) zu hören. *(vgl. TRIO KUNTERBUNT)*

554 Komm, stell dich mal mit mir in den Wind!

Text und Musik: Dorothee Kreusch-Jacob

2. Komm lass dich einfach treiben im Wind!
Dann spielen wir, dann spielen wir,
dass wir zwei Segelschiffe sind.
3. Komm, lass die Haare zausen im Wind!
Dann spielen wir, dann spielen wir,
dass wir zwei Struwwelpeter sind.
4. Komm, lass die Arme fliegen im Wind!
Dann spielen wir, dann spielen wir,
dass wir zwei schnelle Vögel sind.

5. Komm, mach dich leicht und weich im Wind!
   Dann spielen wir, dann spielen wir,
   dass wir zwei weiße Wolken sind.

Spielvorschlag: Die Kinder stehen im Kreis und singen das Lied. Zu den verschiedenen Strophen werden ihnen sicher auch die passenden Bewegungen einfallen. *(WALTER 1992, S. 96)*

555 Es regnet, es regnet

mündlich überliefert

Es regnet, es regnet,
tropf, tropf, tropf, tropf, tropf auf das Haus,
es regnet, es regnet,
juchhei, ich muss hinaus!

1. Maienregen, fall auf mich,
   im nächsten Jahr, da wachse ich,
   tralalalalala, tralalalalala, tralalalalalala.
2. Mit bloßen Füßen merkt man gut,
   wie wohl das kalte Wasser tut.
3. Und wessen Schuhe nicht mehr ganz,
   der mach jetzt einen Eiertanz.
4. Ei, seht doch nur den dicken Mann,
   der läuft jetzt, was er laufen kann.

Spielvorschlag: Die Kinder stehen im Kreis und machen mit den Händen „Regentropfen" nach. Bei „juchhei, ich muss hinaus" drehen sie sich um sich selbst; danach machen sie wieder Regentropfen und zei-

gen mit den Händen, wie hoch sie wachsen. Bei „tralala“ tanzen sie wieder um sich selbst.
In der zweiten Strophe wird mit den Füßen das kalte Wasser gefühlt.
In der dritten Strophe gehen die Kinder wie auf Eiern.
In der vierten Strophe stellt ein Kind mit vorgestrecktem Bauch den dicken Mann dar und alle anderen tanzen hinter ihm her.
(LOSCH 1982, S. 191)

556 Apfel pflücken

Spielvorschlag: „Alles wird pantomimisch dargestellt:

Will heut Äpfel pflücken,	Wir zeigen mit einer Hand, wie groß der Apfel ist, den wir pflücken wollen.
hole meine Leiter ...	Wir schleppen die Leiter auf der Schulter herbei.
stelle meine Leiter ...	Wir stellen die Leiter an,
kletter auf die Leiter ...	wir deuten mit Händen und Füßen das Klettern an.
steige immer weiter ...	Mit Händen und Füßen steigen wir.

Nach und nach wird alles schneller, wobei wieder jede Zeile pantomimisch dargestellt wird. Wir wagen uns beim Äpfelpflücken immer weiter vor, wippen, reiten auf dem Ast und kippen schließlich und fallen mit einem Plumps vom Baum herunter. Und dann beginnt alles wieder von vorn, aber viel langsamer und vorsichtiger.
Das Lied kann auch als Kniereiter mit den Kleinsten gesungen werden. Dann wippt ein Kind immer stärker auf dem Schoß des Erziehers, bis es schließlich mit einem Plumps (fast!!!) herunterfällt.“
Text: Rolf Krenzer; Musik: Ludger Edelkötter
(KRENZER/EDELKÖTTER 1990a, S. 6 ff.)

557 In dem Walde steht ein Haus

Spielvorschlag: *(LOSCH 1982, S. 73)*

1. Zeile: Mit den Händen ein Dach über dem Kopf bilden.
2. Zeile: Finger als „Brille“ vor die Augen halten.
3. Zeile: Mit den Fingern „Laufen“ andeuten
4. Zeile: In die Hände klatschen.
5. Zeile: Hinaufwinken.
6. Zeile: Imaginäres Schießgewehr anlegen.
7. Zeile: Hereinwinken.
8. Zeile: Sich gegenseitig die Hände reichen.

558 Bewegungsspaß

Sach- und Bewegungslieder ermöglichen es den Kindern in angebotene Liederrollen zu schlüpfen. Die CD Eddi Zauberfinger: Bewegungsspaß für Groß + Klein (Bestell-Nr. EZM 0020; ISBN 3-927635-40-5) bietet eine große Vielfalt von Bewegungsliedern, die im Unterricht vielfältig eingesetzt werden können.

559 Mein Hut, der hat drei Ecken

Text: mündlich überliefert
Weise: nach neapolitanischem Volkslied

Spielvorschlag: „Immer, wenn die Wörter ‚mein', ‚Hut', ‚drei' und ‚Ecken' gesungen werden, werden folgende Bewegungen gemacht:
mein: jeder zeigt auf sich selbst
Hut: mit den Händen auf dem Kopf einen Hut andeuten
drei: mit drei Fingern die Zahl 3 zeigen
Ecken: mit der rechten Hand gegen den linken Ellenbogen schlagen
Im weiteren Verlauf des Spiels werden dann nach und nach die Wörter weggelassen und nur durch die entsprechenden Bewegungen ersetzt, bis zum Schluss ‚stumm' gesungen wird. Genauso kann natürlich auch nach und nach der Text wieder hinzugenommen werden, bis das Lied wieder komplett ist." *(MEYERHOLZ/HERING 1986, S. 66)*

560 Ein kleiner Matrose

Spielvorschlag: „Der Spielleiter führt – nachdem die Melodie gemeinsam geprobt wurde – den Text mit den dazugehörigen Bewegungen ein:

Ein:	mit dem linken Daumen eine Eins zeigen
kleiner:	linker Daumen und Zeigefinger deuten eine kurze Strecke an
Matrose:	die linke Hand zum Gruß an den Kopf nehmen
umsegelte:	die Finger beider Hände wie Wellen bewegen
die Welt:	mit beiden Händen einen großen Kreis umschreiben
Er liebte:	sich selbst umarmen
ein:	wieder eine Eins zeigen
Mädchen:	mit den Händen einen Mädchenkörper nachzeichnen
das hatte gar kein:	mit dem Kopf schütteln
Geld:	mit zwei Fingern Geld zählen
Das Mädchen:	wieder einen Mädchenkörper mit den Händen darstellen
musste sterben:	Hals abschneiden andeuten
und wer war schuld daran:	Fragezeichen in die Luft malen
Ein:	eine Eins zeigen
kleiner:	wieder eine kurze Strecke andeuten
Matrose:	wieder die Hand zum Gruß heben
in seinem Liebes-:	wieder sich selbst umarmen
wahn:	den ‚Vogel zeigen'.

Nun wird das Lied mit allen Bewegungen gesungen. Nach und nach wird ein Textteil weggelassen und nur noch durch die entsprechende Bewegung ersetzt, so lange, bis das Lied schließlich ‚stumm' gesungen wird." *(PORTMANN/SCHNEIDER 1986, S. 88 f.)*

561 A ram sam sam

Spielvorschlag: Zu diesem Lied werden folgende Bewegungen gemacht:

A:	einmal in die Hände klatschen
ram sam sam:	dreimal mit den Händen auf die Oberschenkel patschen
guli, guli, guli, guli, guli:	Hände umkreisen sich
ram sam sam:	dreimal mit den Händen auf die Oberschenkel patschen
Arafi, arafi:	zweimal verbeugen
guli, guli, guli, guli, guli:	Hände umkreisen sich
ram sam sam:	dreimal mit den Händen auf die Oberschenkel patschen

Das Lied wird beim ersten Durchgang noch langsam und dann von Mal zu Mal immer schneller gesungen. *(BAHNHOLZER u. a. 1986, S. 99)*

Spiellieder

Spiellieder haben sich über die Jahrhunderte hinweg vor allem in der Vorschulerziehung erhalten und bewähren sich immer wieder neu. Manche sind sehr alt und wurden von Generation zu Generation weitergegeben, indem die Kleineren sie von den Älteren übernahmen *(REGELEIN 1988, S. 106)*. „Sie waren ein Freiraum zur Selbsterziehung, in dem ohne Einmischung von Erwachsenen unterschiedliche Interessen, Fähigkeiten und soziale Spannungen zu bewältigen waren" (ebd.). In kindgemäßer Weise wurden wichtige soziale Grunderfahrungen „erspielt".

Im Unterschied jedoch zu den vorgestellten, einfachen Bewegungsliedern gehören die Spiellieder zu den Kreisspielen mit größeren Ansprüchen und differenzierteren Rollen *(TRAUTWEIN 1993, S. 11)*. Die im Lied vorkommenden Rollen werden entweder von einzelnen Kindern oder von der Gesamtgruppe dargestellt. Besonders viel Spaß macht es den Kindern, wenn sie sich verkleiden dürfen. Die Verkleidungen müssen nicht aufwendig sein, oft bedarf es nur weniger Spielbeigaben und Requisiten.

Im Folgenden werden in Anlehnung an Rolf KRENZER *(Quelle unbekannt)* einige Hinweise für den Einsatz von Spielliedern gegeben:

- Der Spielleiter sollte Text und Melodie des Spielliedes sicher beherrschen, damit ein Agieren ohne Textheft und Liederbuch möglich ist und er sich mit seinem Körper frei zum Lied bewegen kann.
- Der Spielleiter muß selbst Freude am vorgeschlagenen Lied haben. Er darf nicht nur zum Spiel anregen, sondern muß sich selbst intensiv und engagiert daran beteiligen. Denn nur so kann er andere zum Mitmachen motivieren und aktivieren.
- Das Spiellied sollte die Phantasie der Kinder zum eigenen Variieren, Weiterdichten, Aktualisieren und Umfunktionieren anregen.
- Spiellieder erfordern einen Spielkreis (zumindest einen Halbkreis), bei

dem es kein Unten und kein Oben, kein Vorn und kein Hinten gibt, sondern jeder Platz den gleichen Rang und Wert hat. Jeder Mitspieler ist ein wesentlicher und gleichberechtigter Teil des Spielkreises.

562 Frosch und Maus

Material: evtl. Tiermasken, Verkleidungsstücke, großer Pappkarton, dieser sollte so groß sein, dass die ganze Hochzeitsgesellschaft darin Platz findet. Statt des Pappkartons kann auch ein Tisch genommen werden, über den eine Decke geworfen wird, so dass die Seiten des Tisches vollkommen abgedeckt sind.
Spielvorschlag: Für das Frosch-und-Maus-Spiel werden viele Schauspieler gebraucht: Frosch, Maus, Rabe, Hamster, Spatz, Hahn und Onkel Ratte. Außerdem noch Kater Karlo und sein Sohn. Auf Karlos Sohn könnte auch verzichtet werden, da er ja keine richtige Rolle spielt, sondern nur Zuhörer ist. Die Spieler können sich auch verkleiden mit Tiermasken u.Ä., z.B. kann der Frosch mit grün bemaltem Gesicht oder auch grün angezogen mit Schwimmflossen und Taucherbrille auftreten; Onkel Ratte könnte eine Schlägermütze tragen, die Maus einen Federhut usw.
Beim Anmarsch der Gäste läuft jedes Tier in seiner besonderen Gangart herbei (z.B. Staksen des Raben – steife Arm- und Beinbewegungen; Hereinstolzieren des Hahnes – geschwollene Brust) usw. Nach der Begrüßung krabbelt jedes Tier in den Pappkarton. Die restlichen Mitspieler sind die „Kapelle“. Sie müssen beim Singen des Liedes sich am Tempo des Spiels orientieren. An bestimmten Punkten werden Pausen eingelegt, um z.B. das Krähen des Hahns, das Quaken des Frosches usw. abzuwarten. Die Tier-Schauspieler singen bis zu ihrem jeweiligen Auftritt mit, dann sind sie jedoch still und konzentrieren sich nur auf ihre Rolle. Eingebracht werden nur die Laute und Ausrufe, die unmittelbar zum Spiel gehören. Zum Tanzen am Schluss kommen die Tiere wieder aus dem Karton heraus; sie können den Karton hochnehmen und sich singend mit ihm im Kreis drehen.
(VAHLE 1987, S. 66 ff. und MEYERHOLZ/HERING 1986, S. 44)
Text und Musik: Fredrik Vahle

563 Pinguin-Lied

Spielvorschlag: Im Text ist vieles angegeben, was sich nachmachen lässt. Die Kinder stehen im Kreis. Ein Kind ist der Pinguin. Dieser steht in der Kreismitte und macht zu den einzelnen Versen der ersten Strophe die entsprechenden Bewegungen:

1. Strophe: Er watschelt wie ein Pinguin im Kreis herum.
2. Strophe: Er verschränkt die Arme vor der Brust und zittert vor Kälte.
3. Strophe: Er sucht sich ein anderes Kind als Partner aus; sie kitzeln sich gegenseitig am Kinn.

In der vierten Strophe beginnt das Spiel von vorn, diesmal mit zwei kleinen Pinguinen.
In der zehnten Strophe ist ein Kind der Eisbär, der brummend alle Pinguine vertreibt (– alle Pinguine watscheln schnell weg).
Anmerkung: Wer sich für dieses Lied interessiert, kann sich auf der Kassette „Anne Kaffeekanne“ – 12 Lieder zum Singen, Spielen und Tanzen von Fredrik Vahle (pläne Kinder MC, Patmos Verlag, Düsseldorf 1990), die Melodie anhören. *(VAHLE 1992, S. 22 f.)*
Text und Musik: Fredrik Vahle

564 Das Lied von den sieben kleinen Bären

Gesprochen:
Und hielten sich brav bei den Vordertatzen. Da standen sieben kleine Katzen bei einer Pappel am Bach. Und sagten: „Ach! Wären wir drüben, miau!“
Kehrvers singen!

Gesprochen:
Da nahmen die sieben kleinen Bären die sieben kleinen Katzen auf ihren Rücken und sagten: „Wir sind stark, es wird schon glücken.“ Die Katzen machten die Augen zu vor Ängsten. Und der kleinsten war es am bängsten.
Kehrvers singen!

Gesprochen:
Als sie am anderen Ufer waren, sagten die sieben Kätzlein artig das Sätzlein „Wir danken schön!“. „Es ist gern geschehn!“, erklärten die Bären und meinten auch: „Ja, wenn wir nicht wären!“
Kehrvers singen!

Material: blaues Band für den Bach, ggf. Attribute, an denen man die Tiere erkennt, z. B. Barthaare für die Katzenspieler
Spielvorschlag: Das Band, das den Bach darstellen soll, wird in die Mitte des Raumes gelegt. Sieben Kinder spielen die „Katzen“, sieben andere die „Bären“. Die übrigen Kinder verteilen sich auf beide Seiten des „Baches“, recken die Arme hoch und stellen durch das Wiegen des Körpers die Bäume des Waldes dar. Dann wird das Lied gesungen und gespielt:

Die sieben „Bären“ bewegen sich (schwerfällig und tapsig!) auf der einen Seite des „Baches“ und halten sich brav bei den Vordertatzen. Auf ein Zeichen des Spielleiters singen alle den Kehrvers. Die „Bären“ haben am Ende des Kehrverses die „Katzen“ erreicht.
Der Spielleiter spricht den erläuternden Text, die „Katzen“ die wörtliche Rede. Wenn der Kehrvers wieder einsetzt, gehen die „Bären“ wieder durch den Raum und kommen bei Kehrversende bei den „Katzen“ an. Der Text wird vom Spielleiter und den „Bären“ gesprochen. Während dem folgenden Kehrvers nehmen die „Bären“ die „Katzen“ zwar nicht auf den Rücken, aber sie geleiten sie behutsam über den Bach zum anderen Ufer (immer paarweise ein „Bär“ und eine „Katze“). Wenn es notwendig ist, wird der Kehrvers mehrmals gesungen (bis alle den „Bach“ überquert haben). Am anderen Ufer wird der Dialog gesprochen und der Kehrvers gesungen. Danach beginnt das Spiel mit einer anderen Rollenverteilung von vorn.
Es ist wohl unnötig, zu sagen, dass das Spiellied so oft wiederholt wird, wie die Kinder es mögen.
Erweiterungsvorschlag: Vor Beginn des Spielliedes schlafen die „Bären“ vor ihrer Höhle (Stille!). Langsam erwachen sie, räkeln sich, gucken schläfrig; ein „Bär“ erhebt sich. Nach und nach erheben sich auch die anderen „Bären“ und dann trotteln sie zusammen in den „Wald“. Der Kehrvers wird gesungen.
Auf diese Weise kommen die Kinder vor jedem Durchgang zur Ruhe.
(GROSSE-JÄGER 1985, S. 13 ff. und LEMMERMANN 1973, Nr. 40)

565 Das Radieschen

Spielvorschlag: „Die einzelnen Zwischenszenen kann man zu kleinen Spielhandlungen erweitern: z. B. Monika will zunächst nicht. Silke muss sie erst überzeugen. – Knut glaubt nicht, dass es ein so großes Radieschen gibt. Er meint, die Mädchen wollten ihn an der Nase herumführen. – Mustafa versteht nicht, was die Mädchen wollen. Sie müssen es ihm durch Zeichensprache klar machen.“
Anmerkung: Dieses Lied ist auch auf der Kassette „Die Rübe – Lustige und listige Kinderlieder“ von Christiane und Fredrik Vahle (pläne Kinder MC, Patmos Verlag, Düsseldorf 1974) zu hören.
(VAHLE 1987, S. 76 f.)
Text und Musik: Fredrik Vahle

566 Gemüseball

2. Die Prinzessin Sellerie tanzte fein und schicklich
mit dem Prinzen Rosenkohl, ach, was war sie glücklich!

3. Der Baron von Kopfsalat tanzte leicht und herzlich
mit der Frau von Sauerkraut, doch die blickte schmerzlich.

4. Ritter Kürbis, groß und schwer, trat oft auf die Zehen.
Doch die Gräfin Paprika ließ ihn einfach stehen.

5. Oben tanzt im Tangoschritt, vornehm das Gemüse,
unten schwingen die Kartoffeln fröhlich ihre Füße.

Material: evtl. „Gemüsemasken“
Spielvorschlag: Für den Gemüseball braucht man folgende „Gemüse-Herrschaften“: Herr von Zwiebel, Prinzessin Sellerie, Prinz Rosenkohl, Baron von Kopfsalat, Frau von Sauerkraut, Ritter Kürbis und Gräfin Paprika. Die anderen Kinder sind die Kartoffeln.
Die Kinder stehen in einem großen Kreis und singen das Lied. Die „Gemüse-Herrschaften“ treten in der entsprechenden Strophe in den Kreis und stellen das Gesungene spielerisch dar. Bei der letzten Strophe tanzen alle Kinder mit.
Lustig ist es auch, wenn vorher „Gemüsemasken“ gebastelt worden sind, die ins Spiel mit einbezogen werden können. *(ZO 3)*

567 Sag uns, Herr Bäcker

Material: evtl. Kostüme (weiße Mütze, weiße Schürze, Korb mit Brot, Sack, weiße Hose, weiße Jacke, Kappe, Stiefel, Arbeitsmantel, Körner)
Spielvorschlag: Die Kinder bilden einen Kreis und lassen zuerst den Bäcker eintreten. Er hat eine weiße Mütze auf dem Kopf und eine weiße Schürze um. Er kann auch ein Körbchen mit Brot tragen, das bereits in Scheiben geschnitten oder so angeschnitten ist, dass später Stücke davon abgebrochen werden können.

Dann kommt der Müller hinzu. Er schleppt einen Sack und stellt ihn neben sich ab. Zwei weitere Spieler stellen die Mühle dar, die sich nun hinter dem Müller aufstellt. Sie stehen hintereinander, so dass ihre ausgebreiteten Arme die Windmühlenflügel darstellen, die sich natürlich auch bewegen können. Der Müller trägt weiße Hosen, eine weiße Jacke und eine Kappe.
Dann kommt der Bauer. Er trägt Stiefel und Arbeitsmantel. Er sät zu unserem Lied die Körner aus.
Zur vierten Strophe aber gehen alle drei herum und teilen das Brot aus, das aus dem Mehl des Bäckers gebacken wurde, das von den Körnern stammt, die der Bauer im Frühjahr ausgesät hat.
Variation: „Das Spiellied kann auch im Wechsel gesungen werden. Eine Gruppe fragt, die andere antwortet. Dazu kann das, was Bauer, Müller und Bäcker tun, ohne Kostüme pantomimisch und gestisch von einem oder von allen dargestellt werden."
(KRENZER/EDELKÖTTER 1990 a, S. 12 f.)
Text: Rolf Krenzer; Musik: Ludger Edelkötter

568 Jetzt steigt Hampelmann

mündlich aus Holstein

2. Jetzt zieht Hampelmann ... sich seine Strümpfe an.
3. Jetzt zieht Hampelmann ... sich seine Hose an.
4. Jetzt zieht Hampelmann ... sich seine Schuhe an.
5. Jetzt zieht Hampelmann ... sich seine Jacke an.
6. Jetzt zieht Hampelmann ... sich seine Mütze an.
7. Jetzt geht Hampelmann ... mit seiner Frau spazieren.
8. Jetzt tanzt Hampelmann ... mit seiner lieben Frau.

Spielvorschlag: „Die Kinder stehen oder gehen im Kreis. Ein Kind in der Mitte spielt den Hampelmann. Beim ersten Vers liegt er schlafend am Boden, gähnt, streckt sich und macht das Aufstehen nach. Dann ahmt er alle Tätigkeiten, die gesungen werden, nach. Schließlich sucht er sich eine ‚Frau' aus dem Kreis und tanzt mit ihr, während die anderen Kinder klatschen." *(TRAUTWEIN 1993, S. 120)*

569 Anne Kaffeekanne

Spielvorschlag: Vor Spielbeginn werden die Rollen verteilt: Anne, Eskimos, Löwe, Heidi, Oberförster, Hansi.
Alle Kinder stehen im Kreis und singen das Lied. Die „Anne" steht in der Mitte und bläst auf ihrer Trompete. Beim Refrain wirbelt „Anne" auf einem imaginären Besenstiel in der Kreismitte herum, während die anderen Kinder klatschen. In den weiteren Strophen treten die jeweiligen „Schauspieler" zu ihr in den Kreis, singen ihren Liedteil (ggf. alleine) und stellen dabei das Gesungene szenisch dar. Nach der letzten Strophe „fliegen Anne und Hansi gemeinsam auf dem Besenstiel davon".
Bevor die jeweilige Strophe anfängt, kann der Spielleiter an die Kinder Fragen stellen, z. B.: Was gibt es am Nordpol, in der Wüste, in den Alpen, im Schwarzwald? Dadurch wird die Phantasie der Kinder angeregt, und sie werden gleichzeitig auf die nächste Strophe vorbereitet.
Anmerkung: Das Lied ist auch auf der Kassette „Anne Kaffeekanne – 12 Lieder zum Singen, Spielen und Tanzen" von Fredrik Vahle (pläne Kinder MC, Patmos Verlag 1990) zu hören.
(VAHLE 1992, S. 11 ff.)
Text und Musik: Fredrik Vahle

570 Dornröschen

1. Dornröschen war ein schönes Kind
2. Es wohnt in einem Schlosse.
3. Das Schloss, das war aus Marmorstein.
4. Dornröschen nimm dich ja in Acht.
5. Da kam die böse Fee herein.
6. Dornröschen, du musst sterben!
7. Da kam die gute Fee herein.
8. Dornröschen, schlafe hundert Jahr!
9. Da schliefen alle mit ihr ein.
10. Da wuchs die Hecke riesengroß.
11. Und alle schliefen hundert Jahr.
12. Da kam ein junger Königssohn.

13. Der schlug die Hecken all entzwei.
14. „Dornröschen, wache wieder auf!"
15. Da feierten sie das Hochzeitsfest.
16. Und alle Kinder warn die Gäst.

Spielvorschlag: Zuerst wird bestimmt, wer das Dornröschen, die böse Fee, die gute Fee und den Königssohn spielt. Alle anderen Kinder stellen sich im Kreis auf und singen das Lied. Dornröschen steht in der Kreismitte. Außerhalb des Kreises stehen: die böse Fee, die gute Fee und der Königssohn.
Strophe 1–3: Alle Kinder – außer Dornröschen – singen. Dabei gehen sie an den Händen gefasst im Geh- oder Hüpfschritt im Kreis herum. Dornröschen bleibt in der Mitte stehen.
Strophe 4: Die Kinder bleiben stehen, schauen Dornröschen an und mahnen es mit dem Zeigefinger.
Strophe 5: Die böse Fee geht von außen in die Kreismitte zu Dornröschen.
Strophe 6: Die böse Fee singt allein und macht dabei lebhafte Zaubergesten. Dornröschen setzt sich auf den Boden, verbirgt ihr Gesicht und schläft ein. Die böse Fee geht wieder aus der Kreismitte heraus.
Strophe 7: Die gute Fee kommt herein und geht zu Dornröschen.
Strophe 8: Die gute Fee singt allein und hält dabei ruhig ihre Hände über Dornröschens Kopf.
Strophe 9: Die Kinder im Kreis legen ihren Kopf auf die Hände und schließen die Augen.
Strophe 10: Der Kreis wird enger. Die Kinder gehen zur Mitte und strecken die Arme hoch (Hecke).
Strophe 11: Die Kinder stehen um das schlafende Dornröschen herum und singen.
Strophe 12: Der Königssohn tritt von außen an die „Hecke" heran.
Strophe 13: Der Königssohn benutzt seine Hände als „Schwert", durchtrennt damit die „Dornenhecke" (die Kinder senken die Arme) und geht zu dem schlafenden Dornröschen.
Strophe 14: Der Königssohn singt allein und berührt mit seiner Hand Dornröschen. (Wenn er will, kann er es auch wachküssen.) Dornröschen wacht auf.
Strophe 15: Dornröschen und der Königssohn tanzen im Kreis herum, die anderen Kinder klatschen dazu.
Strophe 16: Alle Kinder tanzen.

Anmerkung: Ich habe alle Strophen aufgenommen, die mir bekannt sind. Da es aber insgesamt sehr viele sind, kann man sich auch auf die inhaltlich wichtigsten beschränken.
(GASS-TUTT 1972, Nr. 9 und BECKER 1981, S. 95)

571 Gestern an der Haltestelle

Sprechen:	1. Solo:	Der andere sprach:
	3. Solo:	„Bedaure sehr! Ich höre leider etwas schwer. Kann gar nichts verstehn, doch da steht einer, fragen Sie den!"
Strophe 2:	1. Solo:	Kurz entschlossen ging der Fremde zu dem zweiten Mann; er zog sehr höflich seinen Hut und sprach ihn freundlich an:
	2. Solo:	„O! Porto packa ... usw."
Sprechen:	1. Solo:	Der zweite sagte ihm ganz schlicht:
	4. Solo:	„Ich spreche Ihre Sprache nicht. Kann gar nichts verstehn; doch da kommt einer, fragen Sie den!"
Strophe 3:	1. Solo:	Ohne Zögern ging der Fremde zu dem dritten Mann, der kam gerade dort vorbei, den sprach er freundlich an:
	2. Solo:	„O! Porto packa ... usw."
Sprechen:	1. Solo:	Der dritte aber lachte nur und zeigte seine Armbanduhr:
	5. Solo:	„O! Porto packa morto macka schnuddel da baddel di bing. Rata pata mata puti multi pata ping."
Strophe 4:	1. Solo:	Lachend gingen alle beide weiter in die Stadt, und nun weiß ich, was der Fremde da geredet hat:
	Alle:	„O! Porto packa ... usw."

Material: Requisiten, die die Haltestelle andeuten, z. B. eine Bank und ein Haltestellenschild aus der Verkehrskiste, einen Hut für den „Fremden", eine Armbanduhr für den dritten Spieler.

Spielvorschlag: Vor Spielbeginn werden die Rollen verteilt. Die Kinder stehen im Kreis und singen das Lied. Dabei werden die Strophen entweder von allen gesungen, oder der Spielleiter singt sie vor und alle fallen beim Refrain ein. Bei den entsprechenden Strophen übernehmen die jeweiligen Spieler die wörtlichen Reden und stellen das Geschehen szenisch dar. Der Spielleiter leitet jeweils die wörtliche Rede ein. Zum Schluss gehen „alle beide" lachend weiter. Die Sänger können den Schlussrefrain mitklatschen. Dann beginnt das Spiel mit anderer Rollenverteilung von vorn.
(GROSSE-JÄGER 1985, S. 31 ff. und LEMMERMANN 1973, Nr. 19)

Tanzspiele

Im Grunde kann jedes Spiellied mit ein wenig Phantasie getanzt werden. Es gibt aber auch Tanzspiele, die eigens für die tänzerische Darstellung gedacht sind. Dabei werden die Handlungen nicht pantomimisch, sondern tänzerisch ausgeführt *(TRAUTWEIN 1993, S. 12)*.

Vom Tanzen kann man sprechen, „wenn die Bewegung mit Ausdrucks- und Darstellungsabsichten verbunden ist, wenn Musik durch Bewegung begleitet oder interpretiert wird und damit rhythmische Strukturen auch in der Bewegung sichtbar werden und eine – wenn auch minimale – Formgebung vorhanden ist" *(ZIMMER u.a. 1991, S. 20 f.)*.

Nach MARUHN (1986, S. 47) lassen sich folgende Lernziele einer Tanzerziehung im Elementar- und Primarstufenbereich nennen:

- Verbesserung der Körperbeherrschung, der Körperhaltung, der Geschicklichkeit und der Koordination
- Vermittlung von Bewegungserfahrungen
- Verbesserung der Konzentrations- und Reaktionsfähigkeit
- Verbesserung des sozialen Verhaltens
- Stärkung des Selbstbewusstseins
- Anregung zur Kreativität.

Dabei muss man immer im Blick haben, dass es beim Erlernen der Bewegungsabläufe nicht auf Perfektion ankommt, sondern allein die Freude an rhythmischer Bewegung, am Singen und Spielen und Darstellen in Bewegung wichtig ist *(ZIMMER u.a. 1991, S. 21)*.

572 Freier/Kreativer Tanz

Material: Kassettenrekorder, Musikkassetten
Spielvorschlag: Der Spielleiter spielt eine Kassette mit geeigneter Tanzmusik. Die Kinder stehen verteilt im Raum, hören die Musik und bewegen sich dazu. So entstehen in spielerischer Weise einfache Tanzformen. *(KO 1–2)*

573 Blödeltanz

Spielvorschlag: „Der Tanz gliedert sich in zwei Teile, die einander regelmäßig abwechseln.

Teil A: Kreistanz

Teil B: (lange Töne) Stehen bleiben und etwas Blödes tun. Aufstellung im Kreis, die Hände geben. Kurze Einteilung (1 Takt).

Teil A: 2 x 8 Schritte rechts im Kreis herum
2 x 8 Schritte links im Kreis herum (Wechsel nach Paukenschlag).

Teil B: Besteht aus langen Tönen, zuerst zwei, dann jeweils einer mehr.

1. Version: Jedes Kind führt pro Ton etwas Blödes vor, z. B. ‚lange Nase zeigen' usw.

2. Version: (bei älteren Kindern) Reihum macht jeweils nur ein Kind – pro Ton – etwas Blödes vor, die anderen imitieren.

In Teil A können die Kinder – an Stelle des Kreistanzes – auch frei herumhüpfen."

Anmerkung: Leider sind mir Titel und Verlag der Kassette, auf der der Blödeltanz zu hören ist, nicht bekannt. Der Blödeltanz kann aber auch auf jede andere Musik getanzt werden. *(KL)*

574 Laurentia

Spielvorschlag: „Alle stehen im Kreis, halten sich an den Händen, bewegen sich im Takt nach rechts und singen das Lied von der Laurentia. Sobald der Name Laurentia oder ein Wochentag genannt wird, machen alle Spieler eine Kniebeuge. In jeder Strophe wird ein weiterer Wochentag hinzugefügt, so dass auch eine weitere Kniebeuge hinzukommt. In der dritten Strophe heißt es dann z. B.:

‚Laurentia, liebe Laurentia mein,
wann werden wir wieder zusammen sein?
Am Dienstag.
Ach, wenn es doch erst wieder Sonntag, Montag,
Dienstag wär,
und ich bei meiner Laurentia wär, Laurentia wär.‘

Auf diese Weise geht die Gruppe alle Wochentage durch.“
(PORTMANN/SCHNEIDER 1986, S. 100 f.)

Kapitel 6: Konzentration und Aufmerksamkeit

Die Fähigkeit zur Konzentration ist sowohl für die Schulzeit als auch für das gesamte spätere Leben von großer Bedeutung. Konzentration kann als eine „Steigerungsform der Aufmerksamkeit“ *(RAPP 1982, S. 23)* betrachtet werden. Während bei der Aufmerksamkeit gleichzeitig mehrere Reize verfolgt werden, richtet das Kind in konzentrierter Haltung seine Aufmerksamkeit auf sehr wenige Reize und filtert ein Großteil der Störreize heraus.

Die Leistungen in der Schule werden maßgeblich von der Konzentration beeinflusst. Die Konzentrationsfähigkeit ist bei Kindern wie bei Erwachsenen zeitlich begrenzt. Für Kinder im Grundschulalter werden sehr grob geschätzt folgende Werte angenommen:

6–7 Jahre: ca. 15 Minuten,
8–9 Jahre: ca. 20 Minuten,
ab 10 Jahre: ca. 25 Minuten.

Nach 5–10minütigen Pausen sind 6-jährige durchschnittlich zweimal, 7-8-jährige dreimal und 9–10-jährige viermal in der Lage, Konzentrationsleistungen in dem o.g. zeitlichen Umfang hintereinander zu erbringen. Außerdem können sich Kinder zwischen 8 und 11 Uhr leichter konzentrieren als während des restlichen Vormittags *(THIESEN 1990, S. 12)*. In der Literatur werden zahlreiche Maßnahmen zur Förderung der Konzentrationsfähigkeit bei Kindern empfohlen, von denen hier nur einige aufgelistet werden sollen:

äußere Bedingungen
- störende Umweltreize ausschalten
- geregelter Tagesablauf
- ruhiger, ungestörter Arbeitsplatz
- richtiges Verhältnis zwischen Anstrengung und Erholung
- frische Luft, ausreichend Schlaf

Aufgabenstellung
- klar strukturiert
- dem Leistungsstand angepasst
- muss zu bewältigen sein
- soll für das Kind subjektiv bedeutsam sein
- soll Neugier, Interesse wecken, Aufforderungscharakter haben

Lehrer-/Elternverhalten

- Vorbild in Bezug auf Konzentration und Beharrlichkeit sein
- Selbstständigkeit des Kindes unterstützen
- überflüssiges Reden einstellen
- Variationen beim Sprechen (Tonfall, Lautstärke, Tempo ...)

(HANKE/HUBER/MANDL 1976, S. 191 ff.; THIESEN 1990, S. 18 ff.)

„Konzentration lässt sich nicht erzwingen" *(THIESEN 1990, S. 7)*. Gerade weil das Spiel ohne Zwang auskommt und auf dem Grundsatz der Freiwilligkeit beruht, ist es besonders geeignet, die Konzentrationsbereitschaft zu fördern: „Seine [Kind] angeborene Neugier, der Drang nach Tätigkeit und sein waches Interesse an der Umwelt sind ideale Grundlagen, um über das Spiel als ‚Welt des Kindes' Konzentrationsmängel abzubauen und seine visuelle, auditive und motorische Aufmerksamkeit zu fördern." *(THIESEN 1990, S. 7)*

A Reaktionsspiele

Bei den Reaktionsspielen richtet das Kind seine Aufmerksamkeit auf ganz bestimmte Reize, um diese besser aufnehmen zu können, dann schnell zu verarbeiten und schließlich in eine eigene angemessene Handlung umzusetzen.. Im Reaktionsspiel erhalten die Kinder „Reizangebote", auf die sie sich konzentrieren und spontan reagieren, während sie die anderen Reize, die auf sie einströmen, außer Acht lassen, sozusagen davon abschalten. *(THIESEN 1982, S. 96)*

575 Blinzelbiene

Spielbeschreibung: Für dieses Spiel braucht man eine ungerade Anzahl von Mitspielern, die sich paarweise hintereinander in einem Kreis aufstellen. Die hinteren Mitspieler, genannt „Wächter", halten die Hände hinter ihrem Rücken zusammen. Der „allein stehende" Mitspieler, genannt „Blinzler", versucht nun durch Zublinzeln die Aufmerksamkeit eines der Vordermänner zu erregen, der dann, wenn er es bemerkt hat, rasch aufspringt, um sich vor den Blinzler zu stellen. Währenddessen müssen aber auch die Hintermänner den Blinzler genau beobachten, ob er vielleicht ihrem Vordermann zublinzelt, um diesen dann gegebenenfalls durch Festhalten an den Schultern an der Flucht zu hindern. Der dennoch Verlassene blinzelt dann weiter. Der „Entwischte" stellt sich hinter seinen neuen Partner, so dass im Laufe des Spiels jeder die Chance erhält, angeblinzelt zu werden oder festhalten zu müssen.

Variationen: Die Vordermänner können auch auf Stühlen sitzen, hinter denen ihre Partner stehen. Ein Stuhl muss dabei natürlich frei bleiben. *(Quelle unbekannt)*

576 Funken

Spielbeschreibung: Drei Spieler, die im Kreis nebeneinander sitzen, bilden jeweils eine Einheit, nämlich einen „Hauptfunker“ und zwei „Nebenfunker“. Der in der Mitte sitzende Hauptfunker beginnt zu funken, indem er beide Handflächen nach vorn an die Schläfen hält und mit den Fingern flatternde Bewegungen macht. Die Nebenfunker verfahren ebenso, jedoch nur mit der dem Hauptfunker zugewandten Hand. Der Hauptsender strahlt einen Mitspieler an (durch Zeigen mit dem Finger oder durch Namensnennung), der dann zum Hauptsender wird, seine Nebenmänner werden Nebensender. Wer nicht aufpasst, setzt sich auf die Erde und scheidet aus. Sieger sind die letzten zwei Spieler. *(HA)*

577 Die magische Zahl

Material: Schaumstoffball oder Papierknäuel o. Ä.
Spielbeschreibung: Die Gruppe sitzt im Kreis und vereinbart eine „magische“ Zahl, z. B. die „5“. Nun beginnt der Spieler mit dem Schaumstoffball das Spiel, indem er den Namen eines Spielers und eine beliebige Zahl ruft, z. B. „Peter 1“ und dann den Ball diesem Spieler zuwirft. Peter fängt den Ball und wiederholt: „1“. Dann wirft er den Ball einem anderen Spieler zu, z. B. „Michael 5“. Da „5“ die magische Zahl ist, darf Michael den Ball nicht fangen (und auch nicht „5“ sagen). Er muss ganz ruhig sitzen bleiben und den Ball zu Boden fallen lassen. Erst dann darf er ihn aufheben und das Spiel fortsetzen. Wer einen Fehler macht, muss sich vor seinen Stuhl auf den Boden setzen (oder die Arme verschränken) und darf nicht mehr angesprochen und angezielt werden. Die noch „aktiven“ Spieler müssen dann verstärkt aufpassen.
Variation: Das Spiel wird schwieriger, wenn nicht nur die Zahl selbst, sondern auch alle ihre Vielfachen, zu magischen Zahlen werden. Noch schwieriger ist es, wenn es zwei magische Zahlen gibt und deren Vielfache auch magische Zahlen sind.
Anmerkung: Wenn schon während der Namensnennung der Ball zugeworfen wird, dann ist es besser, erst die Zahl und anschließend den Namen zu nennen, sonst hat der aufgerufene Spieler keine Chance, die Zahl zu hören, bevor er reagieren muss.
(PORTMANN/SCHNEIDER 1986, S. 74 f.)

578 Ich war's nicht – Er war's

Spielbeschreibung: Die Kinder werden nach verschiedenen Vogelarten benannt. Ein Kind (z.B. „Taube“) beginnt und sagt: „Die Taube war's nicht, der Spatz war's!“ Der „Spatz“ muss nun schnell reagieren, auf einen anderen „Vogel“ zeigen und z.B. sagen: „Der Spatz war's nicht, der Fink war's!“, etc. Wer einen Fehler macht, scheidet aus oder muss ein Pfand abgeben. *(HA)*

579 Alle Vögel fliegen hoch

Spielbeschreibung: Die Kinder sitzen an den Tischen und trommeln mit ihren Zeigefingern auf die Tischplatten. Sagt der Lehrer z.B. „Alle Möwen fliegen hoch!“ oder „Alle Flugzeuge fliegen hoch!“ oder irgendetwas anderes, das fliegen kann, so werfen die Kinder jedes Mal die Arme in die Luft und trommeln dann wieder auf dem Tisch weiter. Nennt der Lehrer jedoch etwas anderes, das nicht fliegen kann (z.B. „Alle Katzen fliegen hoch!“), so müssen die Kinder ohne Unterbrechung weitertrommeln. Wirft ein Kind fälschlicherweise die Arme in die Luft oder tut es dies nicht, wenn es richtig wäre, so scheidet dieses Kind aus. *(Quelle unbekannt)*

580 Kommando Pimperle

Spielbeschreibung: Die Kinder sitzen an ihren Tischen. Der Spielleiter beginnt immer mit dem Befehl „Kommando Pimperle!“ und die Kinder trommeln daraufhin mit beiden Fingern auf die Tischkante. Der Spielleiter gibt verschiedene Kommandos, die die Kinder sofort mit ihren Händen befolgen müssen. Wer nicht aufgepasst hat und zu einem Kommando die falschen Bewegungen macht, scheidet aus.
Beispiele:
„Kommando Pimperle!“: Die Zeigefinger trommeln auf die Kante.
„Kommando Hoch!“: Die Hände werden in die Höhe gestreckt.
„Kommando Hohl!“: Die Hände bilden, indem sie mit den äußeren Kanten aufliegen, einen Hohlraum.
„Kommando Flach!“: Die Hände werden sofort auf den Tisch gelegt.
Variation: Die Hände dürfen nur dann mit dem Klopfen aufhören und einer Anordnung gehorchen, wenn vor dem Kommando auch das Wörtchen „Kommando“ gesagt wird. Heißt es nur „Hoch!“, so muss weitergeklopft werden. Der „Ansager“ kann die Mitspieler absichtlich irritieren, indem er falsche Bewegungen vormacht.

Anmerkung: Es können noch weitere Kommandos mit den Kindern erfunden werden. Wichtig ist nur, dass jeder Mitspieler alle Kommandos kennt. *(THIESEN 1990, S. 157 f.)*

581 Osterhase – lange Nase

Spielbeschreibung: „Einer ist der Spielleiter und ruft: 'Kommando Osterhase!' Sofort müssen alle vor ihren Stühlen niederhocken und die Hände als Hasenohren an den Kopf halten. Nach einer Weile kommandiert der Spielleiter weiter: 'Kommando Sternengucker!' Alle springen auf und formen mit ihren Händen Röhren, durch die sie an die Decke schauen. Wenn der Spielleiter beim nächsten Ruf jedoch 'Kommando' weglässt, darf niemand gehorchen, sondern alle müssen das vorige Kommando weiterbefolgen. Der Spielleiter macht alle Bewegungen mit, er darf aber auch – um die andern zu foppen – solche vormachen, die nicht zu seinen Kommandos passen. Zwischendurch sollte er immer wieder einmal rufen: 'Kommando Pause!' Dann setzen sich alle auf ihre Stühle und ruhen sich aus bis das nächste echte Kommando kommt. Wer sich foppen lässt oder sonst einen Fehler macht, der muss sich als 'Armer Schlucker' in die Mitte des Kreises hocken und warten, bis der Spielleiter ruft: 'Kommando Armer Schlucker!' Dann müssen sich alle, die noch mitspielen, vor ihren Stühlen niederhocken und die Hände vor das Gesicht schlagen. Die Armen Schlucker aus der Mitte aber dürfen jetzt auf ihre Plätze zurück und spielen vom nächsten Kommando an wieder mit. Das Kommando, dessen Bewegung leicht mit der von 'Kommando Sterngucker!' verwechselt werden kann, heißt: 'Kommando Bohnenstange!' Alle springen daraufhin auf und recken ihre Arme so hoch wie möglich. Sobald der Spielleiter zum ersten Mal niemanden zum Fehlermachen verführen kann, rufen alle: 'Kommando Lange Nase!' Dazu zeigen sie dem Spielleiter eine 'Lange Nase'. Sie halten beide Hände mit abgespreizten Fingern voreinander vor die Nase und schauen dabei zum Spielleiter hin, bis der als 'Armer Schlucker' in die Mitte gegangen ist und sich dort hingehockt hat. Sein rechter (oder linker) Nachbar wird neuer Spielleiter."

Anmerkung: Das Spiel geht schnell zu Ende, wenn der Spielleiter nach einer vereinbarten Zeit das Kommando 'Armer Schlucker' nicht mehr benutzt, so dass allmählich alle ausscheiden. Es kann aber auch nach einer vereinbarten Zeit sofort aufgehört werden oder, wenn eine festgelegte Zahl von Spielleitern 'Arme Schlucker' gewesen sind.
(GUDER 1983, S. 16 f.)

582 Rippel-Tippel

Material: Kreide, Schminke oder ein angekohlter Korken
Spielbeschreibung: Alle sitzen im Kreis. Jeder ist ein „Rippel“. Die auf die Stirn zu malenden Zeichen (z. B. mit Kreide) sind die „Tippel“. Der Spielleiter ist Schiedsrichter. Er malt die Punkte bei den betreffenden Spielern auf die Stirn. Der Spielleiter beginnt: „Ich bin der Rippel ohne Tippel. Und was für ein Rippel bist du?“ Dabei zeigt er auf einen Mitspieler. Dieser antwortet: „Ich bin der Rippel ohne Tippel. Und was für ein Rippel bist du?“, etc. Es muss rasch gesprochen und gezeigt werden. Wer sich verspricht, bekommt einen Tippel. Nun muss er sagen: „Ich bin der Rippel mit einem Tippel. Und was für ein Rippel bist du?“
Variation: Die Spieler zählen im Kreis durch und rufen sich in dem Spiel mit den Zahlen als Nummern auf, anstatt auf den nächsten Spieler zu zeigen. Dann heißt es:
„Ich bin der Rippel Nr. 2 ohne Tippel. Rippel Nr. 7, wie viel Tippel hast du?“ – „Ich bin der Rippel Tippel Nr. 7 mit 2 Tippel. Rippel Nr. 5, wie viel Tippel hast du?“... *(HA)*

583 Schlapp hat den Hut verloren

Spielbeschreibung: Die Kinder sitzen im Kreis und zählen durch. Jedes Kind merkt sich seine Nummer. Ein Kind beginnt mit dem Satz „Schlapp hat den Hut verloren!“ und fügt an, wer den Hut hat. Bsp.: „Schlapp hat ihn nicht, (die) 5 hat ihn.“ Das angesprochene Kind muss nun antworten, z. B. so: „Die 5 hat ihn nicht, die 11 hat ihn“, etc. Reagiert ein aufgerufenes Kind nicht gleich, oder verspricht es sich, so muss es ein Pfand abgeben, das in die Kreismitte gelegt wird. Am Ende des Spiels werden die abgegebenen Pfandsachen aus dem Kreis geholt und ein Spieler legt sie, für die anderen unsichtbar, vor sich hin. Dann greift er ein Pfand heraus (die anderen dürfen dieses nicht sehen) und fragt: „Bumm, bumm, was soll der tun, dem dieses Pfand gehört?“ Die anderen Kinder denken sich etwas Lustiges aus, das der Eigentümer des Pfandes anschließend ausführen muss. So werden alle Pfandsachen wieder zurückgegeben. *(Quelle unbekannt)*

584 Das ist meine Nase

Spielbeschreibung: Die Spieler sitzen im Kreis. Es ist ein Stuhl weniger vorhanden als Spieler. Ein Kind im Kreis geht auf ein anderes Kind zu, fasst sich mit der Hand an ein Körperteil und bezeichnet es mit dem Namen eines anderen Körperteils. Beispiel: Das Kind fasst seinen eigenen Ellenbogen an und sagt: „Das ist meine Nase.“ Jetzt muss der

Angesprochene schnell das genannte Körperteil anfassen und es mit dem Körperteil benennen, das das Kind in der Mitte angezeigt hat. Es fasst sich also an die Nase und sagt: „Das ist mein Ellenbogen." Dies muss passiert sein, bevor das erste Kind bis 10 zählen kann. Wer zu langsam ist oder etwas falsch macht, muss nun in den Kreis.
Variation: Mit schwierigen Kombinationen kann man auch die „Könner" in Verwirrung bringen, etwa Ohr anfassen und sagen: „Das ist mein rechter großer Zeh."
Anmerkung: Je schneller gespielt wird, desto mehr Aufmerksamkeit brauchen die Mitspieler, um richtig zu reagieren.
(PORTMANN/SCHNEIDER 1986, S. 65)

585 Indianer-Begrüßung

Spielbeschreibung: Die Spieler sitzen im Kreis. Jeder denkt sich eine Handgeste aus, die möglichst etwas mit dem Thema „Indianer" zu tun haben sollte. Beispiele: reiten, Lasso schwingen, Friedenszeichen. Anschließend stellen die Spieler der Reihe nach ihre Gesten vor und merken sich die der anderen gut. Jetzt beginnt das eigentliche Spiel: Alle klatschen mit ihren Händen gleichmäßig auf ihre Oberschenkel. Ein Spieler fängt an, indem er zunächst sein eigenes Zeichen und dann eines der Mitspieler macht. Der so angesprochene Spieler fährt in gleicher Weise fort. Macht ein Spieler einen Fehler, so beginnt er das Spiel aufs Neue. *(ZO 1)*

B Geschicklichkeitsspiele

Für die erfolgreiche Ausführung von Geschicklichkeitsspielen ist eine intensive und ausdauerne Konzentration erforderlich. Der Spieler nimmt aufmerksam die Informationen, die ihn über seine Sinne erreichen, wahr und konzentriert sich auf die Koordination seiner Bewegungen. Seine Aufmerksamkeit richtet sich demzufolge gleichzeitig auf die Wahrnehmung und auf die Koordination seiner Bewegungen. Dadurch schärft und erprobt der Spieler seine Sinneswahrnehmung und schult seine Grob- und Feinmotorik. *(THIESEN 1990, S. 137)*

586 Kartoffellauf

Material: Esslöffel, Kartoffeln oder hart gekochte Eier
Spielbeschreibung: Jedes Kind bekommt einen Suppenlöffel und eine Kartoffel. Der Löffel wird in die ausgestreckte Hand genommen, die

Kartoffel hineingelegt. Die Kinder stehen nebeneinander in einer Reihe und laufen los, wenn der Spielleiter dazu das Kommando gibt. Beim Laufen dürfen nur die Löffelstiele festgehalten werden, das Berühren der Kartoffeln ist nicht erlaubt. Wem beim Lauf die Kartoffel herunterfällt, muss Halt machen und darf erst wieder weiterlaufen, wenn die Kartoffel in seinem Löffel liegt. Sieger ist, wer als Erstes das Ziel erreicht. *(TR)*

587 Bierdeckel-Staffel

Material: viele Bierdeckel, pro Kind eine Wäscheklammer, ein Tisch und zwei Schüsseln als Zielablage
Spielbeschreibung: Die Bierdeckel liegen jeweils so an den Tischkanten, dass sie etwas überstehen und so mit den Klammern leicht aufgenommen werden können. Die Kinder bilden zwei Mannschaften und stellen sich in Grätschestellung hintereinander auf. Jedes Kind bekommt eine Wäscheklammer, mit denen die Bierdeckel auf folgende Weise nacheinander angenommen und weitergegeben werden müssen: Das erste Kind nimmt mit der Wäscheklammer den ersten Bierdeckel auf und gibt ihn über die Schulter zum nächsten Kind weiter. Dieses nimmt den Bierdeckel mit der Klammer an und gibt ihn durch die Beine an das nächste Kind ab usw. Die Mannschaft, die als erste alle Bierdeckel ins Ziel gebracht hat, gewinnt.
(BOERCHERS/RÜGER 1995)

588 Wasser-Staffel

Material: 4 Wassereimer, 2 Schälchen
Spielbeschreibung: Zuerst werden zwei Mannschaften gebildet, die sich hinter einer Startlinie in einer Reihe aufstellen. Der jeweils Erste einer Mannschaft hat ein kleines leeres Schälchen in der Hand. Auf ein Startkommando hin füllt er das Schälchen in dem mit Wasser gefüllten Eimer, der neben ihm steht, und trägt es zum Ziel (ca. 10 m entfernt). In den dort stehenden leeren Eimer schüttet er das Wasser und rennt zurück zur Startlinie, von wo der zweite Spieler das Schälchen übernimmt, es füllt und zum Ziel läuft, um dort den Eimer weiterzufüllen. Die Mannschaft, deren Zieleimer nach einmaligem Durchgang aller Spieler voller ist, hat gewonnen. *(TR 3)*

589 Streichholzschachtel

Material: leere Streichholzschachtel
Spielbeschreibung: Die Spieler sitzen im Kreis und haben die Aufgabe, die Hülse einer Streichholzschachtel von Nase zu Nase durch den Kreis zu transportieren. Der erste Spieler stülpt sich die Hülse auf die Nase, dreht sich zu seinem Nachbarn und versucht, ihm die Hülse auf die Nase zu schieben – natürlich ohne Zuhilfenahme der Hände!
(STEUER/VOIGT 1980, S. 172)

590 Turnen mit Buntstiften

Material: jedes Kind benötigt einen Stift
Spielbeschreibung: Jedes Kind nimmt einen Stift. Der Lehrer gibt zunächst Anweisungen, wie die Kinder sich mit diesem Stift im Raum bewegen sollen. Daraufhin können die Schüler eigene Vorschläge äußern, die von der ganzen Klasse ausgeführt werden. In einer weiteren Phase darf jedes Kind mit dem Stift weitere Übungen improvisieren und ausprobieren.
Beispiele: Den Stift im Ellbogen einklemmen, auf dem Fuß balancieren, auf dem Kopf balancieren.
Variation: An Stelle der Stifte können auch Bierdeckel verwendet werden.
Anmerkung: Am besten spielt man dieses Spiel in der Turnhalle, so dass die Kinder ausreichend Platz haben. *(ZO 1)*

591 Bleistift balancieren

Material : 1 Bleistift pro Kind
Spielbeschreibung: Die Kinder legen sich den Bleistift auf den Handrücken der einen Hand und schreiben mit dieser große Zahlen, Buchstaben oder den eigenen Namen in die Luft.
Als Nächstes balancieren die Kinder den Bleistift auf zwei Fingern (Innenseiten) und schließlich auf nur einem einzigen.
(MERTENS/WASMUND BODENSTEDT 1981)

592 Jogurtbecher balancieren

Material: 1 Jogurtbecher pro Kind
Spielbeschreibung: Die Kinder balancieren den Jogurtbecher mit verschiedenen Körperteilen. Sie setzen den Jogurtbecher im Stehen mit der Öffnung nach unten auf den Kopf und gehen vorsichtig, ohne Zu-

hilfenahme der Hände, in die Hocke. Dann richten sie sich langsam wieder auf und wiederholen diese Übung. Von der Hocke setzen sie sich ganz auf den Boden (Schneidersitz) und stehen erneut auf. Im Stand drehen sie sich in jede Richtung einmal um sich selbst, bevor sie sich wieder in die Hocke begeben.
(MERTENS/WASMUND BODENSTEDT 1987)

593 Radiergummi balancieren

Material: 1 Radiergummi pro Spieler
Spielbeschreibung: Die Spieler balancieren einen Radiergummi nacheinander auf dem Handrücken, einer Fingerspitze, dem Kopf und der Nase. Dabei umkreisen sie zunächst einen Stuhl, gehen dann „normal" durch den Raum, dann im Hochzehenstand, dann auf den Fersen und schließlich im Nachstellschritt, rechts und links im Wechsel.
(MERTENS/WASMUND BODENSTEDT 1987)

594 Murmelburg

Material: Murmeln, Schuhkarton oder Holzkasten, Schere (bzw. Laubsäge), Stifte, Bierdeckel o. Ä. für eine Markierungslinie
Materialvorbereitung: Ein alter Schuhkarton oder Holzkasten dient als Burg. Mit einem Stift zeichnet man vier Tore auf einer Seite ein, schreibt die Zahlen 1 bis 4 der Reihe nach über diese Tore und schneidet diese aus. Ungefähr zwei Meter von dieser Burg entfernt, markiert man mit den Bierdeckeln eine Abrolllinie.
Spielbeschreibung: Die Spieler bestimmen einen Burgherren, der nicht mitwirft. Die übrigen Spieler versuchen nun, ihre Murmeln durch eines der Tore zu rollen. Trifft ein Spieler in ein Tor, bekommt er seine Murmel und die Anzahl, die über dem Tor steht, zurück. Trifft er nicht, dann erhält der Burgherr die eingesetzte Murmel. Jeder Spieler darf zehn Mal eine Murmel rollen. Sieger ist, wer am Ende die meisten Murmeln besitzt.
Anmerkung: Mit der Murmelburg haben die Kinder auch nach eigenen, improvisierten Spielregeln gespielt. Die Murmelburg kann mit Stiften von Kindern bemalt und damit verschönert werden.
(Quelle unbekannt)

595 Murmeln

Material: Schuhkarton-Deckel, Wellpappe, Klebstoff
Materialvorbereitung: In einen Schuhkarton-Deckel werden mit Wellpappe „Wände“ senkrecht eingeklebt, so dass ein Labyrinth entsteht.
Spielbeschreibung: Der Spieler nimmt den Karton in die Hand, legt eine Murmel an den Anfang des Labyrinths und lenkt die Murmel durch geschicktes Bewegen des Kartondeckels durch das Labyrinth. *(ZO 1)*

596 Dosen werfen

Material: leere Jogurtbecher, Weinkorken, Bierdeckel
Spielbeschreibung: Die Jogurtbecher werden zu einer Pyramide auf einem Tisch aufgebaut. Eine Abwurflinie wird in einiger Entfernung auf dem Boden mit den Bierdeckeln markiert. Die Spieler stellen sich hinter die Linie und versuchen, mit den Weinkorken möglichst viele Jogurtbecher umzuwerfen. Wer die meisten umgeworfen hat, ist Sieger. *(TR 1)*

597 Zapfen werfen

Material: Fichtenzapfen, 2 Mülltonnen
Spielbeschreibung: Die Spieler teilen sich in zwei Gruppen auf und versuchen nacheinander, die Fichtenzapfen in die ca. 2 m entfernten Mülltonnen zu werfen. Jeder Spieler hat drei Zapfen. Die Gruppe, die am Ende die meisten Zapfen in ihrer Mülltonne hat, hat gewonnen. *(Quelle unbekannt)*

598 Erbsen werfen

Material: 1 Schüssel, 1 Schälchen, 1 Hand voll Erbsen
Spielbeschreibung: Der erste Spieler steht hinter einer Schulbank, auf der in einem Schälchen die Erbsen liegen. Er nimmt die Erbsen nun nacheinander heraus und versucht, diese in eine ca. 2 m entfernte Schüssel zu werfen, die ebenfalls auf einer Schulbank steht. Wenn er alle geworfen hat, zählt er die „Treffer“ in der Schüssel. Nun kommen die anderen Mitspieler an die Reihe.
Der Spieler mit den meisten Treffern hat gewonnen. *(TR 3)*

599 Dreiecke angeln

Material: Tonpapier, 1,5–2 m lange Holzlatte, Schnur, Draht
Materialvorbereitung: Aus dem Tonpapier werden Dreiecke wie folgt gebastelt: Das Tonpapier wird in Streifen (mit Kleberand ca. 32 cm lang und 3 cm breit) geschnitten, der Kleberand (ca. 2 cm) wird abgeknickt und der Rest wird in 3 gleich lange Stücke (ca. 10 cm lang) durch Falten unterteilt. Durch den Kleberand werden die beiden Enden fest miteinander verbunden.
An der Schnur wird der zu einem Haken gebogene Draht befestigt und diese wird dann an dem Ende der Holzlatte befestigt. Zur Verschönerung kann die Holzlatte noch bunt angemalt werden.
Spielbeschreibung: Die Dreiecke werden auf den Boden gelegt. Der erste Spieler stellt sich mit der Holzlatte in der Hand hinter eine ca. 1,5 m von den Dreiecken entfernte Linie und versucht innerhalb einer bestimmten Zeit so viele Dreiecke wie möglich mit der Latte zu angeln. Der Reihe nach kommen alle Spieler dran. Sieger ist, wer innerhalb der festgesetzten Zeit die meisten Dreiecke geangelt hat. *(KL 2)*

600 Schwungtuch

Material: 2 gleich große Stücke Stoff (ca. 1 m x 1 m), 4 Holzleisten (alle ca. 1 m lang),
1 kleineres Stück Stoff (ca. 20 cm x 10 cm), Reis, Tucker
Materialvorbereitung: Auf die beiden großen Stücke Stoff werden an zwei gegenüberliegenden Seiten je eine Holzleiste hingelegt. Diese werden einmal mit dem Stoff umwickelt und mit dem Tucker festgetuckert. Fertig ist das Schwungtuch. Aus dem kleineren Stück Stoff wird ein Säckchen genäht, in das vor dem endgültigen Verschließen Reis gefüllt wird.
Spielbeschreibung: Dieses Spiel ist für zwei Spieler. Beide nehmen ein Schwungtuch an den außen befindlichen Holzleisten in die Hand und stellen sich im Abstand von ca. 3 m gegenüber. Einer der beiden hat das Reissäckchen vorher in die Mitte seines Tuches gelegt und wirft dieses jetzt durch Auseinanderziehen der Holzleisten und gleichzeitige Schwungbewegung der Arme in das Schwungtuch seines Gegenübers. Dieser fängt es mit seinem Tuch auf und so wird das Spiel fortgesetzt. *(ZO 3)*

601 Ballschleuder

Material: 1 Handtuch, 1 Ball
Spielbeschreibung: Ein Handtuch wird auf dem Boden ausgebreitet und ein Ball darauf gelegt. Zwei Kinder fassen das Handtuch an seinen Ecken an, heben es leicht gespannt vom Boden ab, schleudern gemeinsam den Ball hoch und fangen ihn wieder mit dem Handtuch auf.
Variation: Zwei Paare schleudern einen Ball mit den Handtüchern hin und her. *(KO)*

C Bewegungsspiele

Im Bewegungsspiel eignen sich Kinder motorische Grundfertigkeiten an und üben diese bis zur sicheren Beherrschung ein. Darüber hinaus sind weitere Fähigkeiten, wie z.B. Selbstbeherrschung, Rücksichtnahme und Einordnung in eine Gruppe, gefordert *(THIESEN 1982, S. 141)*.

602 Bewegungswelle

Spielbeschreibung: Die Kinder sitzen im Kreis. Ein Kind macht eine Bewegung (z.B. klatschen), die durch den ganzen Kreis weitergegeben wird, und zwar derart, dass jeder diese Bewegung übernimmt, sobald sie bei seinem linken Nachbarn angekommen ist. Die Kinder behalten so lange diese Bewegung bei, bis ihnen ihr linker Nachbar eine neue vormacht. Auch das erste Kind, das die Bewegung losgeschickt hat, wartet, bis die Bewegung wieder bei ihm angekommen ist, bevor es eine neue in die Runde gibt. *(ZO 2)*

603 Alle bewegen sich wie Hans

Material: Mütze
Spielbeschreibung: Ein Kind ist „Hans". Dieses hat die Mütze auf und macht Bewegungen nach seiner freien Wahl vor. Die anderen Kinder imitieren jeweils die vorgemachten Bewegungen. Nach einer Weile gibt „Hans" seine Mütze an ein anderes Kind weiter, das dann „Hans" ist und dessen Bewegungen imitiert werden. *(Quelle unbekannt)*

604 Tante Jo

Spielbeschreibung: „Alle Mitspielenden sitzen im Kreis, während der/die Spielleiter/in von der Tante Jo aus Amerika erzählt, die gerade wieder einmal in Deutschland weilt. Nacheinander verrät ihnen der Spielleiter, was die Tante alles mitgebracht hat. Dabei machen alle die dazugehörigen Bewegungen mit, bis alle nicht mehr können.
Bewegungen:
- Drehorgel: alle drehen pantomimisch mit der rechten Hand eine Kurbel
- Ballettschuhe: mit dem linken Fuß auftreten
- Fächer: mit der linken Hand fächern
- Straußenfederhut: leichtes Kopfnicken
- Kaugummi: Kaubewegungen

Außerdem kann die Tante noch Eigenarten haben wie:
- Schulterzucken
- Backenaufblasen
- Augenzwinkern“

(SPIELEWERKSTATT RHINOZEROS)

605 Hand abklatschen

Spielbeschreibung: Jeweils zwei Kinder stehen sich mit erhobenen Händen gegenüber. Sie beginnen langsam und werden nach jedem Spieldurchgang schneller.
- Die eigenen Hände werden zusammengeschlagen.
- Linke und rechte Handflächen gegen rechte und linke Handflächen des Partners schlagen.
- Die eigenen Hände wieder zusammenschlagen.
- Die rechte Handfläche schlägt gegen die rechte Handfläche des Partners.
- Wieder werden die eigenen Hände zusammengeschlagen.
- Die linke Handfläche schlägt gegen die linke Handfläche des Partners.

Der Vorgang beginnt von neuem. Wer verhaspelt sich zuerst?
(THIESEN 1999)

606 Einfrieren

Material: Kassettenrekorder, Musikkassette
Spielbeschreibung: Alle Kinder bewegen sich bei Musik frei im Raum. Wenn die Musik stoppt, müssen sie in ihrer jeweiligen Haltung eingefroren stehen bleiben, bis die Musik wieder angeschaltet wird.

Variation: Zwei Kinder haben jeweils einen Gong in der Hand. Das Kind mit dem kalten Ton ist die böse Fee, das Kind mit dem warmen Ton ist die gute Fee. Die übrigen Kinder bewegen sich im Raum (ohne Musik). Sobald die böse Fee gongt, erstarren die Kinder in ihren Bewegungen so lange, bis die gute Fee durch den warmen Ton die Kinder wieder erlöst.
Variation: Die Kinder bewegen sich im dunklen Raum. Sobald Licht eingeschaltet wird, verharren alle blitzartig in der momentanen Position. *(Quelle unbekannt)*

607 Welle im Kreis

Spielbeschreibung: Alle Schüler sitzen im Kreis. Der Spielleiter gibt einem Kind seiner Wahl ein Zeichen, worauf dieses aufsteht. Sobald er aufgestanden ist, steht der linke Nachbar des Kindes auf, dann dessen linker Nachbar und so weiter, bis alle Kinder stehen. Dann beginnt der erste Spieler wieder und setzt sich hin, worauf die anderen Kinder der Reihe nach folgen. Daraus ergibt sich eine Wellenbewegung, die in stets steigendem Tempo fortgeführt werden kann.
Variation: Die Wellenbewegung kann auch akustisch untermalt werden, indem jeder Spieler, wenn er an der Reihe ist, ein vorher vereinbartes Geräusch von sich gibt (z. B. in die Hände klatschen).
(BARTL 1992)

608 Der Zauberer kommt

Material: 1 Stab
Spielbeschreibung: Die Kinder bewegen sich frei im Raum. Ein Kind ist der Zauberer mit dem Zauberstab. Wer mit dem Stab berührt wird, erstarrt zu Stein. Zwei Wächter gehen zwischen den Steinfiguren herum und kontrollieren die Starre. Die Wächter dürfen die Steinfiguren nicht provozieren durch Grimassenschneiden o. Ä. Sie sind nur Beobachter, die entscheiden, welche Kinder sich bewegt haben. Diese scheiden aus. Das Kind, das am längsten versteinert steht, wird der neue Zauberer. Die beiden Wächter suchen jeweils die nächsten Wächter aus.
Variation: Der Zauberer kann auch alle Kinder zuerst z. B. in Roboter oder Frösche verwandeln. Dann müssen die Kinder, bis sie mit dem Zauberstab berührt werden, sich als Roboter oder Frosch weiterbewegen. *(DIE GRUNDSCHULZEITSCHRIFT 58/1992, S. 57)*

609 Schule der Clowns

Spielbeschreibung: Der Lehrer beginnt das Spiel ungefähr so: „Stellt euch vor, dass ihr eine Schule für Clowns besuchen dürft. Clowns müssen zum Beispiel lernen, sich besonders langsam zu bewegen, damit sie später ihr Publikum zum Lachen bringen können. Heute lernen die Clowns das Gehen." Er bittet nun die Schüler, ganz langsam im Raum herumzugehen. Nach ca. 30 Sek. gibt er den Auftrag, hinter einem anderen Kind zu gehen und dieses in seinem Gehen zu imitieren. Daraufhin sollen die Kinder wieder für 1 bis 2 Min. auf ihre eigene Weise gehen, dann für 30 Sek. in eine Richtung gebeugt (nach links, nach rechts, vorne oder hinten), dann wieder für 1 bis 2 Min. so wie das Kind, das vor ihnen geht. Zum Schluss kündigt der Lehrer die letzte Aufgabe an: „Und nun geht langsam weiter ... Und diesmal versucht, alle auf die gleiche Weise zu gehen ... Lasst euch Zeit dafür, so dass nach und nach alle Kinder auf dieselbe Weise gehen und am Ende niemand mehr weiß, wer es wem nachmacht ... Ihr werdet euch wundern, wie ihr euch ohne Worte so gut einigen könnt ..."
Anmerkung: Bei den Kindern erzeugt der letzte Schritt ein angenehmes Gefühl der Zugehörigkeit und der Verbundenheit.
(VOPEL 1991 b, S. 44)

610 Taktiles Telefon

Spielbeschreibung: Die Kinder setzen sich in einer langen Reihe hintereinander auf den Boden. Der Spielleiter malt ein Zeichen auf ein Blatt Papier. Dann dreht er das Blatt um und malt das gleiche Zeichen auf den Rücken des letzten Kindes in der Reihe. Dieses malt es auf den Rücken seines Vordermannes ... und so wird das Zeichen immer weitergegeben, bis das vorderste Kind es erhalten hat. Dieses Kind malt das Zeichen auf ein Blatt Papier und dann wird festgestellt, ob das Telefon genau gearbeitet hat, indem die beiden Zeichnungen auf den Blättern verglichen werden.
Beispiele: senkrechter Strich, Dreieck, Kreis, einfache Zahl usw.
Anmerkung: Dieses Spiel führt die ganze Gruppe zusammen und fördert taktiles und visuelles Bewusstsein. *(VOPEL 1991 b, S. 67)*

D Gedächtnisspiele

Dank unseres Gedächtnisses verfügen wir über ein umfassendes Handlungsrepertoire, das es uns ermöglicht, Handlungen situationsgerecht auszuführen. Wichtige Informationen können durch die auf sie gerichtete Aufmerksamkeit aus einer Fülle von Informationen herausgefiltert werden, dann weiterverarbeitet und gespeichert werden und so jederzeit „auf Abruf“ bereitstehen. Die Wahrscheinlichkeit, dass bestimmte Informationen langfristig gespeichert werden, ist mit unterschiedlichen Faktoren verknüpft: mit dem Interesse für den jeweiligen Gegenstand, der momentanen Stimmungslage, der Lernatmosphäre und dem Bezug der neuen Information zu früher in unserem Gedächtnis gespeicherten Wahrnehmungen. Je mehr bekannte Assoziationen mit der neuen Information in Verbindung gebracht werden können, desto größer ist die Chance, dass die Aufmerksamkeit geweckt wird und eine „Langzeitspeicherung“ erfolgt. *(THIESEN 1982, S. 191)*

Literaturhinweis: Zur Ergänzung dieser sehr vereinfachenden und verkürzenden Aussagen zum Thema „Gedächtnis“ sei auf das praxisnahe Buch von Roland Arbinger: Gedächtnis. (Darmstadt: Wissenschaftliche Buchgesellschaft, 1990) verwiesen.

611 Wald-Memory

Material: Naturmaterial, das sich im Wald findet (jeweils doppelt), Plastikbecher o. Ä.
Spielbeschreibung: Je 2 Zapfen, 2 gleiche Blätter, 2 Rindenstückchen usw. auf der Erde oder evtl. auf einer Decke verteilen und alle Teile mit Plastikbechern abdecken. Die Spieler decken nun der Reihe nach jeweils 2 Teile auf. Sobald ein Spieler 2 gleiche Teile gefunden hat, nimmt er diese zu sich und darf gleich noch einmal probieren. Sieger ist der Spieler, der zum Schluss die meisten Teile gesammelt hat.
Anmerkung: Dieses Spiel wurde im Zusammenhang mit den Walderlebnisspielen gespielt. *(ZO 1)*

612 Namen-Memory (selbst gemacht)

Material: Karton, von jedem Schüler ein Passbild oder sonstige Fotografie, evtl. durchsichtige Klebefolie
Materialvorbereitung: Aus dem Karton werden doppelt so viele, gleich große Kärtchen geschnitten, wie Kinder in der Klasse sind. Dann wird die Hälfte dieser Kärtchen mit den Fotografien der Kinder beklebt (jeweils eine) und auf die andere Hälfte der Kärtchen werden die Namen der Kinder (jeweils einer) geschrieben. Die Kärtchen können mit durchsichtiger Klebefolie überzogen werden.

Spielbeschreibung: Gespielt wird nach bekannten Memory-Regeln. Die Schüler müssen jeweils Name und Bild der betreffenden Person zusammen aufdecken.
Anmerkung: Dieses Spiel macht den Kindern auf Grund der bekannten Motive besonders viel Spaß. *(ZO 2)*

613 Bechermemory

Spielbeschreibung: Zunächst einmal benötigen wir etwa zehn Gegenstandspaare wie z.B. zwei Kastanien, zwei Murmeln, zwei Blätter, zwei Büroklammern o.Ä. Diese Dinge werden unter Jogurtbechern versteckt. Durch Anheben der Becher müssen die Paare gefunden werden. Jedes Kind darf zwei Becher heben. Wenn es zwei gleiche Dinge gefunden hat, darf es diese behalten und die nächsten Becher untersuchen, sonst kommt das nächste Kind an die Reihe.
Für besondere Festtage, z.B. an Kindergeburtstagen, kann man auch kleine Geschenke unter den Bechern verstecken. *(THIESEN 1999)*

614 Fußsohlenmemory

Spielbeschreibung: Die eigenen Füße werden auf ein Blatt gezeichnet, ausgeschnitten und mit einem gleichen Muster bemalt. Danach wird nach den Regeln des Memoryspiels (Paare aufdecken) gespielt. (ACKERMANN, URFER & MÜLLER 1993, S. 173)

615 Memory mit Knöpfen

Material: 20 kleine Knopfpaare, 20 Streichholzschachteln (auch: Kronkorken, Saftverschlüsse)
Spielbeschreibung: Die Knöpfe werden auf den Tisch gelegt und mit den Streichholzschachteln zugedeckt. Der jüngste Spieler darf beginnen. Er hebt zwei Schachteln an und vergleicht die darunter liegenden Knöpfe. Bilden sie ein Paar, darf er sie sich nehmen und so lange weiterspielen, bis er zwei ungleiche Knöpfe aufdeckt. Dann werden beide wieder verdeckt und der nächste Spieler ist an der Reihe. Wenn kein Knopfpaar mehr übrig ist, zählen alle Kinder ihre Paare. Der mit den meisten hat gewonnen. *(BARTL 1992)*

616 Aufgepasst I

Material: ca. 10 verschiedene kleine Gegenstände, Tuch

Spielbeschreibung: „Auf dem Tisch liegen ca. 10 verschiedene Gegenstände des täglichen Gebrauchs. Die Kinder sehen sie eine Weile an. Der Spielleiter fragt ab und zu, ob alle wissen, was da liegt. Wenn alle Gegenstände benannt worden sind, werden sie zugedeckt. Die Kinder sagen der Reihe nach, welche Gegenstände unter dem Tuch sind. Wenn ein Kind nicht weiter weiß, kommt das nächste dran."

Variation:

- Das Spiel wird erschwert, wenn die Kinder die Gegenstände in der Reihenfolge der Lage nennen müssen.
- Wo lag das?
- Die Gegenstände werden nach der Einprägungsphase vom Tisch weggenommen. Aufgabe der Kinder ist es, sie der Reihe nach wieder so hinzulegen, wie sie ursprünglich da lagen.
- Was fehlt?
- Nach der Einprägungsphase drehen sich die Kinder um, und der Spielleiter „raubt" einen oder mehrere der Gegenstände. Wer weiß, was fehlt?
- Nach der Einprägungsphase werden Gegenstände ergänzt. Die Kinder müssen diese Gegenstände herausdeuten.

Anmerkung: Die Spielschwierigkeit kann des Weiteren durch die Wahl unterschiedlicher bzw. gleicher Farben und Formen variiert werden. Das Spiel kann der Wortschatzerweiterung dienen, wenn die Gegenstände alle aus einem bestimmten Bereich genommen werden, z.B. Spielgegenstände, Nähmaterial, Malutensilien, Schulsachen, Kleidungsstücke ... *(KINDER-SPIELKARTEI)*

617 Koffer packen I

Spielbeschreibung: Ein Spieler im Kreis beginnt seinen Koffer zu packen, indem er einen Gegenstand nennt, den er in den Koffer tut. Er sagt z.B.: „Ich packe in meinen Koffer ein Buch." Der Nachbar fährt fort: „Ich packe in meinen Koffer ein Buch und ein Hemd." Der Dritte muss Buch, Hemd und noch etwas einpacken, usw., bis der Letzte fehlerfrei alles in der richtigen Reihenfolge aufgezählt hat, was vorher schon eingepackt wurde. Wer etwas bei der Aufzählung vergisst, gibt ein Pfand ab.

Variation:

- Ein Kind bestimmt, was in den Koffer hineindarf, ohne es jemandem zu sagen. Reihum macht jedes Kind einen Vorschlag und dieses eine Kind lehnt die Vorschläge nach einer bestimmten Regel, die es herauszufinden gilt, ab oder stimmt ihnen zu. Bsp.: „Eine Zahnbürste?"

– „Nein!“ – „Ein Stofftier?“ – „Ja!“ – „Eine Masterfigur?“ – „Ja!“
- Hier wollte das Kind nur Stofftiere mitnehmen. Möglich sind auch nur Dinge aus Holz, oder nur Gegenstände, die mit einem „K“ anfangen …
- Der Koffer wird für ein bestimmtes Kind im Kreis gepackt, und es muss selbst darauf kommen.
- Der Koffer wird für ein Geburtstagskind voller Wünsche gepackt. In den Koffer dürfen nur Dinge, die kein Geld kosten.

Anmerkung: Die Kinder sollten sich alle gegenseitig sehen können, weil sie sich dann leichter des Gegenstandes erinnern, das ein bestimmtes Kind zuerst genannt hat.
(DIE GRUNDSCHULZEITSCHRIFT 65/1993, S. 63)

618 Die Arche wird gefüllt

Spielbeschreibung: „Ein beliebiges Kind in der Runde beginnt und spricht zum Beispiel: ‘Der gute alte Onkel Noah nimmt das Schwein – nöff-nöff – mit in die Arche.‘ Bei ‘nöff-nöff‘ imitiert das Kind das Grunzen des Schweines. Das Kind rechts neben dem ersten fährt fort: ‘Der gute alte Onkel Noah nimmt das Schwein – nöff-nöff – und das Häschen – zeigt Hasenohren – mit in die Arche. Bei ‘nöff-nöff‘ imitieren alle gemeinsam das Grunzen des Schweines. Das dritte Kind in der Reihe wiederholt alles, was das zweite gesagt hat. Alle imitieren wieder das Grunzen und deuten jetzt auch die Hasenohren an. Das dritte Kind fügt jetzt vielleicht die Meise an und macht das Flügelschlagen oder das Piepsen nach. So geht es immer weiter reihum. Jedes Kind wiederholt alle bisher genannten Tiere, und alle gemeinsam fügen die dazugehörigen Geräusche oder Bewegungen ein, bis schließlich das Kind, das an der Reihe ist, ein neues Tier nebst Merkmal hinzufügt. Lässt jemand etwas aus oder macht sonst einen Fehler, so kommt sofort das nächste Kind an die Reihe. Es wiederholt alles wie gewohnt, fügt aber jetzt kein Tier, sondern den Namen des Fehlermachers ein, schüttelt dazu den Kopf und sagt ‘nein-nein‘. Namen und Merkmale werden bei allen Wiederholungen genauso wie die Tiernamen behandelt. Ebenso wird verfahren, wenn weitere Kinder Fehler machen.“
Anmerkung: Beim ersten Mal sollten zu Beginn viele Tiere und ihre akustisch oder mimisch darstellbaren Merkmale besprochen und vorgemacht werden. – Zu Ende geht das Spiel frühestens, wenn jedes Kind einmal an der Reihe gewesen ist. Das ist aber für die, die am Anfang an der Reihe waren, nicht sehr befriedigend, weil es für sie zu wenig zu merken gab. Deshalb sollte vereinbart werden, dass die ersten Kinder noch einmal an die Reihe kommen, und zwar bis zu dem Kind, das als erstes einen Fehler gemacht hatte.
(GUDER 1983, S. 22 f.)

619 Guten Tag, Herr Nachbar

Spielbeschreibung: „Ein Kind wendet sich nach links an seinen Nachbarn: ‚Guten Tag, Herr Nachbar' (oder ‚Frau Nachbarin'). Dieser Gruß geht so immer weiter nach links, bis er beim ersten Kind wieder ankommt. Dieses verlängert: ‚Guten Tag, Herr Nachbar – die Mutter schickt mich her.' Das geht herum und wird dann stückweise verlängert: ‚Guten Tag, Herr Nachbar – die Mutter schickt mich her – ich soll fragen – ob ihre Katze – unseren Kanarienvogel – gefressen hat?' Wer sich verhaspelt, etwas auslässt oder ändert, wird nicht mehr mit Herr Nachbar angesprochen, sondern mit ‚Herr Dromedar' (Frau Dromedarin'). Wer noch einen Fehler macht, heißt ‚Herr Dromedromedar', und so geht es immer weiter, bis der Satz zu Ende ist."
Anmerkung: Sind Kinder mit auffälligen Sprachfehlern in der Klasse, dann sollte dieses Spiel nicht gespielt werden.
Schwieriger wird das Spiel, wenn bei jeder Runde die Richtung geändert wird. *(GUDER 1983, S. 24)*

E Genaues Hinsehen

Durch den Einsatz von Spielen zur Sinneswahrnehmung kann die Wahrnehmungsleistung von Kindern gezielt verbessert werden. So intensivieren Spiele, die das genaue Hinsehen fördern, speziell die Beobachtungsfähigkeit in Verbindung mit der Merkfähigkeit. Sie erfordern von den Kindern eine hohe Konzentrationsleistung. Da sich die Wahrnehmung nur auf einen Sinn beschränkt, wird die Fähigkeit, die Aufmerksamkeit gezielt zu lenken, besonders gefördert. *(THIESEN 1982, S. 69)*

620 Adlerauge

Spielbeschreibung: Immer zwei Kinder stehen einander gegenüber und betrachten sich einmal genau. Dann drehen sich beide Kinder mit dem Rücken zueinander und verändern etwas an sich, z.B. Schnürsenkel aufziehen, die Haare nach hinten legen. Wenn beide so weit sind, drehen sie sich wieder zueinander und versuchen herauszufinden, was verändert wurde.
Variationen:
- Zwei Kinder gehen vor die Tür und verändern mehrere Dinge an sich. Die anderen Kinder müssen raten, was alles verändert wurde.
- Ein Kind muss vor die Tür. In der Zwischenzeit wird bei einem Kind etwas verändert. Das Kind wird wieder hereingerufen und muss raten, was verändert wurde. *(Quelle unbekannt)*

621 Adlerauge und Fummel

Material: kleine bunte Wäscheklammern
Spielbeschreibung: „Alle Kinder, auch ‚Fummel', sitzen im Kreis. „Adlerauge" hat keinen Platz, er steht in der Mitte und kommandiert: ‚Kommando Mumie!' Nun darf sich – außer Fummel – kein Kind mehr bewegen. Adlerauge schaut sich alle Kinder genau an, ihre Haltung, ihre Reihenfolge im Kreis, ihre Kleidung. Schließlich geht er hinaus, und Fummel verändert irgendetwas an einem Kind, lässt es die Beine überschlagen oder zieht ihm die Jacke aus oder lässt zwei Kinder die Plätze tauschen. Dann ruft er Adlerauge herein. Wenn der die Veränderung nicht entdeckt, bekommt Fummel eine der bunten Klammern als Anerkennung, sonst bekommt sie Adlerauge. Nach einem beliebigen Losverfahren oder durch Abzählen (alle geraden Zahlen sind Anwärter für Adlerauge, alle ungeraden für Fummel) werden andere Kinder ermittelt, die in der nächsten Runde Adlerauge und Fummel sind."
Anmerkung: Leichter wird das Spiel, wenn eingeschränkt wird, was verändert werden darf. Am leichtesten ist der Tausch von Kleidungsstücken. *(GUDER 1983, S. 28)*

622 Wer hat die Nuss?

Spielbeschreibung: Zwei Schüler gehen vor die Tür. Die anderen verabreden, wie sie sich hinsetzen oder was für ein Gesicht sie machen wollen. Alle einigen sich auf eine Haltung. Nur ein Kind verhält sich anders, nämlich das Kind, das die Nuss hat. Dann werden die beiden vor der Tür stehenden wieder hereingerufen. Sie finden z. B. eine Gruppe vor, die impertinent grinst. Nur Jan stiert vor sich hin. Diese „Nuss" war leicht zu finden, aber eine kleine Variante in der Fußhaltung ist schon schwerer auszumachen. *(DIE GRUNDSCHULZEITSCHRIFT 68/1993)*

623 Knopf-Kim

Material: zehn verschiedene Knöpfe, Schachtel
Spielbeschreibung: Ein Spieler darf sich eine Schachtel mit zehn Knöpfen 20 Sekunden lang anschauen. Dann wird durch einen anderen Mitspieler hinter seinem Rücken ein Knopf entfernt. Anschließend versucht das Kind den fehlenden Knopf zu bestimmen.
Variation: Auf einem Tisch sind 15 Knöpfe in einer Schlange aneinander gereiht. Ein Spieler schaut sich die Knöpfe 20 Sekunden lang an. Dann werden im Geheimen zwei beliebige Knöpfe in der Reihenfolge vertauscht. Das Kind versucht herauszufinden, welche beiden das waren. *(BARTL 1992)*

624 Ich verschicke ein Telegramm

Spielbeschreibung: Ein Mitspieler steht als Störungssucher in der Mitte. Die anderen sitzen im Kreis und geben sich rundherum die Hände. Ein Spieler beginnt z.B. mit dem Satz „Ich verschicke ein Telegramm an Anja!" Nun dreht sich der Störungssucher einmal um seine eigene Achse, während der beginnende Spieler entweder seinem rechten oder seinem linken Nachbarn kurz die Hand drückt und sagt: „Abgeschickt!" Dieser gibt den Händedruck an seinen Nachbarn weiter, der wieder an den nächsten und so weiter. Wenn der Händedruck bei dem Adressaten angekommen ist, ruft er: „Angekommen!", und darf das nächste Telegramm auf die Reise schicken. Wenn der Störungssucher sieht, wie jemand den Händedruck weitergibt, ruft er zum Beispiel: „Störung bei Claudia!" Stimmt diese Behauptung, so muss sie in die Mitte, er setzt sich und darf das nächste Telegramm losschicken.
Anmerkung: „Alle sitzen so im Kreis, dass sie sich locker die Hände geben können, der Händedruck aber nicht versteckt werden kann. Zu Ende geht das Spiel nicht von allein, also muss eine Spielzeit verabredet werden. Vor Schluss sollten aber noch alle die Störungssucher sein dürfen, die das möchten, aber nie erwischt worden sind. Das sollte schon zu Beginn des Spieles verabredet werden, weil sonst viele Kinder sich erfahrungsgemäß absichtlich erwischen lassen, um in die Mitte zu dürfen". *(Quelle unbekannt)*

625 Ring an der Schnur

Material: Woll- oder Schnurknäuel, Ring
Spielbeschreibung: Die Kinder sitzen im Sitzkreis, ein Kind befindet sich in der Kreismitte. Ein Wollfaden wird um den Kreis gespannt, ein Ring wird aufgezogen und die Schnur an beiden Enden zusammengebunden. Die Kinder umfassen die Schnur mit beiden Fäusten und geben so den Ring weiter zum Nebenmann. Der Spieler in der Mitte muss herausfinden, in welcher Faust sich der Ring gerade befindet. Dabei versuchen die Kinder, die ihn gerade nicht haben, zu täuschen, indem auch ihre Fäuste ständig in Bewegung sind. Das Kind in der Mitte hat drei Versuche, um den Ort des Ringes aufzuspüren. Findet es den Ring in der Faust eines Kindes, so muss dieses in die Mitte. Hat es ihn nach drei Versuchen noch nicht entdeckt, wird ein Freiwilliger ausgewählt, der dann seinen Platz einnehmen darf.

626 Der Ring im Kreis

Material: 1 Ring oder Geldstück o.Ä.
Spielbeschreibung: „Alle Kinder sitzen im Kreis im Schneidersitz eng beieinander. Die Hände liegen auf den Oberschenkeln. Ein Kind spielt den Detektiv. Es verlässt den Raum. Nun erhält ein Kind im Kreis ein Geldstück oder einen Ring. Dieser wird von Hand zu Hand weitergegeben, und zwar immer in die gleiche Richtung. Der Detektiv wird hereingeholt. Er [...] muss versuchen, herauszufinden, wo sich das Geldstück befindet. Zeigt er [...] auf eine Hand, so muss diese sofort geöffnet werden. Die Kinder dürfen den Detektiv natürlich täuschen, d.h., sie können so tun, als würden sie ein Geldstück weitergeben. Hat der Detektiv das Geldstück erwischt, wird ein anderes Kind neuer Detektiv." *(SPIELEWERKSTATT RHINOZEROS)*

627 Affenkönig

Spielbeschreibung: Ein Kind muss vor die Tür. Die anderen bestimmen, wer „Affenkönig" sein soll. Dieser gibt den anderen „heimlich" bestimmte Bewegungen vor. Das Kind von draußen kommt wieder herein und muss herausfinden, wer der „Affenkönig" ist. (KO)

628 Dirigentenspiel

Spielbeschreibung: Ein Spieler geht vor die Tür. Unter den verbleibenden Spielern wird ein „Dirigent" ausgemacht, der ein Instrument zu spielen beginnt, das alle anderen übernehmen. Der Spieler vor der Tür wird hereingerufen und versucht, den Dirigenten ausfindig zu machen. Dieser wechselt zwischendurch immer wieder möglichst unauffällig zu einem anderen Instrument. Die anderen Mitspieler übernehmen jeweils möglichst schnell das pantomimische Instrumentenspiel des Dirigenten, ohne besonders auffällig diesen zu beobachten. Ist der Dirigent erraten, muss er nach draußen, während die Gruppe einen neuen Mitspieler zum Dirigenten bestimmt.
Variation: Statt Musikinstrumente pantomimische Turnübungen oder Bewegungen ausführen. Der Dirigent ist dann „Turnlehrer".
Anmerkung: Bei diesem Spiel kommt es darauf an, dass der Dirigent viele verschiedene Instrumente kennt und auch sachgerecht darstellen kann und dass er Mitspieler hat, die ihn genau, aber nicht übertrieben auffällig nachahmen. *(Quelle unbekannt)*

629 Räuberhauptmann

Spielbeschreibung: Ein oder mehrere Spieler gehen vor die Tür. Die anderen wählen einen „Räuberhauptmann" der folgenden Auftrag hat: Er muss bestimmte Bewegungen vormachen, die von der „Räuberbande" nachgeahmt werden. Dann wird der erste Spieler hereingelassen. Er muss nun versuchen, den Räuberhauptmann zu finden. Dies ist desto schwieriger, je fließender die Übergänge der einzelnen Bewegungen sind.

630 Mörderspiel

Spielbeschreibung: Man sitzt im Kreis, so dass jeder jeden sehen kann. Bevor das Spiel losgeht, muss für jeden Spieler ein Zettel vorbereitet werden. Auf einem der Zettel steht „Mörder", die übrigen bleiben leer. Jeder zieht einen dieser Zettel und schaut ihn so an, dass kein anderer dies sieht. Dann kann das Spiel beginnen. Der Mörder tötet die Mitspieler durch Zublinzeln. Wer getötet ist, gibt das bekannt mit: „Ich bin tot!". Wer glaubt, den Mörder zu kennen, kann anklagen mit „Ich klage an!", jedoch ohne zu sagen, wen er meint. Erst wenn er einen Nebenkläger gefunden hat, der auch anklagt, mit „Ich gehe mit!", zeigen beide auf ein Kommando auf den, den sie verdächtigen. Nur der Mitspieler, der von den beiden angeklagt wird, muss seinen Zettel vorzeigen. Dabei dürfen nur die Spieler anklagen, die noch nicht tot sind. *(KO)*

631 Der Mond ist rund

Material: 1 Stock
Spielbeschreibung: „Alle sitzen im Kreis. Der Spielleiter beginnt, mit dem Stock ein ‚Mondgesicht' auf den Boden vor seinen Füßen zu malen. Dabei spricht er als begleitenden Text: ‚Der Mond ist rund, der Mond ist rund, er hat zwei Augen, Nas und Mund.' Das ‚Malen' des Mondgesichtes geschieht mit der rechten Hand. Danach wird der Stock mit der linken Hand an den rechten Nachbarn weitergegeben. Und nun geht es reihum in der gleichen Weise. Weder Text noch Gemälde sind dafür ausschlaggebend, ob es einer richtig nachahmt, sondern lediglich die Tatsache, dass mit der rechten Hand gemalt und mit der linken Hand der Stock weitergegeben wird. Der Spielleiter erklärt jedes Mal, ob es richtig oder falsch gemacht wurde, verrät aber natürlich nicht den Grund dafür."
Variation: Der Spielleiter kann auch vor den eigentlichen Text („Der Mond ist rund ...") ein kleines Wörtchen setzen, z.B. „Also, der Mond

ist rund …". Nun kommt es nicht darauf an, wie der Stock weitergegeben wird, sondern darauf, dass man das Wörtchen „also" vor seinen Text setzt. *(THIESEN 1982, S. 86 f.)*

632 Stühle riechen

Material: 3 Stühle
Spielbeschreibung: „Dem Kreis wird mitgeteilt, dass ein ‚Eingeweihter' aus ihrer Mitte imstande sein wird, zu erriechen, auf welchem Stuhl jemand gesessen hat. Zu diesem Zweck werden, noch während der Eingeweihte im Raum ist, drei Stühle vor den Kreis oder in die Mitte aufgestellt. Wie unabsichtlich zählend bezeichnet der Spielleiter sie dabei mit 1, 2, 3. Damit macht er seinem Partner kenntlich, welcher Stuhl als der 1., der 2. und der 3. zu betrachten ist.
Während der Riecher draußen ist, besetzt ein Spieler einen der Stühle und steht sofort wieder auf. Jetzt muss der Spielleiter den draußen wartenden Riecher so hereinrufen, dass dieser an der Anzahl der Wörter erkennen kann, welcher Stuhl besetzt worden war. So würde beispielsweise ‚Kommen' für den ersten, ‚Frau Meier' für den zweiten und ‚Kommen Sie herein' für den dritten Stuhl gelten. Es ist zweckmäßig, nicht immer dieselben Wendungen zu benutzen, weil sonst geglaubt wird, es liege an den Wörtern; es kommt auf die Anzahl der Wörter an.
Der Riecher muss natürlich mit entsprechendem Aufwand die Stühle beschnuppern und sich Zeit lassen, bis er den richtigen Stuhl bezeichnet. Zu Beginn des Spiels wird ausgemacht, dass jeder, der glaubt, den Trick erraten zu haben, dies nicht verrät, sondern selbst als Riecher hinausgeht." *(HA)*

633 Schwarze Magie

Spielbeschreibung: Zwei Kinder sind in das Spiel eingeweiht. Sie sind „Zaubermeister" und „Zauberlehrling". Der Zaubermeister erklärt, dass er und sein Zauberlehrling zaubern können, und um das zu beweisen, geht der Zauberlehrling vor die Tür, während die anderen Kinder im Kreis sich auf einen bestimmten Gegenstand einigen. Dann ruft der Zaubermeister seinen Lehrling herein, der nun erraten muss, um welchen Gegenstand es sich handelt. Der Zaubermeister zeigt auf verschiedene Gegenstände und fragt: „Haben wir uns das … ausgesucht?". Der Lehrling antwortet zunächst immer mit „Nein!". Der Trick bei diesem Spiel ist, dass der Meister seinem Lehrling den richtigen Gegenstand zu erkennen gibt, indem er vor diesem Gegenstand auf einen schwarzen zeigt und dabei z. B. fragt: „Haben wir uns das schwarze Tuch ausgesucht?" Auf diese Frage muss der Lehrling erneut mit „Nein!" antworten, weiß aber jetzt schon, dass der nächste gezeigte Gegenstand der ausgewählte ist. *(HA 3)*

634 Ich fahre in den Urlaub

Spielbeschreibung: Der Spielleiter beginnt das Spiel mit dem Satz „Ich fahre in den Urlaub und nehme ... mit." Jetzt geht es reihum, jeder packt einen Gegenstand oder ein Tier seiner Wahl ein, wobei der Spielleiter entscheidet, ob er es mitnehmen darf oder nicht. Der „Trick" dabei ist, dass der Gegenstand mit dem Anfangsbuchstaben des Namens des jeweiligen Kindes beginnen muss. Wer den Trick herausgefunden hat, darf entscheiden, ob die vorgeschlagenen Dinge tatsächlich mitgenommen werden dürfen.
Anmerkung: Durch kleine Hilfestellungen kann das Spiel abgekürzt werden, z.B. durch Betonungen: „Was nimmst du mit, Nadja?" – „Ich nehme ein Nashorn mit." *(HA 3)*

635 Pyramide

Material: 3 Stühle, 5 unterschiedlich große Gegenstände
Spielbeschreibung: „Die Stühle stehen im Raum. Auf einem der beiden äußeren liegen die fünf Gegenstände pyramidenförmig aufeinander, der größte zu unterst, dann der zweitgrößte usw. Die Spieler sollen nun gemeinsam überlegen, wie sie diese Pyramide auf einem der anderen Stühle wieder aufbauen können; der dritte Stuhl dient als ‚Zwischenlager'. Dabei gibt es zwei Regeln zu beachten: Erstens darf immer nur ein Gegenstand zur selben Zeit bewegt werden und zweitens immer nur ein kleinerer auf einem größeren liegen. Das ist gar nicht so einfach und es bedarf einiger Spielzüge, bis die Pyramide vollständig umgebaut ist."
Anmerkung: Dieses Spiel erfordert viel Geduld.
(STEUER/VOIGT 1980, S. 175)

636 Lieblingsstein

Material: offenes Gefäß, je Spieler 2 kleine Steine
Spielbeschreibung: In einem offenen Gefäß befinden sich doppelt so viele Steine, wie Spieler vorhanden sind. Die Steine sollten sich möglichst gleichen. Die Spieler sitzen in einem Kreis, und jeder von ihnen nimmt einen Stein in die Hand, den er so lange genau betrachtet, bis er ihn zu kennen glaubt. Dann werden alle Steine wieder ins Gefäß

zurückgelegt. Anschließend teilt der Spielleiter die Steine von neuem aus. Auch diese werden genau betrachtet. Hat ein Kind seinen eigenen Stein gefunden, behält es ihn. Hat ein Kind nicht wieder den eigenen erhalten, gibt es den Stein an seinen rechten Nachbarn weiter. Alle, die umsonst die Runde machen, werden wieder in die Mitte zurückgelegt. Nun werden die übrigen Steine ausgeteilt, bis endlich jeder seinen eigenen Stein wieder hat. Wer dann noch kein Glück hatte, darf unter den übrigen auf dem Boden suchen.

Variation: Das Spiel ist schneller zu Ende, wenn pro Kind nur ein Stein vorhanden ist. Auch können andere, sich ähnelnde, Naturmaterialien genommen werden, wie z. B. Äpfel, Ahornblätter usw. Sie alle weisen bei genauem Hinsehen genügend Unterschiede auf, um wieder erkannt zu werden.

Anmerkungen: Hier werden Konzentrationsfähigkeit und Beobachtungsgabe geschult. Durch die genaue Betrachtung der Steine lässt sich die Vielfalt der Natur demonstrieren und das Verhältnis zur Natur insgesamt vertiefen. *(FLEMMING/FRITZ 1996)*

F Genaues Hinhören

Diese Spiele gehören wie die vorausgegangene Gruppe zu den Sinnesspielen. Oft haben Grundschulkinder noch Schwierigkeiten, Geräusche und Töne zu unterscheiden oder die Richtung zu bestimmen, aus der sie ein Geräusch hören. Diese Wahrnehmungsleistungen werden durch das Spiel vertieft, da die Kinder ganz bewusst ihre Aufmerksamkeit auf das genaue Hinhören richten. Diese Spiele sollten zeitlich nicht zu lange ausgedehnt werden, da die erforderliche Konzentration die Kinder erfahrungsgemäß schnell ermüden lässt.

637 Der blinde Wächter

Material: Augenbinde, „Schatz“

Spielbeschreibung: „Der blinde Wächter sitzt in der Mitte des Kreises mit verbundenen Augen. Zwischen seinen Füßen liegt ein Schatz – z. B. Bonbons oder sonstige Gegenstände. Der Spielleiter zeigt auf eines der Kinder des Kreises, das ganz vorsichtig auf allen vieren zur Kreismitte schleicht und versucht, etwas vom Schatz zu rauben. Alle Kinder müssen mucksmäuschenstill sein. Der Wächter lauscht, ob er ein Geräusch hört. Glaubt er, etwas gehört zu haben, so zeigt er in die vermeintliche Richtung. Stimmt das, so muss das anschleichende Kind zurück, und ein anderes wird losgeschickt. Ist die Richtung falsch, schleicht der Dieb weiter.

Wenn dieser den Schatz berührt, hat er ihn erobert, falls der Schatz essbar ist, darf er ein Stück nehmen und wird selber Schatzwächter." (KINDER-SPIELEKARTEI)

638 Hörprobe

Spielbeschreibung: Die Spieler sitzen im Kreis und zeigen mit ausgestreckten Armen auf den Spielleiter. Dann schließen sie die Augen. Der Spielleiter beginnt nun, ruhig im Raum umherzugehen, so dass die Spieler ihn gerade noch hören können. Sie müssen deshalb alle sehr leise sein. Die Spieler versuchen, mit ihren ausgestreckten Armen den Gang des Spielleiters durch den Raum zu verfolgen. Auf sein Kommando hin stehen sie dann möglichst geräuschlos auf und versuchen, hinter ihm herzugehen, die Augen immer geschlossen haltend. Der Spielleiter muss sich so verhalten, dass ihn alle Spieler gerade noch hören können und keine Gefahr besteht, dass sie beim „blinden" Gehen stolpern oder sich stoßen können.
Das Spiel eignet sich nur für eine relativ kleine Gruppe, die bereits Erfahrungen mit anderen Stille- und Vertrauensübungen gemacht hat. Nach Beendigung der Übung müssen die Gruppenmitglieder Gelegenheit haben, über ihre Empfindungen beim „blinden" Gehen und angespannten Lauschen zu sprechen. *(PORTMANN/SCHNEIDER 1994)*

639 Einschlafen – Aufwachen

Material: verschiedene Gerätschaften, mit denen man leise Geräusche erzeugen kann.
Spielbeschreibung: Die Kinder sitzen an Tischgruppen. Für jede Gruppe wird ein bestimmtes Geräusch vereinbart, bei dem die schlafenden Kinder langsam wieder aufwachen sollen: z. B. das Knacken eines Kugelschreibers, das Schneidegeräusch einer Schere oder das Anspitzen eines Bleistifts.
Nun legen alle Kinder ihre Arme auf den Tisch und verbergen ihr Gesicht darin. Sie sind „eingeschlafen", und deshalb ist es auch absolut still im Raum. Sobald eine Gruppe ihr vereinbartes Geräusch wahrnimmt, wacht sie auf: Alle erheben den Kopf. Damit auch die Kinder der anderen Gruppen die Möglichkeit haben, ihr Geräusch zu hören, muss auch weiterhin Stille herrschen. Das Spiel ist dann beendet, wenn alle Kinder wieder wach sind. *(FLEMMING/FRITZ 1996)*

640 Was ist das?

Spielbeschreibung:
Ein Freiwilliger wird gesucht. Die übrigen Teilnehmer schließen die Augen, dann geht der Freiwillige durch den Raum, sucht sich einen Gegenstand aus, gegen den er dreimal mit seinem Finger klopft. Dann setzt er sich wieder hin. Die Übrigen öffnen die Augen und versuchen, den Gegenstand zu erraten. Wer zuerst die Lösung hat, ist der nächste „Klopfer". Erkennt niemand den Gegenstand, gibt der „Klopfer" sein Geheimnis preis und wählt einen neuen „Klopfer" aus.

641 Glocke

Material: 1 Glocke
Spielbeschreibung: Die Kinder sitzen im Kreis und geben eine Glocke vorsichtig so herum, dass diese nicht läutet. Falls man doch etwas hört, wird die Richtung gewechselt.
Anmerkung: Dieses Spiel eignet sich auch, „um Ruhe in die Klasse zu bekommen". (TR)

642 Klangwald

Material: verschiedene Musikinstrumente, Flöte, Augenbinde
Spielbeschreibung: Die Kinder stellen sich verteilt im Raum auf; sie sind die Bäume. Jedes hat ein Musikinstrument in der Hand. Ein Kind bekommt die Augen verbunden. Es muss durch den Klangwald und hat die Aufgabe, den Vogel zu suchen. Dieser wird durch einen Spieler, der auf der Flöte spielt, dargestellt. Wenn er beim Durchqueren des Waldes zu nahe an einen Baum kommt, spielt dieser auf seinem Instrument eine kurze Melodie, damit das „blinde" Kind nicht dagegen stößt. Hat es den „Vogel" gefunden, darf ein anderes Kind durch den Klangwald gehen.
Variationen:
- Statt auf Instrumenten zu spielen, kann man auch Tierstimmen nachahmen, klatschen oder mit den Fingern schnippen.
- Zwei Kinder gehen mit verbundenen Augen „spazieren". Ein Kind reagiert auf das Zeichen „schnipp", das andere auf das Zeichen „klatsch".
- Die Klasse wird in zwei Gruppen eingeteilt. Eine Gruppe Kinder sind die Bäume, alle anderen Kinder versuchen, den Wald zu durchqueren, ohne einen Baum zu berühren.

(Quelle unbekannt)

643 Jäger und Hase

Material: zwei Tücher, Schnur, Glöckchen, Schlüsselbund
Spielbeschreibung: Zwei Schüler bekommen die Augen verbunden. Einer wird Hase, der andere Jäger. Der Jäger erhält ein Glöckchen, das an einer Schnur am Hosenbund des Kindes befestigt wird. Dem Hasen wird ein Schlüsselbund umgebunden. Dann werden die beiden in zwei verschiedene Ecken des Raumes geführt. Auf ein Startzeichen des Spielleiters hin beginnt das Spiel. Während der Jäger versucht, anhand der Geräusche des Hasen diesen zu fangen, versucht der Hase dem Jäger zu entkommen, indem er dem Glöckchen ausweicht. Dabei dürfen die Geräuschquellen von den Spielern nicht angefasst werden, damit sie immer in Bewegung bleiben. *(BARTL 1992)*

644 Nebelhorn

Spielbeschreibung: Die Kinder gehen mit geschlossenen Augen im Raum umher. Dabei ahmt jedes ein Nebelhorn nach, so dass ein Anstoßen vermieden werden kann.
Anmerkung: Dieses Spiel fördert die gerichtete akustische Aufmerksamkeit. *(Quelle unbekannt)*

645 Lockruf

Material: Tücher
Spielbeschreibung: Die Kinder finden sich zu Paaren zusammen und vereinbaren einen Lockruf. Als Lockruf dienen Geräusche aller Art wie zum Beispiel Sirenengeheul, Motorengebrumm oder Gespensterrufe. Nun wird jeweils einem Partner eine Augenbinde angelegt. Die anderen Partner stellen sich hinter einer vereinbarten Markierung auf und geben nach einem Signal des Spielleiters ihren Lockruf von sich. Die Kinder mit verschlossenen Augen versuchen, dem für sie bestimmten Lockruf zu folgen und ihren Partner zu finden. *(BARTL 1992)*

646 Glöckchen-Spiel

Material: ein Glöckchen, ein Tuch je Spieler
Spielbeschreibung: Allen Spielern, bis auf einem, werden die Augen verbunden. Der Spieler ohne Augenbinde geht im Raum umher und klingelt mit dem Glöckchen. Die anderen folgen dem Ton und müssen versuchen, das Kind zu fangen. Wem das gelingt, darf den Platz des Kindes mit dem Glöckchen einnehmen. *(GREENAWAY 1977)*

Fotos: Karin Mansel-Ballier

Kapitel 7: Lernspiele
Üben, Anwenden, Vertiefen

Lernspiele waren zu fast allen Zeiten didaktische Hilfsmittel, die sowohl einen Lerneffekt als auch einen Spieleffekt in sich vereinigten *(KLUGE 1981, S. 59)*. SCHIFFLER *(1982, S. 112 f.)* bezeichnet mit Lernspiel „eine Spielsituation, die mit oder ohne Einsatz besonderer Spielmittel als methodische Hilfe zur Erreichung begrenzter, meist überprüfbarer Lernziele im Bereich von Faktenwissen und Ordnungssystemen beitragen soll". Kognitive Lerninhalte sollen also mit Hilfe von Lernspielen spielerisch erworben werden.

Ein Lernspiel kann dann als gelungen bezeichnet werden, wenn sich motivierendes Spielerleben und wissenswerte Lerninhalte miteinander verbinden und aus der Perspektive des Kindes das Spielgeschehen nicht von den Lernzwecken in den Hintergrund gedrängt wird. Lernspiele bieten sich nach DEPPE *(1995, S. 134)* an:

- zur Motivation der Klasse
- als Unterrichtseinstieg oder Unterrichtsaushang
- zur Wiederholung, Stoffsicherung, Lernkontrolle
- zur Differenzierung und Individualisierung des Unterrichts
- als Teil eines komplexeren Lernvorhabens, z. B. Projekte, Stationenlernen oder Werkstattarbeit

Die folgenden Lernspiele sind nach den Lernbereichen Sprache, Mathematik und Sachunterricht geordnet. Es ist festzustellen, dass die genannten Spielbeispiele nur einen kleinen Ausschnitt aus der großen Fülle von fachbezogenen Lernspielen darstellen. Hier sei auf die entsprechende fachdidaktische Literatur verwiesen, die sich auch mit der didaktischen und methodischen Verortung beschäftigt. Diese Aufgabe konnte im Rahmen dieser Spielesammlung u.a. aus Platzgründen nicht geleistet werden.

A Sprachunterricht

Der spielerisch handelnde Umgang mit den Elementen der Sprache, also mit Lauten, Buchstaben, Silben, Wörtern, Satzteilen und Sätzen in Wort und Schrift, bietet den Kindern einen motivierenden Zugang zur Sprache und unterstützt den schwierigen Spracherwerbsprozess. Im spielerischen Umgang mit Sprache lassen sich sowohl Begriffsbildung und Ausdruck bzw. Wortschatz als auch formale sprachliche Fähigkeiten fördern. Beim Sprechen und Reflektieren über Sprache setzen Spiele Phantasie und Kreativität frei, die sich sowohl auf den kognitiven als auch auf den sozialen und emotionalen Bereich beziehen *(REGELEIN 1990, S. 9)*. Besonders Lese- und Schreiblernprozesse werden im Spiel gefördert.

Viele der im Folgenden beschriebenen Lernspiele haben meist eine identische Spielstruktur und -regel, nur die Spielinhalte sind lernspezifisch bzw. fachdidaktisch modifiziert *(KLUGE 1981, S. 61)*. Sie funktionieren oft nach Spielmechanismen bekannter Gesellschaftsspiele wie Domino, Lotto, Memory oder Quartett, nur dass der Lehrer innerhalb des Lernvorgangs die Lernspiele unter verschiedenen Lernaspekten inhaltlich neu bestimmt. Diese Spielformen sind deshalb empfehlenswert, weil

- die Spielregeln einfach und schnell zu erklären und auf jedes Fach übertragbar sind,
- der Zeitaufwand für die Herstellung des Spiels in einem angemessenen Verhältnis zu Spielspaß und den vermittelten Lernzielen steht und
- sie im Rahmen einer Unterrichtsstunde durchführbar sind. *(DEPPE 1995, S. 134)*

Spiele mit Buchstaben und Lauten

Buchstabenspiele fördern die visuelle Wahrnehmung, das Einprägen, Erkennen und die eigenständige Produktion von Buchstabenformen. Bei Lautspielen steht dagegen die akustische Wahrnehmung im Vordergrund. Die ABC-Spiele (ABC-Schlange, Faden-ABC) dienen dem fehlerlosen und schnellen Reproduzieren des Alphabets und bereiten den Gebrauch eines Wörterbuches vor *(REGELEIN 1980, S.106)*. Die Lautspiele aktivieren die Kinder zu klang-, wortgestalt- und sinnbezogenem Lesen.

647 Buchstabensuchspiel

Material: große Plastikkarten mit Buchstaben

Spielbeschreibung: Die Plastikkarten sind mit den Buchstaben versehen, die die Schüler schon kennen. Die Lehrerin versteckt die Buchstabenkarten im Pausenhof oder im Klassenzimmer. Danach müssen sich die Schüler auf die Suche nach den Buchstaben machen. *(ZO 1–2)*

648 Buchstaben turnen

Material: Buchstabenkarten
Spielbeschreibung: Die Schüler gehen gruppenweise zusammen und bekommen einige Buchstabenkarten. Diese Buchstaben müssen sie mit ihren Körpern darstellen. Sie haben einige Zeit zum Üben und führen danach ihre Ergebnisse vor. *(ZO 2)*

649 Buchstaben-Quartett

Material: Quartettkartenspiel
Spielbeschreibung: Ein Quartett besteht aus vier Wörtern mit dem gleichen Anfangsbuchstaben, z. B.: Bett, Bild, Blatt, Ball oder unten, um, und, unter.
Auf jeder Quartettkarte sind die anderen Begriffe, die zur Vervollständigung fehlen, vermerkt.
Das Kartenspiel wird nach bekannten Spielregeln gespielt.
Anmerkung: Die Karten können zusätzlich mit Bildern versehen werden. Mit einigen Hilfestellungen können die Kinder selbst ein Quartettspiel anfertigen. *(WA)*

650 Buchstaben-Lotto

Material: Spielplan und Wortkarten
Spielbeschreibung: Der Spielplan ist in neun Felder aufgeteilt, die jeweils die Größe einer Wortkarte haben. Auf jedem Spielplan stehen Wörter, wie Angst, Haus, Uhr ... Auf den Wortkarten sind andere Wörter zu lesen. Es gehören immer das Wort auf der Wortkarte und das Wort auf dem Spielplan zusammen, die mit demselben Anfangsbuchstaben beginnen, z. B.: Angst und aber, Haus und Hund oder Uhr und umfallen. *(KO)*

651 Buchstabengewimmel

Material: Pro Spieler ein Arbeitsblatt mit dem „Buchstabengewimmel"
Spielbeschreibung: Die Lehrerin verfasst einen Text, in dem Tiernamen, Pflanzen und Werkzeuge versteckt sind und füllt die Zwischenräume mit wahllosen Buchstaben aus.

Beispiel:
akdshföufhv*kamel*dfhaibcxf*tulpe*djfh
fjhaiofhd*hammer*kdi*feile*hgli
Die Schüler sollen nun aus dem Buchstabengewirr die versteckten Tiere, Pflanzen und Werkzeuge herausfiltern und auf einem gesonderten Arbeitsblatt eintragen.
(BLÜMLE/MUPP 1997)

652 Mein rechter Platz ist frei – Variante I

Material: Buchstabenkarten
Spielbeschreibung: Die Buchstabenkarten werden unter den Kindern verteilt. Die Kinder sitzen im Kreis. Ein Platz ist frei. Reihum liest jedes Kind seinen Buchstaben vor.
Das Kind, das links neben dem freien Platz sitzt, sagt: „Mein rechter, rechter Platz ist frei, ich wünsche das K herbei." Das gewünschte Kind, also das Kind mit dem Buchstaben K, setzt sich auf den freien Stuhl. Das Kind, neben dem nun der rechte Platz frei ist, macht weiter.
Variation: Das Kind, das links neben dem freien Platz sitzt, sagt: „Mein rechter, rechter Platz ist frei, ich wünsche mir das K als ... herbei." Dabei nennt es ein Tier, z. B. Löwe, Katze, Schlange oder Frosch. Das Tier muss nicht zwingend mit demselben Buchstaben anfangen. Das gewünschte Kind muss sich wie das Tier zum freien Platz bewegen, z. B. auf allen vieren brüllend, miauend, auf dem Boden schlängelnd oder hüpfend.
Anmerkung: Bei diesem Spiel geht es um das Benennen von Buchstaben. Sind die Buchstaben während des Spiels nicht zu lesen, erfordert es eine hohe Gedächtnisleistung; denn wenn man sich ein bestimmtes Kind herbeiwünschen will, muss man sich erst an dessen Buchstaben erinnern. *(Quelle unbekannt)*

653 ABC-Schlange

Material: Wortkarten mit Wörtern von A bis Z
Spielbeschreibung: Die Schüler gehen paar- oder gruppenweise zusammen. Jede Gruppe erhält einen Satz Wortkarten mit Wörtern von A bis Z. Die Karten werden gemischt und gleichmäßig verteilt. Der Schüler mit dem Wort, das mit A anfängt, beginnt. Die Schüler müssen die Wortkarten jetzt so auf dem Tisch anordnen, dass die Wörter von A bis Z in der richtigen Reihenfolge liegen. So entsteht eine ganze ABC-Schlange. *(Quelle unbekannt)*

654 Faden-ABC

Material: Wollknäuel
Spielbeschreibung: Jedes Kind bekommt nach dem Alphabet einen Buchstaben zugeteilt. Sind es mehr als 26 Kinder, geht es mit A2, B2 usw. weiter. Alle Kinder laufen durcheinander, bis Kind A, das das Wollknäuel bei sich hat, „Halt!“ ruft. Das nächste Kind im Alphabet, also B, ruft „B“. A behält das Ende des Fadens in der Hand und wirft B das Knäuel zu, nachdem es genügend Wolle abgewickelt hat. Nun ruft das nächste Kind „C“ und bekommt das Knäuel zugeworfen. So geht es immer weiter. Jedes Kind behält dabei den Faden in seiner Hand. Das letzte Kind geht aus der Menge nach außen. Alle anderen folgen ihm in der Reihenfolge, in der sie am Faden hängen, bis ein großer Kreis entsteht.
Variation: Schwerer wird das Entwirren, wenn die Lehrerin zwischendurch ab und zu zwei Kinder auffordert, sich zu „besuchen“, ohne dabei den Faden loszulassen. *(GUDER 1993, S. 18)*

655 ABC-Hopse

Material: Klebeband oder Kreide
Spielbeschreibung: Es werden beliebig viele Quadrate mit Klebeband auf den Boden aufgeklebt oder mit Kreide aufgezeichnet. In jedem Quadrat steht ein Buchstabe. Ein Kind erhopst ein Wort und lautiert es dabei. Die anderen Kinder schreiben das erhopste Wort auf, z.B. O M A – OMA. Danach darf ein anderes Kind ein Wort erhopsen.
Beispiel:

M	S	M	O	R
U	A	P	N	O
D	P	A	M	D
N	E	L	I	E
S	T	S	E	T

(DIE GRUNDSCHULZEITSCHRIFT 58/1992)

656 Holzsetzleiste

Material: Holzsetzleiste, Bildkarten, Buchstabenkarten
Spielbeschreibung: Eine quaderförmige Holzleiste hat an der Oberkante zwei Rillen, in die Karten gesetzt werden sollen. In die hintere Rille werden die Bildkarten gestellt. In die vordere Rille setzt das Kind eine Karte mit dem Buchstaben, der in dem Begriff fehlt.
Beispiel:

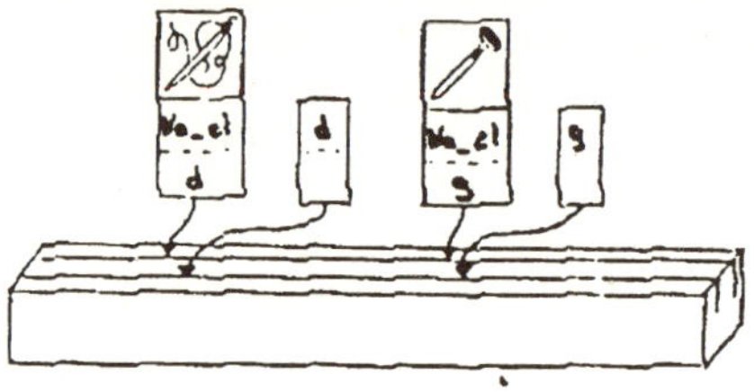

Der Buchstabe unterhalb des Begriffs ist nicht zu sehen, weil er von der Holzleiste verdeckt wird. Zur Selbstkontrolle kann die Bildkarte herausgezogen werden.
Anmerkung: Das Spiel eignet sich besonders zur Lautunterscheidung der Buchstaben b, p, g, d. *(Quelle unbekannt)*

657 I Sprichi

Material: Lesebücher oder andere gleiche Texte
Spielbescheibung: „Ein Kind fängt an, eine Geschichte aus dem Lesebuch vorzulesen, auf die sich alle geeinigt haben. Dabei ersetzt es alle Selbstlaute durch i. Es darf so lange weiterlesen, bis es sich verliest, stockt oder doppelt ansetzen muss, um ein Wort zu bewältigen. Passiert das, so rufen alle im Chor „iiii", und das nächste Kind kommt an die Reihe. Wer eine vorher bestimmte Anzahl von Wörtern schafft (im 2. Schuljahr etwa zehn, sonst mehr), darf den nächsten Selbstlaut bestimmen, durch den alle anderen ersetzt werden sollen."
Das Spiel ist zu Ende, wenn alle Selbstlaute durchprobiert sind.
Variation: Die Kinder schreiben kleine Aufträge, die in der Klasse durchführbar sind, mit ersetzten Selbstlauten auf. Ein durch Los bestimmtes Kind liest möglichst schnell vor, was es aufgeschrieben hat. Wer es als Erster kapiert und den Auftrag ausführt, liest als Nächster vor. *(GUDER 1983, S. 11)*

658 Selbstlautlos

Material: Lesebücher, Stifte und Papier
Spielbeschreibung: Die Kinder suchen sich im Lesebuch ein Gedicht oder eine Geschichte aus und schreiben den Anfang davon (ohne Überschrift) auf einen Zettel. Dabei lassen sie alle Selbstlaute aus. Wenn alle Kinder etwa zehn bis zwanzig Wörter selbstlautlos aufgeschrieben haben, werden die Zettel eingesammelt, gemischt und wieder ausgeteilt. Alle versuchen, so schnell wie möglich zu entschlüsseln, was auf dem Zettel steht, die Selbstlaute darunter zu schreiben und im Lesebuch nachzusehen, um etwaige Fehler zu korrigieren. Nach der Reihenfolge des Fertigwerdens können Punkte verteilt werden, von denen übersehene Fehler abgezogen werden.
Variationen: Jedes Kind schreibt einen Auftrag, der in der Klasse durchgeführt werden kann, auf. Ein Kind überträgt seinen Auftrag vom Zettel an die Tafel. Wer als Erster den Auftrag entschlüsselt und ausgeführt hat, schreibt den nächsten an.
Die Wortzwischenräume werden beim Aufschreiben weggelassen, so dass die Mitlaute in langer Reihe nebeneinander stehen.
Anmerkung: Die zweite Variation ist sehr schwierig und übersteigt auch die Möglichkeiten mancher 4. Klasse. *(GUDER 1983, S. 22)*

659 ABC-Sammelspiel

Material: große Karten mit den Buchstaben des Alphabets
Spielbeschreibung: Die Klasse wird in zwei Gruppen geteilt. Jede Gruppe erhält die gleiche Anzahl Buchstabenkarten (außer C, Q, X, Y) und versucht nun, zu jedem Buchstaben möglichst schnell mindestens einen Gegenstand mit passendem Anfangsbuchstaben zu finden, z.B. A = Arbeitsblatt, B = Buch ...
Die Gruppe, die zuerst alle Gegenstände gesammelt hat, ist Sieger.
Variationen: Paarweise können zu den Buchstaben so viele Gegenstände gesucht werden, wie es die vereinbarte Zeit erlaubt.
Schwieriger wird die Suche, wenn nur Gegenstände aus einem bestimmten Bereich erlaubt sind, z.B. Natur, von Menschen hergestellt, zum Spielen geeignet ...
Anmerkung: Wird das Spiel zum Schuljahresbeginn durchgeführt, werden die Schüler mit dem neuen Klassenzimmer vertraut gemacht.
Bei schönem Wetter kann dieses Spiel gut draußen gespielt werden. Es können dann Gegenstände wie Ahornblatt, Birkenrinde ... gebracht werden. *(DIE GRUNDSCHULZEITSCHRIFT 68/1993, S. 59)*

660 Ich sehe was, was du nicht siehst – Variante I

Spielbeschreibung: Die Kinder stellen sich wie folgt Rätsel: „Ich sehe was, was du nicht siehst, und das fängt mit B an." Wird das Rätsel nicht gelöst, kann das Kind mit der äußeren Form nachhelfen, z.B.: „Ich sehe was, was du nicht siehst, und das ist krumm." Wer ein Rätsel löst, stellt die nächste Frage.
Variationen: Statt den Anfangsbuchstaben zu nennen, kann auch eine große Karte mit dem entsprechenden Buchstaben gezeigt werden.
An Stelle des Anfangslautes kann auch der Endlaut oder eine Silbe angegeben werden. *(REGELEIN 1980, S. 115)*

661 Wir wollen kochen – Kohl und Knochen

Material: Buchstabenkärtchen – ohne C, I, J, Qu, V, X, Y, CK, aber mit SCH und ST, viele aus Zeitungspapier gefaltete Hüte
Spielbeschreibung: In der Mitte werden in einem kleinen Kreis die Buchstabenkärtchen verdeckt ausgelegt. In diesem Kreis werden auch die Papierhüte gestapelt, die vor dem Spiel von den Kindern gefaltet worden sind (etwa zwei für jeden). Ein Kind deckt eins der Kärtchen auf. Ist es z.B. das A, sagt es: „Wir wollen kochen, alles, was mit A beginnt." Das Kind setzt sich wieder und fängt vielleicht mit „Apfelmus" an. Das nächste Kind folgt z.B. mit „Aprikosenmarmelade". So geht es im Uhrzeigersinn weiter, bis ein Kind keine Speise mehr kennt, die mit A beginnt. Es holt sich dann einen Papierhut aus der Mitte, setzt ihn auf und ruft: „Ich hör auf, Deckel drauf!"
Wiederholt ein Kind eine schon genannte Speise oder zögert zu lange, so rufen alle im Chor: „Hör bloß auf, Deckel drauf!" Auch dieses Kind muss einen Papierhut aufsetzen.
Das nächste Kind in der Reihe deckt ein weiteres Kärtchen auf, verkündet mit dem Spruch, um welchen Buchstaben es sich handelt, und setzt das Spiel mit der Nennung einer Speise mit dem neuen Anfangsbuchstaben fort.
Ist in der zweiten Runde ein Kind mit Hut an der Reihe, so kann es diesen wieder absetzen, wenn es, ohne zu zögern, zwei Speisen nennen kann. Schafft es nur eine Nennung, geht das Spiel weiter wie bisher. Fällt ihm wieder nichts ein oder nennt es etwas zum zweiten Mal, muss es noch einen Hut über den ersten aufsetzen.
Variationen: An Stelle einer festgelegten Reihenfolge kann auch ein kleiner Ball hin und her geworfen werden, um das nächste Kind zu bestimmen. Das Kind, das einen Hut aufsetzen muss, wirft den Ball mit der Aufforderung „Deckel drauf, deck du auf!" weiter.
Außer „Kochen" können auch andere Themen wie Tiere, Pflanzen, Städte oder Flüsse gewählt werden.

Anmerkung: Leichter wird das Spiel, wenn auch Ableitungen einer Grundspeise erlaubt sind, z. B. Apfelmus, Apfelkompott, Apfelkuchen, Apfelsaft ...
Schwerer wird es, wenn das „Kochen" wörtlich genommen wird und alle anderen Zubereitungsarten ausfallen. *(GUDER 1983, S. 34 f.)*

662 Kreiswörter

Material: ca. 100 vorgefertigte Karten
Spielbeschreibung: Auf den Karten ist jeweils ein Wort im Kreis geschrieben. Die Kinder müssen den Wortanfang finden und das Wort laut vorlesen. Hat es das Wort richtig genannt, darf es die Karte behalten.
Beispiel:

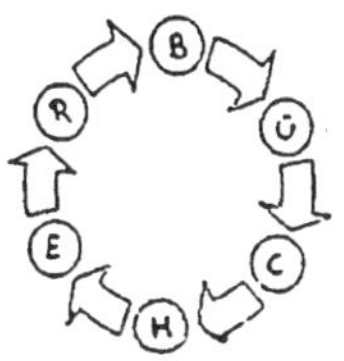

Anmerkung: Die Kinder müssen aus einer vorgegebenen Buchstabenreihe den Anfangsbuchstaben finden. Sie können das Spiel allein oder zu mehreren spielen. Es bietet sich an, das Wort auch aufzuschreiben. *(Quelle unbekannt)*

663 Buchstaben lernen laufen

Spielbeschreibung: Jedes Kind bekommt einen Buchstaben um den Hals gehängt. Der Lehrer nennt ein Wort und es wird versucht, dieses Wort möglichst rasch zusammenzubauen, indem die Kinder sich in der richtigen Reihenfolge zusammenstellen.
(BRUNNER 1984, S. 90)

664 Alle Vögel fliegen hoch – Variante

Spielbeschreibung: Die Schüler sitzen im Kreis und legen ihre Hände auf die Knie. Die Lehrerin ruft: „Alles, was ein B hat, fliegt hoch", und wirft die Hände hoch. Darauf lassen alle Schüler ebenfalls die Hände über ihren Köpfen durch die Luft fliegen und dann wieder auf die Knie fallen. Die Lehrerin zählt eine ganze Reihe von Wörtern auf. Beginnen

diese Wörter mit B, werfen die Schüler ihre Hände in die Luft. Schmuggelt die Lehrerin andere Wörter wie Apfel ein, müssen die Hände unten bleiben. Wer trotzdem die Hände ausstreckt, wird mit einem Pfand bestraft. Die Lehrerin darf auch dann die Hände in die Luft werfen, wenn sie ein „falsches“ Wort nennt.
Variationen: Das Spiel kann auch mit anderen Buchstaben des Alphabets gespielt werden. Buchstaben wie J, Q, V, X, Y, Z eignen sich natürlich nicht so gut.
Alle Himbeeren fliegen hoch. Das Spiel kann mit allen Beerensorten gespielt werden. Neben anderen Wörtern können zur Lautunterscheidung auch Wörter wie Eisbären hineingeschmuggelt werden.
Anmerkung: Die Spielleitung kann auch von einem Schüler übernommen werden. Die Wörter müssen schnell aufeinander folgen, damit die Kinder nicht zu viel Zeit zum Überlegen haben. Bei der Variation „Alle Himbeeren fliegen hoch“ kommt es auf genaues Zuhören an.
Die Schüler können auch am Platz sitzen bleiben und die Hände auf den Tisch legen. *(Quelle unbekannt)*

665 Stadt – Land – Fluss

Material: Stift und Papier
Spielbeschreibung: Jedes Kind zeichnet auf sein Blatt Papier vier Spalten und schreibt nebeneinander in die Rubriken Stadt, Land, Fluss, Name. Ein Kind sagt laut den Buchstaben A an und geht in Gedanken das weitere Alphabet durch. Ein anderes Kind ruft „Halt!“. Das erste Kind nennt den Buchstaben, bei dem es gerade angekommen war. Nun muss jedes Kind so schnell wie möglich in die entsprechende Rubrik eine Stadt, ein Land, einen Fluss und einen Eigennamen eintragen, die mit dem genannten Buchstaben anfangen. Wer fertig ist, ruft „Halt!“, danach darf nichts mehr notiert werden. Ein Kind beginnt und liest seinen Städtenamen vor. Taucht die gleiche Stadt auch noch bei anderen auf, wird sie bei allen gestrichen. Dann kommen Land, Fluss und Eigenname dran. Anschließend liest der Nächste vor, was bei ihm noch nicht gestrichen ist. Zum Schluss bleiben nur noch wenige Namen übrig, die ein Kind für sich allein hat. Wer davon die meisten hat, ist Sieger.
Variationen: Die Namen können mit einer bestimmten Punktezahl bewertet werden, z. B.:
– fünf Punkte für Namen, die doppelt vorkommen,
– zehn Punkte für Namen, die nur einmal vorkommen,
– zwanzig Punkte, wenn nur ein einziges Kind die Rubrik ausgefüllt hat.
Die Rubriken können mit beliebigen Begriffen gefüllt werden, z. B. mit Wortarten wie Adjektiv, Substantiv, Verb oder mit Begriffen aus dem Sachunterricht wie Berufe, Tiere, Berge, Pflanzen.
(KOLB 1994, S. 185)

666 Kreuzwörter

Material: ca. 100 vorgefertigte Karten
Spielbeschreibung: Auf den Karten sind Wörter mit vier Buchstaben nach folgendem Schema abgebildet:
Die Kinder müssen das richtige Wort finden und nennen. Hat es das richtige Wort genannt, darf es die Karte behalten.

Anmerkung: Die Kinder müssen aus den vorgegebenen Buchstaben ein Wort bilden. Sie können es allein oder zu mehreren spielen. Es bietet sich auch an, das Wort aufzuschreiben. *(ZO 2-3)*

667 Tigerjagd II

Material: Karten mit Tiernamen, Stift und Papier
Spielbeschreibung: Der Spielleiter verteilt gut sichtbar numerierte Karten, auf die er Tiernamen mit vertauschten Großbuchstaben geschrieben hat. Nun muss jedes Kind umhergehen und herausfinden, welches Tier gemeint ist, und den Namen richtig auf ein Blatt Papier schreiben. Nach fünf bis zehn Minuten hat das Kind gewonnen, das die meisten Tiernamen aufgeschrieben hat.
Beispiele:

TELEFAN	(Elefant)	MURWALUF	(Maulwurf)
MUSA	(Maus)	HANNICKEN	(Kaninchen)
EIZEG	(Ziege)	NETE	(Ente)
FARIFEG	(Giraffe)	SANG	(Gans)
NEIBE	(Biene)	KETAZ	(Katze)
LEREFOL	(Forelle)	PINATOLE	(Antilope)
LESE	(Esel)	MESAL	(Amsel)
STAMHER	(Hamster)	GRÄNKUU	(Känguru)

Anmerkung: Ziel des Spiels ist es, aus einer Reihe ungeordneter Buchstaben sinnvolle Wörter zu bilden. *(WA)*

668 Kritzelhans

Material: Stift und Papier
Spielbeschreibung: Jedes Kind schreibt in großen Druckbuchstaben auf seinen Zettel oben an den Rand das Wort KRITZELHANS. Dann fangen alle an, aus Buchstaben, die dieses Wort enthält, neue Wörter zu bilden. Jeder Buchstabe darf in jedem Wort nur einmal auftauchen, aber im nächsten wieder verwendet werden. Wer zuerst zehn Wörter aufgeschrieben hat, ruft „stopp". Das Spiel wird abgebrochen, und das Kind liest seine Wörter vor. Unter jedes Wort, das andere Kinder auch gefunden haben, machen alle einen Strich. Wenn das erste Kind alle seine Wörter vorgelesen hat, liest ein anderes Kind alle seine Wörter vor, die noch nicht unterstrichen sind. Alle mehrfach vorkommenden Wörter werden wieder unterstrichen. Das geht so lange, bis keine neuen Wörter mehr genannt werden. Jedes unterstrichene Wort zählt einen Punkt, alle nicht unterstrichenen zählen zwei Punkte. Das Kind mit den meisten Punkten ist Sieger.
Variation: Die Kinder legen mit Buchstabenkärtchen das vorgegebene Wort und versuchen, durch das Umstellen der Buchstaben neue Wörter zu bilden. Dadurch wird verhindert, dass die Kinder einen Buchstaben mehrmals verwenden.
Anmerkung: Im Prinzip ist jedes Wort ab etwa acht Buchstaben geeignet. Je länger ein Wort ist, desto mehr Wörter können daraus gebildet werden, aber desto unübersichtlicher wird es auch. Ziel des Spiels ist es, Wörter aus vorgegebenen Buchstaben durch Austausch, Wegnehmen und Hinzunehmen sowie durch Umstellen von Buchstaben zu bilden.
KRITZELHANS ist sehr ergiebig:
KNIE; KAHN; TANZ; SATZ; ZAHL; HASE; NASE; SAHNE; REISE; LEISE; HERZ; KERZE; RITZE; LISTE; SITZ, HAKEN; HARKEN; KRANZ; KRATZEN; KATZEN; KITZELN; KRITZELN; STARK.
(GUDER 1983, S. 15 f.; REGELEIN 1980, S. 112)

669 Such ein Wort – nimm es fort

Material: 400 Zettel etwa DIN A4, Schreibstifte
Spielbeschreibung: Die Kinder schreiben gemeinsam Buchstaben auf Zettel, und zwar in verschiedener Anzahl, wie es etwa ihrer Häufigkeit in der deutschen Sprache entspricht:
- je 30 A, E;
- je 25 I, O, U;
- je 15 B, D, F, G, H, L, M, N, R, S, T;
- je 10 CH, SCH, K, CK, P, W, Z
- je 15 Ä, Ö, Ü, J, Qu, V, X, Y, ß.

Die Buchstabenzettel werden mit der leeren Seite nach oben in die Mitte des Sitzkreises gelegt. Ein Kind dreht einen Zettel um und legt ihn gut sichtbar hin. Das nächste Kind macht dasselbe, und so geht es weiter, bis ein Kind aus einigen Buchstaben ein Wort bilden kann, z. B. SALZ. Es ruft dann:
„Salz heißt mein Wort, ich nehm es fort!",
nimmt die Buchstaben aus der Mitte weg und legt das Wort SALZ vor sich hin. Reihum werden die nächsten Buchstaben aufgedeckt, bis wieder ein Kind ein Wort bilden kann.
Merkt ein Kind, dass es aus einem Wort, das schon vor einem anderen Kind liegt, durch Davorsetzen oder Dranhängen von einem oder mehreren Buchstaben ein neues Wort bilden kann, so darf es sich mit demselben Spruch dieses Wort wegholen und mit den neuen Buchstaben vervollständigt vor sich hinlegen.
So kann aus SALZ SALZEN und aus EIS REIS werden. Jedes Kind darf auf diese Weise auch seine eigenen Wörter verlängern und verringert somit die Gefahr, dass ein anderes Kind ihm das Wort wegnimmt.
Hat ein Kind drei Wörter vor sich liegen, so pausiert es eine Weile und ruft beim nächsten Wort, das es entdeckt:
„Ich seh ein Wort, wer nimmt es fort?"
Es macht dadurch die Kinder darauf aufmerksam, dass ein Wort entdeckt werden kann. Wenn es eins seiner eigenen Wörter verlängern kann, so darf es das weiterhin tun. Wird ihm eines seiner Wörter entführt, darf es wieder aktiv mitspielen.
Das Spiel ist zu Ende, wenn jedes Kind drei Wörter gebildet hat oder wenn alle nutzbaren Buchstaben verbraucht sind.
Anmerkung: Bei diesem Spiel geht es darum, Wörter aus vorgegebenen Buchstaben zu bilden. Vorher sollte auf jeden Fall vereinbart werden, ob zusammengesetzte Wörter erlaubt sind.
In der Mitte des Kreises muss ausreichend Platz sein, um die Wörter so auslegen zu können, dass niemand behindert wird.
Bei Rechtschreibfehlern muss das Wort wieder abgegeben werden. Die Buchstaben werden verdeckt in den Haufen zurückgelegt.
Die Beschränkung auf eine Höchstzahl von Wörtern, die ein Kind für sich auslegen darf, ist wichtig, damit die sicheren Leser nicht zu große Vorteile haben. *(GUDER 1983, S. 8 f.)*

670 Galgenmännchen

Material: Stift und Papier
Spielbeschreibung: Ein Kind überlegt sich ein langes Wort und zeichnet für jeden Buchstaben einen Strich auf seinen Zettel. Ein anderes Kind versucht, Buchstabe für Buchstabe, das Wort zu erraten. Hat es

dabei Glück, trägt das erste Kind den richtig geratenen Buchstaben über den entsprechenden Strich ein. Nennt es jedoch einen falschen Buchstaben, zeichnet das erste Kind für jeden falschen Buchstaben einen Strich an das Galgenmännchen. Kann es das Galgenmännchen für das ratende Kind ganz bis zu Ende zeichnen, hat das Kind, das die Aufgabe gestellt hat, gewonnen. Findet das ratende Kind das Wort vorher heraus, hat dieses gewonnen. Anschließend tauschen die Kinder ihre Rollen.

Beispiel:

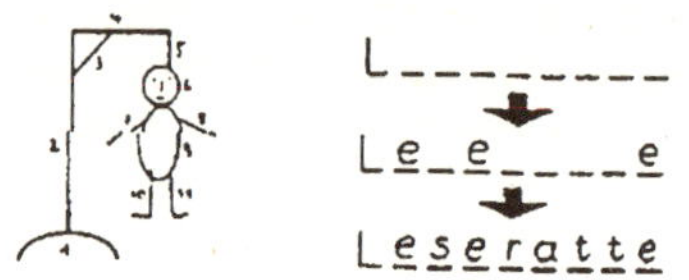

Variation: Das Spiel kann auch in kleinen Gruppen gespielt werden. Die Gruppe spielt dann gegen das Kind, das sich ein Wort ausdenkt. Die Kinder dürfen reihum einen Buchstaben nennen. Weiß eines den Begriff, darf es ihn nennen. Hat es das Wort erraten, darf es sich ein neues überlegen. War das Wort falsch, wird ein Strich an das Galgenmännchen gezeichnet.

Anmerkung: Das Spiel kann auch mit der ganzen Klasse an der Tafel gespielt werden. *(KOLB 1994, S. 188; REGELEIN 1990, S.117)*

671 Gefüllte Kalbsbrust

Material: Stift und Papier

Spielbeschreibung: Ein Kind gibt ein Wort vor, dass die anderen Kinder von oben nach unten und von unten nach oben aufschreiben, z.B.:

S	N	**S** O H	**N**
T	R	**T** Ü	**R**
E	E	**E** L K	**E**
R	T	**R** O	**T**
N	S	**N** I K O L A U	**S**

Alle Kinder müssen nun ganz rasch die Lücken zwischen den Buchstaben so füllen, dass sinnvolle Wörter entstehen. Wie viele Buchstaben jedes Kind einsetzt, bleibt ihm überlassen. Wer zuerst fertig ist, ruft „Halt!“ Die Kinder erhalten für jedes gefundene Wort zwei Punkte. Wenn ein anderes Kind das gleiche Wort aufgeschrieben hat, erhält jeder nur einen Punkt. Eine neue Runde beginnt. Sieger ist das Kind, das am Ende die meisten Punkte sammeln konnte.

Anmerkung: Bei diesem Schreibspiel geht es darum, Wörter mit vorgegebenen Anfangs- und Endbuchstaben zu finden.
(REGELEIN 1980, S. 110)

672 Wortsuchspiel

Material: Spielplan und Wortkarten
Spielbeschreibung: Auf dem Spielplan, der in 16 kleine Felder unterteilt ist, stehen 16 Buchstaben. Ein Kind nimmt die oberste Karte von dem verdeckt liegenden Wortkartenstapel. Es liest sich die Karte leise durch, sucht die Buchstaben auf dem Spielplan und tippt sie der Reihe nach mit dem Finger an. Die anderen Kinder müssen erraten, wie das Wort heißt. Wer es zuerst nennt, bekommt die Karte. Sieger ist das Kind, das die meisten Karten sammeln kann.
Beispiel:

D	E	A	G
N	C	J	L
A	K	H	D
L	F	B	I

Kabine,
Jacke, Dach,
Laden,
danke, Nadel,
Bahn,
Gabe, baden,
Dackel, Hacke, kahl ...

Anmerkung: Das Spiel eignet sich für kleinere Gruppen, Partner- oder Einzelarbeit. Es fördert die visuelle Wahrnehmung, weil Wörter aus durcheinander vorgegebenen Buchstaben erkannt werden müssen.
(ZO 2–3)

Spiele mit Wörtern und Silben

Eine Vielzahl von Spielen kann in den Bereichen Hörerziehung, Artikulation, Lesefähigkeit, rechtschriftliche Sicherheit, Wortschatzerweiterung, grammatikalische Grundkenntnisse und mündliche Sprachgestaltung eingesetzt werden. Durch den Umgang mit Reimwörtern (Reimspiel; Dichten, Sichten, Schichten) gewinnen die Kinder Freude am mündlichen Ausdruck und durch Analogiebildung rechtschriftliche Sicherheit *(REGELEIN 1980, S. 97)*. Die Kinder erhalten Einblick in die Bedeutung von Wörtern (Teekesselchen) und in die Möglichkeiten der Wortbildung.

673 Signalwörter

Material: Lesebuch
Spielbeschreibung: Jedes Kind bekommt ein Wort aus einem Text zugeteilt. Wenn alle Kinder an ihren Plätzen stehen, wird der Text vorgelesen. Hört ein Kind sein eigenes Signalwort, setzt es sich hin. Am Ende des Spiels müssen alle Kinder sitzen.
Variation: Immer wenn ein vorher festgelegtes Wort genannt wird, klopfen die Kinder einmal auf den Tisch. *(KO)*

674 Bild-Wort-Domino

Material: Domino-Karten
Spielbeschreibung: Auf Domino-Karten sind beispielsweise Gemüsesorten bildlich und schriftlich dargestellt. Auf einer Kartenhälfte ist ein Gemüsebild zu sehen, auf der anderen steht eine andere Gemüsesorte. Steht auf der Karte „Karotte“, so muss das Bild einer Karotte angelegt werden. Auf der angelegten Karte ist dann z. B. „Rotkohl“ zu lesen. Daran kann nur eine Karte mit dem Bild eines Rotkohls angelegt werden.
Beispiel:

(ZO)

675 Bild-Wort-Memory

Material: Memorykärtchen
Spielbeschreibung: Bei Memory müssen immer zwei zusammengehörige Karten gefunden werden. Bei dieser Variante passen aber nicht zwei gleiche Bilder zusammen, sondern immer ein Wort und das entsprechende Bild, z. B. zur Einübung von Wörtern mit ei: Eimer, Reis, Pfeil, Bein, Stein, Leiter, Osterei, Beil, Ameise, Eisenbahn, Eis, Schwein, Kleid, Reifen ...
Beispiel:

Variation: Musikinstrumente: Flöte, Klavier, Tuba, Trompete, Gitarre, Triangel, Becken, Xylophon, Trommel, Violine, Saxophon ...

Anmerkung: Diese Begriffe bieten sich an, weil sie zeichnerisch gut darstellbar sind. Ein Bild-Wort-Memory kann zu sehr vielen Themen eingesetzt werden. *(KO 1, ZO 3)*

676 Mein rechter Platz ist frei – Variante II

Material: Wortkarten mit Begriffen, die beispielsweise ei enthalten.
Spielbeschreibung: Die Kinder sitzen im Kreis; ein Stuhl bleibt frei. Jedes Kind hält eine Wortkarte, z.B. Reise, Eis, Eimer ... vor sich. Das Kind links von dem freien Stuhl wünscht sich nun einen Partner her, indem es sagt: „Mein rechter, rechter Platz ist frei, ich wünsche mir die Reise herbei." *(KO1)*

677 Wortbingo

Material: Bingo-Spielplan, Wortkarten und Spielsteine
Spielbeschreibung: Die Kinder wählen aus ca. 30 Lernwörtern neun beliebige aus, die sie auf ihren Bingo-Spielplan, der aus neun rechteckigen Feldern besteht, schreiben. Der Lehrer hat einen Stapel mit Wortkarten verdeckt vor sich liegen. Er nimmt das oberste Kärtchen auf und liest das Wort vor. Jedes Kind, das das Wort auf seinem Spielplan findet, legt einen Spielstein oder etwas Ähnliches darauf. Wenn ein Kind die Wörter einer Reihe waagrecht, senkrecht oder diagonal belegt hat, ruft es laut „Bingo".
Beispiel:

AUF	BALD	DANN
HIER	MEIN	ODER
SCHON	UNTER	NUN

Variation: Die Kinder wählen aus ca. 20 Lernwörtern drei aus, die sie aufschreiben. Der Lehrer liest nun Wörter vor, die die Kinder mit ihren vergleichen und bei Übereinstimmung abhaken. Wer zuerst alle drei Wörter abhaken konnte und „Bingo" ruft, ist der Gewinner.
Anmerkung: Die Spielpläne können mehrmals verwendet werden, wenn die Kinder die Spielpläne mit ihren Lernwörtern untereinander tauschen.
Der Spielleiter benötigt nicht unbedingt Wortkarten, er kann die Wörter auch ungeordnet aufrufen.
Da das Wortbingo das Einüben von Merkwörtern zum Ziel hat, eignet es sich zur Diktatvorbereitung. Die Kinder können sich anschließend die Wörter, die gelegt worden sind, gegenseitig diktieren. Dabei darf das Vergleichen aber nicht vergessen werden. *(KO, WA)*

678 Rücken-ABC

Spielbeschreibung: Die Kinder gehen paarweise zusammen; ein Kind setzt sich im „Reitersitz" auf den Stuhl, das andere steht dahinter. Das hintere Kind schreibt dem Partner ein kurzes Wort buchstabenweise auf den Rücken, das dieser erraten muss. Nach drei Wörtern wird gewechselt. Die „Rückentafel" muss nach Gebrauch abgewischt werden. *(DIE GRUNDSCHULZEITSCHRIFT 1993, S. 66)*

679 Rückenmassage

Material: Bildkarten
Spielbeschreibung: Ein Kind sitzt im „Reitersitz" auf dem Stuhl und schreibt Wörter nach Bildern auf. Ein zweites Kind steht dahinter und kontrolliert die Rechtschreibung. Sieht es einen Fehler, klopft es dem Schreiber auf die Schulter und schreibt den fehlenden oder falschen Buchstaben auf den Rücken. Nach einigen Wörtern wird gewechselt.
Anmerkung: Das Spiel ist nur effektiv, wenn das hintere Kind in der Lage ist, die Rechtschreibung zu kontrollieren. *(KO 1)*

680 Wortketten

Spielbeschreibung: Ein Kind nennt ein beliebig zusammengesetztes Substantiv. Reihum muss jedes Kind ein anderes zusammengesetztes Substantiv nennen. Das Substantiv muss aber mit dem zweiten Teil des vorher genannten Wortes beginnen. Die Kette reißt, wenn ein Kind kein zusammengesetztes Wort mehr weiß oder ein schon genanntes wiederholt.
Beispiel: Hochhaus – Hausbau – Baustoff – Stoffkatze – Katzenaugen – Augenapfel – Apfelbaum – Baumhaus – Hausmeister ...
Variationen: Das folgende Wort beginnt jeweils mit dem Endbuchstaben des vorher genannten, z. B.: Hut – Teller – Rose – Esel – Lampe – Ente ...
Wort-Tennis: Es wird ein Tennisball umhergegeben. Wer den Tennisball hat, muss das nächste zusammengesetzte Substantiv nennen. Dabei werden Punkte verteilt (Wörter gezählt). Führt man dieses Spiel über einen längeren Zeitraum konstant durch, können Titel vergeben werden, z. B. Pete Sampras, Martina Hingis, Andre Agassi (an der Weltrangliste orientiert).
Anmerkung: Ziel des Spiels ist ein einfaches assoziatives Aufstocken, ein Weiterführen von Wortkombinationen. Zusammengesetzte Substantive bestehen aus einem Grund- und einem Bestimmungswort. Die Kinder erkennen durch das Bilden von Wortketten, dass jedes

Grundwort zum Bestimmungswort eines neuen zusammengesetzten Substantivs werden kann. *(LÜDEKE 1980, S. 45 f.)*

681 Wörterschlange

Spielbeschreibung: Die Kinder sitzen im Kreis, ein Kind gibt einen Begriff vor, z.B. Bach. Reihum nennen die Kinder ein Wort, das ihnen zu „Bach" einfällt, z.B.: Wasser, Fisch, Steine, Moos, Libelle ... Schwierig dabei ist, dass die vorangegangenen Begriffe wiederholt werden müssen.
Variation: Die Kinder nehmen Stift und Papier zur Hand und schreiben in einer vorgegebenen Zeit so viele Assoziationen auf, wie ihnen zu einem bestimmten Begriff einfallen. Anschließend wird der „Wort-Weltmeister" bestimmt.
Anmerkung: Dieses Spiel bietet sich zur Wortschatzerweiterung an, weil die Kinder spontan Wörter finden müssen, die zu einem Wortfeld gehören. *(TR 3)*

682 Silbenhopse

Material: Klebeband oder Kreide
Spielbeschreibung: Den Silben entsprechend werden Felder auf den Boden geklebt, in denen jeweils eine Silbe steht. Ein Kind hat einen Stapel mit den zu übenden Wörtern. Es liest ein Wort vor, der Spielpartner erhüpft das Wort und spricht dabei die Silben laut.
Beispiel: Wet-ten, Ka-len-der ...

(DIE GRUNDSCHULZEITSCHRIFT 1992, S. 53)

683 Peng-Gesang

Spielbeschreibung: Die Schüler singen einfache, allen bekannte Lieder. Zuvor wird vereinbart, dass jedes „der“, „die“ und „das“ durch „peng“ ersetzt wird. Dann wird gesungen und alle Kinder hören sofort auf, wenn ein Kind nicht mitgedacht hat. Hat ein Kind einen Fehler gemacht, muss es aufstehen, beim zweiten Fehler sich hinter den Stuhl stellen und beim dritten Mal endgültig ausscheiden. *(BARTL 1992)*

684 Silbensalat

Spielbeschreibung: Die Kinder sitzen entweder im Kreis oder an ihren gewohnten Plätzen im Klassenzimmer. Ein durch Los bestimmtes Kind wird hinausgeschickt, damit ohne sein Wissen ein mehrsilbiges Wort vereinbart werden kann, das dieses Kind erraten soll. Noch während es draußen ist, werden die einzelnen Silben auf die Kinder verteilt. Dann wird es hereingeholt und alle rufen ihm ihre Silben laut und deutlich, aber regellos durcheinander, ununterbrochen zu. Wenn das Kind meint, das Wort erkannt zu haben, hebt es seine Hand, und die anderen verstummen schlagartig. Es nennt das Wort. Stimmt es nicht, so fangen alle sofort wieder an, ihre Silben zu rufen. Stimmt das Wort, so darf es das nächste Kind bestimmen und das nächste Wort vorschlagen. Nach drei Irrtümern wird abgebrochen und das nächste Kind durch Los bestimmt.
Variation: Statt der Silben können auch Wörter eines bekannten Sprichwortes, eines Liedanfangs oder einer Gedichtstrophe durcheinander gerufen werden.
Anmerkung: Die Kinder müssen einzelne Silben erhören und durch die richtige Anordnung der identifizierten Silben ein sinnvolles Wort bilden. Im 2. Schuljahr reichen zwei bis drei Silben meist völlig aus. *(GUDER 1983, S. 17)*

685 Reimspiel

Material: Kärtchen mit zweisilbigen Substantiven
Spielbeschreibung: Die Karten mit den zweisilbigen Substantiven liegen verdeckt auf dem Tisch. Eine Karte wird umgedreht, z. B. Tasse. Dazu passende Reimwörter werden von jedem Kind auf einen Zettel geschrieben, z. B.: Klasse, Rasse, Masse, Kasse ... Anschließend werden die Reimwörter dieser Runde gezählt; Wörter, die mehrfach vorkommen, zählen nicht. Gewonnen hat, wer zum Schluss die meisten Reimwörter finden konnte. *(KO)*

686 Dichten – Sichten – Schichten

Material: Stift und Papier

Spielbeschreibung: Die Kinder denken sich in Dreiergruppen je drei Tätigkeitswörter aus, die sich reimen (siehe Überschrift). Dann teilen sie die Begriffe unter sich auf und überlegen, wie sich die Begriffe pantomimisch darstellen lassen. Im Kreis stellen die Gruppen ihre Reimwörter vor. Jedes Kind notiert sich auf seinen Zettel, welche Begriffe es zu erkennen glaubt. Wer zuerst alle drei Tätigkeiten erraten hat, ruft „stopp" und liest seine Vermutungen vor. Stimmen sie alle drei, so kommt seine Gruppe an die Reihe. Stimmt die Vermutung nicht, wiederholt die erste Gruppe ihre Pantomimen.

Beispiele: Graben, hacken, lachen, zählen, tragen, fallen, falten, schrauben, fauchen, hauen, laufen, lauschen, heben, brechen, lecken, fegen, gehen, zeigen, beißen, lenken, essen, setzen, nicken, fliegen, schießen, springen, flitzen, gucken, bücken und rühren sind Tätigkeiten, zu denen es viele reimende Wörter gibt.

Variation: Schwerer, aber auch reizvoller wird das Spiel, wenn ein Kind eine Tätigkeit darstellt, die es sich allein ausgedacht hat. Ein anderes Kind, das sie erkannt hat, stellt als Nächstes eine Tätigkeit dar, die sich darauf reimt, ohne dass vorher ausgesprochen wurde, worum es sich handelt.

Anmerkung: Das Spiel wird leichter, wenn die Lehrerin Zettel vorbereitet hat, auf denen je drei solcher Tätigkeiten aufgeschrieben sind. *(GUDER 1983, S. 29)*

687 Einkaufsbummel

Spielbeschreibung: Jedes Kind nennt reihum drei Gegenstände, die es beim Einkaufsbummel in einer Kaufhaus-Abteilung finden kann, z. B.: „In der Elektro-Abteilung gibt es CD-Player, Mixer und Fernsehgeräte."

Anmerkung: Die Kinder suchen Substantive in einem Wortfeld als Unterbegriffe zu vorgegebenen Oberbegriffen. Sie erweitern und festigen dabei ihren Wortschatz zu einem Oberbegriff. Das Spiel sollte sehr zügig durch die Klasse laufen. *(LÜDEKE 1980, S. 45)*

688 Hör und klatsch

Spielbeschreibung: Der Lehrer liest eine Geschichte vor. Immer dann, wenn ein bestimmtes, vorher vereinbartes, Wort gelesen wird (z. B. er, sie oder es), klatschen die Kinder in die Hände. *(THIESEN 1990)*

689 Begriffe raten

Material: Stift und Papier
Spielbeschreibung: Ein Kind denkt sich einen Begriff aus dem Hauptthema „Bach“ aus, z. B. Fisch, und beschreibt ihn kurz: „lebt im Wasser“. Die anderen Kinder stellen reihum so lange Fragen, bis sie den Begriff erraten haben. Wer den Begriff erraten hat, darf sich einen neuen überlegen. *(KL, TR 3)*

690 Dalli-Dalli

Material: Küchenwecker oder Sanduhr
Spielbeschreibung: Auf das Kommando eines Spielleiters hin („Dalli-Dalli!“) nennt ein Spieler möglichst viele Begriffe zu einem vorher festgelegten Bereich. Nach Ablauf der vereinbarten Zeit wird das Spiel gestoppt und die Begriffe gezählt. Für jeden richtigen Begriff gibt es einen Punkt.
Anmerkungen: Auf diese Art können Kenntnisse vielfältigster Art eingebracht werden:
Was kann man anziehen, essen ...? – Welche Tiere, Pflanzen usw. kennst du? – Was tust du gern? Was ärgert dich ...?
Bei diesem Spiel geht es vorrangig darum, Oberbegriffe aufzuschlüsseln. *(REGELEIN 1992)*

691 Teekesselchen

Material: Karten mit „Teekessel“-Begriffen
Spielbeschreibung: Zwei Kinder bekommen ein „Teekesselwort“, das heißt, sie erhalten jeweils eine Karte mit demselben Begriff, aber unterschiedlicher Bedeutung, z. B. Birne. Damit ist zum einen die Obstsorte und zum anderen die Glühbirne gemeint. Jedes Kind umschreibt dabei seine spezielle Bedeutung. Dabei können sie sich satzweise abwechseln: ein Kind beschreibt seinen Begriff mit einem Satz, dann beschreibt das andere Kind seine Bedeutung mit einem Satz. Die anderen Kinder müssen das Teekesselwort „Birne“ erraten. Wer das Teekesselwort errät, darf sich ein Kind aussuchen, mit dem es das nächste Teekesselwort vorstellen will.
Beispiele: Löwenzahn, Feder, Kette, Bank, Tau, Schimmel, Kiefer, Tafel, Bremse, Flügel, Pony, Kater, Ton, Schlange, Ball, Mühle, Boxer, Strauß, Hahn, Schloss ...
Variation: Teekesselbegriffe, die lautlich gleich gesprochen, aber verschieden geschrieben werden und unterschiedliche Bedeutung haben, z. B.: Moor und Mohr, Leib und Laib, Seite und Saite ...

Anmerkung: Vor dem Spiel sollte den Schülern erklärt werden, dass es Wörter gibt, die trotz unterschiedlicher Bedeutung denselben Sprachkörper haben (Homonyme), und dass es Wörter gibt, die trotz gleicher Aussprache, in der Schreibweise geringfügig voneinander abweichen (Homophone). *(REGELEIN 1990, S. 128)*

692 Tabu

Material: Wortkärtchen
Spielbeschreibung: Ein Kind zieht ein Wortkärtchen, auf dem ein Begriff steht, der erraten werden muss. Das Kind erklärt den Begriff, ohne das Wort selbst oder eine Abwandlung davon zu verwenden. Es kann sein Wort bei der Erklärung durch „Dingsbums" ersetzen, z. B.: „Mein Dingsbums sieht aus wie ein kleiner Koffer und kann sprechen wie ein Mensch ..." Wer den Begriff erraten hat, darf das nächste Kärtchen ziehen.
Anmerkung: Die Kinder lernen, zum einen Begriffe zu erklären und zum anderen Wörter aus dem Kontext heraus zu erraten.
(REGELEIN 1980, S. 101)

693 Wer bekommt die meisten „Dreier"?

Material: vorgefertigte Spielkarten
Spielbeschreibung: Das Dreier-Kartenspiel wird genauso wie Quartett gespielt, nur bilden bereits drei Karten einen vollständigen Kartensatz. Es gehören immer die drei Karten zusammen, auf denen dasselbe Verb in unterschiedlichen Verb- und Zeitformen steht, z. B.: „sehen", „sah" und „hat/hatte gesehen". *(WA)*

694 Verbformen-Lotto

Material: Legepläne und Bildkärtchen
Spielbeschreibung: Auf einem Legeplan befinden sich zwölf rechteckige Felder, in denen jeweils eine Aufgabe zu lösen ist, z. B.:
Die Zahl, die hinter der passenden Verbform steht, muss auf den Bildkärtchen gesucht werden. Hat das Kind das Kärtchen gefunden, legt es dieses auf den Legeplan. – Ein Gesamtbild verrät, ob sich das Kind immer richtig entschieden hat.
Variation: Auf dem Spielplan stehen Verben in Infinitivform, z. B. bringen, raufen, tragen, kaufen ... Zu jedem Feld gehört eine Karte, auf der das Verb zusammen mit einem Personalpronomen steht, z. B. sie bringt, wir raufen, ich trage, du kaufst ...

Verbformen – Lotto		
Er ... sie mögen (1) magst (2) mag (3)	Wir... Eis hole (4) holen (5) holt (6)	Ich ... dir schreibst (7) schreibe (8) schreibt (9)
Sie ... gern tanze (10) tanzen (11)	Du ... ein kaufst (12) kaufe (13) kaufen (14)	Ihr ... heute feier (15) feiern (16) feiert (17)

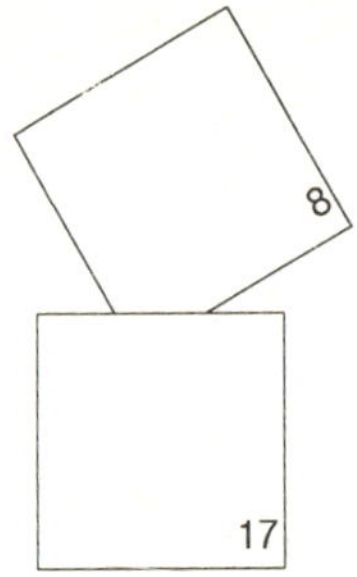

Anmerkung: Das Spiel kann auch mit mehreren Kindern nach den bekannten Lotto-Regeln, die in der Einführung beschrieben sind, gespielt werden. *(KL, KO)*

695 Verbformen-Quartett

Material: vorgefertigte Spielkarten
Spielbeschreibung: Ein Quartett besteht aus vier Karten, auf denen ein Verb in verschiedenen personalen Verbformen steht, z. B.: „essen", „ich esse", „du isst" und „er/sie/es isst". *(KO 3, ZO 2)*

696 Würfelspiel mit Verben

Material: vorgefertigte Holzwürfel
Spielbeschreibung: Gespielt wird mit vier „Spezialwürfeln", deren Flächen unterschiedlich beschriftet sind:
1. ich – du – er – sie – es – wir – ihr
2. ich – sie/alle – du – er/sie/es – wir – ihr
3. lernen – malen – würfeln – schreiben – basteln – denken
4. lachen – fühlen – weinen – planen – machen – arbeiten

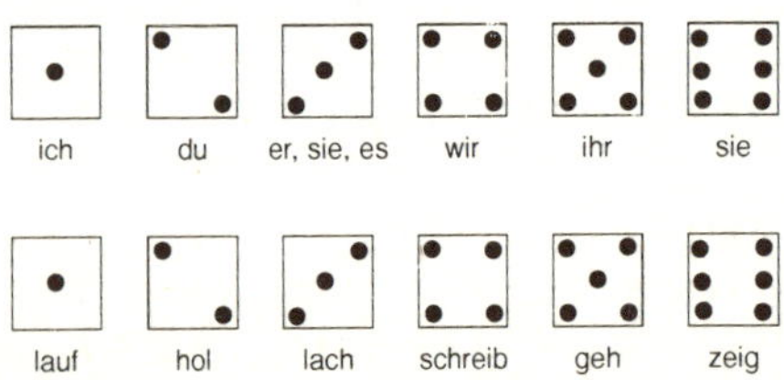

Ein Kind würfelt mit allen Würfeln und muss die erwürfelten Personalpronomen mit den erwürfelten Verben kombinieren, z. B.: ich weine.
Variation: An Stelle von vorgefertigten Würfeln können normale Zahlenwürfel eingesetzt werden. Der Spielplan sieht wie folgt aus:
Ein Kind würfelt nacheinander mit beiden Würfeln; der erste Wurf zeigt an, welches Fürwort und der zweite, welches Verb es nehmen muss. Das Kind muss die erwürfelte Kombination richtig bilden.

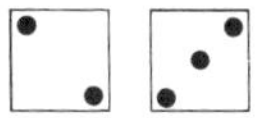

= du lachst

(KO 2, TR 3, WA)

697 Zusammengesetztes Namenwort – Memory

Material: vorgefertigte Memorykarten
Spielbeschreibung: Es gehören immer zwei Karten zusammen. Auf einer Karte stehen ein Verb und ein Substantiv und auf der anderen das entsprechende zusammengesetzte Substantiv.
Beispiele:
gießen + Kanne: Gießkanne
fahren + Rad: Fahrrad
laufen + Bahn: Laufbahn
bügeln + Eisen: Bügeleisen
Kochtopf, Waschschüssel, Lesebuch, Malblatt, Schreibheft ...
(KO)

698 Zusammengesetztes Namenwort – Quartett

Material: vorgefertigte Quartettkarten
Spielbeschreibung: Ein Quartett bilden vier Karten mit zusammengesetzten Namenwörtern, z. B.: „Puppenbett“, „Puppenmütze“, „Puppenhaus“ und „Puppenkleid“. Gespielt wird nach bekannten Regeln.
(KO, ZO 2)

699 Ball werfen – Variante

Material: Ball
Spielbeschreibung: Die Kinder stehen oder sitzen im Kreis. Ein Kind hat den Ball, nennt ein Substantiv mit Artikel im Singular, z. B. „der Garten“ und wirft den Ball einem anderen Kind zu. Der Fänger nennt

dasselbe Substantiv mit Artikel im Plural und darf anschließend ein neues Substantiv wählen.
Variationen: Ein Kind nennt ein Substantiv mit Artikel im Plural, das andere nennt es mit Artikel im Singular.
Das Kind, das den Ball fängt, muss das zuvor genannte Substantiv buchstabieren. Danach darf es ein neues Substantiv bestimmen und den Ball einem anderen Kind zuwerfen.
Das Kind, das den Ball fängt, muss ein beliebiges Substantiv mit dem richtigen Artikel nennen und wirft den Ball weiter.
Die Substantive können auch auf ein bestimmtes Thema eingegrenzt werden, z. B. nur Substantive, die zum Fahrrad gehören.
Ein Kind nennt zwei Substantive mit Artikel, z. B.: „die Kette“, „der Schutz“. Das Kind, das den Ball fängt, bildet daraus ein zusammengesetztes Substantiv: „der Kettenschutz“. *(KL 2, KO)*

700 Einzahl-Mehrzahl-Domino

Material: Domino-Karten mit Wortpaaren
Spielbeschreibung: Auf einer Domino-Karte stehen Wörter im Singular und im Plural. Steht auf einer Karte „die Hand“, dann muss die Karte „die Hände“ angelegt werden.
Beispiel:

die Bäume	die Hand	⇔	die Hände	das Auto

Anmerkung: Anschließend können sich die Kinder gegenseitig fünf Wortpaare diktieren.
Die grundlegende Spielregel für Domino ist in der Einführung zu Lernspielen zu finden. *(KO, WA, ZO 2)*

701 Einzahl-Mehrzahl-Lotto

Material: Spielplan und Wortkarten
Spielbeschreibung: Der Spielplan ist in neun Felder aufgeteilt, die jeweils die Größe einer Wortkarte haben. Auf jedem Spielplan stehen Begriffe im Singular wie z. B. „das Auto“. Auf den Wortkarten sind Wörter im Plural zu lesen. Die Wortkarte mit dem Singularwort muss auf das Feld des entsprechenden Pluralwortes gelegt werden.

Beispiel:

Auto	Fuß	Bein
Ring	Hose	Buch
Hund	Bonbons	Maus

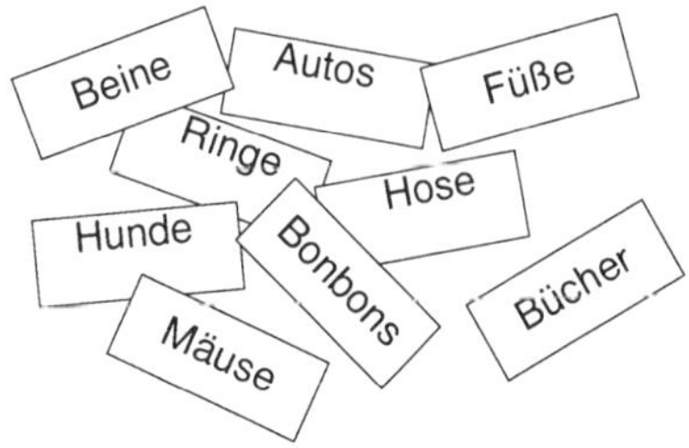

Anmerkung: Diese Lotto-Variante wird nach bekannten Spielregeln, die auch in der Einführung erläutert sind, gespielt. *(KO)*

702 Memorix

Material: Memorix-Karten
Spielbeschreibung: Memorix wird nach den Regeln von Memory gespielt. Die Kartenpaare haben allerdings unterschiedliche Motive auf der Rückseite. Eine Kartengruppe hat z. B. nur einen Clown, die andere zwei Clowns auf der Rückseite. Auf den Karten mit einem Clown stehen z. B. nur Singularwörter, auf denen mit zwei Clowns Pluralwörter. Es gehören immer eine Karte mit einem Clown und eine Karte mit zwei Clowns zusammen. Die Kinder müssen die zusammengehörigen Wörter finden. „Das Auto“ und „die Autos“ bilden z. B. ein Kartenpaar.
Variation: Reimwörter eignen sich gut zum Memorix-Spiel, z. B.: „bellen“ und „stellen“. (KO, ZO 2)

703 Gegensatzpaare

Material: Kartenpaare
Spielbeschreibung: Zwei Karten, auf denen gegensätzliche Adjektive (Antonyme) stehen, gehören immer zusammen. Gespielt wird nach bekannten Memory-Regeln.
Beispiel:

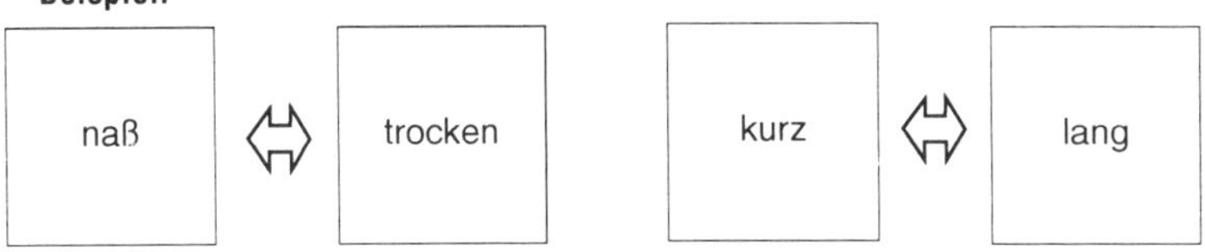

Variation: An Stelle gegensätzlicher Adjektive können auch gegensätzliche Substantive und Verben eingesetzt werden. *(KO)*

704 Wie ist der Ball?

Material: Softball
Spielbeschreibung: Die Kinder stehen oder sitzen im Kreis. Ein Kind wirft den Ball einem anderen Kind zu und fragt dabei: „Wie ist der Ball?“ Das Kind, das den Ball fängt, nennt ein passendes Adjektiv, überlegt sich eine neue „Wie-Frage“ und wirft den Ball weiter. *(KO)*

705 Satz-Bausteine

Material: Legeplan, Wort- und Bildkarten
Spielbeschreibung: Ein rechteckiger Legeplan ist in vier Felder unterteilt. Ein Feld ist leer, auf einem steht „Substantiv“, auf einem anderen „Verb“ und auf dem letzten „Adjektiv“. Auf dem Tisch verteilt liegen in derselben Größe Karten mit Bildern, Substantiven, Verbformen und Adjektiven. Je vier Karten gehören zusammen. Die Kinder suchen aus den Wortkarten zu diesem Satzschema neue sinnvolle Beispielsätze heraus.
Beispiel:

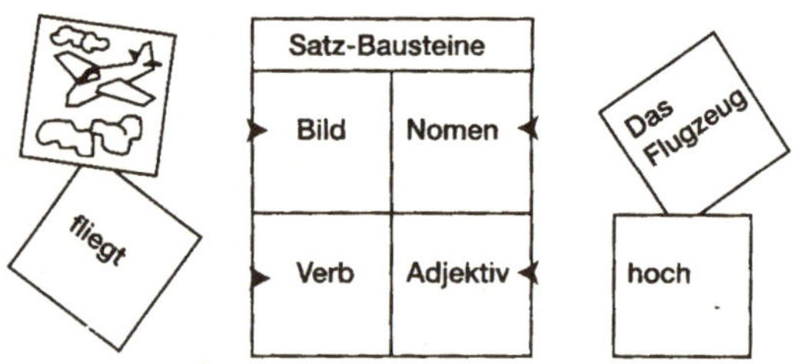

	Der Stuhl	ist	wackelig.
	Die Blumen	riechen	gut.
	Der Hund	bellt	laut.

Anmerkung: Die Kinder bilden aus Satzteilen neue Sätze. *(TR 3)*

706 Der-die-das-Würfel

Material: Der-die-das-Würfel und 39 Bildkarten
Spielbeschreibung: Die Kinder sitzen um einen Tisch herum, auf dem die Bildkarten sichtbar verteilt liegen. Auf den Würfelflächen stehen die Artikel „der", „die", „das" jeweils zweimal. Zu jedem Artikel passen 13 Bildkarten, auf denen Begriffe wie Eis, Henne, Buch, Herz, Igel oder Löffel bildlich dargestellt sind.
Nachdem ein Kind gewürfelt hat, müssen alle Kinder innerhalb einer bestimmten Zeitspanne nach den passenden Bildkarten schnappen. Das Kind, das die meisten richtigen Karten sammeln konnte, hat gewonnen. Auf der Rückseite der Karten steht die Lösung.
Anschließend werden die Karten wieder in die Mitte gelegt.
Variation: Das Kind, das gewürfelt hat, sucht sich eine passende Karte aus. Ist die Karte richtig, darf es sie behalten, andernfalls muss es die Karte zurücklegen. Gewonnen hat, wer die meisten Karten sammeln konnte.
Anmerkung: An Stelle eines „der-die-das-Würfels" kann auch ein „ein-eine-einer-Würfel" verwendet werden. *(HA, KL 1, TR 1, ZO 2–3)*

Spiele mit Sätzen

Fertigkeiten, die die richtige Verwendung von Satzmustern betreffen, lassen sich ebenso spielerisch erwerben wie grammatikalische Kenntnisse und Einsichten in die unterschiedlichen Funktionen von Sätzen *(REGELEIN 1980, S. 90)*. Die Kinder gewinnen Einblick in die Struktur und Funktion verschiedener Satzmuster (Satzarten-Würfelspiel) und können zu einer differenzierteren Sprachbetrachtung geführt werden.

707 Satz im Kreis

Material: selbst klebende Markierungspunkte
Spielbeschreibung: Ein durch Los bestimmtes Kind beginnt einen Satz, spricht aber nur das erste Wort aus, vielleicht: „Der". Das links daneben sitzende Kind fügt ein passendes Wort dazu und sagt: „Der Elefant." Das nächste Kind sagt, z. B.: „Der grüne Elefant." So geht es immer weiter in der Runde, bis der Satz nach einer Weile zum Beispiel lauten könnte:

> „Der große, grüne Elefant sitzt gern allein auf der Mauer des Schulhofes und singt ein schönes Frühlingslied."

Wer ein Wort auslässt, wenn er an der Reihe ist, oder selbst in einer vereinbarten, kurzen Zeit kein weiteres mehr findet, bekommt einen

Markierungspunkt auf die Nase geklebt. Sind drei aufeinander folgende Kinder so gekennzeichnet, fängt das nächste Kind einen neuen Satz an. Haben alle Kinder mindestens einen Punkt im Gesicht, ist das Spiel zu Ende.
Variation: Das Sprechspiel wird schwerer, wenn für jeden Fehler, der auftritt, ein „Platsch" an der gerade erreichten Stelle des Satzes angehängt und immer wieder mitgesprochen werden muss.
Spaß macht es auch, wenn alle dieses „Platsch" im Chor hineinrufen, und ein Fehler durch „Platsch" gemeinsam markiert wird.
Anmerkung: Ein flottes Tempo ist für dieses Spiel sehr wichtig.
(GUDER 1983, S. 23)

708 Chinesisch lernen

Spielbeschreibung: Man braucht einen Würfel, der auf jeder Seite mit einem anderen Selbstlaut versehen ist; die sechste Seite zeigt alle fünf Vokale gleichzeitig.
Der erste Spieler würfelt einen bestimmten Selbstlaut und ersetzt beim Vorlesen des ersten Absatzes eines Textes alle Selbstlaute durch den gewürfelten („An anam schanan Sanntagmargan ..."). Hat er einen Abschnitt vorgelesen, versuchen die anderen den verfremdeten Text nachzuerzählen. Danach würfelt das nächste Kind. Erscheint dabei die Seite mit allen Selbstlauten, wird der Text unverändert gelesen. *(BADEGRUBER & PUCHER-PACHER 1995, S. 26)*

709 Opa plätschert lustig in der Badewanne

Material: Stift und Papier
Spielbeschreibung: Ein Kind schreibt auf ein großes Blatt, das es quer vor sich liegen hat, den Satz „Opa plätschert lustig in der Badewanne" und lässt zwischen jedem Wort einen größeren Abstand. Dann schreibt es unter „Opa" den Namen eines Anwesenden, faltet die Spalte so um, dass der Eintrag nicht mehr gesehen wird und gibt das Blatt nach links weiter. Das zweite Kind schreibt unter „plätschert" ein beliebiges Verb, faltet das Blatt wieder um und gibt es weiter usw. Nach dem Vorlesen des sich schließlich ergebenden Satzes zieht man einen Strich darunter und beginnt das Spiel von neuem.
Anmerkung: Bei diesem Schreibspiel werden Sätze nach einem vorgegebenen Schema gebildet. *(REGELEIN 1980, S. 93)*

710 Satz-Bild-Zuordnung

Material: Karten mit Bildern und Sätzen
Spielbeschreibung: Bei diesem Spiel gehören immer zwei Karten zusammen, auf einer steht ein Satz, auf der anderen ist das entsprechende Bild dazu abgebildet. Die Karten werden an die mitspielenden Kinder verteilt. Die Kinder, die einen Satz haben, lesen ihn reihum vor. Die Kinder, die das passende Bild haben, gehen zu dem Kind hin und vergleichen anhand eines kleinen Symbols auf den Karten, ob ihre Karten zusammengehören.
Beispiel:

Das Auto steht im Hof.

(KL 1)

711 Geschichten-Domino

Material: Dominokarten mit Bildern und Sätzen
Spielbeschreibung: Auf der Startkarte ist eine Situation bildlich dargestellt, z.B. ein Kind mit Schulranzen, im Hintergrund eine Uhr. Daran muss dann die Karte mit dem entsprechenden Satz angelegt werden: Wir kommen pünktlich zur Schule. Auf derselben Karte ist eine neue Situation abgebildet, zu der der passende Satz angelegt werden muss. Wird das Domino ganz bis zum Ende gelegt, entsteht eine Geschichte. *(WA)*

712 Tante Bertas Eier-Geschichte

Material: Radiergummis
Spielbeschreibung: Alle Kinder sitzen um einen Tisch. Auf dem Tisch befinden sich Radiergummis, und zwar genau einer weniger als Kinder da sind. Nun beginnt ein Kind, irgendeine Phantasiegeschichte zu erzählen. An einer beliebigen Stelle fällt das Wort „Ei“. In diesem Augenblick muss jeder Mitspieler, auch der Erzähler nach einem Radiergummi greifen. Das Kind, das keinen mehr erwischt, muss die Geschichte weitererzählen. Die Radiergummis werden wieder auf den Tisch zurückgelegt und alle Kinder hören auf die Fortsetzung der Geschichte, bis sie plötzlich wieder durch das Wort „Ei“ unterbrochen wird. *(BARTL 1992)*

713 Sätze aus Wörtern

Material: Stift und Papier
Spielbeschreibung: Die Kinder schreiben ihren Namen oder ein anderes beliebiges Wort auf ihr Blatt Papier, z. B. „Hochhaus". Sie müssen jetzt einen Satz aus Wörtern bilden, deren Anfangsbuchstaben jeweils den Buchstaben des genannten Wortes entsprechen, z. B.: Hans oder Christian haben auch Schule.
Variation: Die Gruppen überlegen sich zu einem Wort mehrere Sätze. Welche Gruppe findet die meisten Sätze?
Anmerkung: Die Kinder müssen mit Wörtern zu vorgegebenen Buchstaben Sätze bilden. *(REGELEIN 1980, S. 91)*

714 Erbsenkönig

Material: pro Spieler fünf Erbsen
Spielbeschreibung: Je zwei Spieler beginnen zusammen ein Gespräch. Wer dabei Ja oder Nein sagt, muss dem Gegenüber eine Erbse geben. Nach einer bestimmten Zeit wird das Spiel abgebrochen und die Erbsen gezählt.

715 Ich habe was, was du nicht hast

Material: Verschiedene Gegenstände in einer großen Schachtel, Tuch
Spielbeschreibung: „Ein Kind hat die Schachtel mit den Gegenständen, die durch ein Tuch verdeckt ist, vor sich und sucht sich einen Gegenstand aus. Je nach Vereinbarung kann es den Gegenstand ansehen oder auch nur betasten. In beiden Fällen versucht es, ihn möglichst genau zu beschreiben. Wer ihn errät, erhält den Gegenstand. Gemeinsam kann die gegebene Beschreibung beurteilt werden."
Variationen:
Tauschmarkt: „Jedes Kind bringt einen eingepackten Gegenstand mit und beschreibt ihn möglichst vorteilhaft. Wer meint, dass er den Gegenstand brauchen kann, meldet sich. Gibt es mehrere Interessenten, so erhält der den Gegenstand, der genau angeben kann, was es ist."
Such das Gleiche!: „Die gleichen Gegenstände, die sich in der Schachtel befinden, liegen auch in der Mitte des Kreises. Ein Kind sucht wieder aus der Schachtel einen Gegenstand aus, ohne dass ihn die anderen sehen können, und beschreibt ihn möglichst genau. Wer zuerst den gleichen Gegenstand aus der Mitte holen kann, stellt das nächste Rätsel."
Anmerkung: Die Kinder ordnen den Substantiven Adjektive zu; sie „begreifen" Eigenschaften von Dingen und verbalisieren sie durch Adjektive. *(REGELEIN 1980, S. 59)*

716 Erkläre genau!

Material: Wortkarten, Sanduhr oder Stoppuhr
Spielbeschreibung: Es werden zunächst Mannschaften gebildet und die Spielkarten verdeckt auf den Tisch verteilt. Nun zieht ein Schüler ein Kärtchen, ein Spieler der gegnerischen Mannschaft dreht die Sanduhr um, und während die Zeit läuft, muss der Spieler den oberen Begriff auf der Wortkarte erklären, ohne dabei die unten druntersтehenden Begriffe zu benutzen. Das Kind darf während seiner Erklärungen Mimik und Gestik einsetzen. Gewonnen hat am Ende die Mannschaft, die die meisten Begriffe erraten hat.
Anmerkungen: Bei diesem Spiel wird insbesondere die Sprachfähigkeit, vor allem das genaue Erklären von Wörtern, trainiert. Dabei wird das Prinzip des bekannten Gesellschaftsspiels „Tabu" aufgegriffen. Alle Gebiete und Themen des Sachunterrichts und anderer Lernbereiche können so ihre Anwendung finden. *(WINDISCH 1995)*

717 Geschichten im Kreis

Spielbeschreibung: Ein durch Los bestimmtes Kind sagt einen Satz, z. B.: „Als ich heute morgen auf dem Weg zur Schule war, ist mir etwas Komisches passiert." Das links daneben sitzende Kind fügt einen weiteren Satz an und sagt: „Ich kam gerade an dem alten, unheimlich wirkenden Haus vorbei." Das nächste Kind sagt z. B.: „Eine alte Frau, die ich noch nie vorher gesehen habe, schaut heraus." So geht es immer weiter in der Runde, bis nach einer Weile eine ganze Geschichte entsteht. Das Spiel ist zu Ende, wenn alle Kinder einen Satz gesagt haben.
Variation: Der Anfang einer Geschichte wird vom Lehrer oder von einem Schüler vorgegeben. Jeder Schüler, der einen weiteren Satz sagen möchte, bekommt einen Ball zugeworfen.
Anmerkung: Die Kinder lernen, sich zu konzentrieren und Sätze dem Inhalt nach zu behalten. Jedes Kind muss aufpassen, um die Geschichte weiterführen und spontan auf das zuletzt Gesagte reagieren zu können. Die Übung, Sätze in einer sinnvollen Reihenfolge zu bilden, eignet sich gut zur Aufsatzerziehung. *(LÜDEKE 1980, S. 73)*

718 Telefonieren

Spielbeschreibung: Die Schüler sitzen, mit dem Gesicht nach außen, in einem Kreis. Jeder Spieler hat eine Nummer. Der Spielleiter ruft zwei Nummern auf, die dann damit beginnen, ein Telefongespräch zu führen. Nach einiger Zeit werden zwei andere Nummern aufgerufen, die das angefangene Gespräch fortsetzen müssen.

Anmerkungen: Der Reiz dieses Spiels liegt darin, dass zwei Schüler unerwartet eine Geschichte improvisieren müssen. Allerdings ist es notwendig, dass sich die Kinder schon gegenseitig kennen und sich mit Hilfe der Sprache gut miteinander verständigen können. *(BORT 1994)*

719 Märchenstunde

Material: ein geeignetes Märchen oder eine Kurzgeschichte, die man in ein bis zwei Minuten vorlesen kann
Spielbeschreibung: Fünf Freiwillige werden aus dem Raum geschickt. Die Lehrerin liest den anderen eine Geschichte vor. Dann wird eines der fünf Kinder hereingerufen und einer der bisherigen Zuhörer wird ihm die Geschichte wieder erzählen. Danach wird ein zweiter von draußen hereingerufen und nun wird ihm sein Vorgänger – also der erste der fünf – die Geschichte erzählen. So geht es dann weiter; die Geschichte wird von einem zum anderen weitererzählt, bis der letzte der fünf die Geschichte gehört hat. Die anderen Kinder müssen gut zuhören und beobachten, was passiert. *(VOPEL 1978)*

720 Horoskop-Geschichten

Material: Horoskop-Ausschnitte, Papier und Schreibzeug
Spielbeschreibung: Täglich finden wir in den Tageszeitungen und Illustrierten Horoskope. Der Spielleiter hat aus alten Zeitungen Horoskope ausgeschnitten. Jeder Spieler zieht sich eines – es muss nicht das eigene sein – und entwickelt hieraus eine kleine Geschichte, die er aufschreibt. Die Form wird vorgegeben, z.B. Märchen, Krimi, Dialog.
Nach einer festgelegten Zeit (ca. 10 Minuten) werden die Geschichten vorgelesen. *(THIESEN 1999)*

721 Erzählwerkstatt

Spielbeschreibung: „Die Kinder setzen sich in einen Kreis. In der Mitte liegen verschiedene Gegenstände zur Auswahl: Schlüssel, Apfel, ein Blatt, eine Gabel, ein Buch, ein Wollfaden usw.
Jedes Kind darf sich einen Gegenstand aussuchen. Nun beginnt ein Kind (oder auch ein Erwachsener, um den Kindern den Einstieg zu erleichtern) eine Geschichte rund um den ausgesuchten Gegenstand zu erzählen. Beispiel: ‚Es war einmal ein kleines Kind, das eines Tages einen großen Schlüssel fand. Das ist bestimmt ein Zauberschlüssel. Vielleicht von einer Schatztruhe. Ich werde mich aufmachen, die Schatztruhe zu suchen, dachte das Kind, packte seine sieben Sachen

und machte sich auf den Weg.' Irgendwann hört das Kind mit der Geschichte auf und gibt an ein anderes Kind weiter.
Dieses Kind erzählt nun die Geschichte weiter und versucht dabei seinen Gegenstand einzubauen. Die anderen Kinder dürfen Hilfestellungen geben. Gemeinsam soll versucht werden, die Geschichte zu Ende zu bringen." *(SPIELEWERKSTATT RHINOZEROS, P 4)*

722 Schreib-Staffel

Material: Tafel und Kreide
Spielbeschreibung: Zwei gleich starke Gruppen stellen sich mit einigem Abstand zur Tafel hintereinander auf. Die ersten Kinder laufen zur Tafel, schreiben ein beliebiges Wort und übergeben die Kreide dem nächsten Kind ihrer Gruppe, das nun ein weiteres Wort anschreiben muss. Ziel des Spiels ist es, so schnell wie möglich einen Satz zu formulieren, an dem die ganze Gruppe beteiligt ist.
Variation: Die Kinder müssen nacheinander möglichst viele Wörter eines Sachgebietes (Tiere, Pflanzen, Lebensmittel ...) schreiben.
(REGELEIN 1980, S. 124)

723 Satzarten-Würfelspiel

Material: Satzkarten, Satzarten-Würfel
Spielbeschreibung: Die Kinder sitzen um einen Tisch herum, auf dem die Satzkarten verteilt werden. Auf den Satzkarten stehen Sätze ohne Satzzeichen, z. B.:
Das Lagerfeuer qualmt noch.
Ob jemand in der Höhle wartet.
Hilfe, ich falle.
Ein Kind würfelt mit einem Würfel, auf dem nur drei Felder beschriftet sind: Frage – Aussage – Ausruf. Seinem Wurf entsprechend sucht sich das Kind eine Satzkarte aus. Ist die Kombination richtig, darf es die Karte behalten. *(KO)*

Lernspiele: Deutsch (Verlage)

Im Folgenden handelt es sich um sog. kommerzielle Spiele, die in dieser Form ausschließlich in Fachgeschäften oder Fachabteilungen von Warenhäusern erhältlich sind und in der Herstellung kommerziellen Gesichtspunkten unterliegen. Der Markt an kommerziell angebotenen Lernspielen ist sehr groß und nicht jedes Lernspiel, das als solches angeboten wird, verdient diese Bezeichnung. Die folgenden Fragen können der Beurteilung von kommerziellen Lernspielen dienen *(SCHIFFLER 1982, 120 f.)*:

- Ist das vorliegende Material richtiges Spielmaterial oder ein spielhaft aufgemachtes Arbeitsmittel?
- Ist das vorliegende Spiel für die betreffenden Schüler motivierend? (Alter, Vorkenntnisse ... berücksichtigen)
- Was ist die didaktisch bestimmende Komponente – die Regel, der Inhalt oder beides? (Welche Variationen/Änderungen sind möglich?)
- Was kann durch das Spiel gelernt werden – was nicht?
- Sind unerwünschte Nebeneffekte (z. B. hohe Frustration bei Wettkampfspielen) möglich?
- Sind besondere Maßnahmen zur Vorbereitung des Spiels erforderlich?

Die folgenden Lernspiele für den Deutschunterricht wurden in den Lern- und Spielschulen eingesetzt und stellen eine kleine Auswahl des vorhandenen Angebots dar.

724 Mein erstes Buchstabenspiel

ab 5 Jahren, 2–8 Spieler
Lerninhalt: Spielerisch werden die Kinder in das Alphabet eingeführt, lernen große und kleine Buchstaben in Schreib- und Druckschrift kennen und erkennen die Zusammengehörigkeit von Bild und Wortpaaren und beginnen, erste Worte aus einzelnen Buchstaben zu bilden. *(FX SCHMID, Best.-Nr. 555 132)*

725 Li La Lu

Lerninhalt: Lesen von einfachen Silben. *(URSULA BUSCH, AGENTUR DIECK)*

726 Denk mal

ab 8 Jahren, 2 Spieler
Lerninhalt: Schnelles Begrifferaten für findige Köpfe. *(ZO 3)*

727 1000 Namen

2–4 Spieler
Lerninhalt: Basierend auf dem Spielprinzip des Stadt-Land-Fluss-Spiels wird der Wortschatz gesichert und erweitert.
(RAVENSBURGER, Best.-Nr. 23501 8)

728 Ratefüchse aufgepasst!

ab 6 Jahren, 2–4 Spieler
Lerninhalt: Alltägliche Gegenstände mit Worten treffend umschreiben, so dass diese von Mitspielern erraten werden können.
(RAVENSBURGER)

729 Sprich genau – Hör genau

1–6 Spieler
Lerninhalt: Erkennen und Differenzieren klangähnlicher Wörter, Reimwörter (Lautdiskrimination); Sprechtechnik.
(RAVENSBURGER, Best.-Nr. 00755 4)

730 Buchstabieren

Lerninhalt: Spielend den Umgang mit Buchstaben lernen.
(JUMBO-VERTRIEB)

731 Spielgeschichten

4–8 Jahre, 1–5 Spieler
Lerninhalt: Such- und Erzählspiel mit zehn lustigen Bildergeschichten.
(RAVENSBURGER)

732 ABC-Spiel

6–8 Jahre, 1–4 Spieler
Lerninhalt: Kennenlernen der Großbuchstaben des Alphabets (Buchstabengestalt) und Verwendung des Anfangslautes eines Wortes. Kennenlernen und Zuordnen von Groß- und Kleinbuchstaben. Puzzleprinzip. *(RAVENSBURGER, Best.-Nr. 00741 7)*

733 Wir legen Sätze

2–6 Spieler
Lerninhalt: Die Kinder lernen, Sätze zu verstehen und ihre Gedanken mit ihnen auszudrücken. Viele Themen in 48 Sätzen regen die Spieler an, gut zu beobachten und nachzudenken. *(SCHMIDT-SPIELE)*

734 Sprechlernspiele

Lerninhalt: Deutliches Aussprechen von Wörtern. *(RAVENSBURGER LEHRMITTEL)*

735 Wort-Fix

2–8 Spieler
Lerninhalt: Anhand zweier Anfangsbuchstaben soll so schnell wie möglich ein zusammengesetztes Wort gebildet werden: zur Förderung des Wortschatzes, der Begriffsbildung, der Konzentration und der Merkfähigkeit. *(RAVENSBURGER, Best.-Nr. 00361 7)*

736 Wörter-Duo

Lerninhalt: Förderung des Sprachverständnisses und des sprachlogischen Denkens. Das Kind begreift, dass Sprache aus Einzelelementen besteht, die zu Sammeleinheiten zusammengefasst werden. *(FINKEN)*

737 Wir lesen

Lerninhalt: Lesen üben anhand einfacher Wörter. *(RAVENSBURGER)*

738 Lese-Lotto

ab 6 Jahren
Lerninhalt: Buchstaben und Wörter prägen sich durch wiederholtes Lesen ein. *(RAVENSBURGER, Best.-Nr. 00 725 7)*

739 Lesefreude

Lerninhalt: Bauen und Zerlegen von Wörtern und Sätzen mit Buchstaben-Bauklötzen. *(KO)*

740 Lese-Memory

6–8 Jahre, 2–10 Spieler
Lerninhalt: Einprägen von Wortbildern (Schreib- und Druckschrift) durch Wortkarten, Bilder sowie Wort-/Bild-Kärtchen. Mit vielen Spielvarianten. *(RAVENSBURGER, Best.-Nr. 00739 4)*

741 Erstes Lesen

Mit Tieren durchs ABC – 1–6 Spieler
Lerninhalt: Erkennen von Wörtern (Bild und Wort kombiniert). Erste Lese- und Rechtschreibübungen: Wörter aus Einzelbuchstaben zusammensetzen; ein komplett zusammengesetztes Bild ist dabei die Selbstkontrolle. *(RAVENSBURGER, Best.-Nr. 00810 0)*

742 Wer kann lesen?

5–7 Jahre, 2–4 Spieler
Lerninhalt: Lesespiel für Anfänger. *(SCHMIDT-SPIELE)*

743 Bussibär

Lerninhalt: Lesespiel zur Erweiterung des Wortschatzes. *(FX SCHMID,)*

744 Lesespiel

Lerninhalt: Lesespiel zur Erweiterung des Wortschatzes.
(SCHMIDT-SPIELE)

745 Lesetelefon

Lerninhalt: Buchstabieren der Wörter durch Wählen der jeweiligen Buchstaben auf der Wählscheibe des Telefons.
(RAVENSBURGER, Best.-Nr. 611 5 1028)

746 Neue Stempelschule

Lerninhalt: Die Spieler schreiben Wörter, Sätze und Geschichten mit Stempeln. *(SCHMIDT-SPIELE, Best.-Nr. 613 2055)*

747 Letra mix I

Lerninhalt: Die Kinder bilden möglichst viele Wörter aus den gewürfelten Buchstaben.*(SCHMIDT-SPIELE, Best.-Nr. 01150)*

748 Denk fix

Lerninhalt: Konzentrationsspiel, bei dem Wörter mit bestimmten Anfangsbuchstaben zu bestimmten Begriffen gefunden werden müssen. *(SPEAR SPIEL)*

749 Wörterschlange

5–10 Jahre, 2–6 Spieler
Lerninhalt: Gute Leser, aber auch solche, denen es zunächst noch schwerfällt, können teilnehmen, da das Spiel „Wörterschlange" vielfältige Möglichkeiten zur spielerischen Unterstützung des Lesenlernens bietet. *(RAVENSBURGER, Best.-Nr. 605 5007 7)*

750 Denke - Rate - Rechne

Lerninhalt: Ein Ratespiel für helle Köpfe, bei dem zu einem bestimmten Themengebiet jeweils ein Begriff mit vorgegebenem Anfangsbuchstaben gefunden werden bzw. eine Rechenaufgabe gelöst werden muss. *(SALA)*

751 Denken und Sprechen

Lerninhalt: Zwei Legespiele zur Förderung des Sprach- und Ausdrucksvermögens. *(RAVENSBURGER)*

B Mathematik

Die Lernspiele im Mathematikunterricht stehen meist im Dienste des Übens und Einübens. Sie motivieren auch mathematisch Uninteressierte und Lernunwillige und tragen nicht nur zur Steigerung der Rechenfertigkeit und -sicherheit, sondern auch zur Förderung der Rechenfähigkeit und des Denkvermögens bei *(SCHNAUDER 1980, S. 5)*. Besonders im Anfangsunterricht erfordert die Heterogenität der Schülergruppe auch in Mathematik ein breites Spektrum an Lernangeboten, das natürlich auch spielerische Aktivitäten einschließt. Entsprechende Lernspiele können u.a. eingesetzt werden

- als mathematisches „Warming-up“ zu Beginn der Stunde,
- als Einstieg/Einführung in das anstehende Thema,
- als Mittel zur Wiederholung, Übung und Festigung,
- als Differenzierungshilfe,
- als Zeitpuffer, falls sich der geplante Unterrichtsverlauf als zu kurz erweisen sollte
  (REGELEIN 1992, S. 11).

Obwohl das Spiel eine zentrale Form des Lernens im Mathematikunterricht darstellt, ist es nur eine Lernform und eine methodische Möglichkeit, den „normalen“ Unterricht sinnvoll zu ergänzen (ebd., S. 8).

Im folgenden wird nun ein Überblick über die Lernspiele gegeben, die im Mathematikunterricht der verschiedenen Lern- und Spielschulen gespielt worden sind.

Spiele ohne Material

752 Rücken-1-2-3

Spielbeschreibung: Im Wechsel zeichnen oder schreiben sich zwei Kinder eine Zahl in Ziffern auf den Rücken, die erraten werden muss. Wenn das einem Partner nicht gelingt, fährt das andere Kind fort.
Variation: An Stelle die Zahl in Ziffern auf den Rücken zu schreiben, kann die Zahldarstellung auch auf andere Art erfolgen (z.B. Punkte, Striche).
Anmerkung: „Dieses Spiel eignet sich auch, wenn man wieder Ruhe herstellen will. Es fordert so viel Konzentration, dass ganz von selbst wieder Ruhe in die Klasse einkehrt“. *(REGELEIN 1988, S. 79 f.)*

753 Rechenkönig

Spielbeschreibung: Alle Kinder stehen auf ihrem Platz. Der Spielleiter stellt jeweils einer Tisch-Gruppe eine Aufgabe. Wer diese zuerst lösen kann, ist der „Gruppenkönig". Er bleibt stehen, die anderen setzen sich. Zum Schluss treten die jeweiligen „Gruppenkönige" gegeneinander an. Der Sieger ist dann der „Klassen-König". *(Quelle unbekannt)*

754 Ketten rechnen

Spielbeschreibung: „Der Spielleiter ... stellt Aufgaben, die alle Kinder im Kopf lösen können. Die Zwischenergebnisse werden nicht genannt; es wird mit ihnen weitergerechnet. Das Endergebnis wird entweder auf einen Zettel notiert, oder es gehen etwa sechs Kinder durch die Klasse und lassen es sich ins Ohr flüstern. Der Spielleiter schreibt es zum Schluss an die Tafel.
Beim Kettenrechnen kann auch das Umwandeln von Maßen (z.B. mm – cm – dm – m – km) geübt werden." *(REGELEIN 1980, S. 43)*

755 Tischlaufen

Spielbeschreibung: Ein Kind stellt sich hinter einen Mitspieler, der auf seinem Platz sitzt. Der Spielleiter stellt eine Aufgabe. Derjenige, der zuerst das richtige Ergebnis nennt, darf sich auf diesen Platz setzen bzw. darauf sitzen bleiben. Der „Verlierer" stellt sich hinter ein anderes Kind und das Spiel beginnt von vorn. *(ZO 2)*

756 Ecken rechnen

Spielbeschreibung: In jede Ecke des Raumes stellt sich ein Spieler. Es spielen also vier Spieler gegeneinander. Der Spielleiter stellt nun verschiedene Rechenaufgaben. Wer zuerst die richtige Lösung nennt, darf zur nächsten Ecke vorgehen. Gewonnen hat derjenige, der zuerst wieder sein Starteck erreicht hat.
Variation: In jeder Ecke des Raumes steht eine Gruppe zu je 4–5 Spielern in einer Reihe hintereinander. Der Spielleiter stellt verschiedene Rechenaufgaben und immer die Vordermänner jeder Gruppe rufen das entsprechende Ergebnis. Wer die richtige Lösung nennt, reiht sich hinten ein. Gewonnen hat diejenige Gruppe, bei der zuerst alle Spieler an der Reihe waren und der erste Spieler wieder vorne steht.
(Quelle unbekannt)

757 Eine Ente, zwei Beine

Spielbeschreibung: „Die Spieler sitzen im Kreis und sprechen nacheinander: 1. Spieler: ‚Eine Ente' – 2. Spieler: ‚mit zwei Beinen' – 3. Spieler: ‚springt ins Wasser' – 4. Spieler: ‚platsch'. Der 5. Spieler muss einmal in die Hände klatschen. Der 6. Spieler spricht weiter: ‚Zwei Enten' – 7. Spieler: ‚mit vier Beinen' – 8. Spieler: ‚springen ins Wasser' – 9. Spieler: ‚platsch, platsch'. Der 10. Spieler muss zweimal klatschen. Der 11. Spieler fährt fort: ‚Drei Enten' – usw.
Zur Abwechslung können natürlich auch vierbeinige Hunde ins Wasser springen und dreibeinige Roboter oder Störche auf einem Bein usw."
Anmerkung: Mit diesem Spiel wird das 2er- und das 4er-Einmaleins geübt und gefestigt. *(PORTMANN/SCHNEIDER 1986, S. 66)*

758 Die verbotene Zahl

Spielbeschreibung: Die Sitzordnung ist beliebig, die Spieler müssen nur wissen, in welcher Reihenfolge sie drankommen. Es wird eine Zahl vorgegeben (z. B. 7) und dann reihum gezählt (z. B. 1, 2, 3, 4, 5, 6, psst, 8, 9 usw.), aber statt 7 und allen Zahlen, in denen die 7 vorkommt (17, 27, 37 usw.), muss der jeweilige Spieler „psst" sagen. Wer stecken bleibt oder einen Fehler macht, scheidet aus und zeigt dies durch Verschränken der Arme an.
Das Zähltempo sollte möglichst immer schneller werden, und ab einer bestimmten Zahl (z. B. 70), wird wieder von vorn begonnen. Das Spiel kann natürlich auch mit jeder anderen Zahl als der „7" gespielt werden. An Stelle des Wörtchens „psst" kann auch „zack", „brumm", „brrr", „piep" usw. gesagt werden.
Variation: Ein-mal-bum
„Die Kinder zählen im Kreis der Reihe nach 1, 2, 3, 4, 5, 6 ... Nach vorheriger Abmachung dürfen die Zahlen einer bestimmten Einmaleinsreihe nicht gesagt, sondern müssen durch ‚bum', ‚brr', oder ‚hopp' ersetzt werden (z. B. 7er-Reihe: statt 7, 14, 21, 28 usw. wird jeweils ‚bum' gesagt). Wer einen Fehler macht, beginnt von vorn und zählt bis zur Fehlerstelle."
Anmerkung: Das Spiel ist auch für Kinder geeignet, die das Einmaleins noch nicht beherrschen; sie können mit den Fingern mitzählen. Da die Zeit, in der das Kind antworten muss, ein Problem darstellt, könnte die Klasse einen Klatschrhythmus zur Orientierung vorgeben (langsamer Rhythmus ist zu empfehlen). *(REGELEIN 1980, S. 42 f.)*

759 Staffel rechnen

Spielbeschreibung: Es werden Gruppen mit je 10 Schülern gebildet. Jede Gruppe erhält Karten mit den Ziffern 0 bis 9, so dass jedes Kind der Gruppe eine Karte bekommt. Der Lehrer stellt eine Aufgabe. Die Ergebniszahl ist durch die Ziffernkarten anzuzeigen.
Wer eine zum Ergebnis gehörende Ziffer besitzt, tritt vor die Gruppe und hält seine Karte hoch. Die Gruppe, die eine Ergebniszahl zuerst zeigen kann, bekommt einen Pluspunkt. Dazu als Beispiel:

(FEIKS u.a. 1991) $9 \cdot 8 - 72$ $92 - 36 = 56$

760 Einmaleins-Salat

Spielbeschreibung: Es wird ein Stuhlkreis gebildet, und immer 3–4 Spieler (je nach Teilnehmerzahl) bekommen eine (Ergebnis-)Zahl, die in der 2er- und in der 4er-Reihe enthalten ist (4, 8, 12, 16, 20).
Ein Spieler hat keinen Platz; er steht in der Kreismitte und nennt eine dieser Aufgaben (z.B. 4 x 4). Die Mitspieler, die zu der Gruppe mit dem entsprechenden Ergebnis gehören, müssen ganz schnell ihre Plätze tauschen. Der Spieler in der Mitte versucht dabei, ebenfalls einen Platz zu ergattern. Gelingt es ihm, macht derjenige, der übrig bleibt, weiter. Ruft der Spieler in der Kreismitte „Einmaleins", tauschen alle Spieler die Plätze.
Variation: Das Spiel kann natürlich auch mit anderen Einmaleinsreihen gespielt werden, z.B. mit der 3er- und 6er-Reihe (6, 12, 18, 24, 30); 5er- und 10er-Reihe (10, 20, 30, 40, 50); 4er- und 8er-Reihe (8, 16, 24, 32, 40) usw. *(KL 2)*

Spiele mit verschiedenen Materialien

761 Höre und rechne!

Material: Nüsse, Glas
Spielbeschreibung: Die Kinder haben die Augen geschlossen. Der Spielleiter lässt langsam eine bestimmte Anzahl von Nüssen in ein Glas

fallen; die Kinder sollen sich diese gut merken. Dann macht er eine kurze Pause und wirft erneut Nüsse ins Glas. Die Kinder sollen genau hinhören, mitzählen, die beiden „gehörten" Zahlen addieren und das Ergebnis nennen. (Nur Aufgaben ohne Zehnerüberschreitung stellen!) *(ZO 1)*

762 Bus fahren

Material: acht Stühle
Spielbeschreibung: Je vier Stühle werden in Stuhlreihen hintereinandergestellt. Auf den letzten beiden Stühlen einer Reihe sitzt jeweils ein Spieler. Der Spielleiter stellt eine Kopfrechenaufgabe. Wer zuerst die richtige Lösung weiß, darf in seiner Reihe nun einen Stuhl vorrücken. Die nächste Aufgabe wird gestellt usw.
Gewonnen hat derjenige, der zuerst ganz vorne auf dem ersten Stuhl sitzt. *(ZO 2)*

763 Rechenfußball

Material: Tafel, Kreide
Spielbeschreibung: Vor Spielbeginn zeichnet der Spielleiter an die Tafel ein „Fußballfeld", das folgendermaßen aussehen soll:

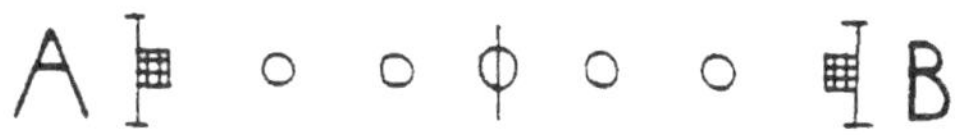

Die Spieler werden in zwei gleich große Gruppen (A, B) geteilt. Nun kommt ein Kind aus jeder Gruppe nach vorne an die Tafel. Der Spielleiter stellt eine Rechenaufgabe. Derjenige, der zuerst die richtige Lösung nennt, darf den „Ball" in die Spielrichtung seiner Gruppe „kicken" (Ball auf dem Spielfeld einzeichnen). Dann kommen die nächsten Spieler aus den beiden Gruppen an die Reihe. Je nach Spielverlauf (abhängig vom richtigen Kopfrechnen) wird der Ball zwischen den beiden Toren „hin- u. hergekickt". Landet eine Gruppe einen Treffer, wird der Ball in der nächsten Runde wieder von der Mittellinie aus angespielt. Die Mannschaft, die die meisten Tore erzielen konnte (d.h. in der die besten Kopfrechner waren) hat gewonnen. Es kann auch vorher die Spieldauer festgelegt werden.
Beispiel: Wenn der Spieler der Gruppe B zuerst die richtige Lösung nennt, darf er den Ball in die Spielrichtung seiner Mannschaft bewegen. Löst aber der Spieler der Gruppe A in der nächsten Runde die Aufgabe zuerst, geht der Ball zurück zur Mittellinie in Richtung des

anderen Tores. Sind die drei folgenden Lösungen der Gruppe A ebenfalls korrekt, landet der Ball im Tor und es steht 1:0 (für die Gruppe A). *(ZO 2)*

764 Streichholz knobeln

Spielbeschreibung: In einer Gruppe von je zwei bis sieben Spielern erhält jeder vor Spielbeginn drei Streichhölzer. Jeder Spieler darf nun von seinen drei Streichhölzern unsichtbar unter der Tischplatte null bis drei Streichhölzer in die rechte Hand legen. Diese wird dann geschlossen – sodass die Streichhölzer nicht gesehen werden können – als Faust auf den Tisch gelegt. Die linke Hand, die den Rest der Streichhölzer hält, bleibt unsichtbar unter dem Tisch. Nun darf jeder Spieler reihum die Zahl der Streichhölzer erraten, die insgesamt auf dem Tisch ist. Eine bereits genannte Zahl darf nicht wiederholt werden. Hat jeder Spieler seine Ratezahl angegeben, werden die Fäuste geöffnet und die Streichhölzer addiert. Hat ein Spieler richtig geraten, darf er ein Hölzchen ablegen. Danach beginnt die nächste Knobelrunde. Sieger ist, wer zuerst seine drei Hölzchen abgelegt hat.
Das Spiel kann noch variiert werden, indem die Zahl der Streichhölzer erhöht wird; die Streichhölzchen durch Farbmarkierung unterschiedlich bewertet werden (rote Marke = 5 Punkte, grüne Marke = 10 Punkte u. Ä.); ein Würfel bei jedem Spieler als „Joker" eingesetzt wird, wobei der Streichholzeinsatz mit der erwürfelten Zahl beim Öffnen der Faust multipliziert wird. *(FEIKS u.a. 1991)*

765 Rechenkasten

Material: selbst hergestellter Rechenkasten
Herstellung: In einer Kunststoffschachtel werden durch eine senkrechte „Trennwand" (aus Plastik, starkem Karton) in der Mitte zwei Kammern abgeteilt. Die Trennwand geht jedoch nicht über die ganze Breite. Dann wird der Kasten mit einer bestimmten Anzahl von Styroporkugeln gefüllt (z. B. in den 15er-Kasten – 15 Kugeln). Zum Schluss wird noch der Deckel festgeklebt und beschriftet (Kugelanzahl).
Spielbeschreibung: Der Kasten wird geschüttelt und je nachdem, wie die Kugeln in die verschiedenen „Kammern" rollen, wird die entsprechende Zahlzerlegung abgelesen und evtl. aufgeschrieben.
Beispiel: Wenn in die 1. Kammer vier und in die 2. Kammer drei Kugeln rollen, wird gesagt bzw. aufgeschrieben: „7 ist gleich 4 plus 3" usw.
Anmerkung: Die Rechenkästen dienen dem spielerischen Einüben der Zahlzerlegung. *(ZO)*

766 Bierdeckel-Trainer

Material: selbst hergestellter „Bierdeckel-Trainer“
Herstellung:

1. Den Bierdeckel rundherum (am Rand entlang) mit verschiedenen Aufgaben aus den Grundrechenarten beschriften (genügend Platz zwischen den einzelnen Aufgaben lassen).
2. Die Ergebnisse der einzelnen Aufgaben auf die entsprechende Stelle der Rückseite des Bierdeckels schreiben.
3. Den Bierdeckel zwischen die zwei Kartonstücke legen und in der Mitte mit einer Paketnadel daran befestigen.
4. In der Mitte der oberen Längsseite des Vorderseitenkartons wird ein kleines Rechteck ausgeschnitten, sodass ein Stück des Bierdeckels sichtbar wird.
5. Die Seiten der überstehenden Kartonhälften mit Klebeband zusammenkleben oder zusammentackern. Fertig!

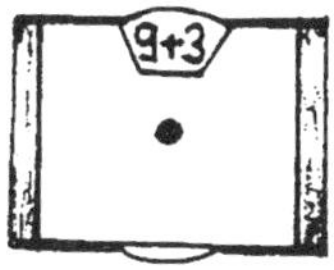

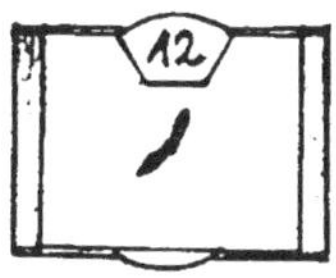

Spielbeschreibung: Das Spiel kann sowohl allein als auch zu mehreren gespielt werden. Ein Spieler dreht an der Bierdeckelscheibe und versucht, die Aufgabe zu lösen, die in dem ausgeschnittenen Fenster sichtbar wird. Ob er richtig gerechnet hat, verrät ihm die Rückseite des Bierdeckels. Die Kontrolle können auch die Mitspieler übernehmen. Danach kommt der nächste an die Reihe usw. *(ZO 2–3)*

767 Zaubertreppe

Material: Zaubertreppe (selbst gebaute Holztreppe), Spielfiguren, Würfel

Den Rahmen für das Zaubertreppen-Spiel bildet folgende Geschichte von dem Zauberer Ratzlipoch und der Prinzessin Kamilla:

„Eines Tages war der böse Zauberer Ratzlipoch am See in der Nähe des Schlosses Kratzeburg. Im Schilf des Ufers suchte er Sumpfmuscheln für seinen neuen Zaubertrank. Plötzlich hörte er Geräusche aus der Nähe. Neugierig näherte er sich, verborgen durch das Schilf, dem Badestrand des Sees. Da erblickte er die wunderschöne Prinzessin Kamilla. ‚Die will ich haben‘, flüsterte er. ‚Ihre Schönheit soll mein düsteres Haus erleuchten. Zwischen all meinen Monsterhaustieren wird sie noch schöner aussehen als hier in dieser schönen Um-

gebung. Und sie darf mir abends die Chips bringen, wenn ich gemütlich Fernseh gucke'.
Er verließ das Schilf und ging auf die erschrockene Prinzessin zu. ‚Guten Tag, schönes Kind', säuselte er. ‚Ich habe dich zum Fressen gern. Willst du nicht mit mir kommen in meine herrliche Burg Mordlock? Ich schenke dir die wertvollsten Edelsteine, denn du sollst meine Frau werden.'
‚NEIN', schrie Prinzessin Kamilla, die sich vom ersten Schreck erholt hatte, ‚hau ab, lass mich in Ruhe, was fällt Ihnen überhaupt ein! Ich heirate den, der mir gefällt, ich bin doch kein Barbiepüppchen!' Der Zauberer Ratzlipoch wurde sehr böse. Er griff nach Kamilla, aber schnell drehte sie sich um und rannte weg. Da warf er eine Zauberkette nach ihr und traf sie. Sofort erstarrte die Prinzessin und konnte sich nicht mehr bewegen. Ratzlipoch nahm seinen Zauberstab und sprach, zuerst leise murmelnd, dann immer lauter und dröhnender:

‚Großer Zauber, weiter Weg.
Fliege über Wald und Steg.
Sei ein Drache!
Fliege wie der Sturm,
auf den Zauberturm.
Wart auf meine Rache!'

Verschwunden war die Prinzessin. Ratzlipoch eilte zu seinem Zauberturm, der mitten im Wald lag. Dort saß die arme Prinzessin, gebannt auf der höchsten Stufe. ‚Du wirst deine Meinung schon noch ändern', drohte der Zauberer. ‚Glaub nur nicht, dass du von hier fliehen kannst. Niemand wird meinen Zauber brechen. Außerdem wird dich der Schwarze Wächter bewachen. Niemand kann diesen Zauber brechen. Der es versucht, muss gut rechnen können. Aber dazu sind deine Freunde viel zu dumm! Damit du erkennst, wie klug ich bin und wie dumm deine Freunde sind, werde ich an der Stelle, wo du verschwunden bist, eine Botschaft in Geheimsprache hinterlassen. Sollten deine Freunde die Geheimsprache entschlüsseln und die Aufgaben lösen, bist du frei. Aber deine Freunde werden sie nie lösen!"Mit höhnischem Gelächter verschwand Ratzlipoch.
Inzwischen suchten Kamillas Freunde nach ihr. Am Strand des Sees entdeckten sie einen merkwürdigen Stein mit seltsamen Zeichen. So sah er aus:

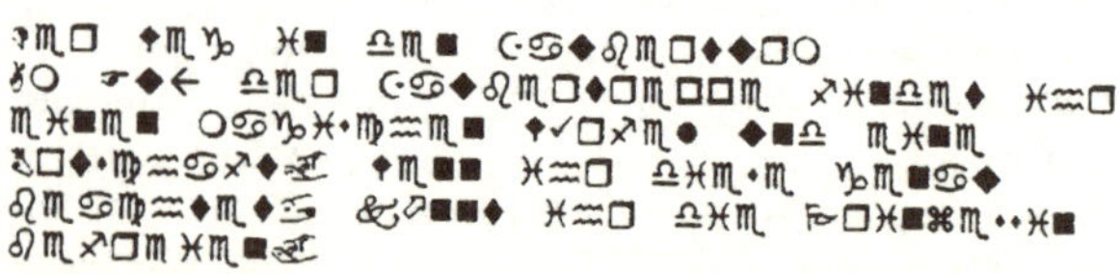

Der Weg in den Zauberturm.
Am Fuß der Treppe findet ihr einen magischen Würfel und eine Botschaft. Wenn ihr diese genau beachtet, könnt ihr die Prinzessin befreien.

Spielbeschreibung:

„Die Prinzessin ist auf der obersten Stufe festgebannt. Sie wird von dem schwarzen Wächter bewacht. Er steht auf Stufe 10.
Wer zuerst eine Krone würfelt, fängt an. Für jede Zahl darfst du entsprechend viele Stufen gehen.

Achtung Zauberbann

Auf den Absätzen (Zehnerstufen) liegt ein Zauberbann. Du kannst den Zauberbann nur in einem Zug überwinden, wenn du die Zahl, die du gewürfelt hast, richtig zerlegst. Der erste Teil des Zuges geht bis zum Absatz, der zweite darüber hinaus. Du musst beide Schritte voraussagen, ehe du deine Figur bewegst.

Beispiel: Du stehst auf Stufe 37 und würfelst eine 8. Sage 3 + 5, dann darfst du deine Figur setzen. Wenn du richtig gerechnet hast, kannst du den Zauberbann überwinden. Wenn deine Rechnung falsch war, bleibst du auf dem Absatz kleben und kannst erst in der nächsten Runde weiter. Dies geschieht auch, wenn du vorher eine Zauberkrone gewürfelt hast.

Es dürfen immer nur 2 Figuren auf einer Stufe stehen. Ist die Stufe, auf die du willst, von zwei Mitspielern besetzt, musst du auf deinem Platz warten. Ist die Stufe von dem schwarzen Wächter besetzt, musst du von neuem beginnen.

Zauberkrone

Hast du eine Krone gewürfelt? Prima. Jetzt sage schnell, auf welcher Treppenstufe du bist. Du darfst mit den Augen zählen. Ist deine Zahl richtig? Du darfst so lange würfeln und setzen, bis du zwei Zahlen hintereinander gewürfelt hast oder einen schwarzen Magiepunkt würfelst. (Ersatzerklärung: Wenn du bei deinem ersten Wurf wieder eine Krone hast, darfst du noch zweimal würfeln. Wer laufend Kronen würfelt, darf so lange weiterwürfeln, bis er zwei Zahlen hintereinander hat.)

Schwarzer Magiepunkt

Du hast den schwarzen Punkt gewürfelt? So ein Pech für dich und deine Freunde. Jetzt musst du noch einmal würfeln und den schwarzen Wächter ziehen. Du musst versuchen, eine Figur von der Zaubertreppe zu werfen. Würfelst du nach dem schwarzen Punkt eine Krone, ist der Zwang aufgehoben, den schwarzen Wächter zu ziehen. Würfelst du zweimal den schwarzen Punkt, musst du zweimal den schwarzen Wächter ziehen. Für jeden schwarzen Punkt musst du eine Zahl würfeln, außer die Zauberkrone erlöst dich.

Erlösung der Prinzessin

Du musst genau auf die oberste Stufe kommen, um die Prinzessin zu erlösen. Dabei gibt es mehrere Möglichkeiten.
Du würfelst die richtige Zahl. Du darfst auch bis zur Stufe 99 und wie-

der zurückgehen, um eine bessere Position zu erreichen. Du darfst auch warten, bis du die passende Zahl gewürfelt hast.
Wenn du über die Stufe 90 bist und eine Krone würfelst, darfst du sofort auf die oberste Stufe.
Wenn du über die Stufe 90 bist, kannst du dir eine Rechenaufgabe von dem letzten Mitspieler stellen lassen. Rechnest du richtig, darfst du die Prinzessin befreien.“ (*KO; W. Hill)*

Spiele mit dem Ball

768 Aufgepasst II

Material: Ball
Spielbeschreibung: Die Kinder stehen im Kreis. Ein Kind hat den Ball und sagt eine Zahl (z.B. 10). Gibt es nun den Ball rechtsherum weiter, dann wird von 1 bis 10 aufwärts gezählt. Dabei beginnt immer derjenige, der die Zahl nennt, auch mit der Zählung. Ist der Ball beim zehnten Kind angekommen, so sagt dieses nicht die Zahl, sondern nur „Stopp!“. Wenn der Ball nach der Nennung einer Zahl linksherum weitergegeben wird, zählen die Kinder rückwärts (z.B. 9, 8, 7, 6 ... 1).

Anmerkung: Das Spiel erfordert viel Konzentration. Außerdem werden nebenbei noch die Richtungsbezeichnungen „rechts" und „links" geübt. *(KL 1)*

769 Kreisball

Material: Ball, Zahlenkärtchen
Spielbeschreibung: Alle Spieler sitzen im Kreis. Jeder Spieler hat ein Zahlenkärtchen von 2 bis 10 (z.T. mehrfach vorhanden). In der Mitte steht ein Spieler mit einem Ball. Er wirft den Ball einem beliebigen anderen Mitspieler zu und nennt die 1x1-Aufgabe, die aus seiner eigenen Zahl und der Zahl des Fängers gebildet wird. Der Mitspieler fängt den Ball und sagt das Ergebnis. So geht es immer weiter. Wenn ein falsches Ergebnis genannt wird, muss der betreffende Spieler in die Kreismitte. *(DIE GRUNDSCHULZEITSCHRIFT 1992)*

770 Ball rechnen

Material: Ergebniskarten mit Zahlen aus dem Übungsbereich (gleiche Zahlen dürfen mehrfach vorkommen), die so groß sein sollen, dass sie den Kindern umgehängt werden können, ein Satz mit Aufgabenkarten, Ball
Spielbeschreibung: „Zu Beginn des Spiels zieht jedes Kind eine Ergebniskarte, hängt sie sich um und stellt sich zusammen mit den anderen im Kreis auf. Ein Kind steht im Kreis, zieht eine Aufgabenkarte, liest die Aufgabe laut vor, hält dann die Karte hoch und wirft den Ball in die Luft. Das Kind oder die Kinder mit der passenden Ergebniskarte laufen in die Mitte. Wer den Ball zuerst erreicht, darf die nächste Aufgabenkarte ziehen."
Variation: „Spannender wird es, wenn auf die Aufgabenkarten Zahleigenschaften geschrieben werden: größer als 15, kleiner als 5, Nachbar von 9, gerade, ungerade u.Ä. Nun rennen viele Kinder hinter dem Ball her."
Anmerkung: „Durch gezieltes Herstellen der Aufgabenkarten lässt sich der Schwierigkeitsgrad der Übung recht genau bestimmen und zugleich der Spielanreiz variieren. Die einfachsten Aufgabensätze bestehen aus Additions- und Subtraktionsaufgaben aus dem Übungsbereich. Nur ein oder zwei Kinder werden die passende Ergebniskarte haben und um die Wette dem Ball nachlaufen."
(DIE GRUNDSCHULZEITSCHRIFT 1989)

771 Zahl unter hundert

Material: Ball
Spielbeschreibung: Alle Spieler stellen sich nebeneinander in einer Reihe auf. Ihnen gegenüber stehen in einigen Metern Abstand zwei Spieler mit einem Ball. Diese beiden müssen sich auf eine Zahl unter 100 einigen, die von den anderen erraten werden soll. Jedem Mitspieler wird nun nacheinander der Ball zugeworfen. Derjenige, der gerade den Ball hat, darf eine Zahl nennen und wirft dabei den Ball zurück. Die Werfer geben durch die Rufe „Weniger!" oder „Mehr!" Hinweise auf die gesuchte Zahl. Sobald die Zahl erraten wird, wirft der erste Spieler den Ball in die Höhe. Der zweite muss zu einem vorher vereinbarten Ziel laufen. Der Spieler, der die Zahl erraten hat, fängt den Ball und versucht, den Läufer so schnell wie möglich abzuwerfen. Wenn ihm dies gelingt, darf er sich die nächste Zahl überlegen. Gelingt es ihm nicht, setzen die beiden ersten Spieler das Zahlenraten fort. *(WA)*

772 Rückennummer erraten

Spielbeschreibung: Jedem Mitspieler wird eine Pappe mit einer Nummer auf den Rücken gehängt, so dass er selbst die Zahl nicht lesen kann. Die Aufgabe besteht darin, dass jeder Spieler nun seine Rückennummer herausfinden muss.
Dazu darf er Mitspieler entsprechend der Vorgaben in den Spielregeln befragen.Solche Spielregeln könnten beispielsweise sein:
- Der Antwortende darf nur mit Ja oder Nein antworten.
- Der Fragende muss seine Zahl erfragen, indem er Rechenaufgaben stellt, die der Antwortende mit den Kommentaren „zu groß" oder „zu klein" kennzeichnen darf.

An jeden Mitspieler darf nur eine Frage gestellt werden, dann muss man zum nächsten Mitspieler weitergehen! *(FEIKS u.a. 1991)*

Spiele mit dem Würfel

773 Bonbon-Pyramide

Material: Je Gruppe ein Würfel und eine Tüte Bonbons; für jedes Kind 21 Nüsse, Knöpfe, Erbsen o.Ä.
Spielbeschreibung: „Die Bonbons werden in der Mitte des Tisches in einem Dreieck ausgelegt.

Reihum würfelt jeder einmal. Dabei darf er sich aus dem Bonbon-Dreieck die Reihe wegnehmen, die seinem Wurf entspricht. Wenn ein anderer diese Reihe schon genommen hat, geht er leer aus. Erst wenn alle Reihen weggenommen wurden, wird ein neues Dreieck aufgebaut."

Variation: Kuhschwanz: „Jedes Kind legt ein Dreieck aus 21 Nüssen, Knöpfen, Erbsen o.Ä. vor sich. Wieder wird reihum je einmal gewürfelt, die entsprechende Augenzahl aus dem Kuhschwanz weggenommen und vor sich in eine Schachtel gelegt. Fehlt die Zahl im eigenen Kuhschwanz, so darf man sich die Nüsse aus dem des linken Nachbarn holen, später dann vom übernächsten usw. Man kann also weiterspielen, wenn man selbst keinen Kuhschwanz mehr hat. Wenn keine Nuss mehr auf dem Tisch liegt, ist das Spiel zu Ende. Sieger ist, wer die meisten Nüsse hat." *(REGELEIN 1980, S. 11)*

774 Pyramide aufbauen

Spielbeschreibung: Jedes Kind bekommt eine Anzahl von Knöpfen, Legeplättchen o.Ä. Material. Der Reihe nach wird gewürfelt; wer eine 1 würfelt, legt ein Plättchen, wer eine 4 würfelt, legt vier Plättchen usw. Wer mit dem vereinbarten Material zuerst eine Pyramide aufgebaut hat, gewinnt. (Anzahl der untersten Reihe vorgegeben.)
(FEIKS u.a. 1991)

775 Flohspiel

Material: Tafel, Kreide, ein +/—-Würfel, ein „normaler" Würfel
Spielbeschreibung: Vor Spielbeginn wird folgender „Spielplan" an die Tafel aufgezeichnet:

Es werden zwei Gruppen (A; B) gebildet, die gegeneinander spielen. Jede Gruppe erhält ein Haus. In der Mitte der Wegstrecke zwischen den beiden Häusern sitzt „Hugo", der Floh.

Eine Gruppe beginnt zu würfeln (mit beiden Würfeln gleichzeitig). Je nachdem, ob „+“ oder „–“ angezeigt wird, hüpft „Hugo“ in der entsprechenden Anzahl von Sprüngen nach rechts (bei „+“) oder links (bei „–“), würfelt beispielsweise die Gruppe, die gerade an der Reihe ist, ein „+“ und eine „3“, so darf sie den Floh drei Schritte nach rechts rücken. Gewonnen hat die Gruppe, bei deren Haus „Hugo“ zuerst ankommt.
Anmerkung: Dieses Spiel ist eine gute (Vor-)Übung für das Arbeiten am Zahlenstrahl. (WA)

776 Hausnummern würfeln

Material: drei verschiedenfarbige Würfel, Bleistift, Papier
Spielbeschreibung: Vor Spielbeginn wird eine Stellentafel angelegt.
„Es wird mit drei verschiedenfarbigen Würfeln reihum gewürfelt (Rot = H; Grün = Z; Blau = E). Die Zahlen werden notiert und nach sechs Runden addiert. Wer die höchste Summe hat ist Sieger.“
Beispiel:

H	Z	E
3	2	1
6	5	4
2	1	4
5	6	5

Variationen:
Höchste Hausnummer
„Drei gleichfarbige Würfel. Die höchste Augenzahl ist die Hunderterstelle, die geringste die Einerstelle. Sieger ist, wer nach sechs Runden die höchste Summe erreicht hat.“
Kleinste Hausnummer
„Mit drei Würfeln wird reihum gewürfelt. Die Würfel werden zur kleinsten Zahl geordnet und diese notiert. Sieger ist, wer die geringste Summe hat.“
Hausnummer mit Schikane
„Gespielt wird wie bei ‚Höchste Hausnummer‘. Die Schikane besteht darin, dass ein Würfel umgedreht werden darf. Eine gewendete 1 wird zur 6, 2 zu 5, 3 zu 4; da sich die gegenüberliegenden Augen immer auf 7 ergänzen.“
Anmerkung: Das Ziel des Spiels ist das Bilden und Ordnen von dreistelligen Zahlen. *(SCHNAUDER 1980, S. 45)*

777 Risiko

Material: Stellenwerttafel für jeden Spieler, Zahlenkärtchen, Kiste (o. Ä.)
Spielbeschreibung: Jeder Spieler bekommt eine Stellenwerttafel, die Zahlenkärtchen werden in eine Kiste (o. Ä.) gelegt. Vor Spielbeginn wird festgelegt, ob es darum geht, die kleinste oder die größte Zahl zu legen. Reihum ziehen die Spieler verdeckt ein Zahlenkärtchen aus der Kiste und entscheiden, ob sie die gezogene Zahl auf ihrer Stellenwerttafel ins Einer- oder Zehnerfeld (oder auch Hunderterfeld) legen. Wenn bei jedem Spieler alle drei Felder belegt sind, wird der Sieger festgestellt.
Anmerkung: Mit diesem Spiel wird das Bilden und Ordnen von zwei- und dreistelligen Zahlen geübt. *(TR 3)*

778 Auf die Zahl genau

Material: je Gruppe 3 Würfel, Stift, Papier
Spielbeschreibung: „Vor Spielbeginn vereinbart die Gruppe eine bestimmte Zahl, z. B. 120. Dann würfelt reihum jeder einmal mit den drei Würfeln. Die Summe der geworfenen Augen wird jeweils notiert. Zum Ergebnis des ersten Spielers wird das Ergebnis des zweiten, dazu das Ergebnis des dritten Spielers usw. dazugezählt. Wer nun der vereinbarten Zahl nahe kommt, kann wählen, ob er mit drei, zwei oder einem Würfel weitermacht. Wer genau die vereinbarte Zahl erreicht, gewinnt. Darüber hinausgehende Würfe sind ungültig."
(REGELEIN 1980, S. 20)

779 Kreiswürfel

Material: großer Schaumstoffwürfel
Spielbeschreibung: Die Kinder sitzen im Kreis. Ein Kind steht in der Mitte und hat einen Schaumstoffwürfel. Es sagt eine Zahl und würfelt zu einem Mitspieler. Dieser rechnet die Aufgabe (die Rechenart muss vorher festgelegt werden). Ist das Ergebnis richtig, darf es in den Kreis und die nächste Zahl ansagen, wenn nicht, bleibt es sitzen und das Kind in der Mitte ist weiter an der Reihe. *(KL)*

780 Aufgaben würfeln

Material: zwei (bzw. drei) große Schaumstoffwürfel
Spielbeschreibung: Alle sitzen im Kreis. Zu Beginn des Spiels wird festgesetzt, ob addiert, multipliziert, subtrahiert oder dividiert werden soll.

Immer zwei (bzw. drei) Kinder würfeln und rechnen die geworfenen Augen zusammen.
Variation: Das doppelte der beiden (bzw. drei) geworfenen Augen wird zusammengerechnet.
Es wird mit drei Schaumstoffwürfeln gewürfelt, wer am schnellsten das Ergebnis weiß, ist Rundensieger. *(Quelle unbekannt)*

781 Atomspiel – Variante

Material: Würfel (einen für jeden Spieler)
Spielbeschreibung: Jeder Spieler bekommt einen Würfel. Alle Spieler laufen im Raum umher. Wenn der Spielleiter eine beliebige Zahl nennt, müssen sich die Spieler so gruppieren (in einer Gruppe oder mehreren kleinen Gruppen) und ihre Würfel so legen, dass die Würfelaugen die genannte Summe ergeben. *(ZO 1–2)*

Spiele mit Karten

782 Mengen-Domino

Material: „Je Gruppe 28–32 Karten (etwa 6 x 3 cm). Jede Karte ist durch eine Mittellinie getrennt und weist zwei verschiedene Darstellungen auf."

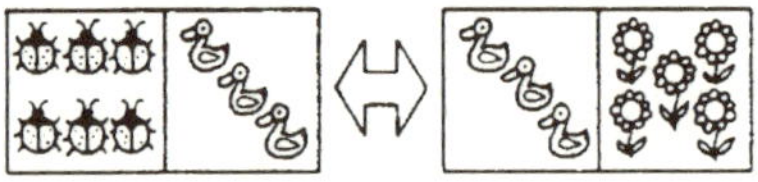

Spielbeschreibung: „Alle Kärtchen werden gleichmäßig an alle Mitspieler verteilt. Wer eine bestimmte Karte hat, beginnt. Reihum kann jeder so lange an beiden Enden der Schlange anlegen, wie er passende Karten hat. Wer nicht anlegen kann ‚passt', d.h., er wird übergangen. Wer zuerst alle Karten anlegen konnte, hat gewonnen."
(REGELEIN 1980, S. 25)

783 Rechen-Domino

Material: „Je Gruppe 28–32 Karten (etwa 6 x 3 cm). Jede Karte ist durch eine Mittellinie getrennt und weist zwei verschiedene Darstellungen auf." Es gibt verschiedene Möglichkeiten der Kartengestaltung.

Spielbeschreibung: „Alle Kärtchen werden gleichmäßig an alle Spieler verteilt. Wer eine bestimmte Karte hat, beginnt. Reihum kann jeder so lange an beiden Enden der Schlange anlegen, wie er passende Karten hat. Wer nicht anlegen kann, ‚passt', d.h. er wird übergangen. Wer zuerst alle Karten anlegen konnte, hat gewonnen." Beispiele:

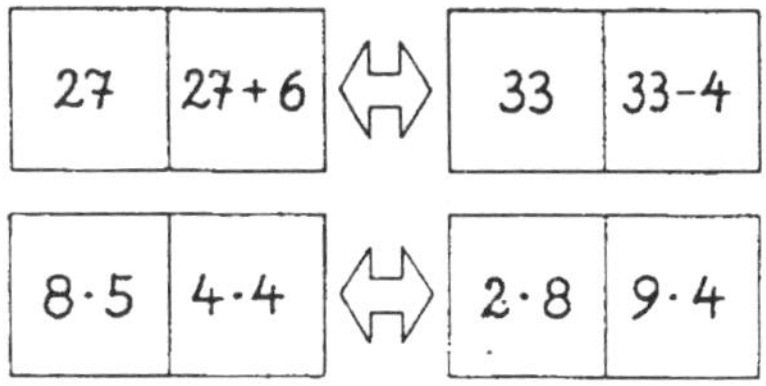

(REGELEIN 1980, S. 25)

784 Zahlenmemory

Material: selbstgemachte Kärtchen, jeweils vier zu den Zahlen 1–10, nach folgendem Muster:

- Punkte

- geschriebene Zahl

- Hände

- Felder im Rechteck

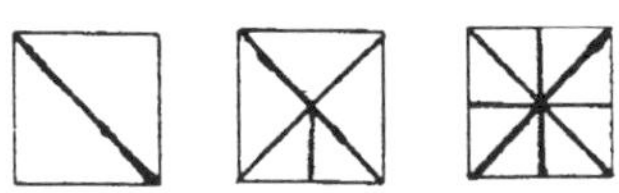

Spielbeschreibung: „Alle Karten werden mit der Bildseite nach unten auf den Tisch ausgelegt. Reihum deckt jeder Spieler zwei Karten auf. Hat er ein Paar, darf er es nehmen, verdeckt vor sich hinlegen und zwei neue Karten aufdecken. Gehören die nicht zusammen, müssen sie wieder verdeckt an ihren Platz zurückgelegt werden, und der Nächste macht weiter. Wer zum Schluss die meisten Paare hat, hat gewonnen." *(REGELEIN 1980, S. 27)*

785 Zehner-Memory

Material: Kartensatz, bei dem viermal die Zahlen 1–9 vorkommen
Spielbeschreibung: Die Karten werden verdeckt auf den Tisch ausgelegt. Reihum deckt jeder Spieler zwei Karten auf und rechnet aus, ob die beiden Zahlen zusammen zehn ergeben. (Die Mitspieler kontrollieren.) Ist das der Fall, darf er das Paar behalten, wenn nicht, müssen sie wieder verdeckt an ihren Platz zurückgelegt werden, und der nächste Spieler macht weiter. Wer zum Schluss die meisten Paare hat, hat gewonnen. *(REGELEIN 1980, S. 27)*

786 Einmaleins-Memory

Material: selbstgemachte Aufgabenkärtchen mit den entsprechenden Ergebniskärtchen
Spielbeschreibung: Die eine Hälfte der Karten ist mit Rechenoperationen, die andere mit den Ergebnissen (in Ziffern) beschriftet. Die „Rechenoperation“ und passendes „Ergebnis“ bilden ein Paar.
Alle Karten werden verdeckt auf den Tisch ausgelegt. „Reihum deckt jeder Spieler zwei Karten auf. Hat er ein Paar, darf er es nehmen, verdeckt vor sich hinlegen und zwei neue Karten aufdecken. Gehören die nicht zusammen, müssen sie wieder verdeckt an ihren Platz zurückgelegt werden, und der nächste Spieler macht weiter. Wer zum Schluss die meisten Paare hat, hat gewonnen.“
Beispiel:

$3 \cdot 9$ ≙ 27

Variationen: Man kann für das Rechen-Memory die Karten natürlich je nach Lernziel auch noch anders gestalten.
Beispiele: *(REGELEIN 1980, S. 27)*
Memory mit Tauschrechnungen/Gegenrechnungen

$39+16$ ≙ $16+39$ $72:8$ ≙ $9 \cdot 8$

Memory mit Termen

$10+6$ ≙ $8+8$ $4 \cdot 8$ ≙ $30+2$

787 Rechen-Lotto

Material: selbst hergestellte Spielplatten und Abdeckplättchen
Spielbeschreibung: „Alle Spieler bekommen Spielplatten, die neun Felder besitzen. In den Feldern stehen Aufgaben (z.B. 4 + 4) oder Ergebnisse (z.B. 8). Auf einem verdeckten Stapel in der Mitte der Spielrunde liegen Karten mit Entsprechungen zu den auf den Plattenfeldern abgedruckten Aufgaben und Ergebnissen: eine Aufgabe zu einem Ergebnis, ein Ergebnis zu einer Aufgabe. Reihum zieht jeder Spieler von dem Stapel. Erhält er eine auf seine Platte passende Karte, legt er sie auf das entsprechende Feld ab; passt die Karte nicht, legt er sie wieder unter den Stapel. Sieger ist, wer als Erster seine gesamte Platte abgedeckt hat.
Mögliche Lernkontrolle: Wird die Platte mit den richtigen Plättchen (mit der Rückseite nach oben abgelegt) abgedeckt, so ergibt die Rückseite aller Plättchen ein Gesamtbild."
Beispiel:

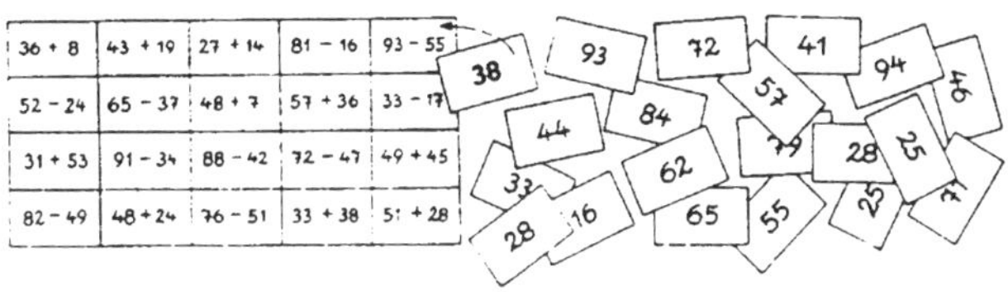

Anmerkung: Das Spiel kann zu allen vier Grundrechenarten gespielt werden, es dient vor allem der Übung und Festigung der kleinen 1x1- und 1+1-Sätze, kann natürlich auch mit Aufgaben aus einem größeren Zahlenraum gespielt werden und allgemein zur Übung des Kopfrechnens beitragen. *(DEPPE 1995, S. 138)*

788 Mein rechter Platz ist frei – Variante III

Material: Kärtchen mit den verschiedenen Grundfarben und Formen
Spielbeschreibung: „Bei diesem Spiel sollen die Farben und Formkenntnisse erweitert und vertieft werden. Es ist ein abgewandeltes Spiel von dem so bekannten ‚Mein rechter, rechter Platz ist frei, ich wünsche mir (... Name) herbei.' Gespielt wird es so:
Im Stuhlkreis steht ein Stuhl zu viel, ob es nun rechts oder links heißen soll, kann die Gruppe allein entscheiden.
Die Kinder im Kreis haben alle ein Kärtchen mit den verschiedenen Grundfarben und Formen umgebunden.
Jetzt heißt es: ‚Mein rechter, rechter Platz ist frei, ich wünsche mir das rote Dreieck herbei!'" *(KINDER-SPIELEKARTEI)*

789 Mein rechter Platz ist frei – Variante IV

Material: Aufgabenkarten zum Umhängen
Spielbeschreibung: „Die Kinder sitzen im Kreis. Jedes Kind hat eine Karte mit einer 1x1-Aufgabe. Ein Platz ist frei. Das Kind, dessen rechter Platz frei ist, sagt: ‚Mein rechter, rechter Platz ist frei, ich wünsche mir die 42 herbei.'
Das so gerufene Kind (mit der Aufgabe 6 x 7) setzt sich schnell auf den freien Stuhl. So geht es weiter."
Variation: „Die Kinder haben Ergebniskarten und werden mit den entsprechenden Aufgaben herbeigerufen."
Das Spiel eignet sich auch gut zur Einführung eines Zahlenraumes (z. B. 1000er-Raum). Die Kinder haben Kärtchen mit Zahlen bis 1000 und werden mit der entsprechenden Zahl herbeigerufen. Ein Spieler beginnt z. B.: „Mein rechter, rechter Platz ist frei, ich wünsche mir die 879 herbei" usw. *(DIE GRUNDSCHULZEITSCHRIFT 1992)*

790 Partnersuche

Material: Aufgabenkärtchen und Ergebniskarten
Spielbeschreibung: Alle Kinder erhalten Aufgaben- oder Ergebniskärtchen verschiedener 1x1-Reihen. Nun muss jede „Aufgabe" ihr „Ergebnis" suchen und finden. Dabei kann es durchaus sein, dass mehrere Aufgaben zu einem Ergebnis passen.
Beispiele:
– 2 x 8, 4 x 4, 8 x 2, 16
– 3 x 8, 4 x 6, 6 x 4, 8 x 3, 24 *(KO)*

791 Eisenbahn

Material: Ergebniskarten
Spielbeschreibung: „Die Kinder tragen Karten mit 1x1-Ergebnissen.
Die Lok beginnt: ‚Alleine fahren will ich nicht, ich nehme mir die 3 x 8 mit.'
Das Kind mit der Karte 24 hängt sich an und nennt eine Aufgabe. Der Zug fährt so lange, bis alle ‚Wagen' sich angehängt haben.'
Variation: „Nur Aufgaben einer Einmaleins-Reihe bilden den Zug. Die ‚Lok' und jeder weitere ‚Wagen' nennt das Ergebnis der nachfolgenden Aufgabe (vorwärts oder rückwärts)."
(DIE GRUNDSCHULZEITSCHRIFT 1992)

792 Stille Post – Variante

Material: Zahlenkarten
Spielbeschreibung: „Die Kinder sitzen im Kreis und fassen sich (sichtbar) an den Händen. Jedes Kind hat eine Karte mit einer Zahl umgehängt (praktisch sind auch große Adressaufkleber, die an jedem Stoff haften). Ein Kind steht in der Mitte.
Ein Kind schickt einen Brief auf die Reise: ‚Ich schicke einen Brief an die 7 x 4.'
Der Brief wird durch Händedruck an den linken oder rechten Nachbarn auf den Weg gegeben. Der schickt ihn weiter ... bis er beim Empfänger (der 28) ankommt.
Das Kind in der Mitte muss herausfinden, wo der Brief ist. Gelingt ihm dies, tauscht es den Platz mit dem Kind, das den Brief gerade weiterschicken wollte." *(DIE GRUNDSCHULZEITSCHRIFT 52/1992)*

793 Blinde Kuh – Variante

Material: Aufgabenkarten und Ergebniskarten einer 1x1-Reihe
Spielbeschreibung: „Ein Kind steht mit verbundenen Augen in einem Kreis von Mitspielern, die zur einen Hälfte Aufgabenkarten, zur anderen die zugehörigen Ergebniskarten einer 1x1-Reihe tragen. Die ‚blinde Kuh' nennt eine Aufgabe.
Während die beiden Kinder mit der Aufgaben- und der Ergebniskarte innerhalb des Kreises ihre Plätze tauschen, muss die ‚blinde Kuh' versuchen, eines von ihnen zu fangen. Schafft sie es, gibt sie die Augenbinde an das ‚Opfer' weiter."
(DIE GRUNDSCHULZEITSCHRIFT 52/1992)

794 Mäuschen, piep mal

Material: Zahlenkarten, Augenbinde
Spielbeschreibung: „Die Kinder sitzen mit ihren Zahlenkarten (aus einer oder zwei 1x1-Reihen) im Stuhlkreis. Ein Kind steht mit verbundenen Augen in der Mitte und ruft: ‚6 x 7, piep mal!'
Das Kind mit der 42 gibt einen Piepton von sich. Nun muss sich der ‚blinde' Spieler orientieren. Findet er den ‚Piepmatz' (und errät durch Tasten seinen Namen), legt er ihm seine Augenbinde um und führt ihn zum nächsten Spiel in den Kreis."
(DIE GRUNDSCHULZEITSCHRIFT 1992)

795 Zahlen raten

Material: Faltkarten mit Einmaleins-Aufgaben, Bonbons (o. Ä.)
Spielbeschreibung: „Ein Kind verlässt den Klassenraum, die anderen sitzen im Halbkreis. Jedes Kind hat eine Faltkarte vor sich stehen, die mit einer Einmaleins-Aufgabe beschriftet ist. Unter einer der Aufgabenkarten (z. B. 7 x 7) ist ein Bonbon versteckt.
Das Kind, das draußen wartet, wird hereingerufen. Es muss durch Fragen herausfinden, unter welcher Karte das Bonbon versteckt ist. Die anderen Kinder dürfen nur mit JA oder NEIN antworten."
Beispiel: ‚Ist die Zahl kleiner als 50?' – ‚Ja.'
‚Ist sie größer als 30?' – ‚Ja.'
‚Ist sie größer als 40?' – ‚Ja.'
‚Dann ist es die 49!'"
(DIE GRUNDSCHULZEITSCHRIFT 1992)

796 Legespiel

Material: selbst hergestellte Legekärtchen
Spielbeschreibung: Die Kärtchen werden an die Spieler verteilt, übrige Kärtchen werden auf einen Stapel beiseite gelegt. Ein Kärtchen wird in die Mitte der Spielrunde gelegt. Jeder Spieler kontrolliert, ob sich unter seinen Kärtchen eines befindet, auf dem die Anzahl, Anordnung, Form und Farbe der abgebildeten geometrischen Figuren mit dem in der Mitte übereinstimmt. Ist das der Fall, darf er anlegen. Gewinner ist derjenige, der zuerst keine Karten mehr hat. Sollte einmal keiner anlegen können, wird ein Kärtchen vom Stapel gezogen.
Variation: Dieses Legespiel ist auch alleine spielbar. *(KL 1)*

797 Tangram-Spiel

Material: selbst hergestelltes Tangram (bestehend aus sieben Teilstücken)
Herstellung: „Man schneidet ein der nebenstehenden Abbildung entsprechendes Quadrat (6 x 6 cm) aus Karton zurecht. Mit Lineal und Bleistift zeichnet man ein Gitter mit 16 Quadraten (s = 1,5 cm) leicht auf. Jetzt trägt man die Linien des Diagramms deutlich ein: Punkt E mit L und G mit K verbinden; Lineal auf A–I anlegen, Gerade von A über die Ecklinie E–L bis zur Linie G–K ziehen; jetzt noch die kurzen Linien von Punkt G zum Kreuzungspunkt DF und vom Kreuzungspunkt DH zum Punkt BH eintragen. Das Quadrat wird entlang dieser Linien zerschnitten. Das gibt folgende Formen: fünf Dreiecke (zwei groß, eines mittel, zwei klein), ein Schiefeck und ein Quadrat."

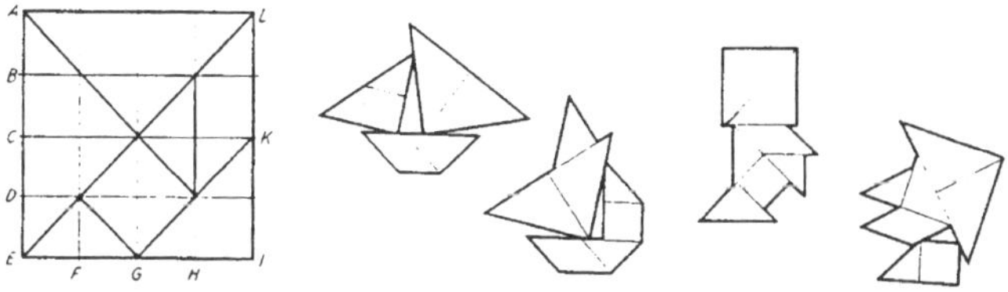

Spielbeschreibung: „Das Spiel stammt aus China. Seine sieben Teilstücke entstehen aus einem Quadrat. Mit ihnen lässt sich eine Überfülle von Figuren, Menschen, Tieren Gegenständen und geometrischen Flächen zusammenstellen." Im Spiel können entweder Figuren frei oder nach Vorlage, geometrische Figuren aus dem Quadrat und Quadrate aus den geometrischen Figuren gelegt werden.
Anmerkung: Die Kinder können bei diesem Spiel eine Fülle von Figuren legen und dabei Erfahrungen mit der Symmetrie sammeln.
(SCHNAUDER 1980, S. 86 f.)

Spiele mit Spielplänen, Stift und Papier

798 Wettrechnen

Spielbeschreibung: Es werden zwei Mannschaften gebildet. Der Spielleiter stellt eine Rechenaufgabe. Alle Kinder rechnen die Aufgabe auf einem Zettel aus, dann wird verglichen. Jedes richtige Ergebnis gibt einen Punkt für die jeweilige Mannschaft. Gewonnen hat die Gruppe, die am Schluss die meisten Punkte hat. *(KL 2)*

799 Magische Quadrate

Kurzinfo: Bei diesem mathematischen Spiel geht es darum, in die Felder eines Quadrats aus 3 x 3, 4 x 4, 5 x 5 oder mehr Feldern Zahlen einzutragen, die durch Addition aller waagrechten, senkrechten und diagonalen Reihen immer dasselbe Resultat ergeben. *(GLONNEGGER 1999)*

16	3	2	13
5	10	11	8
9	6	7	12
4	15	14	1

800 Bingo

Material: Spielplan

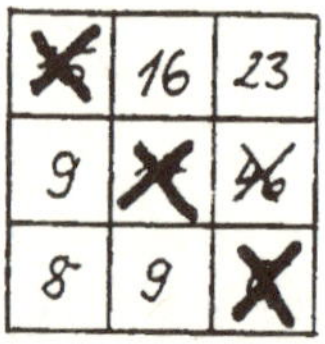

Spielbeschreibung: „Der Spielplan (siehe Skizze) kann von den Kindern selbst auf einem Blatt Papier angelegt werden. Zu Beginn empfiehlt sich ein 3x3-Felder-Plan aus Gründen der Übersicht. Entsprechend der Anzahl der Felder schreibt sich der Spielleiter (nach einigen Einführungsrunden können die Schüler das auch selbst) neun Aufgaben auf ein Blatt, die er langsam der Reihe nach diktiert. Die Mitspieler haben nun die Aufgabe, die Rechnungen sofort auszuführen und das Ergebnis in ein beliebiges, leeres Feld auf ihrem Plan einzuschreiben. Nacheinander werden so alle Felder des Plans mit Ergebnissen gefüllt. Kann ein Schüler eine Aufgabe nicht ausführen, bleibt in seinem Plan ein Feld frei, was zwar seine Gewinnchancen mindert, ihn aber nicht a priori zum Verlierer stempelt. Der eigentliche Clou des Spiels ist die Auswertung. Der Spielleiter liest nun in beliebiger Reihenfolge die Ergebniszahlen vor. Die Mitspieler dürfen das Feld, in welches sie dieses Ergebnis eingetragen haben, streichen. Sobald ein Mitspieler drei durchgestrichene Felder in einer Reihe, Spalte oder Diagonalen hat, ruft er ‚BINGO' und ist Sieger dieser Runde!

Der Spielanreiz ist gerade auch für schwächere Spieler deshalb so hoch, weil das Glück bei der Auswertung ja ausgleichende Gerechtigkeit spielen kann. Selbst ein Spieler, der nur drei Felder ausfüllen konnte – aber zufällig gerade die, die der Spielleiter aufrief –, kann unter Umständen der Sieger sein!"

Variationen: „Bei den Aufgaben verschiedene Rechenarten und Schwierigkeitsgrade mischen (Differenzierung). Verkürzung der Rechenzeit durch Steigerung des Diktiertempos – damit Steigerung der Rechengeschwindigkeit (in kleinen Schritten!).

Vergrößerung des Plans auf 4x4- und 5x5-Felder-Pläne zur Erhöhung der Aufgabenzahl und der Kombinationsmöglichkeiten.

Bei der Auswertung gelegentlich auch falsche Ergebnisse vortragen und zur Kontrolle nachfragen, wer gerade ein Feld gestrichen hat."

Eine weitere Möglichkeit ist, dass die Spieler zuerst ihren Spielplan mit beliebigen Ziffern (eines festgelegten Zahlenraumes) ausfüllen. Der Spielleiter nennt nun verschiedene Aufgaben; wenn sich das Ergebnis unter den von ihnen gewählten Zahlen befindet, haken die Spieler es ab. Derjenige, der zuerst eine horizontale, vertikale oder diagonale Reihe hat, ruft „BINGO" und ist Bingo-König. *(Quelle unbekannt)*

801 Einmaleins-Würfelspiel

Material: Spielplan, 2 Würfel, je Spieler eine Spielfigur
Spielbeschreibung: Dieses Würfelspiel wird nach Art von „Mensch-ärgere-dich-nicht“ gespielt. Der Spielplan kann verschiedenartig gestaltet sein (man kann auch einen fertigen Spielplan benutzen). Jeder Spieler bekommt eine Spielfigur, die er auf das Startfeld setzt. Der Spieler, der die höchste Zahl würfelt, beginnt. Gewürfelt wird nun mit zwei Würfeln. Derjenige, der an der Reihe ist, muss die Augen der beiden Würfel miteinander multiplizieren, um die Zahl der Felder auszurechnen, die er vorrücken darf; z. B.: 2 x 4 = 8 – der Spieler rückt acht Felder vor. Die Mitspieler kontrollieren, ob er auch richtig gerechnet hat.
Kommt ein Spieler auf ein Feld, das schon besetzt ist, dann kann er die andere Spielfigur „schmeißen“, d.h. zurück an den Start setzen. Gewonnen hat derjenige, der zuerst das Ziel erreicht. *(KO 3)*

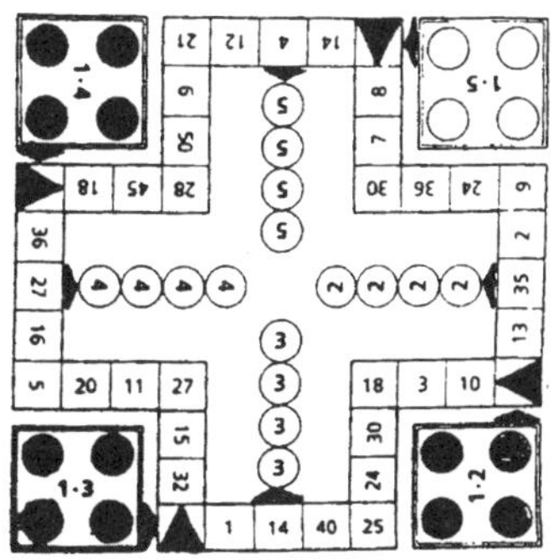

802 Einmaleins-Mensch-ärgere-dich-nicht

Material: Spielplan, für jeden Spieler vier Spielfiguren, Würfel
Spielbeschreibung: Die Spieler verteilen untereinander die 1x1-Reihen und besetzen die Ausgangsfelder mit vier Spielfiguren ihrer jeweiligen Farbe. Es wird der Reihe nach gewürfelt. Mit einer 6 kommt man aus dem Ausgangsfeld in das erste Spielfeld. Hierbei haben die Spieler drei Versuche. Wenn sie beim Würfeln auf eine Zahl aus ihrer 1x1-Reihe kommen, dürfen sie noch einmal würfeln und setzen. Kommt ein Spieler auf ein besetztes Feld, darf er die andere Spielfigur rauswerfen. Dieser muss dann wieder zurück in sein Ausgangsfeld. Sieger ist, wer zuerst seine vier Spielfiguren im Ziel hat. *(Quelle unbekannt)*

803 Einmaleins-Spiel

Material: Spielfeld, Aufgabenkarten

Spielbeschreibung: Zu Beginn werden alle Spielfiguren auf das Ausgangsfeld gesetzt und die Aufgabenkarten gut gemischt. Dann wird reihum gewürfelt und die Augenzahl gesetzt. Kommt ein Spieler auf ein Aufgabenfeld, muss er eine Karte ziehen. Dabei kann er zwischen zwei Schwierigkeitsgraden wählen. Die Karten mit einem Punkt erhalten die leichteren Aufgaben, die mit zwei Punkten die schwierigeren. Findet das Kind die richtige Lösung, so erhält es die auf der Karte angegebene Anzahl von Punkten, bei einer falschen Lösung verliert es diese Anzahl. Hat ein Spieler noch keine Punkte, so entfällt die zweite Regel. Trifft ein Spieler auf ein Feld, das im Fluss liegt, so muss er noch einmal zum Ausgangspunkt zurück, behält aber seine gesammelten Punkte. Das Spiel ist dann zu Ende, wenn der erste Spieler das Zielfeld erreicht hat. Gewonnen hat allerdings das Kind mit den meisten Punkten.

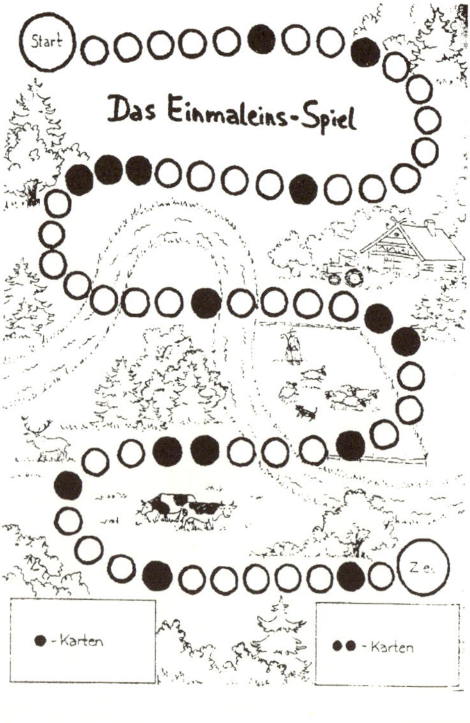

804 Zahlenhopse

Material: Stift, Quadrate aus Papier, Klebeband
Spielbeschreibung: Die Quadrate werden auf den Boden geklebt (Anzahl der Quadrate richtet sich nach dem Zahlenraum). Auf die Felder werden ungeordnet die Ziffern des entsprechenden Zahlenraums geschrieben. Gehüpft wird nun in der Reihenfolge der Zahlen z.B. 1, 2, 3 ... 18, 19, 20, entweder mit beiden Beinen oder auf einem Bein. Wenn der „Hüpfer" einen Fehler macht, erfolgt ein Partnerwechsel.
Beispiel: *(DIE GRUNDSCHULZEITSCHRIFT 1992)*

20	11	4	13
19	5	12	10
2	6	3	14
16	18	15	9
1	7	17	8

805 Einmaleins-Hopse

Material: Spielplan
Spielbeschreibung: „Die Ziffer der Einmaleinsreihe, die gelernt werden soll, wird auf den Boden aufgeklebt. Es werden so viele Felder abgeteilt, wie Aufgaben möglich sind. In die Felder werden die Ergebnisse der Einmaleinsreihe ungeordnet geschrieben". Dann hüpft der Spieler auf ein Ergebnisfeld, nennt die dazugehörige Aufgabe und hüpft auf das nächste Feld usw.
Wenn er einen Fehler macht, kommt der nächste an die Reihe.
Beispiel: *(DIE GRUNDSCHULZEITSCHRIFT 1992)*

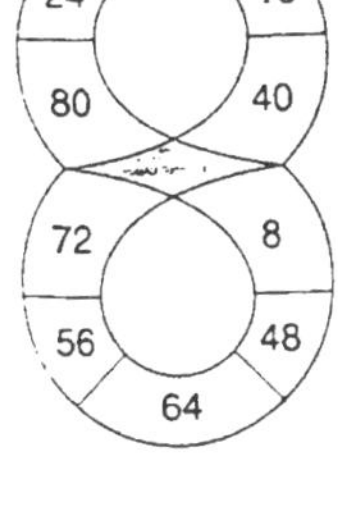

806 Nautilius

Material: ein Spielplan pro Gruppe, Setzsteine in verschiedenen Farben
Spielbeschreibung: Die Spieler setzen ihre Spielfiguren auf das jeweilige Startfeld. Nacheinander rechnen sie eine der beiden Aufgaben auf dem besetzten Feld und setzen ihren Spielstein auf das Feld, das als große Zahl das errechnete Ergebnis trägt. Die Felder können nur durch einen Spielstein belegt werden. Kommt ein Spieler auf ein bereits besetztes Feld, muss er den anderen auf ein beliebiges Nachbarfeld versetzen. Sieger ist, wer als Erster das Feld mit der 100 erreicht hat. *(LICHTENBERGER/MITTROWANN 1987)*

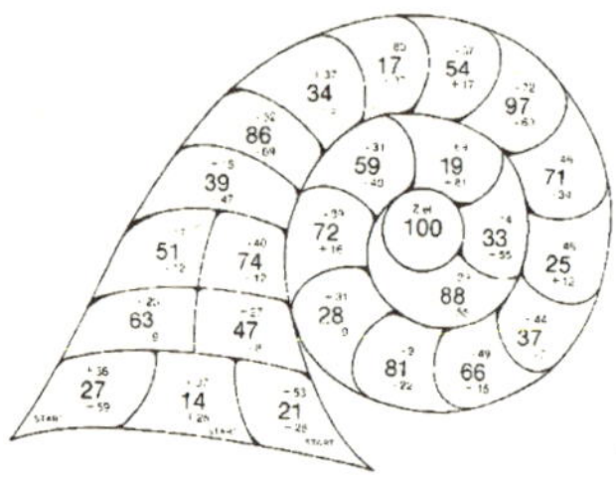

807 Figuren rechnen

Material: ein Spielplan pro Schüler
Spielbeschreibung: Der Schüler rechnet die erste Aufgabe einer längeren Aufgabenreihe, sucht das Ergebnis auf dem Spielplan und markiert es. Mit der zweiten Aufgabe verfährt er ebenso. Dann verbindet der Schüler die beiden ersten Ergebnisse durch eine mit Lineal gezogene Linie. Auf diese Weise rechnet er auch die übrigen Aufgaben aus und verbindet sie mit dem jeweils vorherigen Ergebnis. Dabei können Zahlen auch doppelt vorkommen. Bei richtiger Lösung aller Aufgaben erhält der Schüler am Ende eine geometrische Figur.

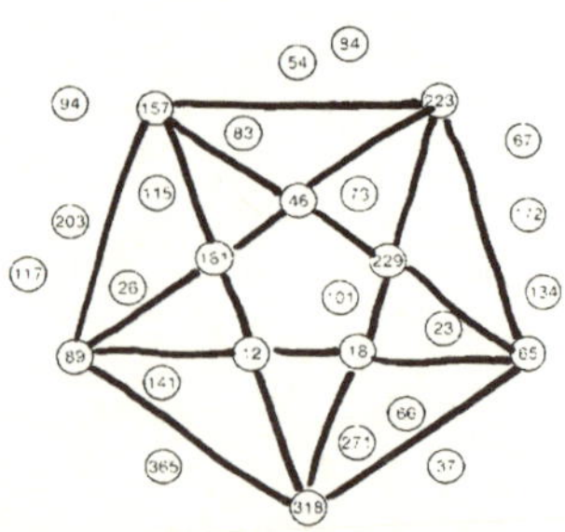

Lernspiele: Mathematik (Verlage)

808 Zahlenspiel 1–25

6–8 Jahre, 1–4 Spieler
Lerninhalt: Zuordnen von Mengen und Zahlen, Aufgliederung von Mengen. *(RAVENSBURGER, Best.-Nr. 00743 1)*

809 Fünf gewinnt

Lerninhalt: Addieren im Zahlenbereich 0–20. *(ARNULF BETZOLD)*

810 Circus

Lerninhalt: Einführung von Zahlen 0–10. *(ARNULF BETZOLD)*

811 Trio

ab 10 Jahren, 1–6 Spieler
Lerninhalt: Steigerung der Rechenfähigkeit beim Addieren, Subtrahieren und Multiplizieren; Förderung der Konzentration und Kombinationsfähigkeit. *(RAVENSBURGER, Best.-Nr. 00358 7)*

812 Erstes Rechnen

6–8 Jahre, 2–4 Spieler
Lerninhalt: Addieren, Subtrahieren und Ergänzen. Mit Selbstkontrolle und verschiedenen Schwierigkeitsstufen bei Aufgaben mit Zahlen bis 100. *(RAVENSBURGER, Best.-Nr. 00934 3)*

813 Kartenspiel zum 1 + 1

ab 6 Jahren
Lerninhalt: Die „1+1-Karten“ erschließen den Kindern im 1. Schuljahr das Zahlenverständnis und dienen zur Übung der Addition und Subtraktion im Zwanzigerraum. *(KLETT SCHULBUCHVERLAG)*

814 Märchen-1x1

ab 7 Jahren
Lerninhalt: Spielend das 1 x 1 lernen (HA)

815 1x1-Bingo

8–12 Jahre, 2–5 Spieler
Lerninhalt: Mit viel Spaß das kleine Einmaleins lernen – Üben und Wiederholen ist die Hauptsache. *(RAVENSBURGER)*

816 Summa Summarum

ab 8 Jahren, 2 Spieler
Lerninhalt: In diesem taktischen Zahlenduell versuchen die Spieler durch planvolles Setzen ihrer Zahlensteine, die jeweils summenmäßige Mehrheit zu erreichen. Die ständig wechselnden Summen erfordern Planung und Erinnerungsvermögen. *(ZO 3)*

817 Steckbrett

Lerninhalt: Einfache Rechenaufgaben bewältigen.
(HERDER VERLAG, Best.-Nr. 15 024)

818 Triomino (Dreieckdomino)

Spielbeschreibung: Ähnlich wie beim Domino müssen dreieckige Steine, auf denen jeweils drei Zahlen in den Ecken aufgedruckt sind, so aneinander gelegt werden, dass alle Zahlen übereinstimmen. Ein Legespiel für den strategischen Umgang mit Zahlen.

no

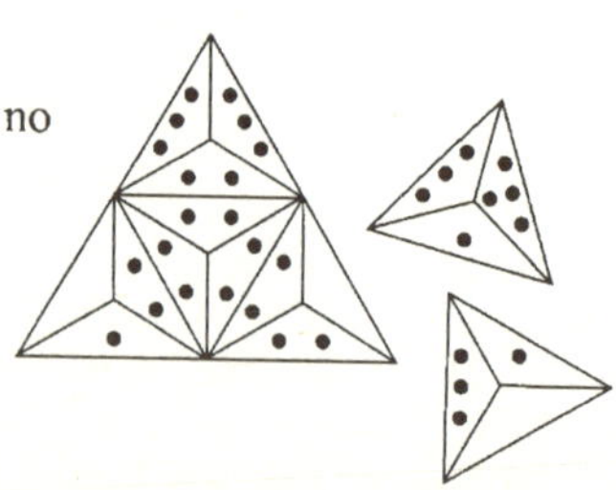

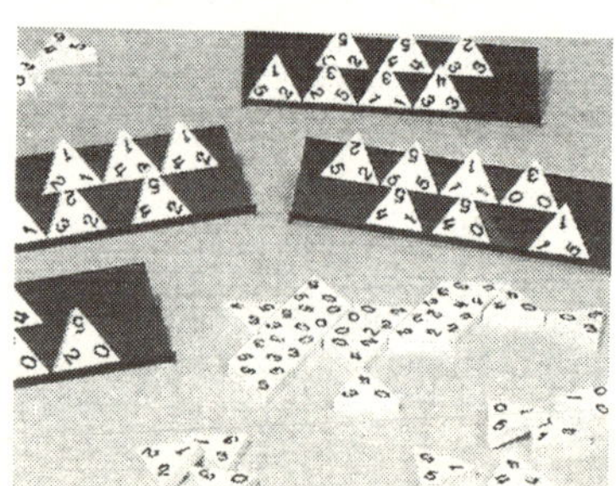

819 Rechenlotto

Lerninhalt: Einfache Rechenaufgaben bewältigen. *(RAVENSBURGER)*

820 Farben und Formen

Lerninhalt: Erkennen von Farben und geometrischen Formen. *(RAVENSBURGER)*

C Sachunterricht

Im Sachunterricht sind Prinzipien der Kindgemäßheit, der Anschauung, der Selbsttätigkeit und des Handlungsbezugs, der Lebensnähe und der Sprachbildung von zentraler Bedeutung *(WALTER 1993, S. 185)*. Damit kommt auch in diesem Lernbereich dem Spiel eine größere Beachtung zu. Die KMK *(1980, S.122)* bringt dies deutlich zum Ausdruck:

„In einer kindgerechten, entspannten Arbeitsatmosphäre, die die sozialen und emotionalen Bedürfnisse der Schüler angemessen berücksichtigt, wird ausreichend Zeit zur gründlichen Erarbeitung sachunterrichtlicher Gegenstände eingeplant. Der kindlichen Funktionslust am Spielen und Ausprobieren wird genügend Raum gegeben ... Ein als anregende Lernumwelt gestalteter Klassenraum schafft dafür wichtige Voraussetzungen.

Im Spiel kann das Kind, in einer ihm angemessenen Weise, seine Lebenswelt erkunden und erschließen. Da sich Kinder schon vor der Schulzeit meist explorierend und spielerisch mit ihrer dinglichen und personalen Welt auseinandersetzen, gilt es, dem Spiel neben anderen Formen des Handelns einen festen Platz im Sachunterricht einzuräumen und seine motivierenden Kräfte zu nutzen *(WALTER 1993, S. 187)*. Welche konkreten Möglichkeiten gerade das Spiel für den Sachunterricht bietet, zeigen die folgenden Beispiele aus den verschiedenen Lern- und Spielschulen. Auch hierbei handelt es sich nur um einen kleineren Ausschnitt von Spielen, die auf einige Inhaltsberichte begrenzt sind.“

Pflanze, Tier, Mensch

821 Blätter sammeln

Spielbeschreibung: „Dieses Spiel wird in einem Garten oder Park mit vielen verschiedenen Bäumen oder Büschen gespielt. Der Spielleiter beauftragt die Spieler, ihm innerhalb von 3 Minuten möglichst viele verschiedene Blätter zu bringen, aber jedes nur einmal; jedes doppelt vorhandene Blatt bringt einen Minuspunkt. Die Gruppe muss sich geschickt und schnell absprechen.“ *(DEACOVE 1981, S. 59)*

822 Blätterwald

Material: Blätter von verschiedenen Bäumen
Spielbeschreibung: „Der Spielleiter sammelt für jedes Kind ein oder mehrere verschiedene Blätter. Im Park sucht das Kind den dazu gehörenden Baum und bringt zum Beweis auch ein neues Blatt (oder Blätter) mit. Kann auch als Wettspiel gespielt werden.“ *(HA)*

823 Blätter-Quiz

Material: je nach Anzahl der Spieler ca. 12 verschiedene Blätter von Bäumen oder Sträuchern, ein weißes Blatt Papier
Spielbeschreibung: Eine genaue Betrachtung und Bestimmung der einzelnen Blätter geht dem eigentlichen Spielbeginn voraus. Dann teilt der Spielleiter die Kinder in zwei gleich starke Gruppen ein. Wenn beide Gruppen um einen Tisch herumsitzen, kann das eigentliche Spiel beginnen. Der Spielleiter zieht nun langsam ein Blatt unter dem Papier hervor. Die Spieler sollen herausbekommen, um welche Blattsorte es sich handelt. Jede Mannschaft darf jedoch nur eine Antwort geben. Die Mannschaft, die die richtige Lösung gefunden hat, darf den noch verdeckten Rest des Blattes unter dem Papier hervorziehen und es dann behalten. Gewonnen hat die Gruppe, die am Ende die meisten Blätter gesammelt hat.
Anmerkung: Die Kinder müssen, um die Blätter wieder zu erkennen, immer sehr genau hinsehen, da in der Natur kein Blatt dem anderen gleicht. *(BARTL & BARTL 1992)*

824 Einem Baum begegnen

Spielbeschreibung: Dies ist ein Spiel in Paaren. Verbinde die Augen deines Partners und führe ihn durch den Wald zu irgendeinem Baum, der dich anzieht.
Hilf dem „blinden“ Kind, seinen Baum kennen zu lernen. Das geht am besten mit konkreten Vorschlägen. Zum Beispiel werden die Kinder auf die Aufforderung, den Baum zu erforschen, nicht mit solchem Interesse reagieren, als wenn du sagst, „Reibe deine Backe an der Rinde“ oder sie fragst „Lebt der Baum noch? ... Kannst du ihn mit deinen Armen umfassen? ... Ist der Baum älter als du? ... Kannst du

Pflanzen finden, die auf ihm wachsen? ... Spuren von Tieren? ... Flechten? ... Insekten?"
Wenn dein Partner mit dem Baum gründlich Bekanntschaft gemacht hat, führe ihn zum Ausgangspunkt zurück, aber auf einem anderen Weg. (Du kannst dir einen Spaß daraus machen, ihn über imaginäre Baumstämme steigen zu lassen und durch ein Dickicht zu führen, das ihr leicht hättet umgehen können.) Nun nimm die Augenbinde ab und lass das Kind seinen Baum wieder finden. Auf der Suche nach seinem Baum wird plötzlich das, was vorher Wald war, eine Gruppe von höchst individuellen Bäumen. *(CORNELL 1991)*

825 Baum-Legespiel

Material: Spielplan (DIN A3), Zuordnungskärtchen
Spielbeschreibung: Auf dem Spielplan ist ein Baum abgebildet. Daneben zeigen Pfeile auf die verschiedenen Baumteile. Die Spieler müssen nun die Kärtchen mit den entsprechenden Bezeichnungen (Wurzel, Stamm, Ast usw.) dem richtigen Bildteil (Pfeil) zuordnen. Das Spiel kann als Wettspiel auf Zeit gespielt werden. *(TR 3)*

826 Waldgeschichten

Spielbeschreibung: Mit einem Kassettenrekorder versuchen Kinder Geräusche im Wald aufzufangen, die sich möglichst gut für ein spannendes Hörspiel eignen. Zu Hause wird gemeinsam ein Drehbuch für eine Geschichte festgelegt. Danach werden auf ein anderes Aufnahmegerät Texte gesprochen und Geräusche eingespielt.
Das Hörspiel könnte folgendermaßen beginnen: „Es war kurz nach der Dämmerung, die Abendglocken in dem nahe gelegenen Dorf (Glockengeläut) riefen zur Spätmesse, die ersten Käuzchen waren zu hören (Käuzchenrufe). Plötzlich war es da, dieses Hämmern und Trommeln ..." (Aufnahme Specht). *(GALONSKA 1997, S. 26).*

827 Getreidesorten

Material: verschiedene Ähren (Weizen-, Haferähre usw.), entsprechend dazu Körner, Gläser, Karton, Wortkärtchen
Spielbeschreibung: Vor Spielbeginn werden die Ähren auf Karton geklebt und die Körner in Gläser eingefüllt. Dann wird gespielt. Den Ähren sollen die entsprechenden Körner und Wortkärtchen (auf denen der Name der Getreidesorten steht) richtig zugeordnet werden. *(TR)*

828 Gemüsespiel

Material: 20 Bildkärtchen mit Gemüsesorten, 20 Wortkärtchen mit den entsprechenden Bezeichnungen, Stoppuhr

Spielbeschreibung: Die Karten werden auf dem Tisch verteilt. Es geht nun darum, den Bildkärtchen die entsprechenden Wortkärtchen zuzuordnen. Ein Partner stoppt die Zeit. Danach wird gewechselt. Gewonnen hat der Spieler, der am schnellsten richtig zugeordnet hat. Zur Kontrolle befinden sich auf der Rückseite der Kärtchen bei zueinander passenden Paaren die gleichen Zahlen. *(TR)*

829 Tier- und Pflanzenbilder

Material: möglichst viele verschiedene Tier- und Pflanzenbilder (Bildpostkarten, Bilder aus Büchern, Katalogen, Zeitschriften usw.) oder Wortkarten

Spielbeschreibung: Die Bilder oder Wortkarten liegen verdeckt in der Mitte. Vor Spielbeginn muss bereits vereinbart werden, welche Tiere oder Pflanzen gesucht werden (z. B. Tiere mit Federn, die schwimmen können, im Urwald leben, Säugetiere, Pflanzenfresser oder Blumen, Gräser, Pilze etc.) Im Reihumverfahren deckt jeder Spieler ein Bild auf und entscheidet, ob es der zuvor vereinbarten Gruppe angehört. Bei einer richtigen Zuordnung darf das Kind das Bild behalten, andernfalls muss es es an den linken Nachbarn weitergeben. Gewonnen hat der, der am Schluss die meisten Bilder hat.

Variationen:

- Zu jedem aufgedeckten Tierbild muss der dazugehörige Name der „Tierbabys“ genannt werden (z. B. Huhn – Küken, Hund – Welpe, etc.) Bei Pflanzen wird angegeben, ob die Frucht dieser Pflanze essbar ist oder nicht.
- Die Tiere werden ihrem Lebensraum zugeordnet, (z. B. Reh – Wald, Fisch – See, Meer oder Fluss etc.)
- Zu den Tieren und Pflanzen werden die entsprechenden Nahrungsmittel genannt (z. B. Kuh – Milch, Getreide – Brot, Biene – Honig, usw.)
- Die Spielleiterin wählt fünf Tier- oder Pflanzenkarten aus, die ein gleiches Merkmal aufweisen, wobei ein Außenseiter darunter ist, der dieses Merkmal nicht besitzt. Es ist nun Aufgabe der Kinder, diesen Außenseiter zu finden (z. B. Meise, Amsel, Katze, Fink, Schwalbe).
- Tier- und Pflanzenbilder werden in drei oder vier Teile zerschnitten und jeder Teil gesondert auf eine Karte im halben Postkartenformat geklebt. Mit diesen Karten wird nun Terzett oder Quartett gespielt. (z. B. „Ich suche den Kopf/die Beine/den Schwanz/die Ohren von ...“ oder „Ich suche die Blüte/das Blatt/die Frucht von ...“)

- Tier- oder Pflanzenbilder werden in viele kleine Teile zerschnitten und sollen wie ein Puzzle wieder zusammengesetzt werden.
- Die Bilder-/Wortkarten liegen offen in der Mitte. Der Spielleiter stellt ein Rätsel in der Art wie das folgende: „Zeige das Tier, das zwei rote Beine und einen langen Schnabel hat und Frösche frisst!". Wer zuerst auf das richtige Bild zeigt, darf es an sich nehmen. Solche Rätsel können auch schriftlich auf kleinen Karten fixiert werden und dann in Gruppenarbeit jeweils dem passenden Tier zugeordnet werden.

Anmerkung: Dieses Spiel dient dem Klassifizieren von Tieren und Pflanzen. *(REGELEIN 1992)*

830 Tier-Legespiel

Material: Spielplan, Zuordnungskärtchen
Spielbeschreibung: Der Spielplan, auf dem ein bestimmtes Tier abgebildet ist, wird in die Mitte gelegt. Die Zuordnungskärtchen (mit Bezeichnungen der verschiedenen Körperteile) liegen verdeckt auf einem Stapel. Reihum ziehen die Spieler nun ein Kärtchen und versuchen es dem entsprechenden Bildteil auf dem Spielplan zuzuordnen. *(TR)*

831 Feuer – Erde – Luft – Wasser

Material: Ball (zur Not auch ein geknotetes Tuch)
Spielbeschreibung: Bei diesem Spiel sollen die Kinder schnell reagierend Begriffe sicher einander zuordnen.
„Alle sitzen im Kreis. Einer steht in der Mitte und wirft jemandem einen kleinen Ball oder ein geknotetes Taschentuch zu. Dabei sagt er entweder Feuer oder Erde oder Luft oder Wasser. Der, dem der Ball zugeworfen wurde, soll entsprechend einen Fisch, Vogel oder ein anderes Tier nennen; bei Feuer nichts sagen. Der rechte Nachbar darf ihm helfen. Man sollte Zeit zum Nachdenken vereinbaren."
Variation: Dieses Spiel ist für fast alle Unterrichtsfächer als Wiederholungs- und Zuordnungsspiel geeignet. An Stelle der Begriffe „Feuer, Wasser, Erde, Luft" könnten andere z.B. aus Biologie, Geschichte oder Erdkunde eingesetzt werden, denen entsprechende Unterbegriffe zuzuordnen sind. *(DAUBLEBSKY in KUBE 1977, S. 47)*

832 Tierstimmen-Quiz

Material: Computerspiel
Spielbeschreibung: Die Kinder hören eine Tierstimme und erhalten auf dem Monitor drei Tierbilder zur Auswahl. Sie müssen erraten, welches

Tier wohl zu dem Tierlaut gehört. Wenn sie richtig geraten haben, erscheint in der linken oberen Bildhälfte des Monitors ein lachendes Gesicht, haben sie einen Fehler gemacht, ein trauriges.
Variation: Die Kinder hören nur den Tierlaut, sehen aber keine Bilder dazu. Sie müssen nun anhand des Geräusches, das dazugehörige Tier erraten. *(HA 3)*

833 Tierpantomime

Spielbeschreibung: Die Kinder teilen sich zu vieren oder fünfen auf. Jede Gruppe wählt ein Tier und versucht gemeinsam, seine Gestalt und seine Bewegungen nachzumachen. Jedes Tier tritt vor ein „Expertengremium" (alle anderen), welches herauszufinden hat, worum es sich handelt. Geräusche sind nicht erlaubt, außer vielleicht mit Requisiten – zum Beispiel mit einem Stein an ein Holz klopfen, um einen Sprecht nachzumachen.
Gib den Gruppen etwa fünf Minuten Zeit, um ihren Auftritt vorzubereiten: „Aber ein Skorpion hat ja acht Beine – da müssen wir alle Beine sein. – Ich kann gleichzeitig der Kopf sein, weil ich vorne bin, und meine Arme als Zangen gebrauchen. – Gut, dann mach ich den Schwanz, aber ich weiß nicht, ob ich ihn sehr lange oben halten kann. – Und wir in der Mitte sind der Körper. Beug dich noch ein bisschen vor. – Alles fertig?" *(CORNELL 1991)*

834 Nasen

Spielbeschreibung: Der Spielleiter hat sich ein bestimmtes Tier ausgesucht und acht Sätze notiert, die Hinweise (altersspezifisch) auf dieses Tier geben. Er liest einen Satz nach dem anderen vor. Wenn die Kinder glauben, das Tier erraten zu haben, legen sie einen Finger auf die Nase, bis alle Hinweise genannt worden sind. Am Ende rufen alle zusammen den Namen des Tieres. So wird Konkurrenz vermieden und jeder kann bis zum Ende mitraten. *(WA)*

835 Tier-Quiz

Material: selbst hergestellte Fragekärtchen zu einem bestimmten Tier (Lösung auf der Karten-Rückseite), Joker-Karte
Spielbeschreibung: Immer zwei Spieler lesen sich im Wechsel Fragen zu einem bestimmten Tier (z.B. Hund, Katze, Igel, Spinne) vor. Wer die richtige Antwort weiß, bekommt einen Punkt. Gewonnen hat derjenige, der am Schluss die meisten Punkte hat.

Zusatzregel: Im Spiel befindet sich ein Joker. Wer diesen zieht, hat das ganze Spiel gewonnen. *(TR 3)*

836 Eulen und Krähen

Spielbeschreibung: Vor Spielbeginn wird ein großes Spielfeld (5 x 20 cm) abgesteckt. Dann werden zwei Gruppen gebildet, die Gruppe der Eulen und die Gruppe der Krähen. Beide Gruppen stehen sich an der Mittellinie gegenüber. Der Spielleiter formuliert Aussagen zu Tieren, Pflanzen oder zu Naturphänomenen, z.B.: „Der Wal ist ein Fisch", „Im Sommer schneit es". (Der Schwierigkeitsgrad richtet sich nach dem Alter der Spieler.) Entweder sind die Aussagen richtig oder sie sind falsch. Bei einer richtigen Aussage werden die Eulen zu Fängern, sie müssen dann die Krähen fangen, die Krähen versuchen, sich so schnell wie möglich hinter die Aus-Linie zu retten. Die gefangenen Krähen werden dann zu Eulen. Bei einer falschen Aussage müssen die Krähen die Eulen fangen. *(WA)*

837 Fledermaus und Nachtfalter

Material: Augenbinde
Spielbeschreibung: Die Spieler stellen sich in einem Kreis auf. Ein Spieler übernimmt die Rolle der Fledermaus, stellt sich in die Kreismitte und bekommt die Augen verbunden. Fünf weitere Spieler gesellen sich in den Kreis und spielen die Nachtfalter. Nun ruft die Fledermaus „Fledermaus" und die Nachtfalter antworten „Falter". So kann sich die Fledermaus an der Rufrichtung orientieren und ihre Beute fangen.
Anmerkung: Bei jüngeren Spielern bietet es sich an, dass die Beutetiere still auf ihrem Platz stehen bleiben. Vor oder nach dem Spiel kann den Kindern das Echolotprinzip der Fledermaus erklärt werden.
(CORNELL 1991, S. 31)

838 Körper-Spiel

Material: selbst hergestellter Spielplan, auf dem ein Körperteil (Mund, Augen usw.) abgebildet ist, Fragekärtchen zu dem entsprechenden Körperteil mit der Möglichkeit zur Selbstkontrolle (Lösungen auf der Rückseite), Spielfiguren
Spielbeschreibung: Der Spielplan und die Fragekärtchen werden in die Mitte der Spielrunde gelegt. Die Spieler setzen ihre Spielfiguren auf das Startfeld. Reihum zieht immer der Spieler, der an der Reihe ist,

ein Fragekärtchen und liest die entsprechende Frage laut vor. Wer zuerst die richtige Antwort weiß, darf mit seiner Spielfigur ein Feld vorrücken. Gewonnen hat der Spieler, der zuerst das Zielfeld erreicht.
Anmerkung: Dieses Spiel eignet sich sehr gut zur spielerischen Wiederholung am Ende der Unterrichtseinheit „Der menschliche Körper".
(TR 3)

839 Schlecker-Lecker-Land

Material: Spielplan, Würfel, 4 Spielfiguren, kleiner Karton (Schatztruhe), Ereigniskarten

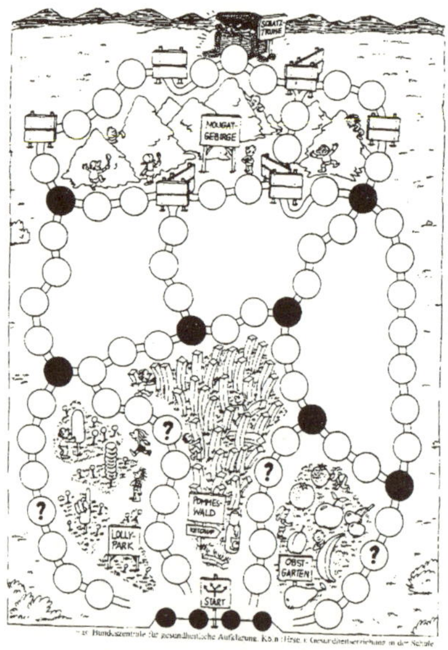

Spielbeschreibung: Zu Beginn schreibt jeder Spieler einen Wunsch auf, den ihm die anderen Spieler erfüllen können, z. B. zusammen Hausaufgaben machen, in der Pause das Lieblingsspiel spielen, dem Gewinner einen Witz erzählen. Die Wünsche bleiben geheim und werden in der Schatzkiste gesammelt. Gewonnen hat der, der als Erster die Schatztruhe erreicht. Um ans Ziel zu kommen, müssen sich die Spieler einen Weg durch das Schlaraffenland bahnen, allerdings birgt jede Strecke ein gewisses Risiko, nämlich die schwarzen Punkte und die Barrikaden auf den Spielplan. Kommt ein Spieler auf ein schwarzes Feld, muss er aussetzen, stößt er gegen eine Barrikade, bedeutet dies vier Felder zurückgehen. Auf den Feldern mit den Fragezeichen, den Ereignisfeldern, werden Ereignisse beschrieben, die durch entsprechende Spielhandlungen (Aussetzen, Vorrücken, Zurückgehen) bewertet werden.

Beispiele für Ereigniskarten

„Weshalb mögen Kinder Süßigkeiten? – Nenne einen Grund! Hast du einen genannt, so rücke zwei Felder vor!"; „Du hast die aus dem Obstgarten einen Apfel geholt. – Du darfst noch einmal würfeln!"; „Du hast dir an Pommes den Magen verdorben! – Gehe zurück zum Start!"

Dem Sieger des Spiels wird sein Wunsch, oder ein beliebiger anderer aus der Truhe, erfüllt.

Anmerkungen: Die Schüler erhalten bei diesem, aus dem Bereich der Gesundheitserziehung stammenden Spiel, Informationen über einen vernünftigen Umgang mit Süßigkeiten und lernen Alternativen zum Süßwarenkonsum kennen. Zudem wird die Möglichkeit geboten, sich aktiv mit den eigenen Wünschen auseinander zu setzen. Die Schüler können in die Erstellung der Ereigniskarten mit einbezogen werden.
(BUNDESZENTRALE FÜR GESUNDHEITLICHE AUFKLÄRUNG 1990)

Orientierung in Raum und Zeit

840 Uhrzeiten-Lotto

Material: Legetafel mit verschiedenen Zifferblättern, Kärtchen mit Uhrzeiten

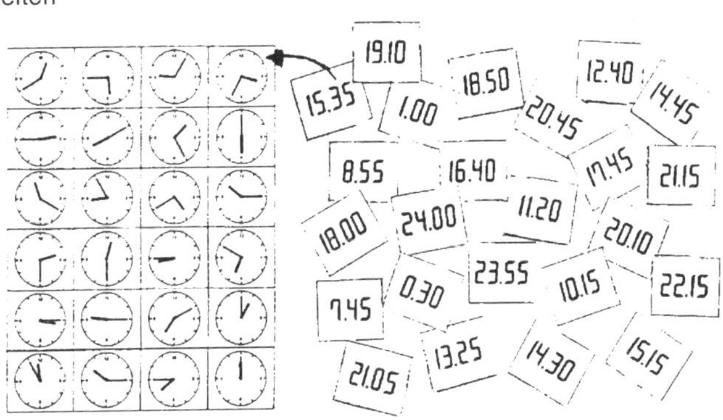

Spielbeschreibung: „Beim Einzelspiel legt nun jeder für sich Kärtchen mit den Uhrzeiten passend auf die Legetafel mit den Uhren.
Günstiger ist das Partnerspiel, bei dem beide abwechselnd eine Karte auflegen, während der Partner kontrolliert. Für das Partner- und Ein-

zelspiel benötigt man stets nur eine Legetafel und einen Kartensatz. Am meisten Spaß macht Lotto als Gruppenspiel. Drei bis vier Kinder haben je eine Legetafel und liefern ihre Kärtchen beim Spielleiter ab. Dieser breitet sie mit der beschrifteten Seite nach unten auf einem großen Kartondeckel oder einem Tablett aus, mischt sie und zieht wahllos eine Karte. Er fragt z.B.: ‚Wer braucht 11 Uhr 20?' Der Spieler, der zuerst ‚Ich!' ruft, bekommt die Karte. Die Gruppe, die als erste ihre Legetafel belegt hat, ist Sieger. Da vor allem anfangs die ‚Ich-Rufe' recht durcheinander gehen, ist es zweckmäßig, die ersten Karten der Reihe nach zu verteilen.“ *(REGELEIN 1992, S. 60 ff.)*

841 Uhren-Memory

Material: Memorykärtchen (eine Hälfte mit Ziffernblatt, andere Hälfte mit Uhrzeit)
Spielbeschreibung: „Die Spieler legen einen Kartensatz verdeckt in Reihen aus. Reihum deckt jeder zwei Karten auf. Passen sie zusammen, darf er das Paar nehmen und erneut zwei Karten aufdecken. Andernfalls werden die Karten wieder verdeckt an ihren Platz gelegt,und der Nächste ist an der Reihe. Gewonnen hat, wer zum Schluss die meisten Karten hat.“
Beispiel: *(REGELEIN 1992, S. 58 u. 62 f.)*

842 Die innere Uhr

Material: Für jeden Teilnehmer eine Murmel, für die Spielleiterin eine Uhr mit Sekundenzeiger.
Spielbeschreibung: Wir wollen einmal unser Zeitgefühl testen. Dazu müssen alle zunächst die Uhren ablegen. Jetzt bekommt jeder eine Murmel, die er in der Faust halten soll. In der Mitte des Tisches steht ein Teller oder eine Schüssel. Die Spielleiterin, eine Uhr mit Sekundenanzeiger in der Hand, gibt das Startzeichen. Wer glaubt, dass danach eine Minute vergangen ist, lässt seine Murmel auf den Teller fallen. Die Spielleiterin gibt dann bekannt, wer der Lösung am nächsten kam. Der Test wird wiederholt, und später versuchen wir es mit dem Zeitraum von zwei Minuten.
Variationen: Während eines Spiele-Nachmittags geben alle die Uhren bei der Spielleiterin ab. Zwischen den Aktionen fragt die Spielleiterin

immer wieder: „Wie spät ist es jetzt?“ Jeder notiert die vermutete Zeit untereinander auf einem Zettel. Auch die Spielleiterin notiert die Zeiten, die ihre Uhr zeigt. Später wird verglichen.
(FLEMMING/FRITZ 1995)

843 Ich sehe was, was du nicht siehst – Variante II

Spielbeschreibung: Der Spielleiter steht hinter den Spielern, wählt sich einen Gegenstand innerhalb des Raumes aus, und beschreibt ihn satzweise mit Hilfe der Richtungsangaben „rechts“ und „links“. Er beginnt z. B.: „Ich sehe was, was du nicht siehst, und das ist links von mir.“ Im nächsten Satz könnte die Beschreibung lauten: „Es steht rechts neben der Tür bzw. links neben dem Mülleimer“, usw. Die Kinder schauen in die angegebene Richtung und rufen die vermutete Lösung.
Variation: Der Spielleiter steht vor den Kindern. Das ist schwieriger, denn nun müssen die Spieler umdenken. Alles, was vom Spielleiter aus gesehen rechts liegt, ist für sie links und umgekehrt.
Anmerkung: Dieses Spiel eignet sich sehr gut für die spielerische Einübung der Richtungsangaben „rechts“ und „links“. *(KL 1)*

844 Himmelsrichtungen würfeln

Material: Würfel, Spielfeld (5x5-Punkte-Quadrat), Zusatzblatt mit der Zeichnung einer Windrose und den Würfelbedeutungen
Spielbeschreibung: Immer zwei Schüler würfeln abwechselnd. Je nach erzielter Punktzahl ziehen sie eine Linie zwischen zwei Punkten auf dem Spielfeld. Die Würfelaugen geben dabei die Himmelsrichtung an, in die gezogen wird. Ausgangspunkt der ersten Linie ist der Mittelpunkt. Die folgenden Linien knüpfen an die bereits bestehenden Linien an. Dabei ist es dem Spieler offen, an welches Ende er die nächste Linie zeichnet. Es ist allerdings nicht erlaubt, einen Punkt auf dem Spielfeld zweimal anzufahren. Wer keinen Punkt mehr findet oder das Spielfeld verlassen muss, hat verloren. Der Gewinner erhält für seinen Sieg einen Punkt. Das Spiel ist beendet, wenn einer der Spieler bei zehn Punkten angelangt ist.
Würfelbedeutungen:
1: Süden oder Norden (nach Wahl)
2: Nordwesten
3: Südosten
4: Nordosten
5: Südosten
6: Westen oder Osten (nach Wahl)
(ARBEITSGRUPPE OBERKIRCHER LEHRMITTEL 1988)

845 Pilotenspiel

Material: je Kind den gleichen (vereinfachten) Stadtplan des Heimatortes, der mit Großbuchstaben und Zahlen in Planquadrate eingeteilt ist, Spielfiguren, verschiedenfarbige Plättchen

Spielbeschreibung: Jeder Mitspieler erhält einen Plan. Ein Kind ist der Pilot und führt Stadtrundflüge durch. Es erklärt z.B.: „Wir fliegen gerade über einen Fluss; das ist ... Unter uns sehen wir nun ..." Dann ruft es unvermittelt ein anderes Kind auf, das nun zuerst den Standort (Planquadrat) angeben muss, z.B. „Wir befinden uns in B4. Wir fliegen weiter ...", etc. Alle Kinder müssen stets aufpassen, den Weg mitverfolgen, damit sie jederzeit das Steuer übernehmen können.

Variationen: Bankraub: Die Polizei verfolgt einen Bankräuber, der sich mit seiner Figur um zwei Planquadrate von der Bank (möglichst in der Mitte markieren) entfernen darf. Die anderen Kinder haben keine Einsicht in den Plan des Bankräubers. Reihum fragen sie, ob er im Planquadrat x ist. Bei jedem Nein darf der Räuber ein Quadrat weiterrücken. Wer ihn erwischt, darf im nächsten Durchgang selbst Räuber sein. Gelingt es dem Bankräuber, ohne erwischt zu werden, bis zum Spielfeldrand vorzurücken, darf er den nächsten bestimmen.
Jedes Kind hat seinen eigenen Plan und einige Plättchen in verschiedenen Farben vor sich. Der Spielleiter weist die Kinder an, ihre Plättchen auf bestimmte Gebäude, Plätze, Straßen zu legen, z.B.: „Legt euer rotes Plättchen auf das Krankenhaus, das grüne auf die Kreuzung" (Straßen nennen), usw. *(REGELEIN 1992)*

846 Alle Körperteile fliegen hoch

Spielbeschreibung: Die Spieler sitzen im Kreis, so dass jeder jeden sehen kann. Alle trommeln mit den Fingern auf die Oberschenkel. Einer ist der Spielleiter und beginnt:
„Alle Körperteile fliegen hoch" – und hebt gleichzeitig die Hände. Der Spielleiter fährt fort: „Alle rechten Hände fliegen hoch" – alle heben ihre rechte Hand. „Alle linken Füße fliegen hoch" – alle heben ihre linken Füße. „Alle rechten Ohren fliegen hoch" – alle ziehen ihr rechtes Ohr hoch. „Alle rechten Stühle fliegen hoch" – der Spielleiter hebt die Hände.
Wer jetzt von den Spielern ebenfalls die Hände erhoben und nicht einfach weitergetrommelt hat, muss ausscheiden. Das Spiel wird umso schwieriger, je schneller der Spielleiter etwas „hochfliegen" lässt.

Anmerkung: Das ist ein lustiges Spiel, um die Lagebezeichnungen „rechts" und „links" einzuüben. *(KL 1)*

Verkehr

847 Verkehrs-Domino

Material: selbst hergestellte Dominokarten zum Thema „Verkehr“
Spielbeschreibung: Alle Spieler bekommen die gleiche Anzahl an Dominokarten, bei denen auf der einen Hälfte die Bezeichnung eines Verkehrszeichens und auf der anderen Hälfte das Bild eines Verkehrszeichens abgedruckt ist.
Sie legen sie so vor sich hin oder halten sie so in der Hand, dass die anderen Spieler die auf den Karten dargestellten Verkehrszeichen nicht sehen können. „Die restlichen Karten liegen verdeckt auf einem Stapel in der Mitte der Spielrunde. Von diesem Stapel wird die oberste Karte umgedreht und dient als Startkarte. Ein Spieler beginnt und legt eine passende Karte an.“ Passend heißt, dass die sich berührenden Halbkarten in Wort und Bild übereinstimmen. „Dann ist der nächste Spieler an der Reihe; es wird im Uhrzeigersinn abwechselnd gespielt. Wenn ein Spieler nicht anlegen kann, muss er eine Karte vom Stapel nehmen. Ist dies nicht möglich, muss er passen.
Das Spiel ist beendet, wenn ein Spieler keine Karten mehr hat oder alle Spieler in einer Runde aussetzen mussten.“
Beispiel:

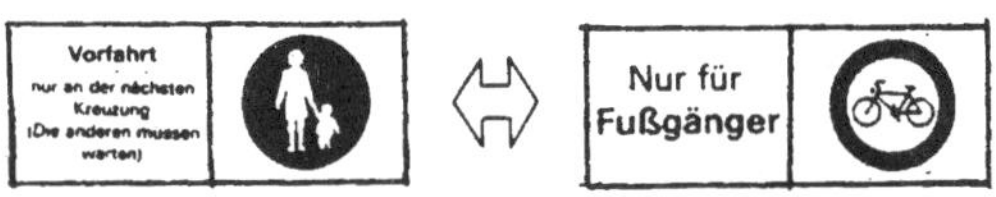

Variation: Statt Verkehrszeichen können auch Verkehrsteilnehmer zum Spielinhalt werden.
Beispiel:

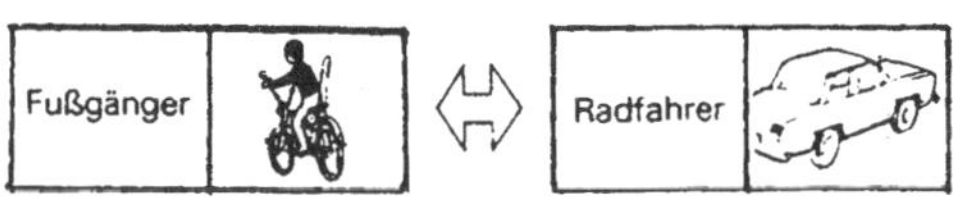

(DEPPE 1995, S. 137)

848 Verkehrs-Memory

Material: selbst hergestellte Bildkarten (mit Verkehrsteilnehmern), Wortkarten (mit entsprechenden Bezeichnungen)
Spielbeschreibung: Die Karten werden gemischt und verdeckt auf den Tisch gelegt. Ein Spieler deckt zwei Memorykarten auf; passen die

beiden Karten zueinander, d.h., gehören Bild und Wort zusammen, so kann der Spieler die beiden Karten behalten und ein weiteres Kartenpaar aufdecken. Sobald die beiden Karten nicht zusammengehören, ist der nächste Spieler an der Reihe. Sieger ist, wer die meisten Karten sammeln konnte.

Beispiel:

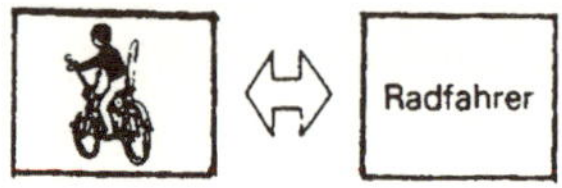

Variation: Dasselbe kann auch mit Karten, auf denen Verkehrszeichen, und Karten, auf denen die entsprechende Erklärung dazu steht, gespielt werden.

Anmerkung: Dieses Spiel macht den Kindern sicher nicht nur im Rahmen der Verkehrserziehung Spaß! *(Quelle unbekannt)*

Verschiedenes

849 Feuer ist kein Spielzeug!

Material: 8 Bildkärtchen und 8 Textkärtchen

Spielbeschreibung: Dieses Zuordnungsspiel kann allein oder auch zu mehreren gespielt werden.

Die Bildkärtchen, auf denen Gegenstände, die brennen, abgebildet sind (z.B. Laterne, Zigarette, Kerze) und die Textkärtchen mit entsprechenden Verhaltensregeln oder Merksätzen, werden in die Mitte der Spielrunde gelegt. Reihum darf nun jeder Spieler zwei Karten einander zuordnen. Passen die zwei Karten zueinander, d.h., gehören Bild und Text zusammen, werden sie genau betrachtet, vorgelesen und dann zur Seite gelegt. Ergeben die Karten keinen Sinn, müssen sie wieder an ihren Platz zurückgelegt werden. Das Spiel ist beendet, wenn alle Kartenpaare gefunden wurden.

Beispiele:

Bild	*Satz*
Laterne	– Wird der Lampion nicht gerade gehalten, fängt er Feuer.
Kerze	– Geht die Tür auf, entsteht Zugluft, so kann die Kerze einen Vorhang entzünden.

Variation: Das Spiel kann auch als Memory gespielt werden. *(TR 3)*

850 Der Wasserkreislauf

Material: 8 Puzzleteile
Spielbeschreibung: Die beschrifteten Puzzleteile sollen von den Schülern in der richtigen Reihenfolge zusammengelegt werden. Als Kontrolle dient die bebilderte Rückseite der Puzzleteile.
Anmerkung: In diesem Spiel werden Kenntnisse über den Weg des Regenwassers vermittelt. *(KNOLL 1995)*

851 Wasser sparen

Material: Wort-, Bilddominokarten; auf der einen Seite befinden sich Erklärungen zum sparsamen Umgang mit Wasser (z. B. den Wasserhahn beim Händewaschen nur sparsam aufdrehen, Geschirr nicht unter fließendem Wasser, sondern im Spülbecken abwaschen), auf der anderen Seite der Karte ist die entsprechende Abbildung zu sehen.
Spielbeschreibung: Der Ablauf des Spiel ist dem eines einfachen Domino gleich. *(BAIRLEIN 1994)*

852 Obstsalat – Variante

Spielbeschreibung: Es wird ein Stuhlkreis gebildet und die Spieler werden zu je 3–4 Personen (je nach Teilnehmerzahl) in Dinosaurierarten eingeteilt. Ein Spieler hat keinen Platz, er steht in der Kreismitte und ruft verschiedene Arten auf, z. B.: „Tyrannosaurus Rex, Brontosaurus und Stegosaurus!"
Die Mitspieler, die zu diesen beiden Gruppen gehören, müssen ganz schnell ihre Plätze tauschen. Der Spieler in der Mitte versucht dabei, einen Platz zu ergattern. Gelingt ihm dies, macht derjenige weiter, der übrig bleibt. Ruft der Spieler in der Mitte „Dinosaurier", tauschen alle Spieler die Plätze.
Variation: Dieses Spiel kann noch mit vielen anderen Oberbegriffen gespielt werden. Statt „Dinosaurier" können auch folgende Themen gewählt werden:
- Tiere
- Wald (z. B. Blätter, Bäume ...)
- Feuerwehr (z. B. Axt, Auto, Schlauch ...)
- Gewässer (z. B. Wasserfall, Fluss, Meer, Stausee, Bach ...)
- Zeit (z. B. Uhrzeit, Tag, Woche, Minute ...) usw. *(KL 1–3)*

853 Was fehlt

Spielbeschreibung: Auf einer Decke werden unterschiedliche Gegenstände (bunt gemischt oder zu einem bestimmten Thema passend) ausgebreitet. Die Kinder versuchen, sich alle Dinge einzuprägen. Danach schließen sie die Augen und es wird ein Teil (oder auch mehre) weggenommen. Danach raten alle, was fehlt. Wer zuerst richtig rät, darf den nächsten Gegenstand verstecken.

854 Montagsmaler

Material: Tafel, Kreide, Stoppuhr
Spielbeschreibung: „Es werden zwei Gruppen gebildet. Die eine Gruppe denkt sich fachspezifische Begriffe aus. Die andere Gruppe stellt einen Maler, der diese Begriffe nacheinander erfährt und sie für seine eigene Gruppe an die Tafel zeichnet. Die Gruppe versucht, die dargestellten Begriffe so schnell wie möglich zu erraten. Nach drei Minuten wird die Zeit gestoppt, und die beiden Gruppen tauschen. Die Gruppe, die die meisten Wörter errät, gewinnt."
Anmerkung: Dieses Spiel eignet sich gut als Abschluss einer Unterrichtseinheit zur spielerischen Wiederholung der erarbeiteten Begriffe des betreffenden Themenbereiches. *(DEPPE 1995, S. 138)*

855 Stadt – Land – Fluss

Material: Papier, Stifte
Spielbeschreibung: Alle Spieler legen auf einem Blatt Papier eine Tabelle an und einigen sich auf Oberbegriffe aus verschiedenen Bereichen (z. B. Geografie, Biologie, Geschichte, Alltag usw.), die sie in die verschiedenen Spalten eintragen. Ein Spieler beginnt in Gedanken das Alphabet von A bis Z durchzubuchstabieren (das A wird laut angesagt); ein anderer unterbricht ihn durch ein deutliches „Stopp" nach kurzer Zeit. Der gerade gedachte Buchstabe wird laut genannt und dient als Anfangsbuchstabe für die Lösungswörter. Sofort beginnen alle Spieler mit der Suche nach Pflanzen, Tieren, Ländern u. Ä., die zu der jeweiligen Obergruppe gehören und mit diesem Buchstaben beginnen. Wer zuerst für alle Begriffe Lösungen gefunden hat, sagt „Stopp" und beendet damit die Ratezeit. Für jedes richtige Wort bekommen die Spieler Punkte (die Anzahl wird vorher festgelegt). Gewinner ist, wer am Ende des Spiels die meisten Punkte gesammelt hat.
Beispiel: Folgende Obergruppen sind möglich: Stadt, Land, Fluss, Laub-/Nadelbaum, Pflanze, Tier, Vogel, Name, Beruf, Film, Prominenter, Lebensmittel, Kleidungsstück usw. *(DEPPE 1995, S. 137)*

Lernspiele: Sachunterricht (Verlage)

856 Electro

Lerninhalt: Erweiterung des Grundwissens aus verschiedenen Lebensbereichen als selbstständige Beschäftigung (mit Selbstkontrolle). *(RAVENSBURGER)*

857 Warte und pass auf

Mein erstes Verkehrsspiel – 4–7 Jahre, 2–4 Spieler
Lerninhalt: Einprägung wichtiger Fußgängerregeln. *(RAVENSBURGER)*

858 Wie groß Tiere werden

Mein erstes Naturspiel – 5–8 Jahre, 2–4 Spieler
Lerninhalt: Ein Such- und Merkspiel zum Thema Tiere, bei dem sieben verschiedene Tiere in ihren Entwicklungsstufen richtig zugeordnet werden sollen. *(RAVENSBURGER)*

859 Macht die Bäume wieder grün

ab 8 Jahren, 2–4 Spieler
Lerninhalt: Ein spannendes Familienspiel, bei dem man eine Menge über Bäume und ihre Blätter/Nadeln und Früchte/Samen lernen kann. *(RAVENSBURGER)*

860 Kennst du den Baum?

Mein erstes Naturspiel – ab 5 Jahren, 2–4 Spieler
Lerninhalt: Beim Sammeln von Bilderfolgen werden Zusammenhänge und Entwicklungsprozesse zu verschiedenen Themen aus der Natur deutlich. *(RAVENSBURGER)*

861 Jahreszeiten

Lerninhalt: Kennenlernen der Jahreszeiten und dadurch bedingte Veränderungen in der Natur anhand von Beobachtungen eines Baumes. *(RAVENSBURGER, Best.-Nr. 002207)*

862 Mein 1. Kalender

5–8 Jahre, 1–4 Spieler
Lerninhalt: Spielend lernen die Kinder, welche Jahreszeiten es gibt, wie sie aufeinander folgen, wie viele Tage welche Monate haben und von wann bis wann sich welche Jahreszeiten erstrecken. *(SCHMIDT-SPIELE)*

863 Vorbeugen und Helfen

Lerninhalt: Erkennen und Vorbeugen von Gefahren. *(WEISSER RING)*

864 Wer kennt die Uhr?

2 – 5 Spieler
Lerninhalt: Kennenlernen und Ablesen der Uhrzeiten von Stunden- bis zu Minutenzeiten. *(RAVENSBURGER, Best.-Nr. 00748 6)*

865 Hurra, ich kenn die Uhr

Lerninhalt: Erkennen und Einüben der Uhrzeiten. *(RAVENSBURGER)*

866 Kinderpost

Lerninhalt: Die Kinder spielen alltägliche Situationen auf der Post nach und lernen dabei u.a. den Umgang mit Formularen. *(SCHMIDT-SPIELE, Best.-Nr. 612 20 11)*

867 Europapuzzle

Puzzleteile: 300 *(RAVENSBURGER, Best.-Nr. 13075 7)*

868 Deutschlandpuzzle

Puzzleteile: 300 *(RAVENSBURGER, Best.-Nr. 14206 4)*

Kapitel 8: Spielecke

Die folgenden Spiele stammen zum größten Teil aus den Spielecken einzelner Lern- und Spielschulklassen oder sind Spielesammlungen, auf die situationsspezifisch zurückgegriffen wurde. In vielen Fällen handelt es sich um „Gesellschaftsspiele“, deren Herstellung eher kommerziellen Gesichtspunkten unterliegt. Diese kommerziellen Gesellschaftsspiele haben nach GIBAS und MÖLTER (S. 102) folgende Gemeinsamkeiten:

- sie werden am Tisch gespielt (Ausnahme: Taschen- oder Reisespiele);
- sie werden nach festen Regeln gespielt, ohne die das Spiel seinen Reiz verliert;
- sie sind weitgehend von Gegenständen und Materialien in den Spielkartons abhängig;
- sie setzen meist eine bestimmte Teilnehmerzahl voraus;
- neben Spaß und Unterhaltung werden körperliche und geistige Fähigkeiten eingeübt;
- sie verlangen meist ein Mindestalter;
- sie werden in Fachabteilungen angeboten.

A Gesellschaftsspiele I

Den Kindern der Lern- und Spielschule stand eine Vielzahl an Gesellschaftsspielen, die von verschiedenen Spielverlagen angeboten werden, zur freien Verfügung. Die folgende Sammlung beinhaltet Geschicklichkeits- und Legespiele, Puzzles und Würfelspiele.

Geschicklichkeitsspiele

„Geschicklichkeitsspiele fördern eine gute Auge-Hand-Koordination, Körperbeherrschung, Geduld und Ausdauer. Geschicklichkeitsspiele gab und gibt es in fast allen menschlichen Kulturen. Sie gehören zu den ältesten Spielformen der Menschen und spiegeln wider ... welche körperliche Leistung vom Menschen gefordert wurde, wie er sein Geschick in die eigene Hand nehmen musste, um in der jeweiligen Gesellschaft zu überleben" *(FRITZ 1989, S. 81)*.

Die folgenden Geschicklichkeitsspiele sind nach den Prinzipien des Treffens und Lenkens und dem Mikado-Prinzip eingeteilt.

Trefferprinzip:
Ein Gegenstand wird durch eine einmalige Einwirkung (Stoß, Wurf, Abschuss usw.) so bewegt, dass er etwas trifft oder eine bestimmte Lage einnimmt. Die Kinder erproben darin ihre manuellen Fähigkeiten und entwickeln diese weiter. *(FRITZ 1989, S. 83 ff.)*

869 Hüpf, Hütchen, hüpf

Kurzinfo: Plastikhütchen werden durch eine Abschussvorrichtung so auf ein Spielfeld katapultiert, dass sie möglichst in diejenigen Vertiefungen fallen, die einen hohen Punktwert bringen. *(KL)*

870 Die Schießbude

Spieler: 2–6 – Alter: ab 4 Jahren
Kurzinfo: Die Schießbude ist ein fröhliches Geschicklichkeitsspiel mit zwei Wurfhänden und sechs Plastikhütchen, bei dem die Hütchen in eine richtige Jahrmarktsbude (Karton mit Punkte bringenden Vertiefungen) fliegen. *(SCHMIDT-SPIELE, Best.-Nr. 626 3021)*

871 Frosch hüpfen

Kurzinfo: Das Spiel besteht aus verschiedenfarbigen Fröschen, die durch ein geschicktes Anstoßen in einen Brunnen „springen". Wer zuerst alle seine Frösche im Brunnen hat, ist Sieger.
(SCHMIDT-SPIELE, Best.-Nr. 03114)

Lenkungsprinzip:
Ein beweglicher Gegenstand wird durch fortwährende Einwirkungen „gelenkt". Spielt dabei der Zufallscharakter eine entscheidende Rolle, können Erwachsene und Kinder gut zusammen spielen. Etwa gleichwertig sollten die Spielpartner sein, wenn die Leistung in den Mittelpunkt tritt *(FRITZ 1989, S. 88 f.)*.

872 Kugellabyrinth

Kurzinfo: In einem Holzkasten liegt eine Spielplatte mit Hindernissen und Löchern. Mit zwei Manövrierknöpfen am Kasten lässt sich die Platte mit beiden Händen in jede Richtung neigen: Eine Stahlkugel soll den markierten Weg entlang ins Ziel geführt werden.
Anmerkung: Dieses Spiel erfordert sehr viel Körperbeherrschung, Geduld und Ausdauer. Für Anfänger gibt es zwei zusätzliche Übungsplatten mit steigendem Schwierigkeitsgrad, die auf die Spielfläche gelegt werden können. *(ZO 1–2)*

873 Angel-Spiel

Kurzinfo: Die Kinder müssen ihre Kunststoffangeln, an deren Schnur ein Magnet befestigt ist, über einem „Aquarium" lenken und versuchen, hochwertige Fische und Abfälle aus Pappe/Kunststoff, an denen ein Metallstück befestigt ist, aus dem Kartonviereck zu fischen. Da der Karton zugleich als Sichtschutz dient, ist das Punktergebnis mehr oder weniger zufällig. *(VEDES)*

Mikado-Prinzip:
Einzelne Spielteile müssen so geschickt und ruhig weggenommen werden, dass sich die anderen nicht bewegen. Dazu zählen auch Spiele, bei denen Spielteile so vorsichtig aufeinander gestapelt werden müssen, dass nichts umfällt. Diese Geschicklichkeitsspiele verbinden manuelle Geschicklichkeit mit genauer Wahrnehmung und fordern eine ruhige Hand *(FRITZ 1989, S. 93 ff.)*.

874 Mikado

Kurzinfo: Mikado-Stäbe (ca. 20 cm lange, farbig lackierte Holzspießchen) mit unterschiedlichen Punktwerten müssen so geschickt und ruhig weggenommen werden, dass die anderen sich nicht bewegen. *(verschiedene Verlage)*

875 Scree

Kurzinfo: In einem Holzrahmen befinden sich Spielsteine verschiedener Größe und Farbe. Diese Steine werden durch einen Schieber (der durch eine Spiralfeder Spannung erhält) zusammengedrückt. Spielziel ist es, die Steine nacheinander so herauszunehmen, dass sich der Schieber dabei nicht bewegt. Die Steine können verschieden bewertet werden. *(PARKER)*

876 Turmbau zu Babel

Spieler: 2–6 – Alter: ab 7 Jahren
Kurzinfo: Mit Hilfe von sehr viel Geschick sollen die Spieler gemeinsam einen möglichst hohen Turm bauen. Für jedes Stockwerk gibt es Punkte – wer schafft die meisten?
Anmerkung: Förderung der Feinmotorik und Konzentration.
(RAVENSBURGER, Best.-Nr. 004515)

877 Der Schiefe Turm von Pisa

Spieler: 2–4 – Alter: ab 5 Jahren
Material: Turm und Figuren
Kurzinfo: Die Figuren werden reihum auf den Turm gestellt. Ziel ist es, zuerst alle seine Figuren auf dem Turm unterzubringen. Fällt der Turm um, bekommt der „Täter“ alle heruntergefallenen Figuren. *(JUMBO)*

878 Stapelmännchen

Spieler: 1–4
Kurzinfo: Ziel ist es, einen Turm aus bunten Männchen zu bauen, so dass keines herunterfällt und keines an der gleichen Stelle angebracht ist.
Anmerkung: Feinmotorische Fähigkeiten werden geübt.
(RAVENSBURGER, Best.-Nr. 000 524)

879 Kraut und Rüben

Spieler: 2–4 – Alter: ab 7 Jahren
Kurzinfo: Es geht drunter und drüber beim Aufgabeln der Farben! Denn alles liegt durcheinander wie...
Mit zweizackigen Gabeln sollen die Kinder das „Kraut“ und die „Rü-

ben“ (kreuzartige Figuren) der eigenen Farbe auf ein Unterlegplättchen legen.
Anmerkung: Es erfordert sehr viel Geschick, die Figuren mit der Gabel zu fassen. *(MB SPIELE, Best.-Nr. 404100)*

880 Balance

Spieler: 2–4 – Alter: 5–99
Kurzinfo: Auf eine bunte Halbkugel sollen möglichst viele Spielsteine aufeinander getürmt werden. Ziel ist, als Erster alle Holzsteine zu stapeln. Wer den Turm kippt, muss alle Steine an sich nehmen und neu ausspielen. *(RAVENSBURGER)*

Legespiele

Legespiele werden mit unterschiedlich großen Karten aus festem Karton, Plastik oder ähnlichem Material gespielt und nach bestimmten Regeln „gelegt“. Während Lottokarten den Motiven entsprechend auf Spieltafeln gelegt werden, werden bei Domino-Varianten die Kartenmotive passend aneinander gelegt.

Legespiele schulen die Wahrnehmungs- und Kombinationsfähigkeit sowie die Feinmotorik und können bereits von kleinen Kindern mit viel Freude gespielt werden. Die zu Grunde liegenden Spielregeln sind einfach und können ohne großen Aufwand beliebig variiert werden.

881 Mäuseschwein und Nasenpferd

Kurzinfo: Mit Legekarten, auf denen verschiedene Tierhälften abgebildet sind, werden lustige, phantastische, neue Tiernamen erfunden, Löro, Murmelschwein und Krövian. *(SCHMIDT)*

882 Merk-Mal

Kurzinfo: Das Spiel enthält 35 Karten mit einfachen Zeichnungen wie Sonne, Nagel, Eis. Fünf Bildkarten liegen offen in der Mitte. Eine wird umgedreht, das Kind muss feststellen, welches Bild fehlt. Hat es das Motiv richtig benannt, darf es die Karte behalten und eine neue Karte in die Mitte legen. *(AMIGO SPIELE)*

883 Das Geisterschloss

Spieler: 2–4 – Alter: ab 6 Jahren
Kurzinfo: Auf dem Spielplan ist ein Geisterschloss mit vielen Fenstern abgebildet. Darauf liegen verdeckt Gespensterkarten. Ein Fenster bleibt offen. Es werden reihum Karten aufgedeckt und an anderer Stelle wieder verdeckt abgelegt. Bald weiß keiner mehr, welcher Geist aus welchem Fenster schaut. Wer sich die Positionen am besten merken kann, kann dem Spuk ein Ende bereiten und gewinnt.
(FX SCHMID)

884 Junior-Scrabble

Spieler: 2–4 – Alter: ab 6 Jahren
Kurzinfo: Auf einem Spielbrett sind Kästchen aufgezeichnet. Jedes Kind erhält mehrere Buchstabensteine, die es ähnlich wie bei einem Kreuzworträtsel auf das Brett legt. *(JUMBO)*

885 Tangram

Kurzinfo: Tangram oder Chinesisches Puzzle ist ein uraltes Spiel. Es besteht aus sieben schwarzen Teilen, die, richtig zusammengesetzt ein Quadrat ergeben. Sinn des Spiels ist es, aus den Teilen neue Formen zu legen, für die es Vorlagen gibt.

886 Das geheimnisvolle Dreieck

Kurzinfo: 32 Dreiecke jeweils in schwarz und weiß werden zu je dreizehn Grundformen zusammengesteckt. Daraus können fünfundzwanzig verschiedene geometrische Figuren gelegt werden.
(FAMOS-SPIEL FALLER)

887 Schau genau

Spieler: 1–6 – Alter: 4–99
Kurzinfo: Das Spiel enthält 6 große Legetafeln mit jeweils 16 Bildern, die sich sehr ähnlich sind, z. B: Schneemann, bei dem die Rübennase nach rechts oder links zeigt, der Zylinder nach rechts oder links geneigt ist oder der den Spazierstock in der rechten oder linken Hand hält. Die Karten, auf denen dieselben Bilder zu sehen sind, müssen der Legetafel zugeordnet werden. *(RAVENSBURGER, Best.-Nr. 605 5 502)*

888 Reflexion

Kurzinfo: Bei diesem Spiel geht es darum, möglichst schnell Muster nachzulegen. Mit den Legesteinen kann aber von jedem Muster nur die Hälfte gelegt werden. Die zweite Hälfte muss durch einen Spiegel entstehen, der alles verdoppelt, was sich auf der Legefläche befindet. *(RAVENSBURGER, Best.-Nr. 602 5 322 6)*

889 Wörterdomino

Spieler: 2–6 – Alter: ab 7 Jahren
Kurzinfo: Auf 36 Dominokarten stehen Wörter, die nach dem Prinzip des Dominos zu sinnvollen Namenwörtern zusammengesetzt werden sollen. *(RAVENSBURGER, Best.-Nr. 007158)*

890 Tier-Lotto

Spieler: 2–6
Kurzinfo: Das Spiel enthält 6 Legetafeln mit je 6 abgebildeten Tierfotos. Ziel des Spiel ist es, als Erster alle Tierbilder auf der eigenen Legetafel mit den dazu passenden Bildkärtchen abzudecken. *(NORIS)*

891 Domino

Kurzinfo: Herkömmliches Domino-Spiel, das aus fünfhundert schwarzen Steinen mit weißen Punkten besteht und nach bekannten Regeln für Domino gespielt wird. *(Verlag unbekannt)*

892 Hydra

Spieler: 2–6 – Alter: 8–99 Jahre
Kurzinfo: Es gibt bei diesem Legespiel Karten mit Schlangenköpfen, -körpern und -schwänzen. Ziel ist es, möglichst viele Hydras mit vielen Köpfen zu vollenden und so die meisten Punkte zu bekommen. Die Karten dürfen nur nach bestimmten Regeln zusammengelegt werden. Die Punkte werden nach Kombinationen vergeben.
Anmerkung: Hydra war eine sagenhafte Schlange, der sieben Köpfe nachwuchsen, wenn man einen davon abschlug. In der griechischen Sage gehörte es zu den zwölf Aufgaben des Herkules, diese zu töten. *(FX SCHMID)*

893 Differix

Spieler: 1–6 – Alter: 4–10 Jahre
Kurzinfo: Die Legekarten zeigen jeweils neunmal das scheinbar gleiche Bildmotiv. Allerdings gibt es geringfügige Unterschiede, die man erst bei genauem Hinsehen erkennt und auf die es beim Zuordnen der Kärtchen ankommt. Mit Hilfe einer durchsichtigen Kontrollkarte wird jeder Fehler entdeckt. *(RAVENSBURGER)*

894 Verkehrsdomino

Spieler: 2–6 – Alter: 5–8 Jahre
Kurzinfo: Informative Domino-Variante, um Verkehrszeichen als Wegweiser im Straßenverkehr kennenzulernen. Jeder Spieler versucht, durch richtiges Anlegen von passenden Verkehrszeichen an Verkehrssituationen seine Karten loszuwerden. *(RAVENSBURGER)*

895 Glückskäfer-Domino

Kurzinfo: Das besondere an diesem Domino ist die Form der Legekarten, es sind alles ca. zehn Zentimeter große Marienkäfer. Auf den Rücken befinden sich verschiedene Anzahlen von Punkten, die passend aneinander gelegt werden sollen. *(RAVENSBURGER)*

896 Mengen-Domino

Spieler: 2–6 – Alter: 4–7 Jahre
Kurzinfo: Auf den Dominokarten befinden sich verschiedene Anzahlen von Gegenständen, z. B. Muscheln, Schrauben, Blätter, Blüten oder Bohnen. Die Karten müssen ihrer Anzahl nach passend angelegt werden, z. B. drei Muscheln – drei Seesterne.
(RAVENSBURGER, Best.-Nr. 605 5 0085)

897 Linjo

Spieler: 1–3 – Alter: 3–99
Kurzinfo: Das Spiel enthält 60 rechteckige Kärtchen, die beiderseits mit Linien versehen sind. Es geht darum, die Karten so aneinander zu legen, dass die Linien weitergeführt werden.
In der Spielbeschreibung sind neun Muster abgebildet, die nachgelegt werden können. *(RAVENSBURGER, Best.-Nr. 605 5 6008)*

898 Mausdomino

Spieler: 2–6 – Alter: 4–8 Jahre
Kurzinfo: Bei diesem Domino ist eine Maus („Sendung mit der Maus“) mit einem Gegenstand auf der Karte abgebildet. Es kann entweder eine dazu passende Maus, der passende Gegenstand oder ein Joker angelegt werden. *(RAVENSBURGER, Best.-Nr. 003532)*

899 Das verzwickte Pumuckl-Spiel

Alter: 6–99
Kurzinfo: Bei diesem Kartenlegespiel müssen neun Karten zu einem Quadrat gelegt werden. Auf allen Kartenseiten sind verschiedene Pumuckl-Hälften zu sehen. Die Karten müssen aber so gelegt werden, dass der Oberkörper mit dem entsprechenden Unterkörper zusammentrifft. *(SCHMIDT)*

900 Clowns

Spieler: 1–4 – Alter: 5–12
Kurzinfo: Bei diesem Domino-Puzzle sind auf quadratischen Karten Clowns abgebildet, die ihre Gliedmaßen in verschiedene Richtungen strecken. Die Karten müssen so aneinander gelegt werden, dass jedes Gliedmaß mit einem anderen zusammentrifft. *(SCHMIDT, Best.-Nr. 03112)*

Puzzles

Das Puzzle ist eine Sonderform von Legespielen. Der Begriff „Puzzle“ stammt aus dem Englischen und kann „Rätsel“, „schwierige Aufgabe“, „Verwirrung“ oder „Geduldsspiel“ bedeuten. Zum Puzzlen sind keine besonderen Voraussetzungen nötig; es kann allein und in Ruhe gepuzzelt oder auch gemeinsam ein Puzzle gelegt werden. Puzzlen schult die Feinmotorik und die Differenzierung der Wahrnehmungstätigkeit und des Denkens und unterstützt die Entwicklung der Beobachtungs- und Konzentrationsfähigkeit.

Die Puzzles, die in den Lern- und Spielschulen vorhanden waren, werden nach dem Schwierigkeitsgrad (Anzahl der Puzzleteile) aufgeführt.

901 Janosch: Der Tiger und seine Freunde

Puzzleteile: 150 *(RAVENSBURGER)*

902 Multipuzzle

Alter: ab 10 Jahren
Kurzinfo: Ein rechteckiger Rahmen soll mit 42 geometrischen Teilstücken ausgelegt werden. In der Spielbeschreibung sind 48 Aufgaben vorgegeben – unzählige weitere können noch gefunden werden. *(SPEAR SPIEL, Best.-Nr. 30010)*

903 Kombi-Puzzle: Sesamstraße

Kurzinfo: Zwei Puzzle-Bilder, die hundertfach kombiniert werden können. Auf Bildern sind zwei gleiche Motive, die sich in wenigen Variationen unterscheiden, abgebildet. Bei den Motiven handelt es sich um Sesamstraßen-Figuren an einem Teich, an Bäumen oder auf Wiesen, bei denen verschiedene Variationen möglich sind, z. B. sitzt eine Eule oder eine Maus auf einem Baum oder an Stelle eines Fisches hängt ein Schuh an einer Angel. *(GRUNER & JAHR)*

904 Paradiesgarten

Puzzleteile: 35 *(RAVENSBURGER)*

905 Janosch: Post

Puzzleteile: 150 *(RAVENSBURGER)*

906 Sandmännchen auf großer Fahrt

Puzzleteile: 2 x 20 *(RAVENSBURGER, Best.-Nr. 623 5 6790)*

907 Janosch: Schön ist es am Fluss

Puzzleteile: 150 *(RAVENSBURGER)*

908 Tierbauten

Puzzleteile: 200 *(RAVENSBURGER)*

Würfelspiele

Würfelspiele sind bei Kindern sehr beliebt. Für Kinder, die noch nicht zählen können, gibt es Farbwürfelspiele, d.h., die Spieler müssen nach der gewürfelten Farbe handeln. Für Schulkinder gibt es Würfelspiele, bei denen der Erfolg über den Zufallsfaktor hinaus durch taktische Überlegungen bestimmt wird.

Die folgenden Würfelspiele sind nach Farb-, Zahl- und Buchstabenwürfelspielen sortiert.

Farbwürfelspiele

909 Vier erste Spiele

Spieler: 2–6 – Alter: 3–8 Jahre
Kurzinfo: Diese Spielesammlung enthält vier Farbwürfel- und Gedächtnisspiele, die in verschiedenen Spielformen und Schwierigkeitsstufen gespielt werden können.
Bei dem „Vogelspiel" geht es darum, seinen Vogel auf farbig markierten Feldern ins Nest zu bringen. Beim „Blumenspiel" müssen die Spieler ihr Blumenbeet mit verschiedenfarbigen Blumen bepflanzen. Beim „Schlossspiel" wird das Schloss über farbige und über Ereignisfelder erreicht. Ziel des „Wurstschnappens" ist es, so viele Würstchen wie möglich zu erwürfeln.
Anmerkung: Erkennen von Farben und Formen.
(RAVENSBURGER, Best.-Nr. 007080)

910 Regentropfenspiel

Spieler: 2–4 – Alter: 3–6 Jahre
Kurzinfo: Von der Sonne werden kleine Wassertropfen angezogen. Immer mehr steigen auf und sammeln sich in den Wolken, die immer voller werden. Bald schon beginnt es zu regnen. Das gibt den Pflanzen Kraft zu wachsen. Die Früchte werden reif und können geerntet werden. Wer erntet wohl die meisten Früchte?
(RAVENSBURGER, Best.-Nr. 001699)

911 Tempo, kleine Schnecke

Spieler: 2–6 – Alter: 3–7 Jahre
Kurzinfo: Ziel ist es, seine Schnecke als Erster ins Ziel zu bringen. Der Spielplan ist eine Rennstrecke, auf der die verschiedenfarbigen

Schnecken nur weiterkommen, wenn sie die eigene Farbe mit dem Farbwürfel werfen. *(RAVENSBURGER, Best.-Nr. 001491)*

912 Piepmatz

Kurzinfo: Welcher Vogel verlässt zuerst das warme Nest?
Auf dem Spielplan ist ein Baum mit Zweigen und Nestern aufgezeichnet. Die Vögel hüpfen aus dem Nest von Ast zu Ast. Sieger ist derjenige, der zuerst den Baum verlassen hat. *(KL)*

913 Bunte Ballons

Spieler: 1–4 – Alter: ab 3 Jahren
Kurzinfo:
Vier Spieltafeln sollen jeweils sechs bunte Ballone richtig zugeordnet werden. Wer fängt sich mit viel Würfelglück die Luftballons in den passenden Farben für seine Bildtafel? *(RAVENSBURGER)*

914 Quips

Spieler: 2–4 – Alter: 3–7 Jahre
Kurzinfo: Jedes Kind hat eine bunte Bildtafel mit weißen Vertiefungen, in die bunte Spielsteine hineinpassen: Die Kinder erhalten durch Würfeln die Spielsteine. Wer seine Bildtafel zuerst ausgefüllt hat, gewinnt.
Anmerkung: Bei diesem Spiel wird je nach Spielregel das Zählen, das Erkennen von Farben und die Handgeschicklichkeit geübt.
(RAVENSBURGER, Best.-Nr. 601 5 502)

915 Farbkarussell

Spieler: 2–4 – Alter: 4–8 Jahre
Kurzinfo: Es wird mit zwei Farbenwürfeln gewürfelt, zu den angezeigten Farben eine passende Bildkarte gesucht und an dem gleichen Motiv des Farbkarussells angelegt.
Anmerkung: Hier wird der Farbensinn und die Kombinationsfähigkeit geübt. *(RAVENSBURGER, Best.-Nr. 003631)*

Zahlwürfelspiele

916 Kletteräffchen

Alter: ab 5 Jahren
Kurzinfo: An gezackten Plastikstangen klettern Äffchen hoch. Wer als erstes oben ist, hat gewonnen. Geklettert wird nach der Augenzahl des Würfels. *(SPEAR SPIELE, Best.-Nr. 20040)*

917 Schmetterlingspiel

Spieler: 2–6 – Alter: ab 6 Jahren
Kurzinfo: Der Spielplan besteht aus Schmetterlingen und Blättern, auf deren Rücken zwei verschiedene Punktmengen aufgemalt sind. Die Kinder würfeln mit zwei Würfeln. Wer eine entsprechende Kombination erwürfelt, darf sich einen Chip nehmen, der auf dem Blatt oder Schmetterling liegt. *(KL)*

918 Clown

Spieler: 2–6 – Alter: 4–8 Jahre
Kurzinfo: Sechs Clowns werden aus acht verschieden großen Karten- bzw. Körperteilen zusammengesetzt. Jede Karte muss erwürfelt werden. Karte für Karte entstehen ulkige Kerle. *(RAVENSBURGER)*

919 Die lachende Maus

Spieler: 2–6 – Alter: 4–8 Jahre
Kurzinfo: Sechs Mäusebilder sind jeweils in sechs Puzzleteile unterteilt. Auf jeder Legekarte sind Würfelbilder zu sehen. Das gesamte Bild wird Stück für Stück erwürfelt. Wer würfelt die meisten Mäusebilder? *(RAVENSBURGER)*

920 Bärentanz und Affensprung

Spieler: 2–4 – Alter: 3–6 Jahre
Kurzinfo: Der Würfel entscheidet, ob man eine Bildkarte aus der Mitte wählen darf oder nicht. Der Spieler muss die entsprechenden Positionen, Bewegungen oder Laute darstellen, wenn er die Bildkarte auf seine Bildtafel legen will. *(SCHMIDT SPIELE)*

921 Grabbelsack

Spieler: 1–4 – Alter: 4–8 Jahre
Kurzinfo: Vier Spiele zum Tasten und Erkennen von 12 Tieren an ihren Formen. Der Würfel entscheidet, wie viele Tiere ein Spieler im Grabbelsack ertasten darf.
Anmerkung: Bei diesem Spiel geht es darum, den Tastsinn, insbesondere die Feinmotorik auszubilden und Tiere mit ihren Besonderheiten kennen zu lernen. *(SCHMIDT)*

922 Zauberbutt

Spieler: 2–6 – Alter: ab 5 Jahren
Kurzinfo: Dieses Spiel ist nach dem Märchen der Gebrüder Grimm „Vom Fischer und seiner Frau" konzipiert. Die Fischerfrau schickt ihren Mann immer wieder ins Meer zu einem Butt, damit dieser sie mächtiger und reicher macht.
Jeder Spieler erhält einen Fischer sowie eine Fischerfrau; beide Figuren werden getrennt voneinander bewegt. Die Frau hält sich immer in einem der auf dem Spielplan eingezeichneten Gebäude auf, der Mann wird auf dem Spielfeld bewegt und versucht, mit Hilfe des Butts immer mächtiger zu werden. Aber je mächtiger man wird, umso größer ist die Gefahr, alles zu verlieren und wieder in der schäbigen Fischerhütte anfangen zu müssen.
Im Verlauf des Spiels wird der Butt in der Spielmitte zusammengesetzt. Das Spiel endet, wenn der Zauberbutt vollständig auftaucht.
Gewonnen hat der Spieler, der mit Fischer und Frau am weitesten oben steht. *(MATTEL)*

923 Tortenschlacht

Spieler: 3–5 – Alter: ab 5 Jahren
Kurzinfo: Jeder Mitspieler erhält einen Würfel, auf dem ein Tortenstück abgebildet ist und fünf Felder leer sind, und würfelt pausenlos. Erwürfelt jemand die Torte, ruft er laut „Torte" und alle müssen versuchen, ein Holzplättchen aus der Mitte zu erhaschen (ein Plättchen ist zu wenig). Diejenigen, die schnell genug reagiert haben, dürfen sich ein Stück Torte nehmen. Gewonnen hat derjenige, der zuerst seine ganze Torte (neun Teile) vollständig hat.
Anmerkung: Bei der Tortenschlacht werden die akustische und visuelle Wahrnehmung geschult. *(RAVENSBURGER)*

924 Spitz, pass auf!

Kurzinfo: Jeder Spieler hat eine Figur, die an eine Schnur gebunden ist. Auf einer runden Unterlage stehen alle Figuren in der Mitte. Reihum wird gewürfelt, jeder so lange, bis er eine 6 hat. Dann schnappt er sich den Becher und stülpt ihn über die Figuren in der Mitte. Je nachdem, ob man gefangen wurde oder jemanden gefangen hat, werden Punkte verteilt. *(SCHMIDT-SPIELE, Best.-Nr. 03030)*

925 Marienkäferspiel

Spieler: 2–4 – Alter: ab 5 Jahren
Kurzinfo: Ein Würfelspiel mit echten Holzfiguren.
Es geht darum, als Erster, mit Hilfe der Marienkäfer, seinen Obstbaum von Blattläusen zu befreien.
(OBERSCHWÄBISCHE MAGNETSPIELE)

926 Vogelhochzeit

Spieler: 2–4 – Alter: ab 6 Jahren
Kurzinfo: Ziel dieses Würfelspiels ist es, möglichst viele Vogelpaare zu sammeln. Die Karten mit männlichen Vogelarten (A1–A20) werden an die Spieler verteilt, die Karten mit weiblichen Vogelarten(B1–B20) liegen verdeckt auf dem Spielplan. Durch Würfeln kann man zu weiblichen Vögeln gelangen und nachschauen, ob einer seiner männlichen Vögel dazupasst. *(FLOHS, Best.-Nr. 65001)*

927 Fang den Hut

Spieler: 2–4 – Alter: ab 6 Jahren
Kurzinfo: Die Spieler rücken mit ihren Hütchen entsprechend der gewürfelten Augenzahl auf dem Spielplan weiter. Ziel des Spiels ist es, möglichst viele fremde Hütchen zu fangen (eigenes Hütchen über gefangenes stülpen) und in das eigene Versteck zu bringen.
(RAVENSBURGER)

928 Klipp Klapp

Spieler: 2–10
Kurzinfo: Auf einer Achse, die in einem Holzrahmen eingespannt ist, befinden sich neun Holztafeln mit Punkten von eins bis neun. Die

Spieler würfeln mit zwei Würfeln, zählen die Augenzahlen zusammen und klappen das entsprechende Holztäfelchen um, auf deren Rückseite die Zahl sichtbar wird. *(SALA, Best.-Nr. 6011580)*

929 Tausendsassa

Alter: ab 8 Jahren
Kurzinfo: Die Gruppe versucht, mehr Punkte als ihr Gegner, der Kobold Tausendsassa, zu erreichen. Wenn es ihr gelingt, mit Geschick und Glück mehr Punkte zu bekommen, hat sie sich den Titel Tausendsassa verdient.
Anmerkung: Dies ist ein kooperatives Würfelspiel.
(PÄDAGOGIK-KOOPERATIVE E.V.)

930 Kniffel

Kurzinfo: Mit sechs Würfeln müssen verschiedene Kombinationen von Augenzahlen erspielt werden, die unterschiedlich viele Punkte einbringen. *(unterschiedliche Verlage)*

Buchstabenwürfelspiele

931 Letra mix II

Kurzinfo: Aus dreizehn Buchstabenwürfeln müssen innerhalb einer vorgegebenen Zeit Wörter gelegt werden, die einem Kreuzworträtsel gleichen. Wer die meisten Punkte hat, ist Sieger. *(SCHMIDT)*

932 Kreuzwort würfeln

Spieler: 2 und mehr
Kurzinfo: Jeder Spieler versucht, in jeder Spielrunde möglichst viele Buchstabenwürfel zu einer zusammenhängenden Kreuzwort-Kombination aus waagrecht und senkrecht lesbaren, sinnvollen Wörtern zu verbinden. Wer dabei die meisten Punkte erreicht, ist der Sieger des Spiels. *(EDUCA BERLINER SPIELKARTEN GMBH)*

B Gesellschaftsspiele II

Im Folgenden werden Brett- und Kartenspiele sowie Memories, wie wir sie in Lern- und Spielschulen gefunden haben, dargestellt. Wiederum ist eine vielfältige Sammlung an klassischen und eher unbekannten Spielen entstanden.

Brettspiele

Viele Brettspiele sind von alters her überliefert und werden bis in die heutige Zeit gerne gespielt. FRITZ *(1989, S. 117)* zieht die den Spielen zugrunde liegenden Grundmuster als Einteilungskriterium heran und gelangt zu folgender Systematisierung von Brettspielen:

- Strategiespiele
- Zielläufe
- Bereicherungsspiele
- Ordnungsspiele
- Prüfungsspiele

Außerdem geht er noch gesondert auf die Gruppe der „kooperativen Brettspiele" ein. Im Folgenden werden die Brettspiele nach diesen Kriterien sortiert.

Strategiespiele

Zu dieser Gruppe gehören alle Spiele, „die ein hohes Maß an Beeinflussbarkeit und ausgeprägte Interaktivität besitzen" *(FRITZ 1989, S. 117)*.

Bei den Strategiespielen kommt es auf die Ausbildung einer Strategie des eigenen Vorgehens und auf zielgerichtetes Abfolgen von Spielzügen an, um die eigenen Gewinnchancen zu steigern. Dabei wird versucht, diejenigen Faktoren, die in die eigene Aktion hineinspielen können, von vornherein einzukalkulieren. Strategische Spiele erhalten ihren Reiz und ihre Spannung dadurch, dass jeder Spielzug mit Gegenzügen zu rechnen hat, die im Voraus jedoch nicht klar absehbar sind. Voraussetzung für das Gelingen solcher Spiele ist eine relative Gleichheit in der Stärke der Spielpartner.

933 Mühle

Spieler: 2
Kurzinfo: Ein bekanntes Brettspiel mit 18 Steinen in zwei Farben. Es wird der Reihe nach gesetzt. Ziel des Spiels ist es, drei Steine einer Farbe auf eine Linie zu bringen. Das ist eine „Mühle". Wer eine Mühle geschlossen hat, darf seinem Gegner einen gesetzten Stein wegneh-

men, jedoch keinen aus einer geschlossenen Mühle. Hat ein Spieler weniger als drei Steine, hat er verloren.

934 Halma

Spieler: 1–4
Kurzinfo: Ein Brettspiel, das schon im Altertum gespielt wurde.
Den Spielplan bildet ein Sechseckstern mit Liniennetz überzogen. Die Schnittpunkte der Linien sind die vorübergehenden Standorte der Spielfiguren. Jeder Spieler versucht, seine Steine möglichst schnell in den gegenüberliegenden Hof zu ziehen. Sieger ist, wer das zuerst geschafft hat, d.h., wessen Steine sämtliche Felder des gegnerischen Hofes besetzt haben. Bei zwei Spielern wird abwechselnd gezogen, bei vier Spielern reihum.

935 Das Original-Malefizspiel

Spieler: 2–4 – Alter: ab 6 Jahren
Kurzinfo: Malefiz ist ein ideales Familienspiel mit Überraschung und Spannung bis zum letzten Wurf. Würfelglück und Taktieren mit fünf Spielfiguren und Sperrsteinen entscheiden, wer den Zielpunkt erreicht. Wer würfelt sich den Weg frei, legt den anderen Steine vor die Nase und schützt sich vor Rausschmissen?
(RAVENSBURGER, Best.-Nr. 01023 3)

936 Abalone

Spieler: 2
Spielbeschreibung:
Auf einem wabenförmig gelochten Spielbrett stehen sich je 14 weiße und schwarze Kugeln gegenüber. Es gilt, nach und nach sechs gegnerische Kugeln vom Spielfeld zu verdrängen.
(GLONEGGER 1999)

937 Die verflixten 4

Spieler: 2; Alter: 7–99
Spielbeschreibung: Bei diesem Taktikspiel gewinnt der, der es zuerst schafft, vier Chips seiner Farbe in eine Reihe zu bringen.
(RAVENSBURGER, Best.Nr. 230860)

938 Elfenland

Spieler: 2–6
Spielbeschreibung: Mit Hilfe von Tickets (Spielkarten) und einer guten Taktik bei der Planung der Routen bewegt man sich durch das Elfenland. Dabei werden ungewöhnliche Gefährte in Anspruch genommen: Drachen, Einhörner, Trollwagen, magische Wolken usw.
(GLONEGGER 1999)

939 Das verrückte Labyrinth

Spieler: 1–4 – Alter: ab 8 Jahren
Kurzinfo: Die Spieler losen aus, wer beginnt. Gespielt wird im Uhrzeigersinn. Der erste Spieler sieht sich seine Karten an und legt sie wieder verdeckt vor sich hin. Das Bild auf der „Geheimniskarte“ bestimmt das erste Ziel, wohin er ziehen soll. Um zu diesem Ziel zu gelangen, muss der Spieler nacheinander das Labyrinth durch Einschieben einer Gänge-Karte verändern und dann mit seiner Spielfigur ziehen. Hat ein Spieler alle seine Geheimniskarten aufgedeckt, so muss er versuchen, seine Spielfigur zu ihrem Eckfeld zurückzubringen. Gewinner ist der Spieler, der zuerst alle seine Geheimniskarten aufgedeckt und seine Spielfigur wieder zu dem Ausgangspunkt zurückgebracht hat.
Als Einzelspiel schult es Vorstellungsvermögen und Kombinationsfähigkeit. *(RAVENSBURGER, Best.-Nr.: 01094 3)*

940 Junior Labyrinth

Spieler: 1–4 ; Alter: 5–8 Jahre
Spielbeschreibung: Um an die gesuchten Gegenstände wie Rüstung, Käuzchen oder Kerzenständer heranzukommen, müssen mit viel Überblick Kärtchen verschoben, Wege geöffnet und Gänge durchquert werden. *(RAVENSBURGER, Best.-Nr. 21210 1)*

941 Reversi

Spieler: 2 – Alter: ab 12 Jahren
Kurzinfo: Ein traditionelles 2-Personen-Brettspiel. Ziel des Spiels ist es, die gegnerischen Steine einzuschließen und umzudrehen. Das erfordert Übersicht und Konzentration. Vorbildliche einfache Spielregel, doch packender Verlauf. *(RAVENSBURGER)*

942 Schiffe versenken

Spieler: 2
Kurzinfo: Ein spannendes Strategiespiel. Jeder Spieler platziert zunächst seine Schiffe verdeckt auf seinem Spielplan. Dann wird mit Glück und Kombinieren versucht, den Standort der gegnerischen Schiffe auszumachen.

943 Der Regenbogenfisch

Spieler: 2–6; Alter: 5–10 Jahre
Spielbeschreibung: In Anlehnung an das bekannte Kinderbuch, müssen durch das Verschenken von Glitzerschuppen neue Freunde gewonnen werden. Wer schafft es, die meisten Fische zu besuchen und ihnen Glitzerschuppen zu schenken und dennoch dem gefährlichen Hai zu entkommen? *(RAVENSBURGER, Best.-Nr. 21433 4)*

944 Malefiz

Spieler: 2–4 oder 2–6
Spielbeschreibung: Alle Spieler erhalten fünf Spielfiguren in ihrer Farbe. Begonnen wird vom ersten schwarzen Punkt oberhalb des Ausgangsfeldes. Ziel des Spiels ist das Erreichen eines Zielpunktes mit genauer Augenzahl. Die Spieler ziehen jeweils so viele Felder, wie Augen gewürfelt worden sind. Die Richtung eines Zuges bestimmt der Spieler selbst. Er kann vorwärts, rückwärts oder seitwärts ziehen, jedoch muss er sich für eine Richtung pro Zug entscheiden. Ein Feld darf immer nur durch eine Figur belegt werden. Dabei ist es möglich, andere Spieler zu werfen. Einen besonderen Reiz bietet das Setzen von Barrikaden. Diese stehen auf besonders gekennzeichneten Feldern. Eine Sperre kann nur durch einen direkten Wurf aufgehoben werden. Anschließend muss sie der betreffende Spieler auf ein beliebiges Feld oberhalb der untersten Spiellinie setzen. Gewonnen hat der, der als erster mit einer seiner Figuren das Zielfeld erreicht.
(GLONNEGGER 1999)

Zielläufe

In dieser Gruppe werden alle Brettspiele zusammengefasst, bei denen das Spielziel darin besteht, seine Spielfiguren als Erster ins Zielfeld zu bringen. Dabei bestimmen sowohl der Zufall (Würfelglück) als auch die eigene Leistungsfähigkeit den Spielausgang *(FRITZ 1989, S. 119).*

945 Mensch ärgere dich nicht

Spieler: 2–4 – Alter: ab 6 Jahren
Kurzinfo: Jeder Spieler erhält vier Spielfiguren seiner Farbe. Vom Startfeld darf nur losgezogen werden, wenn der Spieler eine Sechs würfelt. Ziel des Spiels ist es, alle Spielfiguren so schnell wie möglich einmal um den Spielplan herum ins schützende Zielfeld zu ziehen. Dabei ist es möglich, andere Spieler zu werfen, aber auch geworfen zu werden. Wer eine Sechs würfelt, ist nochmals an der Reihe. *(SCHMIDT)*

946 In Teufels Küche

Spieler: 2–4 – Alter: ab 10 Jahren
Kurzinfo: Ein höllischer Spielespaß. Ziel des Spiels ist es, als Erster mindestens 10 Leibspeisen des Oberteufels (z. B. lebende Spaghetti oder grüne Dracheneier) zu dem glühenden Grilltisch der gegenüberliegenden Seite zu bringen. *(FX SCHMID, Best.-Nr. 712429)*

947 Hexenkessel

Kurzinfo: Ziel des Spiels ist es, drei verzauberte Gegenstände zu finden, in den Besitz des Schlüssels zu gelangen und als Erster aus dem Schloß zu entkommen. *(MB)*

948 Gänsespiel

Spieler: 2–6 – Alter: 5–10 Jahre
Kurzinfo: Ziel des Spiels ist es, alle Hindernisse zu überwinden und als Erster das Zielfeld mit direktem Wurf zu erreichen. Gezogen wird mit einer Holzgans als Spielfigur.
Spielregel 1: Der jüngste Spieler beginnt. Reihum wird mit zwei Würfeln gewürfelt. Der Spieler darf dann die gewürfelte Augenzahl vorziehen.

Spielregel 2: Zu Beginn erhält jeder Spieler 1 Gans und 5 Spielmarken, Bohnen, Bonbons o. Ä. Die Spieler würfeln reihum mit zwei Würfeln und rücken um die geworfene Augenzahl vor. Gewonnen hat, wer die Nummer 63 genau erreicht; wer darüber hinaus wirft, zählt die geworfenen Augen zurück.
Weitere Zusatzregeln machen das Gänsespiel besonders spannend und aufregend. *(RAVENSBURGER, Best.-Nr. 00207 8)*

949 Äpfelchen

Spieler: 2–4 – Alter: 4–8 Jahre
Kurzinfo: Der Spielplan, verziert mit einem Garten, Bäumen und Eimern, lädt zum Äpfelpflücken ein. Das Roulette auf dem Spielplan zeigt an, wie viele Äpfel man pflücken darf. Das Ziel des Spiels ist es, der Erste zu sein, der seine Äpfel in sein Eimerchen gelegt hat. *(RAVENSBURGER)*

950 Flussaufwärts

Spieler: 2–4 – Alter: ab 6 Jahren
Kurzinfo: Es wird reihum im Uhrzeigersinn gewürfelt oder gezogen. Der jüngste Spieler beginnt. Jeder darf, wenn er an der Reihe ist, einmal würfeln und dann eines seiner Schiffe um so viele Felder in Richtung Hafen ziehen, wie der Würfel Augen zeigt. Jedes Flussteil zählt hierbei als ein Feld. Das Ziel des Spiels ist, die eigenen drei Schiffe in den rettenden Hafen zu bringen und sie dort auf günstige Liegeplätze zu platzieren. *(RAVENSBURGER, Best.-Nr. 00259 7)*

951 Crazy Race

Spieler: 3–5 – Alter: ab 10 Jahren
Kurzinfo: „Riskantes Rennspiel. Die Wettkarten bestimmen bei diesem Spiel wo's langgeht. Jeder Spieler erhält eine – geheim! So weiß er genau, welche Platzierung er in den drei Etappen des Rennens erreichen sollte. Mit Hilfe der Streckenkarte kann man seine eigene Bahn verkürzen oder verlängern – oder die der Rivalen. Die Aktionskarten sorgen auch für viel Abwechslung, denn da muss dann einer, der es besonders eilig hat, plötzlich aussetzen, und ein „Schleicher" darf zweimal hintereinander ziehen. Das Rennen wird immer spannender. Erst zum Schluss werden die Wettkarten offen gelegt. Sieger ist, wer seine Wette am besten erfüllt hat." *(FX SCHMID, Best.-Nr. 71243 6)*

952 Mein Bauernhof

Spieler: 2–4 – Alter: 6–12 Jahre
Kurzinfo: Jedes Viertel des Spielplans zeigt einen Bauernhof, der jeweils einem der Mitspieler gehört. In dem Bauernhof fehlen noch die wichtigsten Tiere: Pferd, Schaf, Schwein und Kuh. Das Spielziel ist es, als Erster diese vier Tiere für seinen eigenen Bauernhof auf dem Markt einzukaufen. *(RAVENSBURGER, Best.-Nr. 00022 7)*

953 Wild Life – Das große Tierspiel

Spieler: 3–5 – Alter: ab 10 Jahren
Kurzinfo: Jeder Spieler erwirbt ein Zoogrundstück. Auf Reisen durch die verschiedenen Kontinente werden Tiere gesammelt, wobei man je nach Würfelglück manchmal selber „fangen" und manchmal beim Tierhändler „kaufen" kann. Wer zuerst seinen Zoo vollständig besetzt hat, gewinnt das Spiel. *(RAVENSBURGER, Best.-Nr. 11 157)*

954 Emil räumt auf – Janosch Umweltspiel

Kurzinfo: Gespielt wird gegen den Uhrzeigersinn. Der Drehpfeil wird angestoßen. Bleibt er auf einem Zahlenfeld stehen, so zieht der Spieler seine Spielfigur entsprechend weiter. Bleibt der Drehpfeil auf einem Farbfeld stehen, so darf der Spieler eine Müllkarte derselben Farbe ablegen. Auf einem weißen Feld passiert nichts und der nächste Spieler ist an der Reihe. Außerdem gibt es noch eine Reihe Sonderfelder wie z. B. das Gans-, Bär-, Hund- und Ereignisfeld, auf denen verschiedene Ablagemöglichkeiten bestehen. Hat ein Spieler alle Müllkarten abgelegt, so ist er Spielsieger. Nach dem Spiel bietet sich ein Gespräch darüber an, wie künftig Müll im Haushalt vermieden werden kann. Dazu liegt eine Müll-Fibel bei. *(RAVENSBURGER)*

955 Öko-Detektiv – Umweltsündern auf der Spur

Kurzinfo: Wer der Umwelt am besten geholfen hat und seinen Wertungsstein als Erster ins Ziel bringt, gewinnt das Spiel. *(SCHMIDT)*

956 Stadtspiel Koblenz „Schängelrennen"

Kurzinfo: Das Ziel des Spiels ist der Schängelbrunnen. Erreicht man die gelben Felder um ihn, muss man eine Runde warten, da der Schängel den Spieler nass spritzt und das Trocknen in der Sonne so lange dauert. Dann kann man über die anderen nachfolgenden Felder ohne Wartepause gehen. Hat ein Spielgegner auf dem gesamten Weg zum Brunnen ein Feld besetzt, kann man ihn rausschmeißen. Er muss mit einer Sechs erneut im Startfeld beginnen. Auf einem gelben Spielfeld ist Rausschmeißen nicht erlaubt. Ist ein gelbes Feld schon belegt, kann man nicht weiterziehen; es muss gewartet werden. Auf dem schwarzen Punkt muss man einmal aussetzen, farbige Punkte braucht man nicht zu beachten. Gewonnen hat, wer zuerst seine Spielfigur auf den Schängelbrunnen am Rathaus setzen kann. *(KO 3)*

957 Koblenz-Spiel

Spieler: 2–4
Kurzinfo: Jeder Spieler erhält drei Kegel, die auf den Feldern an den Spielplanecken abgestellt werden. Es wird reihum gewürfelt. Das Spiel beginnt bei der Auskunft am Hauptbahnhof. Es kann nur vorwärts in Pfeilrichtung gezogen werden. Wer einen Besichtigungspunkt erreicht, kann sich durch Bild und Text am Spielplanrand informieren lassen und darf ein zweites Mal würfeln. Steht auf einem Feld ein Kegel eines Mitspielers, darf er hinausgeworfen werden. Er muss wieder von vorne beginnen. Steht auf dem Feld ein eigener Kegel, muss mit diesem oder dem dritten Kegel gezogen werden. Jeder Kegel muss den Besichtigungspunkt „Deutsches Eck“ erreichen und kann dann sofort, ohne weiteres Würfeln, auf einer der Anlegebrücken der Rhein-Mosel-Schiffe zur „Abfahrt“ gestellt werden. Gewonnen hat derjenige, dessen drei Kegel zuerst auf den Anlegebrücken stehen. Es kann um den zweiten und dritten Platz weitergespielt werden.
(Presse- und Infoamt der Stadt Koblenz, Verlag GRÜTTNER)

958 Deutschland-Rallye

Spieler: 2–6 – Alter: ab 8 Jahren
Kurzinfo: Jeder Spieler erhält eine Spielfigur, die er auf den Standort stellt. Standort ist immer die Stadt in der „Das kleine Reisespiel“ gespielt wird oder die Stadt, die dem Spielort am nächsten liegt. Der Standort ist zugleich Zielort nach der 12. Runde. Der kleinste Spieler wirft gleichzeitig die beiden Sonderwürfel. Sie zeigen den ersten Spielort an. Der rote ist der Zehnerwürfel, der blaue der Einerwürfel. Jeder Spieler versucht nun als erster, den erwürfelten Zielort zu erreichen. Wer zuerst den Zielort erreicht, bekommt zur Belohnung zwei Chips. Wer zum Schluss die meisten Chips hat, hat gewonnen.
(RAVENSBURGER, Best.-Nr. 01 161 2)

959 Europareise

Spieler: 2–6 – Alter: ab 10 Jahren
Kurzinfo: Auf einem großen, doppelseitigen Spielplan können Länder, Städte und Sehenswürdigkeiten in ganz Europa kennen gelernt werden. Wer als Erster alle gezogenen Städte erreicht hat, ist Sieger. Würfelglück und die richtige Reiseplanung sind dabei entscheidend. *(RAVENSBURGER)*

Bereicherungsspiele

Bei allen Bereicherungsspielen steht der Gedanke, Gewinn zu machen, im Vordergrund. Die meisten dieser Brettspiele weisen deshalb eine enge inhaltliche Festlegung auf. Im Spiel geht es vor allem um Aktivitäten, mit denen in unserer Wirtschaftsform Geld zu verdienen ist (z. B. Börsen- und Grundstücksspekulationen, Ölsuche, Kauf und Verkauf usw.) *(FRITZ 1989, S. 121).*

960 Junior Monopoly

Kurzinfo: Gespielt wird nach den original Monopoly-Regeln. Hier geht es jedoch nicht um den Häuserkauf, sondern um einen Jahrmarkt, bei dem die verschiedenen Fahrgeschäfte zum Verkauf stehen. *(PARKER)*

961 Durchs Gartenjahr

Spieler: 2–4 – Alter: ab 8 Jahren
Kurzinfo: Die Spieler erfahren in diesem Spiel etwas über Saat-, Pflanz-, Ernte- oder Blütezeiten der wichtigsten Gartenpflanzen. Wer hat zum Schluss die meisten Erntepunkte?
(RAVENSBURGER, Best.-Nr. 00 811 7)

962 Schweine-Rennen

Spieler: 2–4 – Alter: ab 7 Jahren
Kurzinfo: Die Spieler lassen ihre Schweinchen rennen und springen und viele Münzen nach Hause bringen! Am Anfang sieht alles ganz einfach aus: goldene Münzen in die eigenen Schweinchen, schwarze Münzen in die der Mitspieler. Die Überraschung kommt aber erst zum Schluss. Denn jetzt werden die Münzen gezählt, und es zeigt sich: Wer zuerst am Ziel ist, hat noch lange nicht gewonnen! *(JUMBO)*

963 Die Augen der Kali

Spieler: 2–6 – Alter: ab 10 Jahren
Kurzinfo: Jeder Spieler versucht der unberechenbaren Göttin so viele Diamanten wie möglich wegzunehmen, ohne dass sie aufwacht. Wacht sie auf, ist das Spiel zu Ende. Wer dann den höchsten Wert an Juwelen besitzt, hat gewonnen. *(SCHMIDT)*

964 Taschengeld-Spiel

Spieler: 2–6 – Alter: ab 6 Jahren
Kurzinfo: Wer sein Taschengeld richtig einteilt und durch kleine Arbeiten etwas hinzuverdient, kommt schnell zu einem kleinen Vermögen. Das Anfangskapital beträgt 2 DM (immer, wenn man über das Startfeld kommt, darf man 2 DM einziehen). Wer zum Schluss am meisten Geld hat, ist der Gewinner. *(ASS)*

Prüfungsspiele

Bei dieser Gruppe von Brettspielen steht die Bewährungssituation im Vordergrund. Der Spieler muss sich im Spielverlauf einer Prüfung unterziehen, indem er sich an etwas erinnern, eine Wissensfrage richtig beantworten oder logisches Denkvermögen zeigen muss. Es werden drei Arten von Prüfungsspielen unterschieden:

- Gedächtnisspiele (z. B. „Sagaland“)
- Logikspiele (u.a. Detektivspiele)
- Quizspiele (z. B. „Trivial Pursuit“)

965 Sagaland

Spieler: 2–6 – Alter: ab 6 Jahren
Kurzinfo: Ein spannendes Spiel durch ein Märchenland mit Würfelglück und Memory-Effekt. Wer schafft es als Erster, drei Gegenstände aus den Märchen im Wald von Sagaland zu finden?
(RAVENSBURGER, Best.-Nr. 01026 4)

966 Memo-Maus

Spieler: 2–4 – Alter: ab 5 Jahren
Kurzinfo: Wer mit seiner Maus im Ziel am weitesten vorne steht, ist Sieger dieses Wettrennens. Aber auch ein gutes Gedächtnis ist zum Gewinnen sehr wichtig! *(SCHMIDT)*

967 Charlie

Spieler: 2–6 – Alter: 4–8 Jahre
Kurzinfo: Die Bildkarten dieses Spiels zeigen immer zwei Bilder aus Charlies Zirkuswelt. Das können sowohl Gegenstände als auch Tiere sein. Jeder Spieler versucht nun so schnell wie möglich eines der Bilder auf dem Zirkusplatz wieder zu finden. Wer zuerst das Tier, den Clown oder den Gegenstand entdeckt hat, erhält die Karte. Sieger ist, wer die meisten Karten hat.
(RAVENSBURGER, Best.-Nr. 604 5 005 6)

968 Augen auf, Flecki!

Kurzinfo: Bei diesem Brettspiel bekommt jeder Mitspieler eine Hundefigur. Damit wird auf dem Spielplan gezogen. Auf bestimmten Feldern wird das Verhalten (von Flecki) im Verkehr gelobt oder getadelt. Je nachdem darf/muss man aussetzen, 5 Felder vor usw.
Dieses Spiel eignet sich sehr gut für die Verkehrserziehung, weil das richtige/falsche Verhalten genau beschrieben ist. *(HERDER)*

969 Rategarten

Spieler: 2–6 – Alter: 5–12 Jahre
Kurzinfo: Ziel des Spiels ist es, durch möglichst geschicktes Fragenstellen die meisten Bildkarten zu bekommen. Jeder Spieler erhält ein Kärtchen mit einem Motiv aus dem Rategarten. Die Mitspieler müssen durch geschicktes Fragen das gesuchte Motiv herausfinden. Die Fragerunde kann variabel und damit schwieriger gestaltet werden. Die aufwändige Gestaltung dieses Frage- und Ratespieles lädt so richtig zum Spielen ein. *(RAVENSBURGER, Best.-Nr. 00 611 3)*

Kooperative Brettspiele

Die bisher vorgestellten Brettspiele sind ausschließlich auf Wettbewerb ausgerichtet. Als Alternative bieten sich die so genannten „kooperativen Brettspiele“ an, die soziale Fähigkeiten wie Kooperation, Verständnis und Mitwirkung an Entscheidungsprozessen fördern. Es gibt keine Einzelsieger oder -verlierer. Der Aufbau und die Regeln dieser Spiele erfordern ein gegenseitiges Helfen der Spieler, da nur gemeinsam ein Ziel (Sieg) erreicht werden kann.

970 Omnibus – Ausflug nach Glückstadt

Spieler: 3–4 – Alter: 5–10 Jahre
Kurzinfo: Dieses kooperative Brettspiel enthält ein Anfänger- und ein Fortgeschrittenenspiel. Im ersten Teil des Spiels legt jeder seinen Weg zu Fuß von seinem Startpunkt bis zum Autobus zurück, mit dem die Spieler nach Glückstadt fahren möchten. Auf dem Weg zum Bus sammeln sie Farbchips, mit denen sie die Fahrkarte bezahlen können. Im zweiten Teil des Spiels fahren die Spieler im Bus und kaufen gemeinsam für jeden Fahrtabschnitt, den sich der Bus weiterbewegt, eine Fahrkarte. Erreicht die Gruppe Glückstadt, haben alle gewonnen. Bleibt der Autobus vorher jedoch stehen, weil die Spieler die Fahrkarten nicht mehr bezahlen können, dann haben alle verloren. *(HERDER)*

971 Das Helferspiel

Kurzinfo: Die Idee dieses Helferspiels ist es, Kindern und Erziehern Spielmaterial anzubieten, bei dem nicht das Ziel der Sieg des Einzelnen ist, sondern das gemeinschaftliche Handeln der Spielergruppe, die die Notsituation jedes Einzelnen zu lösen versucht. Dazu gibt es eine Situationsstaffel mit Notsituationen und Helfertafeln, die zwischen Selbsthilfe oder Hilfe von anderen trennt. Es wird mit Punkten bewertet, wie gut die Hilfen sind. *(RAVENSBURGER)*

972 Einer für alle, alle für einen

Spieler: 2–4
Kurzinfo: Bei diesem kooperativen Bergsteigerspiel kann nur die Seilschaft insgesamt gewinnen oder verlieren. Die Bergsteiger spielen gegen die Zeit in Form der untergehenden Sonne, sie spielen gegen Unwetter und Gefahren beim Bergsteigen. Damit wird ein Zusammenhalten bei den Spielern gefördert, das als kooperatives oder sozialintegratives Verhalten geschätzt wird. Die Spieler erfahren bei diesem

Spiel, dass Kooperation im Spiel ebenso anregend sein kann, wie ein Wettstreit. *(SCHMIDT, Best.-Nr. 183156)*

973 Corsaro – Irrfahrt im Piratenmeer

Spieler: 2–4 – Alter: ab 5 Jahren (Einsteigerspiel); ab 8 Jahren (Familienspiel)
Kurzinfo: Die Spieler besitzen als Schiffbrüchige ein Boot in jeder Farbe und müssen versuchen, von der Insel in der Spielplanmitte den Hafen von „Santaijana" zu erreichen. Der „Schwarze Pirat" jagt mit zwei Piratenschiffen hinter den Booten her, um sie zu fangen. Das Ziel des Spiels ist, alle Boote sicher nach „Santaijana" zu bringen. *(HERDER)*

Kartenspiele

Es soll mehr als 2000 verschiedene Arten von Kartenspielen mit unzähligen Variationsmöglichkeiten geben. Diese lassen sich auf nur wenige Grundarten zurückführen: Stichspiele, Legespiele, Glücksspiele und Kombinationsspiele. Obwohl bei manchen Spielen Glück eine große Rolle spielt, handelt es sich überwiegend um Spiele, bei denen durch (geschicktes) Ausspielen bestimmter Karten in bestimmter Reihenfolge mehr oder weniger starker Einfluss auf den Spielgewinn genommen werden kann *(BAER 1981, S. 104)*.

974 Erstes Quartett

Spieler: 2–4 – Alter: ab 5 Jahren
Kurzinfo: Ein Quartettspiel, das durch die Aufmachung schon für die Kleinsten geeignet ist. Es wird nach den bekannten Regeln gespielt. Bestreben jedes Spielers ist es, möglichst viele Quartette, d.h. Vierergruppen zu bekommen, die dann abgelegt werden. *(RAVENSBURGER)*

975 Mäxchens Super-Quartett

Kurzinfo: Die Karten werden gemischt und an wenigstens drei Spieler gleichmäßig verteilt. Der links vom Kartengeber sitzende Spieler fragt nun einen anderen Mitspieler nach einer Karte, die ihm zur Vervollständigung seines Quartetts fehlt. Erhält er die Karte, kann er diesen Mitspieler weiter nach anderen ihm fehlenden Karten befragen. Erst wenn der Befragte eine geforderte Karte nicht besitzt, darf er seinerseits weitere Mitspieler nach fehlenden Karten befragen. Gewinner ist, wer die meisten vollständigen Quartette ablegen konnte. *(BERLINER SPIELKARTEN)*

976 Hahn im Korb

Spieler: 2–4 – Alter: 4–8 Jahre
Kurzinfo: Nach den Quartett-Regeln gespielt, dreht sich in diesem Spiel alles um den Hühnerhof. (RAVENSBURGER)

977 Dinosaurier-Quartett

Spieler: 2–4 – Alter: ab 5 Jahren
Kurzinfo: Gespielt wird nach den üblichen Quartett-Regeln. Als Motive der Quartettkarten dienen verschiedene Dinosaurierarten. *(KL 2–3)*

978 Schwarzer Peter

Spieler: 2–6 – Alter: 4–8 Jahre
Kurzinfo: Ein beliebtes Kartenspiel mit fesselnder Spannung, das zur Förderung der Aufmerksamkeit und der Geschicklichkeit beiträgt. Es ist gut als erstes Kartenspiel geeignet. Man spielt ähnlich wie beim Quartett: Alle Karten werden verteilt, und dann darf jeder Spieler bei seinem linken Nachbarn eine Karte ziehen. Wer ein Paar gleicher Karten hat, legt sie ab, wer zuletzt den „Schwarzen Peter“ übrigbehält, hat verloren. *(RAVENSBURGER, Best.-Nr. 003679)*

979 Sport-Flitzer

Kurzinfo: Dieses bekannte Spiel wird mit Quartettkarten gespielt, zumeist mit Fahrzeugmotiven und genauen technischen Beschreibungen. Die Werte (wie z.B. Gewicht, Hubraum) werden verglichen, wer die besseren Werte hat, bekommt diese Karte. *(ZO 3)*

980 Der Frosch sitzt schwitzend im Schaukelstuhl

Spieler: ab 2
Kurzinfo: Ein lustiges Satzaustauschspiel für beliebig viele Mitspieler. Es wird mit Quartettkarten gespielt, von denen jeder Spieler zunächst acht erhält. Der Rest der Karten wird auf einen Stapel gelegt, von

dem reihum jeder Spieler eine Karte ziehen muss. Hat ein Spieler ein Quartett zusammen, darf er es ablegen. *(BERLINER SPIELKARTEN)*

981 Sag die Wahrheit

Kurzinfo: Ein witziges Frage- und Antwortspiel von Günter Spang. Von den Kärtchen werden jeweils eine Frage, z. B. „Gibst du auf dumme Fragen dumme Antworten?“ und vom anderen Spieler eine Antwort, z. B. „Keine Antwort ist auch eine Antwort“, vorgelesen. *(FX SCHMID)*

982 Alles lacht

Kurzinfo: Bei diesem Spiel dreht sich alles um Fragen und Antworten zu verschiedenen Themen: z. B. „Bohrst du gerne in der Nase?“ – „Nein, weil es auf die Dauer langweilig wird.“ – „Tanzt du gern?“ – „Nein, weil es dick macht.“ *(FX SCHMID)*

983 3 x darfst du raten

Alter: ab 6 Jahren
Kurzinfo: Dieses Kinderquiz mit 120 Fragen und Antworten eignet sich für Kinder ab 6 Jahren. Reihum werden Fragen vorgelesen. Wer sie richtig beantworten kann, bekommt die dazugehörige Karte. Ist die Antwort nicht richtig, darf noch dreimal geraten werden und danach muss die Karte, falls die Frage nicht beantwortet wurde, weggelegt werden. Sieger ist der Spieler, der die meisten Karten hat. *(FX SCHMID)*

984 Elfer raus

Spieler: 2–6 – Alter: ab 7 Jahren
Kurzinfo: Durch Anlegen sollen die Zahlenreihen von der Elf ab vervollständigt werden. Dieses Spiel ist durch seine zahlreichen Variationen immer wieder spannend. *(FX SCHMID)*

985 UNO

Spieler: 2–10 – Alter: ab 6 Jahren
Kurzinfo: Ein Kartenspiel nach Art von „Mau-Mau“. Die Sonderkarten sorgen für Abwechslung und Spannung. Geeignet auch schon für kleinere Kinder. *(AMIGO)*

986 Vorsicht Lehrer!

Spieler: 2–6 – Alter: ab 8 Jahren
Kurzinfo: Ein Spiel, um den leidigen Schulalltag einmal hautnah nachzuspielen. In „Vorsicht Lehrer!“ stellt jeder Spieler einen Schüler dar und muss versuchen, durch geschicktes Ausspielen der Karten so wenig Minuspunkte wie möglich zu bekommen und so viele Streiche wie möglich zu starten. Aber: Man darf den Geduldsfaden des Lehrers nicht zu sehr strapazieren, sonst gibt es ein böses Erwachen. Das Ziel des Spiels ist es, so wenig Minuspunkte wie möglich zu haben, um am Ende der Stunde das Klassenzimmer als bester Schüler zu verlassen. *(SCHMIDT)*

987 Koffer packen II

Spieler: 2–6 – Alter: 4–8 Jahre
Kurzinfo: Die Karten werden zunächst reihum benannt und dann verdeckt auf den Tisch gelegt. Alle versuchen sich zu merken, welche Dinge sie gesehen haben und wo sie hingelegt wurden. Wenn alle Karten auf dem Tisch liegen, beginnt der Spieler, der als nächstes Geburtstag hat, mit dem Einpacken. Er sagt, was er einpacken will, und deckt die entsprechende Karte auf. Wenn es die richtige Karte ist, ist der Spieler nochmals an der Reihe. Stimmt auch diese, darf der Spieler auch diese behalten. Danach ist der nächste an der Reihe. Hat der Spieler jedoch die falsche Karte aufgedeckt, muss er sie seinen Mitspielern zeigen und dann wieder auf den Tisch legen. Der nächste ist mit Aufdecken an der Reihe. Hinzu kommen die Schabernack-Karten, die noch mehr Spannung ins Spiel bringen.
(RAVENSBURGER, Best.-Nr. 23017 4)

988 Schnipp Schnapp

Spieler: 2–6 – Alter: 4–12 Jahre
Kurzinfo: Aus den Bildkärtchen werden zwei gleich große Stapel gebildet (bei zwei Spielern). Nun werden die Kärtchen gleichzeitig umgedreht. Der eine sagt „Schnipp“, der andere „Schnapp“ (im schnellen Wechsel). Wenn zwei gleiche Kärtchen oben auf dem Stapel liegen müssen die Spieler schnell reagieren und „Schnipp Schnapp“ rufen. Wer zuerst gerufen hat, wird belohnt und kassiert die Karten. Gewonnen hat, wer die meisten Karten hat.
Variation: Das Ziel dieser Variation ist es, so viele Quartette wie möglich zu „schnappen“.
Die 36 Bildkarten (jedes Motiv ist 4 x vorhanden) werden gleichmäßig

auf die Mitspieler verteilt. Jeder Spieler legt seine Karten auf einen Stapel verdeckt vor sich. Reihum wird nun jeweils die erste Karte aufgedeckt. Wenn die aufgedeckte Karte schon auf einem anderen Stapel offen liegt, müssen alle Spieler so schnell wie möglich „Schnapp" rufen. Der schnellste Spieler bekommt alle offen liegenden Karten. Wird jedoch zu einem falschen Zeitpunkt „Schnapp" gerufen, müssen die offenen Karten dieses Spielers in die Tischmitte gelegt werden. Kommt es nun im weiteren Spielverlauf vor, dass eine aufgedeckte Karte mit der obersten Karte des Stapels in der Tischmitte übereinstimmt, muss so schnell wie möglich „Schnipp" gerufen werden. Gewonnen hat, wer die meisten Karten hat.
(RAVENSBURGER, Best.-Nr. 23504 9)

989 Der Tiger und der Bär spielen Schnipp Schnapp

Spieler: 2–6
Kurzinfo: Gespielt wird nach den bekannten Schnipp-Schnapp-Regeln. Die Motive der Bildkarten sind jedoch von Janosch gestaltet. *(ASS)*

990 Hol's der Geier

Spieler: 2–5 – Alter: ab 10 Jahren
Kurzinfo: Es gilt, durch geschicktes Ausspielen von Zahlenkarten möglichst viele Plus- und wenig Minuspunkte zu ergattern. Trotz leichter Spielregel ein spannendes Spiel mit Poker-Effekt.
(RAVENSBURGER, Best.-Nr. 01257 2)

991 Wer sammelt die meisten Erdbeeren?

Kurzinfo: Die Karten, 32 Erdbeeren, 13 Vögel und 7 Vogelscheuchen liegen verdeckt auf dem Tisch. Reihum dreht jeder Spieler eine Karte um und legt sie offen vor sich hin. Zeigt die aufgedeckte Karte eine Erdbeere, ist alles in Ordnung. Ist jedoch ein Vogel zu sehen, darf er alle bisher gesammelten Erdbeeren seiner Mitspieler nehmen. Diese sind nun sicher und müssen nicht mehr zurückgelegt werden. Wird eine Vogelscheuche aufgedeckt, müssen alle Mitspieler ihre ungesicherten Erdbeeren zurücklegen. Gewonnen hat, wer die meisten Erdbeeren gesammelt hat. *(FX SCHMID, Best.-Nr. 70056.3)*

Memorys

Das Memory-Spiel besteht aus einem Kartensatz mit zahlreichen Bildmotiven, wobei jedes Motiv doppelt vorhanden ist. Die Karten werden gemischt und in einer bestimmten Ordnung auf einem Tisch ausgelegt. Reihum deckt jeder Spieler zwei Karten auf. Hat er ein Bildpaar, darf er es an sich nehmen, wenn nicht, werden die Karten wieder verdeckt an ihren Platz zurückgelegt und der nächste Spieler ist an der Reihe. Das Spielziel ist es, möglichst viele Kartenpaare zu ergattern. Die Kartengestaltung (Motivwahl und Bildumfang) kann auf die jeweiligen Lernintentionen und das Alter der Spiel- bzw. Lerngruppe abgestimmt werden.

Auf spielerische Art und Weise wird neben der Merkfähigkeit, Aufmerksamkeit und Konzentration auch die Fähigkeit, zu unterscheiden, vergleichen und kombinieren, gefördert und geübt.

992 Früh übt sich ... – Sehen und Verstehen

Kurzinfo: Dieses Spiel wird nach den Memory-Regeln gespielt. Aus 40 Bildkarten müssen die passenden Bildpaare gefunden werden. *(Arbeitsgemeinschaft GHS – Gesellschaft zur Hebung der Sicherheit im Straßenverkehr e.V. und ROT-GELB-GRÜN-Verlag)*

993 Mickymaus-Memory

Kurzinfo: Mit Mickymaus-Bildkarten wird nach den bekannten Memory-Regeln gespielt. *(RAVENSBURGER)*

994 Natur-Memory

Spieler: 2–10
Kurzinfo: Ein Gedächtnisspiel, das sich zur Erweiterung der Kenntnisse bestimmter Tier-, Blumen- und Früchtearten sehr gut eignet. Außerdem werden die Merkfähigkeit, Aufmerksamkeit, Konzentration und Fähigkeiten, zu unterscheiden, zu vergleichen und zu kombinieren, gefördert. *(RAVENSBURGER, Best.-Nr. 01097 4)*

995 UNICEF-Memory

Kurzinfo: Traditionelles Memory mit Motiven von hilfsbedürftigen Menschen aus den „Dritte-Welt“-Ländern. *(RAVENSBURGER)*

996 Verkehrs-Memory

Spieler: 2–10
Kurzinfo: Dieses Spiel enthält 120 Karten davon 60 Karten in fotografischer Darstellung und 60 Karten in grafischer. Die Kinder lernen bei diesem Spiel 60 Verkehrszeichen kennen. *(RAVENSBURGER)*

997 Wir suchen Paare

Kurzinfo: In Abwandlung zum traditionellen Memoryspiel wird bei diesem Spiel nicht mit verdeckten Karten gespielt. Insgesamt gibt es nur vier Motive: Sonne, Kasper, Fisch, Muster. Jedes Motiv ist jeweils 16-mal vorhanden, jedoch mit winzigen Unterschieden. Wer das eine, genau gleiche Paar findet, darf es behalten. *(SCHMIDT)*

998 Früh übt sich ... – Was passt zusammen

Kurzinfo: Zu diesem Spiel gehören 56 Bildkarten und es wird nach Memory-Regeln gespielt. In Abänderung zum traditionellen Memory sind die Motive jedoch nie ganz gleich, z.B.
Briefträgerin – Briefträger
Ein stehender Junge – gleicher Junge, der jedoch Go-Kart fährt.
Ein genaues Hinschauen und Kombinieren ist für dieses Spiel wichtig. *(Arbeitsgemeinschaft GHS – Gesellschaft zur Hebung der Sicherheit im Straßenverkehr e.V. und ROT-GELB-GRÜN-Verlag)*

999 Kinder-Memory

Spieler: 2–8
Kurzinfo: Ein Gedächtnisspiel für 2–8 Kinder, das zur Förderung der Aufmerksamkeit, Konzentration und Merkfähigkeit beiträgt. Weiterhin ist eine Wortschatzerweiterung zu verschiedenen Lebensbereichen möglich. *(RAVENSBURGER, Best.-Nr. 00356 3)*

1000 Junior-Memory

Spieler: 2–10 – Alter: 3–6 Jahre
Kurzinfo: „Spannende Suche nach den Kartenpaaren. Von ausdrucksvollen Farbfotos angespornt zeigen kleine Naturliebhaber ihr gutes Gedächtnis." *(RAVENSBURGER)*

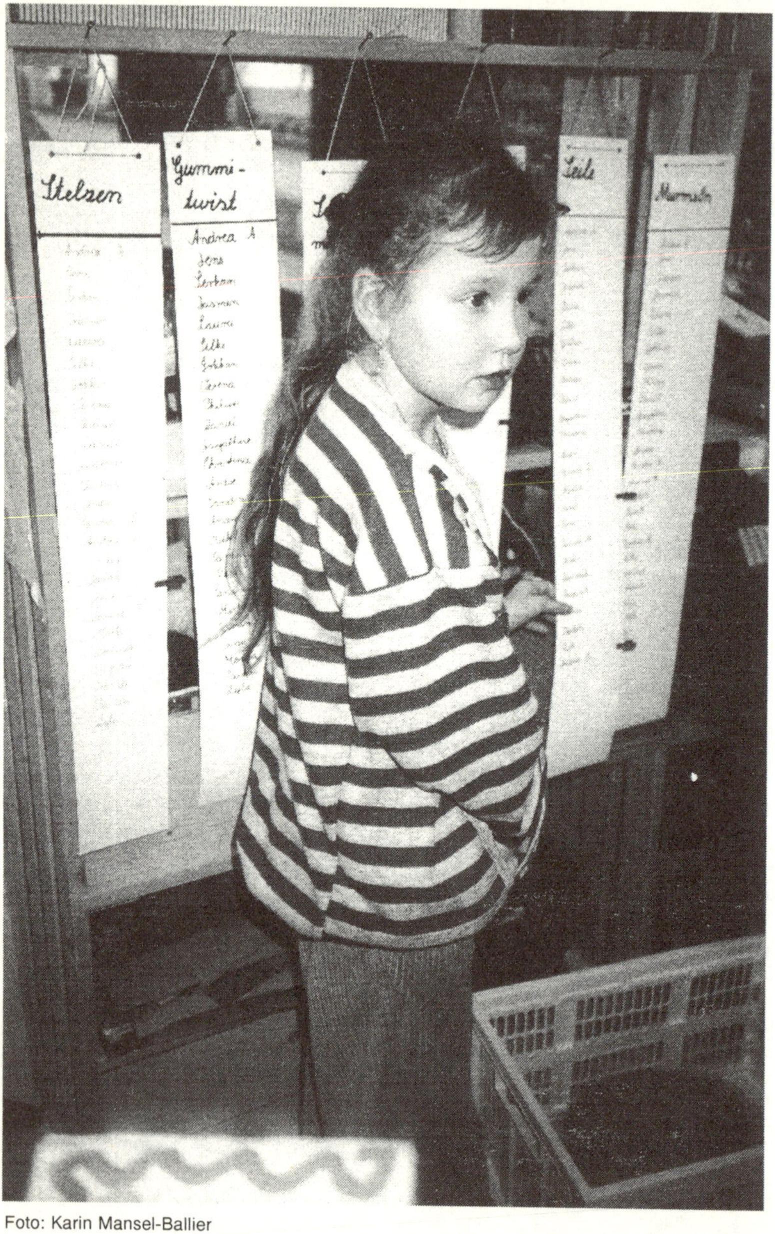

Foto: Karin Mansel-Ballier

Die Spielesammlung nach Sachgebieten

Kapitel 1: Spiele zum Sozialen Lernen

Kapitel 2: Rollenspiel und andere darstellende Spielformen

Die Spielesammlung nach dem Alphabet

Spielename Spielnummer

Literaturverzeichnis

ACKERMANN, L./URFER, R./MÜLLER, B.: Sinn-Salabim. Tasten-Hören-Sehen: Erfahrungsspiele für Kinder. Mülheim/Ruhr 1993.

ARBEITSGRUPP OBERKIRCHER LEHRMITTEL: Schulspaß und Schulspiele: Reinbek 1988.

ARBINGER; R.: Gedächtnis. Darmstadt 1990.

ARNDT, M./SINGER, W.: Das ist der Daumen Knudeldick. Ravensburg o.J.

ASH, J.: Jorinde und Joringel. Erzählt nach der Originalfassung der Brüder Grimm. Buxtehude 1987.

BADEGRUBER, B. & PUCHER-PACHER, J.: Auf ins Leseland: Spielen zum sinnerfassenden Lesen. Linz 1995.

BAER, U.: Wörterbuch der Spielpädagogik. Basel 1994.

BAHNHOLZER, H. P. u.a.: 333 Lieder zum Singen, Spielen und Tanzen. Stuttgart 1986.

BAIRLEIN, S.: Umwelterziehung im 3. und 4. Schuljahr. München 1994.

BARTL, A.: Spaß mit Konzentrationsspielen. München 1992.

BARTL, M. & BARTL, A.: Umweltspiele noch und noch. Freiburg 1992.

BECK, J./WELLERSHOFF, H.: SinnesWandel. Die Sinne und die Dinge im Unterricht. Frankfurt/Main 1989.

BECKER, I.: Die Liederkutsche. Ein Liederbuch für die Schule zum Singen, Spielen und Tanzen. Frankfurt/Main 1981.

BIELEFELD, J.: Miteinander spielen auf dem Pausenhof. In: Grundschule, 11, 1993, S. 18–21.

BIELEFELD, J.: Miteinander spielen will gelernt sein! In: Grundschule, 11, 1993, S. 8 ff.

BLUM, S.: Ich bin die Sonne. 20 Fantasiereisen für Stille- und Konzentrationsübungen. 2. Aufl. Niederzier 1994.

BLUMENTHAL, E. Kooperative Bewegungsspiele. Schorndorf 1993.

BLÜMLE, K. & MUPP, P.: Konzentrationsspiele. Lichtenau 1997.

BORCHERS, D./RÜGER, E.: Die Zwergen-Olympiade Nr. 2. Lichtenau 1995.

BORT, W.: Handbuch Gruppenspiele. Ettlingen 1994.

BÖSCHEMEYER, H.-M./VOPEL, K. W.: Kommunikation im ersten Schuljahr. Affektives Lernen im Alter von 5 bis 7. 3. Aufl. Hamburg 1985.

BREUKER-RUBIN, A.: Da ist der Bär los ...: Mit Spielaktionen für kleine und große Leute. Münster 1990.

BRUNNER, R./KROPF, W.: In der Schule spielen. Spielideen für die Grundschule. München 1984.

BRUNNER, R./KROPF, W.: Spielideen für die Grundschule. München 1984.

BRUNNER, R.: In der Schule spielen. München 1984.

BUNDESZENTRALE FÜR GESUNDHEITLICHE AUFKLÄRUNG: Gesundheitserziehung in der Schule. Stuttgart 1990.

CARLE, E.: Die kleine Raupe Nimmersatt. Hildesheim 1992.

CORNELL, J. B.: mit kindern die natur erleben. Mülheim an der Ruhr 1991.
DAUBLEBSKY, B. (Hrsg.): Spielen in der Schule. Stuttgart 1988.
DEACOVE, J.: Spielen ohne Tränen. Kooperative Kinderspiele. Ettlingen 1981.
DEPPE, E.: Spielend lernen – lernend spielen. In: Baer, U.: Spielzeit. Spielräume in der Schulwirklichkeit. Seelze 1995, S. 134–139.
DIESSNER, H.: Gruppendynamische Übungen und Spiele. Paderborn 1997.
DIRX, R.: Schüler ärgere dich nicht. Frankfurt 1984.
DÜRR, G. & STIEFENHOFER, M.: Schöne alte Kinderspiele.
EHRLICH, P./HEIMANN, K.: Bewegungsspiele für Kinder. Dortmund 1984.
EINSIEDLER, W.: Das Spiel der Kinder. Zur Pädagogik und Psychologie des Kinderspiels. Bad Heilbrunn, 3. Aufl. 1999.
FAUST-SIEHL, G., BAUER, E., BAUER, W. & WALLASCHEK, U.: Mit Kindern Stille entdecken. Frankfurt 1995.
FEIKS, D./SEIBOLD, G./SEIBOLD, W.: Stundenblätter. Spiele im Mathematikunterricht 1. – 4. Schuljahr. Stuttgart 1991.
FLEMMING, I. & FRITZ, J.: Darstellende Spiele. Mainz 1995.
FLEMMING, I. & FRITZ, J.: Ruhige Spiele: Entspannungs- und Konzentrationsspiele für Grundschulkinder. Mainz 1996.
FLEMMING, I./FRITZ, J./KAMINSKI, W./MÜLLER, M.: Jede Menge Spielideen (CD-ROM). Mainz o.J.
FLITNER, A.: Spielen – Lernen. Praxis und Deutung des Kinderspiels. München 1972.
FLOR, D. & PETILLON, H.: Zwei Tage auf einer fremden Insel – ein Planspiel. In: PETILLON, H. & VALTIN, R. (Hrsg.): Spielen in der Grundschule. Frankfurt 1999, S. 134–140.
FRANKE, K.-H.: Klasse(n) Spiele 1. Kurzweilige Fang- und Bewegungsspiele. 2. Aufl. Niederzier 1991.
FRANKE, K.-F.: Klasse(n) Spiele 2. Ballspiele und andere Bewegungsspiele mit Gerät. Niederzier 1990.
FREUDENREICH, D./GRÄSSER, H./KÖBERLING, J.: Rollenspiel: Rollenspiellernen für Kinder und Erzieher. 4. Aufl. Hannover 1980.
FRIES, A.: Kinder-Turnen im Grundschulalter. Koblenz 1993.
FRITZ, J.: Spielzeugwelten. Eine Einführung in die Pädagogik der Spielmittel. Weinheim; München 1989.
FRITZ, J.: Theorie und Praxis des Spiels: Eine praxisorientierte Einführung. 2. korr. Aufl. Weinheim; München 1993.
GALONSKA, A.: Die Sinne entdecken: Spielerisch Natur erleben. Offenbach 1997.
GASS-TUTT, A.: Tanzkarussell. Boppard/Rhein 1972.
GEIBERT, E.: Der Modellversuch "Integration von Spielpädagogik, Schulpädagogik und Sozialpädagogik im Primarbereich: die Lern- und Spielschule". Ausgangslage – Ziele – Wege. In: Staatliches Institut für Lehrerfort- und Weiterbildung (Hrsg.): Lern- und Spielschule. Integration von Spielpädagogik, Schulpädagogik und Sozialpädagogik im Primarbereich – ein Modellversuch des Bundes und des Landes Rheinland-Pfalz.O. V. 1994, S. 1–12.

GIBAS, H./MÖLTER, V.: Materiale, funktionale und pädagogische Aspekte kommerzieller Gesellschaftsspiele in der Jugendarbeit. In: Kreuzer, K. J. (Hrsg.): Handbuch der Spielpädagogik Bd. 3. Spiel als Erfahrungsraum und Medium. Düsseldorf 1984, S. 93–128.
GLINTENKAMP, K./HOFFMANN, K. D.: Spielen macht Spaß. O. V. 1991.
GLONNEGGER, E./DIEM, W.: Das große Ravensburger Spielbuch. Spielvorschläge und Unterhaltung für drinnen und draußen. 8. Aufl. Ravensburg 1987.
GLONNEGGER, E.: Das Spiele-Buch. Uehlfeld 1999.
GÖÖCK, R.: Das große Buch der Spiele. 1000 Spiele für drinnen und draußen. München 1988.
GREENEWAY, K.: Kinderspiele. Frankfurt 1977.
GROSSE-JÄGER, H.: Freude an Musik gewinnen. 2. Aufl. Freiburg i. Breisgau 1985.
GRUNDSCHUL-SPIELKARTEI. Ökotopia-Verlag. Münster o. J.
GUDER, R.: Kontakt- und Verständigungsspiele. Weinheim 1983.
GUDER, R.: Pantomimen. Weinheim/Bergstraße 1986.
GUDER, R.: Spiele im Sitzkreis. Weinheim/Bergstraße 1983.
GUDER, R.: Sprech-, Lese- und Schreibspiele. 2. Aufl. Weinheim/Bergstraße 1983.
GUDJONS, H.: Kennenlernen, kooperieren, vertrauen – Interaktionsspiele. In: PETILLON, H. & VALTIN, R. (Hrsg.): Spielen in der Grundschule. Frankfurt 1999, S. 95–112.
GUDJONS, H.: Spielbuch Interaktionserziehung. Bad Heilbrunn 1995.
HANKE, B./HUBER, G. L./MANDL, H.: Aggressiv und unaufmerksam. Die Aufgaben des Lehrers bei Schulschwierigkeiten. München 1976.
HECKHAUSEN, H.: Entwurf einer Psychologie des Spielens. In: Flitner, A. (Hrsg.): Das Kinderspiel. München 1973, S. 133–149.
HEIMLICH, R.: Soziales und emotionales Lernen in der Schule. Ein Beitrag zum Arbeiten mit Interaktionsspielen. Weinheim; Basel 1988.
HEISER, G.: Jakob ist kein armer Vogel. Reinbek 1985.
HOPPE, H.: Theaterspielen als pädagogischer Erfahrungsraum. In: Kreuzer, K. J. (Hrsg.): Handbuch der Spielpädagogik. Bd. 3: Spiel als Erfahrungsraum und Medium. Düsseldorf 1984, S. 313–332.
HUBERICH, P./HUBERICH, U.: Spiele für die Gruppe. Heidelberg 1979.
JAKOBY, E. & BERNER, R. S.: Himmel, Hölle, Blindekuh. München 1993.
JANOSCH: Post für den Tiger. Die Geschichte, wie der kleine Bär und der kleine Tiger die Briefpost, die Luftpost und das Telefon erfinden. 2. Aufl. Weinheim 1981.
JÖCKER, D./KLEIKAMP, L.: 1, 2, 3 im Sauseschritt. Münster 1985.
JÖCKER, D./KLEIKAMP, L.: Und weiter geht's im Sauseschritt. Münster 1987.
JÖCKER, D.: Mile male mule, ich gehe in die Schule. Münster 1991.
KASPER, J.: Werkstatt der Sinne. Köln o..J.
KINDER SPIELEKARTEI. Verlag Gruppenpädagogische Literatur. Wehrheim.
KLEIN, R. R.: Willkommen lieber Tag. Bd. 1. 12. Aufl. Frankfurt/Main 1975.

KLEINSCHNIEDER, A.: Spiel oder Arbeitsleistung – (k)ein Gegensatz? In: Staatliches Institut für Lehrerfort- und Weiterbildung (Hrsg.): Lern- und Spielschule. Integration von Spielpädagogik, Schulpädagogik und Sozialpädagogik im Primarbereich – ein Modellversuch des Bundes und des Landes Rheinland-Pfalz. O. V. 1994, S. 58–59.

KLUGE, N. (Hrsg.): Spielpädagogik. Neuere Beiträge zur Spielforschung und Spielerziehung. Bad Heilbrunn 1980.

KLUGE, N.: Das Unterrichtsspiel. Entwurf einer Grundlegung. München 1968.

KLUGE, N.: Entwicklung eines Kriterienkatalogs für spielzentriertes Erzieherverhalten. In: Meyer, E. (Hrsg.): Spiel und Medien im Unterricht. Wassenberg 1984, S. 384–401.

KLUGE, N.: Spielen und Erfahren. Der Zusammenhang von Spielerlebnis und Lernprozeß. Bad Heilbrunn 1981.

Knoll, C.: Mir ist nie langweilig. Donauwörth 1995.

KNOLL-JOKISCH, H.: Sozialerziehung und soziales Lernen in der Grundschule. In: Knoll-Jokisch, H.: Sozialerziehung und soziales Lernen in der Grundschule. Bad Heilbrunn 1981, S. 92–117.

KOLB, A.: Tolle Spielideen für Kinder. Für drinnen, draußen und auf Reisen. Köln 1994.

KORSCHUNOW, I.: Kleiner Pelz will größer werden. Zürich 1986.

KRAFT, P.: Der Schulhof als Ort sozialen Verhaltens. Braunschweig 1977.

KRAPPMANN, L.: Soziale Kommunikation und Kooperation im Spiel und ihre Auswirkungen auf das Lernen. In: Daublebsky, B. (Hrsg.): Spielen in der Schule. Vorschläge und Begründungen für ein Spielcurriculum. Stuttgart 1973, S. 190–226.

KRASNOR, L. R./PEPLER, D. J.: The study of children's play. In: Rubin, K. H. (Ed.): New directions for child development. San Francisco 1980, 85–95.

KRENZER, R./EDELKÖTTER, L.: Du, ich geh einfach auf dich zu. 5. Aufl. Drensteinfurt 1990 a.

KRENZER, R./EDELKÖTTER, L.: Einfache Lieder zum Kirchenjahr. Wir feiern heut' ein Fest. 6. Aufl. 1990 b.

KREUZER, K.-J.: Handbuch der Spielpädagogik, Bd. 1. Pädagogische, psychologische und vergleichende Aspekte. Düsseldorf 1983.

KULTUSMINISTERIUM RHEINLAND-PFALZ (Hrsg.): Leitlinien für die Arbeit in der Grundschule. Grünstadt 1984.

KUTIK, C./OTT-HEITMANN, E. M.: Das Jahreszeitenbuch. 6. Aufl. Stuttgart 1993.

LANG, H.: Spielen Spiel Spiel. Handreichungen für den Sportunterricht. Schorndorf 1992.

LEMMERMANN, H. (Hrsg.): Die Zugabe. Bd. 3. Boppard/Rhein 1973.

LENZEN, H.: Mediales Spiel in der Schule. Neuwied; Berlin 1974.

LICHTENBERGER, J. & MITTROWA, U.: Rechenspiele. Düsseldorf 1987.

LINDNER, H.: Hier bewegt sich was. Praxisreihe zum Eltern-Kind-Turnen und Kinderturnen in Kindergarten, Schule und Verein. Heft 15. Neumünster.

LIONNI, L.: Frederic. Köln 1978.

LIONNI, L.: Swimmy. Köln 1979.
LOSCH, G.: Kinderspiel. München 1982.
LÖSCHER, W.: Riech- und Schmeckspiele. Sinnvolle Frühpädagogik. München 1983.
LÜDEKE, I.: Sprachspiele für die Primarstufe. Handelnder Umgang mit Sprache im Spiel. 2. Aufl. Limburg 1980.
MAELICKE, A. (Hrsg.): Vom Reiz der Sinne. Weinheim 1990.
MARUHN, H.: Wie fang' ich's an? Methodische Handreichungen der Tanzvermittlung. Boppard/Rhein 1986.
MERTENS, K./WASMUND BODENSTEDT, U.: 10 Minuten Bewegungszeit. Dortmund 1987.
METZENTHIN, R.: Schöpferisch Spielen und Bewegen. Zürich; Schwäbisch Hall 1983.
MEYERHOLZ, B./HERING, W.: Kinderlieder zum Einsteigen und Abfahren. Bad Godesberg 1986.
MÜLLER, D.: Phantasiereisen im Unterricht. Braunschweig 1994.
MÜLLER, E.: Auf der Silberlichtstraße des Mondes. Autogenes Training mit Märchen zum Entspannen und Träumen. Frankfurt/Main 1985.
MÜLLER, E.: Du spürst unter deinen Füßen das Gras. Autogenes Training in Phantasie- und Märchenreisen. 2. Aufl. Frankfurt/Main 1994.
MURDOCK, M.: Dann trägt mich eine Wolke ... Wie Große und Kleine spielend leicht lernen. Freiburg 1989.
ORLICK, T.: Kooperative Spiele. Herausforderung ohne Konkurrenz. 3. Aufl. Weinheim; Basel 1988.
PETILLON, H.: Soziales Lernen in der Grundschule. Anspruch und Wirklichkeit. Frankfurt/M. 1993.
PETILLON, H. (Hrsg.): Spielen in der Grundschule. Grundlagen – Anregungen – Beispiele. Bd. 106: Beiträge zur Reform in der Grundschule. Frankfurt 1999.
PETILLON, H/FLOR, D.: Zwischenbericht der Wissenschaftlichen Begleitung „Lern- und Spielschule“. Landau 1994.
PIAGET, J.: Nachahmung, Spiel und Traum. Stuttgart 1969.
POHL-MAYERHÖFER u. a.: Rollenspiele für Grundschule und Kindergruppen. München 1976.
POLZIN, M. (Hrsg.): Bewegung, Spiel und Sport in der Grundschule. Frankfurt 1992.
POLZIN, M.: Spielen in der Grundschule. In: Polzin, M. (Hrsg.): Bewegung, Spiel und Sport in der Grundschule. Fachliche und fächerübergreifende Orientierung. Frankfurt/Main 1992, S. 20–32.
PORTMANN, R./SCHNEIDER, E.: Spiele zur Entspannung und Konzentration. München 1994.
PORTMANN, R.: Spiele zum Umgang mit Aggressionen. München 1996.
PORTMANN, R.: Spiele, die stark machen. München 1998.
RAPP, G.: Aufmerksamkeit und Konzentration. Erklärungsmodelle – Störungen – Handlungsmöglichkeiten. Bad Heilbrunn 1982.
REGELEIN, S.: Lernspiele für die Grundschule. München 1992.

REGELEIN, S.: Lernspiele im Deutschunterricht. Neue Lernspiele für die Grundschule. 3. Aufl. München 1990.
REGELEIN, S.: Spielen in Unterricht und Freizeit. München 1988.
REMSCHEIDER SPIELEKARTEI. Bremen 1985.
RETTER, H.: Spielzeug: Handbuch zur Geschichte und Pädagogik der Spielmittel. Weinheim; Basel 1979.
ROCKEL, L.: Das zweite Liedernest. Boppard/Rhein 1979.
RÖHRS, H.: Das Sportspiel in Theorie und Praxis. In: Kreuzer, K.-J. (Hrsg.): Handbuch der Spielpädagogik, Bd. 3. Düsseldorf 1984, S. 511–532.
SCHÄFER, K.-J.: Zwei Jahre Lern- und Spielschule – ein Erfahrungsbericht. In: Staatliches Institut für Lehrerfort- und Weiterbildung (Hrsg.): Lern- und Spielschule. Integration von Spielpädagogik, Schulpädagogik und Sozialpädagogik im Primarbereich – ein Modellversuch des Bundes und des Landes Rheinland-Pfalz. 1994.
SCHALLER, H.-J.: Didaktische Theorie und Praxis des Sportspiels. In: Kreuzer, K.-J. (Hrsg.): Handbuch der Spielpädagogik, Bd. 3. Düsseldorf 1984, S. 545–567.
SCHEIDL, G. M.: Ein Esel geht nach Bethlehem. Hamburg 1988.
SCHEUERL, H. (Hrsg.): Klassiker der Pädagogik. Bd. 1: Von Erasmus von Rotterdam bis Herbert Spencer. 2. Aufl. München 1991 b.
SCHEUERL, H.: Das Spiel. Bd. 1: Untersuchungen über sein Wesen, seine pädagogischen Möglichkeiten und Grenzen. 11. Aufl. Weinheim 1990.
SCHEUERL, H.: Das Spiel. Theorien des Spiels, Bd. 2. 11. Aufl. Weinheim 1991.
SCHIFFLER, H.: Spielformen als Lernhilfe. Freiburg; Basel; Wien 1982.
SCHNAUDER, J.: Lernspiele zur neuen Mathematik in Grund- und Hauptschule. Ansbach 1980.
SINGER, W./SCHIRMER, E.: Der neue Daumen Knudeldick. Ravensburg 1992.
SPIELEWERKSTATT RHINOZEROS. Ökotopia-Verlag. Münster.
STEINMANN, P.-K.: Figurentheater als Kinder- und Jugendtheater. In: Kreuzer, K. J. (Hrsg.): Handbuch der Spielpädagogik. Bd. 3: Spiel als Erfahrungsraum und Medium. Düsseldorf 1984, S. 417–431.
STEUER, H./VOIGT, C.: Das neue rororo Spielebuch. Hamburg 1980.
STIEREN, B. (Hrsg.): Pausenspiele. Einhundertsiebzig gesellige Spiele für drinnen und draußen. 1. Aufl. München 1990.
STÖCKLIN-MEIER, S.: Komm wir spielen. Spiel und Spielzeug für Kinder bis 9 Jahre. Zürich; Schwäbisch Hall 1986.
STÜBING, A.-D.: Bewegung mit Handgeräten und anderen Materialien. In: Stübing, A.-D. (Hrsg.): Bewegung, Spiel und Sport mit Kindern. Braunschweig 1978, S. 161–194.
THIESEN, P.: Arbeitsbuch Spiel. Für die Praxis in Kindergarten, Hort, Heim und Kindergruppe. München 1982.
THIESEN, P.: Himmel, Hölle & Co. Die schönsten Hof-Platz-Straßen-Garten-Wiesen-Spiele für Kindergarten, Schule und Familie. Weinheim 1999.

THIESEN, P.: Kartonwelten, Kuhkunst und Klangtunnel. Kreative Spiele für die Arbeit mit Kindern, Jugendlichen und Erwachsenen. Weinheim 1999.
THIESEN, P.: Konzentrationsspiele für Kindergarten und Hort. Freiburg 1990.
THIESEN, P.: Mit allen Sinnen spielen. Weinheim 1997.
TRAUTWEIN, G.: Alte Kreisspiele – neu entdeckt. Freiburg 1993.
TRIO KUNTERBUNT (HERING, B./HERING, W./MEYERHOLZ, B.): Sternenfänger. MC (Deutsche Grammophon) & Begleitheft.
VAHLE, F.: Das Anne Kaffeekanne Liederbuch. 6. Aufl. Dortmund 1992.
VAHLE, F.: Liederspatz. Ein Lieder-Lese-Bilderbuch. 5. Aufl. Dortmund 1987.
VOPEL, K. W.: Handbuch für Gruppenleiter. Zur Theorie und Praxis der Interaktionsspiele. 3. Aufl. Hamburg 1980.
VOPEL, K. W.: Interaktionsspiele für Kinder. Teil 1: Kontakt – Wahrnehmung – Identität. 5. Aufl. Hamburg 1991 b.
VOPEL, K. W.: Interaktionsspiele für Kinder. Teil 4: Schule, Feedback, Einfluß, Kooperation. 5. Aufl. Hamburg 1991 a.
VOPEL, K. W.: Kinder ohne Streß. Bd. 1: Bewegung im Schneckentempo. 2. Aufl. Hamburg 1991 b.
VOPEL, K. W.: Kinder ohne Streß. Bd. 4: Zauberhände. Hamburg 1989.
VOPEL, K.-W.: Im Wunderland der Phantasie. Kinder ohne Streß, Band 2., 2. Aufl. Hamburg 1991.
VOPEL, K.-W.: Kinder ohne Streß. Imaginative Spiele für Kinder zwischen 3 und 12 Jahren. Bd. 3: Reise mit dem Atem. Hamburg 1989.
VOPEL, K.-W.: Interaktionsspiele für Kinder. Hamburg 1978.
WALLRABENSTEIN, W.: Offene Schule – Offener Unterricht. Reinbek 1993.
WALTER, G.: Spiel und Spielpraxis in der Grundschule. Donauwörth 1993.
WALTER, G.: Spielen in der Grundschule. Wassenberg 1984.
WALTER, G.: Wasser. Die Elemente im Kindergartenalltag. 5. Aufl. Freiburg; Basel; Wien 1992.
WILKON, J.: Warum der Bär sich wecken ließ. 1. Aufl. Düsseldorf 1985.
WINDISCH, A.: Geschlechtserziehung in der Grundschule. Leipzig 1995.
ZIEGENSPECK, J.: Spielen in der Schule. Sachstandsbericht und systematischer Literaturnachweis. Duisburg 1980.
ZIMMER, R./CLAUSMEYER, I./VOGES, L.: Tanz – Bewegung – Musik. Situationen ganzheitlicher Erziehung im Kindergarten. Freiburg i. Breisgau 1991.
ZIMMER, R.: Bewegung und Sport. In: Faust-Siehl, G./Portmann, R. (Hrsg.): Die ersten Wochen in der Schule. 2. Aufl. Frankfurt/Main 1994, S. 123–134.

415 Seiten, gebunden, 68,– DM
mit zahlreichen Abbildungen
ISBN 3-930927-43-8

Gudrun Hollstein

Werkstatt Bilderbuch

Allgemeine Grundlagen, Vorschläge und Materialien für den Unterricht in der Grundschule

Dieses Buch ist eine wahre Fundgrube – es enthält Unterrichtsvorschläge, Arbeitshilfen und Materialien für den Einsatz von Bilderbüchern in allen Lernbereichen der Grundschule.
Mehr als 400 aktuelle Bilderbuchtitel werden dabei einbezogen. Allgemeine Grundlagen zum Themenbereich Bilderbuch ergänzen die unterrichtspraktischen Überlegungen. Eigene Kapitel finden sich außerdem zu den Themen problemorientierte Bilderbücher, Sachbilderbücher sowie zur historischen Entwicklung des Bilderbuchs.

„Werkstatt Bilderbuch vermittelt PädagogInnen umfassende und wertvolle Hilfe bei der Konzeption von Unterricht mit Bilderbüchern." *(Sabine Wallach in „Eselsohr", 7/2000)*

Frank Müller

Selbstständigkeit fördern und fordern

Handlungsorientierte Methoden – praxiserprobt, für alle Schularten und Schulstufen

Mit Illustrationen von Saskia Andriessen und Tanja Schug

Diese übersichtliche und praktische Hilfe für Lehrerinnen und Lehrer enthält mehr als 50 handlungsorientierte Methoden und Spielformen, die selbstständiges Arbeiten bei Schülerinnen und Schülern trainieren, sichern und dabei auch die fachlichen Inhalte transportieren sollen.

Methoden wie *Wortcollage, Zielscheibe, Schweigediskussion, Odd Man Out, Triangel u.v.m.* werden mit Zielangabe beschrieben, ihr Pro und Kontra gegenübergestellt, Einsatzmöglichkeiten im Unterricht und Weiterarbeitungsideen vorgeschlagen. Schülerbeispiele und Arbeitsblätter sowie Illustrationen ergänzen die Ausführungen.

144 Seiten, 28,– DM
ISBN 3-930927-63-2

Haben Sie Interesse an weiteren Titeln zum Thema Schulpädagogik?
Wir senden Ihnen gerne unser Verlagsprogramm.

KnechtVerlag

Rheinstraße 26 • 76829 Landau
Tel: (0 63 41) 8 94 08 • Fax: (0 63 41) 8 94 50
E-Mail: info@knechtverlag.de • Internet: www.knechtverlag.de